पदार्थ सामर्थ्य एवम् निर्माण विज्ञान के सिद्धान्त

(STRENGTH OF MATERIALS AND THEORY OF STRUCTURES)

पदार्थ सामर्थ्य एवम्
निर्माण विज्ञान के सिद्धान्त

(STRENGTH OF MATERIALS AND THEORY OF STRUCTURES)

गुरचरन सिंह

एवं

जगदीश सिंह

B.E., M.E. (Civil)

प्रकाशक

स्टैण्डर्ड पब्लिशर्स डिस्ट्रीब्यूटर्स

1705-B, नई सड़क, पोस्ट बाक्स न. : 1066, दिल्ली-110006

www.standardpublishers.com Email: stpub@vsnl.com

प्रकाशक : ए. के. जैन
स्टैण्डर्ड पब्लिशर्स डिस्ट्रीब्यूटर्स
1705-B, नई सड़क, दिल्ली-110006
दूरभाष : 3262700, 3285798, Fax : 23243180

प्रथम संस्करण : 1969
द्वितीय संस्करण : 1975
तृतीय संस्करण : 1986
चतुर्थ संस्करण : 1990
पंचम् संस्करण : 1995
षष्टम संस्करण : 2005
सप्तम् संस्करण : 2009
2010
2011
2015

मूल्य : रू. ***200-00***

ISBN : 81-8014-129-2

लेज़र टाइपसैटिंग :
भार्गव लेज़र प्रिंटर्स, दिल्ली

मुद्रक : लोमस ऑफसेट प्रैस, दिल्ली

प्रस्तावना

(प्रथम संस्करण)

पदार्थ सामर्थ्य तथा निर्माण विज्ञान के सिद्धान्त विषय पर आंग्ल भाषा में बहुत-सी पुस्तकें उपलब्ध हैं। लेकिन राष्ट्रीय भाषा में इस विषय पर कोई भी पुस्तक नहीं है। इसी बात को ध्यान में रखते हुए यह पुस्तक लिखी गई है।

लेखक का इस विषय को पढ़ाने का कई वर्षों का अनुभव है। मेरा यह विचार है कि आंग्ल भाषा में हालांकि कई अच्छी-अच्छी पुस्तकें हैं। लेकिन आज के विद्यार्थियों को इन्हें समझने में बड़ी कठिनाई होती है। राष्ट्र भाषा ही एकमात्र ऐसी भाषा है जिसमें विद्यार्थी इस विषय को भली-भाँति समझ सकते हैं। पुस्तक की भाषा सरल एवं सुबोध रखने का प्रयत्न किया गया है। सभी तकनीकी शब्द भारत सरकार के केन्द्रीय हिन्दी निदेशालय द्वारा प्रकाशित पारिभाषिक शब्द-संग्रह पर आधारित हैं। अध्यापन सरल बनाने के लिए हिन्दी शब्दों के साथ-साथ अंग्रेजी शब्द भी लिख दिये गये हैं। विद्यार्थियों की रुचि का ध्यान रखते हुए हल किये हुए संख्यात्मक उदाहरण बहुत अधिक मात्रा में दिये गये हैं।

राजस्थान, उत्तर प्रदेश, बिहार, मध्य प्रदेश, पंजाब, हरियाणा आदि के द्वितीय तथा अन्तिम वर्ष के इंजीनियरी डिप्लोमा के पूर्ण पाठ्यक्रम के अनुसार यह पुस्तक लिखी गई है। इन्जीनियरिंग की स्नातक A.M.I.E. (India) परीक्षा का भी काफी हद तक पाठ्यक्रम इस पुस्तक में आ जाता है।

पुस्तक के प्रूफ चेक करते समय अशुद्धियों की तरफ विशेष ध्यान दिया गया है लेकिन फिर भी प्रथम संस्करण होने के कारण कई अशुद्धियों का रह जाना स्वाभाविक है। विद्यार्थी एवं अध्यापकगण यदि कोई अशुद्धि पायें तो जरूर लिख दें, लेखक आपका आभारी रहेगा। पुस्तक के लिए सुझावों का स्वागत है।

अन्त में लेखक श्रीमती गुरमेजकौर का बहुत आभारी है जिसने इस पुस्तक के लिए लेखक को प्रोत्साहित किया तथा पुस्तक को प्रकाशित किया।

गुरचरन सिंह
प्रवक्ता
राजकीय पोलिटैक्निक
बीकानेर (राजस्थान)

प्रस्तावना

(द्वितीय संस्करण)

पुस्तक का दूसरा संस्करण प्रस्तुत करते हुए बड़ी खुशी का अनुभव हो रहा है। पुस्तक के प्रथम संस्करण में रही गलतियों तथा कमियों को पूरी तरह हटा दिया गया है। Strengths of Material and Theory of Structures के पाठ्यक्रम के साथ-साथ डिप्लोमा स्तर का Steel Structures और Theory of Machines का पाठ्यक्रम भी उपलब्ध करा दिया गया है। अब विद्यार्थियों को एक ही पुस्तक में तीन पुस्तकों की सामग्री मिलेगी। Steel Structures और Theory of Machines विषयों पर कोई दूसरी पुस्तक खरीदने की आवश्यकता नहीं रहेगी। पुस्तक राजस्थान, उत्तर प्रदेश, मध्य प्रदेश तथा बिहार के द्वितीय व अन्तिम वर्ष के विद्यार्थियों का चाहे विद्यार्थी Civil Eng., Mechanical Eng. या Electrical Eng. का हो, एक ही पुस्तक सबकी आवश्यकताएँ पूरी करेगी। आशा है पुस्तक विद्यार्थी की पूर्ण आवश्यकताओं को पूरा करेगी।

फरवरी, 1975

गुरचरन सिंह
बीकानेर

तृतीय संस्करण

द्वितीय संस्करण में पुस्तक बहुत बड़ी हो गई थी क्योंकि इसी पुस्तक में Steel Structure तथा Theory of Machines भी जोड़ दी गई थी। अब यह दोनों भाग हटा दिये गये हैं और पुस्तक अपने नाम अनुसार विषय तक ही सीमित है। पुस्तक को U.P., M.P., Hariyana, राजस्थान के तकनीकी बोर्ड के नवीनतम पाठ्यक्रम अनुसार बना दिया गया है। आशा है पुस्तक अध्यापकों एवं छात्रों को पसंद आयेगी।

जनवरी, 1986

गुरचरन सिंह
बीकानेर

सप्तम् संस्करण

पुस्तक में उपयोगी नई सामग्री काफी मात्रा में जोड़ी गई है। पुस्तक में S.I. इकाई के भी काफी प्रश्न जोड़े गए है ताकि पुस्तक आधुनिक प्रणाली की आवश्यताएँ अच्छी तरह पूरी करे। पुस्तक की भाषा में तथा कई चित्रों में भी सुधार किया गया है। आशा है पुस्तक अब और अधिक उपयोगी प्रमाणित होगी। रचनात्मक आलोचना का लेखकगण स्वागत करते रहेंगे।

गुरचरन सिंह
जगदीश सिंह

विषय-सूची

1

सरल प्रतिबल और विकृति

[SIMPLE STRESS AND STRAIN]

1·1. प्रतिबल एवं विकृति (Stress and Strain)

जब किसी पदार्थ पर बाहरी बल लगाया जाता है तो पदार्थ की प्रवृत्ति आकृति बदलने की होती है। पदार्थ की आकृति बदलने की प्रवृत्ति के विरुद्ध, पदार्थ में आन्तरिक प्रतिरोध (internal resistance) अपने आप उत्पन्न हो जाता है जो पदार्थ के विरूपण को रोकता है। पदार्थ के इस विरूपण प्रतिरोध (Resistance to deformation) को प्रतिबल कहते हैं और इस विरूपण को **विकृति** (Strain) कहते हैं।

1·2. सरल प्रतिबल और विकृति (Simple Stresses and Strains)

मान लो एक छड़ है जिसकी लम्बाई l और अनुप्रस्थ काट (cross section) का क्षेत्रफल A है। यदि इस छड़ को P बल द्वारा खींचा जाता है तो छड़ के अन्दर प्रतिरोध R उत्पन्न हो जाता है। छड़ के सन्तुलन के लिए P और R बराबर होते हैं। छड़ में उत्पन्न प्रतिरोध यदि इकाई अनुप्रस्थ काट पर निकाला जाता है तो इसे प्रतिबल कहते हैं। प्रतिबल को इस पुस्तक में p से अंकित किया गया है।

$$p = \frac{P}{A}$$

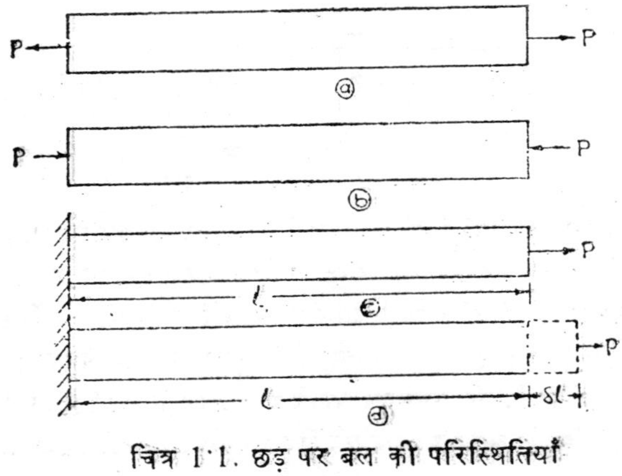

चित्र 1·1. छड़ पर बल की परिस्थितियाँ

छड़ को P बल द्वारा खींचने पर इसकी लम्बाई बढ़ जाती है। मान लो छड़ की लम्बाई δl बढ़ जाती है, तो छड़ में विकृति (Strain) $e, \frac{\delta l}{l}$ होगी। दूसरे शब्दों में, **इकाई छड़ की लम्बाई में परिवर्तन को ही विकृति कहते हैं।**

सरल प्रतिबल (simple stresses) तीन प्रकार के होते हैं :

1. **तनन या तनाव प्रतिबल** (Tensile Stress)—जब किसी छड़ को, जिस की लम्बाई l हैं और अनुप्रस्थ काट (cross-section) का क्षेत्रफल A है, P बल से खींचा जाता है तो छड़ के अन्दर तनाव प्रतिबल (tensile stress) $p=\frac{P}{A}$ और तनाव विकृति (tensile strain) $e=\frac{\delta l}{l}$ पैदा हो जाते हैं।

2. **दबाव या सम्पीडित प्रतिबल** (Compressive Stress)—जब किसी छड़ को, P बल से दबाया जाता है, तो छड़ के अन्दर दबाव प्रतिबल (compressive) (stress) p व दबाव विकृति (compressive strain) e उत्पन्न हो जाते हैं। यदि छड़ की लम्बाई l है और अनुप्रस्थ काट का क्षेत्रफल A है तो दबाव प्रतिबल$p=\frac{P}{A}$ और दबाव विकृति $e=\frac{\delta l}{l}$ हो जाती है।

3. **अपरूपण प्रतिबल** (Shear Stress)—जब किसी वस्तु पर दो बराबर बल एक-दूसरे के विरुद्ध दिशा में इस प्रकार लगाए जाते हैं कि वस्तु के एक भाग की प्रवृत्ति दूसरे भाग के ऊपर से फिसल जाने की हो तो जो प्रतिबल इस फिसलने वाले क्षेत्रफल पर पैदा होता है, उसे अपरूपण प्रतिबल कहते हैं। उदाहरण के लिए चित्र 1·2 में दिखाया गया रिवेट जोड़ (riveted joint) देखिए। इस चित्र में दो लोहे की प्लेटें एक-दूसरे के ऊपर रखकर एक रिवेट द्वारा जोड़ी हुई हैं।

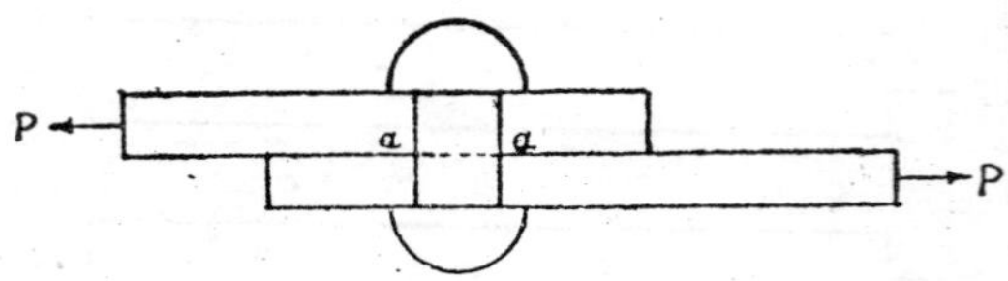

चित्र 1·2. अपरूपण प्रतिबल

यदि दोनों प्लेटों को विपरीत दिशा में P बल द्वारा खींचा जाता है या दबाया जाता है तो रिवेट की प्रवृत्ति a-a **खण्ड** पर से फेल हो जाने की होती है, क्योंकि रिवेट का जो भाग ऊपरी प्लेट में है, उसकी प्रवृत्ति निचली प्लेट में रिवेट के भाग के ऊपर a-a पर से फिसल जाने की होती है। रिवेट के a-a अनुप्रस्थ काट पर जो प्रतिबल उत्पन्न होता है, वह **अपरूपण प्रतिबल** (shear stress) होता है।

अगर रिवेट के अनुप्रस्थ काट का क्षेत्रफल (cross-sectional area) A है तो

अपरूपण प्रतिबल (shear stress) जिसे इस पुस्तक में q से लिया गया है, $\frac{P}{A}$ के बराबर होता है।

$$\text{या} \qquad p=\frac{P}{A}$$

अपरूपण विकृति (Shear Strain)—अपरूपण प्रतिबल से जो कोणीय विस्थापन (angular displacement) होता है, उसे अपरूपण विकृति (shear strain) कहते हैं। इस विकृति में किसी वस्तु की केवल आकृति बदलती है, इसके आयतन में कोई परिवर्तन नहीं होता। उदाहरण के लिए, ABCD एक घन लीजिए जैसा कि चित्र 1·3 में दिखाया गया है। मान लो घन की भुजा l है और घन AB भुजा पर स्थिर (fixed) है।

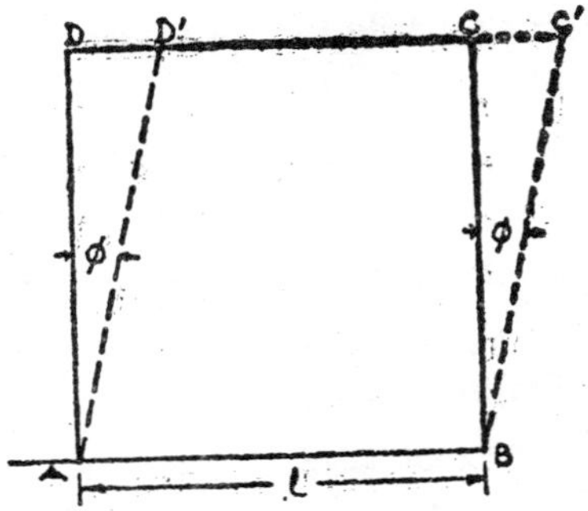

चित्र 1·3.

यदि P बल, D बिन्दु पर लगाया जाता है तो घन का निरूपण AB D'C' के आकार में हो जाता है। भुजा AD अपनी पहली स्थिति के साथ ϕ कोण, A पर बनाती हुई नई स्थिति AD' में आ जाती है। D बिन्दु का विस्थापन अपनी नई स्थिति D' पर इतना छोटा होता है कि इसे एक वृत्त (circle) का जिसकी त्रिज्या (radius) AD$=l$ हो और केन्द्र A हो, का ही छोटा-सा चाप (arc) मान सकते हैं। इसलिए घन का कोणीय विस्थापन ϕ जिसे परिभाषा अनुसार अपरूपण विकृति (shear strain) कहते हैं मालूम किया जा सकता है।

$$\text{इसलिए } \phi=\frac{CC' \text{ or } DD'}{AD \text{ or } BC}=\frac{DD' \text{ or } CC'}{l}=\frac{\delta l}{l}$$

क्योंकि ϕ कोण बहुत छोटा है, इसे $\tan\phi$ से भी दिखा सकते हैं। इसलिए अपरूपण विकृत $\tan\phi=\frac{\delta l}{l}$ है।

1·3. संरचना पदार्थों के महत्त्वपूर्ण गुण (Important Properties of Structural Materials)

1. **तन्य पदार्थ** (Ductile Maerrials)—तन्य पदार्थ ऐसे पदार्थ होते हैं जिनकी विकृति (strain) अपेक्षाकृत अधिक होती है । तन्य पदार्थ को खींचकर तारों के रूप में बदला जा सकता है । लोहा, एल्यूमीनियम, ताँबा इत्यादि कुछ इसी प्रकार के पदार्थों के उदाहरण हैं ।

2. **भंगुर पदार्थ** (Brittle Materials)—भंगुर पदार्थ ऐसे पदार्थ हैं जिनकी विकृति अपेक्षाकृत कम होती है । यह पदार्थ बिना किसी पहले चेतावनी दिए एक दम से टूट जाते हैं । ढलवाँ इस्पात, ईंट, पत्थर और कंक्रीट इत्यादि भंगुर पदार्थों के ही उदाहरण हैं ।

3. **घातवर्ध्य पदार्थ** (Malleable Materials)—घातवर्ध्य पदार्थ ऐसे पदार्थ होते हैं जिन्हें हथौड़े से पीटकर चद्दरों के रूप में बदला जा सकता है । ताँबा, सोना, गर्म लोहा इत्यादि कुछ इसी तरह के पदार्थों के उदाहरण हैं ।

4. **प्रत्यास्थता** (Elasticity)—प्रायः यह देखा गया है कि जब किसी वस्तु पर कोई बाह्य बल कार्य करता है, तो उस वस्तु के आकार या रूप में परिवर्तन होता है । इस बल को हटाते ही वस्तु अपनी पूर्वावस्था में लौट जाती है । ऐसे पदार्थ को जिसमें अपनी पूर्वावस्था में लौटने का गुण विद्यमान होता है, **प्रत्यास्थ** (Elastic) कहते हैं और इस गुण को **प्रत्यास्थता** (Elasticity) कहते हैं ।

5. **प्रत्यास्थता की सीमा** (Elastic Limit) प्रायः देखा गया है कि बाहरी बल यदि बहुत अधिक नहीं है तो बल हटाते ही वस्तु अपनी पूर्वावस्था में लौट जाती है अर्थात् वह पूर्ण प्रत्यास्थ (Elastic) होती है । जब बाहरी बल एक सीमा से अधिक विकृति पैदा कर देता है तब बल हटाने पर भी वस्तु अपनी पूर्वावस्था में नहीं लौटती । इस सीमा को जिसके आगे बल हटाने से वस्तु पूर्वावस्था में नहीं लौटती, प्रत्यास्थता की सीमा (elastic limit) कहलाती है ।

6. **श्रांत** (Fatigue)—जब किसी धातु पर बदलता हुआ बल या भिन्न प्रकार के बल लगाए जाते हैं तो जो धातु अधिक-से-अधिक बल ले सकती है, उससे बहुत कम बल पर ही फेल हो जाती है । पदार्थ के इस गुण को श्रांत (fatigue) कहते हैं ।

7. **सुघट्यता** (Plasticity)—जब वस्तु पर प्रत्यास्थता सीमा से अधिक बल बढ़ाया जाता है तो वस्तु बल हटने पर अपनी पूर्वावस्था में नहीं आती, बल हटाने पर इसमें कुछ-न-कुछ विरूपण जरूर रह जाता है । वस्तु की इस अवस्था को सुघट्य अवस्था (plastic state) कहते हैं तथा इस गुण को सुघट्यता (plasticity) कहते हैं ।

8. **हुक का नियम** (Hooke's Law)—प्रयोग द्वारा वैज्ञानिक, हुक ने यह बताया था कि प्रत्यास्थता की सीमा में प्रतिबल विकृति के समानुपाती होता है ।

$$\text{प्रतिबल} \propto \text{विकृति} \qquad \ldots(1)$$

अर्थात् जैसे-जैसे प्रतिबल बढ़ता जाता है वैसे-वैसे विकृति भी बढ़ती जाती है। समीकरण (1) को निम्न तरह से भी व्यक्त किया जा सकता है :

$$\text{प्रतिबल} = E \times \text{विकृति}$$

$$\text{या} \quad E = \frac{\text{प्रतिबल}}{\text{विकृति}} = \frac{p}{e}$$

यहाँ E एक स्थिरांक (Constant) है जिसे प्रत्यास्थता गुणांक (coefficient of elasticity) कहते हैं। यह पदार्थ में उत्पन्न प्रतिबल एवं विकृति के अनुपात के बराबर होता है। जब विकृति इकाई के बराबर होती है तो प्रतिबल p, E के बराबर हो जाते हैं।

अब प्रत्यास्थता गुणांक की परिभाषा इस प्रकार दे सकते हैं, "प्रत्यास्थता गुणांक सांख्यिक दृष्टि से इकाई विकृति उत्पन्न करने के लिए आवश्यक प्रतिबल होता है।" E की इकाई, प्रतिबल की इकाई ही होती है।

प्रतिबल की इकाई (Unit of Stress)—यदि किसी वस्तु पर P बल किलोग्राम में वस्तु के अनुप्रस्थ काट का क्षेत्रफल A, cm^2 है तो

$$p = \frac{P \text{ किलोग्राम}}{A \text{ (सेण्टीमीटर)}^2} = \text{किलोग्राम/सेण्टीमीटर}^2$$

यदि P टन में और A, cm^2 में है तो प्रतिबल p की इकाई t/cm^2 हो जाती है। **यदि P का मान न्यूटन में है और A का मान mm^2 में है तो प्रतिबल p की इकाई N/mm^2 हो जाती है जो S.I. इकाई है।**

विकृति की इकाई (Unit of Strain)—विकृति की कोई इकाई नहीं होती, यह मात्र एक अनुपात है।

प्रत्यास्थता गुणांक (coefficient of elastteity) की इकाई वही होती है जो वस्तु पर लगाए गए प्रतिबल (kg/cm^2 या S.I. इकाई में N/mm^2) की होती है।

9. **दृढ़ता प्रत्यास्थता गुणांक** (Coefficient of Rigidity or Modulus of Rigidity)—यहाँ आपको केवल इतना जानना आवश्यक है कि जब किसी प्रतिबल से वस्तु के आयतन या लम्बाई में परिवर्तन न होकर उसके रूप में परिवर्तन होता है तो इस प्रकार उत्पन्न विकृति को दृढ़ता (अपरूपण) विकृति कहते हैं और इस प्रतिबल तथा विकृति के अनुपात को **दृढ़ता प्रत्यास्थता गुणांक** कहते हैं। यह केवल ठोस पदार्थों में ही होता है।

दृढ़ता प्रत्यास्थता गुणांक को N से लिखा जाता है, $N = \dfrac{P}{A/\phi} = \dfrac{q}{\phi}$

10. **आयतन प्रत्यास्थता गुणांक** (Bulk Modulus)—जब किसी वस्तु के प्रत्येक बिन्दु पर लम्ब दिशा में दबाव लगाया जाता है, तब वस्तु के रूप में कोई परिवर्तन न होकर उसके आयतन में परिवर्तन होता है। यदि प्रारम्भिक आयतन V cm^3 व आयतन में परिवर्तन δV cm^3 हो तो

$$\text{आयतन विकृति (Volumetric strain)} = \frac{\text{आयतन में परिवर्तन}}{\text{प्रारम्भिक परिवर्तन}}$$

$$= \frac{\delta V}{V}$$

मान लो बाहरी बल P किलोग्राम में है तो $p, \frac{P}{A}$ kg/cm^2 में होता है

$$\text{हुक के नियम अनुसार आयतन प्रत्यास्थता गुणांक } K = \frac{\text{प्रतिबल}}{\text{आयतन विकृति}}$$

$$= \frac{P}{\frac{\delta V}{V}} \text{kg/cm}^2$$

प्रत्यास्थता गुणांक E, दृढ़ता प्रत्यास्थता गुणांक N और आयतन प्रत्यास्थता गुणांक K का मान बराबर नहीं होते क्योंकि प्रत्येक के लिए प्रतिबल व विकृति अलग-अलग प्रवृत्ति की होती है लेकिन तीनों में निश्चित सम्बन्ध होता है जिसे आगे चलकर बताया गया है।

उदाहरण 1. यदि एक दो वर्ग सेमी० अनुप्रस्थ काट की छड़ को 4t तनाव बल से खींचा गया है तो छड़ में उत्पन्न प्रतिबल ज्ञात करो।

हल : छड़ के अनुप्रस्थ काट का क्षेत्रफल A = 2 cm^2

कुल तनाव बल P = 4 t.

$$\text{प्रतिबल } p = \frac{P}{A} = \frac{4}{2} = 2 \; t/cm^2 \text{ उत्तर}$$

उदाहरण 2. एक वर्गाकार छड़ 2 सें० मी० × 2 सें० मी० अनुप्रस्थ काट (cross section) में है। छड़ के अन्दर छड़ की अक्ष के समानान्तर 1 सें० मी × 1 सें० मी० का एक छेद है। अगर छड़ को 9 टन बल से दबाया जाता है तो जो प्रतिबल छड़ में उत्पन्न होगा, उसका मान ज्ञात करो।

हल : अनुप्रस्थ काट का क्षेत्रफल A = 2 × 2 — 1 × 1 = 3cm^2

कुल संपीडक बल P जो छड़ की अक्ष के समानान्तर लगाया गया है।

P = 9t

$$\text{प्रतिबल} \quad p = \frac{P}{A} = \frac{9}{3} = 3 \; t/cm^2 \text{ (संपीडक)}$$

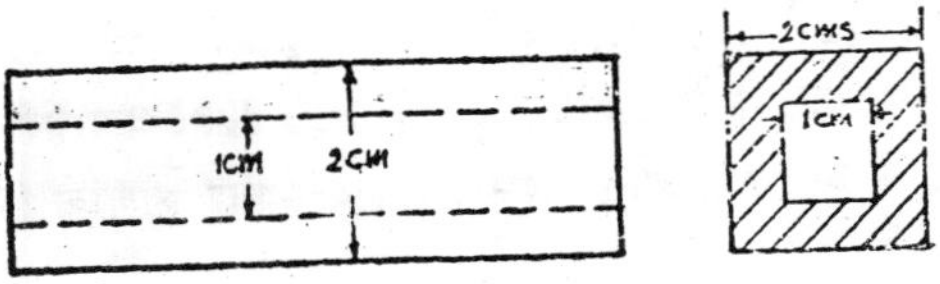

चित्र 1·4.

उदाहरण 3. (S.I. Unit) एक छड़ 100 mm लम्बी है और अनुप्रस्थ काट क्षेत्रफल 100 mm^2 है। यदि 10,000 के तनाव बल द्वारा छड़ को खींचा जाता है तो छड़ में उत्पन्न प्रतिबल व विकृति ज्ञात करो। छड़ 5 mm लम्बाई में बढ़ जाती है।

हल : कुल तनाव बल $P = 10,000$ N

अनुप्रस्थ काट का क्षेत्रफल $A = 100\ mm^2$

प्रतिबल $$p = \frac{P}{A} \qquad ...(1)$$

P और A का मान समीकरण (1) में रखने पर

$$p = \frac{10000}{100} = 100\ N/mm^2$$

छड़ की कुल लम्बाई $l = 100$ mm

छड़ की लम्बाई में बढ़ोत्तरी $\delta l = 5$ mm

विकृति $$e = \frac{\delta l}{l} = \frac{5}{100} = \frac{1}{20} = 0{\cdot}05 \quad \text{उत्तर}$$

उदाहरण 4. एक लोहे की प्लेट 1 cm × 3 cm अनुप्रस्ट काट में है और 30 cm लम्बी है। जब प्लेट को 6000 kg बल द्वारा दबाया जाता है तो इसकी लम्बाई 1 cm कम हो जाती है।

प्लेट में उत्पन्न प्रतिबल व विकृति ज्ञात करो।

हल : कुल संपीडक बल $P = 6000$ kg

प्लेट के अनुप्रस्थ काट का क्षेत्रफल $A = 1 \times 3$

$= 3$ sq. cms.

प्रतिबल $$p = \frac{P}{A} = \frac{6000}{3} = 2000\ kg/cm^2$$

प्लेट की कुल लम्बाई $l = 30$ cms

प्लेट की लम्बाई में कमी $\delta l = 1$ cms

इसलिए विकृति $$e = \frac{\delta l}{l} = \frac{1}{30} = 0{\cdot}033 \quad \text{उत्तर}$$

उदाहरण 5. (S. I. Units) लोहे की एक गोल छड़ 400 mm लम्बी व 250 mm^2 अनुप्रस्थ काट में है। यदि छड़ को 100 KN बल द्वारा खींचा जाता है तो छड़ की लम्बाई में बढ़ोत्तरी ज्ञात करो, प्रत्यास्थता गुणांक (साधारण इस्पात) 2×10^5 N/mm.^{2}

हल : कुल तनाव बल $P=100\text{ KN}=100\times1000\text{N}.$

अनुप्रस्थ काट का क्षेत्रफल $A=250\text{ mm}^2$

इसलिए, प्रतिबल $p=\dfrac{P}{A}=\dfrac{100000}{250}=400\text{ N/mm}^2$

छड़ की कुल लम्बाई $l=400\text{ mm}$

$E=2\times10^5\text{ N/mm}^2$

हुक के नियम अनुसार $\dfrac{p}{e}=E$

प्रतिबल $p=\dfrac{P}{A}$ और विकृति $e=\dfrac{\delta l}{l}$

इसलिए $\dfrac{\delta l}{l}=e=\dfrac{p}{E}=\dfrac{P}{AE}$

या $$\delta l=\frac{P\times l}{AE} \quad \ldots(1)$$

समीकरण (1) में मान रखने से,

$$\delta l=\frac{P\times l}{EA}=\frac{100000\times400}{2\times10^5\times250}=0{\cdot}8\text{ mm}$$

1·4. अत्यारोपण का सिद्धान्त (Principal of Superposition)

जब किसी वस्तु पर एक से अधिक बल काम करते हैं और इनके फलस्वरूप वस्तु में जो भी प्रतिबल व विकृति होती है, वह उन सभी प्रतिबलों व विकृतियों का बीजीय योग होता है, जो सभी बल बारी-बारी से वस्तु पर लगाए जाने से उत्पन्न होते हैं।

अत्यारोपण का सिद्धान्त इस तथ्य पर आधारित है कि प्रतिबल व विकृति बाहरी बल के रैखिक फलन (linear function) हैं। यदि बाहरी बल किसी वस्तु पर n गुणा बढ़ा दिया जाता है तो प्रतिबल व विकृति भी n गुणा बढ़ जाते हैं।

यदि किसी वस्तु पर एक से अधिक बाहरी बल काम कर रहे हैं तो सभी बलों को एक साथ लेने की बजाय एक-एक करके वस्तु पर काम करने दिया जाता है और इस तरह से सभी बलों के लिए अलग-अलग प्रतिबल व विकृतियाँ मालूम कर ली जाती हैं। इन सब का बीजीय योग, सभी बलों के एक साथ लगाने से जो प्रतिबल व विकृति उत्पन्न होती है, उसके बराबर होता है।

उदाहरण 7. एक छड़ व्यास में 20 mm और लम्बाई में 300 mm है। इस छड़ को 40 KN तनाव बल द्वारा खींचने पर इसकी लम्बाई 0·1 mm बढ़ जाती है। तो (*a*) प्रतिबल (*b*) विकृति (*c*) छड़ के पदार्थ का प्रत्यास्थता गुणांक ज्ञात करो।

हल : कुल तनाव बल $P = 40\ KN = 40 \times 1000\ N = 40000\ N$

अनुप्रस्थ काट का क्षेत्रफल $A = \frac{\pi}{4}(20)^2$

$$= 100\pi\ mm^2$$

(*a*) प्रतिबल $p = \frac{P}{A} = \frac{4000c}{100\pi} = 127{\cdot}28\ N/mm^2$

(*b*) विकृति $e = \frac{\delta l}{l} = \frac{0{\cdot}1\ mm}{300} = \frac{1}{3000}$

$$= 0{\cdot}00033$$

(*c*) प्रत्यास्थता गुणांक $E = \frac{p}{e}$

$$= \frac{127{\cdot}28}{0{\cdot}00033} = 3{\cdot}82 \times 10^5\ N/mm^2$$

उदाहरण 8. (S.I. Units) एक लोहे की छड़ चित्र 1·5 में दिखाई गई है। छड़ के चार भाग हैं और हर एक भाग 20 cm लम्बा है। A, B, C और D भागों का व्यास 20 mm, 30 mm, 40 mm और 50 mm क्रमशः है। यदि इस्पात के लिए $E = 2 \times 10^5\ N/mm^2$ है, तो छड़ का कुल प्रसार ज्ञात करो। छड़ 100 kN तनाव बल द्वारा खींची जा रही है।

हल :

भाग A का अनुप्रस्थ काट क्षेत्रफल $= \frac{\pi}{4}(20)^2 = 314{\cdot}2\ mm^2$

भाग B का अनुप्रस्थ काट क्षेत्रफल $= \frac{\pi}{4}(30)^2 = 706{\cdot}8\ mm^2$

भाग C के अनुप्रस्थ काट क्षेत्रफल $= \frac{\pi}{4}(40)^2 = 1256\ mm^2$

भाग D के अनुप्रस्थ काट का क्षेत्र $= \frac{\pi}{4}(50)^2 = 1965\ mm^2$

भाग A में प्रतिबल $p_1 = \frac{100 \times 1000}{314{\cdot}2} = 318{\cdot}25\ N/mm^2$

भाग B में प्रतिबल $p_2 = \frac{100 \times 1000}{706 \cdot 8} = 141 \cdot 5 \text{ N/mm}^2$

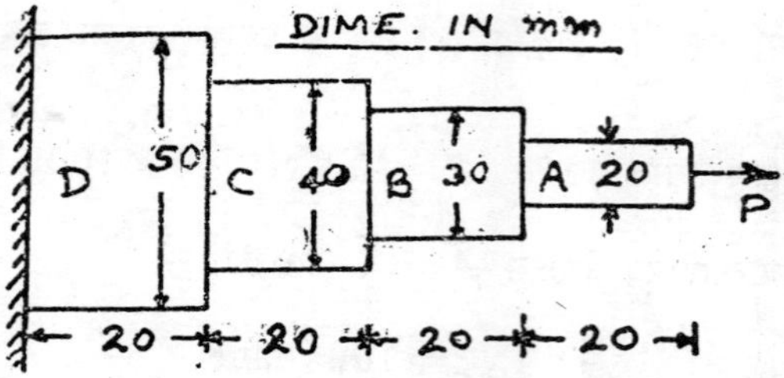

चित्र 1·5.

प्रतिबल भाग C में $p_3 = \frac{100 \times 1000}{1256} = 79 \cdot 56 \text{ N/mm}^2$

भाग D में प्रतिबल $p_4 = \frac{100 \times 1000}{1965} = 50 \cdot 9 \text{ N/mm}^2$

क्योंकि $\frac{p}{e} = \text{E}$

$$e = \frac{p}{\text{E}}$$

लेकिन $e = \frac{\delta l}{l}$

इसलिए $\frac{\delta l}{l} = \frac{p}{E}$

या $\delta l = \frac{pl}{\text{E}}$

चारों भागों का कुल प्रसार $= \frac{p_1 l_1}{\text{E}} + \frac{p_2 l_2}{\text{E}} + \frac{p_3 l_3}{\text{E}} + \frac{p_4 l_4}{\text{E}}$

लेकिन सभी भागों में $l_1 = l_2 = l_3 = l_4$

इसलिए कुल प्रसार $\delta l = \frac{l}{\text{E}}(p_1 + p_2 + p_3 + p_4)$

$$= \frac{20}{2 \times 10^5}(318 \cdot 27 + 141 \cdot 50 + 79 \cdot 56 + 50 \cdot 9)$$

$$= \frac{20}{2 \times 10^5}(590 \cdot 23)$$

$= 0 \cdot 059$ mm (उत्तर)

उदाहरण 9. एक इस्पात की छड़ पर कई बल जैसा कि चित्र 1·6 में दिखाया गया, लगाये गये हैं। यदि छड़ का व्यास 3 cm है, तो छड़ का कुल प्रसार ज्ञात करो। E का मान 2×10^6 kg/cm² है।

हल :

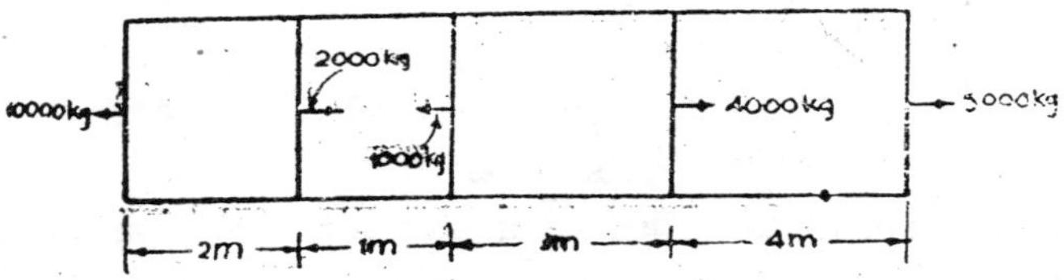

चित्र 1·6.

छड़ के अनुप्रस्थ काट का क्षेत्रफल $= \frac{\pi}{4} \times (3)^2 = 7 \cdot 068 \text{ cm}^2$

छड़ के 2 m भाग के लिए :

प्रतिबल $p_1 = \frac{P}{A} = \frac{10000}{7 \cdot 068} = 1415 \text{ kg/cm}^2$

प्रसार $\delta l_1 = \frac{p_1 l_1}{E} = \frac{1415 \times 2 \times 100}{2 \times 10^6} = 0 \cdot 1415 \text{ cms}$

छड़ के 2m भाग के कारण 10000 kg तनाव बल कार्य कर रहा है लेकिन 2000 kg बल के कारण 1 m वाले भाग में परिणामी बल $10000 - 2000 = 8000$ kg तनाव बल है।

इसी प्रकार 3 m भाग पर कार्य करने वाला बल

$$= 10000 + 1000 - 2000 = 9000 \text{ kg (तनाव)}$$

और 4 m भाग के तनाव बल

$$= 10000 + 1000 - 2000 - 4000 = 5000 \text{ kg}$$

छड़ के 1 m भाग के लिए :

प्रतिबल $p_2 = \frac{8000}{7 \cdot 068} = 1132 \text{ kg/cm}^2$

प्रसार $\delta l_2 = \frac{p_2 \times l_2}{E} = \frac{1132 \times 1 \times 100}{2 \times 10^6} = 0 \cdot 0566 \text{ cms}$

छड़ के 3 m भाग के लिए :

प्रतिबल $p_3 = \frac{9000}{7 \cdot 068} = 1274 \text{ kg/cm}^2$

प्रसार $\delta l_3 = \frac{p_3 l_3}{E} = \frac{1274 \times 3 \times 100}{2 \times 10^6} = 0 \cdot 1911 \text{ cms}$

छड़ के 4 m भाग के लिए :

प्रतिबल $p_4 = \frac{5000}{7\cdot068} = 708 \text{ kg/cm}^2$

प्रसार $\delta l_4 = \frac{p_4 \times l_4}{E} = \frac{708 \times 4 \times 100}{2 \times 10^6} = 0\cdot1415 \text{ cms}$

कुल प्रसार $\delta l = \delta l_1 + \delta l_2 + \delta l_3 + \delta l_4$

$= 0\cdot1415 + 0\cdot0566 + 0\cdot1911 + 0\cdot1415$

$= \mathbf{0\cdot5307} \text{ cms}$ **उत्तर**

उदाहरण 10. छड़ की लम्बाई में परिवर्तन ज्ञात करो। छड़ की लम्बाई, अनुप्रस्थ काट का क्षेत्रफल और बल लगाने की व्यवस्था चित्र 1·7 में दिखाई गई है।

$E = 2 \times 10^6 \text{ kg/cm}^2$

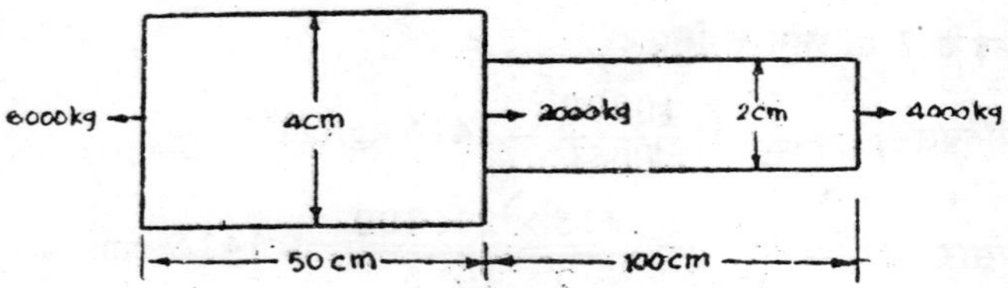

चित्र 1·7.

हल :

2 cm **व्यास के भाग में प्रतिबल :**

$p_1 = \frac{P}{A} = \frac{4000}{\frac{\pi}{4}(2)^2} = \frac{4000}{\pi} = 1272 \text{ kg/cm}^2$

इस भाग में प्रसार $\delta l_1 = \frac{p_1 l_1}{E}$

$= \frac{1272 \times 1 \times 100}{2 \times 10^6} = 0\cdot0636 \text{ cms}$

बाएं तरफ के छड़ के भाग के लिए प्रतिबल

$p_2 = \frac{6000}{\frac{\pi}{4}(4)^2} = \frac{6000}{12\cdot568} = 477 \text{ kg/cm}^2$

और प्रसार $\delta l_2 = \frac{p_2 \times l_2}{E} = \frac{477 \times 50}{2 \times 10^2} = 0\cdot01192 \text{ cms}$

छड़ में कुल प्रसार $\delta l = \delta l_1 + \delta l_2$

$= 0\cdot0636 + 0\cdot01192 = 0\cdot07552 \text{ cms}$

उदाहरण 11. 15 mm व्यास वाली छड़ पर इतना बल लगाया गया कि छड़ में 400 N/mm^2 का प्रतिबल उत्पन्न हो गया। एक ब्रैकेट चार बोल्टों द्वारा ऊपर जड़ी हुई है और छड़ उसी के साथ ऊर्ध्वाधर लटक रही है। यदि बोल्टों में प्रतिबल 200 N/mm^2 से अधिक न होने देना हो तो बोल्टों का व्यास ज्ञात करो।

हल : छड़ पर पूरा बल चार बोल्टों ने रोकना है।

छड़ में प्रतिबल $p = 400\ N/mm^2$

छड़ में कुल बल $= p \times A = 400 \times \frac{\pi}{4}\left(\frac{15}{2}\right)^2 = 70680N$

मान लो बोल्ट का व्यास d है। चारों बोल्टों के अनुप्रस्थ का क्षेत्रफल

$$= 4 \times \frac{\pi}{4}(d)^2$$

चारों बोल्टों द्वारा रोका गया बल $= 4 \times \frac{\pi}{4}(d)^2 \times 200\ N$

छड़ में बल को बोल्टों के बल के बराबर रखने पर

$$200 \times \frac{\pi}{4} d^2 \times 4 = 70680$$

$$d^2 = \frac{70680}{200 \times \pi}$$

$$d = \sqrt{\frac{70680}{200 \times \pi}} = 10{\cdot}6\ mm \quad \text{(उत्तर)}$$

उदाहरण 12. एक लोहे की छड़ जिसका व्यास छड़ की पूरी लम्बाई में एक सा है, खड़ी लटकाई गई है और इसके निचले सिरे से 5000 kg का भार लटकाया गया है, जैसा कि चित्र 1·8 में दिखाया गया है। दो और भार 3000 kg और 2000 kg छड़ के निचले सिरे से 1 metre व 3 metre ऊपर लगाये गये हैं। यदि छड़ के अनुप्रस्थ काट का क्षेत्रफल 2 cm^2 और लम्बाई 6 metre है तो छड़ का कुल प्रसार ज्ञात करो। छड़ का अपना भार शून्य मानिये।

$$E = 2 \times 10^6\ kg/cm^2$$

हल :

1. छड़ के AB भाग के लिए

प्रतिबल $p_1 = \frac{5000}{2} = 2500\ kg/cm^2$

प्रसार $\delta l_1 = \frac{p_1 \times l_1}{E} = \frac{2500 \times 1 \times 100}{2 \times 10^6}$

$= \frac{1}{8} = 0{\cdot}125$ cms

2. छड़ के BC भाग के लिए :

प्रतिबल $p_2 = \frac{8000}{2} = 4000$ kg/cm²

प्रसार $\delta l_2 = \frac{p_2 \times l_2}{E} = \frac{4000 \times 2 \times 100}{2 \times 10^6}$

$= 0{\cdot}4$ cms

3. छड़ के CD भाग के लिए :

प्रतिबल $p_3 = \frac{10000}{2} = 5000$ kg/cm²

प्रसार $\delta l_3 = \frac{p_3 \times l_3}{E} = \frac{5000 \times 3 \times 100}{2 \times 10^6}$

$= \frac{3}{4} = 0{\cdot}75$ cms

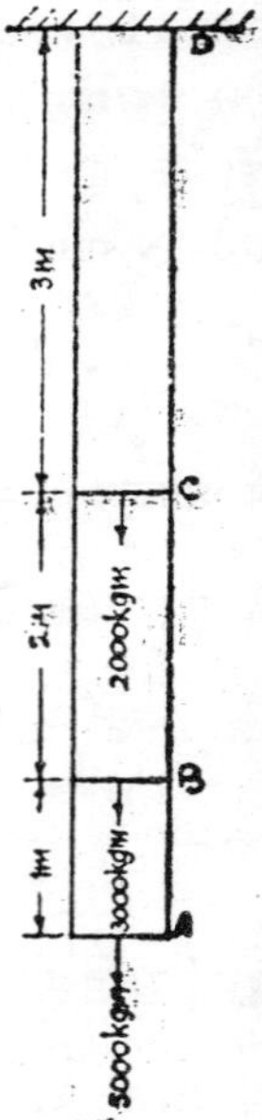

चित्र 1.8.

छड़ का कुल प्रसार $\delta l = \delta l_1 + \delta l_2 + \delta l_3$

$= 0{\cdot}125 + 0{\cdot}40 + 0{\cdot}75$

$= 1{\cdot}275$ cms $= 12{\cdot}75$ mm

1·5. तनाव में तन्य पदार्थों का व्यवहार (Behaviour of the Ductile Material in Tension)

जब किसी पदार्थ पर लगातार बढ़ता हुआ तनाव बल कार्य करता है तो पदार्थ में प्रतिबल और विकृति उत्पन्न होते हैं। ज्यों-ज्यों तनाव बल बढ़ता जाता है, प्रतिबल व विकृति पदार्थ में बढ़ते जाते हैं। प्रतिबल और विकृति का सम्बन्ध रेखा-चित्रीय विधि (graphically) से चित्र 1·9 में दिखाया हुआ है।

A = समानुपातीय सीमा (Proportional limit)

B = प्रत्यास्थता की सीमा (Elastic limit)

C = दीर्घ पराभव बिन्दु या केवल पराभव बिन्दु (Upper or simply yield point)

D = लघु पराभव बिन्दु (Lower yield point)

E = चरम प्रतिबल (Ultimate stress)

F = टूटने का बिन्दु (Breaking point)

OB=प्रत्यास्थता परास (Elastic range)
DF=सुघट्यता परास (Plastic range)

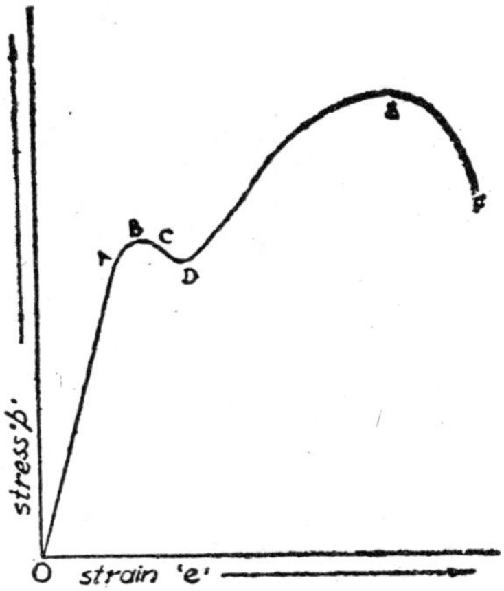

चित्र 1 9. प्रतिबल विकृति आरेख

A बिन्दु तक लोहे की छड़ हुक के नियम को मानती है या दूसरे शब्दों में प्रतिबल विकृति के समानुपाती होता है। इसलिए इस वक्र का OA भाग सीधी रेखा के रूप में होता है हैं। A बिन्दु तक जो प्रतिबल होता है उसे समानुपातीय सीमा कहते हैं।

A बिन्दु के बाद प्रतिबल और विकृति समानुपात में नहीं बढ़ता है और B बिन्दु जिसके बाद प्रतिबल और बिक्रति समानुपात में नहीं बढ़ता, को प्रत्यास्थता की सीमा कहते हैं। अब यदि पदार्थ पर प्रत्यास्थता की सीमा से अधिक बल लगाया जाता है तो पदार्थ का प्रत्यास्था गुण समाप्त हो जाता है। दूसरे शब्दों में, बाहरी बल हटाने पर पदार्थ अपनी पूर्वास्था में नहीं लौटता। यहाँ पर यह और अच्छी तरह से समझ लेना चाहिए कि बाहरी बल हटाने पर कुछ विरूपण तो पदार्थं में से हट जाता है लेकिन पूरी तरह से नहीं हटता, जब कि प्रत्यास्था सीमा के अन्दर अगर बाहरी बल पदार्थ पर से हटा लिया जाता है तो पदार्थ का विरूपण पूरी तरह से समाप्त हो जाता है। A और B ब्रिन्दु एक-दूसरे के इतने पास होते हैं कि इनको एक ही बिन्दु मान सकते हैं।

B से C बिन्दु तक बिकृति किसी बाहरी बल बढ़ाने के बिना ही जल्दी-जल्दी बढ़ती है। कई बार तो बाहरी बल कम भी हो जाता है जब तक कि D ब्रिन्दु न आ जाये। C और D बिन्दुओं को क्रमशः दीर्घ तथा लघु पराभव बिन्दु (upper and lower yield point) कहते हैं। C बिन्दु पर जो प्रतिबल होता है उसे दीर्घ पराभव प्रतिबल (upper yield stress) और D बिन्दु पर जो प्रतिबल होता है उसे लघु

पराभव प्रतिबल (lower yield stress) कहते हैं । C के बाद पदार्थ प्रत्यास्थता की स्थिति से सुघट्यता की स्थिति (plastic stage) में परिवर्तित हो जाता है ।

D बिन्दु पर पदार्थ का बहना और पराभव, रुक जाता है और पदार्थ कठोर (Hard) हो जाता है और फिर और अधिक प्रतिबल लेना शुरू कर देता है । D बिन्दु से आगे प्रतिबल व विकृति फिर बढ़ने शुरू हो जाते हैं लेकिन समानुपात में नहीं और इसलिए D के बाद आरेख सीधी रेखा न होकर पैराबोलिक (parabolic) हो जाता है । E बिन्दु पर पदार्थ अपनी अधिक से अधिक सामर्थ्यता तक विकृत हो जाता है । E पर पदार्थ में जो प्रतिबल होता है उसे चरम प्रतिबल (ultimate stress) कहते हैं, हालाँकि पदार्थ अभी भी टूटता नहीं है । E बिन्दु पर कुछ देर तक बाहरी बल स्थिर रहने के बाद पदार्थ का प्रसार एक स्थानिक (localized) हो जाता है और उस बिन्दु पर छड़ काफी पतली हो जाती है और इसके बाद पदार्थ की बाहरी बल लेने की सामर्थ्यता कम होती जाती है और अन्त में F बिन्दु पर पदार्थ टूट जाता है । F बिन्दु पर पदार्थ में जो प्रतिबल होता है उसे विदार या विभंग प्रतिबल (Rupture of fracture stress) कहते हैं ।

ऊपर पूरे लेखाचित्रीय प्रदर्शन (graphical representation) में प्रतिबल निकालते समय हमेशा पदार्थ का मूल अनुप्रस्थ काट का क्षेत्रफल ही काम में लिया जाता है । इन प्रतिबलों को हम **आकलित प्रतिबल** (nominal stresses) कहते हैं । लेकिन वास्तव में जब किसी पदार्थ को खींचा जाता है तो वह लम्बाई में बढ़ जाता है, लेकिन अनुप्रस्थ काट का क्षेत्रफल कम हो जाता है । इसलिए अगर वास्तविक क्षेत्रफल को काम में लेकर वास्तविक प्रतिबल निकाला जाए तो आरेख (diagram) का पैराबोलिक भाग और अधिक ऊँचाई में हो जाता है और इस स्थिति में विभंग (rupture) प्रतिबल सबसे अधिक हो जाता है । भंगुर (Brittle) पदार्थ जैसे ढलवाँ इस्पात, और रबर के लिए प्रतिबल विकृति आरेख चित्र 1·10 और 1·11 में क्रम से दिखाए गये हैं ।

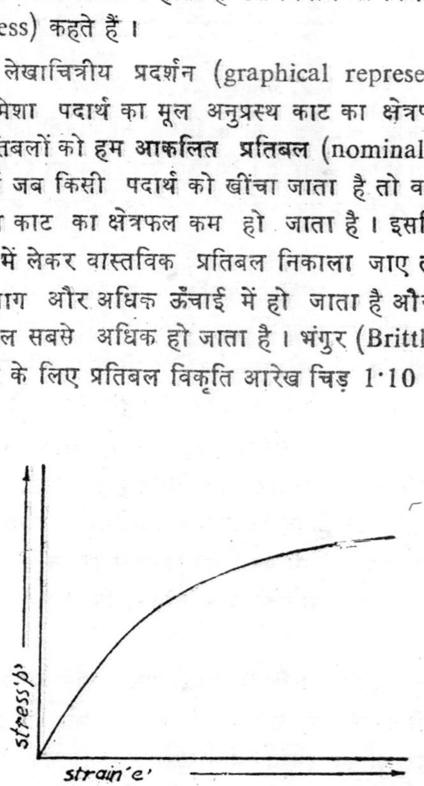

चित्र 1·10. ढलवाँ इस्पात का प्रतिबल विकृति आरेख

चरम प्रतिबल, कार्यकारी प्रतिबल और सुरक्षा कारक (Ultimate Stress, Working Stress and Factor of Safety)—

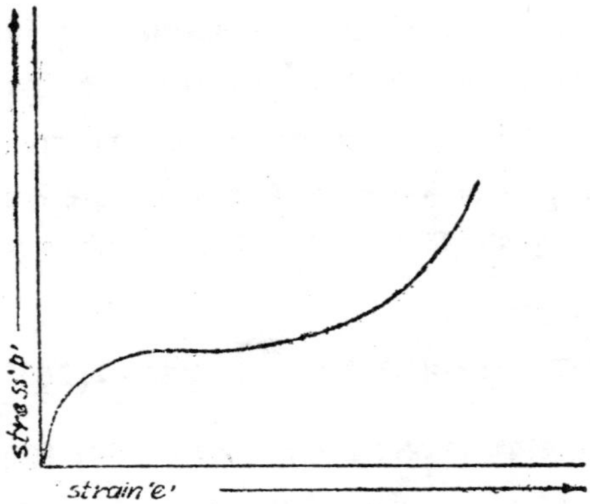

चित्र 1·11. रबर के लिए प्रतिबल विकृति आरेख

1. **चरम प्रतिबल**—किसी परीक्षण टेस्ट में अधिक से अधिक लिये गये बल को अगर मूल अनुप्रस्थ काट क्षेत्रफल से विभाजित कर दिया जाय तो जो प्रतिबल आता है, वह **चरम प्रतिबल** कहलाता है।

2. **कार्यकारी प्रतिबल** (Working Stress)—अभिकल्प में जिस प्रतिबल को मानकर किसी कार्य का अभिकल्पन करते हैं, उसे **कार्यकारी प्रतिबल** कहते हैं। यह प्रतिबल चरम प्रतिबल से काफी कम होता है।

3. **सुरक्षा कारक** (Factor of Safety)—चरम प्रतिबल और कार्यकारी प्रतिबल के अनुपात को **सुरक्षा कारक** कहते हैं।

$$\text{सुरक्षा कारक} = \frac{\text{चरम प्रतिबल}}{\text{कार्यकारी प्रतिबल}}$$

सुरक्षा कारक, केवल एक संख्या है। इसकी कोई इकाई नहीं होती।

कुछ महत्त्वपूर्ण परिभाषायें

1. **समानुपातीय सीमा** (Limit of Proportionality)—जब किसी पदार्थ पर बाहरी बल लगाया जाता है तो पदार्थ में प्रतिबल व विकृति पैदा होती है। हुक नियम अनुसार यदि पदार्थ में प्रत्यास्थता सीमा से कम बाहरी बल लगाया जाता है तो प्रतिबल और विकृति समानुपाती होते हैं अर्थात् प्रतिबल-विकृति आरेख एक सीधी रेखा होती है। अंत: पदार्थ की वह सीमा जहाँ तक प्रतिबल-विकृति आरेख एक सीधी रेखा रहती है, को **समानुपातीय सीमा** कहते हैं।

2. **स्थायी विकृति** (Permanant Set)—जब किसी पदार्थ को उसके प्रत्यास्थता सीमा से अधिक विकृत किया जाता है तो बाहरी बल हटाने पर, पदार्थ का

विरूपण पूरी तरह से समाप्त नहीं होता। कुछ न कुछ विरूपण पदार्थ में स्थायी रूप से रह जाता है। इस स्थायी विरूपण को **स्थायी विकृति** कहते हैं।

3. **पराभव बिन्दु** (Yield Point)—यह वह प्रतिबल है जिसके बाद पदार्थ में बहुत कम बाहरी बल बढ़ाने पर विकृति अधिक तेजी से बढ़ती है।

उदाहरण 13. लोहे की 20 mm व्यास की छड़, एक थाम के रूप में काम में ली गई है। यदि छड़ का चरम अवभंजन प्रतिबल (ultimate crushing stress) 400 N/mm^2 है और सुरक्षा कारक 3 है तो सुरक्षित (safe) भार जो छड़ ले सकती है, ज्ञात करो।

हल : अनुप्रस्थ काट का क्षत्रफल $A = \frac{\pi}{4}(d)^2 = \frac{\pi}{4}(20)^2 = 100\pi \text{ mm}^2$

थाम के लिए अविभंजन भार $P = p \times A = 400 \times 100\ \pi$ N

$= 40000 \times \pi$

सुरक्षित भार (safe load) $= \frac{\text{चरम भार}}{\text{सुरक्षा कारक}}$

$= \frac{125714 \cdot 3}{3} = 41904 \cdot 8$ N (उत्तर)

उदाहरण 14. ढलवाँ लोहे का एक खोखला स्तम्भ जिसका बाहरी माप 4 cm × 4 cm और अन्दर का माप 2 cm × 2 cm है, को 20 *t* भार उठाने के लिए काम लिया गया है। यदि ढलवाँ लोहे के लिए चरम प्रतिबल 6 t/cm^2 है और सुरक्षा कारक 4 है तो स्तम्भ की सुरक्षित भार वहन क्षमता ज्ञात करो।

हल :

अनुप्रस्थ काट का क्षेत्रफल $A = 4 \times 4 - 2 \times 2$

$= 12 \text{ cm}^2$

चरम प्रतिबल $P = 6 \text{ t/cm}^2$

कार्यकारी प्रतिबल $= \frac{6}{4} = 1 \cdot 5$ t/cm

स्तम्भ की सुरक्षित (safe) भार लेने की क्षमता

$= 12 \times 1 \cdot 50 = 18$ t

लेकिन स्तम्भ पर 20 t भार डाला जा रहा है, इसलिए स्तम्भ असुरक्षित (unsafe) है।

1·6. पार्श्विक विकृति और पाइजन अनुपात (Lateral Strain and Poisson's Ratio)

जब किसी छड़ को खींचा जाता है तो उसकी लम्बाई बढ़ जाती है लेकिन छड़

का अनुप्रस्थ माप कम हो जाता है। इसी प्रकार जब छड़ को दबाया जाता है तो इसकी लम्बाई कम हो जाती है लेकिन छड़ का अनुप्रस्थ माप बढ़ जाता है, यानि छड़ की लम्बाई में जो विकृति होती है, छड़ के अनुप्रस्थ माप में इसके उल्ट विकृति उत्पन्न होती है। अनुप्रस्थ माप में जो विकृति उत्पन्न होती है उसे हम पार्श्विक विकृति (lateral strain) कहते हैं। प्रत्यास्थता की सीमा के अन्दर पार्श्विक विकृति (lateral strain) और अनुदैर्ध्य विकृति (longitudinae strain) का आपस में एक निश्चित सम्बन्ध होता है।

$$\frac{\text{पार्श्विक विकृति}}{\text{अनुदैर्ध्य विकृति}} = \text{स्थिरांक (constant)}$$

स्थिरांक को Poisson's ratio कहते हैं। Poisson's ratio को हमेशा $\frac{1}{\text{m}}$ से लिखा जाता है। लगभग सभी धातुओं के लिए Poisson ratio का मान 0·25 और 0·34 के बीच में होता है।

यदि छड़ की अनुदैर्ध्य विकृति e है तो इसकी पार्श्विक विकृति $e \times \frac{1}{m}$ होती है। दोनों विकृतियां एक-दूसरे के विपरीत चिह्न की होती हैं।

यदि एक गोल छड़ की लम्बाई l है और व्यास d है तो पार्श्विक विकृति $\frac{\delta d}{d} = \frac{1}{m} \times e$ होती है और यदि छड़ आयताकार (rectangular) है जिसकी मोटाई t व चौड़ाई b है तो पार्श्विक विकृति $\frac{\delta t}{t} = \frac{\delta b}{b} = \frac{1}{\text{m}} \times e$ होती है। हम देख चुके हैं कि जब बाहरी बल किसी पदार्थ पर कार्य करता है तो इसके सभी मापों में थोड़ा बहुत परिवर्तन अवश्य होता है। जब सभी माप बदल जाते हैं तो पदार्थ का आयतन भी परिवर्तित हो जाता है।

गोलाकार छड़ के लिए :

मान लो एक गोल छड़ है जिसकी लम्बाई l और व्यास d है,

छड़ का आयतन (Volume) $V = \frac{\pi}{4} d^2 \times l$

अवकलन करने से (differentiating)

$$\delta V = \frac{\pi}{4}\, d\, \delta l + 2\frac{\pi}{4} \times d \times l \times \delta d.$$

या $$\frac{\delta V}{V} = \frac{\frac{\pi}{4} d^2 \delta l + 2\frac{\pi}{4} d \times l \times \delta d}{\frac{\pi}{4} d^2 l}$$

$$=\frac{\delta l}{l}+\frac{2\delta d}{d}$$

$$=e+2\frac{e}{m}$$

लेकिन पार्श्विक विकृति $\frac{e}{m}$ अनुदैर्घ्य विकृति के उल्ट चिह्न की होती है अतः $2\frac{e}{m}$ का चिह्न e के चिह्न से हमेशा उल्टा लिया जाता है।

इसलिए $$\frac{\delta V}{V}=e-2\frac{e}{m}$$

$$=e\left(1-\frac{2}{m}\right)$$

या आयतन में परिवर्तन $\delta V=Ve\left(1-\frac{2}{m}\right)$

आयताकार छड़ के लिए :

मान लो एक आयताकार छड़ की मोटाई t, चौड़ाई b और लम्बाई l है

आयतन $V=b\times l\times t$

अवकलन करने पर

$$\delta V=l\times b\times \delta t+b\times t\times \delta l+l\times t\times \delta b$$

या $$\frac{\delta V}{V}=\frac{lb\delta t+bt\delta l+lt\delta b}{lbt}$$

$$=\frac{\delta t}{t}+\frac{\delta l}{l}+\frac{\delta b}{b}$$

$$=\frac{e}{m}+e+\frac{e}{m}=\left(e+\frac{2e}{m}\right)$$

चूंकि पार्श्विक विकृति अनुदैर्घ्य विकृति से उल्ट चिन्ह की होती है।

इसलिए $$\frac{\delta V}{V}=e-\frac{2e}{m}=e\left(1-\frac{2}{m}\right)$$

या आयतन में परिवर्तन $\delta V=V\times e\left(1-\frac{2}{m}\right)$

1·7. एक संयुक्त छड़ का तुल्य प्रत्यास्थता गुणांक (Equivalent Modulus of a Compound Bar)

मान लो एक संयुक्त छड़ जो दो पदार्थों की बनी है, लम्बाई में l है। मान लो

दोनों पदार्थों के अनुप्रस्थ खंड A_1 और A_2 हैं और इनके अनुरूपी प्रत्यास्थता गुणांक क्रमशः E_1 और E_2 है।

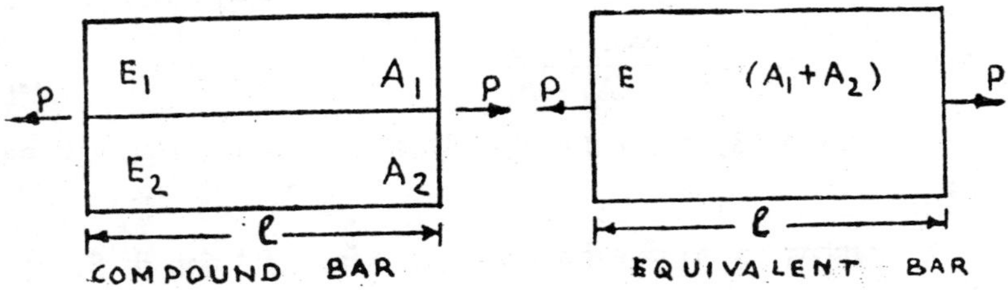

(*a*) संयुक्त छड़ (*b*) तुल्य छड़

चित्र 1·12.

चित्र 1·12 (*b*) में तुल्य छड़ दिखाई हुई है जिसकी लम्बाई l और अनुप्रस्थ खण्ड A है। मान लो तुल्य छड़ का प्रत्यास्थता गुणांक E है।

एक ही बल के अधीन तुल्य और संयुक्त छड़ों में प्रसार एक ही होगा।

तुल्य छड़ों के लिए : ...

$$\delta l = \frac{Pl}{AE}$$

लेकिन $A = A_1 + A_2$

संयुक्त छड़ के लिए :

क्योंकि दोनों पदार्थों में विकृति बराबर है

$$\therefore \quad \frac{p_1}{E_1} = \frac{p_2}{E_2}$$

या $$\frac{p_1}{p_2} = \frac{E_1}{E_2}$$

और $p_1 A_1 + p_2 A_2 = P$

$$\therefore \quad \left(p_2 \times \frac{E_1}{E_2}\right) A_1 + p_2 A_2 = P$$

$$p_2 = \frac{P}{\frac{E_1}{E_2} A_2 + A_2}$$

दोनों पदार्थों का संयुक्त प्रसार $= \delta l$

$$\therefore \quad \delta l = \frac{p_2 l}{E_2},$$ p_2 का मान रखने पर

$$\delta l = \frac{Pl}{A_1 E_1 + A_2 E_2}$$

या $A_1E_1+A_2E_2=\frac{Pl}{\delta l}$

(1) और (2) समीकरणों से, $(A_1+A_2)\,E=A_1E_1+A_2E_2$

$$E=\frac{A_1E_1+A_2E_2}{A_1+A_2} \qquad \cdots(3)$$

समीकरण (3) से तुल्य प्रत्यास्थता गुणांक E का मान ज्ञात किया जा सकता है।

उदाहरण 15. दो प्लेटें तीन रिवेटों द्वारा जोड़ी हुई हैं जैसा कि चित्र 1·13 में दिखाया गया है। यदि प्लेटों को 10*t* बल से खींचा जाता है तो रिवेटों में अपरूपण प्रतिबल (shear stress) ज्ञात करो। रिवेट का व्यास 2 cm है।

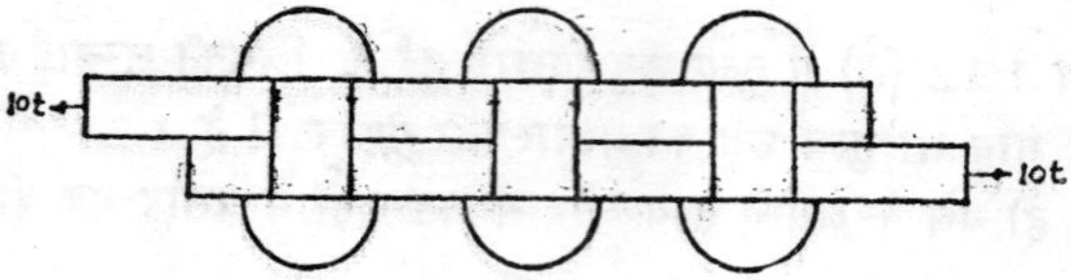

चित्र 1·13.

हल : तीनों रिवेटों के अनुप्रस्थ काट का क्षेत्रफल

$$=3\times\frac{\pi}{4}d^2=3\times\frac{\pi}{4}(2)^2=9{\cdot}412\text{cm}^2$$

तीनों रिवटें एकल अपरूपण में हैं।

अपरूपण प्रतिबल $q=\frac{10}{9{\cdot}412}=1{\cdot}06\ \text{t/cm}^2$

उदाहरण 16. एक पन्च द्वारा 1 cm व्यास का छेद $\frac{1}{2}$ cm मोटी प्लेट में निकाला गया। अगर चरम अपरूपण प्रतिबल (Ultimate shear stress) इस्पात के लिए 3000 kg/cm^2 है तो संपीडित प्रतिबल (Compressive stress)-जो Punch में उत्पन्न होता है, ज्ञात करो।

हल :

कुल क्षेत्रफल जो पंच को (Shear) अपरूपण करना पड़ेगा $=\pi d\times t\times q$, जहाँ q अपरूपण प्रतिबल है। मानलो पंच में संपीडित प्रतिबल P_c है।

इसलिए $\frac{\pi}{4}d^2\times p_c=\pi d\times t\times q$

$$\frac{d^2}{4}p_c=d\times l\times 3000$$

या $\frac{p_c}{4} = \frac{1}{2} \times 1 \times 3000$

$p_c = 6000$ kg/cm^2

उदाहरण 17. (S. I. Units) एक साधारण लोहे की प्लेट की चौड़ाई 100 mm, मोटाई 20 mm और लम्बाई 2 metre है। यदि 400 kN का एक बाहरी तनाव बल प्लेट को खींच रहा है तो प्लेट के सभी मापों में परिवर्तन ज्ञात करो। पाईजन अनुपात 0·3 है और $E = 2 \times 10^5$ N/mm^2 है। आयतन में परिवर्तन भी ज्ञात करो।

हल :

प्रतिबल $p = \frac{P}{A} = \frac{400}{100 \times 20} = 0{\cdot}2$ kN/mm^2

विकृति $e = \frac{p}{E} = \frac{0{\cdot}2 \times 1000}{2 \times 10^5} = 0{\cdot}001$

प्लेट की लम्बाई में प्रसार $\delta l = e \times l$

$= 0{\cdot}001 \times 2 \times 1000 = 2$mm

पार्श्विक विकृति (lateral strain) $= \frac{1}{m} \times e$

$= 0{\cdot}3 \times {\cdot}001 = 0{\cdot}0003$

प्लेट की चौड़ाई में परिवर्तन $\delta b = \frac{1}{m} \times e \times b$

$= 0{\cdot}0003 \times 100 = 0{\cdot}03$ mm

प्लेट की मोटाई में परिवर्तन $\delta t = \frac{1}{m} \times e \times t$

$= 0{\cdot}0003 \times 20 = 0{\cdot}006$ mm

आयतन में परिवर्तन, $\delta V = V \times e\left(1 - \frac{2}{m}\right)$

$= (2 \times 1000 \times 100 \times 20) \times {\cdot}001\ (1 - 2 \times 0{\cdot}3)$

$= 4000\ (1 - 0{\cdot}6) = 1600$ mm^3 **(उत्तर)**

उदाहरण 18. एक साधारण लोहे की छड़ 2·5 cm व्यास में और 20 cm लम्बी है। इस छड़ का जब तनाव में परीक्षण किया गया तो नीचे दिए आँकड़े नोट किए गए।

लम्बाई में प्रसार $= 0{\cdot}015$ cm

बल	$=6750$ kg
प्रत्यास्थता सीमा बल	$=14500$ kg
अधिक से अधिक भार	$=22700$ kg
कुल प्रसार	$=5{\cdot}5$ cms
छड़ का व्यास जहाँ से छड़ टूटती है	$=1{\cdot}85$ cms

(*a*) E का मान (*b*) % प्रसार (*c*) % अनुप्रस्थ काट के क्षेत्रफल में कमी (*d*) चरम सामर्थ्य ज्ञात करो।

हल :

$$(a)\ p=\frac{P}{A}=\frac{6750}{\frac{\pi}{4}(2{\cdot}5)^2}=\frac{6750}{0{\cdot}7854\times 6{\cdot}45}$$

$$e=\frac{\delta l}{l}=\frac{0{\cdot}015}{20}$$

$$E=\frac{p}{e}=\frac{6750}{0{\cdot}7854\times 6{\cdot}25}\times\frac{20}{0{\cdot}015}$$

$$=1{\cdot}83\times 10^6\ \text{kg/cm}^2$$

$$(b)\ \%\ \text{प्रसार}=\frac{\text{कुल प्रसार}}{\text{मूल लम्बाई}}\times 100$$

$$=\frac{5{\cdot}5}{20}\times 100=27{\cdot}5\%$$

(*c*) अनुप्रस्थ काट के क्षेत्रफल में % कमी

$$=\frac{\text{कंठ (neck) पर क्षेत्रफल में परिवर्तन}}{\text{छड़ का मूल क्षेत्रफल}}$$

$$=\frac{\frac{\pi}{4}(2{\cdot}5)^2-\frac{\pi}{4}(1{\cdot}85)^2}{\frac{\pi}{4}(2{\cdot}5)^2}\times 100$$

$$=\left(\frac{6{\cdot}25-3{\cdot}423}{6{\cdot}25}\right)\times 100=45{\cdot}3\%$$

$$(d)\ \text{चरम सामर्थ्य}=\frac{22700}{\frac{\pi}{4}(2{\cdot}5)^2}=4620\ \text{kg/cm}^2$$

उदाहरण 19. एक लोहे की छड़ जिसका व्यास 20 mm और लम्बाई 3

metre है, पर 80 kN का बाहरी तनाव बल लगाया गया। अगर $E=2\times10^5$ kN/mm^2 और $m=4$ है तो (1) लम्बाई में परिवर्तन (2) व्यास में परिवर्तन (3) आयतन में परिवर्तन ज्ञात करो।

हल : $$p=\frac{P}{A}=\frac{80,000}{\frac{\pi}{4}(20)^2}=\frac{800}{3{\cdot}142}=255\ N/mm^2$$

$$e=\frac{p}{E}=\frac{255}{2\times10^5}=0{\cdot}001275$$

1. छड़ का कुल प्रसार $\delta l=e\times l$

$$=0{\cdot}001275\times3\times1000=3{\cdot}825\ mm$$

पार्श्विक बिकार या विकृति $=\frac{l}{m}\times e$

$$=\frac{1}{4}\times0{\cdot}001275=0{\cdot}00032$$

व्यास का आकुंचन (contraction) $\delta d=\frac{1}{m}\times e\times d$

$$=0{\cdot}00032\times20={\cdot}0064$$

आयतन $V=\frac{\pi}{4}d^2\times l$

$$=\frac{22}{7\times4}\times(20)^2\times3\times1000=942600\ mm^3$$

$$\delta V=eV\times\left(1-\frac{2}{m}\right)$$

$$=943600\times0{\cdot}001275\times(1-0{\cdot}5)$$

$$=600\ mm^2 \text{ (उत्तर)}$$

उदाहरण 20. एक स्तम्भ लोहे के नल में कंक्रीट भरकर बनाया गया है। लोहे की मोटाई 1 cm है और अन्दर का व्यास 100 cms है। ज्ञात करो कि कंक्रीट और लोहा इस भार को किस अनुपात में लेंगे, $\frac{E_S}{E_s}=18$

Poisson s ratio लोहे के लिए 0·3, कंक्रीट के लिए 0·4 है।

हल : मान लो उभयनिष्ठ (common) विकृति कंक्रीट और लोहे के लिए e है।

$$\text{Poisson ratio}=\frac{\text{पार्श्विक विकृति}}{\text{अनुदैर्ध्य विकृति}}$$

कंक्रीट के लिए :

पार्श्विक विकृति $= 0.4 \times$ अनुदैर्ध्य विकृति $= 0.4\ e$

लोहे के लिए :

पार्श्विक विकृति $= 0.3\ e$

यदि कंक्रीट अकेला ही होता तो इसका प्रसार पार्श्विक दिशा में बिना किसी रुकावट के होता और इसका प्रसार पार्श्विक दिशा में लोहे से अधिक होता। लेकिन कंक्रीट के प्रसार को लोहे का नल रोकता है। इसलिए कुल (net) पार्श्विक विकृति कंक्रीट में $= 0.4\ e - 0.3\ e = 0.1\ e$

कंक्रीट की रोकी हुई पार्श्विक विकृति के कारण रेखिक विकति (linear strain) e_1 उत्पन्न होगी।

$$e_1 = \frac{\text{कुल पार्श्विक विकृति}}{\text{Poisson Ratio}} = \frac{0.1\ e}{0.4} = 0.25\ e$$

अब कंक्रीट में कुल अनुदैर्ध्य विकृति (longitudinal strain)

$$= e + 0.25\ e = 1.25\ e$$

मान लो W भार स्तम्भ ले सकता है

कंक्रीट द्वारा लिया गया भार $W_c = \frac{\pi}{4}(100)^2 \times 1.25\ e \times E_c$

लोहे द्वारा लिया गया भार $W_s = \frac{\pi}{4}\{(102)^2 - (100)^2\} e \times E_s$

कंक्रीट द्वारा लिया गया % भार $= \frac{W_c}{W} \times 100$

$$= \frac{W_c}{W_s + W_c} \times 100 = \frac{100}{\frac{W_s}{W_c} + 1}$$

$$= \frac{100}{\dfrac{\frac{\pi}{4} 404 \times e \times E_s}{\frac{\pi}{4}(100)^2 \times 1.25\ e \times E_c} + 1}$$

$$= \frac{100}{\frac{404}{10000} \times \frac{E_s}{1.25\ E_c} + 1}$$

$$= \frac{100}{0.0323 \times 18 + 1}$$

$$=\frac{100}{1\cdot5814}=63\cdot2\%$$

लोहे द्वारा लिया गया भार 100—63·2 = 36·8% (उत्तर)

उदाहरण 21. एक लोहे के घन (cube) के किनारे 100 mm लम्बे हैं। घन के आमने-सामने के फलकों के एक जोड़े पर 200 kN तनाव बल, एक अन्य आमने-सामने के फलकों के जोड़े पर 250 kN तनाव बल तथा बचे हुए फलकों के जोड़े पर 300 kN संपीडत बल लगाया गया है। यदि E_s का मान 2×10^5 N/mm² हो तथा m = 4 हो तो घन के आयतन में परिवर्तन ज्ञात करो।

हल—तीनों दिशाओं में प्रति बलों के P_x, P_y तथा P_z से अंकित करो :

$$P_x=\frac{200\times1000}{100\times100}=20\ \text{N/mm}^2\ (\text{तनाव})$$

$$P_y=\frac{250\times1000}{100\times10}=25\ \text{N/mm}^2\ (\text{तनाव})$$

$$P_z=\frac{300\times1000}{100\times100}=30\ \text{N/mm}^2\ (\text{संपीडत})$$

तनाव प्रतिबल को घन एवं संपीडत प्रतिबल को ऋण मानते हुए

$$P_x+P_y+P_z=20+25—30=15\ \text{N/mm}^2$$

$$\frac{d_v}{V}=\frac{1}{E}(p_x+p_y+p_z)\left(1—\frac{2}{m}\right)$$

$$=\frac{1}{2\times10^5}\times15\times\left(1—\frac{2}{4}\right)$$

$$=\frac{1}{2\times10^5}\times15\times\frac{1}{2}$$

$$d_V=\frac{1}{2\times10^5}\times15\times\frac{1}{2}\,(100)^3=37\cdot5\ \text{mm}^3\ (\text{उत्तर})$$

उदाहरण 22. ABC एक गोल खण्ड की मृदा इस्पात की छड़ है जो अक्षीय खिचाव वहन कर रही है। कुल लम्बाई 1·5 m है जिसमें से AB भाग की लम्बाई 0·9 m तथा व्यास 40 mm है। BC भाग की लम्बाई 0·6 m तथा व्यास 30 mm है। छड़ की कुल लम्बाई में परिवर्तन 0·64 mm हुआ है। AB तथा BC भागों के लिए अलग-अलग ज्ञात करो।

1. लम्बाई में परिवर्तन
2. व्यास में परिवर्तन
3. आयतन में परिवर्तन

m का मान 0·3 तथा E का मान 2×10^5 N/mm² मानिए।

हल—मान लो AB भाग के लिए प्रतिबल p_1 तथा BC भाग के लिए p_2 N/mm^2 है।

BC में बल = AB में बल

$$p_1 \times \frac{\pi}{4}(40)^2 = p_2 \frac{\pi}{4}(30)^2$$

$$p_1 = \frac{9}{16} p_2 \qquad \ldots(1)$$

$$\text{AB लम्बाई में बढ़ोत्तरी} = \frac{p_1}{2 \times 10^5} \times 0{\cdot}9 \times 1000$$

$$\text{BC लम्बाई में बढ़ोत्तरी} = \frac{p_2}{2 \times 10^5} \times 0{\cdot}6 \times 1000$$

कुल लम्बाई में बढ़ोत्तरी $= 0{\cdot}64$ mm

$$\text{अतः } \frac{p_1}{2 \times 10^5} \times 900 + \frac{p_2}{2 \times 10^5} \times 600 = 0{\cdot}64 \qquad \ldots(2)$$

(1) तथा (2) हल करने पर

$$p_1 = 65{\cdot}1 \text{ N/mm}^2$$
$$p_2 = 115{\cdot}7 \text{ N/mm}^2$$

$$\text{AB लम्बाई में विकृति} = \frac{65{\cdot}1}{2 \times 10^5} = {\cdot}0003255$$

$$\text{AB में पार्श्विक विकृति} = 0{\cdot}3 \times 0{\cdot}0003255$$
$$= 0{\cdot}00009765$$

$$\text{AB की लम्बाई में बढ़ोत्तरी} = 0{\cdot}9 \times 1000 \times 0{\cdot}0003255$$
$$= 0{\cdot}293 \text{ mm}$$

$$\text{AB के व्यास में कमी} = 40 \times 0{\cdot}00009765$$
$$= {\cdot}00391 \text{ mm}$$

$$\text{AB के आयतन में बढ़ोत्तरी} = e\left(1 - \frac{2}{m}\right) \times V$$

$$= 0{\cdot}0003255(1 - 2 \times 0{\cdot}3)\ \frac{\pi}{4}(40)^2\ 900$$

$$= 147{\cdot}3 \text{ mm}^3$$

$$\text{BC में अनुदैर्ध्य विकृति} = \frac{115{\cdot}7}{2 \times 10^5} = 0{\cdot}0005785$$

BC में पार्श्विक विकृति $= 0.3 \times 0.0005785$

$= 0.0001736$

BC लम्बाई में बढ़ोत्तरी $= 0.64 - 0.293$

$= 0.347$ mm

BC के व्यास में कमी $= 30 \times 0.0001736$

$= 0.00521$ mm

BC के आयतन में बढ़ोत्तरी $= 0.0005785 \ (1 - 2 \times 0.3) \frac{\pi}{4}(30)^2 \ 600$

$= 98.15 \text{ mm}^3$

1.8. छड़ का अपने ही भार द्वारा प्रसार (Elongation due to Self Weight)

मान लो एक छड़ AB अपने ही भार में लटक रही है। छड़ के निचले सिरे पर छड़ का भार बिल्कुल नहीं है और छड़ के ऊपरी भाग में छड़ का पूरा भार लटक रहा है। इसलिए छड़ का भार लगातार छड़ के हर खण्ड पर बदलता है। छड़ का कुल प्रसार छड़ के सभी खण्डों के प्रसार को जोड़कर ज्ञात किया जाता है।

मान लो छड़ का एक छोटा-सा खण्ड dx, छड़ के निचले सिरे से x ऊपर है। क्योंकि dx खण्ड बहुत ही छोटा है इसलिए इस छोटे-से खण्ड पर प्रतिबल एक-सा मान सकते हैं। dx खण्ड में प्रतिबल छड़ के उस भार के कारण होता है जो dx के नीचे लटक रहा है।

dx के नीचे का छड़ का भार $= A \times w \times x$

यहाँ A छड़ के अनुप्रस्थ काट का क्षेत्रफल है और w इकाई आयात का भार है।

इसलिए dx खण्ड में प्रतिबल $= \frac{w \times A \times x}{A} = wx$

dx लम्बाई का प्रसार $= \frac{wx}{E} dx$

छड़ का कुल प्रसार $= \int_0^l \frac{wx\,dx}{E}$

$= \left[\frac{wx^2}{2E}\right]_0^l$

$= \frac{wl^2}{2E}$

अगर छड़ के पूरे भाग को लिया जाए तो

$W = wAxl$

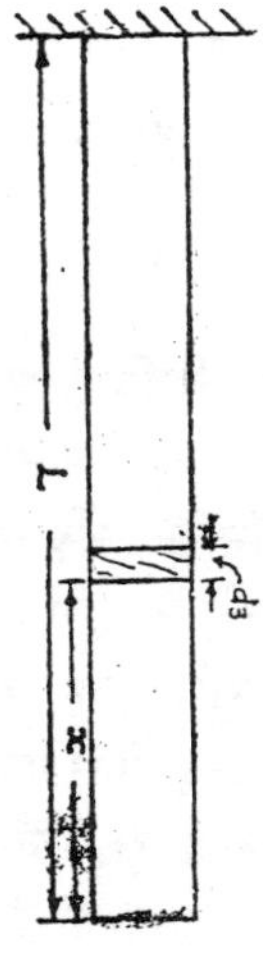

चित्र 1.14.

$$\text{इसलिए कुल प्रसार} = \frac{Wl}{2AE}$$

इस समीकरण से यह निष्कर्ष निकलता है कि अपने ही भार के कारण छड़ का प्रसार उस प्रसार का आधा होता है, जो छड़ के भार के बराबर छड़ के निचले सिरे पर लटकाने से होता है।

उदाहरण 23. एक लोहे का 10 m लम्बा रस्सा ऊर्ध्वाधर लटक रहा है। रस्से को 10000 kg भार उठाने के लिए काम में लिया गया। रस्से के अनुप्रस्थ काट का क्षेत्रफल ज्ञात करो। यदि रस्से के लिए अनुमत प्रतिबल 2000 kg/cm² है और लोहे के रस्से का भार 8 gm/cm³ और $E = 2 \times 10^6$ kg/cm² है तो रस्से का कुल प्रसार ज्ञात करो।

हल : छड़ के ऊपरी भाग में कुल भार

$$= 10000 + \frac{8 \times A \times 10 \times 100}{1000}$$

$$\text{अनुमत प्रतिबल} = 2000 \text{ kg/cm}^2$$

$$\text{इसलिए } \frac{10000 + 8A}{A} = 2000$$

$$10000 + 8A = 2000A$$

$$A = 5{\cdot}02 \text{ cm}^2$$

रस्से के प्रसार के लिए कुल भार जो रस्से के निचले भाग पर कार्य कर रहा है

$$= 10000 + \frac{8}{1000} \times \frac{5{\cdot}02 \times 10 \times 100}{2}$$

$$= 10020{\cdot}08 \text{ kg}$$

$$\text{प्रसार} = \frac{p}{E} \times l = \frac{10020{\cdot}08 \times 10 \times 1000}{5{\cdot}02 \times 2 \times 10^6}$$

$$= \frac{1002008}{1004000} = 1{\cdot}00 \text{ cms उत्तर}$$

1·9. मिश्रित छड़ (Composite Bar)

जब किसी छड़ का अनुप्रस्थ काट एक से अधिक पदार्थों का बना होता है तो इसे मिश्रित छड़ या मिश्रित खण्ड कहते हैं।

मान लो, एक संपीडित भार P एक मिश्रित छड़ पर कार्य कर रहा है। मान लो मिश्रित छड़ किन्हीं दो भिन्न पदार्थों की बनी है जिनकी लम्बाई बराबर है। A_1 और A_2 दोनों पदार्थों का छड़ में अनुप्रस्थ काट का क्षेत्रफल है। P_1 और P_2 दोनों धातुओं द्वारा उठाया गया भार है और E_1 और E_2 धातुओं के प्रत्यास्थता गुणांक हैं।

छड़ में संतुलन के लिए

$$P = P_1 + P_2 \qquad \ldots(1)$$

बाहरी प्रभाव के कारण मिश्रित छड़ की दोनों धातुएँ बराबर मात्रा में सिकुड़ेंगी या लम्बाई में बढ़ेंगी। क्योंकि दोनों धातुओं की लम्बाई बराबर है, इसलिए दोनों धातुओं में विकृति बराबर होगी।

इसलिए $$\frac{p_1}{E_1}=\frac{p_2}{E_2}$$

$$\frac{P_1}{A_1E_1}=\frac{P_2}{A_2E_2} \quad ...(2)$$

समीकरण (1) और (2) को हल कर p_1 और p_2 के मान ज्ञात करके अलग-अलग धातुओं द्वारा लिया गया भार ज्ञात किया जा सकता है।

उदाहरण 24. एक लोहे की छड़ 20 mm व्यास में और 1 m लम्बी है। इस छड़ को एक पीतल की ट्यूब (tube) में जिसका बाहरी व्यास 30 mm है व अन्दर का व्यास 20 mm है, जकड़कर बन्द कर दिया गया है और मिश्रित खण्ड को 40 kN के तनाव बल से खींचा गया है। यदि $E_s=2\times10^5$ N/mm² और $E_b=1\times10^5$ N/mm² हो तो लोहे की छड़ व पीतल की tube में प्रतिबल ज्ञात करो। मिश्रित छड़ का कुल प्रसार भी ज्ञात करो।

हल : लोहे की छड़ का अनुप्रस्थ काट का क्षेत्रफल

$$A_s=\frac{\pi}{4}(20)^2=314{\cdot}2 \text{ mm}^2$$

पीतल की ट्यूब का अनुप्रस्थ काट क्षेत्रफल

$$A_b=\frac{\pi}{4}\{(30)^2-(20)^2\}=393 \text{ mm}^2$$

$$\frac{p_s}{E_s}=\frac{p_b}{E_b}$$

या $$p_s=\frac{E_s}{E_b}\times p_b=\frac{2\times10^5}{1\times10^5}p_b=2p_b \quad ...(1)$$

$$P_b+P_s=40 \text{ kN}=40000\text{N}$$

$$393\,p_b+314{\cdot}2\,p_s=40000 \quad ...(2)$$

समीकरण (1) और (2) को हल करने पर

$$p_b=39{\cdot}2 \text{ N/mm}^2 \text{ और } p_s=78{\cdot}4 \text{ N/mm}^2$$

पीतल की ट्यूब द्वारा लिया गया भार $=P_b=p_b\times A_b$

$=39{\cdot}2\times393=15400$ N

लोहे की छड़ द्वारा लिया गया भार $=A_s\times p_s$

$=314{\cdot}2\times78{\cdot}4=24600$ N

विकृति $$e=\frac{p_s}{E_s}=\frac{p_b}{E_b}=\frac{78.4\times1}{2\times10^5}=\frac{0.392}{1000}$$

छड़ में प्रसार $=e\times l$

$$=\frac{0.392}{1000}\times1\times1000=0.392\ \text{mm}$$

उदाहरण 25. दो खड़ी छड़ें मिलकर 100 kN भार उठाती हैं। उनमें से एक छड़ ताँबे की बनी है जिसके अनुप्रस्थ काट का क्षेत्रफल 400 mm^2 है और दूसरी साधारण लोहे की बनी है, जिसका अनुप्रस्थ काट का क्षेत्रफल 600 mm^2 है। यदि $E_c=1.1\times10^5$ N/mm^2 और $E_s=2.05\times10^5$ N/mm^2 हो तो दोनों छडों में प्रतिबल ज्ञात करो।

हल : $$P=P_c+P_s$$

या $$p_cA_c+p_sA_s=100\times1000\ \text{N} \quad ...(1)$$

क्योंकि दोनों छड़ें लम्बाई में बराबर हैं, इसलिए दोनों छड़ों में विकृति भी बराबर होती है।

इसलिए $$\frac{p_c}{E_c}=\frac{p_s}{E_s}$$

या $$p_c=p_s\times\frac{E_c}{E_s}=\frac{1.1}{2.05}p_s=0.537\ p_s \quad ...(2)$$

समीकरण (1) और (2) को हल करने पर,

$$p_c=66\ \text{N/mm}^2 \text{ और } p_s=123\ \text{N/mm}^2$$

उदाहरण 26. एक साधारण लोहे का बोल्ट जिसका व्यास 20 mm है और जो 160 mm लम्बा है; एक पीतल की ट्यूब जो 160 mm लम्बी है, में से गुजरता है। पीतल की ट्यूब का बाहरी व्यास 40 mm व अन्दर का व्यास 25 mm है। बोल्ट के एक सिरे पर 10 mm में चार के हिसाब में चूड़ियाँ कटी हुई हैं, और बोल्ट के ऊपर नट (nut) ऐसे कसा गया है कि ट्यूब व बोल्ट में कोई प्रतिबल नहीं है। अब यदि ढिबरी (nut) को 180° से ओर कस दिया जाता है तो बोल्ट व ट्यूब में उत्पन्न प्रतिबल ज्ञात करो। $E_s=2\times10^5$ N/mm^2, $E_b=1\times10^5$ N/mm^2

हल : ढिबरी को कसने पर पीतल की ट्यूब में सम्पीडत प्रतिबल व बोल्ट में तनाव प्रतिबल उत्पन्न हो जाता है।

क्योंकि कोई बाहरी बल नहीं लग रहा है इसलिए सन्तुलन (equilibrium) के लिए सम्पीडक भार पीतल की ट्यूब पर और तनाव बल बोल्ट पर दोनों बराबर होते हैं।

बोल्ट का अनुप्रस्थ काट का क्षेत्रफल $=\frac{\pi}{4}(20)^2=314.2\ \text{mm}^2$

इसी तरह पीतल का $$A_b=\frac{\pi}{4}\left\{(40)^2-(25)^2\right\}$$

$$=766 \text{ mm}^2$$

ढिवरी (nut) की सरक (movement)

$$=\frac{10}{4}\times\frac{180}{360}=\frac{10}{8}=1\cdot25 \text{ mm}$$

ढिबरी की सरक = ट्यूब का सिकुड़न + बोल्ट का प्रसार

$$\therefore \quad \frac{10}{8}=\delta l_s+\delta l_b \qquad \ldots(1)$$

$$\delta l_s=\frac{P}{A_s}\times\frac{l}{E_s}=\frac{P\times160}{314\cdot2\times2\times10^5}$$

$$\delta l_b=\frac{P\times l}{A_b\times E_b}=\frac{P\times160}{766\times1\times10^5}$$

$$\therefore \quad \frac{\delta l_s}{\delta l_b}=\frac{P\times160}{314\cdot2\times2\times10^5}\times\frac{766\times1\times10^5}{P\times160}$$

$$\frac{766}{628\cdot4}=1\cdot22 \qquad \ldots(2)$$

समी ··· (1) और (2) को हल करने से,

$$1\cdot25=\delta l_s+\delta l_b$$

$$=1\cdot22\delta l_b+\delta l_b$$

$$=2\cdot22\ \delta l_b$$

$$\therefore \quad \delta l_b=\frac{1\cdot25}{2\cdot22}=0\cdot563\text{mm}$$

$$\delta l_s=1\cdot22\times0\cdot563=0\cdot687 \text{ mm}$$

पीतल में प्रतिबल $p_b=\frac{\delta l_b}{l}\times E_b=\frac{0\cdot563}{160\times1}\times1\times10^5$

$$=351\cdot9 \text{ N/mm}^2$$

$$p_s=\frac{\delta l_s}{l_s}\times E_s=\frac{0\cdot687}{160}\times2\times10^5$$

$$=858\cdot75 \text{ N/mm}^2$$

उत्तर

उदाहरण 27. दो छड़ें जिनमें से एक साधारण लोहे की 2 cm व्यास में है और दूसरी पीतल की है 3 cm व्यास में है। दोनों छड़ें एक ही तल पर ऊपरी सिरे से एक-दूसरे से 50 cm की दूरी पर रखकर लटका दी जाती हैं। छड़ों के निचले सिरों को एक तीसरी क्षैतिज (Horizontal) छड़ द्वारा जोड़ दिया जाता है, और क्षैतिज छड़ पर 4000kg का भार इस प्रकार रखा जाता है कि क्षैतिज छड़ क्षैतिज ही रहती है। ज्ञात करो कि छड़ों में कितना प्रतिबल उत्पन्द होता है। क्षैतिज छड़ पर 4000 kg भार की स्थिति भी ज्ञात करो। $E_s = 2 \times 10^6$ kg/cm² और $E_b = 10^6$ kg/cm²

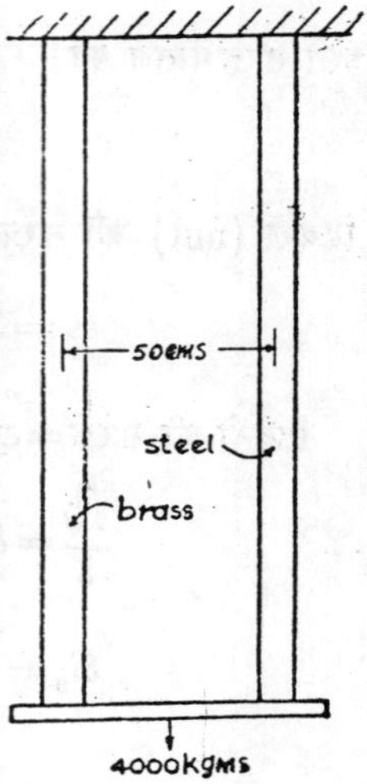

चित्र 1·15.

हल : मान लो p_b और p_s क्रमशः पीतल और लोहे में प्रतिबल है।

$$A_b = \frac{\pi}{4}(3)^2 = 7{\cdot}07 \text{ cm}^2$$

$$A_s = \frac{\pi}{4}(2)^2 = 3{\cdot}142 \text{ cm}^2$$

$$A_s p_s + p_b A_b = 4000$$

$$3{\cdot}142\ p_s + 7{\cdot}07\ p_b = 4000$$

क्योंकि क्षैतिज (Horizontal) छड़ भार लगने के बाद भी क्षैतिज ही रहती है इसलिए दोनों छड़ों का प्रसार बराबर होता है।

या $$\frac{p_b l}{1 \times 10^6} = \frac{p_s \times l}{2 \times 10^6}$$

या $$p_b = \frac{p_s}{2} \qquad (2)$$

समीकरण (1) और (2) को हल करने पर

$$p_s = 599{\cdot}0 \text{ kg/cm}^2$$

$$P_b = 299{\cdot}5 \text{ kg/cm}^2$$

पीतल की छड़ द्वारा लिया गया भार

$$= A_b \times p_b$$

$$= 7{\cdot}07 \times 299{\cdot}5 = 2117 \text{ kg}$$

लोहे की छड़ द्वारा लिया गया भार

$$= A_s \times p_s$$
$$= 599 \times 3{\cdot}142 = 1883 \text{ kg}$$

मान लो 4000 kg भार लोहे की छड़ से x दूरी पर रखा गया है।

इसलिए $4000\ x = 2117 \times 50$

या $$= x\frac{2117 \times 50}{4000} = 26{\cdot}56 \text{ cms}$$ (उत्तर)

उदाहरण 28 एक प्रबलित कंक्रीट स्तम्भ (Reinforced concrete column) 400 mm वर्गाकार है। इस स्तम्भ को 500 KN का भार उठाने के लिए काम में लिया गया है। कंक्रीट में 200 mm^2 अनुप्रस्थ काट क्षेत्रफल की चार छड़ें लगी हुई हैं। लोहे व कंक्रीट में प्रतिबध निकालो।

$E_{con} = 0{\cdot}136 \times 10^5 \text{ N/mm}^2$, $E_s = 2 \times 10^5 \text{ N/mm}^2$

हल : स्तम्भ का कुल अनुप्रस्थ क्षेत्रफल $= 400 \times 400 = 160000 \text{ mm}^2$

लोहे की छड़ों का कुल क्षेत्रफल $= 4 \times 200 = 800 \text{ mm}^2$

कंक्रीट का वास्तविक क्षेत्रफल $= 160000 - 800 =$
159200 mm^2

$A_{conc} \times p_{conc} + A_s \times p_s = 500 \times 1000 \text{ N}$

या $159200 \times p_{conc} + 800\ _{ps} = 500000$ ...(1)

लेकिन $$e_{con} = e_s$$

इसलिए $$\frac{p_{con}}{E_{con}} = \frac{p_s}{E_s}$$

$$p_{con} = \frac{E_{con}}{E_s} \times p_s = \frac{0{\cdot}136 \times 10^5}{2 \times 10^5} p_s = 0{\cdot}068 p_s \qquad ...(2)$$

समीकरण (1) और (2) को हल करने पर

$p_s = 41{\cdot}3 \text{ N/mm}^2$ और $p_{conc} = 2{\cdot}931 \text{ N/mm}^2$

उदाहरण 29. एक मिश्रित ट्यूब 300 mm लम्बी है तथा लोहे की ट्यूब पर ऐल्यूमीनियम ट्यूब चढ़ाकर बनाई गई। लोहे की ट्यूब का आन्तरिक व्यास 50 mm तथा ऐल्यूमीनियम ट्यूब का बाहरी व्यास 70 mm है। लोहे की ट्यूब की बाहरी सतह तथा एल्यूमीनियम ट्यूब की अन्दर की सतह संलगन है तथा यह व्यास 60 mm है। इस मिश्रित खण्ड की ट्यूब पर 200 KN का अक्षीय भार लगाया गया है। यदि लोहे तथा ऐल्यूमीनियम के लिए प्रत्यास्था गुणांक क्रमशः $2{\cdot}1 \times 10^5 \text{ N/mm}^2$ एवं $0{\cdot}7 \times 10^5 \text{ N/mm}^2$ हो तो बाह्य तथा आन्तरिक ट्यूब पर प्रतिबल ज्ञात करो। मिश्रित ट्यूब की लम्बाई में बढ़ोत्तरी भी ज्ञात करो।

हल :

लोहे की ट्यूब का अनुप्रस्थ क्षेत्रफल $= \frac{\pi}{4}\left\{(60)^2-(50^2\right\} = 864\ mm^2$

ऐल्यूमीनियम ट्यूब का अनुप्रस्थ क्षेत्रफल

$$= \frac{\pi}{4}\left\{(70)^2-(60)^2\right\} = 1021\ mm^2$$

मान लो p_s = लोहे में प्रतिबल

p_a = ऐल्यूमीनियम में प्रतिबल

लोहे तथा ऐल्यूमीनियम की ट्यूबों में बढ़ोत्तरी बराबर होगी क्योंकि दोनों जकड़ी हुई हैं।

लोहे की ट्यूब में बढ़ोत्तरी = ऐल्यूमीनियम की ट्यूब में बढ़ोत्तरी

$$\frac{p_s \times 300}{2{\cdot}1 \times 10^5} = \frac{p_a \times 300}{0{\cdot}7 \times 10^5} \quad \text{या} \quad p_s = 3p_a \qquad \ldots(1)$$

लोहे की ट्यूब द्वारा उठाया भार + ऐल्यूमीनियम ट्यूब द्वारा उठाया भार

$= 200\ KN = 200000\ N$

$$p_s \times 864 + p_a \times 1021 = 200000 \qquad \ldots(2)$$

समीकरण (1) और (2) हल करने पर

$p_a = 55{\cdot}5\ N/mm^2,\ p_s = 166{\cdot}1\ N/mm^2$

$$\text{लम्बाई में बढ़ोत्तरी} = \frac{p_s \times 300}{2{\cdot}1 \times 10^5} = \frac{166{\cdot}1 \times 300}{2{\cdot}1 \times 10^5}$$

$$= 0{\cdot}237\ mm$$

1·10 ताप प्रतिबल (Temperature Stresses)

यह तो ज्ञात ही है कि जब भी किसी पदार्थ का ताप बदलता है तो इसके सभी माप (Dimension) बदल जाते हैं। उदाहरण के लिए, यदि किसी धातु की छड़ को गर्म किया जाता है तो इसकी लम्बाई बढ़ जाती है और जब इसे ठण्डा किया जाता है तो लम्बाई कम हो जाती है। यदि माप बिना किसी रोक-टोक के बदलने दिया जाता है तो पदार्थ में कोई प्रतिबल उत्पन्न नहीं होता, लेकिन ज्यों ही पदार्थ की बदलने की प्रवृत्ति को रोका जाता है तो पदार्थ में आन्तरिक प्रतिबल उत्पन्न हो जाते हैं। यदि छड़ को गर्म किया जाता है और उसके बढ़ने की प्रवृत्ति को रोका जाता है तो छड़ में सम्पीड़ित प्रतिबल उत्पन्न हो जाता है। इसके विपरीत जब छड़ को ठण्डा होने दिया जाता है और छड़ सिकुड़ने से रोक दी जाती है तो छड़ में तनाव प्रतिबल उत्पन्न हो जाता है।

मानलो,

l = छड़ की मूल लम्बाई

l_t=ताप परिवर्तन के बाद छड़ की लम्बाई।

t=ताप में परिवर्तन

a=पदार्थ का रेखीय प्रसारण गुणांक

$l_t=l\,(l+\alpha t)$

इसलिए लम्बाई में परिवर्तन $(l_t-l)=l\alpha t$

अब यदि यह परिवर्तन छड़ की लम्बाई में होने दिया जाता है तो छड़ में कोई प्रतिबल नहीं होता है। लेकिन यदि यह परिवर्तन बिल्कुल न होने दिया जाए तो छड़ में सम्पीडक प्रतिबल उत्पन्न हो जाता है क्योंकि छड़ का प्रसार रोकने के लिए सम्पीडक बल (Compressive force) छड़ के सिरों पर लगाना होता है,

फिर $\quad l_t-l=l\alpha t.$

दोनों तरफ l से भाग देने पर

$$\frac{l_t-l}{l}=\frac{l\alpha t}{l}=\alpha t$$

लेकिन $\frac{l_t-l}{l}$ छड़ की इकाई लम्बाई में परिवर्तन है जिसे विकृति, e कहते हैं।

इसलिए, $\quad e=\alpha t$

छड़ में प्रतिबल $\quad p=e\times E=\alpha t\times E$

यदि ताप द्वारा छड़ में प्रतिबल इतना बढ़ जाता है कि ग्रिप्स (grips) जिनके अन्दर छड़ पकड़ी हुई है, δ पीछे हट जाते हैं तो ग्रिप्स अब केवल $(l\alpha t-\delta)$ प्रसार ही रोकेंगे। इस स्थिति में छड़ में विकृति $e=\frac{l\alpha t-\delta}{l}=\left(\alpha t-\frac{\delta}{l}\right)$ और छड़ में प्रतिबल $p=E\left(\alpha t-\frac{\delta}{l}\right)$ हो जाता है।

1·11 मिश्रित खण्ड में ताप प्रतिबल (Temperature Stresses in Composite Bars)

जब कोई पदार्थ एक से अधिक धातुओं को मिलाकर बनता है तो इसे संयुक्त खण्ड (Composite section) कहते हैं। मिश्रित खण्ड में जब ताप परिवर्तित होता है तो सभी धातुएँ जिनसे मिश्रित खण्ड बना है, अलग-अलग मात्रा में प्रसारित होती है, क्योंकि सभी धातुओं के रेखीय प्रसारण गुणांक अलग-अलग होते हैं, लेकिन मिश्रित खण्ड में सभी धातुएँ इस प्रकार आपस में जकड़ी रहती हैं कि कोई भी धातु, चाहे उसका प्रसार गुणांक कितना भी कम या अधिक क्यों न हो, अकेली एक धातु, दूसरी धातुओं को छोड़कर आगे या पीछे नहीं रह सकती। उदाहरण के लिए एक मिश्रित छड़ जिसकी लम्बाई l है, लोहे और पीतल की बनी है। मान लो लोहे का व पीतल

का अनुप्रस्थ क्षेत्रफल क्रम से A_s और A_b है। यदि इस छड़ को t^o C गर्म किया जाता है तो पीतल का रेखीय प्रसार गुणांक लोहे के प्रसार गुणांक से अधिक होने के

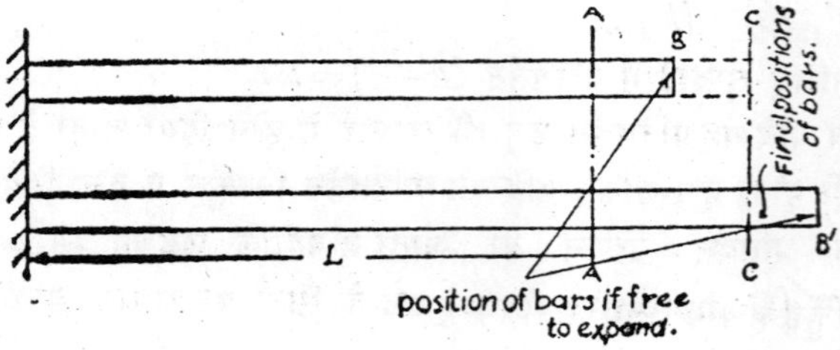

चित्र 1·16.

कारण अधिक प्रसारित हो जाता है। लेकिन दोनों धातुएँ आपस में जकड़ी हुई होने के कारण पीतल की छड़ अकेली आगे नहीं जा सकती और इसलिए पीतल की छड़ लोहे को भी साथ में खींचती है और इस प्रकार लोहे में तनाव प्रतिबल उत्पन्न हो जाता है और पीतल में संपीडित प्रतिबल। यह भी कहा जा सकता है कि जिस वस्तु का प्रसार गुणांक अधिक होता है उसमें सम्पीडन व जिसका प्रकार गुणांक कम होता है उसमें तनाव प्रतिबल होता है।

मान लो लोहे में विकृति e_s व पीतल में e_b है और मान लो पूरी छड़ की विकृति e है,

$$e_s = e - \alpha_s t$$
$$e_b = \alpha_b t - e$$

जोड़ने पर $e_s + e_b = t\,(\alpha_b - \alpha_s)$ ...(1)

छड़ के सन्तुलन (Equilibrium) के लिए लोहे की छड़ पर खिचाव और पीतल की छड़ पर दबाव बराबर होने चाहिएँ।

इसलिए $p_s A_s = p_b A_b$ ...(2)

समीकरण (1) और (2) को हल करने से e_s, e_b व p_s, p_b ज्ञात किए जा सकते हैं।

1·12. सिकुड़न (Shrinking on)

यह कोई नई चीज नहीं है, ताप प्रतिबल का ही एक उदाहरण है। मान लो एक लकड़ी के पहिये का व्यास D है और इस पहिये को और अधिक मजबूत बनाने के लिए एक गोल लोहे की पत्ती इस पर चढ़ानी है। लोहे की गोल पत्ती का व्यास लकड़ी के पहिये के व्यास से मामूली सा कम रखा जाता है। मान लो लोहे के टायर का व्यास d है। क्योंकि लोहे के टायर का व्यास कम होने के कारण पहिये पर नहीं चढ़ाया जा सकता, इसलिए लोहे के टायर को पहले गर्म करते हैं। गर्म होकर टायर

का व्यास बढ़ जाता है, और ज्यों ही टायर का व्यास पहिये के व्यास के बराबर हो जाता है, टायर को पहिये पर चढ़ा दिया जाता है। टायर पहिये पर चढ़ाने के बाद ठण्डा कर दिया जाता है। टायर को जब ठण्डा किया जाता है तो वह सिकुड़ता है लेकिन लकड़ी का पहिया उसे सिकुड़ने नहीं देता।

लोहे के टायर की परिधि, गर्म करने से पहले $= \pi d$

गर्म करने के बाद लोहे के टायर की परिधि $= \pi D$

इसलिए विकृति $e = \dfrac{\pi D - \pi d}{\pi d} = \dfrac{D - d}{d}$

प्रतिबल $p = e \times E = E \times \left(\dfrac{D - d}{d}\right)$

इस प्रकार की विकृति को **परिधीय विकृति** और जो प्रतिबल उत्पन्न होता है उसे **परिधीय प्रतिबल** (Hoop or circumferential stresses) कहते हैं।

उदाहरण 30. एक लोहे की छड़ का व्यास 20 mm और $20°C$ पर 10 metre लम्बी है। यदि छड़ को $150°C$ तक गर्म किया जाए, तो छड़ की नयी लम्बाई क्या होगी। यदि पूर्ण प्रसार रोक दिया जाता है तो छड़ में कितना प्रतिबल उत्पन्न होगा व कितना बाहरी बल लगाना पड़ेगा। $\alpha = 6{\cdot}5 \times 10^{-6}$ per°C और $E = 2 \times 10^5 N/mm^2$

हल : लोहे की छड़ का अनुप्रस्थ काट क्षेत्रफल $= \dfrac{\pi}{4} d^2$

$$= \frac{\pi}{4} \times (20)^2 = 314{\cdot}2 \text{ mm}^2$$

छड़ की मूल लम्बाई $l = 10 \times 100 \times 10 = 10000$ mm.

ताप में वृद्धि $= 150 - 20 = 130°C$

लम्बाई में परिवर्तन $= l \times \alpha \times t$

$= 10000 \times 6{\cdot}5 \times 10^{-6} \times 130 = 8{\cdot}45$ mm

छड़ की नई लम्बाई $= 10000 + 8{\cdot}45 = 10008{\cdot}45$ mm

विकृति $e = \dfrac{\delta l}{l} = \dfrac{l\alpha t}{l} = at = 6{\cdot}5 \times 10^{-6} \times 130$

संपीडन प्रतिबल $p = E \times e$

$= 2 \times 10^5 \times 6{\cdot}5 \times 10^{-6} \times 130$

$= 169 \text{ N/mm}^2$

कुल संपीडक बल $= A \times p$

$= 169 \times 314{\cdot}2 = 53100$ N

उदाहरण 31. एक रेलवे लाइन इस प्रकार डाली गई है कि 40°C पर इसमें कोई प्रतिबल नहीं है। ज्ञात करो (*a*) 140°C पर उसमें कितना प्रतिबल उत्पन्न होगा, अगर प्रसार के लिए रेलों के बीच जगह बिल्कुल न हो ? (*b*) अगर रेलों में 5mm जगह है तो 140°C पर कितना प्रतिबल होगा ? (*c*) अगर 140°C पर रेलों में प्रतिबल शून्य हो तो रेलों के बीच की जगह ज्ञात करो। (*d*) और यदि रेलों में जगह 12·5 mm है तो रेलों में ताप ज्ञात करो ताकि रेलों में कोई प्रतिबल न हो।

$$\alpha = 6{\cdot}5 \times 10^{-6}/°C \text{ और } E = 2 \times 10^5 N/mm^2$$

रेल की लम्बाई 15m है।

हल : (*a*) $p = e \times E$, लेकिन $e = \alpha t$

इसलिए $p = \alpha t \times E$

$= 6{\cdot}5 \times 10^{-6} \times 100 \times 2 \times 10^5$

$= 130 \text{ N/mm}^2$

(*b*) रेल का कुल प्रसार $= l \times \alpha \times t$

$= 15 \times 1000 \times 6{\cdot}5 \times 10^{-6} \times 100$

$= \frac{39}{4} \text{ mm}$

बाहरी बल द्वारा रोका गया प्रसार $= \frac{39}{4} - 5 = \frac{19}{4} \text{ mm}$

इसलिए $\frac{p}{E} \times l = \frac{19}{4}$

या $\frac{p}{2 \times 10^5} \times 15 \times 1000 = \frac{19}{4}$

$p = \frac{19}{4} \times \frac{2 \times 10^5}{15 \times 1000} = \frac{190}{3}$

$= 63{\cdot}33 \text{ N/mm}^2$

(*c*) यदि छड़ में प्रतिबल शून्य हो तो रेलों के बीच की जगह

$= l\alpha t$

$= 15 \times 1000 \times 6{\cdot}5 \times 10^{-6} \times 100$

$= \frac{39}{4} = 9{\cdot}75 \text{ mm}$

(*d*) कुल प्रसार $= 12{\cdot}5$ mm

ताप के कारण प्रसार $= l\alpha t$

इसलिए $= (l\alpha t - 12{\cdot}5)$

या $15 \times 1000 \times 6{\cdot}5 \times 10^{-6} \times t = 12{\cdot}5$

$$t = \frac{12{\cdot}5}{15 \times 1000 \times 6{\cdot}5 \times 10^{-6}}$$

$$= \frac{5000}{39} = 128{\cdot}2^\circ C$$

कुल ताप $= 128{\cdot}2 + 40 = 168{\cdot}2^\circ C$

उदाहरण 32. एक गन धातु छड़ 1 cm व्यास, एक लोहे की ट्यूब जिसका अन्दर का व्यास 1·5 cm व बाहरी व्यास 2 cms है, के अन्दर रखी हुई है। दोनों की लम्बाई बराबर 30 cm है और ट्यूब दोनों सिरों से जकड़ कर बन्द की हुई है। यदि इसका ताप 300°C बढ़ा दिया जाता है तो ज्ञात करो :

(*a*) लोहे की ट्यूब और गन मैटल में प्रतिबल

(*b*) मिश्रित खण्ड की लम्बाई में प्रसार

(*c*) लम्बाई के प्रसार को पूरी तरह रोकने के लिए आवश्यक बाहरी बल

$E_s = 2 \times 10^6$ kg/cm², या $E_g = 0{\cdot}9 \times 10^6$ kg/cm²

$\alpha_s = 6 \times 10^{-6}$ और $\alpha_g = 10 \times 10^{-6}/^\circ C$

हल : लोहे पर तनाव बल = सम्पीडक बल गन मैटल पर

$$\therefore \quad \frac{\pi}{4}\left\{(2)^2 - (1{\cdot}5)^2\right\} \times p_s = \frac{\pi}{4}(1)^2 \times p_g$$

या $\qquad p_g = 1{\cdot}75 p_s \qquad \ldots(1)$

लोहे में विकृति $\qquad e_s = e - \alpha_s t$

गन मैटल में विकृति $\qquad e_g = \alpha_g t - e$

जोड़ने पर $\qquad e_s + e_g = \alpha_g t - \alpha_s t$

$$\text{या} \quad \frac{p_s}{E_s} + \frac{p_g}{E_g} = t\,(\alpha_g - \alpha_s)$$

$$\frac{p_s}{2 \times 10^6} + \frac{p_g}{0{\cdot}9 \times 10^6} = 300(10 \times 10^{-6} - 6 \times 10^{-6})$$

$$\frac{p_s}{2} + \frac{p_g}{0{\cdot}9} = 1200 \qquad \ldots(2)$$

समीकरण (1) और (2) को हल करने पर

$p_s = 491$ kg/cm² और $p_g = 859{\cdot}5$ kg/cm²

छड़ की लम्बाई में प्रसार $= 1(\alpha_s t + e_s)$

$$= 30\left\{300 \times 6 \times 10^{-6} + \frac{491}{2 \times 10^3}\right\}$$

$$= 0{\cdot}054 + 0{\cdot}00635$$

$$= 0{\cdot}061 \text{ cms}$$

लोहे द्वारा लिया गया भार $=P_s=p_s\times A_s=e_s\times E_s A_s$

$$=2\times10^6\times1{\cdot}75\times\frac{\pi}{4}\times\frac{0{\cdot}061}{30}$$

$$=\frac{16775}{3}=5591{\cdot}67\text{ kg}$$

गन मैटल द्वारा लिया गया भार $=P_g=e_g\times E_g\times A_g$

$$=0{\cdot}9\times10^6\times\frac{\pi}{4}\times\frac{0{\cdot}071}{30}$$

$$=\frac{10065}{7}=1437{\cdot}9\text{ kg}$$

कुल बाहरी बल $=5591{\cdot}67+1437{\cdot}9$

$=7029{\cdot}57$ kg उत्तर

उदाहरण 33. दो दीवारों के बीच की दूरी 10 मीटर है। एक 20 mm व्यास वाली लोहे की छड़ दोनों दीवारों के बीच में से निकली हुई है। छड़ के दोनों सिरों पर ढिबरी और प्लेट लगाकर कस दिया गया है। यदि छड़ का ताप 200°C गिर जाता है तो दीवारों द्वारा लगाया गया तनाव बल ज्ञात करो, यदि

(*a*) दोनों दीवारें yield नहीं करती हैं

(*b*) दोनों दीवारें मिल कर 1 mm yield कर जाती हैं।

$\alpha=6\times10^{-6}/°C,\ E=2\times10^5\ N/mm^2$

हल : (*a*) छड़ की लम्बाई में प्रसार $=l\times\alpha\times t$

$$e=\alpha t$$

$$p=\alpha t\times E_s$$

$$=6\times10^{-6}\times200\times10^5\times2$$

$$=240\ N/mm^2$$

तनाव बल $=p_s\times A_s$

$$=240\times\frac{\pi}{4}(20)^2$$

$=75480$ N

(*b*) ताप के कारण प्रसार $=\alpha\times l\times t$

छड़ की लम्बाई में प्रसार $=\alpha\times l\times t-1$

$$=10\times1000\times6\times10^{-6}\times200-1{\cdot}0$$

$$=11\text{ mm}$$

$$e=\frac{11}{10\times1000}$$

प्रतिबल $p=\frac{11}{10\times1000}\times2\times10^5=220\ N/mm^2$

तनाव बल $220\times314{\cdot}2=69250\ N$

उदाहरण 34. (S.I. Units) तीन छड़ें बाहरी दोनों ताँबे की और बीच वाली लोहे की दोनों सिरों पर कस कर बांध दी जाती हैं। 20°C पर तीन छड़ों की लम्बाई व अनुप्रस्थ काट का क्षेत्रफल एक जैसा है। यदि पूरे सिलसिले का ताप 300°C बढ़ा दिया जाए तो छड़ों की लम्बाई 1 mm बढ़ जाती है। छड़ों की मूल लम्बाई व प्रतिबल ज्ञात करो।

$$E_s=2\times10^5\ N/mm^2,\ E_c=1\times10^5\ N/mm^2$$
$$\alpha_s=6\times10^{-6}/°C \text{ और } \alpha_c=10\times10^{-6}/°C$$

हल : मान लो सभी छड़ों का Common प्रसार x है। ताँबे का रेखीय प्रसारण गुणांक, लोहे के रेखीय प्रसारण गुणांक से अधिक होने के कारण, ताँबे की छड़ की प्रवृत्ति, लोहे की छड़ से अधिक फैलने की होगी और इसलिए ताँबे की छड़ें सम्पीडन में और लोहे की छड़ें तनाव में होंगी।

ताँबे की छड़ के लिए $\frac{p_c l_c}{E}=\alpha l_c\times t-x$ ...(1)

लोहे की छड़ के लिए $\frac{p_s l_s}{E_s}=x-\alpha_s l_s t$ ...(2)

समीकरण (1) और (2) को जोड़ने पर

$$\frac{p_c l_c}{E_c}+\frac{p_s l_s}{E_s}=\alpha_c l_c t-x+x-\alpha_s l_s t$$

लेकिन $l_c=l_s$

इसलिए $e_s+e_c=t\,(\alpha_c-\alpha_s)$ ...(3)

ताँबे में दबाव बल लोहे में तनाव बल के बराबर है।

इसलिए $2p_c A_c=p_s A_s$

क्योंकि $A_c=A_s$

इसलिए $p_s=2p_c$ ...(4)

समीकरण (3) और (4) में मान रखने और हल करने पर

$$p_c=60\ N/mm^2$$
$$p_s=120\ N/mm^2$$

अब p_c और p_s का मान समीकरण (1) या (2) में रखने से

$\frac{p_c l_c}{E_c}=\alpha_c l_c t-x$ लेकिन $x=1$ mm

इसलिए $\frac{60 \times l_c}{1 \times 10^5} = 10 \times 10^{-6} \times l_c \times 300 - 1 \cdot 00$ mm

$$l_c = \frac{1 \cdot 0 \times 10000}{24} = 416 \cdot 6 \text{ mm}$$ उत्तर

उदाहरण 35. एक लोहे का टायर 40 cm व्यास के लकड़ी के पहिए पर चढ़ना है। यदि लोहे का अनुमत प्रतिबल (Permissible stress) 1000 kg/cm² है तो टायर का व्यास ज्ञात करो। यह भी ज्ञात करो कि टायर को कितने ताप तक गर्म किया जाए कि टायर लकड़ी के पहिए पर चढ़ाया जा सके।

$E_s = 2 \times 10^6$ kg/cm² और $\alpha_s = 6 \times 10^{-6}/°C$

हल : विकृति $e = \frac{D - d}{d}$

प्रतिबल $p = \frac{D - d}{d} \times E$ ...(1)

समीकरण (1) में मान रखने पर

$$1000 = \left(\frac{40 - d}{d}\right) 2 \times 10^6$$

हल करने पर, $d = 39 \cdot 98$ cms

$$\pi D = \pi d\,(1 + \alpha t)$$

या $$D = d\,(1 + \alpha t)$$

या $$t = \frac{D - d}{d\alpha} = \frac{40 - 39 \cdot 98}{39 \cdot 98 \times 6 \times 10^{-6}}$$

$$= \frac{0 \cdot 02}{39 \cdot 98} \times \frac{1}{6 \times 10^{-6}}$$

$$= \frac{0 \cdot 02 \times 10^6}{6 \times 39 \cdot 98} = 83 \cdot 4\ °C$$ उत्तर

उदाहरण 36. दो छड़ें चित्र 1·17 में दिखाई गई हैं। छड़ों की लम्बाइयाँ व अनुप्रस्थ काट के क्षेत्रफल चित्र में ही दिखाए गए हैं। यदि सम्पूर्ण व्यवस्था 55°C गर्म किया जाता है, तो दोनों छड़ों में प्रतिबल ज्ञात करो। मानलो कि Supports पीछे नहीं हटते हैं और छड़ें मुड़ती भी नहीं हैं। ताप बढ़ाने के पूर्व छड़ों में कोई प्रतिबल नहीं है।

$E_s = 2 \times 10^6$ kg/cm², $E_c = 1 \times 10^6$ kg/cm²

$\alpha_s = 6 \times 10^{-6}/°C$, $\alpha_c = 10 \times 10^{-6}$ per °C

2A क्षेत्रफल वाली छड़ ताँबे की व A क्षत्रफल वाली छड़ लोहे की बनी हुई हैं।

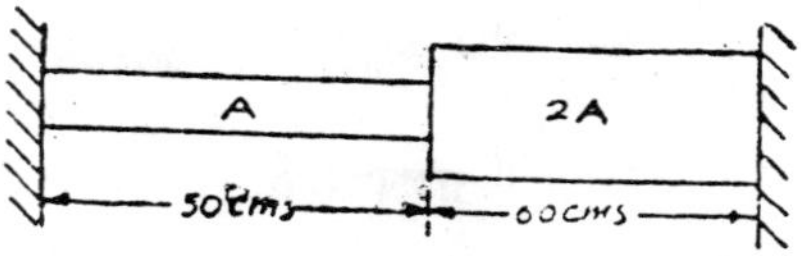

चित्र 1·17

हल : मान लो जोड़ बिन्दु जहाँ दोनों छड़ें मिलती हैं, x cm बायें की तरफ चला जाता है। क्योंकि कोई बाहरी बल नहीं लगाया गया है इसलिए छड़ के सन्तुलन के लिए लोहे में दबाव बल ताँबे की छड़ पर दबाव बल के बराबर हो जाता है।

इसलिए $\left(\alpha_s t + \frac{x}{l_s}\right) E_s A_s = \left(\alpha_c t - \frac{x}{l}\right) E_c \times A_c$

या $\left(6 \times 10^{-6} \times 50 + \frac{x}{50}\right) 2 \times 10^6 \times A$

$$= \left(10 \times 10^{-6} \times 50 - \frac{x}{60}\right) 1 \times 10^6 \times 2A$$

$$\frac{x}{50} + \frac{x}{60} = 50\ (10 - 6)\ 10^{-6} = \frac{2}{10^4}$$

$$6x + 5x = \frac{}{10^4} \times 300 = \frac{6}{100}$$

$$11x = \frac{6}{100}$$

$$x = \frac{6}{1100}$$

$$p_s = \left(\alpha_s\ t + \frac{x}{l_s}\right) E_s$$

$$= \left(6 \times 10^{-6} \times 50 + \frac{6}{1100 \times 50}\right) 2 \times 10^6$$

$$= \frac{9000}{6} = 818 \cdot 2\ \text{kg/cm}^2$$

$$p_c = \left({}_c t - \frac{x}{l_c}\right) E_c$$

$$=\left(10\times10^{-6}\times50-\frac{6}{60\times1100}\right)\times1\times10^{6}$$

$$=\frac{4500}{11}=409\cdot1 \text{ kg/cm}^2$$

प्रश्नावली

1. एक तार द्वारा जिसका व्यास 4 mm है, 250 N भार लटकाया जाता है। इससे 500 mm तार की लम्बाई 510 mm हो जाती है। तार का प्रत्यास्थता गुणांक ज्ञात करो। (उत्तर : $9\cdot94\times10^2$ N/mm²)

2. एक गोलाकार 10 mm व्यास की छड़ जो 300 mm लम्बी है, 11 KN बल लगाने से 0·2 mm लम्बाई में बढ़ जाती है। E का मान ज्ञात करो। (उत्तर : $2\cdot1\times10^5$ N/mm²)

3. कितना बल लगाने पर एक इस्पात के तार की लम्बाई जिसका अनुप्रस्थ काट 1 cm² है, दुगनी हो जाएगी ? $E=2\times10^6$ kg/cm² (उत्तर : 2×10^6 kg)

4. एक लोहे का तार जिसका व्यास 0·4 cm है, 300°C तक समान रूप से गर्म किया जाता है। तदुपरान्त उसको दो क्लेम्प के बीच कस दिया जाता है ? यदि उसका ताप 20°C तक गिर जाए तो क्लेम्प पर कितना बल लगेगा ? $\alpha=12\times10^{-6}/°C$, $E=2\times10^6$ kg/cm² (उत्तर : 844·8 kg)

5. एक लोहे की छड़ की लम्बाई 1 m तथा अनुप्रस्थ काट 100 mm² है। यदि उसके ताप में 100°C वृद्धि की जाए तो कितना बल लगाने पर उसकी लम्बाई में वृद्धि को रोका जा सकता है ? $E=2\times10^5$ N/mm² और $\alpha=12\times10^{-6}$ per °C. (उत्तर : 24000 N)

6. एक लोहे की छड़ 2·5 cm चौड़ी व 4 cm मोटी है। इस छड़ को 20 t बल से खींचने पर 10 cm लम्बी छड़ की लम्बाई 0·1 mm बढ़ गई। E का मान ज्ञात करो। (उत्तर : 2×10^6 kg/cm²)

7. एक खोखला पाईप जो 15 m लम्बा है, अन्दर का व्यास 100 mm व बाहरी व्यास 120 mm है। यदि पाईप को 400 KN बल से खींचा जाए तो प्रतिबल विकृति और पाईप का प्रसार ज्ञात करो।
$E=2\times10^5$ N/mm² (उत्तर : $p=115\cdot7$ N/mm²)
$e=0\cdot5785\times10^{-3}$,
$\delta l=8\cdot678$ mm)

8. एक लोहे के पंच (punch) पर सम्पीडक प्रतिबल 8 t/cm² है। d cm

व्यास का एक छेद 1 cm मोटी लोहे की चद्दर में पंच द्वारा निकालना है। यदि अपरूपण प्रतिबल 3 t/cm^2 हो तो d का मान ज्ञात करो।

(**उत्तर :** $d=1·5$ cms)

9. एक लोहे की छड़ मशीन में डालकर खींची गई। यदि छड़ 800 N/mm^2 प्रतिबल पर टूट जाती है तो अभय कार्यकारी प्रतिबल (Safe working stress) ज्ञात करो। सुरक्षा कारक 4 है। (**उत्तर :** 200 N/mm^2)

10. एक गोल छड़ 12 t बल द्वारा खींची जा रही है जैसा कि चित्र 1·18 में दिखाया गया है। यदि छड़ के बीच के भाग में 2 t/cm^2 से अधिक प्रतिबल न होने दिया जाए तो बीच के भाग का व्यास ज्ञात करो। छड़ की लम्बाई में वृद्धि भी ज्ञात करो। $E=2\times10^6$ kg/cm^2

[**उत्तर :** $d=2·76$ cm., $\delta l=0·0296$ cm]

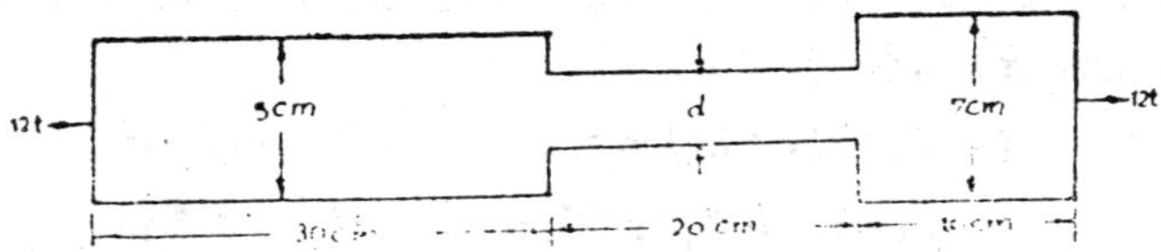

चित्र 1·18.

11. भाप इंजन का पिस्टन व्यास में 300 mm है जबकि पिस्टन छड़ का व्यास 50 mm है। पिस्टन पर भाप का दबाव 1 N/mm^2 है। यदि पिस्टन छड़ की लम्बाई 800 mm तथा $E=2·05\times10^5$ N/mm^2 है तो पिस्टन छड़ में उत्पन्न प्रतिबल ज्ञात कर इसकी लम्बाई में बढ़ोत्तरी तब ज्ञात करो जब भाप के कारण पिस्टन, पिस्टन छड़ को खींच रहा हो।

(**उत्तर :** 34·9 N/mm^2, 0·1365 mm)

12. एक 2 cm व्यास की छड़ पर बल जैसा कि नीचे चित्र 1·19 में दिखाया गया है, लगाया गया है। छड़ का कुल प्रसार ज्ञात करो।

$E=2·1\times10^6$ kg/cm^2 (**उत्तर :** 0·212 cms)

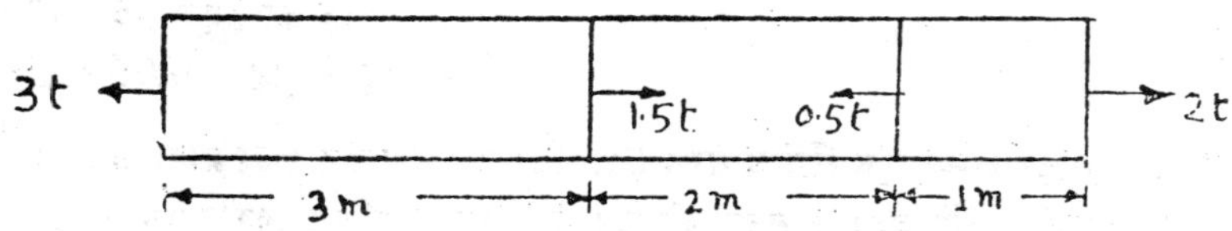

चित्र 1·19.

13. एक लोहे की 20 mm व्यास वाली छड़ जो 1 m लम्बी है, 80 KN का तनाव बल लेती है। छड़ की लम्बाई, व्यास और आयतन में परिवर्तन ज्ञात

करो। $E=2{\cdot}1\times10^5$ N/mm^2 और $m=4$. (उत्तर : $\delta l=1{\cdot}21$ mm)
$\delta d=0{\cdot}0061$ mm
$\delta v=190$ mm^3)

14. 2 cm भुजा की वर्गाकार खण्ड वाली छड़ की लम्बाई 20 cm है। यदि 4 *t* तनाव बल से छड़ अक्षीय दिशा में खींची जाए तो छड़ के आयतन में आया परिवर्तन ज्ञात करो ? $m_s=\frac{10}{3}$ और $E=2{\cdot}05\times10^6$ kg/cm^2.

(उत्तर : आयतन में $\delta V=1{\cdot}56\times10^{-2}$ cm^3)

15. तीन छड़ें जिनमें हर एक छड़ का अनुप्रस्थ काट 10 cm^2 है, 24 *t* भार उठाती हैं। दोनों बाहरी छड़ें तांबे की व बीच वाली लोहे की है। तीनों छड़ें एक ऊर्ध्वाधर तल में इस प्रकार रखी गई हैं कि 0°C पर तीनों छड़ों पर बराबर भार है। अब अगर 100°C ताप बढ़ा दिया जाए, तो छड़ों में प्रतिबल ज्ञात करो।

$$E_s=2\times10^6 \text{ kg/cm}^2,\ E_c=1\times10^6 \text{ kg/cm}^2$$

$$\alpha_s=12\times10^{-6} \text{ per }^\circ\text{C},\ \alpha_c=18{\cdot}5\times10^{-6} \text{ per }^\circ\text{C}$$

[(उत्तर : $p_c=1125$ kg/cm^2 (सम्पीडक)
$p_s=150$ kg/cm^2 (सम्पीडक)]

16. एक लोहे की ट्यूब 100 mm लम्बी और अन्दर का व्यास 35 mm है। धातु की मोटाई 2·5 mm है। लोहे की ट्यूब के भीतरी व बाहरी दोनों सतहों पर पीतल का परत (liner) जिसकी लम्बाई लोहे की ट्यूब की लम्बाई के बराबर है, चढ़ा हुआ है। दोनों भीतरी व बाहरी परतों की मोटाई एक जैसी है और लोहे की ट्यूब की मोटाई के बराबर है। अगर यह मिश्रित खण्ड (composite section) 70 KN बल से खींचा जाता है तो लोहे की ट्यूब व पीतल की परतों में प्रतिबल ज्ञात करो। मिश्रित खण्ड की लम्बाई में भी वृद्धि ज्ञात करो। (उत्तर : भीतरी लाईनर 15·2 KN
बाहरी लाईनर 19·8 KN और
लोहे की ट्यूब 35 KN
लम्बाई में वृद्धि = 0·06 mm)

17. 1 मीटर लम्बा एक क्षैतिज धरन (beam) दो ऊर्ध्वाधर छड़ों द्वारा लटकाया हुआ है। बांये हाथ के तरफ की छड़ तांबे की है और इसका व्यास 1 cm और लम्बाई 1 meter है। दायें हाथ के तरफ की छड़ लोहे की है और इसका व्यास 0·5 cm व लम्बाई 2 meter है। 3 *t* भार क्षैतिज धरन पर कहां रखा जाए कि धरन क्षैतिज ही रहे ? दोनों छड़ों में प्रतिबल भी ज्ञात

करो। $E_s = 2 \times 10^6$ kg/cm², $E_c = 0{\cdot}8 \times 10^6$ kg/cm²

(उत्तर : ताँबे की छड़ से भार 23 8 cm दूर है)
$p_c = 2906$ kg/cm²
$p_s = 3636$ kg/cm²

18. 20 mm व्यास और 2 m लम्बी एक लोहे की छड़ एक ताँबे की ट्यूब जिसका बाहरी व्यास 40 mm व भीतरी व्यास 30 mm है, में बन्द की हुई हैं। अगर यह दोनों 50 KN का भार उठाती हैं तो (*a*) लम्बाई में वृद्धि, (*b*) ताँबे व लोहे में प्रतिबल, ज्ञात करो। छड़ और ट्यूब के दोनों सिरे कस कर बन्द किए हुए हैं।

$E_s = 2 \times 10^5$ N/mm², $E_c = 0\ 8 \times 10^5$ N/mm²

(उत्तर : $\delta l = 0\ 936$ mm, $p_s = 93{\cdot}58$ N/mm²
और $p_c = 37\ 44$ N/mm².)

19. एक प्रबलित कंक्रीट स्तम्भ व्यास में 70 cm है। स्तम्भ में 3 cm व्यास की चार लोहे की छड़ें दबी हुई हैं और स्तम्भ पर 100 *t* का भार डाला गया है। लोहे व कंक्रीट में प्रतिबल ज्ञात करो। $E_s = 2 \times 10^6$ kg/cm².
E_{conc} $0{\cdot}136 \times 10^6$ kg/cm² लोहे और कंक्रीट में अभिलाग बल (adhesive force) भी ज्ञात करो।

उत्तर : $p_{conc} = 23{\cdot}6$ kg/cm², $p_s = 347$ kg/cm²
अभिलाग बल = $9{\cdot}1\ t$)

20. एक लोहे की ट्यूब जिसका भीतरी व्यास 5 cm और बाहरी व्यास 7 cm है, में 3 cm व्यास वाली एक लोहे की छड़ डाली हुई है। छड़ ट्यूब से थोड़ी आगे बढ़ी हुई है और इस पर चूड़ियाँ कटी हुई हैं जिन पर nut कसा हुआ है। nut को इतना कसा गया कि लोहे की ट्यूब पर सम्पीडक बल 1000 kg उत्पन्न हो जाता है। इसके बाद अगर nut को और 180° पर कसा गया हो तो लोहे की ट्यूब व छड़ में प्रतिबल ज्ञात करो। मान लो 1 cm में 4 चूड़ियाँ हैं और $E_s = 2 \times 10^6$ kg/cm², ट्यब की लम्बाई 50 cm है।

[उत्तर : ट्यूब में प्रतिबल = 1419 kg/cm² (सम्पीडक)
छड़ में प्रतिबल = 3783·7 kg/cm² (तनाव)]

21. दो समानान्तर दीवारें 10 mm व्यास 5 m लम्बी एक लोहे की छड़ से कस कर इस प्रकार जोड़ी हुई हैं कि दीवारों से छड़ बेशक सम्पीडक में या तनाव में हो अलग नहीं हो सकती। यदि छड़ का ताप 200°F कम कर दिया जाए तो दीवारों का कितना खिचाव बल लगाना होगा यदि (*a*) सिरे yield नहीं होते हैं, (*b*) यदि सिरे 0·1 mm yield हो जाते हैं ?

$\alpha_s = 6 \times 10^{-6}/^0F$ और $E_s = 2 \times 10^5$ N/mm².

(उत्तर : 18840 N, 15700 N(

22. एक खोखली लोहे की नली जिसका भीतरी व्यास 6 cm और बाहरी व्यास 7 cms है, के अन्दर एक ताँबे की खोखली नली जिसका व्यास 5 cm और बाहरी व्यास 6 cm है, बन्द की हुई है। दोनों नलियाँ सिरों से कस कर बँधी हुई हैं। दोनों ट्यूबें 100°C ताप से गर्म की जाती हैं। दोनों ट्यूबों में उत्पन्न प्रतिबल ज्ञात करो।

$E_s = 2 \times 10^6$ kg/cm², $E_c = 1 \times 10^6$ kg/cm²

$\alpha_s = 0{\cdot}000012$ per °C, $\alpha_c = 0{\cdot}0000185$ per °C

(उत्तर : $p_s = 386{\cdot}4$ kg/cm² और $p_c = 456{\cdot}7$ kg/cm²)

23. 8 mm व्यास की एक लोहे की तार जिसकी ऊर्ध्वाधर लम्बाई 160 m है, 200 kg का भार उठाती है। यदि लोहे का घनत्व 7·85 gm/cm³ हो तथा E का मान 2×10^6 kg/cm² हो तो तार की लम्बाई में कुल बढ़ोतरी ज्ञात करो। (उत्तर : 3·0724 cm)

24. दो लोहे की और एक पीतल की छड़ तीनों एक ही ऊर्ध्वाधर समतल में इस तरह रखी हुई हैं कि तीनों पर 30 KN का कुल भार इनके ऊपरी सिरों पर बराबर-बराबर वितरित होता है। बाहर वाली दोनों छड़ें लोहे की हैं और प्रत्येक 20 mm व्यास तथा 4 m लम्बी हैं। बीच वाली छड़ ताँबे की है और यह 20 mm व्यास तथा 3 m लम्बी है। यदि 20 KN का भार और डाल दिया जाता है तो तीनों छड़ों में कुल प्रतिबल क्या होंगे?

$E_c = 1{\cdot}1 \times 10^5$ N/mm² और $E_s = 2{\cdot}05 \times 10^5$ N/mm²

(उत्तर : $p_c = 48{\cdot}6$N/mm², $p_s = 55{\cdot}3$ N/mm²)

25. एक धरन तीन ऊर्ध्वाधर छड़ों द्वारा क्षैतिज स्थिति में लटकाया हुआ है। तीनों छड़ें एक ही ऊर्ध्वाधर समतल में है तथा बराबर-बराबर दूरी पर लगी हुई हैं। बीच वाली छड़ 2·5 cm व्यास तथा 60 cm लम्बी है और लोहे की बनी है, जबकि बाहर वाली दोनों छड़ें प्रत्येक 40 cm लम्बी और 2 cm व्यास में है तथा पीतल की बनी है। यदि क्षैतिज धरन के मध्य में 10 t भार लटका दिया जाए और धरन अपनी क्षैतिज स्थिति बनाये रहता है तो प्रत्येक छड़ द्वारा उठाया गया भार ज्ञात करो। $\dfrac{E^s}{E_c} = 2$.

(उत्तर : प्रत्येक पीतल की छड़ 2·45 t भार उठायेगी जबकि लोहे की छड़ 5·1 t भार)

26. 10 cm बाहरी और 7·5 cm अन्दर के व्यास वाली एक ऐल्यूमीनियम ट्यूब में 7 cm व्यास वाली लोहे की ठोस गोलाकार छड़ डाली हुई है। ऐल्यूमीनियम ट्यूब, लोहे की छड़ से 0·15 mm लम्बी है। लोहे की छड़ 50 cm

लम्बी है। यदि ट्यूब व छड़ की संयुक्त व्यवस्था के दोनों सिरों पर ढक्कन प्लेट लगाकर 60 t बल से व्यवस्था को दबाया जाता है तो ट्यूब तथा छड़ में उत्पन्न प्रतिबल ज्ञात करो।

$E_s = 2.2 \times 10^6$ kg/cm^2 और $E_{a1} = 0.7 \times 10^6$ kg/cm^2

(**उत्तर** : $p_s = 1068$ kg/cm^2, $p_{a1} = 550$ kg/cm^2)

27. एक-दूसरे से 6 m दूर दो समानान्तर ऊर्ध्वाधर दीवारें 2 cm व्यास की एक लोहे की छड़ से सम्बद्ध हैं। छड़ के एक सिरे पर नट लगा हुआ है। जब छड़ का ताप 100°C है तो छड़ पर नट कस दिया गया है। अब तापक्रम 20°C तक गिरा दिया गया है। निम्नलिखित स्थितियों में छड़ से प्रतिबल ज्ञात करो।

I. छड़ के सिरे yield नहीं करते हैं।

II. छड़ के सिरे 1 mm yield कर जाते हैं।

$E = 2 \times 10^6$ kg/cm^2 और $\alpha = 12 \times 10^{-6}$/°C

(**उत्तर** : I. 1920 kg/cm^2, II. 1587 kg/cm^2)

□

2

अपरूपण प्रतिबल और मुख्य प्रतिबल

[SHEAR STRESS AND PRINCIPAL STRESSES]

2·1. अपरूपण बल (Shear Force)

उस बल को अपरूपण प्रतिबल कहते हैं जब बल की प्रवृत्ति किसी अवयक (element) के भाग को दूसरे भाग पर फिसलाने की होती है ।

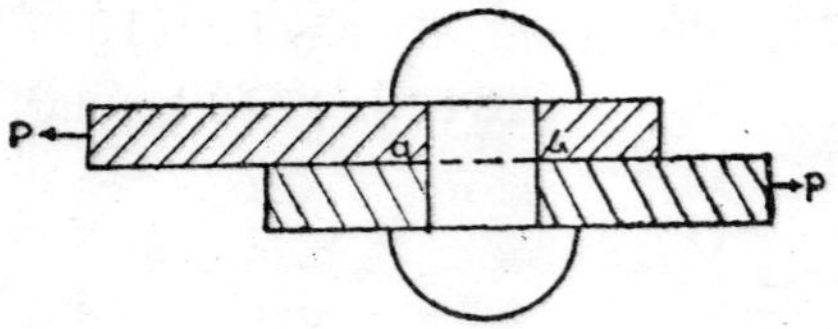

चित्र 2·1.

चित्र 2·1 में एक रिवेट चढ़ाव जोड़ (lap joint) दिखाया हुआ है । दो लोहे की प्लेटें एक रिवेट द्वारा जोड़ी हुई हैं । यदि इन दोनों प्लेटों को P बल से एक-दूसरे की विपरीत दिशा में खींचा जाता है तो रिवेट की प्रवृत्ति *a-b* खण्ड पर अपरूपित (Shear) हो जाने की होती है । अपरूपण बल वह है जो किसी अवयव (element) के एक भाग को इसके दूसरे भाग पर से फिसल जाने के लिए प्रोत्साहित करता है ।

2·2. अपरूपण प्रतिबल (Shear Stress)

अपरूपण बल को यदि उस क्षेत्रफल से, जिस पर कि अपरूपण की प्रवृत्ति हो

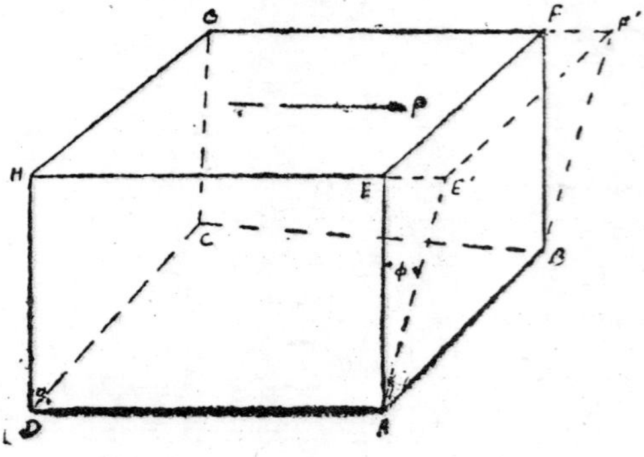

चित्र 2·2.

भाग दे दिया जाए तो अपरूपण प्रतिबल निकल आता है। यदि अपरूपण बल P व अपरूपित क्षेत्रफल A है तो अपरूपण प्रतिबल जिसे q से अंकित करते हैं $\frac{P}{A}$ के बराबर होता है या $q=\frac{P}{A}$

2·3. अपरूपण विकृति (Shear Strain)

इस विकृति में किसी पिंड की केवल आकृति बदलती है, उसके आयतन में कोई परिवर्तन नहीं होता। मान लो किसी घन (cube) A B C D E F G H की ऊपरी सतह पर एक समरूप और स्पर्शीय (uniform and tangential) बल P कार्य करता है और इस घन के नीचे की सतह स्थिर है। P बल के कारण ऊपरी सतह नीचे की सतह की अपेक्षा कुछ आगे बढ़ जाएगी और घन (cube) का आकार बदल कर समान्तर विषम चतुर्भुज (Rhombus) हो जाएगा। इस प्रकार इस घन के आकार में परिवर्तन हो जाता है लेकिन आयतन वही बना रहता है अर्थात् इस घन में अपरूपण विकृति हो जाती है जिसका नाप ϕ कोण है। इस कोण को विकृति कोण (angle of deformation) या (shear angle) कहते हैं, चित्र 2·2 देखिए।

मान लो $\angle EAE'=\phi$, $AE=l$, $EE'=x$.

चूंकि ϕ बहुत छोटा कोण है इसलिए ϕ को $\tan\phi$ के बराबर रखा जा सकता है।

$$\text{इसलिए अपरूपण विकृति} = \phi = \tan\phi = \frac{x}{l}$$

$$= \frac{\text{अपेक्षित स्थानान्तर}}{\text{दोनों सतहों के बीच की दूरी}}$$

2·4. दृढ़ता प्रत्यास्थता गुणांक (Modulus of Rigidity)

प्रत्यास्थता की सीमा के अन्तर्गत अपरूपण प्रतिबल व अपरूपण विकृति भी हुक का नियम मानते हैं। यदि q अपरूपण प्रतिबल व ϕ अपरूपण विकृति है तो दृढ़ता प्रत्यास्थता गुणांक (Modulus of Rigidit) जिसे N या C से लिखते हैं, $\frac{q}{\phi}$ के बराबर हो जाती है।

$$\text{या} \qquad \frac{q}{\phi} = \text{N or C}$$

E की भांति N का मान भी अलग-अलग पदार्थों के लिए अलग-अलग होता है।

उदाहरण 1. लोहे की दो प्लेटें एक रिवेट द्वारा चढ़ाव जोड़ (lap joint) के रूप में जोड़ी हुई हैं। यदि 4·4 t के बल से प्लेटों को खींचा जाता है तो जोड़ का

तनाव व अपरूपण में परीक्षण करो। प्लेट के लिए अनुमत तनाव प्रतिबल 1 t/cm^2 और रिवेट व्यास 2cm है और रिवेट में सुरक्षित अपरूपण प्रतिबल 2 t/cm^2 है। लोहे की प्लेट 10 cm चौड़ी व 1 cm मोटी है।

हल :

जोड़ फेल हो सकता है (*a*) रिवेट में अपरूपण से और (*b*) प्लेट के फटने से

(*a*) रिवेट का अपरूपण क्षेत्रफल $= \frac{\pi}{4}(2)^2 = 3{\cdot}142\ cm^2$

रिवेट में अपरूपण प्रतिबल, $q = \frac{4{\cdot}4}{3{\cdot}142} = 1{\cdot}04\ tcm^2$

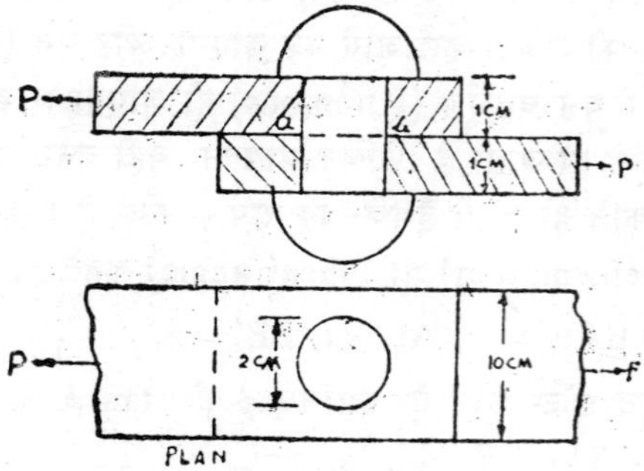

चित्र 2·3.

(*b*) प्लेट का मूल क्षेत्रफल जो फट सकता है

$$= 1 \times (10-2) = 8\ cm^2$$

प्लेट में तनाव प्रतिबल $p = \frac{4{\cdot}4}{8} = 0{\cdot}55\ t/cm^2$

इसलिए जोड़ दोनों तरह से सुरक्षित है।

उदाहरण 2. (S. I. Units) एक नकल जोड़ (Knuckle joint) चित्र 2·4 में दिखाया हुआ है। एक 100 kN का तनाव बल A छड़ से B छड़ पर प्रसारित (transmit) किया जाता है। जोड़ पिन का व्यास 20 mm है। यदि $N = 0{\cdot}8 \times 10^5$ N/mm^2 है तो रिवेट में अपरूपण प्रतिबल व विकृति ज्ञात करो।

हल : जोड़ पिन दोहरे अपरूपण में है क्योंकि पिन की प्रवृति *a—a* और *a-a* दो खण्डों पर से अपरूपित हो जाने की है।

अपरूपण में क्षेत्रफल $= 2 \times$ पिन के अनुप्रस्थ काट का क्षेत्रफल

$$= 2 \times \frac{\pi}{4} \times (20)^2 = 628{\cdot}4\ mm^2$$

अपरूपण प्रतिबल $q = \frac{P}{A} = \frac{100 \times 1000}{528{\cdot}4} = 159{\cdot}1 N/mm^2$

$$\text{अपरूपण विकृति } \phi = \frac{q}{N} = \frac{159{\cdot}1}{0{\cdot}8 \times 10^5} = 0{\cdot}0019 \text{ radians}$$

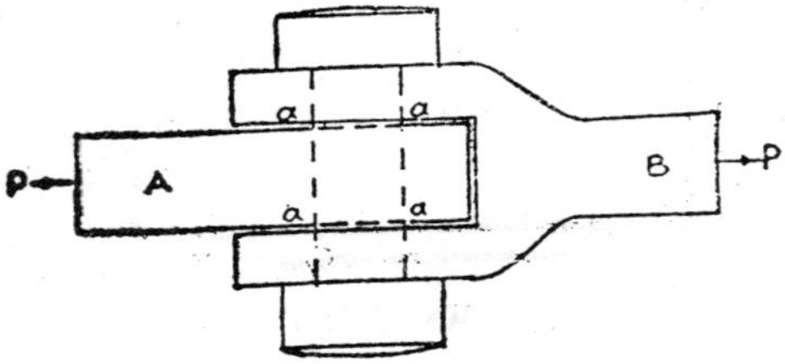

चित्र 2·4.

उदाहरण 3. 10 mm मोटी एक प्लेट में 40 mm व्यास का एक छेद सुम्बे (punch) द्वारा निकालने के लिए, सुम्बे पर कितना बल लगाना पड़ेगा, चरम अपरूपण प्रतिबल प्लेट के लिए 300 N/mm² है।

हल : अपरूपण क्षेत्रफल = छेद की परिधि × प्लेट की मोटाई

$$= \pi D \times t = \pi \times 40 \times 10 = 4\pi \times 100 \text{ mm}^2$$

छेद निकालने के लिए सुम्बे पर बल $= 400\pi \times 300$

$$= 377040 \text{N} \qquad \text{उत्तर}$$

2·5. सम्मानार्थ अपरूपण प्रतिबल (Complementary Shear Stresses)

मान लो एक प्रिज्म (prism) जिसकी लम्बाई AB, चौड़ाई BC और मोटाई इकाई है, की भुजा AB और DC पर अपरूपण प्रतिबल q कार्य कर रहा है। (चित्र 2·5)

AB सतह पर कुल अपरूपण बल $= AB \times q \times 1 = AB \times q$ kg←

DC सतह पर कुल अपरूपण बल $= DC \times q \times 1 = DC \times q$ kg→

क्योंकि AB सतह, DC सतह के बराबर है इसलिए सतह AB और CD पर दोनों बल भी एक-दूसरे के बराबर हैं, लेकिन इनकी दिशा एक-दूसरे के विपरीत है, इसलिए ये दोनों बल एक युग्म (couple) उत्पन्न करते हैं जिसका युग्म घूर्ण (moment of couple) दोनों में से एक बल को अगर दोनों बलों के बीच की लम्ब दूरी से गुणा कर दिया जाए, के बराबर हैं।

या युग्म घूर्ण $= AB \times q \times AD$ या $DC \times q \times AD$

$$= AB \times q \times AD \qquad \ldots(1)$$

प्रिज्म ABCD के सन्तुलन (equilibrium) के लिए इस वामावर्त (Anti-clockwise) युग्म (couple) के विपरीत और इसके बराबर एक दक्षिणावर्त (clockwise) युग्म उत्पन्न हो जाता है।

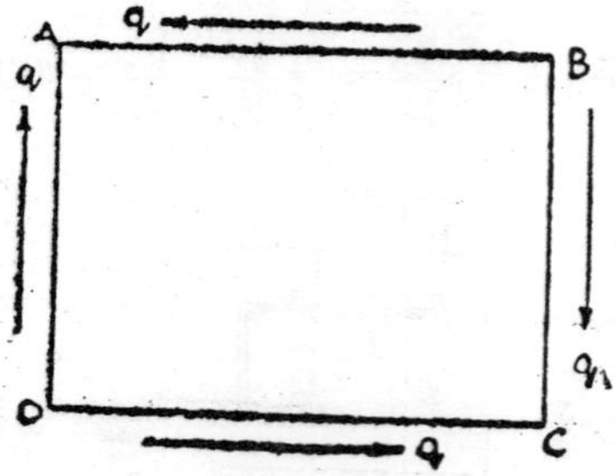

चित्र 2·5.

मान लो दक्षिणावर्त युग्म द्वारा AD और BC सतह पर उत्पन्न प्रतिबल q' है।

AD सतह पर अपरूपण बल $= AD \times q' \times 1$

BC सतह पर अपरूपण बल $= BC \times q' \times 1$

अपरूपण बल का युग्म घूर्ण $= AD \times q' \times AB$ या $AD \times q' \times CD$

...(2)

लेकिन दोनों युग्म बराबर होने चाहिएँ।

इसलिए समीकरण (1) और (2) बराबर होंगे।

$$AB \times q \times AD = AD \times q' \times AB$$

या

$$q = q'$$

इससे अत्यन्त महत्त्वपूर्ण निष्कर्ष निकलता है कि जब एक अपरूपण प्रतिबल q एक सतह पर कार्य करता है तो इस सतह के समकोण पर जो भी सतह होती है, उस पर q के बराबर अपरूपण प्रतिबल अपने आप उत्पन्न हो जाता है।

सतह AD और BC पर जो अपरूपण प्रतिबल उत्पन्न हो जाता है उसे सम्मानार्थ अपरूपण प्रतिबल (complementary shear stress) कहते हैं।

2·6. नत समतल पर प्रतिबल (Stresses on Inclined Planes)

एक आयताकार प्रिज्म ABCD जिसकी लम्बाई L, चौड़ाई B और मोटाई t है, की सतह AB और CD पर q अपरूपण प्रतिबल कार्य करता है। नत समतल (inclined plane) BE जो BC समतल के साथ θ कोण बनाता है, पर अभिलम्ब प्रतिबल (normal stress) और स्पर्श रेखीय प्रतिबल (tangential stress) ज्ञात करना है।

प्रिज्म की सतह AB और CD पर अपरूपण प्रतिबल के कारण प्रिज्म की सतह AD और BC पर इसके बराबर सम्मानार्थ अपरूपण प्रतिबल (complementry shear stress) अपने आप उत्पन्न हो जाता है। प्रिज्म की सभी सतहों पर अपरूपण प्रतिबल चित्र 2·6 में दिखाये गए हैं।

त्रिभुज BCE जिसकी मोटाई t है मानिये
सतह BC पर बल, $P_1 = q \times BC \times t \uparrow$
सतह CE पर बल, $P_2 = q \times CE \times t \leftarrow$

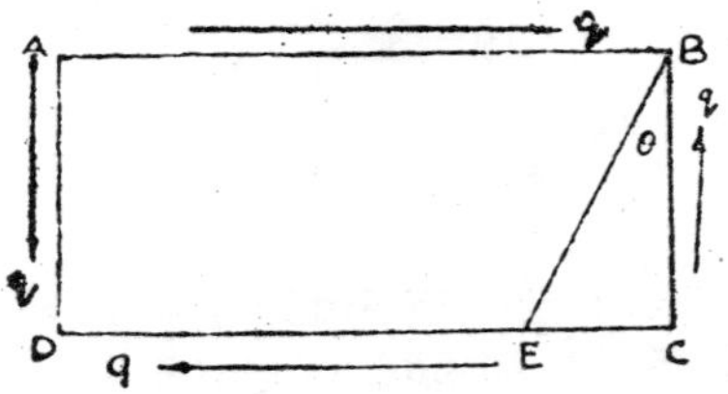

चित्र 2·6.

इन बलों का BE समतल पर अभिलम्ब घटक (normal component)

$$P_n = P_1 \sin\theta + P_2 \cos\theta$$
$$= q \times BC \times t \sin\theta + q \times CE \times t \cos\theta$$
$$= qt\,(BC \sin\theta + CE \cos\theta)$$

अभिलम्ब प्रतिबल p_n $= \dfrac{P_n}{BE \times t}$

$$= \frac{qt\,(BC \sin\theta + CE \cos\theta)}{BE \times t}$$
$$= q\frac{BC}{BE}\sin\theta + q\frac{CE}{BE}\cos\theta$$
$$= q \cos\theta \sin\theta + q \sin\theta \cos\theta$$
$$= 2q \cos\theta \sin\theta$$
$$= q \sin 2\theta \qquad \ldots(1)$$

P_1 और P_2 का BE सतह पर स्पर्श रेखीय घटक (tangential component) Pt

$$P^t = q \times BC \times t \cos\theta - q \times CE \times t \sin\theta$$
$$= qt\,(BC \cos\theta - CE \sin\theta)$$

अपरूपण प्रतिबल pt $= \dfrac{Pt}{BE \times t} = \dfrac{(qt\,BC \cos\theta - qt\,CE \sin\theta)}{BE \times t}$

$$= q\frac{BC}{BE}\cos\theta - q\frac{CE}{BE}\sin\theta$$
$$= q \cos^2\theta - q \sin^2\theta$$
$$= q \cos 2\theta \qquad \ldots(2)$$

अभिलम्ब प्रतिबल p_n, का मान अधिकतम q के बराबर होता है जब $\sin 2\theta$ अधिकतम हो जाता है।

या $\sin 2\theta = \pm 1$

$$2\theta = \pm \frac{\pi}{2}$$

$$\theta = + \frac{\pi}{4} = 45^\circ \text{ या } 135^\circ$$

इसलिए अधिकतम अभिलम्ब प्रतिबल q के बराबर है जो BC के साथ 45° और 135° का कोण बनाती हुई सतह पर होता है।

BE सतह पर अधिकतम स्पर्श रेखीय बल के लिए $\cos 2\theta$ अधिकतम होना चाहिए।

अर्थात् $\cos 2\theta = 1$

$$2\theta = 0$$

$$\theta = 0 \text{ या } \theta = 0^\circ \text{ और } 90^\circ$$

इन समतलों पर कोई अभिलम्ब प्रतिबल नहीं होता है और इनको साधारण अपरूपण समतल (simple shear planes) कहते हैं।

2·7. विकर्ण प्रतिबल (Diagonal Stresses) जो अपरूपण द्वारा उत्पन्न होता है।

मान लो एक वर्गाकार प्रिज्म जिसकी मोटाई इकाई (unit) है और जिसकी हर भुजा 2L के बराबर है, की सतह AB और CD पर q अपरूपण प्रतिबल कार्य करता है। चित्र 2 7 देखें।

मान लो E, F, G और H भुजाओं के मध्य बिन्दु हैं।

EF, FG, GH और HE को मिला दो।

यह ज्ञात है कि अपरूपण प्रतिबल यदि AB और CD भुजाओं पर कार्य करता है तो भुजाओं AD और BC पर अपने आप q सम्मानार्थक अपरूपण प्रतिबल उत्पन्न हो जाता है।

एक त्रिभुज BEF को लीजिए।

BE समतल पर अपरूपण प्रतिबल

$$= q \times BE \times 1$$

$$= q \times L \rightarrow$$

BF समतल पर अपरूपण प्रतिबल

$$= q \times BF \times 1$$

$$= q \times L \uparrow$$

यह दोनों बल एक-दूसरे के समकोण पर हैं इसलिए इनका परिणामी बल $\sqrt{2}q$ होता है और कोण $\angle FBK$, 45° के बराबर होता है।

यह परिणामी बल, EF पर लम्ब होता है।

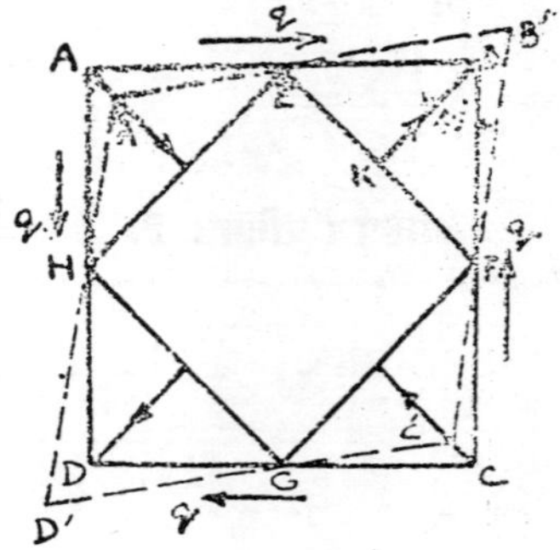

चित्र 2·7

इसलिए सतह EF पर तनाव बल $= \sqrt{2}q \times L$

इसलिए सतह EF पर तनाव प्रतिबल $= \dfrac{\sqrt{2} \times q \times L}{\sqrt{2}L} = q$

इसलिए प्रकार यह भी प्रमाणित किया जा सकता है कि अभिलम्भ प्रतिबल तह FG, GH और HE पर भी q ही होता है।

इन सभी बलों के कारण वर्गाकार प्रिज्य की आकृति जैसी कि कटी हुई लाइनों से दिखाई गई हैं, हो जाती है। दूसरे शब्दों में, विकर्ण BD लम्बाई में बढ़ जाता है और विकर्ण AC लम्बाई में कम हो जाता है अर्थात्, BD विकर्ण में तनाव उत्पन्न हो जाता है जबकि AC विकर्ण में संपीडन उत्पन्न हो जाता है।

2·8. विकर्णों की तनाव और सम्पीडक विकृति (Tensile and compressive strains of the diagonals)

ABCD एक इकाई मोटाई का आयताकार प्रिज्म है जिसके AB और CD समतल पर q अपरूपण प्रतिबल कार्य करता है। AB और CD पर q अपरूपण प्रतिबल, के कारण q प्रतिबल तीव्रता समलत BC और DA पर भी उत्पन्न हो जाती है।

इन अपरूपण प्रतिबलों के कारण विकर्ण BD में तनाव और विकर्ण AC में सम्पीडप उत्पन्न हो जाती है जैसा कि पहले प्रमाणित किया जा चुका है।

तनाव प्रतिबल q के कारण BD में विकृति $\dfrac{q}{E}$ हो जाती है और विकर्ण AC पर

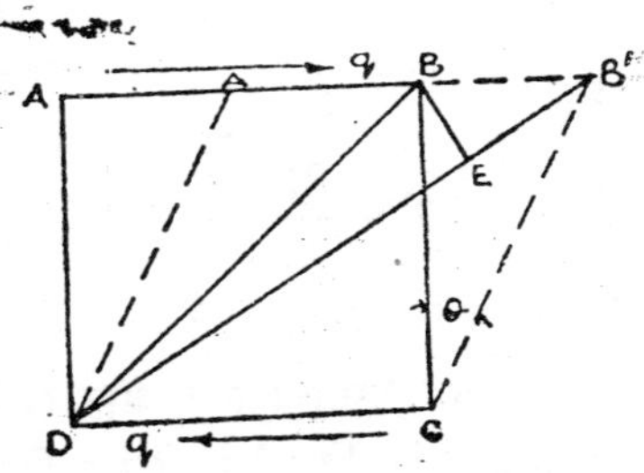

चित्र 2·8.

q सम्पीडन प्रतिबल के कारण विकर्ण BD पर तनाव विकृति $\dfrac{q}{E} \times \dfrac{d}{m}$ के बराबर उत्पन्न हो जाती है।

इसलिए BD विकर्ण में कुल विकृति $= \dfrac{q}{B} + \dfrac{q}{mE}$

$$= \frac{q}{E}\left(1 + \frac{1}{m}\right) \text{ (तनाव)}$$

इसी प्रकार विकर्ण AC में विकृति $= \dfrac{q}{E}\left(1 + \dfrac{1}{m}\right)$ होती है लेकिन यह विकृति सम्पीडत होती है।

2·9. रेखीय विकृति और अपरूपण विकृति में सम्बन्ध (Relation between linear Strain and Shear strains) चित्र 2·8 देखो।

एक आयताकार प्रिज्म ABCD की विकृति आकृति A′B′CD है।

विकर्ण BD में वृद्धि $= B'D - BD$

इसलिए BD में रेखीय विकृति $= \dfrac{B'D - BD}{BD}$

B से B′D पर BE एक लम्ब डालो।

क्योंकि BB′ बहुत ही छोटा है, इसलिए BD को DE के बराबर माना जा सकता है। क्योंकि विरूपण भी बहुत ही कम होता है इसलिए कोण ∠BDC को भी कोण ∠B′DC के बराबर, जो 45° है मान सकते हैं।

$$\text{BD में रेखीय विकृति} = \frac{B'D - BD}{BD}$$

$$= \frac{B'D - DE}{BD}$$

$$\frac{B'E}{BD} = \frac{BB'}{\sqrt{2}BD}$$

$$= \frac{BB'}{\sqrt{2} \times \sqrt{2}BC} = \frac{1}{1}\frac{BB'}{BC}$$

क्योंकि $\dfrac{BB'}{BC}$ अपरूपण विकृति है इसलिए BD में रेखीय विकृति, अपरूपण विकृति की आधी होती है।

अब आसानी से E और N में भी सम्बन्ध स्थापित किया जा सकता है जैसा की ज्ञात है कि विकर्ण में रेखीय विकृति

$$= \frac{q}{E}\left(1 + \frac{1}{m}\right)$$

और यह भी ज्ञात है कि रेखीय विकृति, अपरूपण विकृति की आधी होती है। इसलिए

$$\frac{q}{E}\left(1 + \frac{1}{m}\right) = \frac{1 . q}{2\ N}$$

या $E = 2N\left(1 + \dfrac{1}{m}\right)$ यहाँ N दृढ़ता प्रत्यास्थता गुणांक है।

2·10. आयतन मापांक (Bulk Modulus)

यदि किसी अवयव (element) पर एक ही तरह के तनाव व सम्पीडक प्रति-

बल, उसके सभी समतलों पर कार्य करते हैं तो अवयव के आयतन में परिवर्तन हो जाता है। समतलों पर कार्य कर रहे प्रतिबल और इकाई आयतन में परिवर्तन के अनुपात को **आयतन मापांक** कहते हैं। **आयतन मापांक** को K से लिखते हैं।

$$\frac{p}{\delta V/V}=K$$

मान लो सम्पीडक प्रतिबल p एक घन (cube) ABCD A′B′C′D′ के सभी फलकों (faces) पर कार्य करता है। चित्र 2·9 में प्रतिबल व घन दिखाए हुए हैं। घन के एक किनारे AB पर सभी प्रतिबलों का प्रभाव ज्ञात करने के लिए सतह BC B′C′ और AA′D′D पर p प्रतिबल के कारण सम्पीडक विकृति $\frac{p}{E}$ होगी। सतह AB A′B′ ओर DD′ C′C पर p प्रतिबल के कारण इसकी अपनी दिशा में सम्पीडक विकृति $\frac{P}{E}$ होगी लेकिन इसके लम्ब दिशा में इसका प्रभाव $\frac{1}{m}\times\frac{p}{E}$ तनावपूर्ण

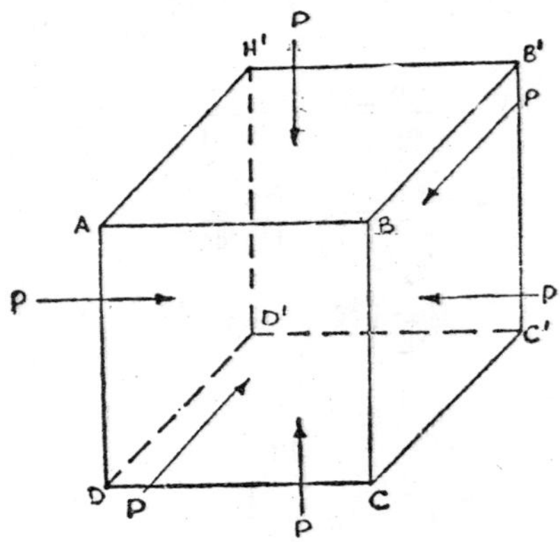

चित्र 2·9.

होता है। इसी प्रकार ABCD और A′B′C′D′ पर सम्पीडक प्रतिबल p के कारण AB दिशा में तनाव विकृति $\frac{1}{m}\times\frac{p}{E}$ हो जाती है।

AB दिशा में कुल विकृति

$$\frac{\delta l}{l}=\left(\frac{p}{E}-\frac{1}{m}\times\frac{p}{E}-\frac{1}{m}\times\frac{p}{E}\right)=\frac{p}{E}\left(1-\frac{2}{m}\right)$$

यहाँ l घन की एक भुजा की लम्बाई है।

घन का आयतन $V=l^3$

$$\delta V=3l^2\times\delta l$$

या $$\frac{\delta V}{V}=\frac{3l^2\,\delta l}{l^3}=\frac{3\times\delta l}{l}=3\ \frac{p}{E}\left(1-\frac{2}{m}\right)$$

आयतन मापांक अनुसार

$$\frac{p}{\text{आयतन विकृति}}=K$$

या $$\frac{p}{3\ \frac{p}{E}\left(1-\frac{2}{m}\right)}=K$$

या $$E=3\ K\left(1-\frac{2}{m}\right)$$

2·11. E N और K में सम्बन्ध

$$E=3K\left(1-\frac{2}{m}\right) \text{ और } E=2N\left(1+\frac{1}{m}\right)$$

इसलिए $$3K\left(1-\frac{2}{m}\right)=2N\left(1+\frac{1}{m}\right)$$

या $$3K-\frac{6K}{m}=2N+\frac{2N}{m}$$

या $$\frac{1}{m}=\frac{3K-2N}{6K+2N} \qquad \ldots(1)$$

$$E=2N\left(1+\frac{1}{m}\right)$$

$$=2N+\frac{2N}{m}$$

या $$E-2N=2N\times\frac{1}{m}$$

या $$\frac{1}{m}=\frac{E-2N}{2N} \qquad \ldots(2)$$

समीकरण (1) को (2) के बराबर रखने पर

$$\frac{3K-2N}{6K+2N}=\frac{E-2N}{2N} \text{ या } E=\frac{9KN}{3K+N}$$

उदाहरण 4. 100 mm लम्बी और 50 mm भीतरी व्यास वाली एक नली के अन्दर 50 mm व्यास और 100 mm लम्बी लोहे की छड़ बन्द की हुई है। लोहे की नली और छड़ आपस में गल्यू (glue) द्वारा चिपकी हुई है। अगर गल्यू का चरम अपरूपण प्रतिबल 2·5 N/mm^2 हो तो वह चरम बल ज्ञात करो जिस पर छड़ नली में से फिसल जाएगी।

हल : अपरूपण क्षेत्रफल $= \pi \times 100 \times 50$

चरम बल $= 5000\pi \times 2{\cdot}5$

$= 12500 \times 3{\cdot}142 = 39275\text{N}$ **उत्तर**

उदारहण 5 एक ताँबे की छड़ जिसका व्यास 20 mm है, एक लोहे की ट्यूब जिसका बाहरी व्यास 25 mm तथा अन्दर का व्यास 20 mm है; में बन्द की हुई है। 10 mm व्यास एक-एक बोल्ट छड़ व ट्यूब की अक्ष (axis) के समकोण पर दोनों सिरों के पास लगाए गए हैं। यदि पूरे सिलसिले का ताप 100°F बढ़ा दिया जाता है तो बोल्ट में उत्पन्न अपरूपण प्रतिबल ज्ञात करो।

$E_c = 1 \times 10^5$ N/mm², $E_s = 2 \times 10^5$ N/mm²

$\alpha_c = 10 \times 10^{-6}$ और $\alpha_s = 6 \times 10^{-6}/°\text{F}$

हल : लोहे की ट्यूब का अनुप्रस्थ काट

$$A_s = \frac{\pi}{4}\left\{(25)^2 - (20)^2\right\}$$

$$= \frac{\pi}{4} 225 = 177\text{mm}^2$$

ताँबे की छड़ का अनुप्रस्थ काट $A_c = \frac{\pi}{4}(20)^2 = 314{\cdot}2$ mm²

मान लो लोहे व ताँबे में विकृति क्रमशः e_s और e_c है।

इसलिए $e_s + e_c = t\,(\alpha_c - \alpha_s)$

$$\frac{p_s}{E_s} + \frac{p_c}{E_c} = 100\,(10 - 6)\,10^{-6}$$

$$\frac{p_s}{2 \times 10^5} + \frac{p_c}{1 \times 10^5} = \frac{400}{10^6} = \frac{40}{10^5}$$

या $p_s + 2p_c = 80$ ...(1)

$A_s p_s = p_c \times A_c$

या $\frac{p_s}{p_c} = \frac{A_c}{A_s} = \frac{314{\cdot}2}{177{\cdot}0} = 1{\cdot}775$

या $p_s = 1{\cdot}775\, p_c$

समीकरण (1) और (2) को हल करने पर

$p_c = 21{\cdot}2$ N/mm²

ताँबे की छड़ द्वारा लिया गया भार $= A_c \times p_c$

$= 21{\cdot}2 \times 314{\cdot}2 = 6660$ N

बोल्ट का अनुप्रस्थ क्षेत्रफल $= \frac{\pi}{4}(10)^2 = 78{\cdot}6$ mm²

क्योंकि बोल्ट के दो अनुप्रस्थ काट अपरूपण में हैं इसलिए अपरूपण में कुल क्षेत्रफल

$$=2\times 78{\cdot}6=157{\cdot}2\ \text{mm}^2$$

बोल्ट में उत्पन्न अपरूपण प्रतिबल $=\dfrac{6660}{157{\cdot}5}=42{\cdot}36\ \text{N/mm}^2$

उदाहरण 6. एक लोहे की गोल छड़ का व्यास 4 cm है। इस छड़ पर 100000 kg का एक भार कार्य कर रहा है। यदि 100 cm गेज लम्बाई में वृद्धि 0·5 cms और व्यास में कमी 0·002 cm हुई हो तो Poisson's ratio, और तीनों प्रत्यास्थता गुणांक के मान ज्ञात करो।

हल : लोहे की छड़ का अनुप्रस्थ काट $=\dfrac{\pi}{4}(4)^2$

$$=12{\cdot}57\ \text{cm}^2$$

प्रतिबल $p=\dfrac{100000}{12{\cdot}57}=7915{\cdot}5\ \text{kg/cm}^2$

विकृति $e=\dfrac{\delta l}{l}=\dfrac{0{\cdot}5}{100}=0{\cdot}005$

$$E=\frac{p}{e}=\frac{7951{\cdot}5}{0{\cdot}005}=1{\cdot}591\times 10^2\ \text{kg/cm}^2$$

पार्श्विक विकृति $=\dfrac{\delta d}{d}=\dfrac{\cdot 002}{4}=0{\cdot}0005$

लेकिन पार्श्विक विकृति $=\dfrac{1}{m}\times e$

$$0{\cdot}0005=\frac{1}{m}\times 0{\cdot}005$$

या $\dfrac{1}{m}=\dfrac{0{\cdot}0005}{0{\cdot}005}=\dfrac{5}{50}=0{\cdot}1$

$$E=2K\left(1+\frac{1}{m}\right)=3K\left(1-\frac{2}{m}\right)$$

$$=2N\,(1{\cdot}1)=2K\,(0{\cdot}8)$$

या $N=0{\cdot}7\times 10^6\ \text{kg/cm}^2$ और $K=0{\cdot}66\times 10^6\ \text{kg/cm}^2$

उदाहरण 7. एक पदार्थ की दृढ़ता प्रत्यास्था गुणांक $0{\cdot}51\times 10^6\ \text{kg/cm}^2$ है। इस पदार्थ की 1 cm व्यास वाली छड़ 1000 kg भार उठाने के लिए काम में ली गई। यदि छड़ के व्यास में 0·0003 cm की कमी हो जाती है, तो m और E का मान ज्ञात करो।

हल :

छड़ का अनुप्रस्थ काट $= \frac{\pi}{4} (1)^{2} = 0{\cdot}786 \text{ cm}^2$

$$p = \frac{1000}{0{\cdot}886} = 1270 \text{ kg/cm}^2$$

पार्श्विक विकृति $= \frac{\delta d}{d} = \frac{0{\cdot}0003}{1} = 0{\cdot}0003$

लेकिन पार्श्विक विकृति $= \frac{1}{m} \times$ रेखीय विकृति

इसलिए $\frac{p}{E} \times \frac{1}{m} = 0{\cdot}0003$

या $$mE = \frac{1270}{0{\cdot}0003} = 4233000$$

$$E = 2N\left(1 + \frac{1}{m}\right) \text{ या } mE = 2N\,(m+1)$$

इसलिए $2N\,(m+1) = 4233000$

$$(m+1) = \frac{4233000}{2 \times 0{\cdot}51 \times 10^{6}} = 4{\cdot}14$$

$$m = 3{\cdot}14$$

$$\frac{1}{m} = 0{\cdot}318$$

$$\therefore \quad E = \frac{4{\cdot}233 \times 10^{6}}{3{\cdot}14} = 1{\cdot}345 \times 10^{6} \text{ kg/cm}^2$$

$$K = \frac{E}{3\left(1 - \frac{2}{m}\right)} = \frac{1{\cdot}345 \times 10^{6}}{3(1 - 0{\cdot}636)}$$

$$= 1{\cdot}231 \times 10^{6} \text{ kg/cm}^2$$

प्रश्नावली

1. लोहे की तीन प्लेटें एक रिवेट द्वारा जोड़ी हुई हैं। यदि बीच वाली प्लेट पर 8 *t* का बल लगाया गया है और रिवेट का व्यास 2 cms है तो रिवेट में अपरूपण बल ज्ञात करो। (उत्तर : 1274 kg/cm^2)
2. 5 mm मोटी एक लोहे की प्लेट में 10 mm व्यास का छेद निकालने के लिए सुम्बे (Punch) पर कितना बल लगाना होगा, यदि चरम अपरूपण प्रतिबल लोहे के लिए 400 N/mm^2 है। (उत्तर : 800 N/mm^2)

3. 10 cm × 1 cm की दो लोहे की प्लेटें चढ़ाव जोड़ (lap joint) के रूप में 2 cm व्यास की रिवेट द्वारा जोड़ी हुई हैं। अगर अभय तबाव प्रतिबल और अपरूपण प्रतिबल क्रम से $2t/cm^2$ और $1t/cm^2$ है और $5t$ बल जोड़ पर कार्य कर रहा हो तो बताओ कि जोड़ सुरक्षित है या नहीं।

(उत्तर : जोड़ अपरूपण में केवल $3 \cdot 14t$ का बल ही ले सकता है)

4. 7 cm भुजा की एक वर्गाकार छड़ तनाव में $10t$ का बल लेती है। 40 cm गेज लम्बाई में वृद्धि 0 04 mm व पार्श्विक दिशा में सिकुड़न ·005 mm नोट की गई। N का मान ज्ञात करो। (उत्तर : $N = 595100 kg/cm^2$)

5. 800 kN का भार 80 mm व्यास वाली छड़ उठाती है। 150 mm गेज लम्बाई में वृद्धि 0 23 mm व व्यास में सिकुड़न 0·04 mm नोट की गई।

E,N,K और $\frac{1}{m}$ का मान ज्ञात करो।

उत्तर : $\frac{1}{m} = 0 \cdot 325$, $E = 103700\ N/mm^2$)

$N = 39200\ N/mm^2$ और $K = 99000\ N/mm^2$)

6. एक आयताकार (Reetangular) छड़ का अनुप्रस्थ काट 200 × 100 mm और लम्बाई 0·5 m है। छड़ पर अक्षीय (axial) तनाव बल 1000 kN, 5000 kN का सम्पीडक बल 200 mm भुजा और 2500 kN का तनाव बल 100 mm भुजा पर कार्य करता है। यदि पदार्थ के लिए E और m क्रम से $2 \times 10^5\ N/mm^2$ और 0·4 हो तो छड़ के आयतन में परिवर्तन ज्ञात करो। (उत्तर : $125\ mm^2$)

7. 5 cm भुजा वाली वर्गाकार छड़ जो 100 cm लम्बी है, को 2000 kg के अक्षीय बल से दबाया गया है। छड़ के आयतन में प्रतिशत में परिवर्तन ज्ञात करो।

$10\ cm^3$ लोहे का आयतन 5000 मीटर समुद्र के पानी में डूबा हुआ है। आयतन में परिवर्तन ज्ञात करो।

$E = 2 \cdot 05 \times 10^6\ kg/cm^2$, $N = 0 \cdot 82 \times 10^6\ kg/cm^2$

(उत्तर : 0 00195%; $0 \cdot 369\ cm^3$)

8. 30 mm व्यास की छड़ जिसकी गेज लम्बाई 300 mm है, 54 kN तनाव बल से खींची गई है। लम्बाई में बढ़ोत्तरी 0·112 mm और व्यास में कमी 0·00366 mm नापी गई है। पाईजन अनुपात और तीनों प्रत्यास्थता गुणांक (E, N, K) ज्ञात करो।

(उत्तर : $\frac{1}{m} = 0 \cdot 326$, $E = 2\ 05 \times 10^5\ N/mm^2$)

($N = 0 \cdot 774 \times 10^5\ N/mm^2$, $K = 1 \cdot 965 \times 10^5\ N/mm^2$)

9. एक धातु का टुकड़ा एक अक्षीय दबाव से दबाया जाता है और किसी तरह ऐसी व्यवस्था की हुई है कि पार्श्व विकृति स्वतन्त्र पार्श्व विकृति से केवल एक तिहाई होने दी जाती है। प्रत्यास्थ गुणांक E′ का शोधित मान ज्ञात करो। यदि m का मान 4 है तो यह भी सिद्ध करो कि शोधित E′ का मान $\frac{9}{8}$ E होगा। (उत्तर : $E' = \frac{3m(m-1)E}{3(m^2-3)(m-4)}$)

10. p_1 और p_2 दो तनाव प्रतिबल, एक प्रत्यास्थ पदार्थ पर एक-दूसरे के समकोण दिशा में कार्य करते हैं। p_1 दिशा में हुई विकृति p_2 दिशा की विकृति से दुगनी है। यदि $E = 1{\cdot}2 \times 10^6$ kg/cm^2 और $\frac{1}{m} = 0{\cdot}3$ हो तो p_1 और p_2 का अनुपात ज्ञात करो। (उत्तर : $\frac{p_1}{p_2} = 1{\cdot}438$)

11. पीतल के एक टुकड़े का $E = 1{\cdot}2 \times 10^5$ N/mm^2 और दृढ़ता प्रत्यास्थता गुणांक $N = 0{\cdot}47 \times 10^5$ N/mm^2 है। पीतल का पाईजन अनुपात ज्ञात करो। (उत्तर : $\frac{1}{m} = 0{\cdot}277$

12. एक पदार्थ का प्रत्यास्थता गुणांक 1×10^6 kg/cm^2 और दृढ़ता प्रत्यास्थता गुणांक $0{\cdot}4 \times 10^6$kg/cm^2 है। 5 cm व्यास तथा 250 cm लम्बी छड़ के लिए आयतन प्रत्यास्थत गुणांक (K) और पार्श्व सिकुड़न ज्ञात करो। छड़ 2·5 mm खींची गई है। (उत्तर : $K = 0{\cdot}67 \times 10^6$ kg/cm^2
$\delta d = 0{\cdot}000125$ cm)

□

3

मुख्य समतल और मुख्य प्रतिबल
(PRINCIPAL PLANES AND PRINCIPAL STRESSES)

3·1. अब तक अपरूपण प्रतिबल अथवा अक्षीय प्रतिबल (axial stresses) में पदार्थ के व्यवहार का अध्ययन किया गया है। पदार्थ पर एक समय सम्पीडक, तनाव या अपरूपण प्रतिबल इन तीनों में से कोई एक ही कार्य करता था। लेकिन पदार्थ पर जब तीनों तरह के प्रतिबल एक साथ कार्य करते हैं तो पदार्थ में अधिकतम प्रतिबल अभिलम्ब खंड पर न होकर किसी अल्प समतल (inclined plane) पर होता है और कई बार तो इस नत समतल पर इतना अधिक प्रतिबल उत्पन्न हो जाता है कि बाहरी लगाए गए प्रतिबल से भी इसका मान अधिक हो जाता है और इसलिए पदार्थ इसी समतल पर फेल हो जाता है। इस अध्याय में जब किसी पदार्थ पर एक से अधिक प्रतिबल एक साथ कार्य करते हैं, और उनसे जो स्थिति उत्पन्न होती है, उसी का अध्ययन किया गया है।

ऐसे समतल जिन पर अभिलम्ब प्रतिबल अधिकतम या न्यूनतम होते हैं और जिन पर कोई अपरूपण प्रतिबल नहीं होता, मुख्य समतल कहलाते हैं और इन समतलों पर जो अभिलम्ब प्रतिबल होता है, उसे मुख्य प्रतिबल कहते हैं।

3·2. अक्षीय बल द्वारा एक छड़ के नत समतल (inclined plane) पर प्रतिबल।

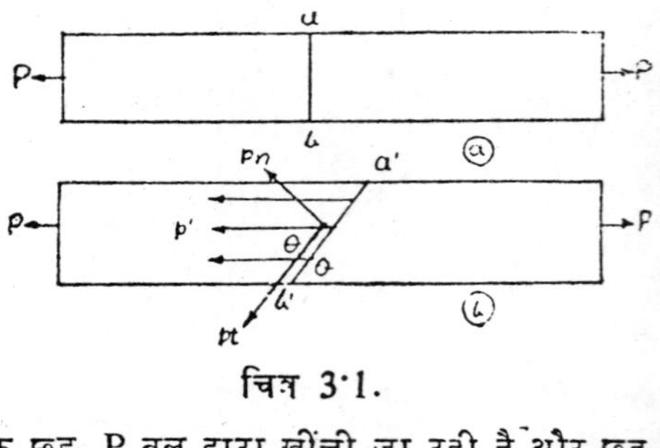

चित्र 3·1.

मान लो एक छड़, P बल द्वारा खींची जा रही है और छड़ का अनुप्रस्थ काट A है। छड़ पर अक्षीय प्रतिबल $p=\dfrac{P}{A}$ ...(1)

मान लो छड़ को एक नत समतल $a'b'$ द्वारा काटा गया है। $a'b'$ छड़ की अक्ष के साथ θ कोण बनाता है।

$$a'b' \text{ समतल पर छड़ का क्षेत्रफल} = \frac{A}{\sin\theta}$$

$$a'b' \text{ समतल पर प्रतिबल } p' = \frac{P}{\frac{A}{\sin\theta}} = \frac{P\sin\theta}{A} \qquad \ldots(2)$$

प्रतिबल $\frac{P\sin\theta}{A}$ की दिशा छड़ की अक्ष के समानान्तर है।

$\frac{P\sin\theta}{A}$ को दो संघटकों (components) में, $a'b'$ के अभिलम्ब (p_n) और इसके स्पर्शीय (p_t) दिशा में हल करो।

$$a'b' \text{ पर अभिलम्ब प्रतिबल } p_n = p'\sin\theta \qquad \ldots(3)$$

$$\text{और } a'b' \text{ पर स्पर्शीय प्रतिबल } p_t = p'\cos\theta \qquad \ldots(4)$$

$$\text{लेकिन } p' = \frac{P\sin\theta}{A}$$

$$\text{इसलिए } p_n = \frac{P\sin\theta}{A} \times \sin\theta = \frac{P}{A}\sin^2\theta$$

$$= p\frac{(1 - \cos 2\theta)}{2}$$

$$= \frac{P}{2}(1 - \cos 2\theta) \qquad \ldots(5)$$

$$\text{और} \qquad p_t = p'\cos\theta$$

$$= \frac{P}{A}\sin\theta\cos\theta$$

$$= \frac{P\sin 2\theta}{A \times 2}$$

$$= \frac{P}{2}\sin 2\theta \qquad \ldots(6)$$

समीकरण (5) और (6) से क्रमशः अभिलम्ब प्रतिबल और स्पर्शीय प्रतिबल ज्ञात किए जा सकते हैं।

समीकरण (5) से यह निश्चित है कि अभिलम्ब प्रतिबल तब अधिकतम होता है जब $\cos 2\theta$ का मान न्यूनतम होता है।

$$\cos 2\theta = -1$$

$$2\theta = 180°$$
$$\theta = 90°$$

समीकरण (5) में θ का मान 90° रखने पर

$$p_n = \frac{p}{2}(1+1) = \frac{p \times 2}{2} = p$$

दूसरे शब्दों में, अधिकतम अभिलम्ब प्रतिबल छड़ की अक्ष के समकोण खण्ड पर होता है और यह अभिलम्ब प्रतिबल p के बराबर होता है।

स्पर्शीय प्रतिबल p_t अधिकतम होने के लिए $\sin 2\theta$ का मान अधिकतम होना चाहिए।

इसलिए
$$\sin 2\theta = 1$$
$$2\theta = 90° \text{ या } 270°$$
$$\theta = 45° \text{ या } 135°$$

अपरूपण प्रतिबल p_t का मान, जब $\theta = 45°$

$$p_t = \frac{p}{2}\sin 90°$$
$$= \frac{p}{2}$$

इसलिए अपरूपण प्रतिबल छड़ की अक्ष के 45° नत समतल पर अधिकतम होता है और इसका मान $\frac{p}{2}$ होता है। इसी प्रकार दूसरा नत समतल (inclined plane) जिस पर अपरूपण प्रतिबल अधिकतम होता है, छड़ की अक्ष के साथ $(90+\theta)$ का कोण बनाता है। दूसरा मुख्य समतल छड़ की अक्ष के साथ 180° का कोण बनाता है।

या
$$p_n = \frac{P}{A}\sin^2\theta$$
$$= \frac{P}{A}\sin^2(90+\theta)$$
$$= p\ \text{cso}^2\theta = \frac{p}{2}(1+\cos 2\theta)$$

इस प्रकार
$$p_t = \frac{p}{2}\sin 2\theta$$
$$= \frac{p}{2}\sin(180+2\theta) = -\frac{p}{2}\sin 2\theta$$

3·3. लम्ब समतलों पर जब दो अभिलम्ब प्रतिबल कार्य करते हैं
(Effect of two direct stresses acting on two perpendicular planes)

(*a*) जब दोनों प्रतिबल एक ही प्रवृत्ति (nature) के होते हैं (when both the stresses are like)

मान लो एक आयताकार प्रिज्म ABCD जिसकी मोटाई इकाई है, के AB तथा CD समतल पर p और BC तथा AD समतल पर p' अभिलम्ब तनाव प्रतिबल कार्य करते हैं।

मान लो एक BE समतल p समतल के साथ $\theta°$ कोण बनाता है जैसा कि चित्र 3·2 में दिखाया गया है।

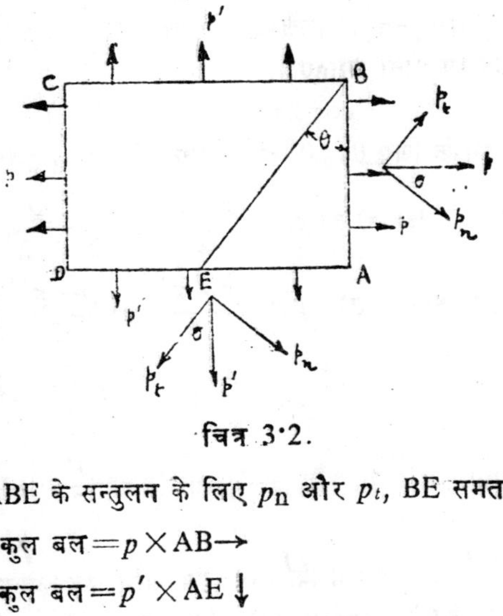

चित्र 3·2.

त्रिभुज ABE के सन्तुलन के लिए p_n और p_t, BE समतल पर

AB पर कुल बल $= p \times AB \rightarrow$

AE पर कुल बल $= p' \times AE \downarrow$

BE पर अभिलम्ब संघटक (normal component)

$$P_n = p \times AB \times \cos\theta + p' \times AE \sin\theta$$

BE पर अभिलम्ब प्रतिबल $p_n = \dfrac{P_n}{BE}$

$$= p \times \frac{AB}{BE} \times \cos\theta + p' \frac{AE}{BE} \times \sin\theta$$

$$= p \cos^2\theta + p' \sin^2\theta$$

$$= p \frac{(1+\cos 2\theta)}{2} + p' \left(\frac{1-\cos 2\theta}{2}\right)$$

$$=\frac{p}{2}+\frac{p}{2}\cos 2\theta+\frac{p'}{2}-\frac{p'}{2}\cos 2\theta$$

$$=\left(\frac{p+p'}{2}\right)+\frac{(p-p')}{2}\cos 2\theta \quad ...(1)$$

इसी प्रकार BE पर स्पर्शीय संघटक

$$P_t=p\times AB\sin\theta-p'\times AE\cos\theta$$

BE पर स्पर्शीय प्रतिबल $p_t=\frac{P_t}{BE}=p\times\frac{AB}{BE}\sin\theta-p'\times\frac{AE}{BE}\cos\theta$

$$=p\times\sin\theta\cos\theta-p'\cos\theta\sin\theta$$

$$=(p-p')\sin\theta\cos\theta$$

$$=\left(\frac{p-p'}{2}\right)\sin 2\theta \quad ...(2)$$

अधिकतम तथा न्यूनतम अभिलम्ब प्रतिबल के लिए $\cos 2\theta$ का मान समीकरण (1) में अधिकतम होना चाहिए।

$$\cos 2\theta=\pm 1$$

या अधिकतम के लिए $\theta=0°$ और न्यूनतम के लिए $\theta=90°$ होना चाहिए।

जब $\theta=0$ तो $p_n=\frac{p+p'}{2}+\frac{p}{2}-\frac{p'}{2}=p$

और जब $\theta=90°$ है तो $p_n=\frac{p+p'}{2}+\left(\frac{p-p'}{2}\right)\cos 2\times 90°$

$$=\frac{p}{2}+\frac{p'}{2}+\left(\frac{p}{2}-\frac{p'}{2}\right)(-1)$$

$$=\frac{p}{2}+\frac{p'}{2}-\frac{p}{2}+\frac{p'}{2}$$

$$=p'$$

इससे यह सिद्ध हो जाता है कि अधिकतम अभिलम्ब प्रतिबल AD पर p' और AB पर p होता है और इसलिए AD और AB मुख्य समतल है ओर p' और p इन पर मुख्य प्रतिबल।

BE पर स्पर्शीय प्रतिबल अधिकतम होने के लिए समीकरण (2) में $\sin 2\theta$ का मान अधिकतम होना चाहिए।

या $\sin 2\theta=1$

$\theta=45°$ या $135°$

अधिकतम अपरूपण या स्पर्शीय प्रतिबल $p_t=\frac{p-p'}{2}$ के बराबर है और यह मुख्य समतल के $45°$ या $135°$ पर नत समतल पर है।

यहाँ से एक यह महत्त्वपूर्ण निष्कर्ष निकलता है कि समतल जिन पर स्पर्शीय प्रतिबल अधिकतम होता है, एक-दूसरे के समकोण पर होते हैं और यह समतल मुख्य समतल के साथ 45° का कोण बनाते हैं।

BE पर परिणामी प्रतिबल (resultant stress)

$$p_r = \sqrt{(p_n)^2 + (p_t)^2}$$

$$= \sqrt{p^2 \sin^2\theta + p'^2 \cos^2\theta}$$

परिणामी प्रतिबल p_r, अगर p प्रतिबल की दिशा के साथ α कोण बनाता है तो

$$\tan \alpha = \frac{p' \times AE}{p \times AB} = \frac{p'}{p} \tan\theta$$

यदि p_r का कोण p_n के साथ ϕ से दिखाया जाता है

$$\tan \phi = \frac{p_t}{p_n} = \frac{(p - p') \sin\theta \cos \theta}{p \cos^2\theta + p' \sin^2\theta}$$

(*b*) **जब p और p' एक-दूसरे के विपरीत प्रवृत्ति के होते हैं।**

तनाव प्रतिबल को धन (Positive) और सम्पीडक प्रतिबल को ऋणात्मक (negative) माना है।

मान लो p तनाव प्रतिबल है और p' सम्पीडक। p_n, p_t और p_r के सभी समीकरण वैसे के वैसे जैसे ऊपर (*a*) में हैं, रहते हैं, केवल इतना अन्तर होता है कि p' का मान समीकरणों में रखते समय चिन्ह बदल कर रखा जाता है।

यानि $p_n = p \cos^2\theta - p' \sin^2 \theta$ और $p_t = \left(\frac{p+p'}{2}\right) \sin 2\theta$

उदाहरण 1. एक पदार्थ में किसी बिन्दु पर मुख्य प्रतिबल 1000 N/mm² तथा 400 N/mm² दोनों तनाव प्रवृत्ति के हैं। बड़े मुख्य समतल के साथ 60° का कोण बनाने वाले समतल पर, अनुलम्ब (normal) स्पर्शीय एवम् परिणामी प्रतिबल ज्ञात करो! समतल का अधिकतम कोण (obliquity) भी ज्ञात करो।

हल : L L′ वह समतल है जिस पर प्रतिवल ज्ञात करने हैं

$p = 1000$, $p' = 400$, $q = 0$, $\theta = 60$

अभिलम्ब प्रतिबल $p_n = \frac{1}{2}(p+p') + \frac{1}{2}(p-p')\cos 2\theta + q \sin 2\theta$

$$= \frac{1}{2}(1000+400) + \frac{1}{2}(1000-400) \cos 120° + 0$$

$$= 700 - 300 \times 0{\cdot}5 = 550 \text{ N/mm}^2 \text{ (तनाव)}$$

स्पर्शीय प्रतिबल $p_t = \frac{1}{2}(p - p')\sin 2\theta - q\cos 2\theta$

$$= \frac{1}{2}(1000 - 400)\sin 120 - 0$$

$$= 260\ \text{N/mm}^2$$

परिणामी प्रतिबल $p_n = \sqrt{(550)^2 + (260)^2} = 608\ \text{N/mm}^2$

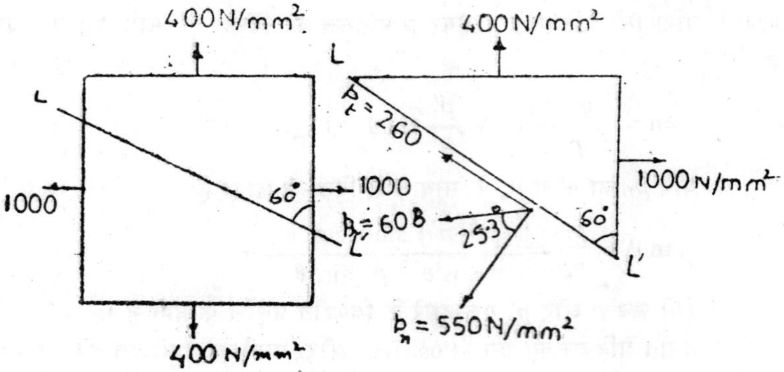

चित्र 3·3

परिणामी प्रतिबल p_r तथा अभिलम्ब-प्रतिबल p_n में मान लो ϕ कोण हैं

$$\tan \phi = \frac{p_t}{p_n} = \frac{260}{550} = 0{\cdot}473 = 25{\cdot}3^\circ$$

चित्र 3·3 देखें ।

उदाहरण 2. एक पदार्थ के एक बिन्दु पर $400\ \text{N/mm}^2$ का ऊर्ध्वाकार शुद्ध अपरूपण प्रतिबल कार्य कर रहा है । ऊर्ध्वाकार के साथ 30° का कोण बनाने वाले समतल पर अभिलम्ब एवं स्पर्शीय प्रतिबल ज्ञात करें । मुख्य प्रतिबल भी ज्ञात करें ।

हल : $p = p' = 0,$
$q = 400\text{N/mm}^2$
$\theta = 30^\circ$

L L′ पर अभिलम्ब प्रतिबल p_n

$$p_n = \frac{1}{2}(p + p') + \frac{1}{2}(p - p')\cos 2\theta + q\sin 2\theta$$

$$= 400\sin 60^\circ = 346{\cdot}4\text{N/mm}^2 \quad \text{तनाव}$$

L L′ पर स्पर्शीय प्रतिबल p_t

$$p_t = \frac{1}{2}(p - p')\sin 2\theta - q\cos 2\theta$$

$$= -400 \cos 60 = -200 N/mm^2$$

मुख्य प्रतिबल $= \pm q$

$$= 400 N/mm^2$$

यहाँ यह ध्यान रखना चाहिए कि अपरूपण प्रतिबल यदि पिण्ड में दक्षिणावृत युग्म उत्पन्न करता है तो उसे धन और यदि वामावृत दिशा युग्म उत्पन्न करता है तो उसे ऋणात्मक मानते हैं। यह चिन्ह इससे उल्टे भी माने जा सकते हैं। चित्र 3·4 देखें।

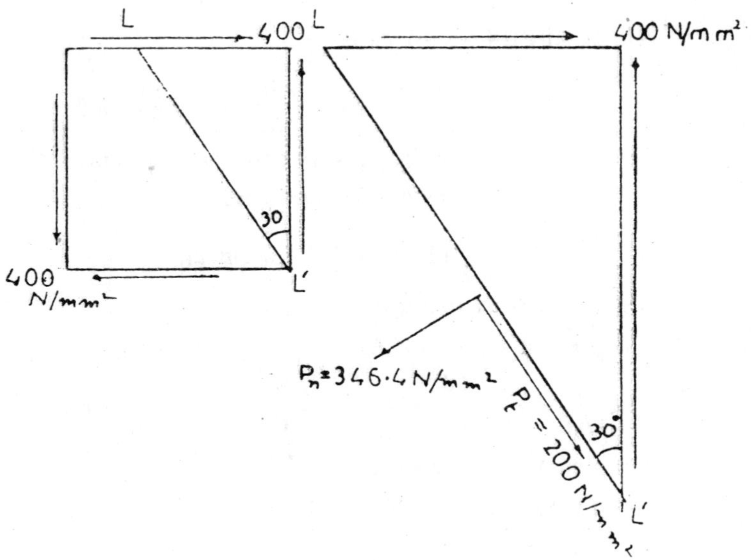

चित्र 3·4.

3·4. अभिलम्ब प्रतिबल के साथ जब अपरूपण प्रतिबल भी एक समतल पर कार्य करता है (A Direct Stress Acting on a Plane Accompanied by Sheer Stress across it)

अभिलम्ब प्रतिबल और अपरूपण प्रतिबल की स्थिति चित्र 3·5 में दिखाई गई है। ABCD प्रिज्म की मोटाई इकाई मानी गई है।

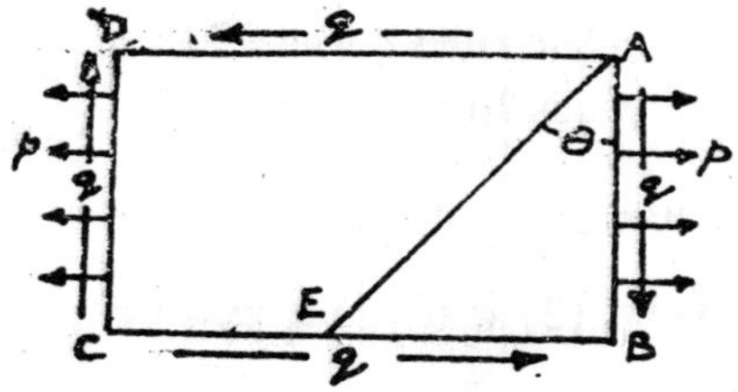

चित्र 3·5.

क्योंकि समतल AB और CD पर अपरूपण प्रतिबल q कार्य करता है इसलिए AD और BC पर अपरूपण प्रतिबल q के बराबर अपने आप उत्पन्न हो जाता है।

AE एक नत (inclined) समतल लो। AE, AB समतल के साथ θ कोण बनाता है।

AE पर अभिलम्ब बल P_n ज्ञात करने के लिए

$$P_n = p \times AB \times \cos\theta + q \times AB \sin\theta + q \times BE \cos\theta$$

AE पर अभिलम्ब प्रतिबल $p_n = \dfrac{P_n}{AE}$

$$= p\frac{AB}{AE}\cos\theta + q \times \frac{AB}{AE}\sin\theta + q\frac{BE}{AE}\cos\theta$$

$$= p\cos^2\theta + q\sin\theta\cos\theta + q\cos\theta\sin\theta$$

$$= p\cos^2\theta + 2q\sin\theta\cos\theta$$

$$= \frac{p}{2}(1 + \cos 2\theta) + q\sin 2\theta \qquad \ldots(1)$$

इसी प्रकार AE पर स्पर्शीय बल Pt

$$P_t = p \times AB \sin\theta - q \times AB \cos\theta + q \times BE \sin\theta$$

$$P_t = \frac{Pt}{AE} = p \times \frac{AB}{AE}\sin\theta - q \times \frac{AB}{AE}\cos\theta + q \times \frac{BE}{AE}\sin\theta$$

$$= p\sin\theta\cos\theta + q\sin^2\theta - q\cos^2\theta$$

$$= p\sin\theta\cos\theta - q(\cos^2\theta - \sin^2\theta)$$

$$= \frac{p}{2}\sin 2\theta - q\cos 2\theta \qquad \ldots(2)$$

अब p_n का अधिकतम व न्यूनतम मान ज्ञात करने के लिए समीकरण (1) का अवकलन करके शून्य के बराबर रख दो।

$$p_n = \frac{p}{2} + \frac{p}{2}\cos 2\theta + q\sin 2\theta$$

$$\frac{dp_n}{d\theta} = \frac{p}{2}(-\sin 2\theta) \times 2 + q\cos 2\theta \times 2 = 0$$

या $\quad -p\sin 2\theta + 2q\cos 2\theta = 0$

या $\quad p\sin 2\theta = +2q\cos 2\theta$

$$\tan 2\theta = +\frac{2q}{p} \qquad \ldots(3)$$

θ का मान समीकरण (3) में से (2) में रखने पर

$$pt = \frac{p}{2}\sin 2\theta - q\cos 2\theta$$

$$=\frac{p}{2}\times\frac{2q}{p}\cos 2\theta - q\cos 2\theta$$
$$=+q\cos 2\theta - q\cos 2\theta$$
$$=0$$

इसका अर्थ साफ है कि जिन समतलों पर अभिलम्ब प्रतिबल अधिकतम व न्यूनतम होता है उन पर अपरूपण प्रतिबल बिल्कुल नहीं होता ।

फिर $$\tan 2\theta = +\frac{2q}{p}$$

क्योंकि $\tan 2\theta$ मुख्य समतलों का कोण है इसलिए इसे $\tan 2\theta$ न लिखकर $\tan 2\theta_p$ में लिखेंगे ।

अब $$\tan 2\theta_p = +\frac{2q}{p}$$

अब क्योंकि $\tan(180+\theta)=\tan\theta$ होता है इसलिए θ_p के दो मान होते हैं । इनको θ_{p1} और θ_{p2} लिखेंगे और θ_{p1} अगर θ है तो θ_{p2}, $(90+\theta)$ के बराबर होता है ।

क्योंकि $\tan 2\theta_p$ के दो मान θ_{p1} और θ_{p2} हैं इसलिए मुख्य समतल भी दो होते हैं और उनका कोण p प्रतिबल की दिशा के साथ θ_{p1} और θ_{p2} होता है । $\tan 2\theta_p = +\frac{2q}{p}$ को चित्र 3·6 में दिखाया गया है । क्योंकि $\tan_2 \theta_p$ का मान धनात्मक (positive) है इसलिए इन्हें पहले व तीसरे चतुर्थांश (quadrant) में दिखा सकते हैं ।

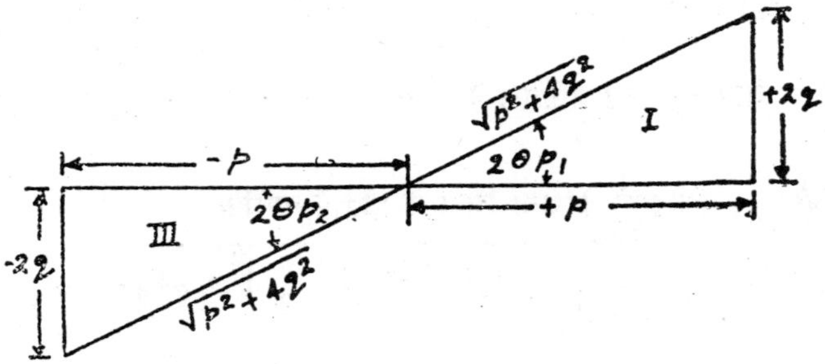

चित्र 3·6.

पहले चतुर्थांश में

$$\sin 2\theta_{p1} = +\frac{2q}{\sqrt{p^2+4q^2}}$$

$$\cos 2\theta_{p1} = +\frac{p}{\sqrt{p^2+4q^2}}$$

तीसरे चतुर्थांश में $\sin 2\theta_{p2} = -\dfrac{2q}{\sqrt{p^2+4q^2}}$

$$\cos 2\theta_{p2} = -\frac{p}{\sqrt{p^2+4q^2}}$$

मुख्य प्रतिबल ज्ञात करगे के लिए $2\theta_{p1}$ और $2\theta_{p2}$ के मान समीकरण (1) में रखने पर

$$p_1 = \frac{p}{2}(1+\cos 2\theta) + q \sin 2\theta$$

$$= \frac{p}{2} + \frac{p}{2} \times \frac{p}{\sqrt{p^2+4q^2}} + q \times \frac{(+2q)}{\sqrt{p^2+4q^2}}$$

$$= \frac{p}{2} + \frac{p^2}{2\sqrt{p^2+4q^2}} + \frac{2q^2}{\sqrt{p^2+4q^2}}$$

$$= \frac{p}{2} + \frac{p^2+4q^2}{2\sqrt{p^2+4q^2}}$$

$$= \frac{p}{2} + \frac{\sqrt{p^2+4q^2}}{2}$$

$$= \frac{p}{2} \times \sqrt{\left(\frac{p}{2}\right)^2 + q^2}$$

इसी प्रकार $p_2 = \dfrac{p}{2} - \sqrt{\left(\dfrac{p}{2}\right)^2 + q^2}$

यहाँ p_1 और p_2 मुख्य प्रतिबल हैं। इनमें से एक अधिकतम व दूसरा न्यूनतम होता है।

p_1 और p_2 एक-दूसरे के उल्ट चिन्ह के होते हैं क्योंकि

$p_1 = \dfrac{p}{2} + \sqrt{\left(\dfrac{p}{2}\right)^2 + 4q^2}$, इसमें $\sqrt{\left(\dfrac{p}{2}\right)^2 + q^2}$ का मान

हमेशा $\dfrac{p}{2}$ से अधिक होता है और इसलिए इसका चिह्न हमेशा धनात्मक होता है। इसलिए अगर p_1 तनाव है तो p_2 सम्पीडक होता है।

अब अधिकतम स्पर्श या अपरूपण प्रतिबल व इनके समतल ज्ञात करने के लिए समीकरण (2) का अवकलन करके शून्य के बराबर रखो।

$$pt = \frac{p}{2}\sin 2\theta - q \cos 2\theta$$

$$\frac{d_{pt}}{d\theta} = \frac{p}{2} \cos 2\theta \times 2 - q\,(-\sin 2\theta) \times 2$$

या $$p \cos 2\theta + 2q \sin\theta = 0$$

$$\tan 2\theta_s = -\frac{p}{2q} \qquad \ldots(4)$$

यहाँ फिर θ_s के दो मान होते हैं और क्योंकि यह दोनों कोण अपरूपण समतल बताते हैं इसलिए इन्हें θ_{s1} और θ_{s2} से लिखते हैं।

क्योंकि $\tan 2\theta_s$ का मान ऋणात्मक है इसलिए इनको दूसरे व चौथे चतुर्थांश में जैसा कि चित्र 3·7 में दिखाया गया है, दिखा सकते हैं।

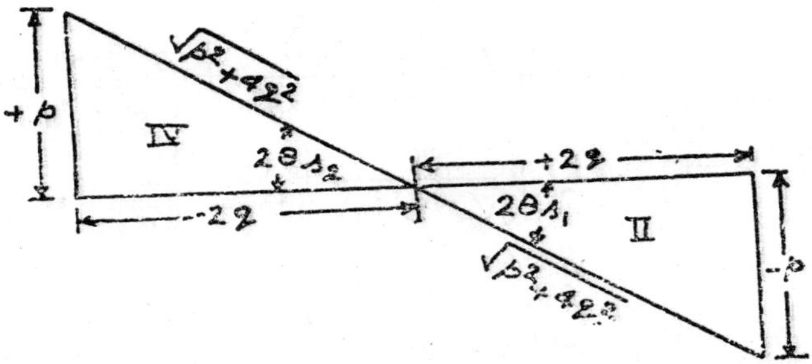

चित्र 3·7.

चित्र 3·7 में से

$$\sin 2\theta_{s1} = -\frac{p}{\sqrt{p^2+4q^2}} \text{ और } \cos 2\theta_{s1} = +\frac{2q}{\sqrt{p^2+4q^2}}$$

$$\text{और } \sin 2\theta_{s2} = +\frac{p}{\sqrt{p^2+4q^2}} \text{ और } \cos 2\theta_{s2} = -\frac{2q}{\sqrt{p^2+4q^2}}$$

अपरूपण प्रतिवल का अधिकतम व न्यूनतम मान ज्ञात करने के लिए $2\theta_{s1}$ और $2\theta_{s2}$ का मान समीकरण (2) में रखो।

अर्थात् $$p_t = \frac{p}{2} \sin 2\theta - q \cos 2\theta$$

$$= \frac{p}{2} \times \frac{-p}{\sqrt{p^2+4q^2}} - \frac{q \times 2q}{\sqrt{p^2+4q^2}}$$

$$= -\frac{p^2}{2\sqrt{p^2+4q^2}} - \frac{2q^2}{\sqrt{p^2+4q^2}}$$

$$= -\frac{(p^2+4q^2)}{2\sqrt{p^2+4q^2}}$$

$$= -\sqrt{\left(\frac{p}{2}\right)^2 + (q)^2}$$

अब यदि $\tan 2\theta_p = +\frac{2q}{p}$ और $\tan 2\theta_s = -\frac{p}{2q}$ की तुलना की जाए जाए तो $2\theta_p$ और $2\theta_s$ का एक-दूसरे से $90°$ का अन्तर है। अर्थात् θ_p और θ_s में $45°$ का अन्तर है।

अधिकतम अपरूपण प्रतिबल वाले समतलों पर अभिलम्ब प्रतिबल ज्ञात करने के लिए $2\theta_s$ का मान p_n के समीकरण में रखो। अर्थात्

$$p_n = \frac{p}{2}(1 + \cos 2\theta) + q \sin 2\theta$$

$$= \frac{p}{2} + \frac{p}{2} \times \frac{2q}{\sqrt{p^2+4q^2}} + \frac{q \times -p}{\sqrt{p^2+4q^2}}$$

$$= \frac{p}{2} + \frac{pq}{\sqrt{p^2+4q^2}} + \frac{-pq}{\sqrt{p^2+4q^2}}$$

$$= \frac{p}{2}$$

इसलिए अधिकतम अपरूपण प्रतिबल वाले दोनों समतलों पर अभिलम्ब प्रतिबल $\frac{p}{2}$ होता है।

3·5 दो समकोण समतलों पर अभिलम्ब प्रतिबल के साथ-साथ अपरूपण प्रतिबल भी कार्य करता है (direct stresses acting on two perpendicular planes along with shear stress across them)

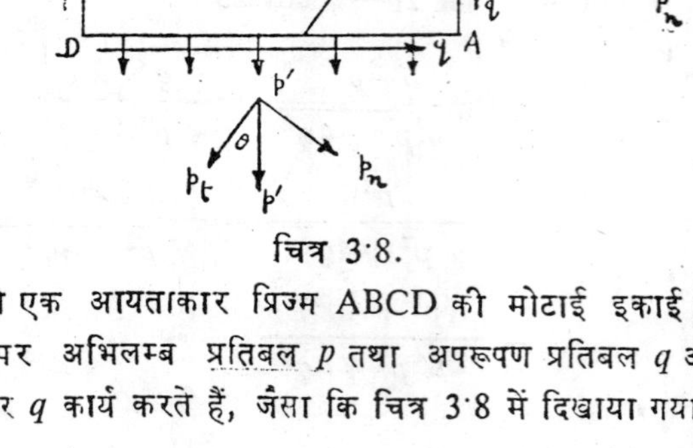

चित्र 3·8.

मान लो एक आयताकार प्रिज्म ABCD की मोटाई इकाई है। AB और CD समतलों पर अभिलम्ब प्रतिबल p तथा अपरूपण प्रतिबल q और BC तथा AD पर p' और q कार्य करते हैं, जैसा कि चित्र 3·8 में दिखाया गया है।

BE एक समतल लो जो p समतल के साथ θ कोण बनाता है ।

त्रिभुज ABE के सन्तुलन के लिए BE पर अभिलम्ब प्रतिबल $P_n = p \times AB \cos\theta + q \times AB \sin\theta + q \times AE \cos\theta + p' \times AE \sin\theta$

या अभिलम्ब प्रतिबल $p_n = \dfrac{P_n}{BE}$

या $$p_n = p \times \frac{AB}{BE}\cos\theta + q\frac{AB}{BE}\sin\theta + q\frac{AE}{BE}\cos\theta + p'\frac{AE}{BE}\sin\theta$$

$$= p\cos^2\theta + q\sin\theta\cos\theta + q\cos\theta \times \sin\theta + p'\sin^2\theta$$

$$= p\cos^2\theta + p'\sin^2\theta + 2q\cos\theta\sin\theta$$

$$= \frac{p}{2}(1 + \cos 2\theta) + \frac{p'}{2}(1 - \cos 2\theta) + q\sin 2\theta$$

$$= \left(\frac{p+p'}{2}\right) + \left(\frac{p-p'}{2}\right)\cos 2\theta + q\sin 2\theta \qquad \ldots(1)$$

इसी प्रकार स्पर्शीय प्रतिबल $p_t = \dfrac{P_t}{BE}$

या $$p_t = p \times \frac{AB}{BE}\sin\theta - q \times \frac{AB}{BE}\cos\theta + q \times \frac{AE}{BE}\sin\theta - p'\frac{AE}{BE}\cos\theta$$

$$= p\sin\theta\cos\theta - q\cos^2\theta + q\sin^2\theta - p'\cos\theta\sin\theta$$

$$= (p - p')\sin\theta\cos\theta - q(\cos^2\theta - \sin^2\theta)$$

$$= \left(\frac{p-p'}{2}\right)\sin 2\theta - q\cos\ \theta \qquad \cdots(2)$$

p_n का अधिकतम व न्यूनतम मान ज्ञात करने के लिए p_n की समीकरण का अवकलन करो और इसे शून्य के बराबर रख दो ।

या $$p_n = \left(\frac{p+p'}{2}\right) + \left(\frac{p-p'}{2}\right)\cos 2\theta + q\sin 2\theta$$

$$\frac{dp_n}{d\theta} = \left(\frac{p-p'}{2}\right)(-\sin 2\theta) \times 2 + q\cos 2\theta \times 2 = 0$$

या $$-(p-p')\sin 2\theta + 2q\cos 2\theta = 0$$

या $$\tan 2\theta_p = +\frac{2q}{p-p'}$$

$\tan 2\theta_p$ के दो मान θ_{p1} और θ_{p2} है और $\theta_{p2} = 90 + \theta_{p1}$ होता है ।

क्योंकि $\tan 2\theta_p$ का मान धनात्मक है इसलिए इसे पहले और तीसरे चतुर्थांश में जैसे कि चित्र 3·9 में है, दिखा सकते हैं।

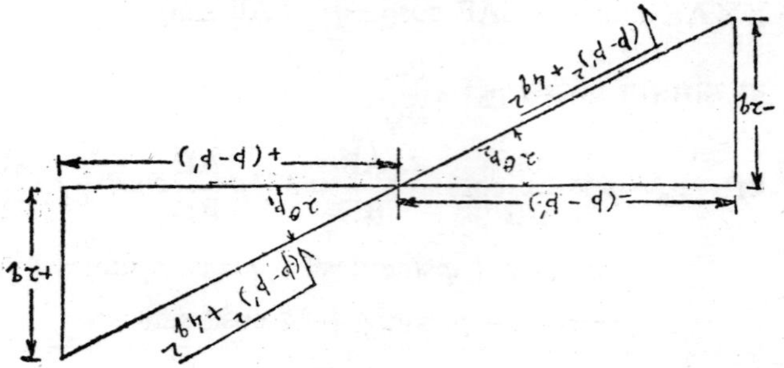

चित्र 3·9.

$$\sin 2\theta_{p1} = + \frac{2q}{\sqrt{(p-p')+4q^2}} \text{ and}$$

$$\cos 2\theta_{p1} = \frac{p-p'}{\sqrt{(p-p')^2+4q^2}}$$

$$\sin 2\theta_{p2} = -\frac{2q}{\sqrt{(p-p')^2+4q^2}}$$

और $$\cos 2\theta_{p2} = -\frac{(p-p')}{\sqrt{(p-p')^2+4q^2}}$$

$2\theta_{p1}$ और $2\theta_{p2}$ का मान समीकरण (1) में रखने पर

$$p_1 = \frac{p+p'}{2}\left(\frac{p-p'}{2}\right)\cos 2\theta + q \sin 2\theta$$

$$= \frac{p+p'}{2} + \left(\frac{p-p'}{2}\right) \times \frac{(p-p')}{\sqrt{(p-p')^2+4q^2}}$$

$$+ \frac{q \times (+2q)}{\sqrt{(p-p')^2+4q^2}}$$

$$= \frac{p-p'}{2} + \frac{(p-p')^2}{2\sqrt{(p-p')^2+4q^2}} + \frac{+2q^2}{\sqrt{(p-p')^2+4q^2}}$$

$$= \left(\frac{p-p'}{2}\right) + \left\{\frac{(p-p')^2+4q^2}{2\sqrt{(p-p')^2+4q^2}}\right\}$$

$$= \left(\frac{p+p'}{2}\right) + \frac{\sqrt{(p-p)^2+4q^2}}{2}$$

$$= \frac{p+p'}{2} + \sqrt{\left(\frac{p-p'}{2}\right)^2 + q^2}$$

इसी प्रकार $p_2 = \frac{p+p'}{2} - \sqrt{\left(\frac{p-p'}{2}\right)^2 + q^2}$

p_1 और p_2 में से एक अधिकतम व दूसरा न्यूनतम मुख्य प्रतिबल होता है। इन समतलों पर अपरूपण प्रतिबल शून्य होता है।

अधिकतम अपरूपण प्रतिबल वाले समतल ज्ञात करने के लिए, समीकरण (2) का अवकलन कर शून्य के बराबर रख दो।

$$p_t = \left(\frac{p-p'}{2}\right) \sin 2\theta - q \cos 2\theta$$

$$\frac{d_{pt}}{d\theta} = \left(\frac{p-p'}{2}\right) \cos 2\theta \times 2 - q(-\sin 2\theta) \times 2 = 0$$

या $(p-p') \cos 2\theta + 2q \sin 2\theta = 0$

या $\tan 2\theta_s = -\frac{(p-p')}{2q}$

फिर $2\theta_s$ के θ_{s1} और θ_{s2} दो मान होंगे, जैसा कि नीचे चित्र 3·10 में दिखाए गए हैं।

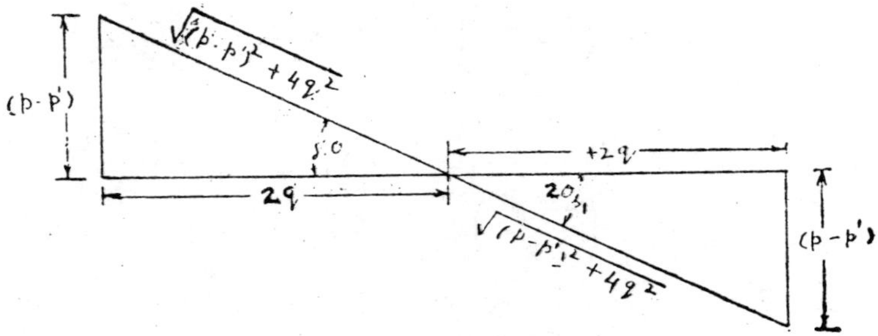

चित्र 3·10

$$\sin 2\theta_{s1} = -\frac{p-p'}{\sqrt{(p-p')^2+4q^2}}$$

$$\cos 2\theta_{s1} = \frac{2q}{\sqrt{(p-p')^2+4q^2}}$$

$$\sin 2\theta_{s2} = +\frac{(p-p')}{\sqrt{(p-p')^2+4q^2}}$$

$$\cos 2\theta_{s2} = -\frac{2q}{\sqrt{(p-p')^2+4q^2}}$$

$2\theta_{s1}$ और $2\theta_{s2}$ का मान समीकरण (2) में रखने पर

$$p_t = \left(\frac{p-p'}{2}\right) \sin 2\theta - q \cos 2\theta$$

$$=\frac{p-p'}{2}\times\frac{-(p-p)}{\sqrt{(p-p')^2+4q^2}}$$

$$-\frac{q\times 2q}{\sqrt{(p-p')^2+4q^2}}$$

$$=-\frac{(p-p')^2+4q^2}{2\sqrt{(p-p')^2+4q^2}}$$

$$=\pm\frac{\sqrt{(p-p')^2+4q^2}}{2}$$

$$=\pm\sqrt{\left(\frac{p-p'}{2}\right)^2+q^2}$$

अधिकतम अपरूपण प्रतिबल वाले समतलों (planes) पर अभिलम्ब प्रतिबल ज्ञात करने के लिए $2\phi_{s1}$ और $2\phi_{s2}$ का मान समीकरण (1) में रखो।

$$p_n=\frac{(p+p')}{2}+\left(\frac{p-p'}{2}\right)\cos 2\theta+2\sin 2\theta$$

$$=\left(\frac{p+p'}{2}\right)+\frac{p-p'}{2}\times\frac{2q}{\sqrt{(p-p')^2+4q^2}}$$

$$+\frac{q\times-(p-p')}{\sqrt{(p-p')^2+4q^2}}$$

$$=\left(\frac{p+p'}{2}\right)+\frac{(p-p')\,q}{\sqrt{(p-p')^2+4q^2}}$$

$$-\frac{(p-p')\,q}{\sqrt{(p-p')^2+4q^2}}=\frac{p+p'}{2}$$

इसलिए अधिकतम अपरूपण प्रतिबल समतल पर अभिलम्ब प्रतिबल $\frac{p+p'}{2}$ के बराबर होता है।

अभी तक केवल एक ही तरह के p और p' अभिलम्ब प्रतिबल लेकर p_n और p_t के लिए समीकरणें ज्ञात की हैं। तनाव प्रतिबल धन व संपीडक प्रतिबल ऋणात्मक माना हुआ है।

इसलिए ऊपरी सभी समीकरणों में यदि p या p' सम्पीडक प्रवृत्ति के हों तो समीकरण में इनका मान धन चिह्न न लगाकर ऋणात्मक चिह्न लगाकर काम में लेंगे।

अपरूपण प्रतिबल यदि दाक्षिणावर्त युग्म उत्पन्न करते हैं तो इसे धन अपरूपण प्रतिबल और जब इसके विपरीत दिशा में युग्म उत्पन्न होता है तो ऋणात्मक अपरूपण प्रतिबल लेते हैं। आसान शब्दों में q का मान $+q$ होगा यदि यह दक्षिणावर्त युग्म

उत्पन्न करता है। यदि इसके विपरीत प्रवृत्ति का अपरूपण प्रतिबल हो तो इसका चिह्न ऋणात्मक होता है।

उदाहरण 3. एक पदार्थ के किसी बिन्दु पर दो समकोण समतलों पर अभिलम्ब प्रतिबल 800 N/mm^2 तनाव एवं 400 N/mm^2 सम्पीडत हैं। इनके अलावा इस समतलों पर 400 N/mm^2 का अपरूपण प्रतिबल भी कार्य कर रहा है। 800 N/mm^2 प्रतिबल के साथ 60° का कोण बनाने वाले समतल पर अभिलम्ब एवं स्पर्शीय प्रतिबल ज्ञात करें। परिणामी प्रतिबल तथा इसका कोण भी ज्ञात करें।

$$p = 800 \text{ N/mm}^2$$
$$p' = -400 \text{ N/mm}^2$$
$$q = -400 \text{ N/mm}^2$$

क्योंकि वह वामावृत्त दिशा से घूर्ण उत्पन्न करता है

LL′ समतल पर प्रतिबल ज्ञात करते हैं

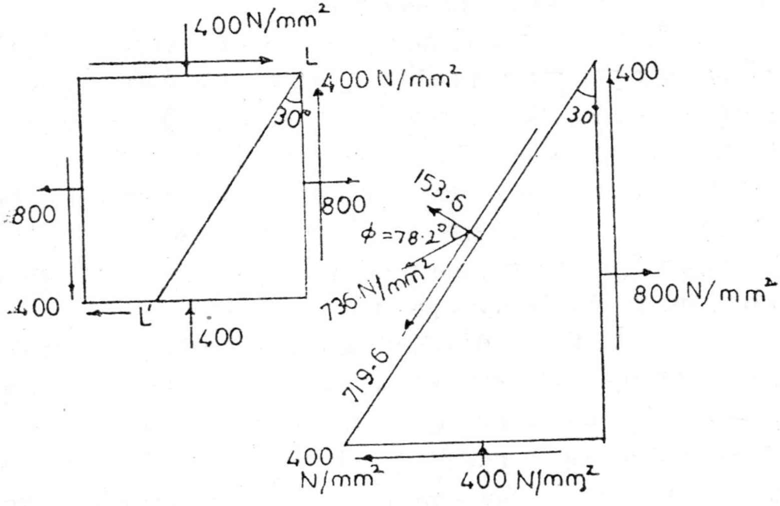

चित्र 3·11

$$p_n = \left(\frac{p+p'}{2}\right) + \left(\frac{p-p'}{2}\right)\cos 2\theta + q \sin 2\theta$$

$$= \left(\frac{800-400}{2}\right) + \left(\frac{800+400}{2}\right)\cos 60 - q$$

$$400 \sin 60$$

$$= 200 + 600 \cos 60 - 400 \sin 60$$

$$= 200 + 300 - 346{\cdot}4 = 153{\cdot}6 \text{ N/mm}^2 \text{ (तनाव)}$$

LL′ पर स्पर्शीय प्रतिबल p_t

$$=\frac{1}{2}(p-p')\sin 2\theta-q\cos 2\theta$$
$$=\frac{1}{2}(800+400)\sin 60+400\cos 60$$
$$=600\times 0{\cdot}866+400\times 0{\cdot}5=719{\cdot}6\ \text{N/mm}^2$$

परिणामी प्रतिबल p_r के लिए

$$p_r=\sqrt{p_n^2+p_t^2}$$
$$=\sqrt{(153{\cdot}6)^2+(719\ 6)^2}$$
$$=736\ \text{N/mm}^2$$

LL′ से इसका कोण ϕ निम्नानुसार होता है

$$\tan\phi=\frac{p_t}{p_n}=\frac{719{\cdot}6}{153{\cdot}6}=78{\cdot}2^\circ$$

LL′ पर प्रतिबल चित्र 3·11 में दिखाए हुए हैं

3·6. लेखा चित्रीय विधि (Graphical Method)

पहले देखा जा चुका है कि जब किसी वस्तु पर एक से अधिक तरह के प्रतिबल कार्य करते हैं तो मुख्य समतल और मुख्य प्रतिबल (principal planes and principal stress) ज्ञात करने के लिए कितनी गणितीय गणनायें (Mathematical Calculations) करनी पड़ती हैं। इसी काम को लेखा चित्रीय विधि द्वारा बड़ी आसानी से किया जा सकता है। एक ऐसी विधि प्रोफेसर रान्किन ने दी थी जिसे मोहर वृत्त (Mohr's circle) द्वारा बड़ी आसानी से दर्शाया जा सकता है।

मान लो एक छड़ पर अक्षीय प्रतिबल p कार्य कर रहा है। मोहर वृत्त की बनावट नीचे दी गई विधि अनुसार होती है।

O एक मूल बिन्दु है और OX और OY इसके निर्देशांक हैं। x-axis में से OA किसी माप पर, p के बराबर काट लो। अब OA को व्यास मानकर एक वृत्त खींचो। C बिन्दु वृत्त का केन्द्र है। C पर एक रेखा Cd, 2θ का कोण CA के साथ बनाती हुई खींचो। अब 2θ का कोण वामावर्त दिशा में खींचना है या दक्षिणावर्त दिशा में, यह ab खण्ड के अभिलम्ब पर निर्भर करता है। यदि ab खण्ड का अभिलम्ब p दिशा के साथ वामावर्त दिशा में θ कोण बनाता है तो cd भी CA के साथ वामावर्त दिशा में 2θ का कोण बनाएगी और यदि ab खण्ड का अभिलम्ब (normal to ab section) दक्षिणावर्त दिशा में θ कोण बनाता है तो cd भी CA के साथ दक्षिणावर्त दिशा में ही 2θ का कोण बनाएगी।

इस उदाहरण में ab खण्ड p की दिशा के साथ θ कोण बनाता है। इसलिए ab का अभिलम्ब p दिशा के साथ (90—θ) कोण बनाएगा। इसलिए cd को (180—2θ) का कोण OA के साथ दक्षिणावर्त निशा में बनाते हुए खींचा गया है। चित्र 3·12 (a) (b) देखें।

d बिन्दु से *dk*, OX पर लम्ब डालो। *dk* स्पर्शीय प्रतिबल p_t होता है और O*k* अभिलम्ब प्रतिबल p_n के बराबर होता है।

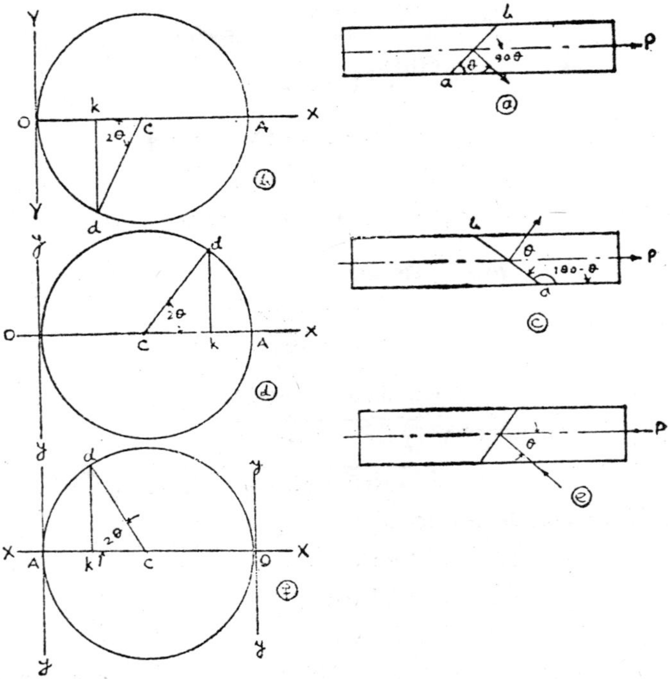

चित्र 3·12

यदि *dk* *x*-axis के ऊपर है तो p_t धन होती है और यदि *dk* *x*-axis के नीचे है तो p_t ऋणात्मक होती है। इसी प्रकार अगर *p* तनाव प्रतिबल है तो इसे *x*-axis के दायें तरफ और यदि संपीडित है तो मूल बिन्दु के बायें तरफ *x*-axis पर लिया जाता है।

यदि *ab* खण्ड जैसे चित्र 3·12 (*c*) में दिखाया गया हो तो मोहर वृत्त (Mohr's circles) चित्र 3·12 (*d*) में दिखाया गया है।

इसी प्रकार यदि प्रतिबल *p* सम्पीडक और *ab* खण्ड जैसा चित्र 3·12 (*e*) में है, हो तो मोहर वृत्त की बनावट जैसी चित्र 3·12 (*f*) में दिखाई गई है, होती है।

उदाहरण 4. एक छड़ को 600 kg/cm^2 के बल से खींचा गया। ऐसे समतल पर परिणामी, अभिलम्ब और अपरूपण प्रतिबल की तीव्रता ज्ञात करो, जिसका अभिलम्ब छड़ की अक्ष के साथ 30° का कोण बनाता है।

हल : (*a*) जब *ab* खण्ड का अभिलम्ब 30° का कोण वामावर्त दिशा में है।
वैशलेषिक विधि से (Analytically)

$$p_n = \frac{p}{2}(1 - \cos 2\theta)$$

$$= \frac{600}{2}(1 - \cos 240)$$

$$= 300\{1 - \cos(180 + 60)\}$$

$$= 300(1 + \cos 60°)$$

$$= 300 + 150 = 450 \text{ kg/cm}^2$$

$$p_t = \frac{p}{2}\sin 2\theta$$

$$= \frac{600}{2}(-\sin 60)$$

$$= 300 \sin 60 = -260 \text{ kg/cm}^2$$

$$pr = \sqrt{(p_n)^2 + (p_t)^2}$$

$$= \sqrt{(450)^2 + (260)^2} = 502 \text{ kg/cm}^2$$

Mohr's circle construction

$$oR = 450 \text{ kg/cm}^2$$

$$dR = 260 \text{ kg/cm}^2$$

$$od = 502 \text{ kg/cm}^2$$

(*b*) जब *ab* खण्ड का अभिलम्ब 30° का दक्षिणावर्त दिशा में बनाता है तो

$$p_n = \frac{p}{2}(1 - \cos 2\theta$$

$$= \frac{600}{2}(1 - \cos 120)$$

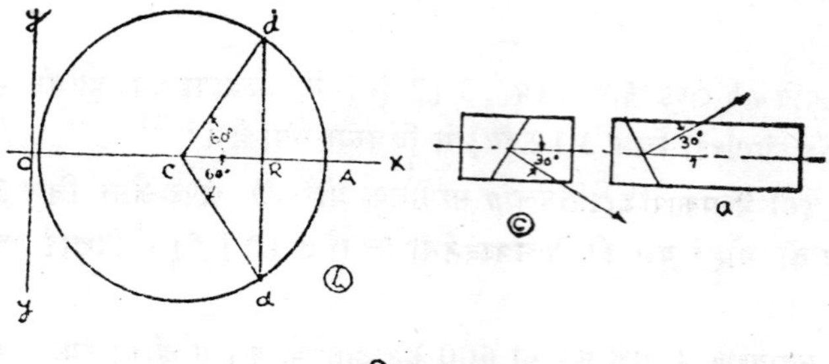

चित्र 3·13

$$= \frac{600}{2}\{1 - \cos(90 + 30)\}$$

$$=\frac{600}{2}(1+\sin 30)=\frac{600}{2}(1+0{\cdot}5)$$
$$=450 \text{ kg/cm}^2$$
$$p_t=\frac{p}{2}\sin 2\theta=\frac{600}{2}\sin 120$$
$$=300\sin(90+30)=300\cos 30^\circ$$
$$=300\times 0{\cdot}866=250 \text{ kg/cm}^2$$
$$p_r=\sqrt{(p_n)^2+(p_t)^2}$$
$$=\sqrt{(450)^2+(260)^2}$$
$$=502 \text{ kg/cm}^2 \text{ (तनाव)}$$

Mohr circle की बनावट चित्र 3·13 में ही दिखाई हुई है जिसमें

$$Rd'=260 \text{ kg/cm}^2$$
$$oR=450 \text{ kg/cm}^2$$
$$od'=502 \text{ kg/cm}^2$$

उदाहरण 5. एक छड़ 11500 kg/cm² के बल से खींची जा रही है। अभिलम्ब और अपरूपण प्रतिबल एक नत समतल (inclined plane) पर जो तनाव बल की दिशा के साथ 30° का कोण बनाती है, ज्ञात करो।

हल : (*a*) विश्लेषिक विधि

$$p_n=\frac{p}{2}(1-\cos 2\theta)$$
$$=\frac{11500}{2}(1-\cos 60^\circ)$$
$$=\frac{11500}{2}\left(1-\frac{1}{2}\right)=2875 \text{ kg/cm}^2$$
$$p_t=\frac{p}{2}\sin 2\theta$$
$$=\frac{11500}{2}\sin 60$$
$$=5750\times 0{\cdot}866=4980 \text{ kg/cm}^2$$

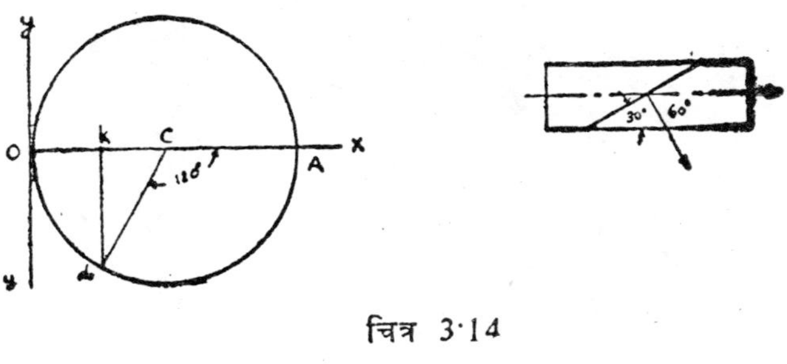

चित्र 3·14

Mohr's circle method (चित्र 3·14 देखें)

$ok = 2875$ kg/cm^2

$kd = 4980$ kg/cm^2

$od = 6000$ kg/cm^2

3·7 मोहर वृत्त की बनावट जब एक-दूसरे के समकोण पर दो अभिलम्ब प्रतिबल कार्य करते हैं (Mohr's circle construction for two stresses acting at right angles to each other)

विश्लेषिक विधि द्वारा

$$p_n = \left(\frac{p+p'}{2}\right) + \left(\frac{p-p'}{2}\right)\cos 2\theta$$

$$p_t = \left(\frac{p-p'}{2}\right)\sin 2\theta$$

मोहर वृत्त की बनावट (Mohr's circle construction)

O एक मूल बिन्दु है। OX और OY इसके निर्देशांक हैं। O बिन्दु से OA, p के और OB p' के बराबर x-axis पर, दायीं तरफ काटो। AB को व्यास तथा C को केन्द्र मानकर एक वृत्त खींचो। C बिन्दु से Cd रेखा 2θ का कोण OA के साथ बनाती हुई खींचो। यदि BE समतल का अभिलम्ब p की दिशा के साथ θ कोण वामावर्त दिशा में बनाता है तो Cd को CA के साथ वामावर्त दिशा में 2θ पर खींचना पड़ेगा और यदि BE समतल का अभिलम्ब p दिशा के साथ दक्षिणावर्त दिशा में θ कोण बनाता है तो Cd रेखा भी CA के साथ 2θ का कोण बनाती हुई दक्षिणावर्त दिशा में ही खींचनी होगी। चित्र 3·15 में BE समतल का अभिलम्ब p की दिशा के साथ $(90-\theta)$ कोण बन रहा है।

d बिन्दु से OX पर dk लम्ब डालो।

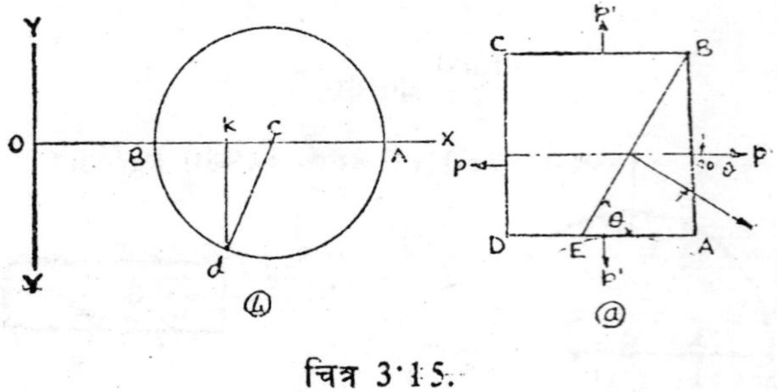

चित्र 3·15.

$ok = p_n$

$dk = p_t$

$od = p_r$

उदाहरण 6. एक मशीन के भाग पर एक 1000 kg का तनाव प्रतिबल और इसके समकोण दिशा में एक 800 kg/cm² का सम्पीडक प्रतिबल कार्य कर रहे हैं। 800 kg/cm² वाले प्रतिबल के साथ 30° का कोण बनाने वाले समतल पर p_n और p_t ज्ञात करो।

हल : विश्लेषिक विधि :

$$p_n = \frac{p+p'}{2} + \left(\frac{p-p'}{2}\right)\cos 2\theta$$

$$= \left(\frac{1000-800}{2}\right) + \frac{(1000+800)}{2}\cos 60°$$

$$= 100 + 900 \cos (60°)$$

$$= 100 + 900 \times \tfrac{1}{2}$$

$$= 550 \text{ kg/cm}^2$$

$$p_t = \left(\frac{p-p'}{2}\right)\sin 60°$$

$$= \frac{1000+800}{2}\sin 60°$$

$$= +900 \sin 60° = +900 \times 0{\cdot}866$$

$$= +780 \text{ kg/cm}^2$$

मोहर वृत्त की बनावट (चित्र 3·16)

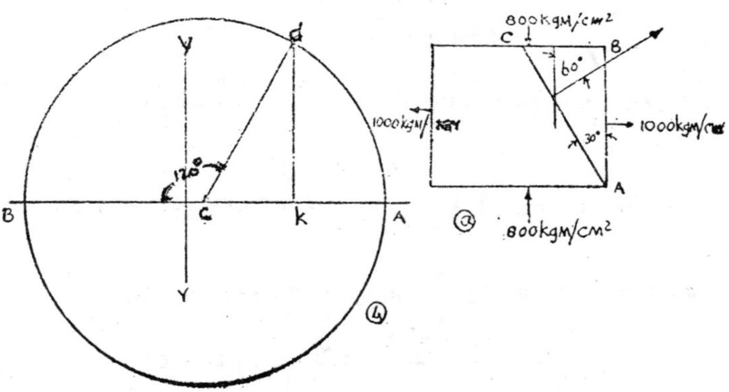

चित्र 3·16.

$$ok = 550 \text{ kg/cm}^2$$

$$dk = 780 \text{ kg/cm}^2$$

उदाहरण 7. एक तत्व पर 400 kg/cm² और 200 kg/cm² के तनाव प्रतिबल एक-दूसरे के समकोण पर लगे हुए हैं। एक समतल जिसका अभिलम्ब 200 kg/cm² वाले प्रतिबल से 30° का कोण बनता है, पर अभिलम्ब प्रतिबल,

स्पर्श प्रतिबल और परिणामी प्रतिबल ज्ञात करो। अधिकतम अपरूपण प्रतिबल वाले समतल व उन पर अपरूपण प्रतिबल और अभिलम्ब प्रतिबल भी ज्ञात करो।

हल :
$$p_n=\frac{p+p'}{2}+\left(\frac{p-p'}{2}\right)\cos 2\theta$$
$$=\left(\frac{400+200}{2}\right)+\frac{(400-200)}{2}\cos 120^\circ$$
$$=300+100\cos(180-60)$$
$$=300-100\cos 60^\circ$$
$$=300-50=250\ \text{kg/cm}^2$$
$$p_t=\left(\frac{p-p'}{2}\right)\sin 2\theta$$
$$=\frac{(400-200)}{2}\sin 120^\circ$$
$$=100\sin(180-60)$$
$$=100\times\sin 60^\circ$$
$$=86{\cdot}6\ \text{kg/cm}^2$$
$$p_r=\sqrt{(p_n)^2+(p_t)^2}$$
$$=\sqrt{(250)^2+(86{\cdot}6)^2}$$
$$=264{\cdot}6\ \text{kg/cm}^2$$

अधिकतम अपरूपण प्रतिबल $p_t=\frac{p-p'}{2}=\frac{400-200}{2}$
$$=100\ \text{kg/cm}^2$$

अधिकतम अपरूपण प्रतिबल, 200 kg/cm^2 वाले प्रतिबल से 45° का कोण बनायेगा।

अधिकतम अपरूपण प्रतिबल समतल, पर अभिलम्ब प्रतिबल
$$p_n=\left(\frac{p+p'}{2}\right)+\left(\frac{p-p'}{2}\right)\cos 2\theta$$
$$=\frac{400+200}{2}+\left(\frac{400-200}{2}\right)$$
$$=300\ \text{kg/cm}^2$$

मोहर वर्त से विश्लेषण (देखें चित्र 3·17)
$$ok=p_n=250\ \text{kg/cm}^2$$
$$kd=p_t=86{\cdot}6\ \text{kg/cm}^2$$

$$od = p_r = 264{\cdot}6 \text{ kg/cm}^2$$
$$oc = 300 \text{ kg/cm}^2$$

C बिन्दु oc के समकोण पर $cl = 100 \text{ kg/cm}^2$

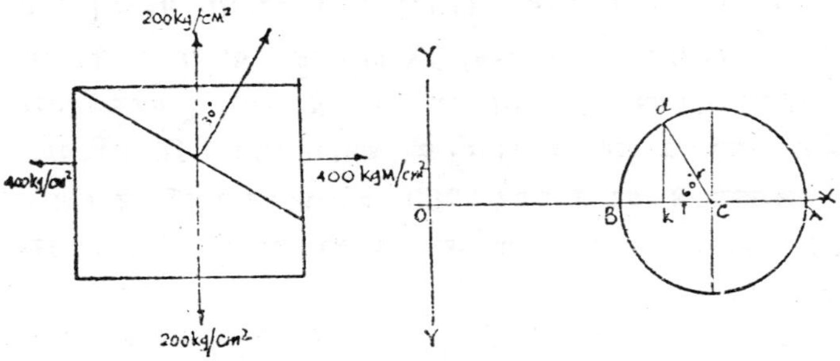

चित्र 3·17.

3·8. मोहर वृत्त की बनावट जब एक अभिलम्ब प्रतिबल के साथ-साथ अपरूपण प्रतिबल भी कार्य करता है।

मान लो O मूल बिन्दु है और OX और OY इसके निर्देशांक हैं। OX में से oh, p के बराबर धन दिशा में काट लो, क्योंकि p तनाव प्रतिबल है। h पर hD OX पर लम्ब डालो। hD को अपरूपण प्रतिबल q के बराबर काटो। यहाँ इस बात का भी ध्यान रखना जरूरी है कि यदि अपरूपण प्रतिबल धनात्मक है यानि अपरूपण प्रतिबल दक्षिणावर्त युग्म उत्पन्न करता है तो यह OX के ऊपर अन्यथा इसके

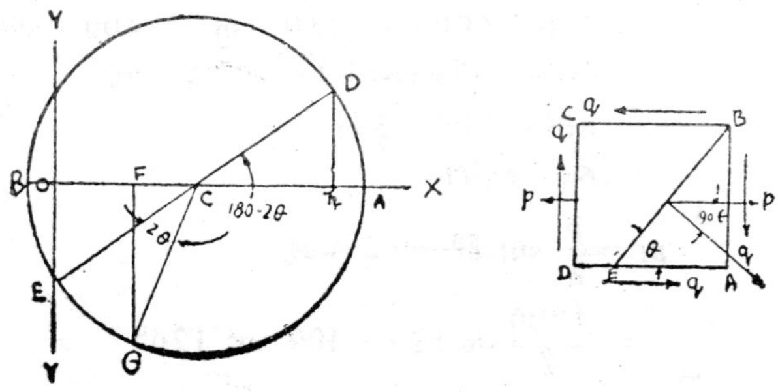

चित्र 3·18.

नीचे लेना चाहिए। O से OE, hD के बराबर OX के नीचे एक रेखा खींचो। E और D को मिला दो। मान लो रेखा ED, OX को C पर काटती है। C को केन्द्र मान कर और ED व्यास मानकर एक वृत्त खींचो। A मूल बिन्दु O के धन दिशा में व B बिन्दु इसके विपरीत दिशा में OX पर हैं। OA और OB मुख्य प्रतिबल हैं। ED को शून्य रेखा कहते हैं। अब यदि किसी समतल पर जिसका अभिलम्ब p की दिशा के साथ θ कोण बनता है, तो इस पर अपरूपण प्रतिबल अथवा

अभिलम्ब प्रतिबल ज्ञात करने के लिए CD के साथ 2θ का कोण बनाते हुए रेखा खींचो। परन्तु इस बात का ध्यान रखा जाना चाहिए कि यदि θ कोण दक्षिणावर्त दिशा में है तो रेखा का कोण 2θ भी दक्षिणावर्त दिशा में ही लिया जाना चाहिए।

एक 2θ पर ऐसी ही रेखा CG चित्र 3·18 में दिखाई गई है। G बिन्दु से एक लम्ब OX पर डालो। मान लो लम्ब, OX को बिन्दु F पर मिलता है। नत समतल (inclined plane) पर जो θ कोण पर नत (inclined) है पर अभिलम्ब प्रतिबल OF और अपरूपण प्रतिबल FG होगा। पूरी बनावट चित्र 3·18 में दिखाई गई है।

उदाहरण 8. एक तत्व पर 1200 kg/cm^2 का तनाव बल कार्य कर रहा है और इसके साथ-साथ 400 kg/cm^2 का अपरूपण प्रतिबल भी कार्य कर रहा है। तो ज्ञात करो।

(*a*) एक समतल पर p_n और p_t जो 1200 kg के बल के साथ 30° का कोण बनता है।

(*b*) अधिकतम व न्यूनतम अभिलम्ब प्रतिबल जो नत समतल पर उत्पन्न हो सकता है और उनकी दिशा भी।

(*c*) नत समतल पर जो अधिकतम अपरूपण प्रतिबल उत्पन्न हो सकता है, उसका मान व दिशा ज्ञात करो।

हल :

$$p_n = \frac{p}{2}(1+\cos 2\theta)+q\sin 2\theta$$

$$= \frac{1200}{2}(1+\cos 120°)+400\sin(180-60)$$

$$= 600+600\cos(180-60)+400\times\sin 60°$$

$$= 600-600\cos 60+400\sin 60°$$

$$= 600-300+347$$

$$= 647 \text{ kg/cm}^2$$

$$p_t = \frac{p}{2}\sin 2\theta - q\cos 2\theta$$

$$= \frac{1200}{2}\sin 120-400\cos 120°$$

$$= 600\sin(180-60)-400\cos(180-60)$$

$$= 600\sin 60°-400(-\cos 60)$$

$$= 600\times 0{\cdot}866+400\times\tfrac{1}{2}$$

$$= 520+200 = 720 \text{ kg/cm}^2$$

$$p_1 = \frac{p}{2}+\sqrt{\left(\frac{p}{2}\right)^2+q^2}$$

$$= \frac{1200}{2}+\sqrt{\left(\frac{1200}{2}\right)^2+(400)^2}$$

$$=600+\sqrt{(600)^2+(400)^2}$$
$$=600+722=1322 \text{ kg/cm}^2 \text{ (तन्व)}$$
$$p_2=600-722$$
$$=-122 \text{ kg/cm}^2 \text{ (सम्पीडक)}$$

$$\tan 2\theta_p=+\frac{2q}{p}=+\frac{2\times 400}{1200}+\frac{2}{3}=33^\circ\ 40'$$

इसलिए $2\theta p_1=33^\circ\ 40'$

$\theta p_1=16^\circ\ 20'$

और इसी प्रकार $\theta p_2=106^\circ\ 50'$

(c) अधिकतम अपरूपण प्रतिबल का मान

$$p_t=\pm\sqrt{\left(\frac{p}{2}\right)^2+(q)^2}$$
$$=\sqrt{(600)^2+(400)^2}$$
$$=720 \text{ kg/cm}^1$$

अधिकतम अपरूपण प्रतिबल के कोण के लिए

$$\tan 2\theta_s=-\frac{p}{2q}$$

$$=\frac{1200}{800}=-1{\cdot}50$$

$$\theta_{s1}=61^\circ 50' \text{ और } \theta_{s2}=151^\circ 55'$$

अधिकतम $p_t=\sqrt{\left(\frac{1200}{2}\right)^2+(400)^2}$

$$=722 \text{ kg/cm}^2$$

अधिकतम अपरूपण प्रतिबल समतल पर अभिलम्ब प्रतिबल

$$=\frac{p}{2}=\frac{1200}{2}=600 \text{ kg/cm}^2$$

Mohr's circle विश्लेषण (देखें चित्र 3·19)

OF = 647 kg/cm² तन्य

FG = 720 kg/cm²

OA = 1322 kg/cm² (तन्य)

OB = 122 kg/cm² (सम्पीडक)

$\theta_{p1}=\angle dcm_1=16^\circ 50'$

$$\theta_{p2} = \angle dcm_2 = 106°50'$$
$$\theta_{s1} = \angle dcs_1 = 61°50'$$
$$\theta_{s2} = \angle dcs_2 = 151°50'$$

C बिन्दु पर CA के समकोण पर $cl = -720\ kg/cm^2$

अधिकतम अपरूपण प्रतिबल समतल पर अभिलम्ब प्रतिवल

$$= 600\ kg/cm^2 \text{ (तन्य)}$$

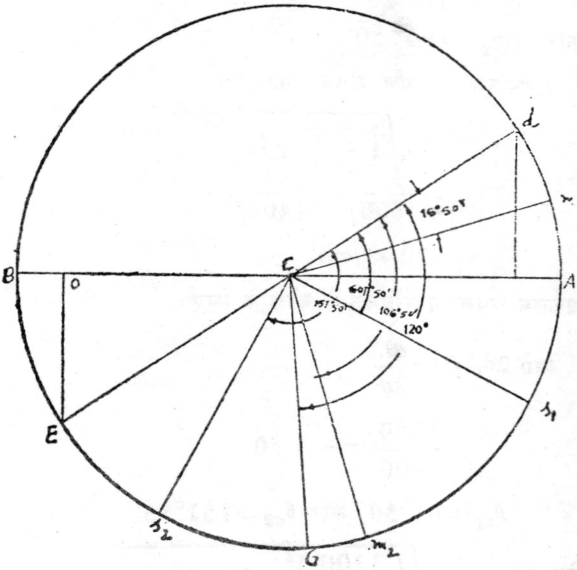

चित्र 3·19.

3·9. जब दो समकोण समतलों पर एक जैसे अभिलम्ब प्रतिबलों के साथ-साथ अपरूपण प्रतिबल भी कार्य करते हैं। (When two perpendicular direct like stresses with state of simple shear act on two perpendicular planes)

मान लो p और p' दो समकोण समतलों पर अभिलम्ब प्रतिबलों के साथ-साथ अपरूपण प्रतिबल q भी कार्य कर रहा है।

OX पर OA $= p$ और OB $= p'$ के बराबर किसी पैमाने पर काट लो। A पर OX के समकोण पर AG, q के बराबर एक लम्ब खींचो। ध्यान रहे कि p, p' और q एक ही मापांक पर लिए जायें।

AG, OX के नीचे खींचा गया है क्योंकि अपरूपण प्रतिबल वामावर्त दिशा में

युग्म उत्पन्न कर रहा है। इसी प्रकार BF, q के बराबर OX के ऊपर खींचा गया है। FG को मिला दो और मान लो FG रेखा OX को C पर काटती है। C को केन्द्र मानकर और FG को व्यास मानकर एक वृत्त खींचो। C पर cd, CG के साथ वामावर्त दिशा में 2θ का कोण बनाती हुई खींचो। dE, OX पर लम्ब डालो। अब dE, p_t के, OE, p_n के और Od, p_r के बराबर होंगे।

OH और OJ मुख्य प्रतिबल हैं। मुख्य प्रतिबलों के मान तथा दिशा चित्र 3·20 में दिखाये गये हैं। कोण $\angle d$CG, 2θ के बराबर होता है।

सिद्धि—मान लो मोहर वृत्त का अर्धव्यास R है

$$\therefore\ R=\sqrt{(CA)^2+(AG)^2}$$

$$=\sqrt{\left(\frac{p-p'}{2}\right)+q^2}$$

$$R\cos\beta=CA=\frac{p-p'}{2}$$

$$R\sin\beta=AG=q$$

अब $OE=OC+CE$ (चित्र में A के पास E है F नहीं)

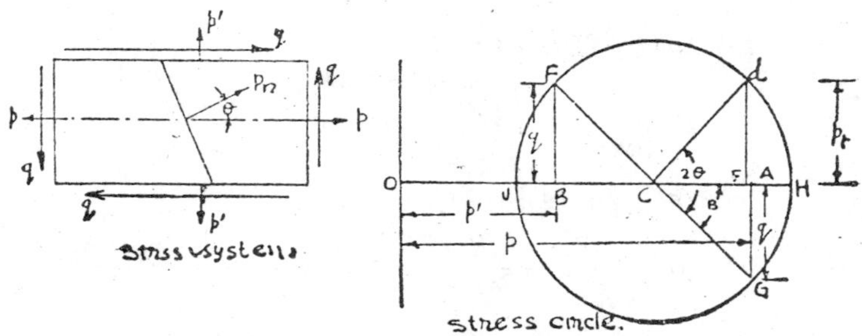

चित्र 3·20.

$$=OC+R\cos(2\theta-\beta)$$

$$=OC+R\cos\beta\cos 2\theta+R\sin\beta\sin 2\theta$$

$$=\frac{1}{2}(p+p')+\left(\frac{p-p'}{2}\right)\cos 2\theta+q\sin 2\theta$$

$$=p_n$$

इसी प्रकार $DE=R\sin(2\theta-\beta)$

$$=R\cos\beta\sin 2\theta-R\sin B\cos 2\theta$$

$$=\tfrac{1}{2}(p-p')\sin 2\theta-q\cos 2\theta+pf$$

इस मोहर प्रतिबल वृत्त से हम आगे दिए गए निष्कर्ष निकालते हैं।

(*a*) जब बिन्दु *d*, H के साथ मिल जाता है।

$$p_n\,_{(max)}=OC+CH=\frac{1}{2}(p+p')+\sqrt{\left(\frac{p-p}{2}\right)^2+q^2}$$

$=p_1$, दीर्घ मुख्य प्रतिबल (Major principal stress)

$$\tan 2\theta=\frac{2q}{p-p'}$$

$p_t=0$ और $p_{r\,(max)}=p_{n\,(max)}$

(*b*) जब *d* बिन्दु J बिन्दु से मिल जाता है।

$$p_{n\,(mini)}=OJ=OC-CJ$$

$$p_n=\frac{p+p'}{2}-\sqrt{\left(\frac{p+p'}{2}\right)^2+q^2}$$

= लघु मुख्य प्रतिबल (Minor principal stress)

$p_t=0$ और $p_{r\,(mini)}=p_{n\,(mini)}$

$$\theta=90+\frac{\beta}{2}$$

(*c*) When $2\theta=(\beta+90°)$

$$p_{t\,(max)}=\sqrt{\left(\frac{p-p'}{2}\right)^2+q^2}=\frac{p_1-p_2}{2}$$

When $2\theta=(\beta+270°)$

$$p_{t\,(max)}=-\sqrt{\left(\frac{p-p'}{2}\right)+q^2}=-\frac{(p_1-p_2)}{2}$$

3·10. मोहरस वृत्त बनाने के लिए कुछ उपयोगी बातें

1. तन्य प्रतिबल हमेशा धनात्मक (Positive) और सम्पीडक प्रतिबल हमेशा ऋणात्मक (negative) माने जाते हैं। धनात्मक प्रतिबल मूल बिन्दु O के दायें तरफ और ऋणात्मक प्रतिबल मूल बिन्दु O के बायें तरफ लिए जाते हैं।

2. यदि अपरूपण प्रतिबल की किसी तत्व को दक्षिणावर्त दिशा में घुमाने क प्रवृति होती है तो इसे धनात्मक (positive) अपरूपण प्रतिबल कहते हैं और इसे OX के ऊपर दिखाते हैं और यदि इसके विपरीत अपरूपण प्रतिबल होता है तो इसे OX के नीचे दिखाते हैं।

3. यदि किसी समतल पर जिसका अभिलम्ब *p* की दिशा के साथ θ कोण दक्षिणावर्त दिशा में बनाता है तो मोहरस वृत में *cd* रेखा शन्य रेखा के साथ 2θ का कोण दक्षिणावर्त दिशा में ही बनाती हुई खींची ––

उदाहरण 9. एक पदार्थ पर 1200 kg/cm² और 1500 kg/cm² के तनाव बल और 800 kg/cm² का अपरूपण प्रतिबल कार्य करते हैं। तो

1. 1500 kg/cm² वाले समतल के साथ 55° का कोण बनाते हुए समतल पर अभिलम्ब तथा अपरूपण प्रतिबल ज्ञात करो।
2. मुख्य प्रतिबल तथा मुख्य समतल ज्ञात करो।
3. अधिकतम अपरूपण प्रतिबल वाले समतल तथा इनकी दिशा ज्ञात करो।

हल : 1.
$$p_n=\frac{p+p'}{2}+\frac{p-p'}{2}\cos 2\theta+q\sin 2\theta$$
$$=\frac{1200+1500}{2}+\left(\frac{1200-1500}{2}\right)\cos 70°+800\sin 70°$$
$$=1350+-150+0{\cdot}342+800\times0{\cdot}9337$$
$$=1350-51+751=2050\ \text{kg/cm}^2$$
$$p_t=\frac{p-p'}{2}\sin 2\theta-q\cos 2\theta$$
$$=\left(\frac{1200-1500}{2}\right)\sin 70°-800\cos 70°$$
$$=-150\times0{\cdot}9337-800\times0{\cdot}342=-413\ \text{kg/cm}^2$$

2.
$$p_1=\frac{p+p'}{2}+\sqrt{\left(\frac{p-p'}{2}\right)^2+q^2}$$
$$=\left(\frac{1200+1500}{2}\right)+\sqrt{\left(\frac{1200-1500}{2}\right)^2+(800)^2}$$
$$=1350+815=2165\ \text{kg/cm}^2\ (\text{तन्य})$$
$$p_2=\frac{p+p'}{2}-\sqrt{\left(\frac{1200-1500}{2}\right)^2+(800)^2}$$
$$=1350-815=535\ \text{kg/cm}^2$$
$$\tan 2\theta_p=+\frac{2q}{p-p'},=\frac{2\times800}{1200-1500}=-\frac{1600}{300}=-5{\cdot}33$$
$$\tan(180-\theta)=-\tan\theta=79°\ 24'$$
$$2\theta_p=180-79°\ 24'=100°\ 36'$$
$$\theta_{p1}=50°\ 18',\ \theta_{p2}=140°\ 18'$$

मुख्य समतल पर अभिलम्ब प्रतिबल

$$p_n = \frac{p+p'}{2} + \left(\frac{p-p'}{2}\right)\cos 2\theta + q \sin 2\theta$$

$$= \left(\frac{1200+1500}{2}\right) + \left(\frac{1200-1500}{2}\right)$$

$$\cos 100^\circ\ 36' + 800 \sin 100^\circ\ 36'$$

$$= 1350 + (-150 \cos (180 - 76^\circ\ 24') + 800 \sin (180 - 68^\circ 21')$$

$$= 1350 + 150 \cos 79^\circ\ 24' + 800 \sin 79^\circ 24'$$

$$= +2165 \text{ kff/cm}^2$$

(c) $$pt = \pm\sqrt{\left(\frac{p-p'}{2}\right)^2 + q^2}$$

$$= \pm\sqrt{\left(\frac{1200-1500}{2}\right)^2 + (800)^2}$$

$$= \pm 815 \text{ kg/cm}^2$$

$$\tan 2\theta_s = \frac{p-p'}{2q} = -\frac{(1200-1500)}{800 \times 2} = \frac{3}{16} = 10^\circ 36$$

$$\theta_{s1} = 5^\circ 18' \text{ और } \theta_{2s} = 95^\circ 18'$$

$5^\circ 18'$ वाले अपरूपण प्रतिबल समतल पर प्रतिबल धनात्मक अथवा ऋणात्मक है, ज्ञात करने के लिए

$$pt = \left(\frac{p-p'}{2}\right)\sin 2\theta - q \cos 2\theta$$

$$= \left(\frac{1200-1500}{2}\right)\sin 10^\circ 36' - \cos 10^\circ 36'$$

$$= -150 \times 0{\cdot}184 - 800 \times 0{\cdot}983$$

$$= -27{\cdot}600 - 786{\cdot}4$$

$$= -814{\cdot}0 \text{ kg/cm}^2$$

अधिकतम अपरूपण प्रतिबल वाले समतल पर अभिलम्ब प्रतिबल

$$p_n = \frac{p+p'}{2}$$

$$= \frac{1200+1500}{2} = 1350 \text{ kg/cm}^2$$

मोहर वृत्त से विश्लेषण (चित्र 3·21.)

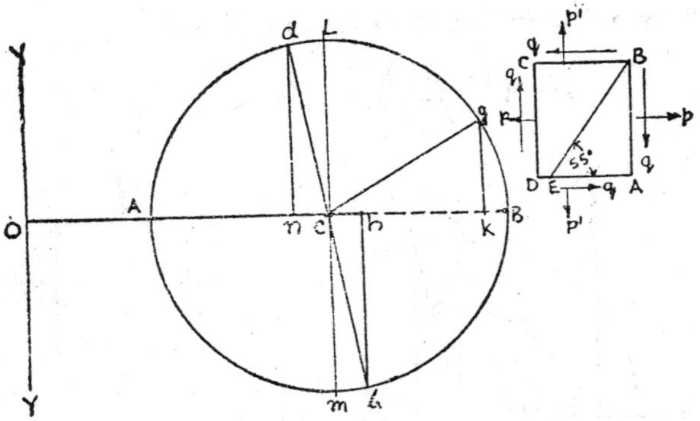

चित्र 3·21.

उदाहरण 10. एक पदार्थ पर 200 kg/cm², 400 kg/cm² के **दो तनाव अभिलम्ब** प्रतिबल एक-दूसरे के समकोण पर कार्य कर रहे हैं। **400 kg/cm² का एक** अपरूपण प्रतिबल भी इन समतलों पर कार्य कर रहा है। **मुख्य प्रतिबल का माव व दिशा** 200 kg/cm² वाले प्रतिबल के साथ ज्ञात करो। अधिकतम **अपरूपण प्रतिबल समतल** की स्थिति व मान भी ज्ञात करो।

हल : $$p_n=\frac{p+p'}{2}+\frac{(p-p')}{2}\cos 2\theta+q\cos 2\theta$$

$$\tan 2\theta_p=\frac{2q}{p-p'}=\frac{2\times 400}{200-400}=-4$$

$$\tan(180-2\theta_p)=-\tan 2\theta_p=76^\circ$$

$$\theta_{p1}=52^\circ \text{ और } \theta_{p2}=142^\circ$$

$$p_1=\frac{p+p'}{2}-\sqrt{\left(\frac{p-p'}{2}\right)^2+q^2}$$

$$=\frac{200+400}{2}+\sqrt{\left(\frac{200-400}{2}\right)^2+(400)^2}$$

$$=300+412=712 \text{ kg/cm}^2 \text{ (तन्य)}$$

$$p_2=\frac{p+p}{2}-\sqrt{\left(\frac{p-p'}{2}\right)^2+q^3}$$

$$=300-412=-112 \text{ kg/cm}^2$$

$$\tan 2\theta_s=-\frac{(p-p')}{2q}=-\frac{(200-400)}{800}$$

$$=0{\cdot}25=14^\circ$$

$$\theta_{s1}=7^\circ \text{ और } \theta_{s_2}=97^\circ$$

7° वाले अपरूपण समतल पर अपरूपण प्रतिबल

$$pt=\left(\frac{p-p'}{2}\right)\sin 2\theta - q\cos 2\theta$$

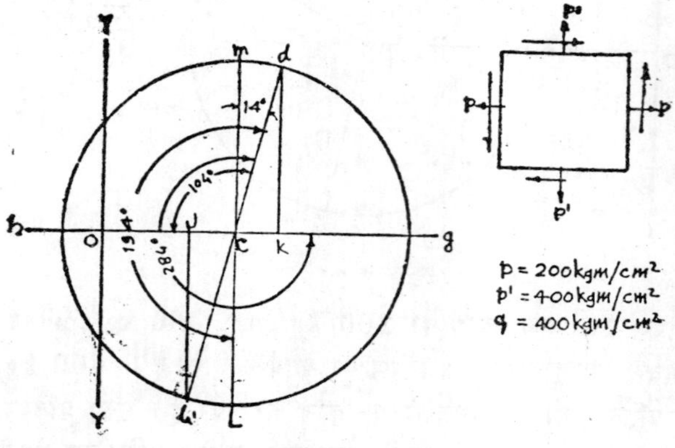

चित्र 3·22.

$$=\frac{200-400}{2}\times\sin 14^\circ - 400\cos 14^\circ$$

$$=-100\times 0{\cdot}142 - 400\times 0{\cdot}97$$

$$=-412\ \text{kg/cm}^2$$

$$p_n=\left(\frac{p+p'}{2}\right)+\left(\frac{p-p'}{2}\right)\cos 2\theta + q\sin 2\theta$$

$$=\left(\frac{200-400}{2}\right)+\left(\frac{200-400}{2}\right)\times\cos 14$$

$$+400\sin 14^\circ$$

$$=300-100\times 0{\cdot}97+400\times 0{\cdot}242$$

$$=300-97+96{\cdot}8=300\text{kg/cm}^2$$

उदाहरण 11. एक पदार्थ पर जैसा चित्र 3·23 में दिखाया गया है, बल लगाए हुए हैं । p की दिशा के साथ एक समतल 20° का कोण बनाता है । इस समतल पर प्रतिबल ज्ञात करो ।

हल : $$p_n=\frac{p+p'}{2}+\frac{p-p'}{2}\cos 2\theta$$

$$=\frac{8000-8000}{2}+\frac{8000+8000}{2}\cos 140°$$

$$=8000 \cos (180—40°)$$

$$=—8000 \cos 40°$$

$$=—6128 \text{ kg/cm}^2 \text{ (सम्पीडक)}$$

$$pt=\frac{p—p'}{2}\sin 2\theta$$

$$=\frac{8000+8000}{2}\sin (180—40)$$

$$=8000\times\sin 40°=5144 \text{ kg/cm}^2$$

मोहर वृत्त से, (चित्र 3·23.)

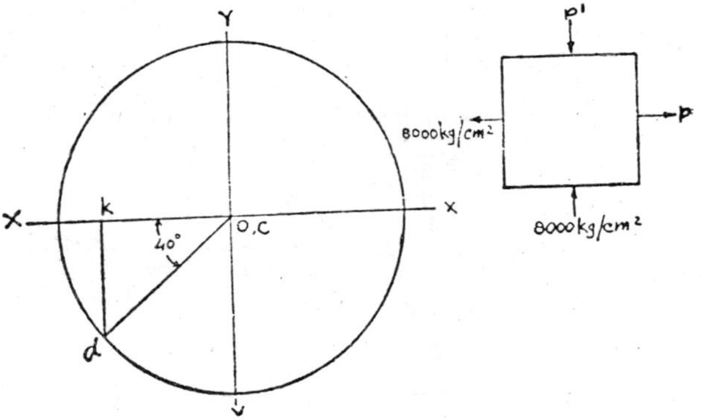

चित्र 3·23.

$$ok=—6150 \text{ kg/cm}^2$$

$$dk=5140 \text{ kg/cm}^2$$

उदाहरण 12. दिया हुआ है :

$$p=2000 \text{ kg/cm}^2 \text{ (सम्पीडक)}$$

$$p'=1200 \text{ kg/cm}^2 \text{ (तन्य)}$$

$$q=800 \text{ kg/cm}^2$$

(*a*) p के साथ 20° का कोण बनाने वाले समतल पर अभिलम्ब व अपरूपण प्रतिबल ज्ञात करो।

(*b*) मुख्य प्रतिबल व उनकी दिशा भी ज्ञात करो।

(*c*) अधिकतम अपरूपण समतल और उसकी दिशा भी ज्ञात करो।

हल :

$$p_n = \frac{p+p'}{2} + \frac{(p-p')}{2}\cos 2\theta + q \sin 2\theta$$

$$= -\frac{2000+1200}{2} + \left(\frac{2000-1200}{2}\right)\cos 140^\circ$$

$$+800 \sin 140^\circ$$

$$= -400 + 1600 \cos 40 + 800 \sin 40$$

$$= -400 + 1225{\cdot}6 + 514$$

$$= 1339{\cdot}6 \text{ kg/cm}^2$$

$$p_t = \frac{p-p'}{2} \sin 2\theta - q \cos 2\theta$$

$$= -\frac{2000-1200}{2} \sin 140^\circ - 800 \times \cos 140^\circ$$

$$= -1600 \times 0{\cdot}643 + 800 \times 0{\cdot}766$$

$$= -1028 + 612 = -416 \text{ kg/cm}^2$$

$$p_1 = \left(\frac{p+p'}{2}\right) + \sqrt{\left(\frac{p-p'}{2}\right)^2 + q^2}$$

$$= \left(\frac{2000+1200}{2}\right) + \sqrt{\left(\frac{-2000-1200}{2}\right)^2 + (800)^2}$$

$$= -400 + 1788{\cdot}8$$

$$= +1388{\cdot}9 \text{ kg/cm}^2 \text{ (तन्य)}$$

$$p_2 = -2188{\cdot}8 \text{ kg/cm}^2 \text{ (सम्पीडक)}$$

$$\tan 2\theta_p = \frac{2q}{p-p'} = \frac{2 \times 800}{-2000-1200} = -\frac{1}{2} = 26^\circ 36'$$

$\theta p_1 = 76^\circ\ 42'$ और $\theta p_2 = 166^\circ 42'$

$$\tan 2\theta_s = -\frac{(p-p')}{2q}$$

$$= -\frac{(-2000-1200)}{2 \times 800} = 2$$

$\theta_{s1} = 31^\circ\ 42'$ और $\theta_{s2} = 121^\circ\ 42'$

अधिकतम अपरूपण प्रतिबल

$$= \sqrt{\left(\frac{p-p'}{2}\right)^2 + q^2}$$

$$= \sqrt{\left(\frac{-2000-1200}{2}\right)^2 + (800)^2}$$

$$= 1790 \text{ kg/cm}^2$$

अधिकतम अपरूपण प्रतिबल वाले समतल पर अभिलम्ब

$$\text{प्रतिबल} = -\frac{2000+1200}{2} = -400 \text{ kg/cm}^2$$

मोहर वृत की बनावट :

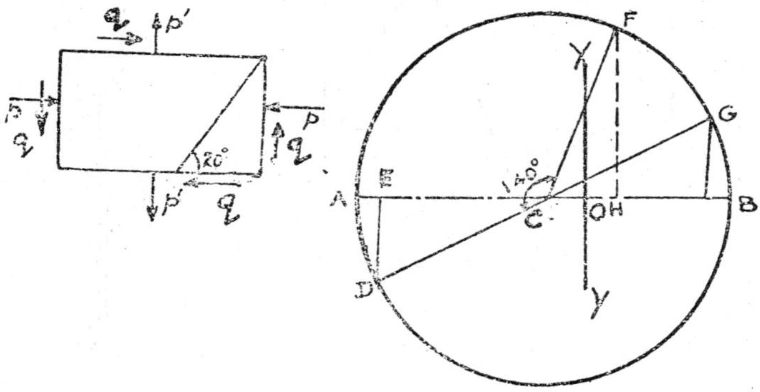

चित्र 3·24

उदाहरण 13. AB and CD एक दूसरे पर 70° का कोण बनाते हुए समतल हैं। AB समतल पर 400 N/mm² का सम्पीडत प्रतिबल तथा 200 N/mm² अपरूपण प्रतिबल है। CD पर 100 N/mm² तनाव प्रतिबल है तथा अपरूपण प्रतिबल भी है। मोहर वृत्त का उपयोग करके या अन्य विधि द्वारा CD पर अपरूपण प्रतिबल ज्ञात करें। मुख्य प्रतिबल एवं मुख्य समतल की स्थितियां भी ज्ञात करो।

यह उदाहरण मोहर वृत्त विधि द्वारा निम्नानुसार हल किया गया है (चित्र 3·25 देखें)

x-अक्ष पर OM 400 N/mm² के बराबर तथा ON 100 N/mm² के बराबर काटो। सम्पीडत प्रतिबल होने के कारण OM मूल बिन्दु के बायें तरफ तथा 100 N/mm² तनाव प्रतिबल के कारण दायें तरफ काटा जाता है। MP = 200 के बराबर OX के लम्ब खींचो N में से KNT OX के लम्ब खींचो। P में से PS, NT पर लम्ब डालो। SPT कोण 20° का बनाओ। PT का समद्विभाजक खींचो जो x-अक्ष को E पर काटता है। E को केन्द्र मानकर तथा EP त्रिज्या लेकर मोहर वृत्त खींचो जो OX को L_1 तथा L_2 पर तथा KNT को K पर काटता है। K बिन्दु CD समतल व्यक्त करता है।

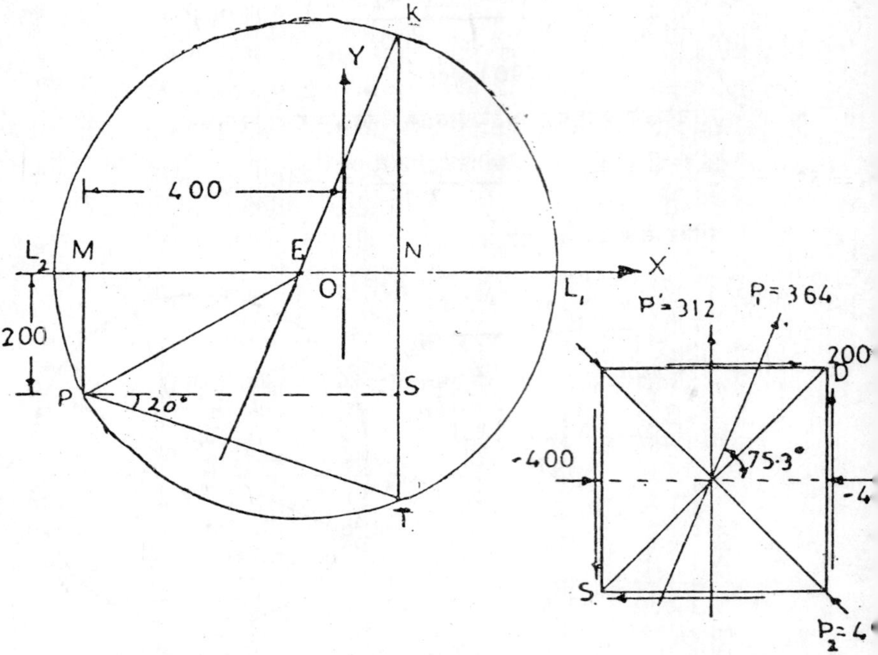

चित्र 3·25.

नापने पर

CD पर अपरूपण प्रतिबल = K का ordinate = $N\mathring{K}$ = —380 N/mm²

$$p = = OL_1 = 364 \text{ N/mm}^2 \text{ (तनाव)}$$

$$p' = OL_2 = -450 \text{ N/mm}^2 \text{ (सम्पीडत)}$$

AB के साथ प्रथम मुख्य समतल का कोण

$$= \tfrac{1}{2} \angle PEL_1 = \tfrac{1}{2} \times 150 = 75^\circ$$

AB के साथ दूसरे मुख्य समतल का कोण

$$= \tfrac{1}{2} \angle PEL_2 = \tfrac{1}{2} \times 30 = 15^\circ$$

विश्लेषणात्मक विधि (Analytical Method) (चित्र 3·26 देखें)

CD समतल AB के साथ 70° का कोण बनाता है। CD समतल पर अपरूपण प्रतिबल ज्ञात करना है।

$$p = -400 \text{ N/mm}^2,\ p' = ?,\ q = 200 \text{ N/mm}^2$$

$$\theta = -70^\circ,\ p_n = 100 \text{ N/mm}^2,\ q = ?$$

$$p_n = \frac{1}{2}(p+p') + \frac{1}{2}(p-p')\cos 2\theta + q \sin 2\theta$$
$$100 = (-400+p') + \frac{1}{2}(-400-p')\cos 140° - 200 \sin 140°$$

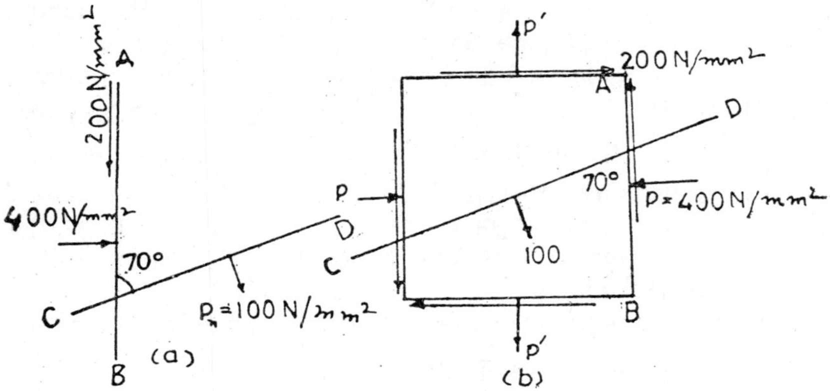

चित्र 3·26.

हल करने पर $p = 312$ N/mm²

$$pt = \frac{1}{2}(p-p')\sin 2\theta - q \cos 2\theta$$
$$= \frac{1}{2}(-400-312)\sin 140 - 200 \cos 140°$$
$$= 356 \times 0{\cdot}644 + 200 \times 0{\cdot}766$$
$$= 229{\cdot}26 \qquad + 153{\cdot}2$$
$$= 382 \text{ N/mm}^2$$
$$p_1 = \frac{1}{2}(p+p') + \frac{1}{2}\sqrt{(p-p')^2 + 4q^2}$$
$$= \left(\frac{-400+312}{2}\right) + \frac{1}{2}$$
$$\sqrt{(-400-312)^2 + 4 \times 200^2}$$
$$= -44 + 408 = 364 \text{ N/mm}^2 \text{ (तनाव)}$$
$$p_2 = -44 - 408 = -452 \text{ N/mm}^2 \text{ (सम्पीडत)}$$

मुख्य समतलों के p_1 समतल यानि (AB समतल) के साथ कोण

$$\tan 2\theta = \frac{2q}{p-p'} = \frac{400}{-712} = 0{\cdot}562$$
$$\theta = 14{\cdot}7 \text{ या } 75{\cdot}3°$$

p_1 मुख्य समतल का p के साथ कोण (यानि—400 N/mm² प्रतिबल) के साथ कोण $= 75{\cdot}3°$

प्रश्नावली

1. एक पदार्थ पर एक तनाव प्रतिबल 80 N/mm² और दूसरा 40 N/mm² सम्पीडत, एक-दूसरे के समकोण समतलों पर कार्य करते हैं।

(I) एक समतल पर जिसका अभिलम्ब 80 N/mm^2 वाले प्रतिबल के साथ 30° का कोण बनाता है, अभिलम्ब प्रतिबल, अपरूपण प्रतिबल और परिणामी प्रतिबल ज्ञात करो, (II) अधिकतम अपरूपण प्रतिबल समतल पर प्रतिबल का मान व दिशा ज्ञात करो और इसी समतल पर अभिलम्ब प्रतिवल भी ज्ञात करो। [उत्तर : (I) $p_n = 10$ N/mm^2 सम्पीडक,

$p_t = 52$ N/mm^2 और $p_r = 52{\cdot}9$ N/mm^2

(II) 60 N/mm^2, $\theta_s = 45°$, $p_n = 20$ N/mm^2 (तनाव)]

2. एक पदार्थ पर 640 kg/cm^2 और 320 kg/cm^2 दोनों तनाव प्रतिबल एक-दूसरे के समकोण समतल पर कार्य करते हैं। (I) एक समतल पर जो 640 kg/cm^2 वाले समलत से 30° का कोण बनाता है p_n, pt और p_r ज्ञात करो।

(II) जब 320 kg/cm^2, सम्पीडक प्रतिबल हो जाता है तो फिर उसी समतल पर p_n, pt और p_r ज्ञात करो।

[उत्तर : (I) $p_n = 550$ kg/cm^2, $p_t = 138$ $kgcm^2$,

$p_r = 570$ kg/cm^2

(II) $p_n = 390$, $p_t = 425$ और $p_r = 585$ kg/cm^2]

3. एक पदार्थ पर 100 N/mm^2 और 50 N/mm^2 दोनों तनाव प्रतिबल एक-दूसरे के समकोण समतलों पर कार्य करते हैं। एक समतल जिसका अभिलम्ब 50 N/mm^2 वाले समतल के साथ 40° कोण बनाता है, अभिलम्ब प्रतिबल, स्पर्शीय प्रतिबल व परिणामी प्रतिबल ज्ञात करो।

[उत्तर : $p_t = 25$ N/mm^2, $p_n = 70{\cdot}5$ N/mm^2

और $p_r = 74{\cdot}4$ N/mm^2 (graphically)]

4. एक पदार्थ पर $10t/cm^2$ और $5t/cm^2$ दोनों तनाव प्रतिबल एक-दूसरे के समकोण समतल पर कार्य कर रहे हैं। इन्हीं समतलों पर $2_t/cm^2$ का एक अपरूपण प्रतिबल भी कार्य करता है। मोहर वृत्त द्वारा मुख्य प्रतिबल और अधिकतम अपरूपण प्रतिवल ज्ञात करो।

(उत्तर : 6·15 t/cm^2, cm^2, 1·40 t/cm^2, 2·40 t/cm^2)

5. एक पदार्थ पर केवल 50 N/mm^2 का अपरूपण प्रतिबल कार्य कर रहा है। अधिकतम अभिलम्ब प्रतिबल और अपरूपण प्रतिबल का मान ज्ञात करो। (उत्तर : 50 N/mm^2, 56 N/mm^2)

6. दो मुख्य प्रतिबल 40 N/mm^2 और 35 N/mm^2 जो दोनों तनाव प्रवृत्ति के हैं, एक बिन्दु पर एक-दूसरे के समकोण समतलों पर कार्य कर रहे हैं। मोहर वृत्त द्वारा ऐसे समतल पर परिणामी प्रतिबल की दिशा व मान ज्ञात करो जो 40 N/mm^2 वाले समतल के अभिलम्ब के साथ 10° का कोण बनाता है। ऐसा समतल भी ज्ञात करो जिस पर परिणामी प्रतिबल का अभिलम्ब के साथ अधिकतम नतन (inclination) है।

(उत्तर : 27·5 N/mm^2, 32 N/mm^2, $\theta = 51°36'$)

7. एक प्रत्यास्थ पदार्थ के एक बिन्दु पर एक 80 kg/cm^2 का तनाव और दूसरे समतल पर जो पहले समतल के समकोण पर है, 60 kg/cm^2 का सम्पीडत प्रतिबल कार्य कर रहे हैं। इन्हीं समतलों पर कितना अपरूपण प्रतिबल लगाया जाए कि मुख्य प्रतिबल 100 kg/cm^2 से बढ़ने न पाए ? अधिकतम अपरूपण प्रतिबल व दूसरा मुख्य प्रतिबल भी ज्ञात करो।

(**उत्तर** : अपरूपण प्रतिबल 56 kg/cm^2, और 90 kg/cm^2, मुख्य सम्पीडत प्रतिबल 80 kg/cm^2)

8. दो नत समतलों पर जो एक-दूसरे के समकोण नहीं हैं, नीचे दिए हुए प्रतिबल कार्य कर रहे हैं। मुख्य प्रतिबलों का मान तथा दिशा और समतलों में कोण ज्ञात करो।

पहले समतल पर अभिलम्ब प्रतिबल = 40 N/mm^2 (तन्य)

अपरूपण प्रतिबल = 20 N/mm^2

दूसरे समतल पर अभिलम्ब प्रतिबल = 30 N/mm^2 (तन्य)

अपरूपण प्रतिबल = 15 N/mm^2

[**उत्तर** : दीर्घ समतल (Major principal stress) प्रतिबल के साथ 57°30′, 103°30′ पर 27 N/mm^2 तन्य 71·3 N/mm^2 (तन्य) दोनों समतलों में कोण 46°] □

4

बंकन घूर्ण या नमन घूर्ण और अपरूपण बल

(BENDING MOMENT AND SHEARING FORCE)

4·1. धरन (Beam)

यह एक संरचना का अवयव (structural member) है जिस पर बाहरी बल इसकी अनुदैर्ध्य अक्ष के समकोण कार्य करते हैं । यह अधिकतर क्षैतिज (horizontal) अवयव होता है और यह मकान की छत का भार, पुल का भार इत्यादि उठाने के काम लाया जाता है । चित्र 4·1 में धरन दिखाया गया है ।

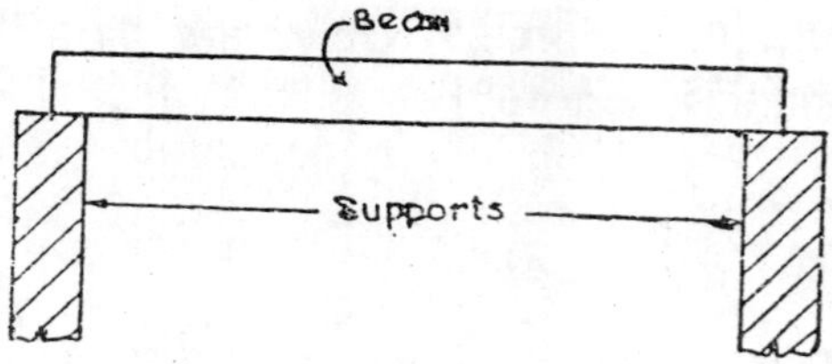

चित्र 4·1. धरन

4·2. बंकन (Bending)

जब किसी धरन पर इसकी अनुदैर्ध्य अक्ष के समकोण बल, कार्य करता है तो धरन झुक जाता है । धरन का झुकाव बाहरी भार के समतल में होता है । झुका हुआ धरन चित्र 4·2 में कटी हुई लाईन से दिखाया हुआ है ।

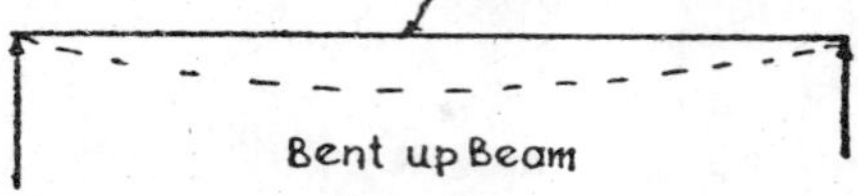

चित्र 4·2.

4·3. आलम्ब (Supports)

यह एक अवयव है जिस पर धरन के सिरे रखे रहते हैं । आलम्ब निम्न-लिखित तीन प्रकार के होते हैं ।

(i) बेलनाकार आलम्ब (Roller or simple supports)

(ii) कबजेदार आलम्ब (Hinged or pined supports)

(iii) आबद्ध आलम्ब (Fixed supports)

(i) **बेलनाकार आलम्ब** (Roller Support or Simple Supports)—ऐसे आलम्ब जो धरन के कोणीय चलन (angular movement) में अथवा धरन की अनुदैर्ध्य अक्ष की दिशा में सरकने में कोई बाधा नहीं डालते, ऐसे आलम्बों को **रौलर आलम्ब** कहते हैं। ऐसे आलम्ब केवल ऊर्ध्वाधर बल ही ले सकते हैं। चित्र 4·3 (*a*) में ऐसे आलम्ब दिखाए गए हैं।

(ii) **कबजेदार आलम्ब**—ऐसे आलम्ब जो धरन को आगे या पीछे सरकने से रोकते हैं, लेकिन कोणीय चलन में कोई बाधा उत्पन्न नहीं करते, ऐसे आलम्बों को **कबजेदार आलम्ब** कहते हैं। यह आलम्ब क्षैतिज और ऊर्ध्वाधर (vertical) दोनों बल ले सकते हैं। इसलिए यदि धरन पर कोई नत बल (inclined force) कार्य करता है तो धरन नत बल के क्षैतिज अंश (horizontal components) के कारण आगे या पीछे नहीं सरक सकता और इसलिए ऐसे आलम्ब पर आलम्ब बल ऊर्ध्वाधर नहीं होता। हाँ जब धरन पर बाहरी बल केवल ऊर्ध्वाधर (vertical) कार्य कर रहा हो तो आलम्बों पर आलम्ब बल भी ऊर्ध्वाधर (vertical) ही होता है। चित्र 4·3 (*d*) में कबजेदार आलम्ब दिखाया गया है।

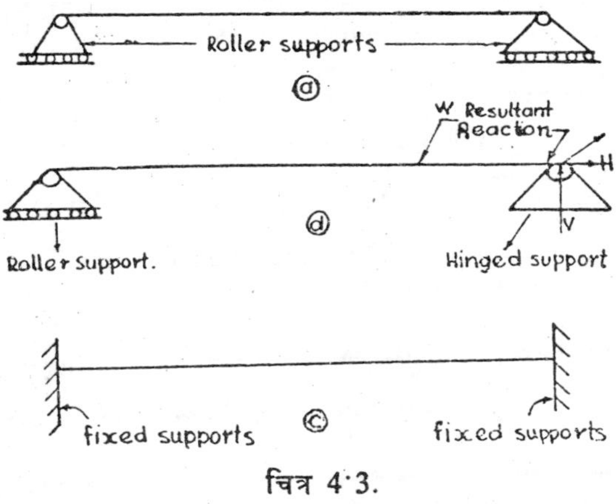

चित्र 4·3.

(iii) **आबद्ध आलम्ब** (Fixed Supports)—जो आलम्ब, धरन के कोणीय घुमाव व सरकन दोनों को रोकते हैं, ऐसे आलम्बों को **आबद्ध आलम्ब** कहते हैं। आबद्ध आलम्ब, क्षैतिज अंश (horizontal components), ऊर्ध्वाधर अंश (vertical components) तथा घूर्ण, तीनों वहन कर सकता है।

4·4. भिन्न प्रकार के धरन

1. **बाहुधरन** (Cantilever)—यह ऐसा धरन होता है जिसका एक सिरा

आबद्ध (fixed) होता है और दूसरे सिरे पर कोई आलम्ब नहीं होता। यह धरन चित्र 4·4 (a) में दिखाया हुआ है।

2. **शुद्धालम्ब धरन** (Simply Supported Beam)—यदि एक धरन (beam) दो बेलनाकार, या दो कबजेदार या एक बेलनाकार व दूसरा कबजेदार आलम्ब पर रखा हुआ हो तो ऐसे धरन को शुद्धालम्ब धरन कहते हैं। साधारणतया एक धरन दो बेलनाकार आलम्बों पर कभी नहीं होता और अधिकतर धरन के दोनों आलम्ब कबजेदार ही होते हैं। लोहे की छत की कैंची, जब छत में काम ली जाती है तो कैंची का एक सिरा तो कबजेदार बनाया जाता है ताकि कैंची पर कोई भी क्षैतिज अंश यदि हो, तो वह रोका जा सके। लेकिन दूसरा सिरा बेलनाकार बनाया जाता है ताकि कैंची में ताप परिवर्तन होने पर कैंची आसानी से आगे या पीछे सरक सके। चित्र 4·4 (b) देखें।

3. **बाहर निकली धरन** (Over Hanging Beam)—यदि धरन के सिरे, आलम्बों से आगे बढ़े हों तो ऐसे धरन को बाहर निकली धरन कहते हैं धरन एक ही सिरे पर आलम्ब के आगे बढ़ी हुई हो सकती है व दोनों सिरों के आलम्बों के आगे भी। चित्र 4·4 (c) व (d) देखें।

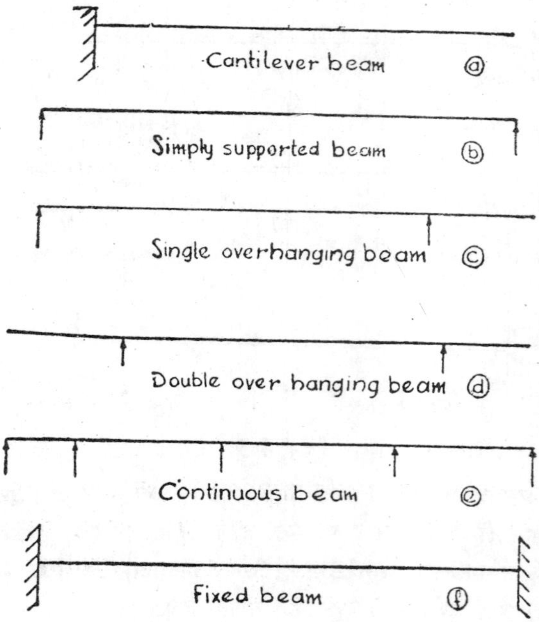

चित्र 4·4.

4. **अनेकाधार धरन** (Continuous Beam)—यदि एक धरन दो से अधिक

आलम्बों पर रखा हुआ हो तो ऐसे धरन को अनेकाधार धरन कहते हैं। चित्र 4·4 (e) देखें।

5. **आबद्ध धरन** (Fixed Beam)—यदि एक धरन के दोनों सिरे आबद्ध आलम्ब हों, तो ऐसे धरन को **आबद्ध धरन** कहते हैं। आबद्ध आलम्बों पर कोई कोणीय अथवा स्थानांतरीय गति (translatory movement) बिल्कुल नहीं होती। चित्र 4·5 (f) देखें।

चित्र 4·4 में सभी प्रकार के धरन दिखाए हुए हैं।

4·5. धरन का पाट (Span of Beam)

धरन हमेशा आलम्बों पर रखा रहता है। क्योंकि आलम्ब की भी कुछ मोटाई होती है, इसलिए आलम्ब पर आलम्ब बल (reaction) बिल्कुल आलम्ब के भीतरी सतह पर नहीं होता बल्कि इससे कुछ बाहर आलम्ब की मोटाई में होता है। आलम्बों के भीतरी भागों में जो दूरी होती है, उसे वास्तविक पाट (clear span) कहते हैं। अगर आलम्बों के अन्दर जहाँ आलम्ब बल कार्य करते हैं, के भीतर की दूरी ली जाए तो इसे प्रभावी पाट (effective span) कहते हैं। चित्र 4·5 (a) में वास्तविक पाट व प्रभावी पाट दिखाए हुए हैं।

4·6. धरन पर विभिन्न प्रकार के भार (Types of Loading on the Beam)

1. **समबांटित भार** (Uniformly Distributed Load)

यदि एक भार धरन के पूरे पाट पर समान रूप से बँटा हुआ है तो इसे **समबांटित भार** कहते हैं। समबांटित भार धरन के पूरे पाट या इससे कम लम्बाई में भी बँटा हो सकता है। यदि भार धरन के एक सिरे से दूसरे सिरे तक एक निश्चित मात्रा से बढ़ता जाता है तो इसे चर भार (variable loading) कहते हैं। त्रिभुजाकार

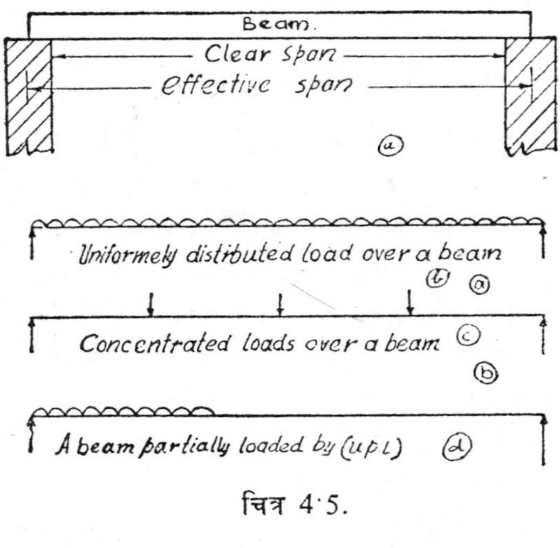

चित्र 4·5.

भार व समलम्बाकार भार (Triangular and trapizoidal loading) इसी श्रेणी के भार होते हैं।

अधिकेन्द्रित भार (Concentrated Load)—यदि कोई बल पाट पर बँटा हुआ न होकर एक बिन्दु पर ही कार्य कर रहा है तो ऐसे भार को अधिकेन्द्रित भार concentrated load) कहते हैं। चित्र 4·5 (b), (c) और (d) में भिन्न-भिन्न प्रकार के भार धरन पर दिखाए हुए हैं।

4·7. आलम्ब बल ज्ञात करना (To Calculate the Support Reactions)

एक धरन के आलम्बों पर आलम्ब बल ज्ञात करने के लिए सन्तुलन की तीनों शर्तें काम में ली जाती हैं।

(I) धरन पर कार्य कर रहे सभी क्षैतिज बलों का बीजक योग शून्य के बराबर होना चाहिए। $\Sigma H = 0$

(II) धरन पर कार्य कर रहे सभी ऊर्ध्वाधर (vertical) बलों का बीजक योग शून्य के बराबर होना चाहिए। $\Sigma V = 0$

(III) किसी भी बिन्दु पर सभी बलों के घूर्णों का बीजक योग शून्य के बराबर होना चाहिए। $\Sigma M = 0$

विस्तार से बताने के लिए एक धरन AB मानिए जिसका पाट L है और इस पर एक अधिकेन्द्रित भार W, A बिन्दु से a दूरी पर कार्य कर रहा है।

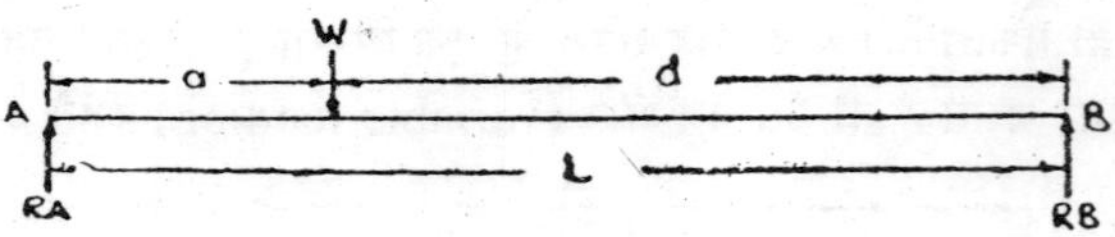

चित्र 4·6.

मान लो R_A और R_B, A और B पर आलम्ब बल हैं।

सन्तुलन की पहली शर्त अपने आप पूरी हो जाती है, क्योंकि धरन पर कोई भी बल क्षैतिज दिशा में कार्य नहीं कर रहा है, इसलिए $\Sigma H = 0$

आलम्ब बल R_A और R_B ऊपर को कार्य कर रहे हैं जब कि अधिकेन्द्रित भार W नीचे की दिशा में कार्य कर रहा है। इसलिए सन्तुलन की दूसरी शर्त पूरी करने के लिए ऊंपर की दिशा में कार्य करने वाले बल, नीचे को कार्य करने वाले भार के बराबर होने चाहिए।

या $\quad R_A + R_B - W = 0$

या $\quad R_A + R_B = W \quad \cdots(1)$

लेकिन अभी भी न तो R_A का मान और न ही R_B का मान ज्ञात हुआ है।

अब R_A और R_B का मान ज्ञात करने के लिए सन्तुलन की तीसरी शर्त को लागू करिए। R_A ज्ञात करने के लिए B पर सभी बलों के घूर्ण लीजिए।

$$R_A \times L + R_B \times 0 - W(L-a) = 0$$

या $$R_A \times L - W(L-a) - 0 \quad \cdots(2)$$

क्योंकि आलम्ब बल R_B, B बिन्दु में से ही निकलता है, इसलिए इसका घूर्ण B बिन्दु पर शून्य होता है। समीकरण (2) को नीचे दिए अनुसार भी लिख सकते हैं।

$$R_A \times L = W(L-a)$$

या $$R_A = \frac{W(L-a)}{L}$$

इस समीकरण में W, a और L का मान ज्ञात है, इसलिए R_A का मान आसानी से ज्ञात किया जा सकता है।

अब R_B दो तरह से मालूम किया जा सकता है। एक विधि तो यह है कि R_A की ही भाँति, R_B और W के A बिन्दु पर घूर्ण लिए जाएँ।

$$R_B \times L - W a = 0$$

या $$R_B = \frac{W a}{L} \quad \cdots(3)$$

उसमें फिर W, a और L के मान ज्ञात हैं, इसलिए R_B का मान ज्ञात किया जा सकता है।

दूसरी विधि यह है कि R_A का मान तो पहले ही ज्ञात है। R_A का मान समीकरण (1) में रखने पर

$$R_A + R_B = W$$

या $$\frac{W(L-a)}{L} + R_B = W$$

$$R_B = W - \frac{W(L-a)}{L}$$

$$= \frac{WL - WL + Wa}{L} = \frac{Wa}{L}$$

यह मान उतना ही है जितना समीकरण (3) द्वारा निकाला गया था।

R_A या R_B मालूम करते समय घूर्ण A या B बिन्दु पर लिए थे। यह इसलिए किया गया ताकि एक अज्ञात कम हो जाए। यदि A या B के अलावा किसी अन्य बिन्दु पर सभी बलों का घूर्ण लेते तो R_A और R_B दोनों अज्ञात, इस समीकरण में होते जबकि दोनों में से किसी का भी मान ज्ञात नहीं

है। लेकिन फिर भी ऐसी परिस्थिति में भी दो समीकरणों को हल करके R_A और R_B निकाल सकते हैं, लेकिन इस विधि में गणना (Calculation) कार्य बढ़ जाता है।

ऊपर दी गई विधि द्वारा धरन पर किसी तरह का भी भार क्यों न हो, धरन के सिरों पर आलम्ब बल ज्ञात किए जा सकते हैं।

उदाहरण 1. एक धरन का पाट विस्तार 10m है और एक 5t का अधिकेन्द्रित भार बायें हाथ के आलम्ब से 3m दूरी पर कार्य कर रहा है। दोनों आलम्ब बल ज्ञात करो।

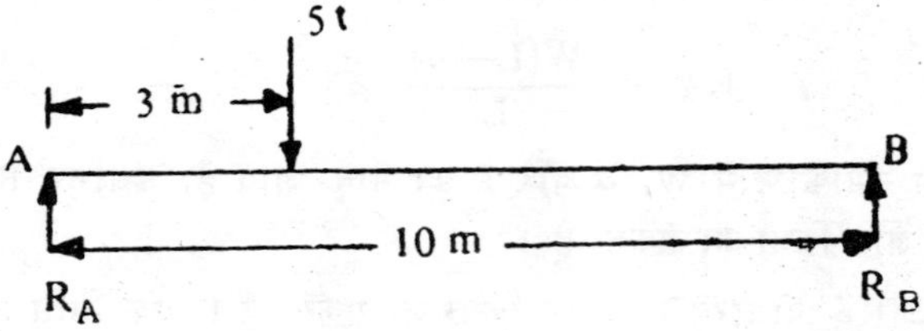

चित्र 4·7.

हल : क्योंकि धरन पर कोई क्षैतिज भार नहीं है इसलिए सन्तुलन की पहली शर्त अपने आप पहले ही पूरी है।

सन्तुलन की दूसरी शर्त से, $R_A + R_B = 5$ ...(1)

R_B मालूम करने के लिए A बिन्दु पर सभी बलों के घूर्ण लो।

$$R_B \times 10 + R_A \times 0 - 5 \times 3 = 0$$

$$10\ R_B = 15$$

$$\therefore \quad R_B = 1{\cdot}5\ t$$

R_A का यह मान समीकरण (1) में रखने पर

$1{\cdot}5 + R_A = 5$; $\therefore R_A = 3{\cdot}5$ t.

B पर सभी बलों का घूर्ण लेकर भी R_A मालूम कर सकते हैं।

या $$R_A \times 10 = 5 \times 7$$

$$R_A = \frac{35}{10} = 3{\cdot}5\ t$$

उदाहरण 2. चित्र 4·8 में दिखाए गए धरन के आलम्ब बल R_A और R_B ज्ञात करो।

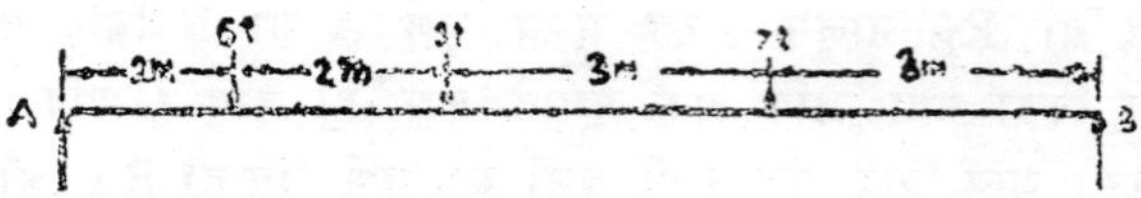

चित्र 4·8

हल : सन्तुलन की दूसरी शर्त से, $R_A + R_B - 5 - 3 - 7 = 0$

या $R_A + R_B = 15$ ...(1)

R_B ज्ञात करने के लिए सभी बलों के घूर्ण A बिन्दु पर लो

$$R_B \times 10 - 5 \times 2 - 3 \times 4 - 7 \times 7 = 0$$

$$10\,R_B = 10 + 12 + 49 = 71$$

$$R_B = 7{\cdot}1\ t$$

समीकरण (1) से $R_A + 7{\cdot}1 = 15$

$$R_A = 7{\cdot}9\ t$$

उदाहरण 3. एक धरन जिसका विस्तार 7m है, की पूरी लम्बाई पर 2t/m का समबांटित भार (U.D.L) कार्य कर रहा है। धरन के सिरों पर आलम्ब बल ज्ञात करो।

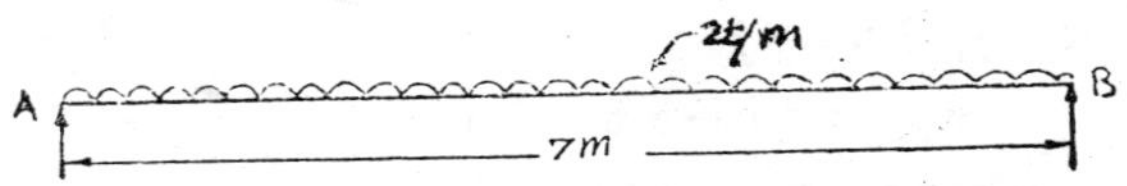

चित्र 4·9.

हल : सन्तुलन की दूसरी शर्त से, $R_A + R_B - 7 \times 2 = 0$

या $R_A + R_B = 14$ ...(1)

समबांटित भार का घूर्ण लेने के लिए सबसे पहले भार का गुरुत्व केन्द्र (center of gravity) ज्ञात करो।

इस धरन में R_B ज्ञात करने के लिए सभी बलों के घूर्ण A बिन्दु पर लो।

$$R_B \times 7 - 7 \times 2 \times \frac{7}{2} = 0$$

$$7\,R_B = 49$$

$$R_B = 7\,t$$

समीकरण (1) में R_B का मान रखने पर $R_A = 7t$

इस उदाहरण में भार A और B दोनों बिन्दुओं के सममित (symmetrical) है और इसलिए R_A और R_B दोनों के मान बराबर हैं। इसी प्रकार यदि कोई अधिकेन्द्रित भार भी धरन के पाट के मध्य में कार्य करता है तो दोनों आलम्ब बल बराबर होते हैं।

उदाहरण 4. चित्र 4·10 में एक धरन का विस्तार व उस पर कार्य कर रहे भार दिखाए हुए हैं। धरन के दोनों आलम्ब बलों का मान ज्ञात करो।

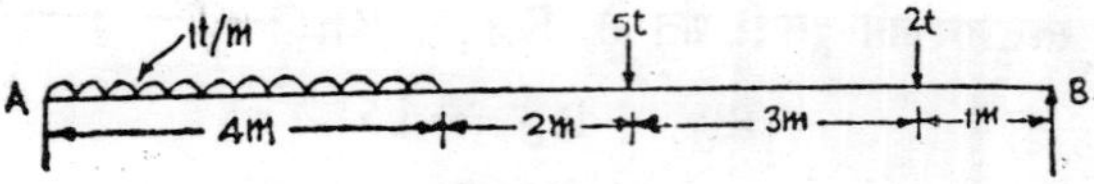

चित्र 4·10.

$$R_A + R_B - 5 - 2 - 4 = 0$$

या $$R_A + R_B = 11$$

R_B मालूम करने के लिए सभी बलों के A बिन्दु पर घूर्ण लो

$$R_B + 10 - 4 \times 1 \times \frac{4}{2} - 5 \times 6 - 2 \times 9 = 0$$

$$10\, R_B = 8 + 30 + 18 = 56$$

$$R_B = 5 \cdot 6t$$

R_B का मान समीकरण (1) में रखने से

$$R_A + 5 \cdot 6 = 11$$

$$R_A = 11 - 5 \cdot 6 = 5 \cdot 4t$$

4·8. बंकन घूर्ण और अपरूपण बल (Bending moment and shearing force)

एक धरन व उस पर कार्य कर रहे बल चित्र 4·11 में दिखाए गए हैं। सन्तुलन की दूसरी शर्त से $R_A + R_B - 1000 - 2000 - 500 = 0$

या $$R_A + R_B = 3500 \text{ kg} \qquad \ldots(1)$$

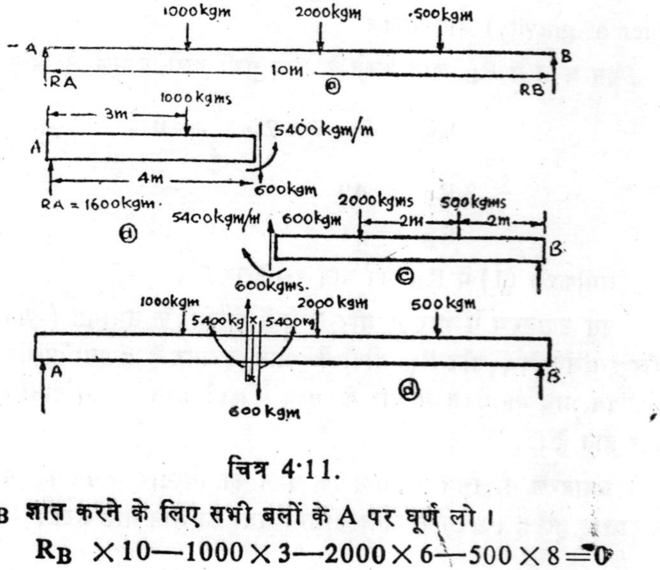

चित्र 4·11.

R_B ज्ञात करने के लिए सभी बलों के A पर घूर्ण लो।

$$R_B \times 10 - 1000 \times 3 - 2000 \times 6 - 500 \times 8 = 0$$

या $10\,R_B = 19000$

$R_B = 1900$ kg

समीकरण (1) से $R_A = 1600$ kg

धरन का एक खण्ड *x-x* A से 4*m* दूरी पर लो और धरन के दोनों भागों के सन्तुलन की व्याख्या अलग-अलग से करो।

x-x खण्ड के बाएँ तरफ के भाग को लो। क्योंकि इस धरन के इस भाग पर कोई क्षैतिज बल नहीं है इसलिए सन्तुलन की पहली शर्त अपने आप पूरी हो जाती है।

सन्तुलन की दूसरी शर्त में देखते हैं कि इस भाग पर 600 kg के भार का असंतुलन है। इसलिए धरन के इस भाग को सन्तुलित रखने के लिए 600 kg का भार नीचे को कार्य करता हुआ होना चाहिए। इसका मतलब यह हुआ कि जब धरन *x-x* पर खण्डित नहीं किया गया था तो धरन का दायाँ भाग बाएँ भाग पर 600 kg का नीचे को कार्य करने वाला भार लगा रहा था।

अब बाएँ भाग के लिए ही सन्तुलन की तीसरी शर्त से देखते हैं कि फिर धरन सन्तुलन में नहीं है और जब *x-x* खण्ड के बाएँ भाग पर कार्य कर रहे सभी बलों के घूर्ण लेते हैं तो *x-x* पर असन्तुलित घूर्ण 5400 kg-m रह जाता है। लेकिन जब धरन *x-x* पर कटा हुआ नहीं था तो पूरा धरन सन्तुलन में था। इसका मतलब यह हुआ कि दायाँ भाग धरन के बाएँ भाग पर 5400 kg-m का घूर्ण भी लगा रहा था, और यह घूर्ण वामावर्त दिशा में था।

इसी प्रकार यदि *x-x* खण्ड के दाएँ तरफ के धरन के भाग की व्याख्या करें तो पायेंगे कि बायाँ भाग दाएँ भाग को सन्तुलित रखने के लिए एक तो 600 kg का ऊपर को कार्य करता हुआ भार तथा 5400 kg-m का दक्षिणावर्त दिशा में घूर्ण दाएँ भाग पर प्रसारित कर रहा है। चित्र 4·11 के (b) और (c) में यह असंतुलित बल व घूर्ण दिखाए हुए हैं।

अब यदि दाएँ व बाएँ दोनों खण्डों को इकट्ठा करके देखें, जैसा कि चित्र 4·11 (d) में दिखाया गया है तो देखते हैं कि *x-x* खण्ड पर दायाँ भाग बाँयें भाग पर ऊपर को व बायाँ भाग दाँयें पर नीचे को 600 kg का भार डाल रहे हैं और धरन का अनुप्रस्थ काट इसको रोक रहा है। इसलिए धरन के अनुप्रस्थ काट पर उल्ट प्रवृत्ति का अपरूपण बल उत्पन्न हो जाता है। धरन के अनुप्रस्थ काट की *x-x* पर प्रवृत्ति दाएँ भाग के बाएँ पर और बाएँ भाग के दांएँ भाग पर से फिसल जाने की है और यदि धरन का अनुप्रस्थ काट इस प्रवृति को रोक सकता है तो धरन सन्तुलित रहेगा और यदि धरन का अनुप्रस्थ काट इसको नहीं रोक सकता तो धरन *x-x* पर फेल हो जाता है। इस प्रकार की प्रवृत्ति से धरन के अनुप्रस्थ काट पर जो बल उत्पन्न हो जाता है, उसे अपरूपण बल (Shear force) कहते हैं।

यह भी पहले परिमाणित कर चके हैं कि बायाँ भाग दाएँ पर और दायाँ भाग बाएँ पर 5400 kg-m का घूर्ण उत्पन्न कर रहे। इस असंतुलित घूर्ण को रोकने के लिए धरन के अनुप्रस्थ काट में बंकन प्रतिबल उत्पन्न हो जाते हैं, इस असंतुलित घूर्ण को बंकन घूर्ण (bending moment) कहते हैं।

अब आसानी से कम शब्दों में अपरूपण बल व बंकन घूर्ण जिन्हें छोटे में S F. और B.M. से लिखते हैं, के लिए परिभाषा दे सकते हैं।

अपरूपण बल (S.F.)—धरन के किसी खण्ड पर अपरूपण बल, खण्ड के बाएँ या दाएँ भाग पर कार्य कर रहे सभी बाहिया बलों का बीजिक योग होता है।

(Shear force at any section of the beam is the algebric sum of all the external forces (including reactions) acting either to the left or to the right of the section.)

बंकन घूर्ण (B.M.)—धरन के किसी खण्ड पर बंकन घूर्ण, खण्ड के बाएँ या दाएँ भाग पर कार्य कर रहे सभी बलों के घूर्णों का बीजिक योग होता है। (The B.M. at any section of the beam is the algebric sum of the moments of all the external forces either to the left or to the right of the section.)

4·9. S.F. और B.M. के रुढ़ चिन्ह

S.F. और B.M. के रूढ़ त्रिह्न नीचे चित्र 4·12 दिखाए गए हैं। यदि बाहरी बल से धरन ऊपर को अवतल (concave) मुड़ता है तो इसे ऋण B.M. और ऊपर को उत्तल (convex) मुड़ता है तो इसे धन B.M. कहते हैं।

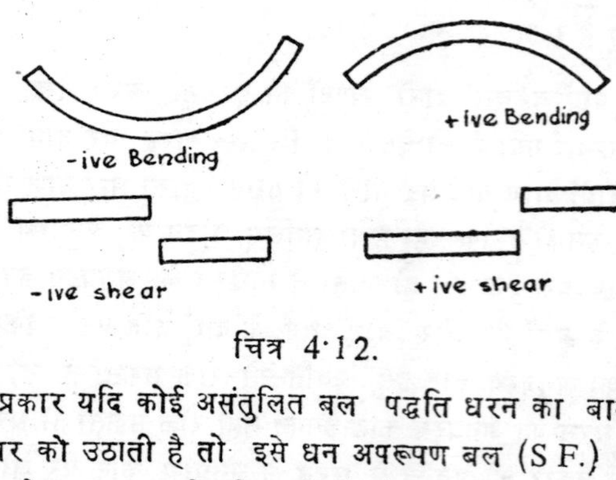

चित्र 4·12.

इसी प्रकार यदि कोई असंतुलित बल पद्धति धरन का बायाँ भाग दाएँ भाग की अपेक्षा ऊपर को उठाती है तो इसे धन अपरूपण बल (S F.) कहते हैं और यदि दाँए भाग की अपेक्षा ऊपर उठने की प्रवृति है तो इसे ऋणात्मक अपरुपण बल (S.F.) कहते हैं।

4·10. अपरूपण बल रेखाचित्र और बंकन घूर्ण रेखाचित्र (S.F.D. and B.M.D.)

अपरूपण बल रेखाचित्र और बंकन घूर्ण रेखाचित्र, धरन के पाट में सभी खण्डों पर अपरुपण बल व बंकन घूर्ण बताते हैं। इन रेखाचित्रों से बड़ी आसानी से मालूम हो जाता है कि धरन के किस खण्ड पर कितना अपरूपण बल तथा कितना बंकन घूर्ण है। यहाँ से यह भी मालूम पड़ जाता है कि धरन में किस बिन्दु पर अधिकतम अपरुपण बल व बंकन घूर्ण है और किस बिन्दु पर इनका मान न्यूनतम है।

अब सभी प्रकार के धरनों के लिए S.F.D. और B.M.D. बनाएँगे और उनमें बताएँगे कि कहाँ पर अधिकतम व कहाँ पर न्यूनतम अपरूपण बल व बंकन घूर्ण होता है।

4·11. बाहूधरन (Cantilevers)

(*a*) **अधिकेन्द्रित भार W, बाहूधरन के मुक्त सिरे पर** (Concentrated load W at the free end of the cantilever)

AB एक बाहूधरन है जिसका B सिरा मुक्त सिरा है और A आबद्ध (fixed) सिरा है। बाहूधरन के B बिन्दु पर एक W भार कार्य कर रहा है। मुक्त सिरे से x दूरी पर एक खण्ड x-x लो और दाए तरफ के भाग का सन्तुलन देखो।

अपरूपण बल की परिभाषा से कि यह खण्ड पर असन्तुलित भार होता है। इसलिए x-x खण्ड पर असंतुलित भार W ही है।

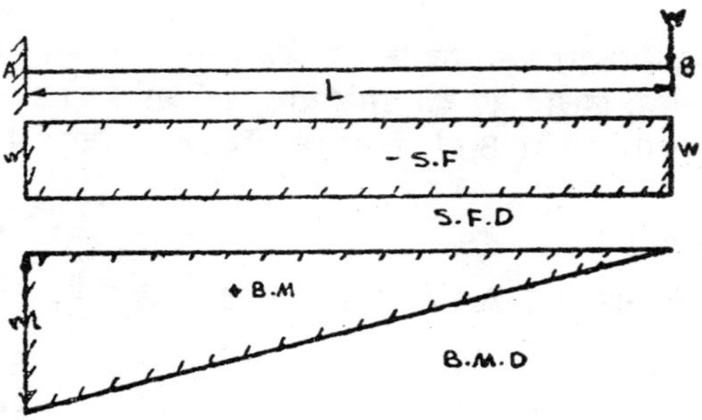

चित्र 4·13.

B और A के बीच कहीं भी देखें असन्तुलित भार W ही रहता है। इसका मतलब यह हुआ कि बाहूधरन की पूरी लम्बाई में अपरूपण बल स्थिर रहता है और इसका मान W है।

यदि अपरूपण बल को AB पर रेखाचित्र द्वारा दिखाएँ तो यह एक आयताकार आकृति का होता है। इसे अपरूपण बल रेखाचित्र या S.F.D. कहते हैं। S.F.D. चित्र 4·13 में दिखाया हुआ है।

बाहूधरन के मुक्त सिरे (free end) से x दूरी पर बंकन घूर्ण Wx होता है और अपनाए नए बंकन घूर्ण चिन्ह के आधार पर यह धन बंकन घूर्ण होता है।

$$BM = Wx \quad \ldots(1)$$

क्योंकि समीकरण (1) प्रथम श्रेणी की समीकरण है इसलिए यह एक सीधी रेखा बताती है। इसलिए बंकन घूर्ण रेखाचित्र (B.M.D.) मुक्त सिरे पर शून्य होता है और ज्यों-ज्यों बाहूधरन के आबद्ध सिरे की तरफ बढ़ते हैं, बंकन घूर्ण सीधी रेखा से बढ़ता जाता है और आबद्ध सिरे पर इनका मान WL हो जाता है। चित्र 4·13 में B.M.D. और S.F.D. रेखाचित्र दिखाये हुए हैं।

(b) बाहूधरन पर कई अधिकेन्द्रित भार कार्य करते हैं।

मान लो AB एक बाहूधरन है जिसकी लम्बाई l_1 है। बाहूधरन पर दो भार W_1 और W_2 आबद्ध सिरे से l_1 और l_2 दूरी पर कार्य कर रहे हैं, जैसा कि चित्र 4·14 में दिखाया हुआ है।

इस उदाहरण को दो भागों में विभाजित करके हल किया जा सकता है। पहले भाग में बाहूधरन पर केवल W_1 भार मुक्त सिरे पर रख कर अपरूपण बल व बंकन घूर्ण रेखाचित्र खींचो और फिर दूसरे भाग में W_1 को बाहूधरन पर से हटा दो और केवल W_2 को आबद्ध सिरे A से l_2 दूरी पर रख कर अपरूपण बल व बंकन घूर्ण रेखाचित्र खींचो।

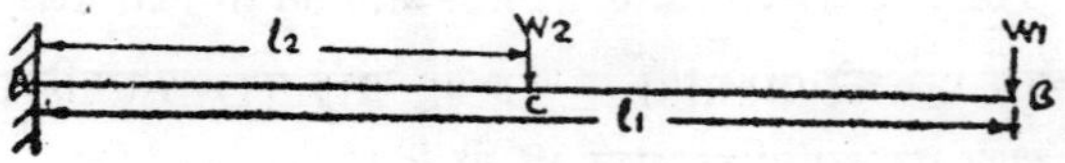

चित्र 4·14.

यह दोनों, अपरूपण बल रेखाचित्र व बंकन घूर्ण रेखाचित्र चित्र 4·15 और चित्र 4·16 में क्रमशः दिखाए हुए हैं। इसके बाद दोनों भागों को इकट्ठा करके दोनों भारों का S.F. रेखाचित्र और B.M. रेखाचित्र खींचो। यह चित्र 4·17 में दिखाया गया है।

पहला भाग :

S.F. मुक्त सिरे B से A तक W_1 के बराबर रहती है, इसलिए S.F.D. आयताकार होती है।

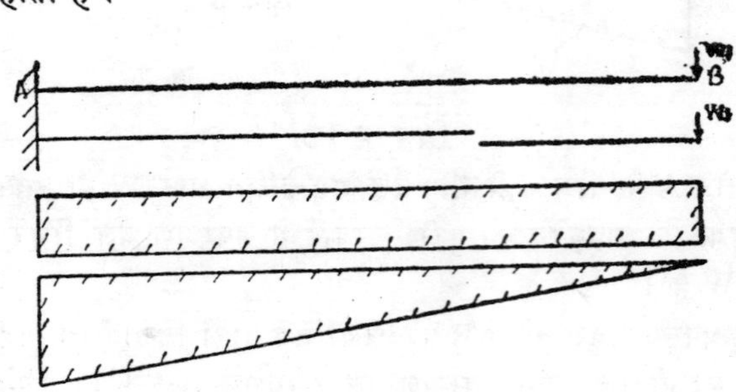

चित्र ५·15.

B.M. मुक्त सिरे से x दूरी पर W_1x होता है, जो मुक्त सिरे B पर शून्य होता है और फिर बढ़ता हुआ आबद्ध सिरे A पर W_1l_1 हो जाता है। चित्र 4·15 में S.F.D. और B.M.D. दिखाए हुए हैं।

दूसरा भाग :

बिन्दु B से C तक कोई S.F. या B.M. नहीं होता क्योंकि इस दूरी में कोई

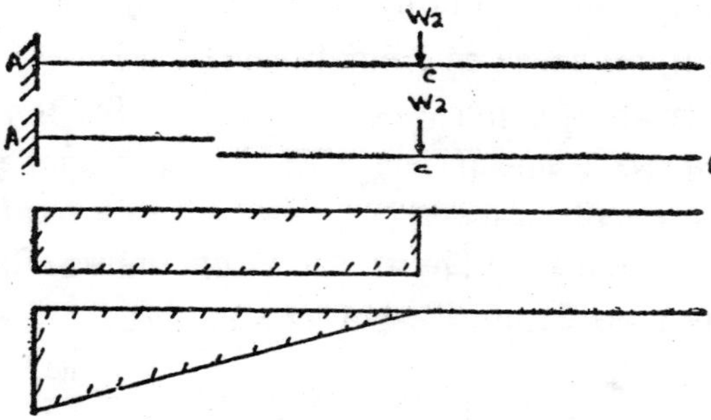

चित्र 4·16.

बल कार्य नहीं कर रहा है। C बिन्दु पर S.F. और B.M. शून्य होंगे और C से A की तरफ बढ़ने पर S.F. तो पूरी लम्बाई l_2 के लिए W_2 होगा और B.M., $W_2 \times x$ होगा। यहाँ x, C से उस बिन्दु की दूरी है जहाँ B.M. निकाल रहे हैं। क्योंकि W_2x भी पहली श्रेणी की ही समीकरण है इसलिए B.M., C बिन्दु से A तक सीधी रेखा ही होगी ओर बिन्दु A पर W_2 के कारण बंकन घूर्ण W_2l_2 होगा।

तीसरा भाग—पहले भाग और दूसरे भाग के S.F. रेखाचित्र और B.M.

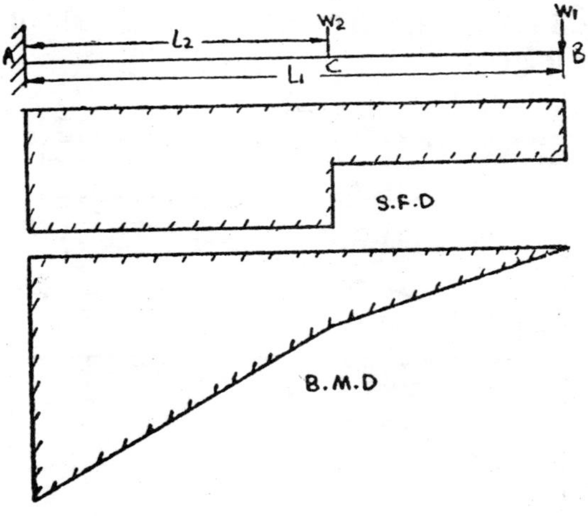

चित्र 4·17

रेखाचित्र एक-दूसरे पर जोड़ने पर पूरे भार का S.F. और B.M. रेखाचित्र 4·17 में दिखाया गया है। S.F.D. चिह्न अनुसार ऋणात्मक है और B.M.D. धन है।

(*c*) **बाहूधरन पर समबांटित भार ही पूरी लम्बाई पर है** (If cantilever is loaded by U.D. L. on full length)

मान लो एक बाहूधरन की लम्बाई L है और इसकी पूरी लम्बाई पर समबांटित (Uniformly distributed load) भार w/unit length कार्य कर रहा है।

एक खण्ड B से x दूरी पर लो। असन्तुलित भार $= wx$ ...(1)

B पर x का मान शून्य होता है और इसलिए मुक्त सिरे B पर S.F. भी शून्य होती है। अब खण्ड x ज्यों-ज्यों बिन्दु A की तरफ बढ़ता जाता है असन्तुलित भार बढ़ता जाता है। क्योंकि समीकरण (1) प्रथम श्रेणी का है। इसलिए S.F. में परिवर्तन सीधी रेखा से होता है। A बिन्दु पर S.F. का मान ज्ञात करने लिए समीकरण (1) में x की जगह L रख दें इसलिए बिन्दु A पर S.F. $= wL$.

$$x \text{ खण्ड पर B.M.} = wx \times \frac{x}{2} = \frac{wx^2}{2} \quad ...(1)$$

यदि $x = 0$, $\quad \text{B.M.} = \frac{w \times (0)^2}{2} = 0$ (शून्य)

और $x = L$, $\quad \text{B.M.} = \frac{wL^2}{2}$

इसलिए B पर B.M. शून्य होता है और A पर इसका मान $\frac{wL^2}{2}$ होता है। B.M. में परिवर्तन पैराबोलिक होता है क्योंकि B.M. का समीकरण दूसरी श्रेणी का है, जो हमेशा पैराबोला होता है।

यहाँ फिर S.F. ऋण और B.M. धन है। S.F.D. और B.M.D. चित्र 4·18 में दिखाए गए हैं।

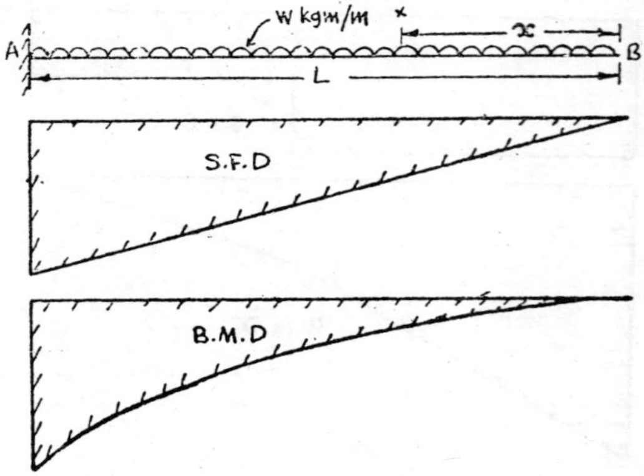

चित्र 4·18.

(*d*) **समवितरित भार (U.D.L.) पूरे बाहुधरन पर नहीं हैं।**

चित्र 4·19 में बाहुधरन की लम्बाई व इस पर कार्य कर रहा भार दिखाया हुआ है।

B से x दूरी पर एक खण्ड (section) लो, लेकिन यह खण्ड BC भाग के

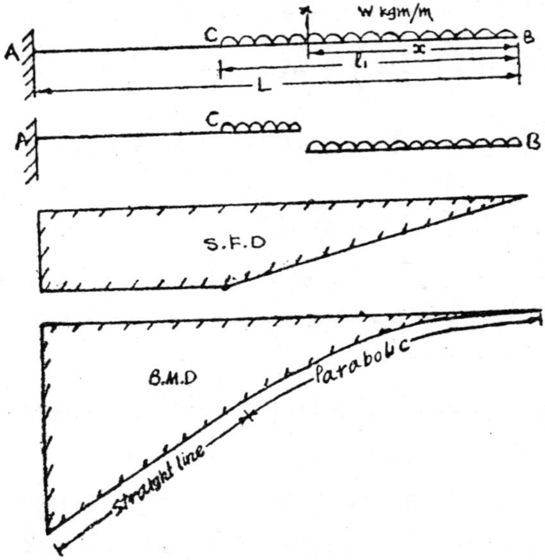

चित्र 4·19.

भीतर ही होना चाहिए। क्योंकि दाँयें तरफ के धरन के भाग की प्रवृत्ति नीचे गिर जाने की है जैसा कि चित्र 4·19 में दिखाया हुआ है इसलिए इसमें अपरूपण बल ऋणात्मक होगा।

$$S.F. = -wx$$

जब $x=0$ तो $S.F.=0$

और जब $x=l_1$ तो $S.F.=wl_1$

C के बाद A की तरफ कोई और बाहरी बल कार्य नहीं कर रहा है इसलिए धरन के CA भाग में असन्तुलित भार स्थिर wl_1 ही रहता है और इसलिए C और A बिन्दु में S.F. स्थिर रहती है जिसका मान wl_1 होता है।

अब BC भाग में $B.M. = wx \times \frac{x}{2} = \frac{wx^2}{2}$

यह समीकरण द्वितीय श्रेणी की है अतः पैराबोला रेखांकित करती है। अतः B से C तक B.M. पैराबोलिक होता है।

जब $x=0$ तो B.M.$=0$

जब $x=l_1$ तो B.M.$=\frac{wP_1^2}{2}$

यदि बाहूधरन के CA भाग में कोई खण्ड लिया जाता है तो

B.M.$=wl_1\left(x-\frac{l_1}{2}\right)$ के बराबर होता है।

या $$\text{B.M.}=wl_1\left(x-\frac{l_1}{2}\right)$$

$$=wl_1x-\frac{wl_1^2}{2}$$

यह समीकरण x में पहली श्रेणी की है इसलिए B.M.D., C से A तक एक सीधी रेखा होगी जब कि B से C तक यह पैराबोलिक है। S.F.D. और B.M.D. चित्र 4·19 में दिखाए गए हैं।

(*e*) **बाहूधरन पर समबांटित (U.D.L.) और अधिकेन्द्रित भार (Concentrated) दोनों कार्य कर रहे हैं।**

चित्र 4·20 में बाहूधरन व उस पर कार्य कर रहे भार दिखाए हुए हैं। समबांटित (U.D.L.) भार w/unit length पूरी लम्बाई पर व बाहूधरन के मुक्त सिरे; B पर एक अधिकेद्रित भार W कार्य कर रहा है।

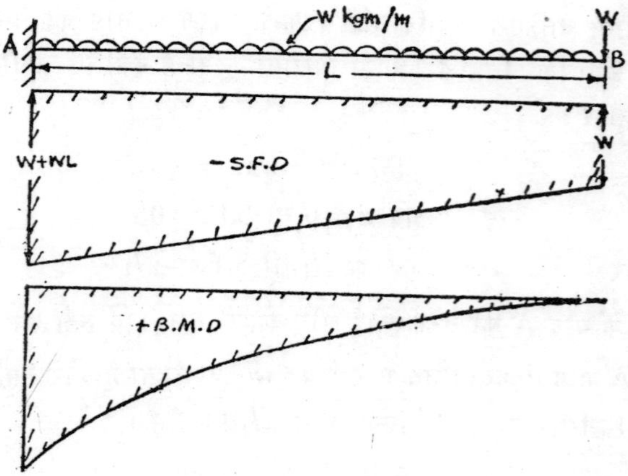

चित्र 4·20.

B से x दूरी पर एक खण्ड लो

$$S.F. = -(W + wx)$$

समीकरण (1) एक सीधी रेखा की समीकरण है इसलिए S.F.D. एक सीधी रेखा होगी।

जब $x = 0$ तो $S.F. = -W$

और जब $x = L$ तो $S.F. = -(W + wL)$

S.F. समीकरण से पहले ऋण चिह्न लगा दिया है क्योंकि हमारे नियम अनुसार यह ऋणात्मक S.F. है। A पर S.F. अधिकतम है।

इसलिए $S.F. (max) = -(W + wL)$

इसी प्रकार $B.M. = Wx + wx \times \frac{x}{2}$

$$= Wx + \frac{wx^2}{2} \qquad ...(2)$$

समीकरण (2) एक पैरोबोला का समीकरण है इसलिए B.M.D. एक पैराबोला होगा।

जब $x = 0$ तो $B.M. = 0$

जब $x = L$ तो $B.M. = WL + \frac{wL^2}{2}$

चित्र 4·20 में S.F.D. और B.M.D. दिखाए हुए हैं।

(f) बाहूधरन पर कई अधिकेन्द्रित भार व बाहूधरन की कुछ लम्बाई में समबांटित (U.D.L.) भार एक साथ कार्य कर रहे हैं।

चित्र 4·21 में बाहूधरन पर कार्य कर रहे भार व इसकी लम्बाई दिखाई हुई है। बाहूधरन A सिरे पर आबद्ध है।

बाहूधरन के BC भाग में, B से x दूरी पर एक खण्ड लो।

इस खण्ड पर $S.F. = -(W_1 + wx)$

CD भाग में $S.F. = -(W_1 + W_2 + wL_4)$

DA भाग के लिए $S.F. = (W_1 + W_2 + W_3 + wL_4)$

BC भाग में किसी खण्ड पर $B.M. = W_1x + \frac{wx^2}{2}$

CD भाग में किसी खण्ड पर

$$B.M. = W_1x + W_2(x - L_4) + wL_4\left(x - \frac{L_4}{2}\right)$$

DA भाग के लिए $B.M. = W_1 x + W_2(x - L_4) + W_3(x - L_3 - L_4) + wL_4\left(x - \frac{L_4}{2}\right)$

S.F.D. और B.M.D. चित्र 4·21 में दिखाए हुए हैं।

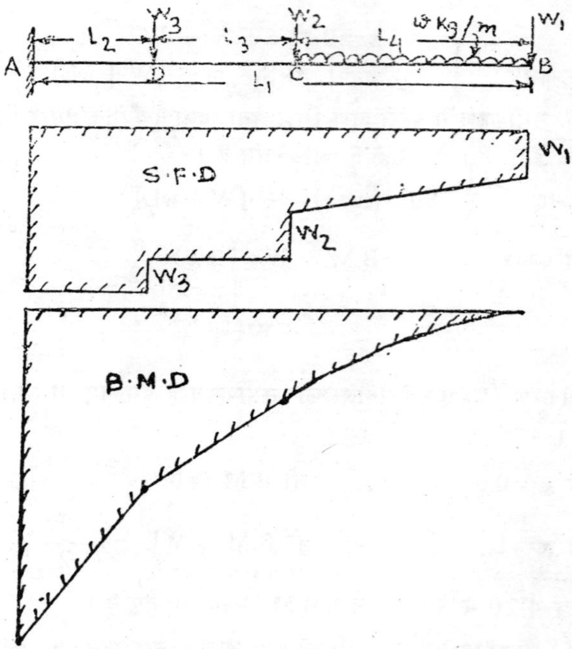

चित्र 4·21

उदाहरण 6. 4m लम्बे एक बाहूधरन पर 5*t* का अधिकेन्द्रित भार कार्य कर रहा है। S.F.D. और B.M.D. खींचो जब (1) भार मुक्त सिरे पर है, (2) जब भार बाहूधरन की लम्बाई के मध्य बिन्दु पर कार्य करता है।

1. B से *x* दूरी पर एक खण्ड लो।

$$S.F. = 5t$$

बाहूधरन की पूरी लम्बाई में ऋण चिह्न की 5*t* की S.F. रहती है, इसलिए S.F.D. चित्र एक आयताकार है।

बिन्दु B से *x* दूरी पर $B.M. = 5 \times x = 5x$

जब $x = 0$ तो $B.M. = 0$

और जब $x = 4m$ तो $B.M. = 5 \times 4 = 20t\text{-}m$ है

S.F.D. और B.M.D. चित्र 4·22 में दिखाए हुए हैं।

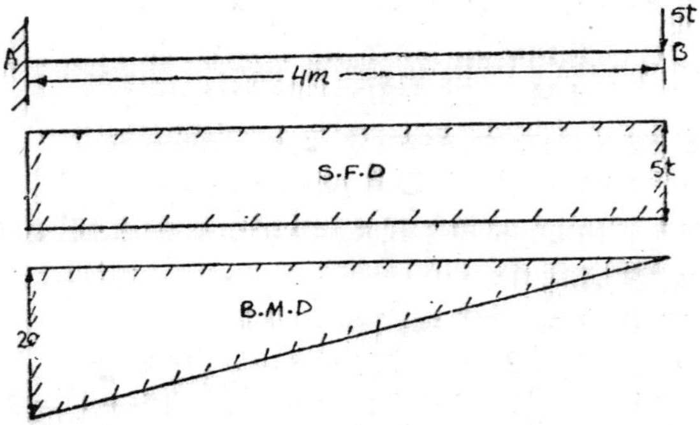

चित्र 4·22

2. B से C बिन्दु तक S.F. नहीं होगी और न ही B.M., क्योंकि इस भाग में कोई भार कार्य नहीं कर रहा है। (C बाहूधरन का मध्य बिन्दु है)

C पर S.F. शून्य है।

C से A तक S.F. $5t$ है जो स्थिर रहती है। इसलिए S.F.D. एक आयताकार चित्र है।

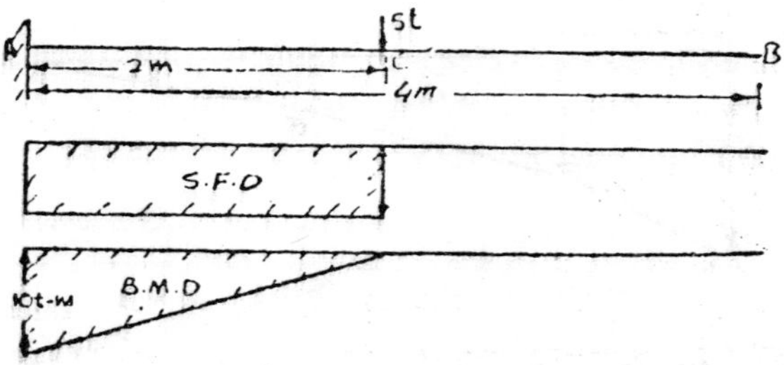

चित्र 4·23

C से A की तरफ x दूरी पर B.M. $= 5 \times x$

जब $x = 0$ तो B.M. $= 0$ t-m

और जब $x = 2$m तो B.M. $= 5 \times 2 = 10$t-m

S.F.D. व B.M.D. चित्र 4·23 में दिखाए गए हैं।

उदाहरण 7. 5m लम्बे एक बाहूधरन पर चित्र 4·24 अनुसार भार कार्य कर रहे हैं। बाहूधरन के लिए S.F.D. व B.M.D. बनाओ।

हल :

BC भाग में किसी भी खण्ड पर S.F. $= -3t$ होगी

और B.M. $= 3 \times x$ t-m ...(1)

CD भाग में किसी भी खण्ड पर S.F. $= -3 - 3 = -6$t

और B.M. $= 3x + 3(x - 2)$ ...(2)

इसी प्रकार DA भाग के लिए

$$S.F. = -3-3-2 = -8t$$

और $$B.M. = 3x + 3(x-2) + (x-4) \quad \ldots(3)$$

जहाँ तक S.F.D. का सम्बन्ध है, B से C तक—3t

C से D तक—6*t* और D से A तक—8t होगी

लेकिन B.M.D. के बिन्दु B, C, D और A पर B.M. ज्ञात करने पड़ेंगे।

B पर B.M. = 0

C पर B.M. = 3 × 2 = 6t-m

D पर B.M. = 3 × 4 + 3(4—2) = 18t-m

A पर B.M. = 3 × 5 + 3 × (5—2) + 2(5—4) = 26t-m

S.F.D. और B.M.D. चित्र 4·24 में दिखाए हुए हैं।

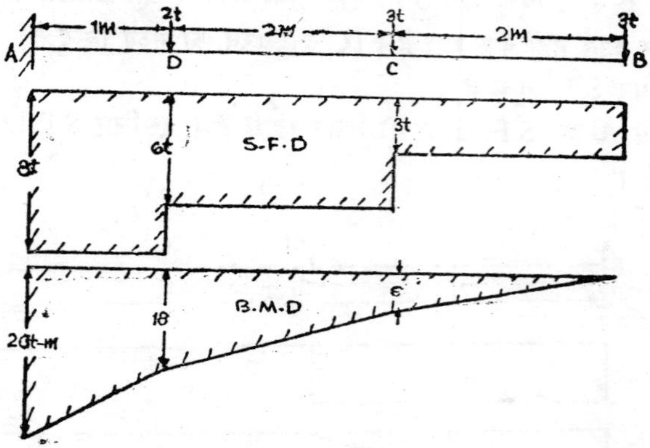

चित्र 4·24

उदाहरण 8. 5m लम्बे एक बाहूधरन पर 2t/m का U.D.L. भार पूरी लम्बाई पर कार्य कर रहा है। बाहूधरन के लिए S.F.D. व B.M.D. बनाओ और आबद्ध सिरे से 2m पर B.M. का मान ज्ञात करो।

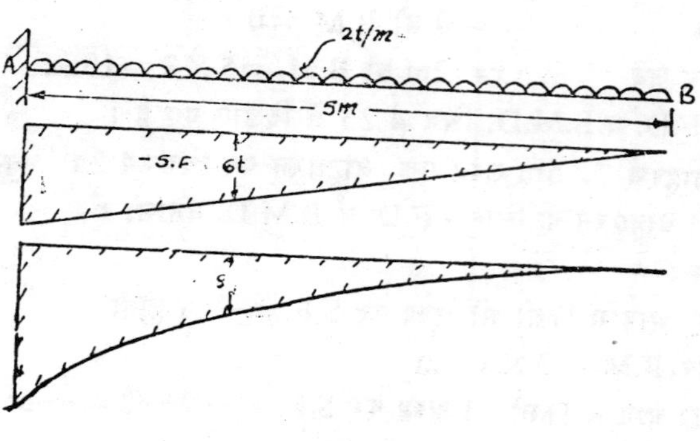

चित्र 4·25

हल : B बिन्दु से x दूरी पर, S.F. $= -2 \times x$ ...(1)

$$B.M. = 2 \times x \times \frac{x}{2} = x^2 \quad ...(2)$$

जब $x=0$ है, तो S.F. $=0$ और B.M. $=0$

S.F. और B.M. आबद्ध A बिन्दु से 2m की दूरी ज्ञात करने के लिए समीकरण (1) और (2) में x का मान 3m रखो.

$$S.F. = -2 \times 3 = -6t$$

$$B.M. = 2 \times 3 \times \frac{3}{2} = 9t\text{-}m$$

आबद्ध सिरे A पर S.F. और B.M. निकालने के लिए समीकरण (1) और (2) में x का मान 5m रखकर ज्ञात किया जा सकता है ।

$$S.F. = -2 \times 5 = -10t$$

$$B.M. = 2 \times 5 \times \frac{5}{2} = 25\text{t-m}$$

S.F.D. और B.M.D. चित्र 4·25 में दिखाए गए हैं ।

उदाहरण 9. एक बाहूधरन पर समबांटित भार जैसा कि चित्र 4·26 (*a*), (*b*), (*c*) में दिखाया गया है, कार्य कर रहा है । इन सभी के लिए S.F.D. और B.M.D. बनाओ ।

हल :

(*a*) B पर S.F. $=0$

B से x दूरी पर S.F. $= wx$

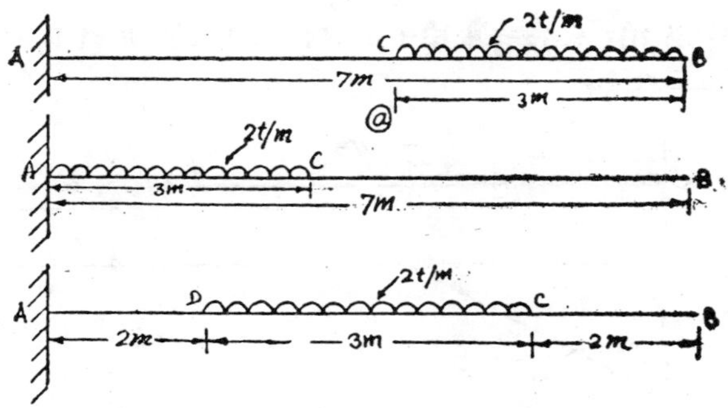

चित्र 4·26

लेकिन $w = 2\text{t/m}$

इसलिए C पर S.F. $= -2 \times 3 = -6\text{t}$

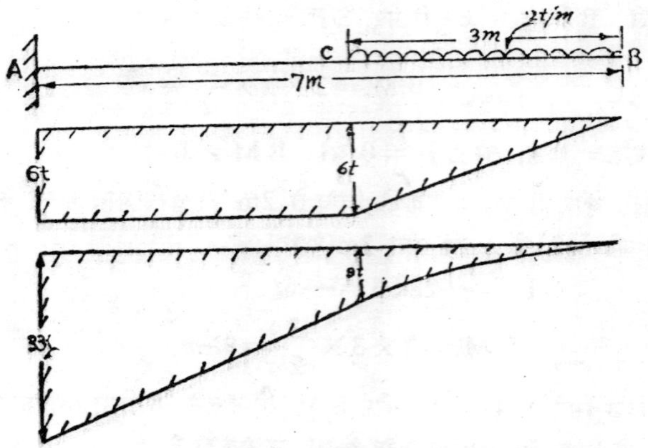

चित्र 4·27

C से A तक S.F. स्थिर रहती है और इनका मान —6t ही रहता है।

BC भाग के लिए B.M. $= wx \times \frac{x}{2} = \frac{wx^2}{2}$

लेकिन $w = 2t/m$

इसलिए B.M. $= \frac{2x^2}{2} = x^2$ ...(1)

समीकरण (1) BC भाग के लिए उपयुक्त है।

B पर B.M. $= 0$

C पर B.M. $= (3)^2 = 9$t-m

A पर B.M. $= 2 \times 3(7 - \frac{3}{2})$

$= 6 \times 5\frac{1}{2} = 33$t-m

(*b*) B और C बिन्दु के बीच न तो S.F. है और न ही B.M. है, बिन्दु A पर S.F. = —6t है।

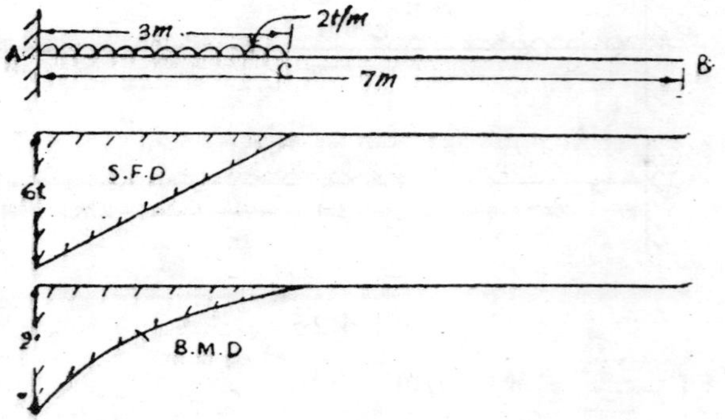

चित्र 4·28

A पर B.M. $=\frac{2\times(3)^2}{2}=9$t-m

B.M.D. और S.F.D. चित्र 4·28 में दिखाए हुए हैं।

(*c*) B से C बिन्दु तक B.M. और S.F. दोनों शून्य होंगे। C से **D** तक **S.F.** एक सीधी रेखा द्वारा बढ़ती है और B.M. पराबोलीकली बढ़ता है।

D पर S.F. $=-2\times3=-6$t

D पर B.M. $=+2\times3\times\frac{3}{2}=9$t-m

D से A तक S.F. स्थिर—6t ही रहती है।

A पर B.M. $=2\times3(2+1\frac{1}{2})=21$t-m

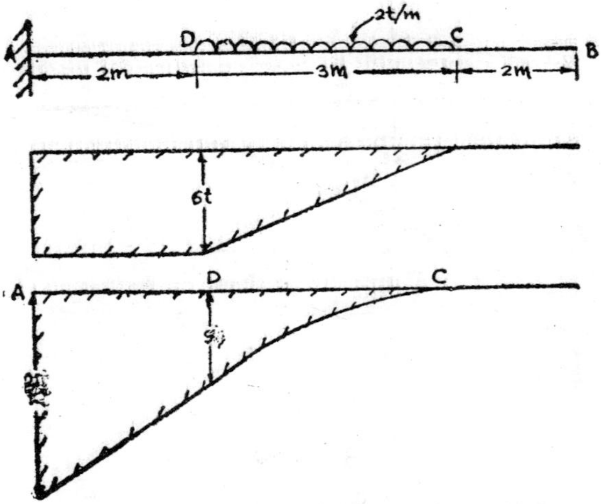

चित्र 4·29

B.M.D. और S.F.D. चित्र 4·29 में दिखाया हुआ है।

उदाहरण 10. चित्र 4·30 में बाहूधरन दिखाया गया है। **इस बाहूधरन के लिए** S.F.D. और B.M,D. बनाइए।

हल : BC भाग में S.F. $=-1\times x=-x$ ...(1)

BC भाग में B.M. $=1\times x\times\frac{x}{2}=\frac{x^2}{2}$ ...(2)

B बिन्दु पर x का मान शून्य है इसलिए S.F. व B.M. दोनों शून्य हैं

C पर S.F. $=-2$t और B.M. $=\frac{(2)^2}{2}=2$t-m

CD भाग में S.F. का समीकरण, S.F. $=-1\times x-3$

$=-x-3$ ...(3)

$$\text{B.M. का समीकरण}, = 1 \times x \times \frac{x}{2} + 3(x-2)$$

$$= \frac{x^2}{2} + 3(x-2) \qquad \ldots(4)$$

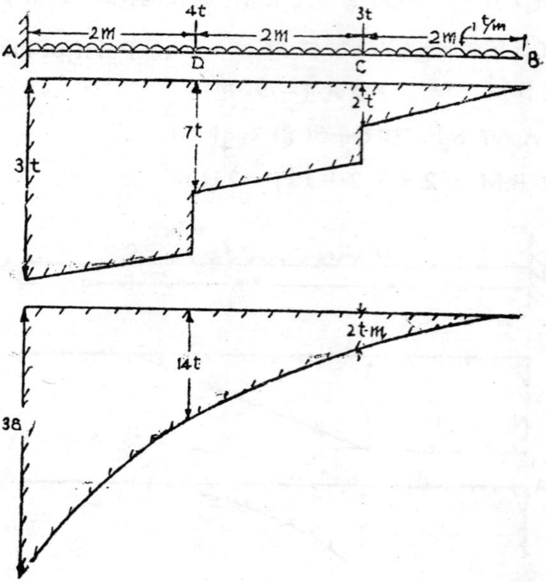

चित्र 4·30

D बिन्दु पर S.F. और B.M. ज्ञात करने के लिए समीकरण (3) और (4) में x का मान 4 रखो ।

D पर S.F. = —4—3 = —7t

$$\text{D पर B.M.} = \frac{(4)^2}{2} + 3(4-2) = 14\text{t-m}$$

इसी प्रकार D और A के बीच में

S.F. = $-x-3-4$

A पर S.F. = —6—3—4 = —13t

$$\text{और B.M.} = \frac{x^2}{2} + 3(x-2) + 4(x-4) \qquad \ldots(5)$$

A पर B.M. के लिए समीकरण (5) में $x = 6$ रखो

$$\text{B.M.} = \frac{(6)^2}{2} + 3(6-2) + 4(6-4)$$

$$= 18 + 12 + 8 = 38\text{t-m}$$

S.F.D. और B.M.D. चित्र 4·30 में दिखाए गए हैं।

उदाहरण 11. 6m लम्बे एक बाहूधरन पर 4000 kg, 3000 kg और 2000 kg के अधिकेन्द्रित भार आबद्ध सिरे से 1m, 3m व 6m की दूरी पर क्रम से कार्य कर रहे हैं। इन भारों के साथ-साथ एक 500 kg/m का भार 2m लम्बा, मुक्त सिरे से शुरू होकर आबद्ध सिरे की तरफ 2m तक फैला हुआ है। S.F.D. और B.M.D. बनाइए।

हल : B.C. भाग में,

$$\text{S.F.} = -(2000 + 500x)$$

$$\text{B.M.} = 2000x + 500x \times \frac{x}{2}$$

$$= 2000x + 250x^2$$

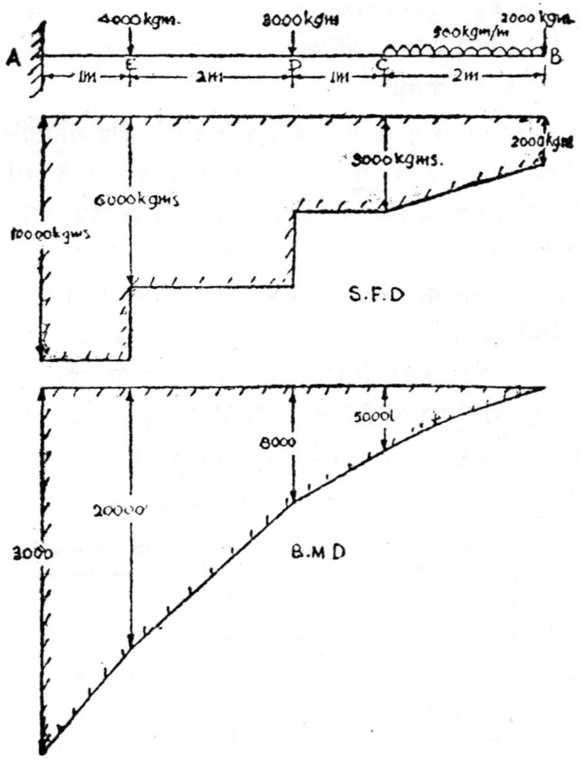

चित्र 4·31

B पर S.F. 2000 kg तथा B.M. शून्य है

B से C तक S.F. सीधी रेखा में रहती है व B.M. पैराबोलिक

S.F, C बिन्दु पर = —(2000 + 1000) = —3000 kg

S.F, C से D तक = —3000 kg

S.F, D और E के बीच = —6000 kg

S.F, E और E के बीच = —10000 kg

B.M, C बिन्दु पर = 2000 × 2 + 500 × 2 × 1 = 5000 kg-m

B.M, D बिन्दु पर = 2000 × 3 + 1000 × 2 = 8000 kg-m

B.M, E बिन्दु पर = 2000 × 5 + 1000 × 4 + 3000 × 2
= 20000 kg-m

B.M, A बिन्दु पर = 2000 × 6 + 1000 × 5 + 3000 × 3 + 4000 × 1 = 30000 kg-m

S.F.D. और B.M.D. का चित्र 4·31 में दिखाए हुए हैं।

उदाहरण 12. एक बाहूधरन की लम्बाई 5m है। बाहूधरन के आबद्ध सिरे से 3m दूर एक 400 kg-m का दक्षिणावर्त युग्म लगाया गया है। बाहूधरन के लिए S.F.D. और B.M.D. बनाओ।

हल : किसी खण्ड पर S.F. उस खण्ड के दाएँ व बाएँ असन्तुलित भार होता है। लेकिन युग्म का प्रभाव बाहूधरन के मोड़ने का जरूर होता है लेकिन ऊर्ध्वाधर (vertical) भार के रूप में बिल्कुल नहीं होता है और इसलिए बाहूधरन में कोई S.F. नहीं होती है।

B.M. के लिए BC और CA भागों को अलग-अलग से लो। BC भाग में B.M. शून्य होगा क्योंकि इस भाग म न तो कोई भार कार्य कर रहा है और न ही कोई युग्म। CA भाग में B M. स्थिर रहता है। क्योंकि युग्म की प्रवृत्ति बाहूधरन को उत्तल (convex) मोड़ने की है, इसलिए B.M. धन होता है।

S.F.D. व B.M.D. चित्र 4·32 में दिखाए हुए हैं।

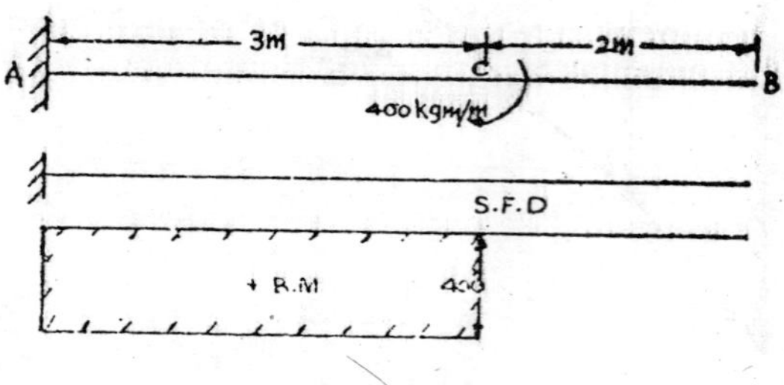

चित्र 4·32

उदाहरण 13. 7m लम्बे एक बाहूधरन पर U.D.L. 600 kg/m जिसकी लम्बाई 4m है और जो आबद्ध सिरे से शुरू होता है, कार्य कर रहा है। बाहूधरन के मुक्त सिरे पर 1000 kg का एक अधिकेन्द्रित भार और 2000 kg-m का एक दक्षिणावर्त दिशा में युग्म भी कार्य कर रहा है। बाहूधरन के लिए S.F.D. और B.M.D. बनाओ। चित्र 4·33 में भार व युग्म दोनों दिखाए गए हैं।

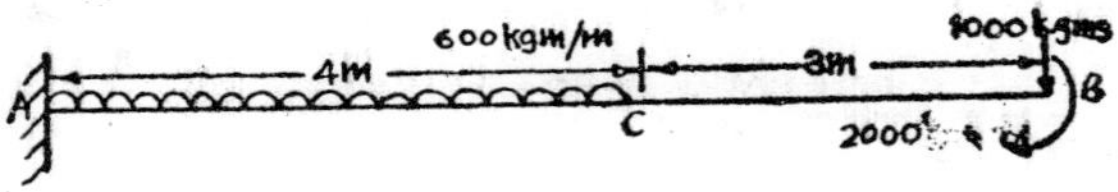

चित्र 4·33

हल : यह उदाहरण भी दो भागों में हल किया जा सकता है। पहले भाग में केवल U.D.L. और अधिकेन्द्रित भार को लेकर B.M. व S.F. आरेख बनाओ।

BC भाग में S.F. = 1000 kg

B पर B.M. = $1000 \times x$

B से C भाग में S.F. स्थिर रहता है जिसका मान—1000 kg है।

B बिन्दु पर B.M. शून्य होगा और C बिन्दु पर B.M. $1000 \times 3 = 3000$ kg-m होगा।

CA भाग में,

$$S.F. = -1000 - 600(x - 3) \quad ...(1)$$

$$B.M. = 1000x + 600\frac{(x-3)^2}{2} \quad ...(2)$$

समीकरण (1) एक सीधी रेखा का समीकरण है इसलिए C से A तक S.F. सीधी रेखा अनुसार बढ़ती है।

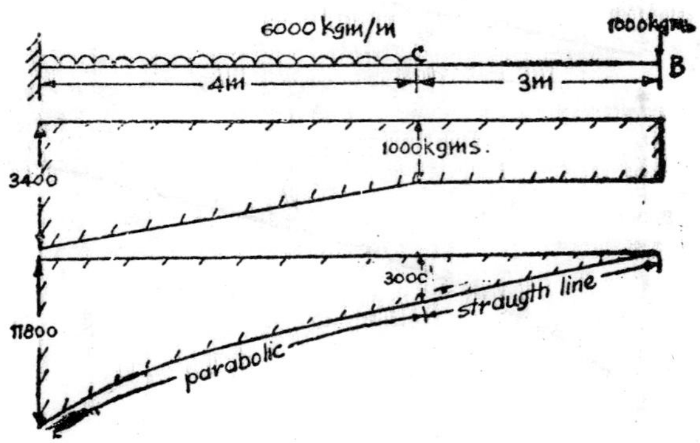

चित्र 4·34

समीकरण (2) एक पैराबोला का समीकरण है इसीलिए C से B.M. पैराबोला की शकल में बढ़ेगा।

$$A \text{ पर S.F.} = -1000 - 600(7-3)^2$$
$$= -3400 \text{ kg}$$

$$A \text{ पर B.M.} = 1000 \times 7 + 600 \frac{7-3}{2}$$
$$= 11800 \text{ kg-m}$$

दूसरा भाग

इस भाग में बाहूधरन के मुक्त सिरे पर 2000 kg-m दक्षिणावर्त दिशा में युग्म लगाकर S.E. और B.M. रेखाचित्र खींचो। चित्र 4·35 में S.F.D. और B.M.D. बनाए हुए हैं।

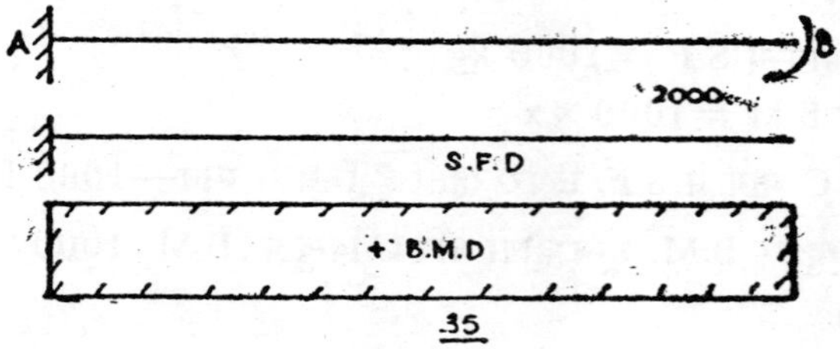

चित्र 4·35

पूरे उदाहरण के भार के लिए S.F.D. और B.M.D. चित्र 4·34 और चित्र

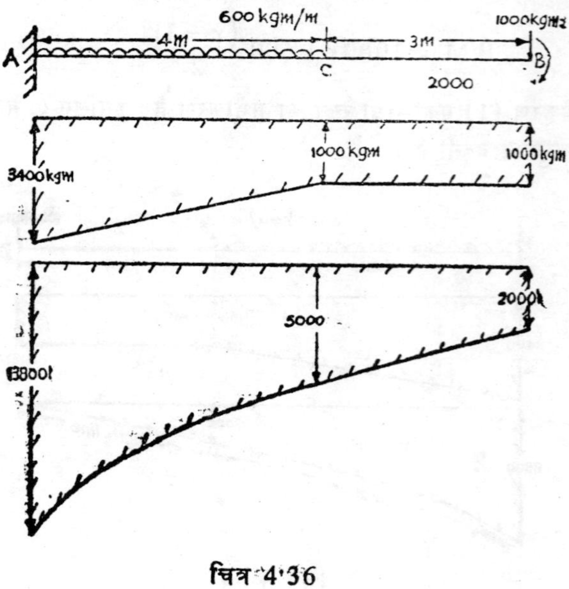

चित्र 4·36

4·35 के रेखाचित्रों को जोड़कर ज्ञात किया जाता है। चित्र 4·36 में अन्तिम S.F.D. और B.M.D. दिखाए हुए हैं।

उदाहरण 14. 6m लम्बे एक बाहूधरन के आबद्ध सिरे से 3m दूरी पर अधिकेन्द्रित भार 3t नीचे को तथा बाहूधरन से मुक्त सिरे पर 1t का अधिकेन्द्रित भार, ऊपर को कार्य कर रहे हैं। S.F.D. व B.M.D. बनाओ और बंकन परिवर्तन बिन्दु (Point of contraflexure) की स्थिति ज्ञात करो।

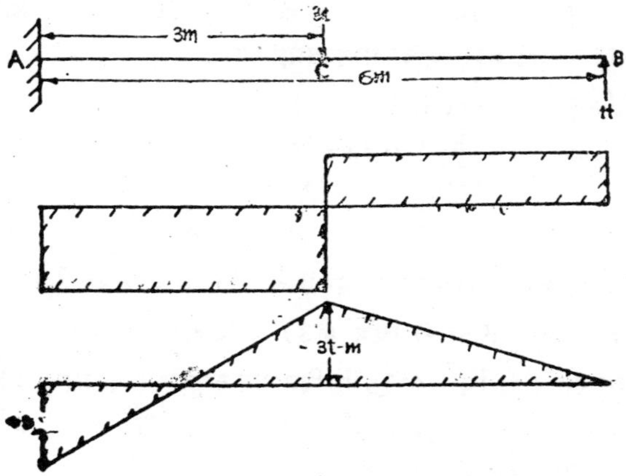

चित्र 4·37

हल :

B से C तक S.F. धन होगी क्योंकि BC में यदि कोई खण्ड लिया जाता है तो दाएँ तरफ के भाग की प्रवृत्ति बाएँ भाग से ऊपर फिसल जाने की होती है, जो नियमानुसार धन S.F. है। इसलिए B से C तक धन S.F. होगी और उसका मान 1t होगा।

C से A तक, S.F. का चिह्न बदल जाता है और CA भाग में S.F. ऋणात्मक है और इसका मान 2*t* है।

इसी प्रकार B और C के अन्दर B.M. का समीकरण, $B.M. = -1 \times x$

ऋण चिह्न इसलिए लगाया गया है क्योंकि हमारी चिह्न पद्धति अनुसार ऊपर को कार्य कर रहे बल ऋण B.M. उत्पन्न करते हैं। इसलिए

$$B.M = -x \quad \ldots(1)$$

$$C \text{ पर } B.M = -1 \times 3 = -3 \text{ t-m}$$

$$CA \text{ भाग में } B.M = -1 \times x + 3(x-3)$$

$$= -x + 3(x-3) \quad \ldots(2)$$

आबद्ध A बिन्दु पर B.M ज्ञात करने के लिए समीकरण (2) में *x* का मान 6m रखो।

इसलिए बिन्दु A पर B.M $=-1\times 6+3(6-3)=+3$t-m

हम देखते हैं कि C पर ऋणात्मक B.M -3t-m व A पर धनात्मक B.M$+3$ t-m है। इसका मतलब यह हुआ कि C और A में कोई ऐसा बिन्दु भी है यहाँ B.M अपना चिह्न बदलता है या B.M शून्य हो जाता है। ऐसे बिन्दु जिन पर B.M चिह्न बदलता है, **नमन या बंकन परिवर्तन बिन्दु** (Point of contraflexure or Point of inflexion) कहलाते हैं।

बंकन परिवर्तन बिन्दु ज्ञात करने के लिए CA भाग की B.M. समीकरण शून्य के बराबर रखो और x का मान ज्ञात करो।

इसलिए
$$-x+3(x-3)=0$$
$$-x+3x-9=0$$
$$2x=9$$
$$x=4\tfrac{1}{2}\text{ m}$$

इसलिए बंकन परिवर्तन बिन्दु B से 4·5 m दूरी पर है।

S.F.D और B.M.D चित्र 4·37 में दिखाए गये हैं।

उदाहरण 15. चित्र 4·38 में दिए गए बाहूधरन के लिए S.F.D व B.M.D बनाओ।

हल : BC भाग में

$$\text{S.F.}=-4x \qquad ...(1)$$

C पर S.F. $=-4\times 3=-12t$

B पर S.F. $=0$

$$\text{B.M.}=4\times x\times \frac{x}{2}=2x^2 \qquad ...(2)$$

समीकरण (2) पैराबोला का समीकरण है इसलिए B.M.D पैराबोला होगा।

$$\text{C पर B.M.}=2x^2$$
$$=2\times(3)^2=18\text{ t-m}$$

CA भाग में,

$$\text{S.F}=-4\times 3-2(x-3)$$
$$=-12-2x+6=-2x-6 \qquad ...(3)$$

A पर S.F $=-2\times 7-6=20t$

$$\text{B.M.}=4\times 3\left(x-\frac{3}{2}\right)+2(x-3)\,\frac{(x-3)}{2}$$

$$=12\left(x-\frac{3}{2}\right)+(x-3)^2$$

A पर B.M. $=12\left(7-\frac{3}{2}\right)+(7-3)^2$

$$=66+16=82 \text{ t-m}$$

चित्र 4·38 में B.M.D और S.F.D दिखाये हुए हैं।

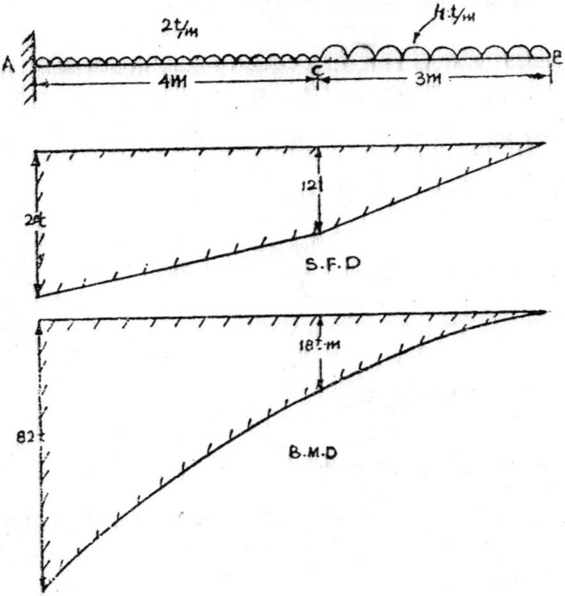

चित्र 4·38

4·12. शुद्धालम्ब धरन (Simply Supported Beams)

(*a*) अधिकेन्द्रित भार W, पाट के मध्य बिन्दु पर कार्य करता है

आलम्ब A और B पर आलम्ब भार $R_A = R_B = \frac{W}{2}$

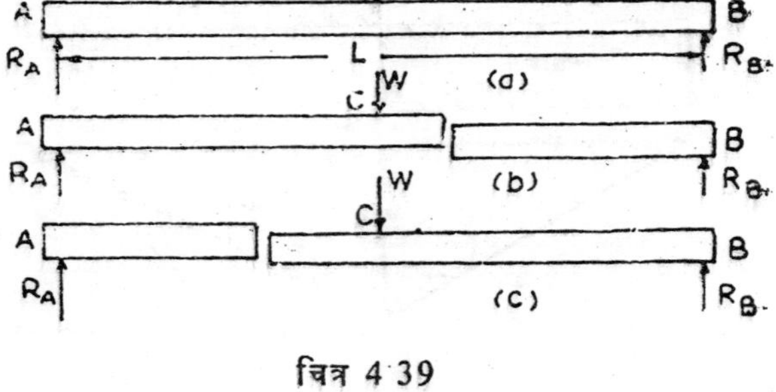

चित्र 4·39

यदि BC भाग में कोई x दूरी पर खंड लिया जाए तो धरन पर S.F की प्रवृत्ति जैसा कि चित्र 4·39 (b) में दिखाया गया है, होगी और इस प्रकार की S.F को धन माना है। इसलिए B से C तक S.F. स्थिर रहेगी और यह धन चिह्न की होगी और इसका मान $R_B = \frac{W}{2}$ के बराबर होगा।

इसी प्रकार यदि B बिन्दु से x दूरी पर CA भाग में कोई खण्ड लेते हैं तो धरन पर असन्तुलित भार की प्रवृत्ति जैसा कि चित्र 4·39 (c) में दिखाया गया है, होगी जो हमारी रूढ़ चिह्न अनुसार ऋण S.F है। इसलिए C से A तक S.F ऋणात्मक होगी और इसका मान $R_A = \frac{W}{2}$ होगा।

BC भाग में $S.F = R_B = \frac{W}{2}$, $S.F = R_B - W = \frac{W}{2} - W$

$$= -\frac{W}{2}$$

B.M.D, BC भाग के लिए

x दूरी पर $M_x = -\frac{W}{2}x$ ...(1)

समीकरण (1) एक सीधी रेखा की समीकरण है इसलिए B.M. एक सीधी रेखा में ही बढ़ता है।

जब $x=0$, $M_B = 0$ और

जब $x = \frac{L}{2}$ तो $M_c = -\frac{W}{2} \times \frac{L}{2} = -\frac{WL}{4}$

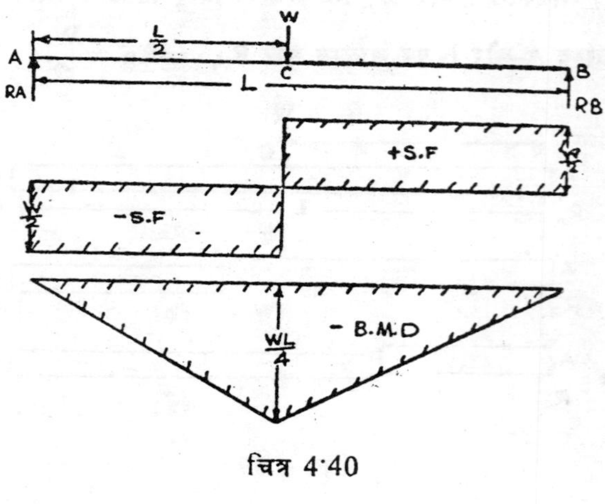

चित्र 4·40

C से A की तरफ B M. फिर कम होना आरम्भ हो जाता है और A पर शून्य हो जाता है। शुद्धालम्ब धरन के लिए B.M. ऋणात्मक होता है क्योंकि धरन ऊपर को अवतल रूप में मुड़ता है।

BC भाग के लिए B.M. का समीकरण $M_x = -\frac{W}{2}x$ है और CA भाग के लिए $M_x = -\frac{W}{2}x + W\left(x - \frac{L}{2}\right)$ होता है।

(*b*) **शुद्धालम्ब धरन पर उत्केन्द्रीय भार** (Eccentric Load) **कार्य कर रहा है।**

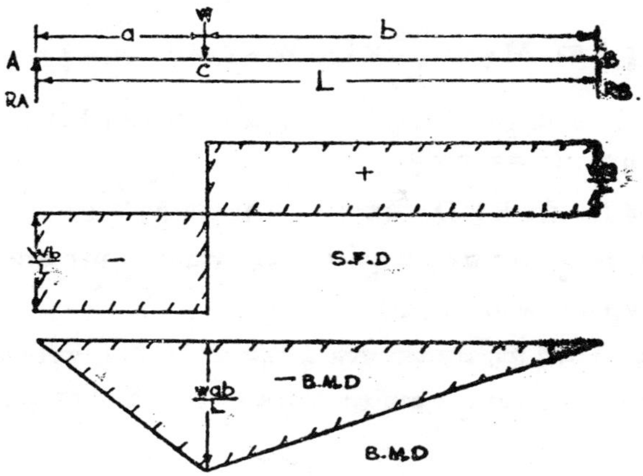

चित्र 4·41

मान लो एक शुद्धालम्ब धरन AB है जिसका पाट (Span) L है और एक अधिकेन्द्रित भार W, A बिन्दु से *a* दूरी पर और B बिन्दु से *b* दूरी पर कार्य कर रहा है।

आलम्ब बल (reactions) **ज्ञात करना :**

A बिन्दु पर सभी बलों के घूर्ण लो

$R_B \times L = W \times a$

$$R_B = \frac{Wa}{L}$$

इसी प्रकार B बिन्दु पर घूर्ण लेकर R_A का मान भी ज्ञात किया जा सकता है।

$R_A \times L = W \times b$

$$R_A = \frac{Wb}{L}, \; S.F_x = \frac{Wa}{L} \text{ (B से C तक स्थिर)}$$

C.A भाग के लिए $S.F_x = \frac{Wa}{L} - W = \frac{W(a-L)}{L}$

$= -\frac{Wb}{L}$

C से A तक भी S.F स्थिर रहता है तथा यह ऋणात्मक है

B.M.D :— AC भाग के लिए $M_x = \frac{Wa}{L} \times x$

जब $x=0$, $M_B = 0$

और जब $x=b$, $M_c = -\frac{Wab}{L}$

बिन्दु A पर $M_A = \frac{Wa}{L} \times L + W \times a = 0$

A और B बिन्दुओं पर B.M. शून्य है और अधिकतम B.M.,C पर है, जहाँ अधिकेन्द्रित भार कार्य कर रहा है।

B.M.D. और S.F.D. चित्र 4·41 में दिखाये हुये हैं।

(*c*) जब शुद्धालंब धरन के पूर्ण पाट पर, सम्बांटित भार कार्य कर रहा है।
(U.D.L over the whole span)

मान लो AB एक शुद्धालंब धरन है जिस पर U.D.L w/unit length पूरे L पाट, पर कार्य कर रहा है। मान लो धरन का मध्य पाट C पर है।

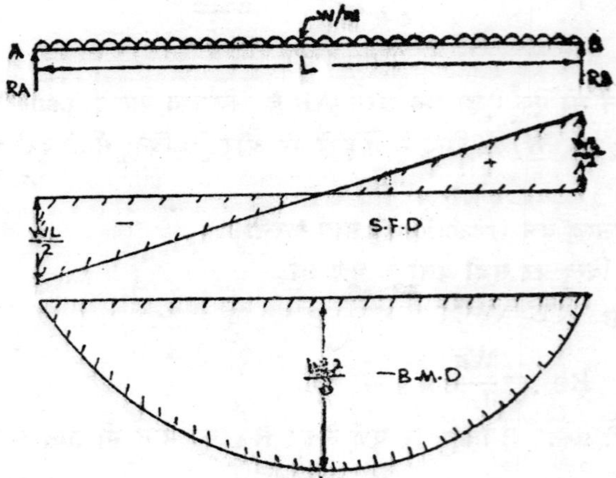

चित्र 4·42

आलम्ब बल $R_A = R_B = \frac{wL}{2}$

B बिन्दु से x दूरी पर B.C भाग में $S.F_x = R_B - wx$

$$= \frac{wL}{2} - wx$$

B बिन्दु से x दूरी पर CA भाग में $S.F_x = \frac{wL}{2} - wx$

जब $x=0$ तो $S.F = \frac{wL}{2}$, जब $x = \frac{L}{2}$, $S.F = 0$

जब $x = L$. $S.F. = \frac{wL}{2} - wL = -\frac{wL}{2}$

इसलिए B पर S.F. $\frac{wL}{2}$ है जो लगातार कम होती जाती है और धरन के पाट के मध्य बिन्दु पर शून्य हो जाती है और फिर चिह्न बदल कर ऋण दिशा में बढ़नी शुरू हो जाती है और A बिन्दु पर अधिकतम S.F. $\frac{wL}{2}$ ऋणात्मक हो जाती है।

$$\text{BC भाग में } M_x = -\frac{wL}{2}x + \frac{wx^2}{2}$$

जब $x=0$ तो $M_B = 0$, और जब $x=L$ तो $M_A = 0$

और जब $x = \frac{L}{2}$, $M_c = -\frac{wL}{2} \times \frac{L}{2} + \frac{w}{2}\left(\frac{L}{2}\right)^2$

$$= -\frac{wL^2}{8} \text{ जो कि B.M का अधिकतम मान है।}$$

B.M.D और S.F.D चित्र 4·42 में दिखाए हुए हैं।

(d) जब शुद्धालम्ब धरन के सम्पूर्ण पाट पर न होकर कम लम्बाई में सम्बांटित भार (U.D.L.) कार्य करता है।

मान लो एक शुद्धालम्ब धरन AB जिसकी लम्बाई L है, पर एक सम्बांटित (U.D.L) भर w/unit length बायें हाथ के आलम्ब A से a दूर तक कार्य करता है। मान लो R_A और R_B आलम्ब बल हैं।

R_B ज्ञात करने के लिए A पर घूर्ण लो

$$R_B \times L = wa \times \frac{a}{2}$$

$$R_B = \frac{wa^2}{2L}$$

$$\text{इसी प्रकार } R_A = \frac{wa\left(2b+\frac{a}{2}\right)}{L}$$

$$= \frac{wa(2b+a)}{2L}$$

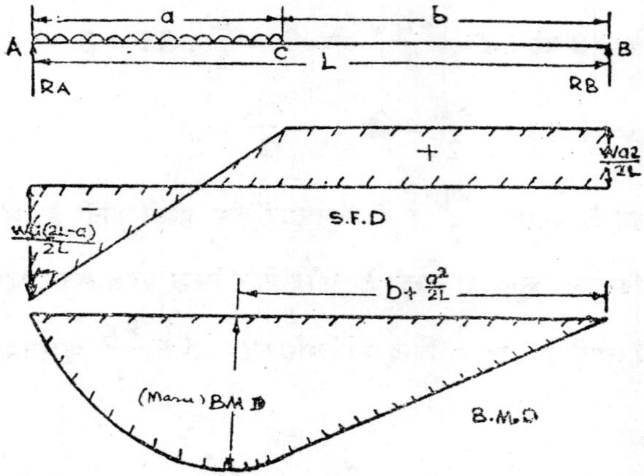

चित्र 4·43

B से C तक S.F, $\frac{wa^2}{2L}$ है और यह B से C तक स्थिर रहती है। C से A की तरफ जाने पर धन S.F. कम होनी प्रारम्भ हो जाती है। CA भाग में x दूरी पर

$$SF = \frac{wa^2}{2L} - w(x-b), \qquad ...(1)$$

AC भाग में किसी बिन्दु पर S.F शून्य हो जाती है और फिर परिवर्तित यानि ऋण दिशा में बढ़नी शुरू हो जाती है और अन्त में A पर इसका मान $\frac{wa(2b-a)}{2L}$ हो जाता है। S.F.D. चित्र 4·43 में दिखाया गया है। बिन्दु जहाँ S.F. शून्य हो जाती है, समीकरण (1) को शून्य के बराबर करके x का मान ज्ञात करो।

$$\frac{wa^2}{2L} - w(x-b) = 0$$

$$\frac{wa^2}{2L} - wx + wb = 0$$

$$wx = \frac{wa^2}{2L} + wb$$

$$x = \frac{a^2}{2L} + b$$

BC भाग में B.M का समीकरण

$$M_x = R_B \times x$$

$$= -\frac{wa^2}{2L}x \qquad ...(2)$$

CA भाग में B.M. का समीकरण

$$M_x = -R_B \times x + \frac{w(x-b)^2}{2}$$

$$= -\frac{wa^2}{2L}x + \frac{x(x-b)^2}{2} \qquad ...(3)$$

समीकरण (2) एक सीधी रेखा का समीकरण है और इसलिए B से C तक B.M.D. एक सीधी रेखा से बढ़ता है।

CA भाग के लिए B.M का समीकरण (3) है जो दूसरी श्रेणी की समीकरण है और इसलिए C से A तक B.M.D. पैराबोला होता है।

$$C \text{ पर } B.M,\ M_x = -\frac{wa^2}{2L} \times b = -\frac{wa^2b}{2L}$$

अधिकतम B M. की स्थिति ज्ञात करने के लिए समीकरण (3) का अवकलन (differentiate) करो और शून्य के बराबर रख कर x का मान ज्ञात करो।

इसलिए $$M_x = -\frac{wa^2x}{2L} + \frac{w(x-b)^2}{2}$$

$$\frac{dM_x}{d_x} = -\frac{wa^2}{2L} \times \frac{w}{2}(2x-2b) = 0$$

या $$wx - wb = \frac{wa^2}{2L}$$

$$x = \left(\frac{a^2}{2L} + b\right)$$

अब समीकरण (3) में x का मान $\left(\frac{a^2}{2L} + b\right)$ रख कर अधिकतम B.M. का मान ज्ञात किया जा सकता है। B.M.D और S.F.D चित्र 4·43 में दिखाये हुए हैं।

उदाहरण 16. एक शुद्धालम्ब धरन का पाट 5m है और इस पर $6t$ का भार कार्य कर रहा है। धरन पर अधिकतम S.F. अथवा B.M का मान ज्ञात करो।

(*a*) जब $6t$ का भार अधिकेन्द्रित भार के रूप में धरन के पाट के मध्य में रखा हुआ है।

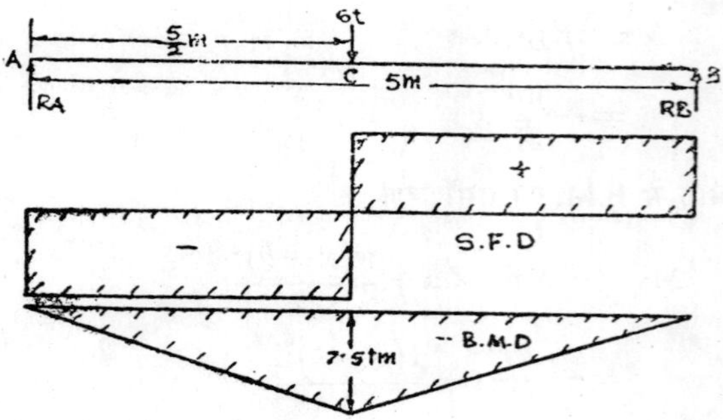

चित्र 4·44

(*b*) जब $6t$ का कुल भार समबांटित (U.D.L) भार के रूप में पूर्ण पाट पर बिछा हुआ है।

(*c*) यदि $6t$ का भार अधिकेन्द्रित भार के रूप में दायें आलम्ब से 1m की दूरी पर रखा हुआ हो।

हल : (*a*) $R_A = R_B = 3t$

BC भाग में $S.F. = R_B = 3t$

B से C तक S.F. स्थिर रहती है और धनात्मक होती है और इसका मान $3t$ है।

CA भाग में $S.F. = R_B - 6$

$$= 3 - 6 = -3t$$

बिन्दु C पर S.F. एकदम चिह्न बदल लेती है और CA भाग में ऋण S.F के रूप में इसका मान $3t$ है जो C से A तक स्थिर रहता है।

B.M.D., BC भाग के लिए $M_x = -R_B \times x$

$$= -3 \times x = -3x$$

जब $x = 0$ तो $M_B = 0$

और जब $x = \frac{5}{2}$m तो $M_c = -7{\cdot}5\ t\text{-m}$

CA भाग में $M_x = -R_B \times x + 6\ (x - \frac{5}{2})$

$$= -3x + 6\ (x - \tfrac{5}{2})$$

C पर x का मान फिर $\frac{5}{2}$ रखने पर B.M. का मान 7·5 t-m ही आता है

A बिन्दु पर B.M. के लिए x का मान 5 रखो

$$M_A = -5 \times 3 + 6\left(5 - \frac{5}{2}\right) = 0$$

B.M.D. पूरे पाट पर ऋण ही रहता है।

चित्र 4·44 में B.M.D. व S.F.D. दिखाये हुए हैं।

(b) क्योंकि 6t का भार 5m लम्बाई पर बिछा हुआ है, इसलिए प्रति एक मीटर पर U.D.L. भार 1·2t है :

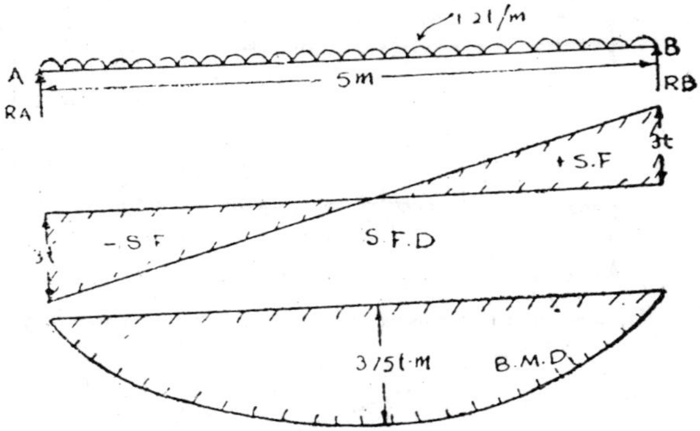

चित्र 4·45

$R_A = R_B = 3t$

S.F.D , B पर धन S.F. 3t है।

BC भाग के लिए S.F.$= 3 - 1{\cdot}2x$ ...(1)

समीकरण (1) में देखते हैं कि ज्यों-ज्यों x बढ़ता है, S.F. कम होती जाती है और ज्यों ही मध्य पाट पर पहुंचते हैं, S.F. शून्य हो जाती है।

जब $x = \frac{5}{2}$ तो S.F.$= 3 - 1{\cdot}2 \times \frac{5}{2} = 0$

मध्य पाट से जब बायें भाग में प्रवेश करते हैं तो S.F. अपना चिह्न बदल लेती है और ऋणात्मक हो जाती है जिसका अधिकतम मान A बिन्दु पर होता है।

$$\text{S.F.} = 3 - 1{\cdot}2x$$

जब $x = 5$ तो S.F$= 3 - 1{\cdot}2 \times 5 = -3t$

B.M.D के लिए

$$M_x = -R_B\, x + \frac{wx^2}{2}$$

$$= -3x + 1{\cdot}2\,\frac{x^2}{2}$$

यह B.M समीकरण x^2 में है इसलिए B.M.D. की आकृति पैराबोलिक है।

वैसे तो B.M.D से साफ मालूम पड़ जाता है कि B.M मध्य पाट में अधिकतम होती है, लेकिन इसे दूसरी विधि से जिसे असम्मित (unsymmetrical) भारों के लिए काम में लेते हैं, मालूम कर सकते हैं।

B.M की समीकरण का अवकलन करके शून्य के बराबर रख दो और x का मान ज्ञात करो।

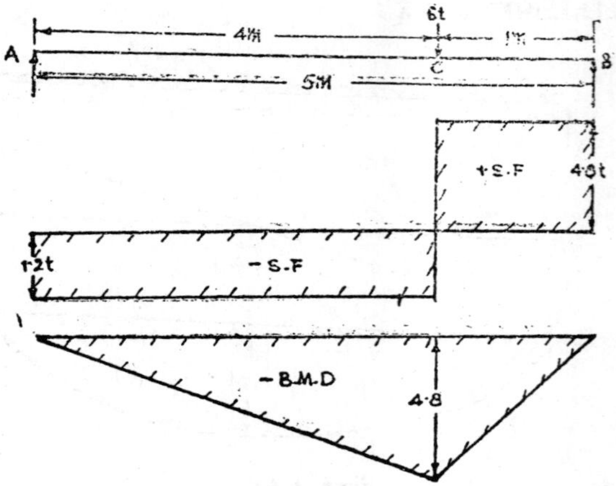

चित्र 4·46

या $M_x = -3x + 1{\cdot}2 \dfrac{x^2}{2}$

$$\frac{dM_x}{dx} = -3 + 1{\cdot}2x = 0, \; x = \frac{3}{1{\cdot}2} = 2{\cdot}5 \text{ m}$$

या पाट के मध्य में B.M. अधिकतम है।

B.M.D. और S.F.D. चित्र 4·45 में दिखाए हुए हैं।

(c) R_A और R_B बलों के मान, घूर्ण लेकर ज्ञात किए जा सकते हैं।

$R_A = 1{\cdot}2t$ और $R_B = 4{\cdot}8t$ (चित्र 4·46 देखें)

B से C तक धन S.F होती है और इसका मान $4{\cdot}8t$ है। C बिन्दु पर S.F चिह्न बदलती है और फिर C से A तक ऋण हो जाती है और इसका मान $1{\cdot}2t$ के बराबर हो जाता है।

B पर B.M., $M_B = 0$

C पर $M_c = 4{\cdot}8 \times 1 = 4{\cdot}8$ t-m

मध्य पाट में B.M $= 1{\cdot}2 \times \frac{5}{2} = -3$ t-m

A पर BM शून्य होता है।

S.F.D. और B.M.D. चित्र 4·46 में दिखाए हुए हैं।

उदाहरण 17. एक शुद्धालम्ब धरन का पाट 10m है और उस पर 2*t*, 6*t* 7*t* के अधिकेन्द्रत भार बाएँ आलम्ब 1m, 3m और 7m पर क्रम से कार्य कर रहे हैं । S.F.D और B.M.D बनाओ ।

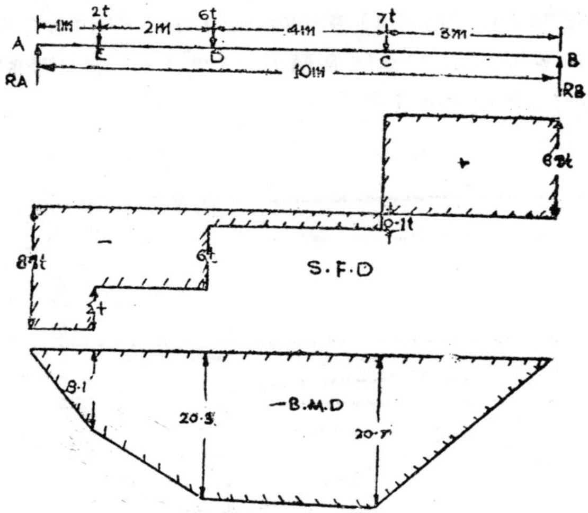

चित्र 4·47

हल : R_B मालूम करने के लिए सभी बलों के A पर घूर्ण लो

$$R_B \times 10 = 7\times 7 + 6\times 3 + 2\times 1$$

$$= 69$$

$$R_B = 6{\cdot}9t$$

$$R_A = 15 - 6{\cdot}9 = 8{\cdot}1t$$

S.F.D के लिए, B से C तक S.F $= 6{\cdot}9t$ (धन)

C से D तक S.F $= 6{\cdot}9 - 7 = 0{\cdot}1t$ (ऋण)

D से E तक S.F $= 6{\cdot}9 - 7 - 6 = -6{\cdot}1t$ (ऋण)

E से A तक S.F $= 6{\cdot}9 - 7 - 6 - 2 = -8{\cdot}1t$ (ऋण)

B.M.D के लिए, B पर BM, $M_B = 0$

C पर B.M, M_c $-6{\cdot}9\times 3 = -20{\cdot}7$ t-m

D पर B M, M.D $= -6\,9\times 7 + 7\times 4$

$= -48{\cdot}3 + 28 = -20{\cdot}3$ t-m

E पर B.M, $M_c = 6{\cdot}9\times 9 + 7\times 6 + 6\times 2$

$= -62{\cdot}1 + 42 + 12 = -8{\cdot}1$ t-m

A पर B.M, $M_A = -6{\cdot}9 \times 10 + 7 \times 7 + 6 \times 3 + 2 \times 1 = 0$

S.F.D और B.M.D चित्र 4·47 में दिखाए हुए हैं। B.M, C पर अधिकतम है और इनका मान 20·7 t-m है।

उदाहरण 18. चित्र 4·48 में एक धरन व उस पर कार्य कर रहे भार दिखाए हुए हैं। धरन के लिए S.F.D और B.M.D बनाओ। यह भी ज्ञात करो कि अधिकतम B.M कहाँ और कितना है ?

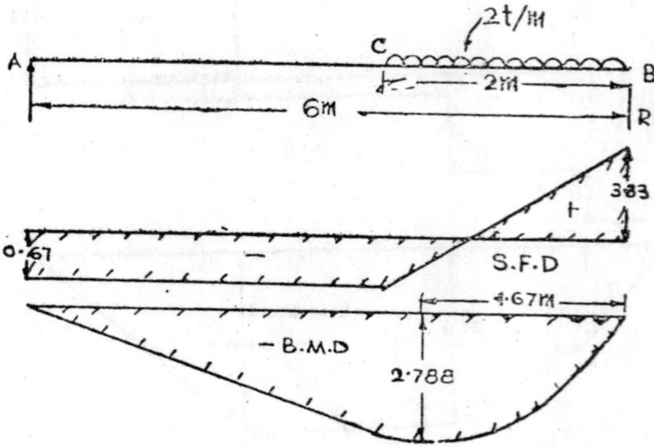

चित्र 4·48.

हल : $R_B \times 6 = 2 \times 2 \times 5$

$$R_B = \frac{10}{3} = 3{\cdot}33\text{t}$$

$$R_A = 4 - 3{\cdot}33 = 0{\cdot}67\text{t}$$

B और C के भीतर $S.F = R_B - wx$

$$= 3{\cdot}33 - 2x \qquad \ldots(1)$$

समीकरण (1) एक सीधी रेखा का समीकरण है, इसलिए B से C तक S.F एक सीधी रेखा के रूप में कम होती जाती है।

समीकरण (1) में यदि x बढ़ता है तो S.F कम होती है।

C पर $S.F = 3{\cdot}33 - 2 \times 2$

$$= -0{\cdot}67\text{t}$$

C से A तक S.F स्थिर रहती है और इसका मान 0·67t रहता है। B.M.D के लिए, BC भाग में B.M का समीकरण

$$M_x = -R_B x + \frac{wx^2}{2}$$

$$=3{\cdot}33x+\frac{2\times x^2}{2}$$

$$=-3.33x+x^2 \qquad \ldots(2)$$

यह पैराबोला का समीकरण है और इसलिए B.M.D, B से C तक पैराबोला रहता है।

CA भाग में B.M का समीकरण

$$Mx=-R_B\,x+2\times 2\,(x-1)$$

$$=3{\cdot}33x+4\,(x-1)$$

$$=+0{\cdot}67x-4 \qquad \ldots(3)$$

यह एक सीधी रेखा का समीकरण है, इसलिए C से A तक B.M.D एक सीधी रेखा रहती है।

अधिकतम B.M के लिए समीकरण (2) का अवकलन करो

$$\frac{dMx}{dx}=-3{\cdot}33+2x=0$$

या $$x=\frac{3{\cdot}33}{2}=1{\cdot}67\text{m}$$

अधिकतम B.M $=-3{\cdot}33\times1{\cdot}67+(1{\cdot}67)^2=-2{\cdot}78$t-m

इसलिए अधिकतम B.M 2·78 t-m है और यह B से 1·67m दूर है।

उदाहरण 19. 8m पाट के एक शुद्धालम्ब धरन पर चित्र 4·49 अनुसार भार कार्य कर रहा है।

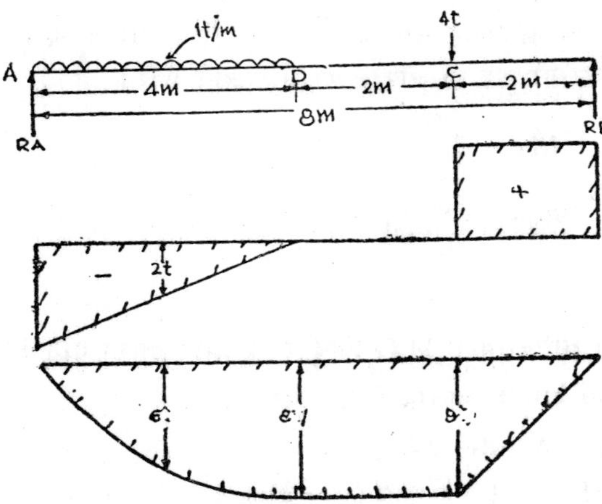

चित्र 4·49

I. S.F.D व B.M.D बनाओ ।

II. बाएँ सिरे से 2 m की दूरी पर S.F व B.M ज्ञात करो ।

III. अधिकतम B.M का मान व स्थिति ज्ञात करो ।

हल : $R_B \times 8 = 6 \times 4 + 4 \times 2$

$$R_B = 4t = R_A$$

S.F के लिए, B और C बिन्दु में S.F = +4t

C और D बिन्दु में S.F = +4 — 4 = 0t

D से S.F लगातार ऋण दिशा में बढ़ती जाती है और A पर यह —4t हो जाती है ।

B.M के लिए, बंकन घूर्ण A और B पर शून्य है ।

या
$$M_A = M_B = 0$$
$$M_C = -4 \times 2 = -8 \text{t-m}$$
$$M_D = -4 \times 4 + 4 \times 2 = -8 \text{t-m}$$

D और A के बीच $Mx = -4x + 4(x-2) + 1 \times \frac{(x-4)^2}{2}$

$$= -4x + 4x - 8 + \frac{x^2 - 8x + 16}{2}$$

$$= \frac{x^2}{2} - 4x + 8 \qquad \ldots(1)$$

यह समीकरण एक पैराबोला का समीकरण है और इसलिए D से A तक B.M. भी पैराबोलिक रहता है ।

B.M. का अधिकतम मान ज्ञात करने के लिए समीकरण (1) का अवकलन करके शून्य के बराबर कर दो और x का मान ज्ञात करो ।

$$Mx = \frac{x^2}{2} - 4x + 8$$

$$\frac{d_m x}{dx} = \frac{2x}{2} - 4 = 0$$

$$x = 4\text{m}$$

इसलिए अधिकतम B.M.D बिन्दु पर है और इसका मान 8t-m है ।

II. बाएं हाथ के आलम्ब से 2m पर

$$S.F = 4 - 4 - 2 = -2t$$
$$B.M = -4 \times 6 + 4\ (6-2) + 1 \times 2 \times 1$$
$$= 24 + 16 + 2 = -6 \text{ t-m}$$

B.M.D व S.F.D चित्र 4·49 में दिखाए हुए हैं ।

उदाहरण 20. चित्र 4·50 में दिखाए गए शुद्धालम्ब धरन पर भार के लिए B.M.D व S.F.D बनाओ। अधिकतम B.M का मान व स्थिति ज्ञात करो।

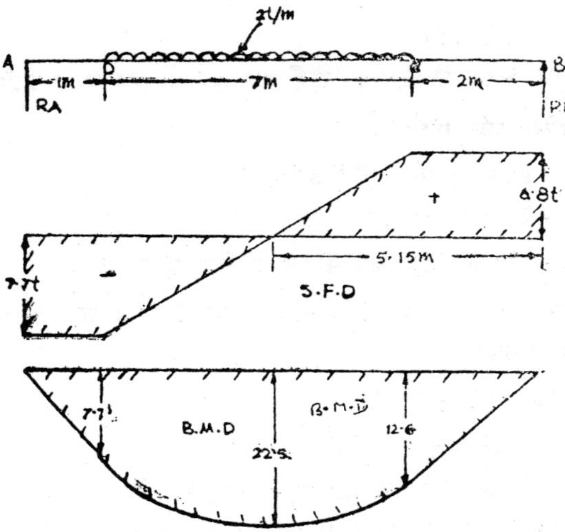

चित्र 4·50

हल : $10 \times R_B = 7 \times 2 \times 4{\cdot}5 = 63$

$R_B = 6{\cdot}3t, \; R_A = 14 - 6{\cdot}3 = 7{\cdot}7t$

S.F.D के लिए,

B से C बिन्दु तक S.F $= +6{\cdot}3$ t

C से D बिन्दु तक S.F लगातार कम होती जाती है और D पर यह चिह्न बदल कर $-7{\cdot}7$ t हो जाती है।

D से A बिन्दु तक S.F. $-7{\cdot}7$ t स्थिर रहती है।

B.M.D के लिए, $M_B = M_A = 0$

$$M_C = 6{\cdot}3 \times 2 = -12{\cdot}6 \text{ t-m}$$

$$M_D = -6{\cdot}3 \times 9 + 2 \times 7 \times 3{\cdot}5$$

$$= 56{\cdot}7 + 49 = -7{\cdot}7 \text{ t-m}$$

अधिकतम B.M, C और D बिन्दुओं में कहीं है। इसकी स्थिति ज्ञात करने के लिए C और D बिन्दु के लिए एक B.M का समीकरण बनाओ।

$$M_x = -6{\cdot}3x + 2(x-2)\frac{(x-2)}{2}$$

$$= -6{\cdot}3x + x^2 - 4x + 4$$

$$= x^2 - 10{\cdot}3x + 4 \qquad \ldots(1)$$

समीकरण (1) का अवकलन करने पर

$$\frac{dMx}{dx}=2x—10{\cdot}3=0$$

$$x=5{\cdot}15\text{m}$$

अधिकतम B.M की स्थिति दाएँ हाथ के आलम्ब से 5·15m पर है और इसका मान $=x^2—10{\cdot}3x+4$ है :

$$=(5{\cdot}15)^2—10{\cdot}3\times5{\cdot}15+4$$

$$=—22{\cdot}52 \text{ t-m}$$

B.M.D और S.F.D चित्र 4·50 में दिखाए हुए हैं।

उदाहरण 21. चित्र 4·51 में दिखाए एक धरन व भार के लिए S.F. और B.M. रेखाचित्र बनाओ।

हल : $R_A = R_B = 4t$

B से C बिन्दु तक S.F$=+4t$

C से D बिन्दु तक S.F$=+4—4=0t$

D से A बिन्दु मक S.F$=+4—4—4=—4t$

$M_A = M_B = 0$

$M_C = —4\times2=—8$ t-m

$M_D = —4\times6+4\times4=—8$t-m

चित्र 4·51 में S.F.D और B.M.D. दिखाए हुए हैं। B.M. अधिकतम वहाँ होता है जहाँ S.F. चिह्न बदलती है। क्योंकि C से D तक कोई S.F. नहीं है इसलिए इस भाग में B.M. अधिकतम है।

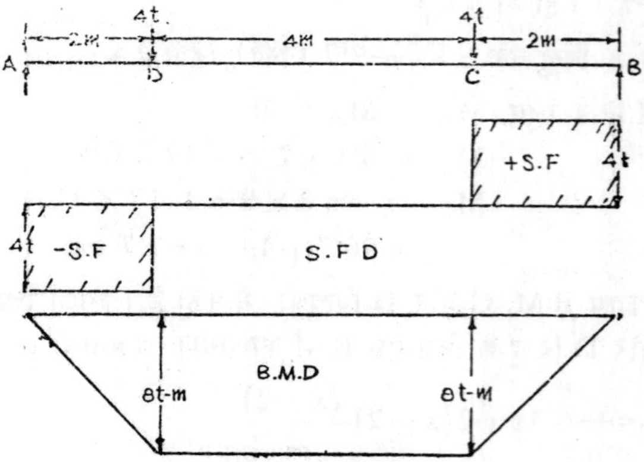

चित्र 4·51.

उदाहरण 22. एक शुद्धालम्ब धरन का पाट 10m है। शुद्धालम्ब धरन पर भार जैसा कि चित्र 4·52 में दिखाया गया है, कार्य कर रहा है। शुद्धालम्ब धरन के लिए B.M.D. व S.F.D. बनाओ।

हल : $10\ R_B = 1\times5\times7{\cdot}5+1\times2\times1+2\times3+5\times7$

$$= 37{\cdot}5+2+6+35 = 80{\cdot}5$$

$$R_B = 8{\cdot}05t$$

$$R_A = 14-8{\cdot}05 = 5{\cdot}95t$$

सभी मुख्य बिन्दुओं पर S.F. चित्र 4·52 के S.F.D. में दिखाए गए।

B से F बिन्दुओं तक $M_x = -8{\cdot}05\times x+1\times\frac{x^2}{2}$

$$= \frac{x^2}{2}-8{\cdot}05x \qquad \ldots(1)$$

F पर B.M. ज्ञात करने के लिए x का मान समीकरण (1) में 3 रखने से

$$M_F = \frac{(3)^2}{2}-8{\cdot}05\times3 = -19{\cdot}65 \text{ t-m}$$

E और F बिन्दु के लिए $M_x = -8{\cdot}05x+\frac{x^2}{2}+5(x-3)$

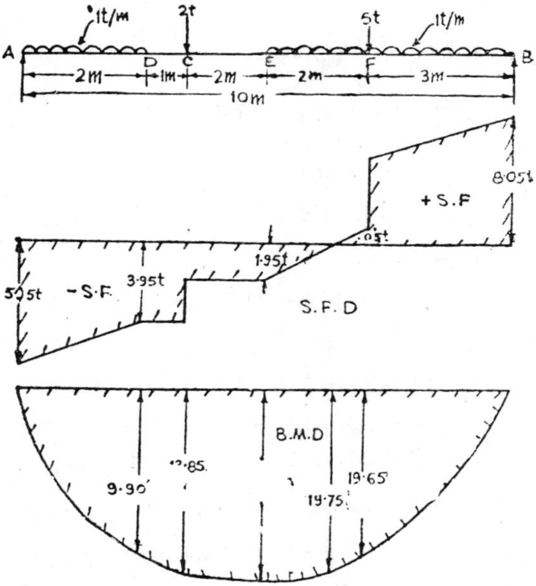

चित्र 4·52

$$M_E = -8{\cdot}05 \times 5 + 5\ (5-3) + \frac{(5)^2}{2}$$

$$= -40{\cdot}25 + 5 \times 2 + \frac{25}{2}$$

$$= -17{\cdot}75 \text{ t-m}$$

क्योंकि S,F. E और F बिन्दु के बीच चिह्न बदलती है इसलिए E और F भाग में कहीं B.M. अधिकतम है।

$$M_x = -8{\cdot}05x + \frac{x^2}{2} + 5(x-3)$$

$$\frac{dM_x}{dx} = -8{\cdot}05 + \frac{2x}{2} + 5 = 0$$

$$x = 3{\cdot}05 \text{ m}$$

$$\text{B.M.}_{max} = -8{\cdot}05 \times 3{\cdot}05 + \frac{(3{\cdot}05)^2}{2} + 5(3{\cdot}05-3)$$

$$= -24{\cdot}55 + 4{\cdot}65 + 0{\cdot}25$$

$$= -19{\cdot}75 \text{ t-m}$$

इसलिए अधिकतम B.M. का मान 19·75 t-m है और इसकी स्थिति B बिन्दु से 3·05 m दूरी पर है।

EC भाग में B बिन्दु से x दूरी पर

$$M_x = -8{\cdot}05 \times x + 5(x-3) + 1 \times 5 \left(x - \frac{5}{2}\right)$$

$$M_c = -8{\cdot}05 \times 7 + 5(7-3) + 5(7-2{\cdot}5)$$

$$= -57{\cdot}35 + 20 + 5 \times 4{\cdot}5 = -13{\cdot}85 \text{ t-m}$$

C से D बिन्दु तक B.M.

$$= -8{\cdot}05 \times x + 5(x-3) + 2(x-7) + 5 \times 1(x-2{\cdot}5)$$

$$M_D = -8{\cdot}05 \times 8 + 5(8-3) + 2(8-7) + 5(8-2{\cdot}5)$$

$$= -64{\cdot}40 + 25 + 2 + 27{\cdot}5 = -9{\cdot}90 \text{ t-m}$$

यहाँ इस बात का ध्यान रखा जाना चाहिए कि जितने भाग में समबांटित भार (U.D.L.) कार्य करता है, उतने भाग से B.M.D. पैराबोलिक होता है।

S.F.D. और B.M.D. चित्र 4·52 में दिखाए हुए हैं।

उदाहरण 23. 5 मीटर लम्बे एक धरन पर, धरन के बाएँ आलम्ब से 2 मीटर पर 400 kg-m का दक्षिणावर्त युग्म कार्य कर रहा है। S.F.D. और B.M.D. बनाओ।

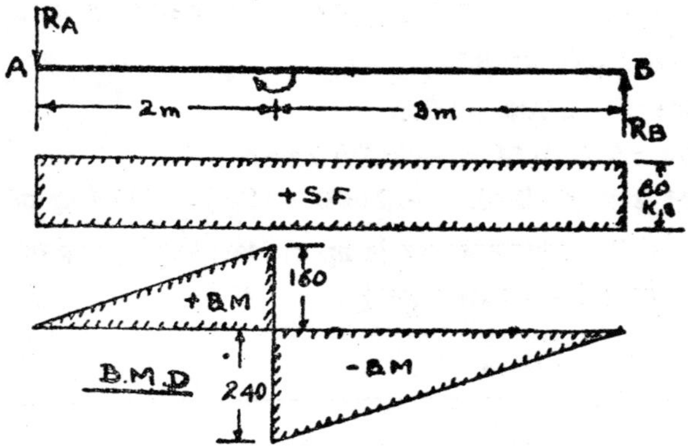

चित्र 4·53.

400 kg-m दक्षिणावर्त युग्म केवल वामावर्त युग्म से ही सन्तुलित किया जा सकता है और यह वामावर्त युग्म शुद्धालम्ब धरन के आलम्बों पर आलम्ब बलों से ही उत्पन्न होता है। एक आलम्ब पर आलम्ब बल ऊपर की दिशा को कार्य करता है। व दूसरे आलम्ब पर उतने ही मान का नीचे की दिशा में। यदि धरन को ध्यान से देखा जाए तो R_A नीचे को तथा R_B ऊपर को कार्य करता है।

R_A या $R_B \times 5 = 400$

इसलिए $R_A = R_B = 80$ kg

धरन की पूरी लम्बाई में S.F. धन रहता है और इसका मान 80 kg है।

धरन के BC भाग के लिए $M_x = -80x$ और धरन के CA भाग के लिए $M_x = -80x + 400$

C बिन्दु पर B.M. एकदम —240 kg-m से चिह्न बदल कर 160 kg-m CA भाग के लिए हो जाता है और धरन के सिरों पर B.M. शून्य हो जाता है।

B.M.D. और S.F.D. चित्र 4·53 में दिखाए हुए हैं।

उदाहरण 24. एक 10m पाट वाले शुद्धालम्ब धरन के दाएँ सिरे पर 2000 kg-m का वामावर्त व बायें सिरे पर 1000 kg-m का दक्षिणावर्त दिशा में युग्म कार्य कर रहे हैं। धरन के लिए B.M.D. व S.F.D. बनाओ।

हल : असंतुलित युग्म 2000—1000 = 1000 kg-m है और यह असंतुलित युग्य वामावर्त दिशा में है।

$$R_A \times 10 = 1000$$

$$R_A = \frac{1000}{10} = 100 \text{ kg}$$

$$R_A = R_B = 100 \text{ kg}$$

धरन की पूरी लम्बाई में S.F. स्थिर रहता है और यह ऋणात्मक है।

B से x दूरी पर B.M.

$M_x = —2000 + 100x$

जब $x = 0$, B.M. $= —2000$ kg-m

जब $x = 10$, B.M. $= —2000 + 1000 = 1000$ kg-m

B.M.D एक समलम्बाकार (trapezoidal) आकृति का होगा। S.F.D और B.M.D. चित्र 4·54 में दिखाए हुए हैं।

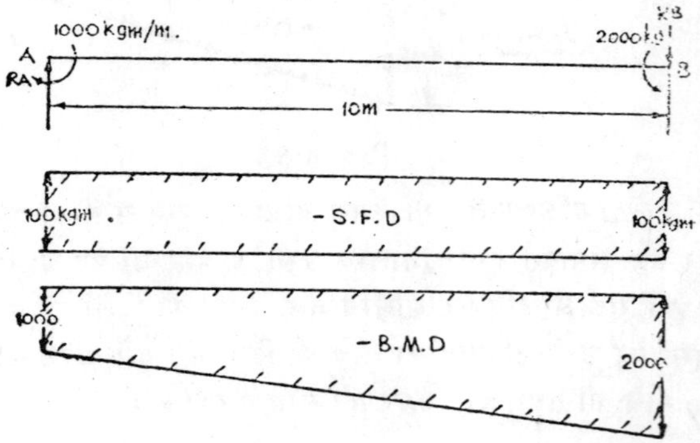

चित्र 4·54

उदाहरण 25. एक Over hanging beam की लम्बाई 10m है और धरन 2m दाएँ आलम्ब से आगे बाहर निकाला हुआ है। $2t$, $4t$ और $3t$ के भार बाएँ हाथ के आलम्ब से 2m, 5m और 10m की दूरी पर कार्य कर रहे हैं। पूरे धरन के लिए B.M.D. और S.F.D. बनाओ और बंकन परिवर्तन बिन्दु (Point of contraflexure) की स्थिति ज्ञात करो। यह भी ज्ञात करो कि अधिकतम B.M. कहाँ और कितना है?

हल : $8\ R_B = 2 \times 2 + 4 \times 5 + 3 \times 10 = 54$

$R_B = 6{\cdot}75t$, इसी प्रकार $R_A = 2{\cdot}25t$ C से B बिन्दु तक S.F.— 3t है।

B बिन्दु पर S.F., —3t से एकदम $+3{\cdot}75t$ में बदल जाती है।

पूरा S.F.D. चित्र 4·55 में दिखाया हुआ है।

B.M.D. के लिए, $M_c = 0$

$$M_B = 3 \times 2 = +6 \text{ t-m}$$

$$M_D = 3 \times 5 — 6{\cdot}75 \times 3$$

$$= 15 — 20{\cdot}25 = —5{\cdot}25 \text{ t-m}$$

$$M_E = 3\times 8 + 4\times 3 - 6{\cdot}75\times 6$$
$$= 24 + 12 - 40{\cdot}50 = -4{\cdot}5 \text{ t-m}$$

पूरा B.M.D. चित्र 4·55 में दिखाया हुआ है।

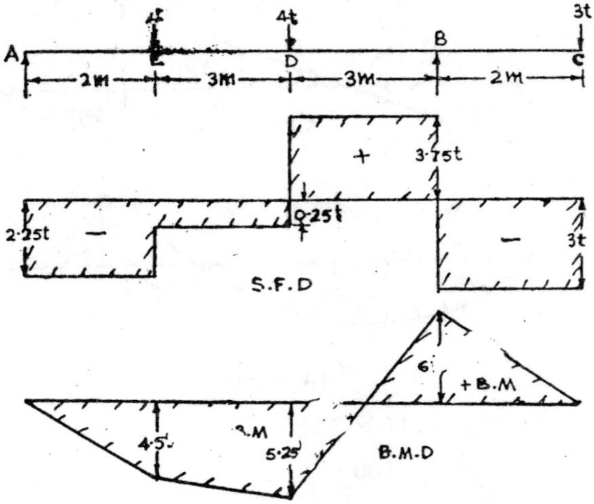

चित्र 4·55

B.M.D. में देखते हैं कि B और D बिन्दुओं के बीच B.M. अपना चिह्न बदलता है। वह जहाँ B.M. अपना चिह्न बदलता है, बंकन परिवर्तन बिन्दु (Point of contraflexure या inflexion) कहलाता है।

Point of contraflexure या बंकन परिवर्तन बिन्दु की स्थिति ज्ञात करने के लिए B और D में किसी भी खण्ड के लिए B.M. समीकरण को शून्य के बराबर करके x का मान ज्ञात करो।

$$M_x = -6{\cdot}75x + 3(x+2) = 0$$

या $\quad -3{\cdot}75x = -6$

$$x = 1{\cdot}6\text{m}$$

इसलिए बंकन परिवर्तन बिन्दु, (Point of contraflexure) B बिन्दु से 1·6m पर है।

अधिकतम धन B M. = 6 t-m B बिन्दु पर और

अधिकतम ऋण B.M. = 5·25 t-m D बिन्दु पर है

उदाहरण 26. चित्र 4·56 में एक Over hanging धरन पर भार व पाट दिखाए हुए हैं। overhanging beam के लिए B.M.D. और S.F.D. बनाओ। बंकन घूर्ण परिवर्तन बिन्दु (point of contraflexure) भी ज्ञात करो।

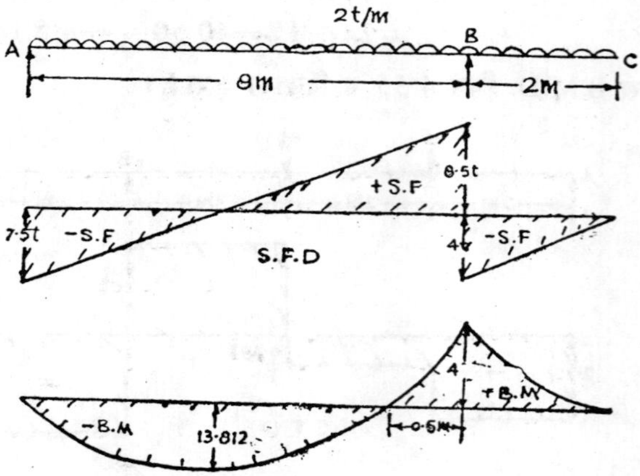

चित्र 4·56

हल : $8 \times R_B = 10 \times 2 \times 5$

$$R_B = \frac{100}{8} = 12{\cdot}5t$$

$$R_A = 20 - 12{\cdot}5 = 7{\cdot}5t$$

CB भाग के लिए S.F. समीकरण

$$S.F. = -wx = -2x$$

यह एक सीधी रेखा का समीकरण है इसलिए C से B तक S.F. सीधी रेखा में बढ़ती है।

B पर $S.F. = -2 \times 2 = -4t$

B से थोड़ा-सा बाएँ तरफ होते ही S.F. अपना चिन्ह बदल लेती है। इसीलिए B बिन्दु के बाये तरफ $S.F. = -2 \times 2 + 12{\cdot}5 = 8{\cdot}5t$

B बिन्दु से S.F. लगातार बाएँ तरफ जाने पर कम होती जाती है और कहीं शून्य होकर ऋण दिशा में बढ़ती जाती है।

A बिन्दु पर $S.F. = -2 \times 10 + 12{\cdot}5 = -7{\cdot}5t$

S.F.D. चित्र 4·56 में दिखाया हुआ है।

B.M.D. $M_c = 0$

$$M_B = 2 \times 2 \times 1 = 4t{\cdot}m$$

B और A बिन्दु के बीच कोई खण्ड, B से x दूरी पर लो,

$$M_x = -12{\cdot}5x + 2 \times \frac{(x+2)^2}{2}$$

$$=-12\cdot5x+x^2+4x+4$$
$$=x^2-8\cdot5x+4 \qquad ...(2)$$

B और A के बीच किसी बिन्दु पर भी B.M. निकालने के लिए समीकरण (2) में x का मान रख कर B.M. का मान ज्ञात किया जा सकता है।

बंकन परिवर्तन बिन्दु ज्ञात करने के लिए समीकरण (2) को शून्य के बराबर रखकर x का मान ज्ञात करो।

इसलिए $\quad x^2-8\cdot5x+4=0$

$$x=+\frac{8\cdot5}{2}\pm\sqrt{\frac{(8\cdot5)^2-4\times4}{2}}$$

$$x=4\cdot25\pm\sqrt{\frac{56\cdot25}{2}}$$

$$=4\cdot25\pm\frac{7\cdot5}{2}$$

$$=4\cdot25\mp3\cdot75=0\cdot5\text{m}$$

इसलिए बंकन परिवर्तन बिन्दु B से 0·5m दूर है।

अधिकतम B.M. ज्ञात करने के लिए समीकरण (2) का अवकलन करो।

$$\frac{d_{mx}}{dx}=2x-8\cdot5=0$$

$$x=4\cdot25\text{m}$$

$$\text{अधिकतम B.M.}=(4\cdot25)^2-8\cdot5\times4\cdot25+4$$
$$=13\cdot8125 \text{ t-m}$$

S.F.D. और B.M.D. चित्र 4·56 दिखाया हुआ है।

यहाँ फिर ध्यान से देखें कि जहाँ S.F. शून्य है या चिन्ह बदलती है वहीं B.M. अधिकतम है और अधिकतम ऋण B.M. 13·8125 t-m है जो B से 4·25m पर है और अधिकतम धन B.M. 4 t-m है जो B पर ही है।

उदाहरण 27. एक 12 मीटर लम्बे शुद्धालम्ब धरन पर जो बल कार्य कर रहे हैं, वह चित्र 4·57 में दिखाए गए हैं। धरन के लिए B.M.D. और S.F.D. बनाओ। बंकन परिवर्तन बिन्दु की स्थिति और अधिकतम B.M. का मान व स्थिति ज्ञात करो।

हल : $\quad 10\,R_B=2\times2+3\times5+4\times12+1\times7\times8\cdot5$
$$=126\cdot5$$
$R_B=12\cdot65\text{t}$ और
$$R_A=2+3+4+7-12\cdot65=3\cdot35\text{ t}$$

S.F.D. अब आसानी से बनाया जा सकता है।

$M_c = M_A = 0$

$M_B = 4 \times 2 + 1 \times 2 \times 1 = 10$ t-m

$M_D = -R_B \times 5 + \frac{1 \times 7 \times 7}{2} + 4 \times 7$

$= -12.65 \times 5 + 24.5 + 28$

$= -10.75$ t-m

$M_E = -12.65 \times 8 + 3 \times 3 + 4 \times 10 + 1 \times 7 \times 6.5$

$= -101.20 + 9 + 40 + 45.5 = -6.70$ t-m

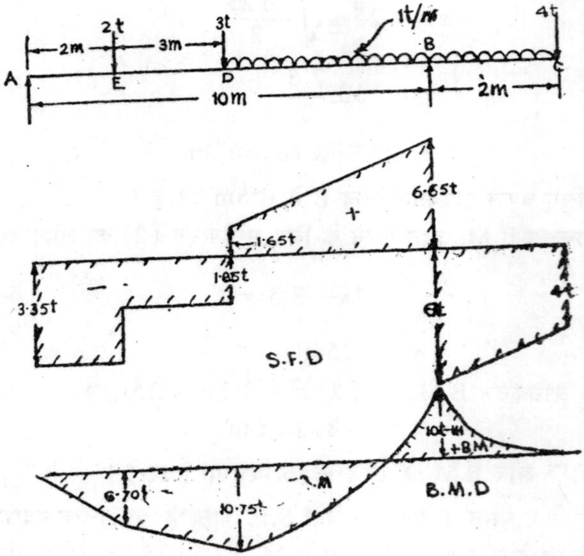

चित्र 4·57

S.F.D. और B.M.D. चित्र 4·57 में दिखाए हुए हैं। अधिकतम B.M., D और B बिन्दुओं पर होंगे जैसा कि S.F.D. में दिखाया गया है क्योंकि इन्हीं बिन्दुओं पर S.F. चिन्ह बदलता है।

ऋणात्मक अधिकतम B.M. = —10·25 t-m (D बिन्दु पर धनात्मक)

अधिकतम धनात्मक B.M. = 10 t-m (B बिन्दु पर)

बंकन परिवर्तन बिन्दु (Point on contraflexure) की स्थिति ज्ञात करने के लिए धरन के B.D. भाग की B.M.D. समीकरण को शून्य के बराबर कर दो।

$$M_x = -12{\cdot}65x + 4x \times 8 + \frac{x^2}{2} + 2x + 2 = 0$$

$$x^2 - 13{\cdot}30x + 20 = 0$$

$$x = \frac{13{\cdot}30 \pm \sqrt{(13{\cdot}3)^2 - 80}}{2}$$

$x = 1{\cdot}75$ m (बिन्दु B से)

उदाहरण 28. एक 10m का शुद्धालम्ब धरन दोनों आलम्बों के दोनों तरफ 2m बाहर निकली हुई है। धरन के दोनों सिरों पर 4t के भार और एक 10t का भार धरन के मध्य बिन्दु पर लगा हुआ है। धरन के लिए B.M.D. और S.F.D. बनाओ। बंकन परिवर्तन बिन्दुओं की स्थिति भी ज्ञात करो।

हल : $R_A = R_B = 9t$

S.F.D. C से B तक S.F. = —4t

B से D तक S.F. = +5t

D से A तक S.F. = —5t

A से E तक S.F. = +4t

B.M.D. $M_C = M_E = 0$

$M_B = 4 \times 2 = 8$t-m

$M_D = 4 \times 5 - 9 \times 3 = -7$t-m

$M_A = 4 \times 8 - 9 \times 6 + 10 \times 3 = 8$t-m

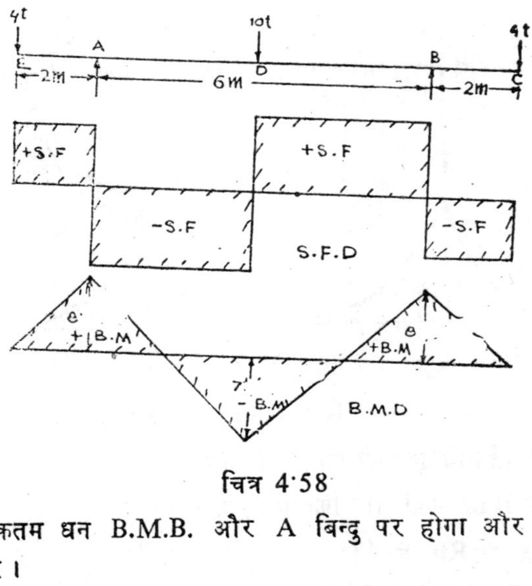

चित्र 4·58

अधिकतम धन B.M.B. और A बिन्दु पर होगा और अधिकतम ऋण B.M.D. पर।

बंकन परिवर्तन बिन्दु ज्ञात करने के लिए धरन के B.D. भाग के लिए B.M. का समीकरण बनाओ और इसे शून्य के बराबर रख दो।

$$Mx = -9x + 4(x+2) = 0$$

$$-5x = -8$$

$$x = 1 \cdot 6m, \text{ B बिन्दु से}$$

इसी प्रकार दूसरा बंकन परिवर्तन बिन्दु DA भाग में B.M. का समीकरण बनाकर शून्य के बराबर रखने पर A से 1·6m. पर ज्ञात किया जा सकता है।

यहाँ इस बात का ध्यान रखना चाहिए कि यदि धरन आलम्ब के एक ही तरफ बाहर निकली हुई है और B.M. चिन्ह बदलता है तो एक ही बंकन परिवर्तन बिन्दु होता है, और यदि धरन दोनों तरफ आलम्बों के बाहर निकला हुआ है तो दो बंकन परिवर्तन बिन्दु होते हैं।

उदाहरण 29. चित्र 4·59 में एक दोनों तरफ बाहर निकली हुई धरन व उस पर कार्य कर रहे बल दिखाए हुए हैं। धरन के लिए B.M.D. और S.F.D. बनाओ।

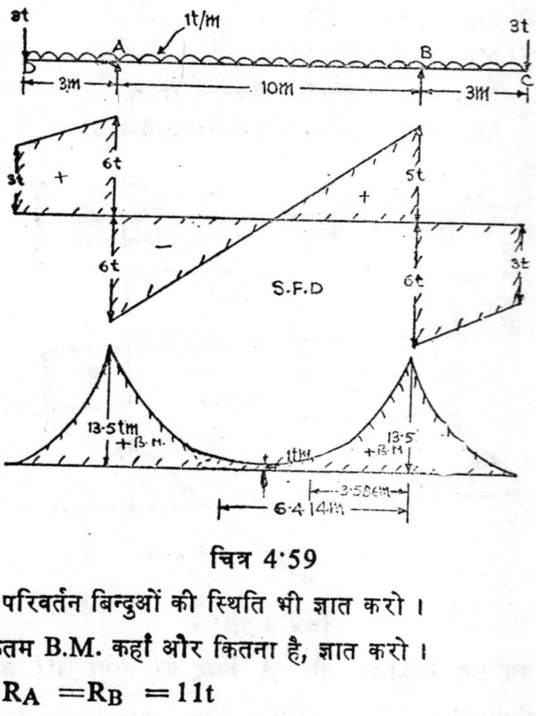

चित्र 4·59

बंकन परिवर्तन बिन्दुओं की स्थिति भी ज्ञात करो।

अधिकतम B.M. कहाँ और कितना है, ज्ञात करो।

हल : $R_A = R_B = 11t$

S.F.D. आसानी से बिना किसी कठिनाई के बनाया जा सकता है।

B.M.D.

$$M_C = M_D = 0$$

$$M_B = 3\times3+3\times\tfrac{3}{2} = +13{\cdot}5 \text{t-M}$$

$$M_A = 3\times13+13\times\frac{13}{2}-11\times10$$

$$= 39+84{\cdot}5-110 = +13{\cdot}5 \text{t-m}$$

$$M_E = 3\times8+1\times8\times4-11\times5$$

$$= 24+32-55 = +1 \text{ t-m}$$

B.M.D. से साफ है कि धरन में B.M. चिन्ह नहीं बदलता इसलिए इसमें बंकन परिवर्तन बिन्दु बिल्कुल उत्पन्न नहीं होता है।

M.B.D. और S.F.D. चित्र 4·59 में दिखाए हुए हैं।

अधिकतम B.M, B और A बिन्दुओं पर है और इसका मान +13·5 t-m है।

उदाहरण 30. एक शुद्धालम्ब बाहर निकली हुई धरन जिसकी लम्बाई L है, पर समबांटित भार *w*/unit length कार्य कर रहा है।

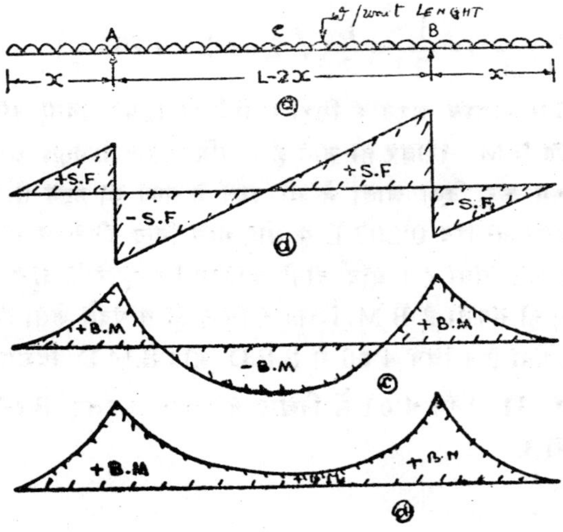

चित्र 4·60.

आलम्बों की वह स्थिति ज्ञात करो ताकि अधिकतम B.M. न्यूनतम हो।

हल : मान लो धरज के दोनों सिरों से x दूरी पर आलम्ब लगाए गए हैं।

$$R_A = R_B = \frac{wL}{2}$$

आलम्ब पर $B.M. = wx \times \frac{x}{2} = \frac{wx^2}{2}$

धरन के मध्य बिन्दु पर $B\,M. = -\frac{wL}{2} \times \frac{(L-2x)}{2} + \frac{wL}{2} \times \frac{L}{4}$

अधिकतम B.M. न्यूनतम करने के लिए अधिकतम धन B.M. अधिकतम ऋण B-M के बराबर होना चाहिए।

$$\frac{wx^2}{2} + \frac{wL^2}{8} - \frac{wL}{2}\left(\frac{L}{2} - x\right) = 0$$

$$x^2 + \frac{L^2}{4} - \frac{L^2}{2} + Lx = 0$$

$$= x^2 + Lx + \frac{L^2}{4} = \frac{L^2}{2}$$

$$\left(x + \frac{L}{2}\right)^2 = \frac{L^2}{2}$$

$$\left(x + \frac{L}{2}\right) = \frac{L}{\sqrt{2}}$$

$$x = \frac{L}{\sqrt{2}} - \frac{L}{2} = \frac{L}{2}(\sqrt{2} - 1) = 0{\cdot}207\,L$$

यदि दोनों आलम्ब, धरन के सिरों से 0·207 L पर लगाए जाते हैं तो धन B.M. और ऋण B.M बराबर हो जाते हैं। यदि over hangs धरन का बाहर निकास इससे कम कर दिया जाता है तो धरन के मध्य का ऋण B.M. अधिक हो जाता है और अगर आलम्ब 0·207 L से और मध्य बिन्दु की तरफ लगा दिए जाते हैं तो धन B.M. बढ़ जाता है। यदि दोनों आलम्ब एक-दूसरे के बहुत पास में लगा दिए जाते हैं तो, हो सकता है B M. बिलकुल चिन्ह ही न बदले जैसा कि चित्र 4·60 (*d*) में दिखाया गया है। चित्र 4·60 में S.F.D. और B.M.D. दिखाए हुए हैं।

उदाहरण 31. चित्र 4·61 में दिखाए गए धरन के लिए B.M. और S.F. रेखाचित्र बनाओ।

हल :

$$10\,R_B = -3 \times 3 + 4 \times 2 + 2 \times 5 + 5 \times 8 + 1 \times 12 + 2 \times 15 = 91$$

$R_B = 9{\cdot}1t, \; R_A = 17 - 9{\cdot}1 = 7{\cdot}9t$

$M_C = M_H = 0$

$M_D = 2 \times 3 = +6$ t-m

$M_B = 2 \times 5 + 1 \times 2 = +12$ t-m

$$M_E = —9{\cdot}1\times2+1\times4+2\times7$$
$$= —0{\cdot}2 \text{ t-m}$$
$$M_F = —9{\cdot}1\times5+1\times7+5\times3+10\times2$$
$$= 45{\cdot}5+7+15+20 = —3{\cdot}5 \text{ t-m}$$
$$M_C = —9{\cdot}1\times8+2\times3+5\times6+1\times10+2\times13$$
$$= —72{\cdot}8+6+30+10+26$$
$$= —0{\cdot}8 \text{ t-m}$$
$$M_A = 3\times3 = +9 \text{ t-m}$$

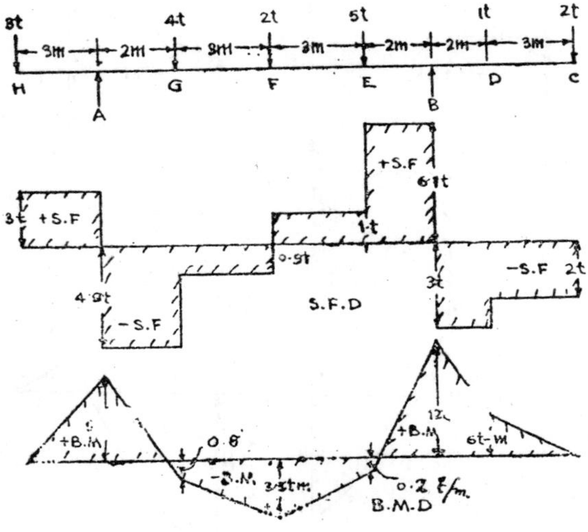

चित्र 4·61

अधिकतम धन B.M., B बिन्दु पर और ऋण B.M अधिकतम F बिन्दु पर होगा।

B और E बिन्दुओं में बंकन परिवर्तन बिन्दु ज्ञात करने के लिए

$$\text{B.M.} = —9{\cdot}1\times x+2\times(x+5)+1(x+2)=0$$

या
$$—9{\cdot}1x+2x+10+x+2=0$$
$$—6{\cdot}1x = —12,$$
$$x = 1{\cdot}94\text{m}, \text{ B बिन्दु से}$$

दूसरे बंकन परिवर्तन बिन्दु के लिए AG भाग में B.M का समीकरण बना कर शून्य के बराबर रख दो।

या $$3(x+3)-7{\cdot}9x=0$$

$$4{\cdot}9x=9$$

$$x=1{\cdot}84\text{m, A बिन्दु से]}$$

S.F.D और B.M.D चित्र 4·61 में दिखाए हुए हैं।

उदाहरण 33. चित्र 4·62 में दिखाए हुए धरन के लिए S.F.D और B.M.D बनाओ ।

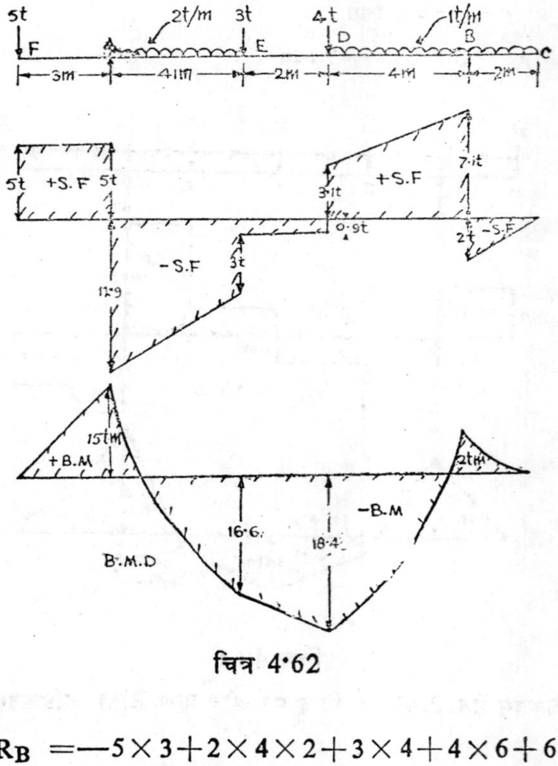

चित्र 4·62

हल ।

$$10\,R_B = -5\times3+2\times4\times2+3\times4+4\times6+6\times1\times9$$

$$= -15+16+12+24+54=91$$

$$R_B = 9{\cdot}1\text{t},\ R_A = 16{\cdot}9\text{t}$$

$$M_C = M_F = 0$$

$$M_B = 2\times1\times1 = 2 \text{ t-m}$$

$$M_D = 9{\cdot}1\times4+1\times6\times3$$

$$= -36{\cdot}4+18 = -18{\cdot}4 \text{ t-m}$$

$$M_E = -9{\cdot}1\times6+4\times2+6\times1\times5$$

$$= -54{\cdot}6+8+30 = -16{\cdot}6 \text{ t-m}$$

$M_A = 5 \times 3 = +15$ t-m

C से D तक और फिर E से A तक B.M.D पैराबोलिक है।

अधिकतम धन B.M A पर होगा $= +15$ t-m

अधिकतम ऋण B.M., D पर होगा $= 18{\cdot}4$ t-m

B और D बिन्दु और फिर E और A बिन्दुओं में दो बंकन परिवर्तन बिन्दु होंगे। B से यह बिन्दु 0·255m पर और A से 1·35m पर होंगे।

उदाहरण 33. एक 7m लम्बा धरन अपने एक आलम्ब से 2m बाहर निकला हुआ है जैसा कि चित्र 4·63 में दिखाया गया है। धरन के बाहर निकले हुए सिरे पर एक वामावर्त दिशा का 2000 kg-m का युग्म कार्य कर रहा है। धरन के लिए S.F.D. और B.M.D. बनाओ।

हल : 2000 kg-m युग्म के कारण धरन की प्रवृत्ति आलम्ब B पर से उठ जाने की है, इसलिए B पर ऊपर से नीचे को व A पर नीचे से ऊपर को आलम्ब बल कार्य करेंगे और यह दोनों आलम्ब बल एक-दूसरे के बराबर होंगे।

$$R_A \times 5 = 2000$$

$$R_A = 400 \text{ kg} = R_B$$

C से B बिन्दु तक धरन में कोई S·F. नहीं होगी क्योंकि युग्म का ऊर्ध्वाधर (vertical) बल के रूप में कोई प्रभाव नहीं होता है। B और A बिन्दु के बीच ऋणात्मक प्रवृत्ति का 400 kg का S.F. होगा।

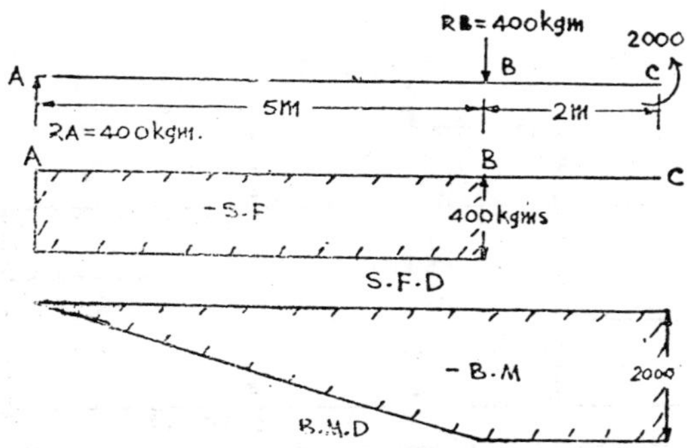

चित्र 4·63

B.M.D. के लिए

C से B बिन्दु तक B.M. स्थिर रहता है और इसका मान 2000 kg-m है। लेकिन B से A बिन्दु की तरफ B.M. धीरे-धीरे कम होता जाता है और A पर शून्य हो जाता है।

S.F.D. और B.M.D. चित्र 4·63 में दिखाए हुए हैं।

4·13. यदि S.F.D. दिया हो तो धरन पर भार व B.M.D. बनाना

ऐसे उदाहरणों के हल के लिए नीचे दी गई बातों का ध्यान रखना चाहिए :

1. दो अधिकेन्द्रित बिन्दुओं के बीच यदि कोई भी भार कार्य न कर रहा हो तो दोनों बिन्दुओं में S.F. स्थिर रहती है और B.M. एक सीधी रेखा द्वारा परिवर्तित होता है।

2. यदि धरन पर U.D.L. कार्य कर रहा है तो S.F.D. एक सीधी रेखा में रहती है जबकि B.M.D. पैराबोलिकली परिवर्तित होता है।

उदाहरण 34. एक धरन का S.F.D. चित्र 4·64 में दिखाया गया है। धरन के लिए B.M.D. बनाओ और धरन पर भार ज्ञात करो।

हल :

S.F.D. के दाएँ तरफ से C से B तक S.F. ऋणात्मक है इसलिए यह धरन का बाहर निकला हुआ भाग है और धरन के C सिरे पर 2t का अधिकेन्द्रित भार कार्य कर रहा है।

B बिन्दु पर S.F. एकदम चिह्न बदल लेती है, इसका मतलब यह हुआ कि यहाँ पर एक ऊपर को कार्य कर रहा आलम्ब बल है और इसका मान 7t है।

इसी प्रकार D और E बिन्दुओं पर क्रम से 2t और 7t के अधिकेन्द्रित भार कार्य कर रहे हैं और A बिन्दु का आलम्ब बल 4t ऊपर को कार्य करता है।

धरन पर बल, चित्र 4·64 में दिखाए हुए हैं और अब इन बलों की सहायता से सभी बिन्दुओं पर B.M. निकाले जा सकते हैं। B.M.D. भी चित्र 4·64 में दिखाया गया है।

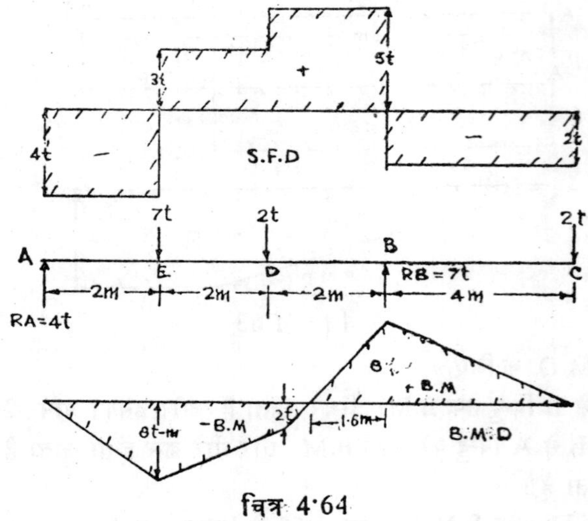

चित्र 4·64

उदाहरण 35. एक 10m लम्बे धरन के लिए S.F.D. चित्र 4·65 में दिखाया गया है। धरन पर भार ज्ञात कर B.M.D. बनाओ।

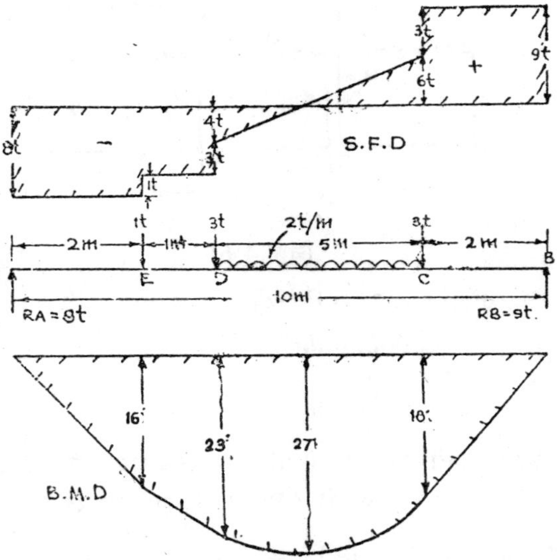

चित्र 4·65

हल : $R_B = 9t$ और $R_A = 8t$

B से C तक S.F. स्थिर है इसलिए BC भाग पर कोई भार नहीं है और क्योंकि C बिन्दु पर S.F. एकदम 3t कम हो जाती है इसलिए C पर 3t का एक अधिकेन्द्रित भार कार्य कर रहा है।

इसी प्रकार C से D बिन्दु तक 2t/m का समबांटित (U.D.L.) भार और D और E बिन्दुओं पर 3t और 1t के अधिकेन्द्रित भार कार्य कर रहे हैं।

धरन पर भार ज्ञात हो जाने पर सभी बिन्दुओं पर B.M. ज्ञात कर B.M.D. बनाया जा सकता है।

धरन पर भार व B.M.D. चित्र 4·65 में दिखाए हुए हैं।

4·14. S.F., B.M. और भार में सम्बन्ध

मान लो एक धरन की लम्बाई L और उस पर *w*/unit length का समबांटित भार कार्य कर रहा है। धरन की एक छोटी-सी लम्बाई dx धरन के एक सिरे से x दूरी पर लो। मान लो एक सिरे से AB खण्ड की दूरी x है। इसलिए दूसरा खण्ड CD उसी सिरे से $(x + dx)$ की दूरी पर होगा।

मान लो AB खण्ड पर M और F और CD खण्ड पर $(M + d_M)$ और $(F + d_F)$ B.M. और S.F. हैं।

क्योंकि धरन का छोटा-सा भाग ABCD सन्तुलन में है इसलिए सभी ऊर्ध्वाधर (vertical) बलों का बीजीय योग शून्य हो जाता है।

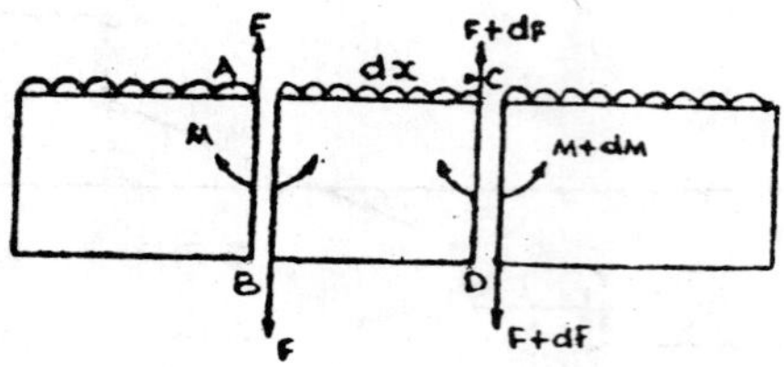

चित्र 4·66

या $F+w\times dx=F+d_F$

या $wdx=d_F$

या $\frac{d_F}{dx}=w$

अतः भार की तीव्रता S.F. में परिवर्तन के बराबर होती है। फिर ABCD के सन्तुलन के लिए सभी बलों के जो ABCD पर कार्य कर रहे हैं, AB पर घूर्ण लो।

$$(M+d_M)-(F+d_F)d_x+wdx\times\frac{dx}{2}-M=0$$

$d_M-Fdx=0$, क्योंकि $(d_x)^2$ और $d_F\times d_x$ बहुत छोटी संख्या है इसलिए छोड़ दी गई है।

$$\frac{d_M}{d_x}=F$$

या कहा जा सकता है कि B.M. में परिवर्तन S.F. के बराबर होता है।

उदाहरण 36. चित्र 4·67 में दिखाए गए धरन व लगाए गए भार के लिए B.M.D. और S.F.D. बनाओ।

हल :

ऐसे भारों के दो प्रभाव होते हैं। एक प्रभाव तो C और D बिन्दु पर ऊर्ध्वाधर भार होता है और दूसरा प्रभाव C और D बिन्दु पर युग्म उत्पन्न करने का।

इस उदाहरण में 3t भार का प्रभाव C पर 3t का भार उत्पन्न करना व $3\times2=6$t-m का दक्षिणावर्त दिशा में युग्म उत्पन्न करना है। इसी प्रकार 5t भार का प्रभाव D पर एक तो 5t का ऊर्ध्वाधर भार और दूसरा प्रभाव $5\times2=10$t-m का वामावर्त युग्म उत्पन्न करने का है।

आलम्ब बल R_A और R_B ज्ञात करने के लिए सभी बलों व युग्मों के A बिन्दु पर घूर्ण लो।

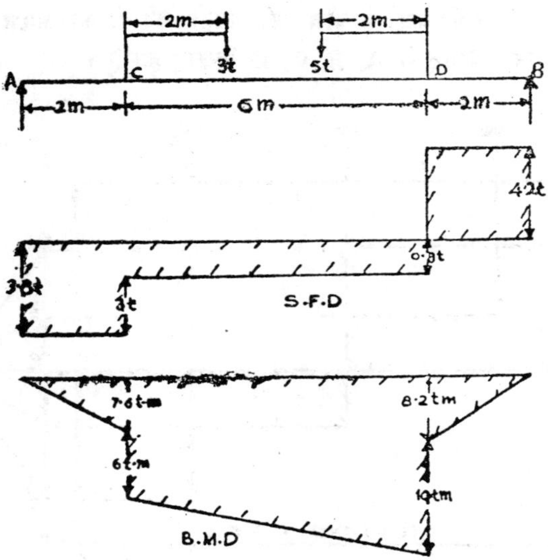

चित्र 4·67

या $$10\ R_B + 10 - 6 - 3 \times 2 - 5 \times 8$$

$$10\ R_B = 6 + 6 + 40 - 10 = 42$$

$$R_B = 4{\cdot}2t$$

इसी प्रकार $$R_A = 3{\cdot}8t$$

$$M_A = M_B = 0$$

D बिन्दु के जरा-सा B की तरफ $M_D = -4{\cdot}2 \times 2 = -8{\cdot}4$t-m

D बिन्दु के जरा-सा C की तरफ $M_D = -4{\cdot}2 \times 2 - 10$

$= -18{\cdot}4$t-m

C बिन्दु के जरा-सा D की तरफ $M_c = -4{\cdot}2 \times 8 - 10 + 5 \times 6$

$= -33{\cdot}6 - 10 + 30$

$= -13{\cdot}6$t/m

C बिन्दु से जरा-सा A की तरफ $M_c = -4{\cdot}2 \times 8 - 10 + 6 + 5 \times 6$

$= -7{\cdot}6$t-m

B.M.D. और S.F.D. चित्र 4·67 में दिखाया हुआ है।

4·15. आलम्ब बल, S.F. और B.M. के लिए लेखा चित्रीय विधि (Graphical Method)

B.M.D. और S.F.D. लेखाचित्रीय विधि द्वारा भी खींचे जा सकते हैं। विधि आगे बताई गई है।

मान लो एक शुद्धालम्ब धरन पर तीन अधिकेन्द्रित भार W_1, W_2 और W_3 कार्य कर रहे हैं। सभी बलों के बीच की जगहों को बो की अंकन पद्धति अनुसार नाम दें। जैसे चित्र 4·68 में A, B, C, D दिखाए हुए हैं।

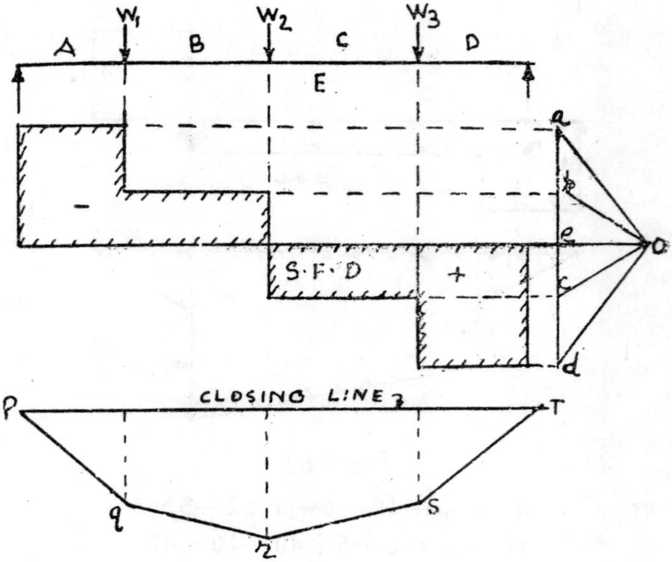

चित्र 4·68

मान लो भार के लिए पैमाना 1cm = 1m माना है। एक ऊर्ध्वाधर रेखा खींचो और उस पर से माने हुए पैमाने के अनुसार *ab*, W_1 के, *bc*, W_2 के और *cd*, W_3 के बराबर काट लो। अब कोई एक बिन्दु O को Pole मानकर *a, b, c, d* सभी बिन्दुओं को O से मिला दो। *a, b, c* और *d* के O के साथ मिलाने से जो रेखाचित्र बनता है, उसे Polar रेखाचित्र कहते हैं।

अब धरन पर कार्य कर रहे सभी भार व आलम्बों (supports) में से ऊर्ध्वाधर रेखाएँ खींचो और Polar रेखाचित्र की O*a* रेखा के समानान्तर बाएँ हाथ वाले आलम्ब और W_1 के बीच वाली जगह में P*q* रेखा खींचो। इसी प्रकार *ob*, *oc* और *od* के समानान्तर क्रम से *q*R, *r*s और sT रेखाएँ W_1 और W_2, W_2 और W_3, और W_3 और दाएँ हाथ वाले आलम्ब के बीच वाली जगहों में खींचो। बिन्दु P और T को मिला दो। PT रेखा को closing line कहते हैं।

Polar रेखाचित्र के बिन्दु O में से PT के समानान्तर एक रेखा *oe* खींचो जो *abcd* को *e* बिन्दु पर मिलाती है। *ea* और *ed* को नाप लो जो माने हुए पैमाने अनुसार आलम्ब बल (support reactions) हैं।

S.F.D. के लिए, *e* बिन्दु में से क्षैतिज रेखा S.F.D. का आधार होगी। बिन्दु *a*, *b*, *c*, *d* और *e* में से सभी क्षैतिज रेखाएँ खींचो और उधर आलम्बों तथा W_1, W_2 और W_3 में से ऊर्ध्वाधर रेखाएँ खींचो और S F.D. जैसा चित्र 4·68 में दिखाया गया है, पूरा करो। S.F D. का पैमाना वही होता है जो भार के लिए माना है।

B.M.D. के लिए रेखाचित्र P*q*RSTP को बहुभुज रेखाचित्र (Fulcular Polygon) कहते हैं और किसी पैमाने पर यही B.M.D. है !

B.M.D. का पैमाना 1 cm $= l \times m \times h$ t-m होगा

यहाँ 1 cm $= l$ धरन का पैमाना cm, metre; mm

1 cm $= m$ polar रेखाचित्र में भार का पैमाना kg, t, या N में

$h = ad$ रेखा से O बिन्दु की लम्ब दूरी सेंटीमीटर या mm में।

14·16. धरन पर चर भार (Variable Loads)

(*a*) **बाहूधरन** (Cantilever)—मान लो एक बाहूधरन की लम्बाई L है और इस पर एक चर भार कार्य कर रहा है। चर भार बाहूधरन के मुक्त सिरे पर शून्य है और इकाई लम्बाई पर w के हिसाब से बढ़ता जाता है।

बाहूधरन के मुक्त सिरे से *x* दूरी पर भार की दर $\frac{wx}{L}$ है

मुक्त सिरे से *x* दूरी पर $S.F. = \frac{wx}{L} \times \frac{x}{2} = \frac{wx^2}{2L}$ ...(1)

जब $x = L$ है तो S.F. अधिकतम होता है

$$S.F._{max} = \frac{wL^2}{2 \times L} = \frac{wL}{2}$$

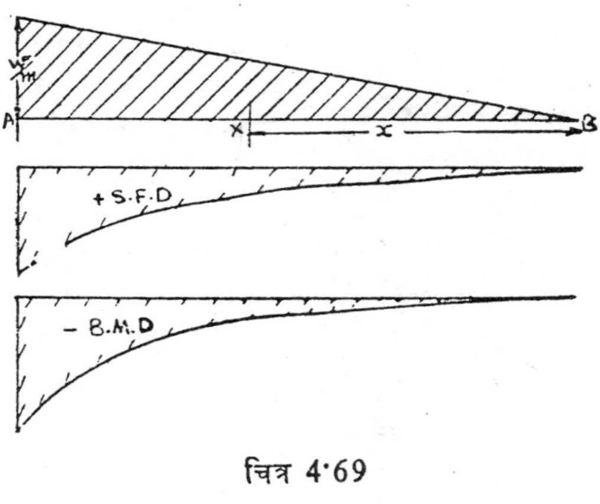

चित्र 4·69

मुक्त सिरे से x दूरी पर B.M. $=\frac{wx^2}{2L}\times\frac{x}{3}=\frac{wx^3}{6L}$ ...(2)

बाहूधरन के आबद्ध सिरे पर B.M. अधिकतम होता है

$$\text{B.M.}_{(maxi)}=\frac{wL^3}{6L}=\frac{wL^2}{6}$$

समीकरण (1) x^2 में है, इसलिए S.F.D. पैराबोलिक की आकृति का होगा और क्योंकि समीकरण (2) x^3 में है इसलिग B.M.D. भी पैराबोलिक ही होगा लेकिन यह पैराबोला घन (cubic) पैराबोला होगा।

S.F.D. और B.M.D. चित्र 4·69 में दिखाए हुए हैं।

(b) एक शुद्धालम्ब धरन पर चर-भार जो दोनों सिरों पर शून्य तथा मध्य पाट पर अधिकतम है।

धरन पर औसत भार $=\frac{O+w}{2}=\frac{w}{2}$

धरन पर कुल भार $W=\frac{w}{2}\times L=\frac{wL}{2}$

धरन के दोनों सिरों पर आलम्ब बल $R_A=R_B=\frac{wL}{4}$

B बिन्दु से x दूरी पर भार की दर $=\frac{2w\times x}{L}$

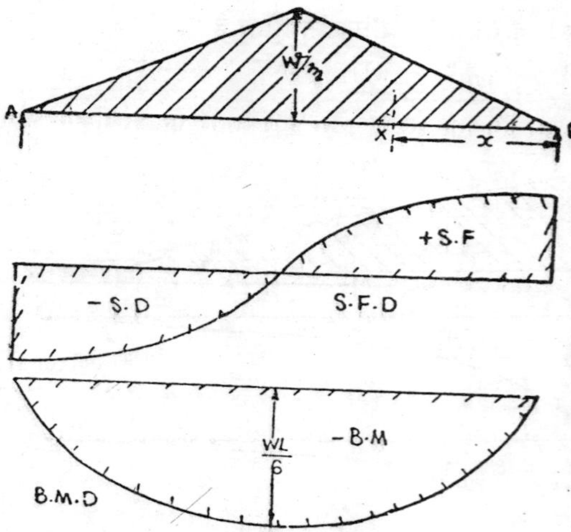

चित्र 4·70

B बिन्दु से x दूरी तक कुल भार $W_x = \frac{1}{2} \times \frac{2w \times x}{L} \times x = \frac{wx^2}{L}$

W_x भार की CG, x खण्ड से $\frac{x}{3}$ दूरी पर होगी

X खण्ड पर $S.F. = \frac{W}{2} - W_x$

$$= \frac{wL}{2} - \frac{wx^2}{L} \qquad \ldots(1)$$

क्योंकि यह समीकरण x^2 में है इसलिए S F.D. पैराबोला होगा।

समीकरण (1) में जब $x=0$ तो $S.F. = \frac{wL}{2}$

और जब $x = \frac{L}{2}$ तो $S.F. = 0$

इसी प्रकार S.F.D बाएँ तरफ के लिए भी खींचा जा सकता है

X खण्ड पर B.M. $M_x = -\frac{wL}{4} x + \frac{Wx^2}{L} \times \frac{x}{3}$

$$= -\frac{wLx}{4} + \frac{wx^3}{3L} \qquad \ldots(2)$$

समीकरण (2) से धरन के किसी भी बिन्दु पर B.M. निकाला जा सकता है, और क्योंकि यह समीकरण x^3 में है इसलिए B.M.D. घन (cubic) पैराबोला बनाती हैं।

अधिकतम B.M. पाट के मध्य बिन्दु पर होगा।

$$M_C = -\frac{W}{2} \times \frac{L}{2} + \frac{W}{2} \times \frac{L}{6}$$

$$= -\frac{wL}{6}$$

(*c*) **त्रिभुजीय भार** (Triangular load) **एक सिरे पर शून्य से बढ़ता हुआ** w/unit length **दूसरे सिरे पर**

$$R_A = \frac{wL}{3}, \quad R_B = \frac{wL}{6}$$

X खंड पर जो बिन्दु B से x दूरी पर है, भार की दर $Wx = \frac{wx}{L}$ होगी, धरन के BX भाग पर कुल भार

$$W_x = \frac{1}{2} w_x \times x$$

$$= \frac{1}{2} \frac{wx}{L} \times x = \frac{wx^2}{2L}$$

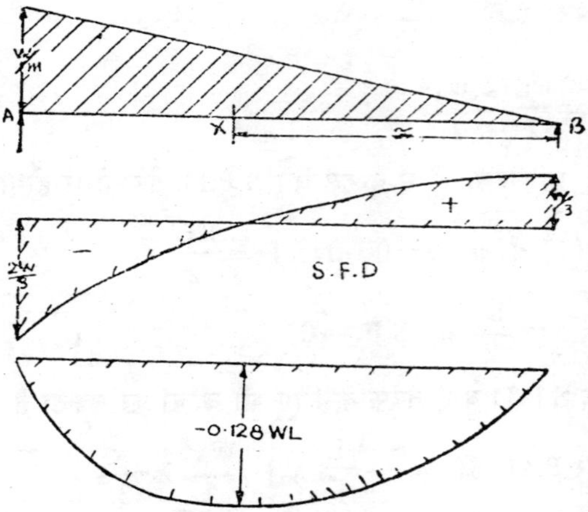

चित्र 4·71

X खंड पर $S.F. = -R_B + W_x$

$$= -\frac{wL}{6} + \frac{wx^2}{2L} \qquad \cdots(1)$$

समीकरण (1) x^2 में है इसलिए S.F,D. पैराबोलिक होगा और S.F.B. बिन्दु से $\frac{L}{\sqrt{3}}$ दूरी पर शून्य होकर चिन्ह बदलेगी ।

X खंड पर B.M, $M_x = R_B \times x + W_x \times \frac{x}{3}$

$$= \frac{wL}{6} + \frac{wx^2}{6L}$$

B.M.D एक धन पैराबोला है और B.M. का अधिकतम मान B से $\frac{L}{\sqrt{3}}$ दूरी पर है ।

$$B.M_{max} = -\frac{wL^2}{6\sqrt{3}} + \frac{wL^3}{6 \times 3 \times \sqrt{3} \times L}$$

$$= -\frac{wL^2}{6\sqrt{3}} + \frac{wL^2}{18\sqrt{3}}$$

$$= \frac{wL^2}{9\sqrt{3}} = 0{\cdot}064wL^2$$

B.M.D और S.F.D. चित्र 4·71 में दिखाए हुए हैं।

उदाहरण 39. एक शुद्धालम्ब धरन का पाट 10m है जिसके एक सिरे पर 250 kg/m दर से भार है और यह भार लगातार बढ़ता हुआ धरन के दूसरे सिरे पर 550 kg/m हो जाता है। धरन के लिए B.M.D. और S.F.D बनाओ और अधिकतम B.M की स्थिति व मान ज्ञात करो।

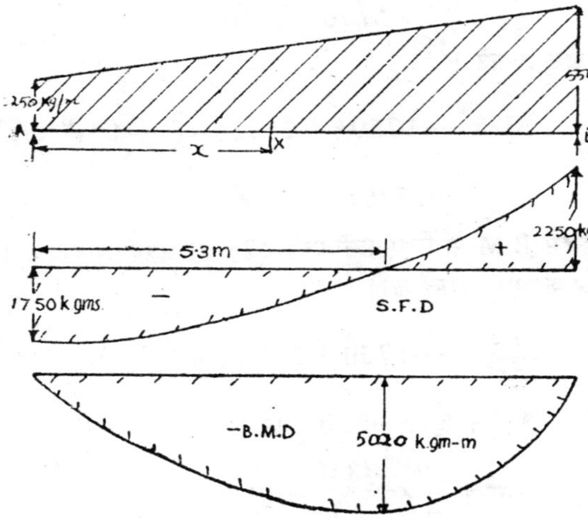

चित्र 4·72

ऐसे उदाहरणों में भार को दो भागों में बाँट सकते हैं। एक तो 250 kg/m का भार जो पूरे पाट पर सम्बांटित है और दूसरा धरन के एक सिरे पर शून्य है और लगातार बढ़ता हुआ दूसरे सिरे पर 300 kg/m हो जाता है।

250 kg/m सम्बांटित भार के लिए आलम्ब बल बराबर होंगे

$$\text{या } R_A = R_B = \frac{2500}{2} = 1250 \text{ kg}$$

त्रिभुजीय भार जो एक सिरे पर शून्य से बढ़ता हुआ दूसरे सिरे पर 300 kg/m हो जाता है, के लिए $R_A = 500$ kg और $R_B = 1000$ kg

इसलिए A बिन्दु पर कुल आलम्ब बल $= 1250 + 500$

$= 1750$ kg

और B बिन्दु पर कुल आलम्ब बल $=1250+1000$

$=2250$ kg

A से x दूरी पर एक खंड X लो। इस खंड पर भार की दर,

$$W_x=\left(250+\frac{300}{10}x\right)$$

AX पर भार $Wx=250x+\frac{1}{2}\times\frac{300}{10}x\times x$

$=250x+15x^2$

X खंड पर S.F. $=-R_A+Wx$

$$=-1750+250x+15x^2 \quad ...(1)$$

इसी खंड X पर B.M

$$M_x=-1750x+250x\times\frac{x}{2}+15x^2\times\frac{x}{3}$$

$$=-1750x+125x^2+5x^2 \quad ...(2)$$

अधिकतम B.M के लिए समीकरण (2) का अवकलन करके, शून्य के बराबर रख दो और x का मान ज्ञात करो।

$$\frac{dM_x}{dx}=-1750+250x+15x^2=0$$

या $$3x^2+50x-350=0$$

$$x^2+\frac{50}{3}x-\frac{350}{3}=0$$

$$x^2+\frac{50}{3}x+\frac{625}{9}=\frac{350}{3}+\frac{625}{9}$$

$$\left(x+\frac{25}{3}\right)^2=\left(\frac{49\cdot9}{3}\right)^2$$

$$x+\frac{25}{3}=\frac{40\cdot9}{3}$$

$$=5\cdot3 \text{ metre}$$

अधिकतम B.M, $M_{max}=-1750\times5.3+125\,(5\cdot3)^2+5(5\cdot3)^3$

$=5\cdot3\,(-1750+662\cdot5+140.3)$

$=5\cdot3\times947\cdot2=-5020$ kg-m

S.F.D और B.M.D चित्र 4·72 में दिखाए हुए हैं।

प्रश्नावली 22

1. एक बाहुधरन (cantilever) की लम्बाई 3*m* है और इसके मुक्त सिरे पर 3 *t* का अधिकेन्द्रित भार कार्य कर रहा है। धरन के लिए B.M.D और S.F.D. बनाओ और S.F और B.M. के अधिकतम मान भी ज्ञात करो।
(**उत्तर** : 3*t*, 9*t-m*)

2. एक कैन्टिलिवर की लम्बाई 2*m* है और इनकी पूरी लम्बाई पर 2*t*/*m* की दर से समबाँटित भार कार्य कर रहा है। कैन्टिलिवर के लिए S.F.D और B.M.D बनाओ। कैन्टिलिवर के आबद्ध सिरे पर S.F और B.M का मान बताओ।
(**उत्तर** : 4*t*, 4*t-m*)

3. एक 6*m* लम्बे बाहुधरन के मध्य में एक नीचे को कार्य करता हुआ 4*t* का अधिकेन्द्रित और $\frac{1}{2}t/m$ का समबाँटित भार जो मध्य बिन्दु से मुक्त सिरे तक फैला हुआ है, कार्य कर रहे हैं। इनके अलावा $1\frac{1}{2}t$ का एक और भार मुक्त सिरे पर ऊपर की तरफ कार्य कर रहा है। बाहुधरन के लिए S.F.D व B.M.D खींचो और बंकन परिवर्तन बिन्दु (point of contraflexture) की स्थिति ज्ञात करो।
(**उत्तर** : मुक्त सिरे से 3.56 *m* दूरी पर)

4. एक 6*m* लम्बे बाहुधरन पर अधिकेन्द्रित भार 4000, 3000 और 2000 kg आबद्ध सिरे से क्रम से 1*m*, 3*m* और 6*m* पर कार्य कर रहे हैं। इनके अलावा 500 kg/*m* की दर से एक समबाँटित भार जो मुक्त सिरे से केवल 2*m* की लम्बाई तक है, कार्य कर रहा है। S.F.D और B.M.D बनाओ और सभी बिन्दुओं पर S.F और B.M के मान ज्ञात करो।
(**उत्तर** : मुक्त सिरे की तरफ से S.F 2000, 3000, 6000 और 10000 kg और B.M उसी क्रम से O, 5000, 8000, 20000 और 30000 kg-*m*)

5. 8*m* लम्बे एक शुद्धालंब धरन पर 4, 6 और 3t के अधिकेन्द्रित भार बायें सिरे से क्रम से 2, 4 और 6*m* पर कार्य कर रहे हैं। S.F.D व B.M.D बनाओ और बताओ कि S.F और B.M अधिकतम कितने व कहाँ होंगे?
(**उत्तर** : Maxi. S.F 6.75*t* बाँये सिरे पर; Maxi. B.M 19*t-m* मध्य बिन्दु पर)

6. 12*m* के शुद्धालम्ब धरन पर एक $\frac{1}{2}t/m$ की दर से समबाँटित भार कार्य कर रहा है। धरन के पाट के मध्य में कितना अधिकेन्द्रित भार लगाया जाए कि अधिकतम B.M उतना ही हो जितना कि समबाँटित भार से उत्पन्न होता है।
(**उत्तर** : 3*t*)

7. एक $4m$ पाट वाले शुद्धालंब धरन पर $2t$, $3t$, और $3t$ के अधिकेन्द्रित भार बायें हाथ के आलम्ब से क्रम से $1m$, $2m$ और $3m$ पर कार्य कर रहे हैं। धरन के लिए S.F.D और B M.D खींचो और बताओ कि अधिकतम B.M कितना व कहाँ होगा ?

(उत्तर : पाट के मध्य में $5{\cdot}5$ t-m)

8. एक $10m$ वाले शुद्धालंब धरन के मध्य बिन्दु से दायें तरफ $3t$ का भार जो $3m$ लम्बाई पर फैला हुआ है, कार्य कर रहा है। धरन के लिए S.F व B.M.D बनाओ और बताओ कि अधिकतम B.M कितना व कहाँ होगा ? (उत्तर : दांये हाथ के आलम्ब से $3{\cdot}95m$ पर $5{\cdot}8t$-m)

9. एक शुद्धालंब धरन A.B. का पाट $8m$ है। इस पर $4t$, $5t$ और $8t$ के अधिकेन्द्रित भार A सिरे से $2m$, $3m$ और $6m$ पर क्रम से कार्य कर रहे हैं। इनके अतिरिक्त $2t/m$ की दर से एक समबांटित भार जो A सिरे से $4m$ की दूरी पर शुरू होकर $3m$ लम्बाई पर B की तरफ फैला हुआ है, कार्य कर रहा है। धरन के लिए S.F.D और B.M.D बनाओ और इसके सभी मुख्य मान लिखो।

(उत्तर : अधिकतम B.M 27 $25t$-m B से $3{\cdot}5$-m पर)

10. एक बाहर निकली हुई धरन (over hanging beam) ABC $10m$ लम्बी है। A और B जो एक-दूसरे से $8m$ दूर हैं, पर साधारण आलम्ब लगे हुए हैं और B.C $2m$ का भाग B आलम्ब से आगे निकला हुआ है। पूरी ABC लम्बाई पर 500 kg/m का एक समबांटित भार, 1000 kg का अधिकेन्द्रित भार बिन्दु C पर और 2000 kg का एक और अधिकेन्द्रित भार बिन्दु A से 2·5m की दूरी पर कार्य कर रहे हैं। बिन्दु A और B पर आलम्ब बल ज्ञात करो और S.F.D व B.M.D खींचो। अधिकतम ऋण B.M की स्थिति व मान भी ज्ञात करो।

(उत्तर : $R_A = 3000$ kg, $R_B = 5000$ kg, 2000 kg वाले भार पर अधिकतम B.M 5937·5 kg-m होगा।)

11. एक $15m$ लम्बा धरन दो आलम्बों पर टिका हुआ है और दोनों तरफ बराबर बाहर निकला हुआ है। धरन की पूरी लम्बाई पर $2t/m$ की दर से एक समबांटित भार कार्य कर रहा है। धरन का आलम्बों के बाहर निकास ज्ञात करो ताकि अधिकतम B.M न्यूनतम हो। इस न्यूनतम B.M का मान ज्ञात करो तथा बंकन परिवर्तन बिन्दु की स्थिति ज्ञात करो।

(उत्तर : दोनों सिरों से आलम्ब $3.105m$ दूर होंगे, बंकन परिवर्तन बिन्दु दोनों सिरों से $4{\cdot}4m$ पर होंगे और B.M का मान $9{\cdot}65$ t-m होगा।)

12. 10m लम्बा एक धरन, दो आलम्बों पर जो एक-दूसरे से 6m की दूरी पर हैं, इस प्रकार रखा हुआ है कि धरन दोनों तरफ बाहर बराबर निकला हुआ है। 3t का अधिकेन्द्रित भार बायें सिरे पर और 5t का दूसरा अधिकेन्द्रित भार दायें सिरे पर कार्य कर रहा है। धरन के लिए S.F.D और B.M.D. बनाओ और बंकन परिवर्तन बिन्दुओं की स्थिति ज्ञात करो।

(उत्तर : धरन में कोई बंकन परिवर्तन बिन्दु नहीं होगा, दायें तरफ के आलम्ब पर अधिकतम B.M. 10't-m होगा।)

13. एक शुद्धालंब धरन नीचे चित्र 4·73 में दिखाया हुआ है। धरन के लिए S.F.D व B.M.D. बनाओ और अधिकतम B.M. का मान बताओ।

(**उत्तर** : बिन्दु E पर 22·5 t-m)

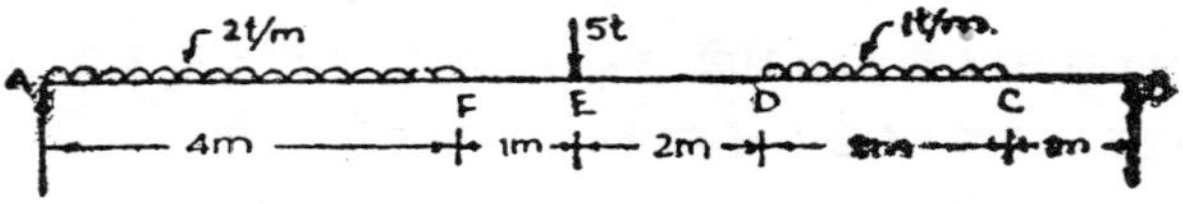

चित्र 4·73

14. 15m लम्बा एक लोहे का शहतीर, दो आलम्बों पर जो एक-दूसरे से 10m दूर हैं, इस प्रकार टिका हुआ है कि शहतीर बायें आलम्ब से बायें तरफ 3m और दायें तरफ के आलम्ब से दायें तरफ 2 m बाहर निकला हुआ है। धरन के बायें सिरे से लेकर दायें तरफ के आलम्ब तक 1t/m का एक समबांटित भार व दायें सिरे पर 15 t का एक अधिकेन्द्रित भार कार्य कर रहे हैं। S.F D और B.M.D धरन के लिए खींचों और बंकन परिवर्तन बिन्दुओं (points of inflexion) की स्थिति ज्ञात करो।

(**उत्तर** : Maxi. B.M 30t-m, और धरन में कोई **बंकन** परिवर्तन बिन्दु नहीं है।)

15. नीचे चित्र में एक धरन व उस पर कार्य कर रहे भार दिखाए हुए हैं। धरन के लिए B.M.D और S.F.D खींचो, और उन पर सभी मुख्य मान दिखाओ। बंकन परिवर्तन बिन्दु की स्थिति ज्ञात करो।

(R.B.T. E May 1965)

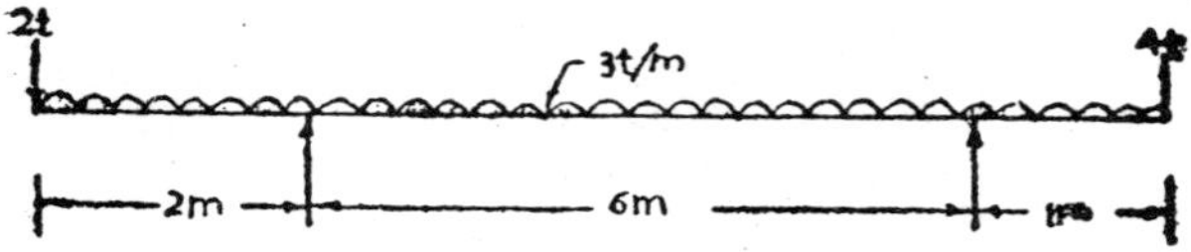

चित्र 4·74

(**उत्तर** : बंकन परिवर्तन बिन्दु B से 0·75m और 4·75m पर **होंगे**। अधिकतम B.M 5-844 t-m B से 2 75m पर **होगा**।)

16. L लम्बे एक शुद्धालम्ब धरन की पूरी लम्बाई पर w/m का U.D.L. भार कार्य कर रहे हैं। यदि बायें सिरे पर धरन स्वतंत्र आलम्ब पर टिका हो तो दूसरे आलम्ब की स्थिति ज्ञात करो ताकि धरन में उत्पन्न अधिकतम बंकन घूर्ण का मान कम से कम हो। B.M.D और S.F.D भी खींचो और उनमें मुख्य मान भी लिखो।

[उत्तर : $l=\frac{L}{\sqrt{2}}$, $R_A = 0{\cdot}293\ wL$, $R_B = 0{\cdot}707\ wL$,

$B.M = 0.043\ wL^2$]

17. 15m लम्बा एक धरन दो आलम्बों पर इस प्रकार रखा हुआ है कि धरन का दायाँ सिरा तो ठीक दायें आलम्ब पर रखा हुआ है लेकिन बायाँ सिरा बायें आलम्ब से 3 m आगे लटका हुआ है। धरन के बायें सिरे से 12 m धरन लम्बाई पर 2 t/m का U.D.L तथा जिस बिन्दु पर U.D.L समाप्त होता है, उसी बिन्दु पर 8 t का एक अधिकेन्द्रित भार कार्य कर रहे हैं। धरन के लिये B.M.D बनाओ और अधिकतम बंकन घूर्ण का मान व स्थिति ज्ञात करो।

(उत्तर : अधिकतम ऋण नमन घूर्ण 9 t-m होगा और बायें आलम्ब पर होगा जबकि धनात्मक बंकन घूर्ण का अधिकतम मान 40 t-m होगा और बाये आलम्ब से 7 m की पर दूरी होगा।) □

5

साधारण बंकन प्रतिबल
(SIMPLE BENDING STRESSES)

5·1. अध्याय 4 में पढ़ चुके हैं कि किसी धरन पर जब कोई बाहरी बल कार्य करता है तो धरन की प्रवृत्ति नीचे झुक जाने की होती है। बाहरी बल के कारण S.F और B.M क्रियायें धरन में उत्पन्न हो जाती हैं। धरन को सन्तुलित रखने के लिए बाहरी बल द्वारा उत्पन्न S.F और B.M के बराबर धरन के अनुप्रस्थ काट पर S.F और B.M उत्पन्न हो जाते हैं। अनुप्रस्थ काट पर जो बाहरी बल के कारण, S.F को रोकता है, अपरूपण प्रतिबल (shear stress) उत्पन्न हो जाता है। इसी प्रकार बाहरी बल द्वारा उत्पन्न B.M को रोकने के लिए धरन के अनुप्रस्थ काट पर बंकन या नमन प्रतिबल उत्पन्न हो जाता है। इस अध्याय में बंकन या नमन प्रतिबल (Bending stresses) के ही बारे में विस्तार से विचार किया गया है।

इससे पहले कि बंकन प्रतिबल के बारे में विचार प्रारम्भ करें, नीचे कुछ कल्पनायें दी गई हैं जिनका ज्ञान होना बहुत आवश्यक है :

1. धरन का अनुप्रस्थ काट जो बंकन से पहले एक समतल होता है, बंकन के बाद भी समतल ही रहता है।
2. पदार्थ जिसका धरन बना हुआ है, हुक के नियम को मानता है।
3. धरन की सभी परतें मुक्त हैं। किसी भी परत के सिकुड़ने व परसार में परत के नीचे या ऊपर वाली परत कोई बाधा उत्पन्न नहीं करती।
4. तनाव या सम्पीडन में E का मान एक ही होता है।
5. बंकन, समतल के अनुप्रस्थ काट के सममित होता है।

शुद्ध बंकन (Pure Bending)—यदि किसी धरन पर S.F नहीं होती और केवल B.M ही होता है तो ऐसे बंकन को शुद्ध बंकन (Pure Bending) कहते हैं।

5·2. बंकन के सिद्धान्त (Theory of Bending)—चित्र 5.1 (a) में एक धरन का लम्बाई में छोटा-सा भाग ABCD मानिये। मान लो इस छोटे-से भाग की लम्बाई dx है यानि AB, लम्बाई dx के बराबर है। क्योंकि AB की लम्बाई बहुत ही छोटी मानी है इसलिए यह मानकर चल सकते हैं कि AB पर एक स्थिर घूर्ण कार्य कर रहा है। मान लो इस स्थिर बंकन (B.M.) घूर्ण का मान M है। इस बाहरी B.M. के कारण धरन की ऊपर से लेकर नीचे तक की सभी परतें झुक

जाती हैं। चित्र 5·1 (*a*) में सभी परतें AB, GF, EF और CD धरन के झुकने से पहले की स्थिति में है, जबकि चित्र 5·1 (*b*) में सभी परतें मुड़ी हुई स्थिति में दिखाई हुई हैं। चित्र 5·1 (*b*) में परत AB, A′B′ में, परत GH, G′H′ में और CD, C′D′ में झुक गई हैं।

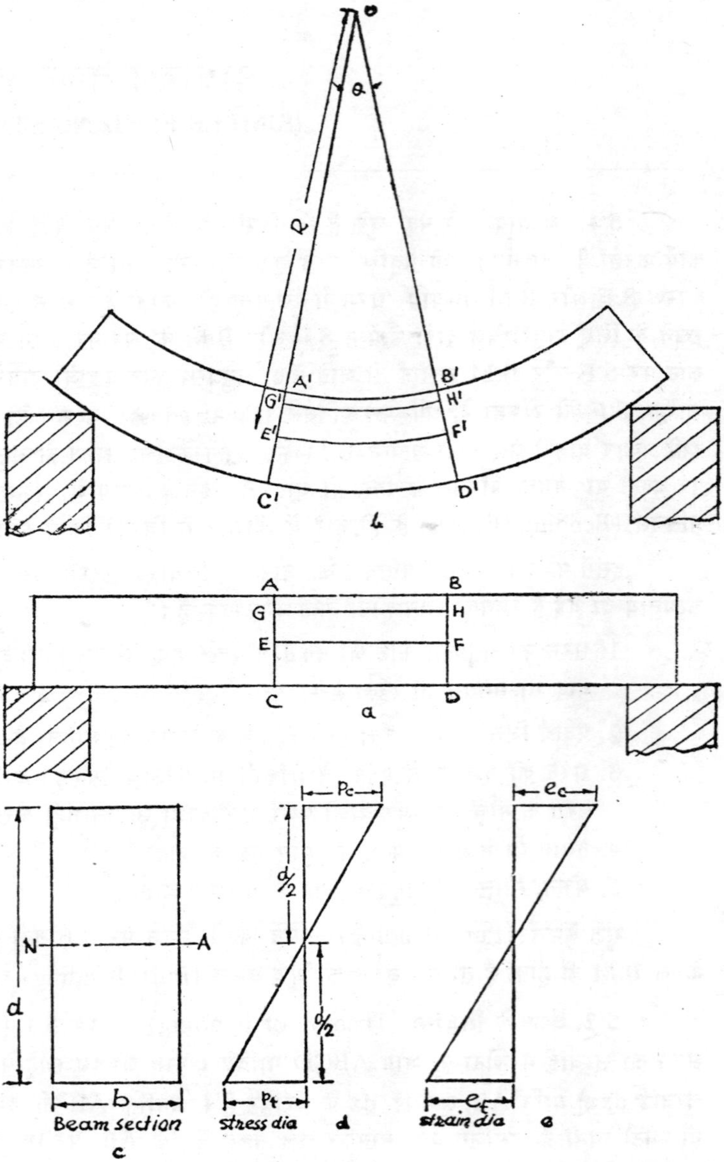

चित्र 5·1

यह सभी परतें धरन के मुड़ने से पहले dx लम्बाई की थी लेकिन मुड़ने के बाद यह सभी dx के बराबर नहीं है। सबसे ऊपर की परत AB दब गई है और इसकी लम्बाई अब A′B′ है। A′B′ परत के ज्यों-ज्यों नीचे चलते हैं तो परतें दबी हुई अवश्य हैं लेकिन AB परत से कम। ज्यों ही परत EF पर पहुँचते हैं तो हालाँकि EF परत भी E′F′ में मुड़ गई है लेकिन इसकी लम्बाई में कोई परिवर्तन नहीं हुआ है।

EF के नीचे की परतें खिची हुई हैं। EF से ज्यों-ज्यों नीचे चलते जाते हैं, परतों में खिचाव बढ़ता जाता है और, जब धरन के नीचे ही नीचे CD परत पर पहुंचते हैं तो CD परत C′D′ में खिची हुई होती है।

अब स्पष्ट रूप से कहा जा सकता है कि EF परत के ऊपर की सभी परतें दबी हुई हैं जबकि इसके नीचे की सभी परतें खिची हुई हैं और हर एक परत में खिचाव व दबाव का मान EF परत से इसकी दूरी पर निर्भर करता है, अर्थात् EF परत से यदि कोई परत अधिक दूरी पर है तो उसमें खिचाव या दबाव भी अधिक होता है और यदि कोई परत EF के पास में है तो इसमें खिचाव व दबाव भी कम होता है। EF परत जिसमें न तो खिचाव है, और न दबाव है, को बल शून्य या उदासीन (neutral layer) परत कहते हैं।

एक परत GH का विरुपण (deformation) लेते हैं।

GH की लम्बाई तो dx है और मान लो GH परत EF से y दूरी पर हैं।

$$\text{GH परत में विकृत } e = \frac{GH - G'H'}{GH}$$

क्योंकि GH परत EF के ऊपर है इसलिए इस परत में विकृत सम्पीडक (compressive) है।

बाहरी बंकन घूर्ण (BM) M के कारण AB से लेकर CD तक सभी परतें झुक गई हैं। इन सभी परतों का झुका हुआ रूप जैसा कि चित्र 5·1 (b) में दिखाया हुआ है, होता है। यदि बल शून्य परत (neutral layer) EF की वक्रता त्रिज्या R हो तो $E'F' = R\theta$

$$\text{या} \qquad E'F' = R\theta = dx = GH$$

$$\text{और} \qquad G'H' = OG' \times \theta$$

$$= (R - y)\theta$$

$$\text{अब फिर} \qquad e = \frac{GH - G'H'}{GH}$$

$$= \frac{E'F' - G'H'}{E'F'}$$

$$= \frac{(R\theta - (R - y)\theta}{R\theta} = \frac{y}{R} \qquad \ldots(1)$$

लेकिन हुक के नियम के अनुसार $e = \frac{p}{E}$

इसलिए $e = \frac{p}{E} = \frac{y}{R}$

या $$p = E \times \frac{y}{R} \qquad ...(2)$$

समीकरण (1) और (2) से साफ जाहिर है कि किसी भी परत में विकृति e और प्रतिबल p बल शून्य परत (neutral layer) EF से इसकी दूरी पर निर्भर करता है और इसके समानुपाती होता है।

सम्पीडत क्षेत्र (compressive zone) जो EF में ऊपर है, के लिए विकृति e, प्रतिबल p और EF से दूरी y को अगर क्रम से e_c, q_c और y_c से लिख दें, तो समीकरण (1) और (2), नीचे दिए हुए समीकरण (3) और (4) के रूप में बदल जाते हैं।

$$e_c = \frac{y_c}{R} \qquad ...(3)$$

और $$p_c = \frac{E}{R} y_c \qquad ...(4)$$

और इसी प्रकार तनाव क्षेत्र (tensile zone) के लिए विकृत e_t प्रतिबल p और EF से दूरी y को क्रम से e_t, p_t और y_t से लिख दिया जाय तो समीकरण (1) और (2) का रूप समीकरण (5) और (6) के अनुसार हो जाता है।

या $$e_t = \frac{y_t}{R} \qquad ...(5)$$

और $$p_t = \frac{E}{R} y_t \qquad ...(6)$$

लेकिन समीकरण (3) (4) और (5) (6) से देखते हैं कि यदि सम्पीडत क्षेत्र व तनाव क्षेत्र में एक-एक परत ले, जिनकी दूरी EF परत से बराबर हो अर्थात् y_c, y_t के बराबर हो तो e_c, e_t के बराबर हो जाती है और p_c, p_t के बराबर हो जाता है, इसलिए

$$\frac{p_c}{y_c} = \frac{p_t}{y_t} = \frac{E}{R} \qquad ...(7)$$

बंकन प्रतिबल वितरण रेखाचित्र चित्र 5·1 (d) और विकृति वितरण रेखा-चित्र 5·1 (e) में दिखाए हुए हैं।

5·3. बल शून्य रेखा (Neutral axis)

धरन का अनुप्रस्थ काट बलशून्य परत को जहाँ काटता है उसे बल शून्य रेखा

(neutral axis) या N.A. कहते हैं । चित्र 5·1 में N.A. दिखाई हुई है । यह पहले ही बताया जा चुका है कि जब किसी धरन पर अवतलन घूर्ण (sagging B.M) कार्य करता है तो बल शून्य परत के नीचे पूर्ण क्षेत्र में तनाव व इसके ऊपर वाले क्षेत्र में सम्पीडत बल होता है या यह भी कह सकते हैं कि बल शून्य रेखा (N.A.) धरन के अनुप्रस्थ काट को तनाव और सम्पीडक क्षेत्रों में बाँटती है ।

इसी प्रकार यदि किसी धरन पर उतलन घूर्ण (Hogging B.M) कार्य करता है तो N.A के ऊपर के क्षेत्र में तनाव बल और नीचे आने वाले क्षेत्र में सम्पीडत बल होता है ।

मान लो धरन के अनुप्रस्थ काट का एक छोटा-सा क्षेत्रफल dA_1 N.A से y_c दूरी पर सम्पीडक क्षेत्र में है । चित्र 5·2 देखो ।

dA_1 क्षेत्रफल पर मान लो प्रतिबल p_c कार्य कर रहा है, dA_1 पर कुल सम्पीडत बल δ_c, $p_c \times dA_1$ के बराबर है ।

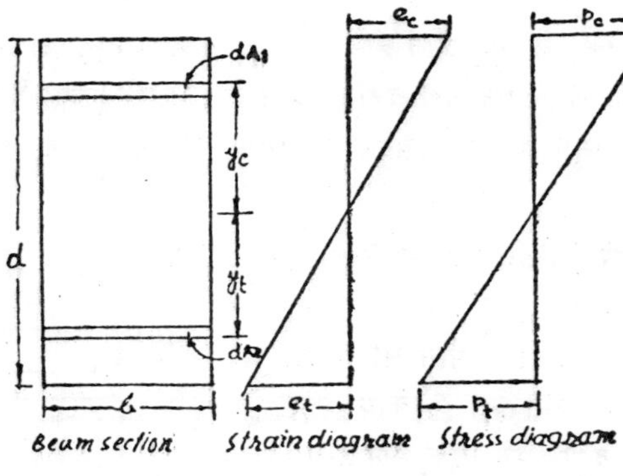

चित्र 5·2

या $$\delta_c = p_c \times dA_1$$

$$= \frac{E}{R} y_c \times dA_1 \left(\text{क्योंकि } p_c = \frac{E}{R} y_c \right)$$

पूर्ण सम्पीडक क्षेत्र पर सम्पीडत बल C

$$C = \int_0^{d/2} \frac{E}{R} y_c dA_1 = \frac{E}{R} \int_0^{d/2} dA_1 y_c$$

इसी प्रकार यदि एक-दूसरा छोटा सा क्षेत्र dA_2 तनाव क्षेत्र में y_t दूरी पर ले लिया जाता है तो पूरे तनाव क्षेत्र पर तनाव बल T भी C की भाँति

$$\frac{E}{R}\int_0^{d/2} d_{A_2} y t$$ के बराबर हो जाता है

या $$T = \frac{E}{R}\int_0^{d/2} dA_2 y t$$

लेकिन अनुप्रस्थ काट (cross-section) को सन्तुलित रखने के लिए कुल तनाव बल, कुल सम्पीडन बल के बराबर होना चाहिए। अर्थात् C=T

या $$\int_0^{d/2} d_{A1} y_c = \int_0^{d/2} dA_2 y t \qquad ...(8)$$

समीकरण (8) से यह ज्ञात होता है कि कुल तनाव क्षेत्रफल और कुल सम्पीडत क्षेत्रफल के N.A पर घूर्ण बराबर होते हैं। दूसरे शब्दों में इसका अर्थ यह हुआ कि N.A पूरे अनुप्रस्थ काट क्षेत्रफल के गुरुत्व केन्द्र (centre of gravity) में से गुजरता है।

5·4. प्रतिरोध घूर्ण (Moment of Resistance), M_r

चित्र 5·3 को देखो। मान लो N.A से y दूरी पर बंकन प्रतिबल p कार्य कर रहा है। इसी y दूरी पर एक छोटा-सा क्षेत्रफल d_A लो। इस d_A क्षेत्र पर कुल बल $p \times d_A$ है और $p \times d_A$ बल का N.A पर घूर्ण $p \times d_A \times y$ है। मान लो $p \times d_A \times y$ को δM_r मान लेते हैं, अतः

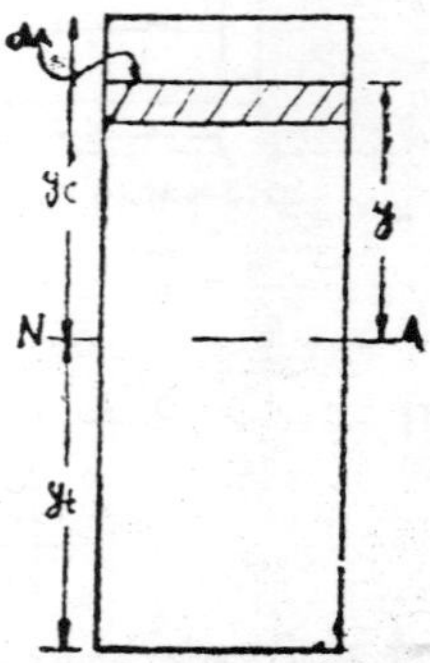

चित्र 5·3

$$\delta M_r = p d_A y$$
$$= \frac{E}{R} y d_A \times y \left(\because p = \frac{E}{R} y\right)$$
$$= \frac{E}{R} d_A y^2$$

अनुप्रस्थ काट के कुल क्षेत्रफल पर कार्य कर रहे कुल बल का घूर्ण

$$M_r = \frac{E}{R}\int_{y_t}^{y_c} d_A y^2 \quad \ldots(9)$$

M_r को प्रतिरोध घूर्ण कहते हैं । अब समीकरण (9) में $\int_{y_t}^{y_c} d_A y^2$ एक गणितीय समीकरण है जिसे जड़ता घूर्ण (moment of enertia) कहते हैं और इसे I से लिखते हैं ।

समीकरण (9) में $\int_{y_t}^{y_c} d_A y^2$ की जगह I लिखने से

$$M_r = \frac{E}{R} \times I$$

या
$$\frac{M_r}{I} = \frac{E}{R} \quad \ldots(10)$$

अब समीकरण (7) और (10) को मिलाने से

$$\frac{M_r}{I} = \frac{E}{R} = \frac{p_c}{y_c} = \frac{p_t}{y_t} \quad \ldots(11)$$

समीकरण (11) को दृढ़ता सूत्र (Flexual formula) **कहते हैं और यह सूत्र बहुत महत्त्व का है ।**

समीकरण (11) को नीचे लिखे अनुसार दिखाया जा सकता है

$$M_r = \frac{I}{y_c} \times p_c = \frac{I}{y_t} \times p_t \quad \ldots(12)$$

$\frac{I}{y_c}$ **और** $\frac{I}{y_t}$ **को आकृति मापांक** (Modulus of sections) **कहते हैं और इसे Z से लिखते हैं ।**

इसलिए $\frac{I}{y_c} = Z_c$ और $\frac{I}{y_t} = Z_t$

एक आयताकार धरन के अनुप्रस्थ काट के लिए y_c और y_t बराबर होते हैं और इसलिए $\frac{I}{y_c} = \frac{I}{y_t} = \frac{I}{y} = Z$

या $Z_c = Z_t = Z$

$\dfrac{I}{y_c}$ या $\dfrac{I}{y_t}$ की जगह क्रम से Z_c और Z_t, समीकरण (12) में रखने पर

$$M_r = Z_c p_c = Z_t p_t \qquad ...(13)$$

किसी भी आकृति के अनुप्रस्थ काट के लिए

$$M = Z \times p \qquad ...(14)$$

इनमें से किसी भी समीकरण को काम लेते समय इस बात का ध्यान रखना चाहिए कि M, p, Z या I और y, E, R सबकी लम्बाई की इकाई व भार की इकाइयाँ एक हों। उदाहरण के लिए समीकरण (14) मे यदि M की इकाई kg-cm है तो Z की cm^3 और p की इकाई kg/cm^2 होनी चाहिए। S.I. पद्धति में M की इकाई N-m या N-mm Z की इकाई m^3 या mm^3 तथा p की इकाई N/mm^2 होती है।

5·5. इकाइयाँ (units)

M = kg cms, t-cm, kg-m या t-m, N-mm or N-m (S I में)

I = cm^4 या m^4 या mm^4

Z = cm^3 या m^2 या $(mm)^3$

p = kg/cm^2, t/cm^2, kg/m^2, t/m^2 या N/mm^2

y = cms, metres, या mm

प्रतिरोध घूर्ण M हमेशा बाहरी बल द्वारा उत्पन्न B.M. के बराबर होता है। उदाहरण के लिए यदि L पाट वाले शुद्धालम्ब धरन के मध्य बिन्दु पर W अधिकेन्द्रित भार कार्य करता है तो धरन में अधिकतम B.M. $\dfrac{WL}{4}$ होता है और धरन के पाट के मध्य बिन्दु पर होता है। इस B.M. को सन्तुलन में रखने के लिए धरन के अनुप्रस्थ काट में इस B.M. के बराबर और इसके उल्ट प्रवृत्ति का प्रतिरोध घूर्ण (M_r) अपने आप उत्पन्न हो जाता है। इसलिए प्रतिरोध घूर्ण (M_r) का मान हमेशा उस बिन्दु पर B.M. के मान के बराबर होता है।

उदाहरण 1. एक 5m पाट के धरन का जड़ता घूर्ण 10^7 mm^4 है और इसके मध्य पाट पर एक 20 kN का अधिकेन्द्रित भार कार्य कर रहा है। यदि धरन के अनुप्रस्थ काट की गहराई 200 mm और अनुमत (Permissible) प्रतिबल 100 N/mm^2 हो तो बताओ धरन सुरक्षित है या नहीं।

हल :

धरन के मध्य में B.M. अधिकतम होता है

$$\text{इसलिए अधिकतम B.M.} = \frac{WL}{4} = \frac{20 \times 5}{4} \text{ kN-m}$$

$$= \frac{20 \times 1000 \times 5 \times 1000}{4}$$

$$= 250 \times 10^5 \text{ N-mm}$$

$$\frac{M}{I}=\frac{p}{y}, \quad \frac{25\times10^6}{10^7}=\frac{p}{100}$$

क्योंकि $I=10^7 \text{ mm}^4, \; y=\frac{d}{2}=\frac{200}{2}=100 \text{ mm}$

$$\therefore \qquad p=250 \text{ N/mm}^2$$

क्योंकि अनुमत प्रतिबल केवल 100 N/mm^2 है जबकि वास्तव में 250 N/mm^2 प्रतिबल उत्पन्न हो रहा है, इससे साफ है कि धरन सुरक्षित नहीं है ।

उदाहरण 2. 10m पाट का धरन कितना सम्बांटित (U.D.L.) भार उठा सकता है, यदि धरन का जड़ता घूर्ण (1) 10×10^7 mm^4 अनुमत (Permissible) प्रतिबल 150 N/mm^2 और अनुप्रस्थ काट की गहराई 200 mm हो ।

हल :

$$I=10\times10^7 \text{ mm}^4, \quad y=\frac{200}{2}=100 \text{ mm}$$

इसलिए $Z=\frac{1}{y}=\frac{10\times10^7}{100}=1\times10^6 \text{ mm}^3$

अब समीकरण $M=p\times Z$ में मान रखने पर

$$M=1\times10^6\times150 \text{ (क्योंकि } p=150 \text{ N-mm}^2)$$
$$=15\times10^7 \text{ N/mm} \qquad \ldots(1)$$

मान लो धरन के पाट पर w N/m का सम्बांटित भार कार्य कर रहा है ।

अधिकतम $\text{B.M.}=\frac{wL^2}{8}$

$$=\frac{w\times(10)^2}{8}\text{N/m}$$

$$=\frac{w\times(10)^2\times1000}{8} \text{ N-mm} \qquad \ldots(2)$$

(1) और (2) को बराबर करने पर

$$\frac{w\times(10)^2\times1000}{8}=15\times10^7$$

$$w=\frac{15\times10^7\times8}{(10)^2\times1000}=12000 \text{ N}$$

उदाहरण 3. (S.I. units) 8000 mm पाट (span) के शुद्धालम्ब धरन पर एक 10000 N/m का सम्बांटित भार पूरे पाट पर कार्य कर रहा है । यदि अनुमत प्रतिबल 200 N/mm^2 हो तो धरन का आकृति मापांक (Section Modulus) ज्ञात करो ।

हल :

$$\text{अधिकतम B.M.} = \frac{wL^2}{8}$$

$$= \frac{10000 \times (8000)^2}{1000 \times 8}$$

$$= 8 \times 10^7 \text{ N-mm}$$

$$M = Z \times p$$

$$8 \times 10^7 = Z \times 200$$

$$Z = \frac{80000000}{200} = 400000 \text{ mm}^3$$

5·6 ऊपर देखा है कि किसी भी खण्ड (Section) का जड़ता घूर्ण 1, $\Sigma d_A y^2$ के बराबर होता है। यह जड़ता घूर्ण खण्ड (Section) के गुरुत्व केन्द्र में से गुजरती हुई रेखा पर होता है। इसलिए x-axis पर जड़ता घूर्ण I_{XX}, $\int d_A y^2$ के बराबर और y-axis पर इसी खण्ड का जड़ता घूर्ण I_{YY}, $\int d_A x^2$ के बराबर होता है।

या $\qquad I_{XX} = \int d_A y^2$

और $\qquad I_{YY} = \int d_A x^2$

अब यदि x-axis या y-axis के अलावा किसी अन्य रेखा पर जड़ता घूर्ण ज्ञात करना हो तो नीचे दी गई विधियों से ज्ञात किया जा सकता है।

(*a*) **पहली विधि समांतराक्ष प्रमेय** (Theorem of Parallel axis)

मान लो x-x और y-y चित्र 5·4 में दिखाए हुए खण्ड के गुरुत्व केन्द्र में से गुजरती हुई रेखाएँ हैं और निर्देशांक OX और OY से इनकी दूरियाँ क्रमशः h_1 और h_2 हैं।

अब x-x और y-y से y और x की दूरी पर खण्ड का एक बहुत ही सूक्ष्म क्षेत्रफल δ_a लो।

δ_a क्षेत्रफल का x-x पर जड़ता घूर्ण $\delta_a y^2$ और y-y पर $\delta_a x^2$ होगा।

δ_a का OX पर जड़ता घूर्ण $\delta_a (h_1+y)^2$ और OY पर $\delta_a (h_2+x)$ होगा।

पूरे खण्ड का जड़ता घूर्ण OX पर

$I_{OX} = \int \delta_a (h_1 + y)^2$

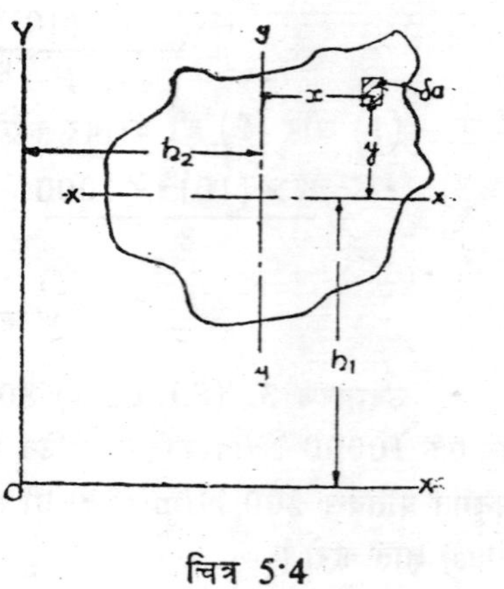

चित्र 5·4

$$\int \delta_a \,(h_1^2 + y^2 + 2h_1 y)$$
$$\int \delta_a h_1^2 + \int \delta_a y^2 + 2\int \delta_a h_1 y$$

$\int \delta_a h_1 y$ का मान बहुत ही कम होता है इसलिए इसे शून्य मान लेते हैं। $\int \delta_a y^2$, I_{XX} के बराबर है जैसा कि पहले ही सिद्ध किया जा चुका है लेकिन $\int \delta_a h_1^2 = A h_1^2$ के बराबर होता है।

इसलिए $\qquad I_{OX} = I_{XX} + A h_1^2$

इसी प्रकार $\qquad I_{OY} = I_{YY} + A h_2^2$

(*b*) **दूसरा प्रस्ताव** (Proposition II)

जब किसी क्षेत्रफल का जड़ता घूर्ण *x*-axis या *y*-axis पर ज्ञात न करके z-axis पर ज्ञात करना हो तो इस प्रस्ताव में जो विधि बताई गई है, काम में ली जाती है।

इसमें सिद्ध करेंगे कि I_{ZZ}, I_{XX} और I_{YY} के योग के बराबर होता है।

या $\qquad I_{ZZ} = I_{XX} + I_{YY}$

मान लो एक खण्ड के सूक्ष्म क्षेत्रफल δ_a की दूरी निर्देशांकों से *x* और *y* है। जैसा कि चित्र 5·5 में दिखाया हुआ है।

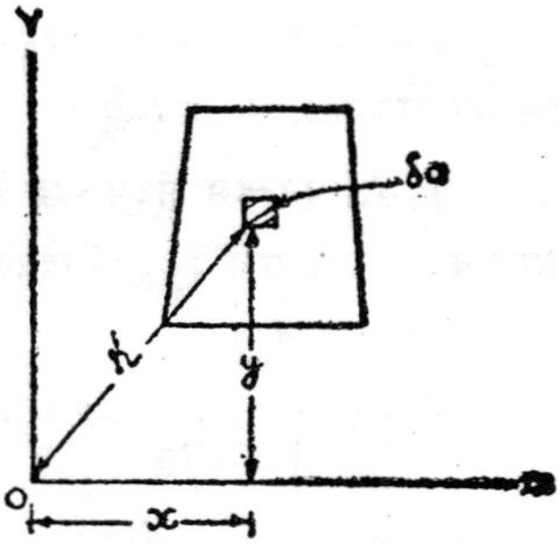

चित्र 5·5

$$r^2 = x^2 + y^2$$

इसलिए $\qquad \delta_a r^2 = \delta_a x^2 + \delta_a y^2$

पूरे खण्ड का जड़ता घूर्ण

$$\int \delta_a r^2 = \int \delta_a x^2 + \int \delta_a y^2$$

लेकिन $\qquad \int \delta_a r^2 = I_{ZZ}$

$\qquad\qquad \int \delta_a x^2 = I_{YY}$

और $\qquad \int \delta_a y^2 = I_{YY}$

इसलिए $\qquad I_{ZZ} = I_{XX} + I_{YY}$

(*c*) **तीसरा प्रस्ताव** (Proposition III)—इस प्रस्ताव में यह सिद्ध किया गया है कि एक संयुक्त रेखा चित्र का जड़ता घूर्ण, आरेख के सभी भागों के जड़ता घूर्ण के योग के बराबर होता है।

चित्र 5·6 में एक संयुक्त आरेख दिखाया हुआ है।

चित्र 5·6 में A_1 एक आयत है, A_2 एक समलम्ब और A_3 एक त्रिभुज है। तीनों क्षेत्रों में से सूक्ष्म क्षेत्रफल δ_{a1}, A_1 में से, δ_{a2}, A_2 में से, और δ_{a3}, A_3 में से लो। मान लो δ_{a1}, δ_{a2} और δ_{a3} की दूरियाँ AB रेखा से क्रमशः y_1, y_2 और y_3 हैं।

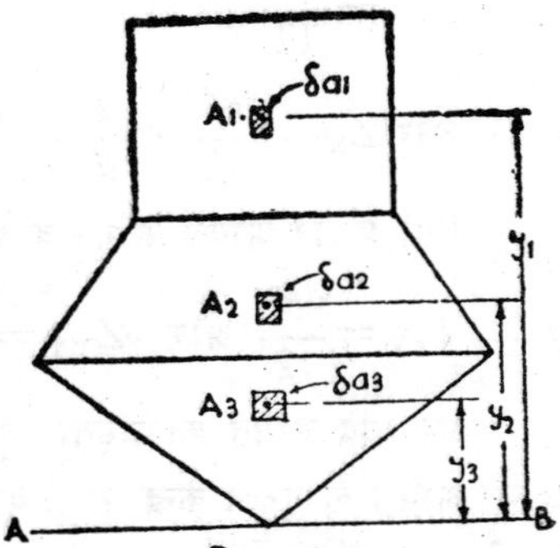

चित्र 5·6

$$I_{AB} = \int \delta_{a1} y_1^2 + \int \delta_{a2} y_2^2 + \int \delta_{a3} y_2^2$$

लेकिन $\int \delta_{a1} y_1^2 = I_{A1}$

$\int \delta_{a2} y^2 = I_{A2}$

और $\int \delta_{a3} y_3^2 = I_{A3}$

इसलिए $I_{AB} = I_{A1} + I_{A3} + I_{A2}$

2·7. साधारण खण्डों के जड़ता घूर्ण (Moment of Enertia of Simple Sections)

1. **आयताकार खण्ड** (Rectangular section) :

मान लो एक आयताकार खण्ड की गहराई d व चौड़ाई b है।

क्योंकि खण्ड की N.A. खण्ड के गुरुत्व केन्द्र में से गुजरती है इसलिए N.A. आयत को दो बराबर भागों में बाँटती है।

इसलिए N.A. खण्ड की गहराई के ठीक मध्य में से गुजरती है।

अब N.A. से y दूरी पर एक सूक्ष्म खण्ड जिसकी मोटाई dy है लो। सूक्ष्म खण्ड का क्षेत्रफल, $dy \times b$ है।

N.A. पर इस सूक्ष्म खण्ड का जड़ता घूर्ण $bdy \times y^2$ के बराबर है। पूरे आयत का जड़ता घूर्ण I_{XX} निकालने के लिए।

$$I_{XX} = \int_{-d/2}^{d/2} d \times dy \times y^2$$

$$= b \left[\frac{y^3}{3} \right]_{-d/2}^{d/2}$$

$$= b \left[\frac{d^3}{24} + \frac{d^3}{24} \right]$$

$$= \frac{bd^3}{12}$$

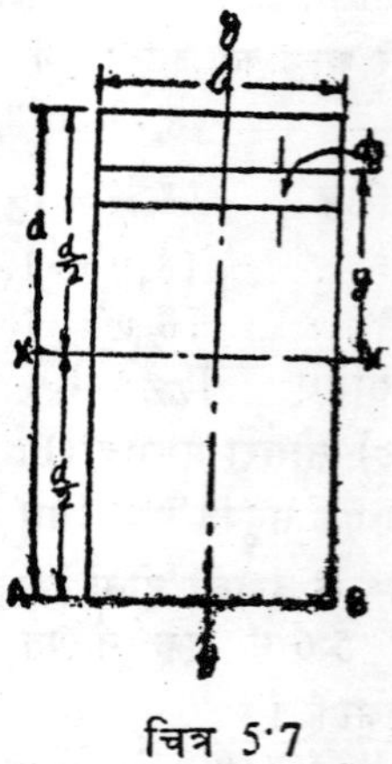

और $Z_{XX} = \frac{bd^3}{12} \times \frac{2}{d} = \frac{bd^2}{6}$

चित्र 5·7

इसी प्रकार आयत के गुरुत्व केन्द्र में से होती हुई y-y axis पर जड़ता घूर्ण

$I_{YY} = \frac{db^3}{12}$ और $Z_{YY} = \frac{db^2}{6}$ होता है।

अब यदि आयत का जड़ता घूर्ण x-x के समानान्तर किसी अन्य रेखा AB पर, जो आयत के गुरुत्व केन्द्र से h दूरी पर है, तो इसे $I_{AB} = I_{XX} + Ah^2$ समीकरण से मालूम किया जा सकता है।

या $$I_{AB}=I_{XX}+Ah^2$$
$$=\frac{bd^3}{12}+b\times d\times h^2$$

मान लो AB रेखा आयत के नीचे या ऊपर छूती हुई गुजरती है तो h, $\frac{d}{2}$ के बराबर हो जाता है ।

इसलिए $$I_{AB}=\frac{bd^3}{12}+b\times d\times\left(\frac{d}{2}\right)^2$$
$$=\frac{bd^3}{12}+\frac{bd^3}{4}$$
$$=\frac{bd^3}{3}$$

2. खोखला आयताकार खण्ड (Hollow rectangular section) :

मान लो एक खोखले आयत के बाहरी नाप B और D हैं जबकि अन्दर के नाप क्रमशः b और d हैं ।

ऐसे खण्डों में पहले इसे ठोस आयत मानकर जड़ता घूर्ण ज्ञात कर लेते हैं और फिर इसमें से खोखले आयत का जड़ता घूर्ण निकाल देते हैं ।

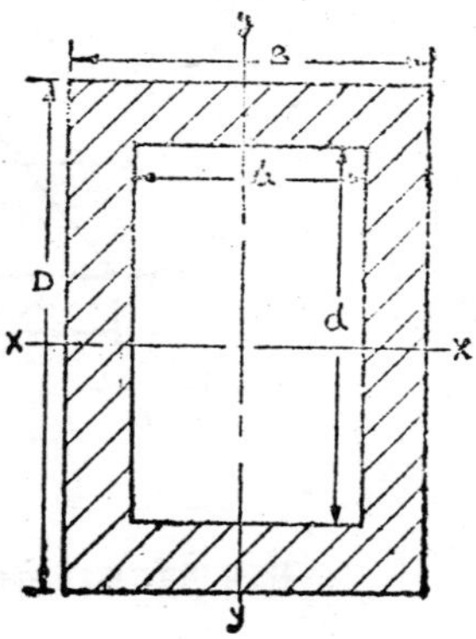

चित्र 5·8

ठोस आयत का x-axis पर जड़ता घूर्ण $=\frac{BD^3}{12}$

अन्दर वाले खोखले आयत का x-axis पर जड़ता घूर्ण $=\frac{bd^3}{12}$

इसलिए कुल खोखले आयत का जड़ता घूर्ण $I_{XX}=\frac{BD^3}{12}-\frac{bd^3}{12}$

या $$Z_{XX}=\left(\frac{BD^3-bd^3}{12}\right)\times\frac{2}{D}$$
$$=\left(\frac{BD^3-bd^3}{6D}\right)$$

इसी प्रकार y-axis पर जड़ता घूर्ण

$$I_{YY}=\frac{DB^3—db^3}{12} \quad \text{और} \quad Z_{YY}=\frac{DB^3—db^3}{6B}$$

ध्यान रहे यह तभी उचित होता है जब ठोस और खोखले आयताकार खण्डों की C.G. एक ही रेखा पर होती है तथा खण्ड संममित होता है ।

3. **त्रिभुजीय खण्ड** (Triangular section) :

मान लो त्रिभुज का आधार (base) b और ऊँचाई h है । त्रिभुज की x-axis से y ऊपर त्रिभुज की dy मोटाई की एक सूक्ष्म पट्टी की चौड़ाई $\frac{b}{h}\left(\frac{2}{3}h—y\right)$ होगी ।

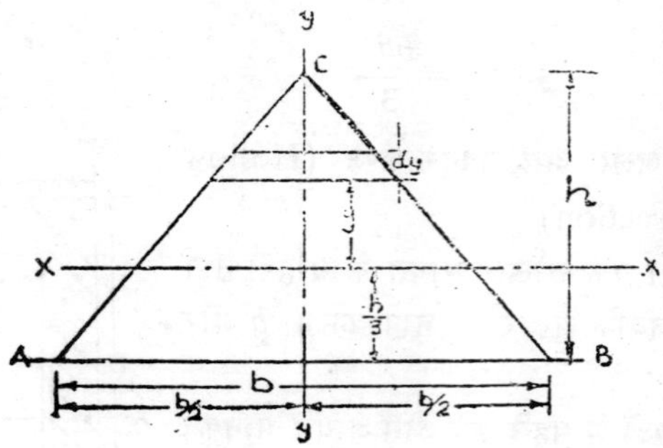

चित्र 5·9

$$\text{इस सूक्ष्म पट्टी का क्षेत्रफल}=\frac{b}{h}\left(\frac{2}{3}h—y\right)\times dy$$

इसलिए
$$I_{XX}=\int_{-\frac{h}{3}}^{+\frac{2}{3}h}\frac{b}{h}\left(\frac{2}{3}h—y\right)y^2by$$

$$=\int_{-\frac{h}{3}}^{+\frac{2}{3}h}\frac{b}{h}\left(\frac{2}{3}hy^2—y^3\right)dy$$

$$=\frac{b}{h}\left[\frac{2}{3}\times\frac{h}{3}\,y^3-\frac{y^4}{4}\right]_{-\frac{h}{3}}^{+\frac{2}{3}h}$$

$$=\frac{b}{h}\times\frac{27h^4}{4\times243}$$

$$=\frac{bh^3}{36}$$

त्रिभुज का I_{YY} ज्ञात करने के लिए, त्रिभुज की C.G में से y-axis गुजारो। इससे ABC त्रिभुज दो बराबर छोटे त्रिभुजों में बँट जाता है और दोनों छोटे त्रिभुजों का आधार (base) y-axis पर ही है। त्रिभुज की ऊँचाई $\frac{b}{2}$ है और त्रिभुज का आधार h है।

इसलिए ABC पूरे त्रिभुज का y-axis पर I_{YY}, दोनों छोटे त्रिभुजों के आधार पर जो जड़ता घूर्ण होता है, इनका योग होता है।

अर्थात् $$I_{YY}=\frac{h(b/2)^3}{12}+\frac{h(b/2)^3}{12}$$

$$=\frac{hb^3}{12\times8}+\frac{hb^3}{12\times8}$$

$$=\frac{hb^3}{48}$$

4. **वृत्ताकार खण्ड** (Circular section) :

पहली विधि

वृत्ताकार खण्ड का एक केन्द्रक वलय (concentric ring) लो। मान लो इस एक केन्द्रक वलय की मोटाई dy है और इसकी त्रिज्या y है।

(छल्ला) वलय का क्षेत्रफल $=2\pi\ ydy$

$$I_{ZZ}=\int_0^R 2\pi y\,dy\times y^2$$

$$=2\pi\int_0^R y^3dy$$

$$=2\pi\left[\frac{y^4}{4}\right]_0^R$$

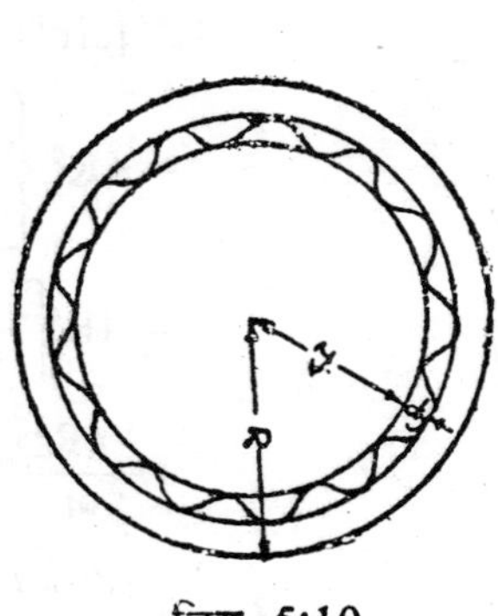

चित्र 5·10

$$=2\pi\frac{R^4}{4}$$

$$=\frac{2\pi d^4}{(2)^4\times 4}=\frac{\pi d^4}{32}$$

लेकिन पहले सिद्ध कर चुके हैं कि $I_{ZZ}=I_{XX}+I_{YY}$

इसलिए $I_{XX}+I_{YY}=I_{ZZ}$

लेकिन वृत्ताकार खंड के लिए I_{XX}, I_{YY} के बराबर होता है।

इसलिए $I_{ZZ}=2\,I_{XX}$

या $$I_{XX}=\frac{I_{ZZ}}{2}=\frac{\pi d^4}{32}\times\frac{1}{2}=\frac{\pi d^4}{64}$$

दूसरी विधि

वृत्ताकार खंड की x-x के समान्तर dy मोटाई की y दूरी पर एक पट्टी लो।

$$y=R\sin\theta$$

पट्टी का क्षेत्रफल $\delta_a=2R\cos\theta\times dy$

लेकिन $dy=R\cos\theta\, d\theta$

इसलिए $\delta_a=2R\cos\theta\times R\cos\theta\, d\theta$

$$=2R^2\cos^2\theta d\theta$$

इसलिए $I_{XX}=\int\delta_a y^2$

$$=\int_{-\pi/2}^{\pi/2}2R^2\cos^2\theta d\theta\times R^2\sin^2\theta$$

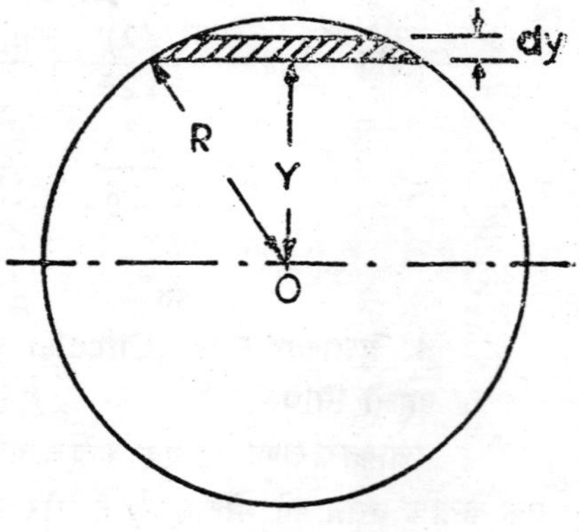

चित्र 5·11

$$4R^4\int\sin^2\theta(I-\sin^2\theta)d\theta$$

$$=4R^4\left\{\int_0^{\pi/2}\sin^2\theta d\theta-\int_0^{\pi/2}\sin^4\theta\, d\theta\right\}$$

$$=4R^4\left[\frac{1}{2}\times\frac{\pi}{2}-\frac{3}{4}\times\frac{1}{2}\times\frac{\pi}{2}\right]$$

$$=\frac{\pi R^4}{4}=\frac{\pi d^4}{64}\text{ क्योंकि } R=\frac{d}{2}$$

$$Z_{XX}=\frac{\pi d^4}{64\times d/2}=\frac{\pi d^3}{32}$$

यदि वृत्ताकार खंड खोखला हो, जिसका बाहरी व्यास D व अन्दर का व्यास d हो तो I_{XX} आसानी से ज्ञात किया जा सकता है ।

या $$I_{XX}=\frac{\pi D^4}{64}-\frac{\pi d^4}{64}$$

$$=\frac{\pi}{64}(D^4-d^4)$$

और $$Z_{XX}=\frac{\pi}{64}(D^4-d^4)\times\frac{2}{D}=\frac{\pi}{32D}(D^4-d^4)$$

5·8. खंडों का सामर्थ्य (Strength of Sections)

किसी खंड की सामर्थ्य खंड के अनुप्रस्थ काट के क्षेत्रफल की बजाय N.A से क्षेत्रफल की स्थिति पर अधिक निर्भर करती है । यदि एक खंड का क्षेत्रफल खंड के N.A के बिलकुल पास लगा दिया जाता है तो इसका जड़ता घूर्ण बहुत कम होता है और अगर वही क्षेत्रफल N.A से दूर लगा दिया जाता है तो इसका जड़ता घूर्ण कई गुना बढ़ जाता है ।

उदाहरण 4. एक चीड़ का धरन जिसका अनुप्रस्थ काट 30 cm × 10 cm है इसकी सामर्थ्यता की निम्न दोनों परिस्थितियों में तुलना करें ।

I. धरन की 10 cm वाली रेखा के समानान्तर अक्ष पर बंकित होता है ।

II. धरन की 30 cm वाली रेखा के समानान्तर अक्ष पर बंकित होता है ।

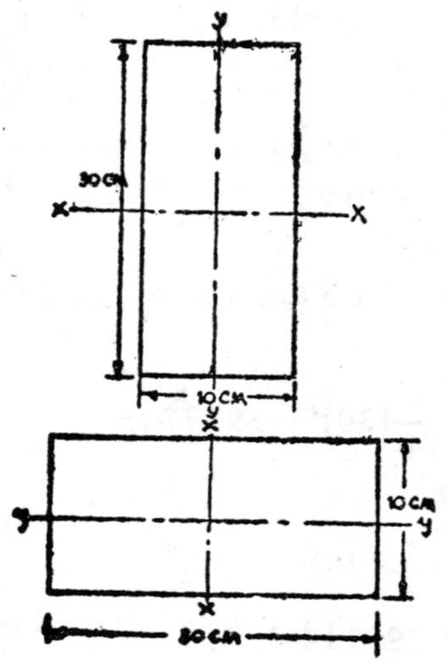

चित्र 5·12

हल : $$I_{XX}=\frac{bd^3}{12}$$

$$Z_{XX}=\frac{bd^2}{6}$$
$$=\frac{10\times(30)^2}{6}=1500\ cm^3=15\times10^5\ mm^3$$
$$Z_{YY}=\frac{bd^2}{6}=\frac{30\times(10)^2}{6}=500\ cm^3=5\times10^5\ mm^3$$

बंकन समीकरण $M=fZ$ को देखिए। धरन 10 cm के समानान्तर अक्ष पर मुड़े या 30 cm के समानान्तर अक्ष पर, चीड़ के लिए सुरक्षित प्रतिबल p एक ही होता है और इसलिएं धरन की सामर्थ्यता खंड के Z पर ही निर्भर करती है।

इस उदाहरण में दोनों Z की तुलना करें तो ज्ञात होता है कि पहली स्थिति में धरन दूसरी स्थिति में तीन गुना अधिक शक्तिशाली है।

उदाहरण 5. चित्र 5·13 में दिखाए हुए एक आयताकार खंड का AB और CD पर जड़ता घूर्ण ज्ञात करो।

$$I_{XX}=\frac{bd^3}{12}=\frac{12\times(24)^3}{12}=13824\ cm^4=13824\times10^4 mm^4$$

$$I_{AB}=I_{XX}+Ah^2$$
$$=13824+12\times24\times(30)^2$$
$$=13824+259200$$
$$=273024\ cm^4$$
$$I_{YY}=\frac{24\times(12)^3}{12}=3456\ cm^4$$
$$I_{CD}=I_{YY}+Ah^2$$
$$=3456+12\times24\times(20)^2$$
$$=3456+115200$$
$$=118656\ cm^2$$

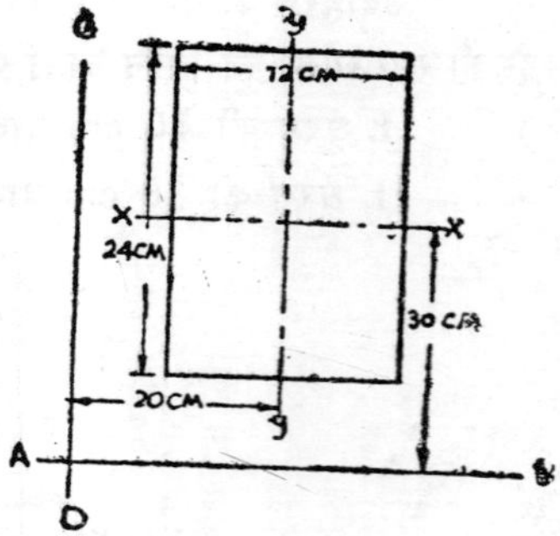

चित्र 5·13

उदाहरण 6. चित्र 5·14 में दिखाए हुए एक वृत्ताकार खंड का AB रेखा पर जड़ता पूर्ण ज्ञात करो।

$$I_{XX}=\frac{\pi}{64}D^4=\frac{\pi}{64}(30)^4=39777\ cm^4$$
$$I_{AB}=I_{XX}+Ah^2$$
$$=39777+\frac{\pi}{4}(30)^2\times(18)^2$$
$$=39777+229114{\cdot}3$$
$$=268891{\cdot}3\ cm^4$$

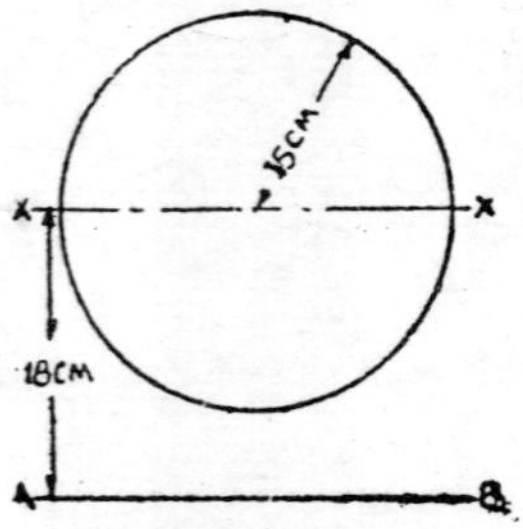

चित्र 5·14

उदाहरण 7. एक 20 cm × 12 cm × 1 cm I खंड का जड़ता घूर्ण I_{XX}, I_{YY} और खंड के निचले फ्लैंज की निचली सतह पर ज्ञात करो।

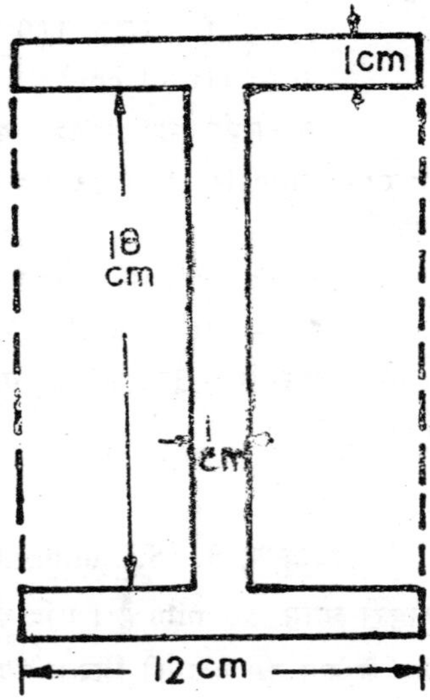

चित्र 5·15

हल : I_{XX} निकालने के लिए खंड N. A पर सममित है। ऐसे खंडों का जड़ता घूर्ण ज्ञात करने की दो विधियाँ हैं।

पहली विधि—12 × 20 cm के धरन के अनुप्रस्थ को पहले एक ठोस आयत मानकर इसका जड़ता घूर्ण ज्ञात करो और उसमें से जो खंड नहीं है, उसका जड़ता घूर्ण घटा दो। **याद रहे यह विधि केवल सममित खंडों** (Symmetrical sections) **में ही लागू होती है, असममित खंडों में नहीं।**

ठोस आयताकार खंड का x-axis पर जड़ता घूर्ण$=\dfrac{12\times(20)^3}{12}$, जो भाग खंड में नहीं है वह चित्र 5·15 में दिखाया हुआ है इसका घूर्ण x-axis$=\dfrac{11\times(18)^3}{12}$

$$I_{XX}=\frac{12\times(20)^3}{12}-\frac{11\times(18)^3}{12}=2654 \text{ cm}^4$$

I_{YY} के लिए देखते हैं कि N.A खंड के तीनों आयतों की C.G में से गुजरती है।

$$\text{इसलिए } I_{YY}=\frac{18\times(1)^3}{12}+\frac{1\times(12)^3}{12}+\frac{1\times(12)^3}{12}$$

$$=1\cdot5+144+144=289\cdot5 \text{ cm}^4$$

दूसरी विधि—खंड को तीन छोटे-छोटे आयतों में बाँट दो, एक वेब (Web) और दो खंड दोनों फ्लैंज। जैसे कि चित्र 5·16 में दिखाया हुआ है।

x-axis web की C.G में से गुजरती है।

$$\text{इसलिए web का जड़ता घूर्ण } x\text{-axis पर}=\frac{1\times(18)^3}{12}=486 \text{ cm}^4$$

ऊपरी व निचले flange का जड़ता घूर्ण निकालने के लिए parallel axis Theorem (समांतराक्ष प्रमेय) को काम में लेवें।

एक flange का अपनी C.G पर ही जड़ता घूर्ण

$$=\frac{12\times(1)^3}{12}=1 \text{ cm}^4$$

Parallel axis theorem द्वारा 1 cm^4 जड़ता घूर्ण को x-axis पर ले जाओ ।

$$I_{XX} = 1 + 12 \times 1(9{\cdot}5)^2$$
$$= 1084\ cm^2$$

इतना ही दूसरे flange का जड़ता घूर्ण होगा । Proposition III द्वारा पूरे खंड का जड़ता घूर्ण x-axis पर

$$= 1084 + 1084 + 486$$
$$= 2654\ cm^4.$$

अंसममित खंडों के लिए यह विधि बहुत ही महत्त्वपूर्ण है ।

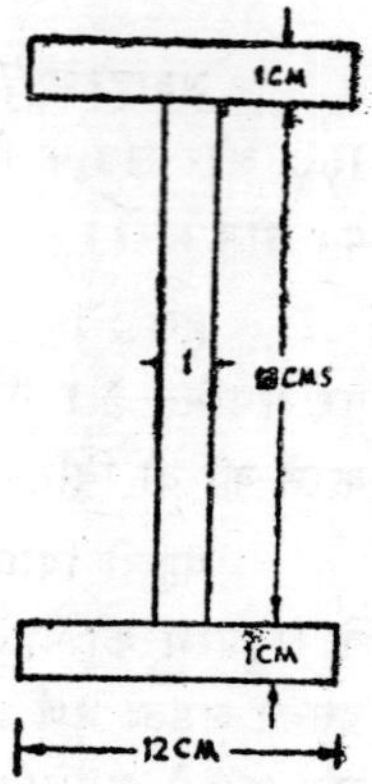

चित्र 5·16

उदाहरण 8. (S.I. units) एक लोहे के पाईप का अन्दर का व्यास 45 mm व बाहरी व्यास 50 mm है । यदि इस पाईप को वृत्ताकार वक्र में मोड़ना हो तो बताओ कम से कम इस वक्र की त्रिज्या क्या होगी ? सुरक्षित प्रतिबल 100 N/mm² और $E = 2 \times 10^5 N/mm^2$ । खंड का बंकन प्रतिरोध भी ज्ञात करो ।

हल : $$\frac{M}{I} = \frac{p}{y} = \frac{E}{R}$$

$$R = \frac{E \times y}{p} = \frac{2 \times 10^5 \times 25}{100}$$
$$= 50000\ mm$$

$$\frac{M}{I} = \frac{p}{y},\ I = \frac{\pi}{64}\Big((50)^4 - (45)^4\Big)$$

$$= \frac{\pi}{64} \times 2149375 = 105550\ mm^4$$

$$M = \frac{pI_{XX}}{y} = \frac{100}{25} \times 105550$$
$$= 422200\ N\text{-}mm$$

उदाहरण 9. एक लकड़ी की गोल बल्ली में से एक आयताकार खंड काटना है । खंड की गहराई और चौड़ाई में क्या अनुपात होना चाहिए ताकि खंड का बंकन प्रतिरोध अधिकतम हो ? बल्ली का व्यास D है ।

हल : किसी भी खंड का बंकन प्रतिरोध, खंड के Z पर निर्भर करता है। इसलिए जिस खंड का अधिकतम Z होता है, वही खंड अधिकतम बंकन प्रतिरोध उत्पन्न कर सकता है। मान लो आयताकार खंड की चौड़ाई b व गहराई d है। चित्र 5·17 देखो।

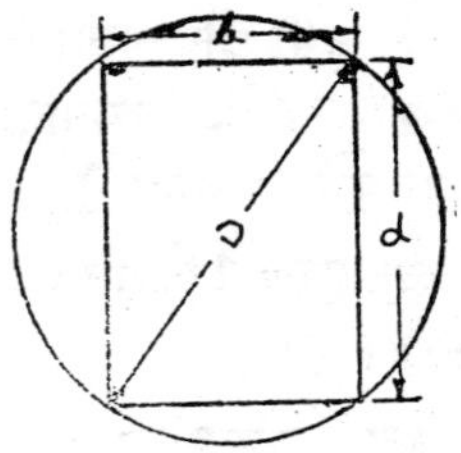

चित्र 5·17

$$Z=\frac{bd^2}{6}$$

$$b^2+d^2=D^2 \text{ or } d=\sqrt{D^2-b^2}$$

$$Z=\frac{db^2}{6}=\frac{b\sqrt{(D^2-b^2)}}{6}$$

अवकलन करके शून्य के बराबर रखने पर

$$\frac{d_X}{db}=\frac{D^2}{6}-\frac{3b^2}{6}=0$$

$$\frac{b^2}{2}=\frac{D^2}{6}$$

$$b=\sqrt{\frac{D^2}{3}}=\frac{D}{\sqrt{3}}$$

$$d=\sqrt{D^2-\left(\frac{D}{\sqrt{3}}\right)^2}$$

$$=\sqrt{D^2-\frac{D^2}{3}}=\frac{\sqrt{2}D}{\sqrt{3}}$$

इसलिए $\frac{d}{b}=\frac{\sqrt{2}}{\sqrt{3}}D\times\frac{\sqrt{3}}{D}=\sqrt{2}$

5·9. असममित (Unsymmetrical) खंडों में जड़ता घूर्ण

असममित खंडों का नीचे दी गई विधि द्वारा जड़ता घूर्ण ज्ञात करना चाहिए।

1. खंड की C.G ज्ञात करो। क्योंकि खंड असममित हैं और N.A, C.G में से गुजरती है इसलिए N.A की स्थिति ज्ञात करने के लिए C.G का ज्ञात करना आवश्यक है।

2. पूरे खंड को छोटे-छोटे भागों में आयताकार या त्रिभुजीय खंडों में बाँट लिया जाता है। इन सभी खंडों के जड़ता घूर्ण सभी खंडों की अपनी ही C.G पर ज्ञात कर लिए जाते हैं।

3. सभी छोटे भागों के C.G के जड़ता घूर्ण Parallel axis Theorem द्वारा पूरे खंड की C.G की स्थानांतरित कर लेते हैं। इस प्रकार इन सब का योग पूरे खंड का जड़ता घूर्ण हो जाता है।

उदाहरण 10. चित्र 5·18 में दिखाए हुए T खंड का C.G पर जड़ता घूर्ण ज्ञात करो।

हल : खंड का कुल क्षेत्रफल $=10\times1+15\times1=25\ cm^2$

मान लो खंड की C.G नीचे से x दूरी पर है।

इसलिए $25x=10\times\frac{1}{2}+15\times8{\cdot}5$

$$=5+127{\cdot}5=132{\cdot}5$$

$$x=\frac{132{\cdot}5}{25}=5{\cdot}3 \text{ cms.}$$

Flange का अपनी ही C.G पर जड़ता घूर्ण $=\frac{10\times(1)^3}{12}=0{\cdot}833\ cm^4$ और इसकी C.G पूरे खंड की C.G से 4·8 cm पर है। web का अपनी ही C.G पर जड़ता घूर्ण

$$=\frac{1\times(15)^3}{12}=281{\cdot}25\ cm^4$$

और इसकी C.G की पूरे खंड की C.G से दूरी 3·2 cm है।

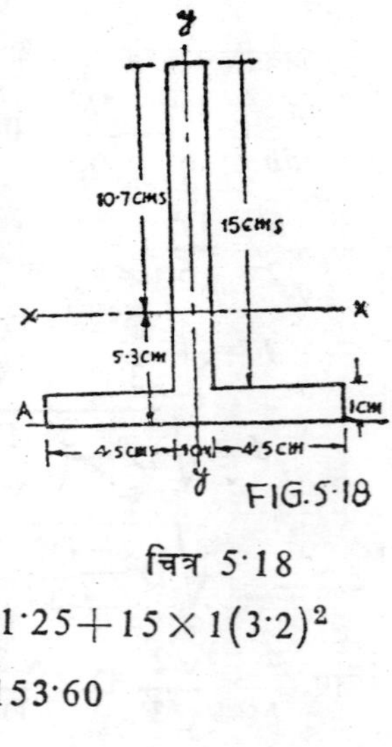

FIG.5·18

चित्र 5·18

पूरे खंड का जड़ता घूर्ण

$$I_{XX}=0{\cdot}833+10\times1\times(4{\cdot}8)^2+281{\cdot}25+15\times1(3{\cdot}2)^2$$

$$=0{\cdot}833+230{\cdot}40+281{\cdot}25+153{\cdot}60$$

$$=666{\cdot}083\ cm^4$$

$$I_{YY}=\frac{15\times(1)^3}{12}+\frac{1\times(10)^3}{12}=1{\cdot}25+\frac{1000}{12}$$

$$=1{\cdot}25+83{\cdot}33$$

$$=84{\cdot}58\ cm^4$$

I_{XX} निकालने की दूसरी विधि :

flange 9×1 cm का AB पर जड़ता घूर्ण

$$=\frac{9\times(1)^3}{4}=3\ cm^4$$

web 16×1 cm का AB घूर्ण

$$= \frac{1 \times (16)^3}{3} = 1365{\cdot}33 \text{ cm}^4$$

$I_{AB} = 1365{\cdot}33 + 3 = 1368{\cdot}33 \text{ cm}^4$

पूरे खंड की C.G से AB की दूरी 5·3 cm है

इसलिए $I_{XX} = I_{AB} - Ah^2$

$$= 1368{\cdot}33 - 25 \times (5{\cdot}3)^2$$
$$= 1368{\cdot}33 - 702{\cdot}25$$
$$= 666{\cdot}08 \text{ cm}^4$$

उदाहरण 11. 15 cm × 12 cm × 1 cm एक angle iron की C.G की स्थिति और I_{XX} और I_{YY} ज्ञात करो। चित्र 5·19 देखो।

हल : खंड का कुल क्षेत्रफल

$$= 11 \times 1 + 15 \times 1 = 26 \text{ cm}^2$$
$$= 2600 \text{ mm}^2$$

मान लो AB से C.G की दूरी y है और CD से इसकी दूरी x है।

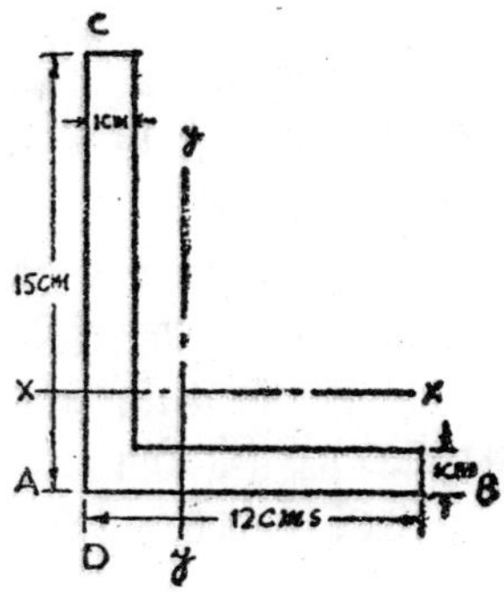

चित्र 5·19

$$26\bar{y} = 11 \times 0{\cdot}5 + 15 \times 7{\cdot}5$$

$$\bar{y} = \frac{11 \times 0{\cdot}5 + 15 \times 7{\cdot}5}{26} = \frac{5{\cdot}5 + 112{\cdot}5}{26}$$

$$= \frac{118}{26} = 4{\cdot}54 \text{ cm} = 45{\cdot}4 \text{ mm}$$

इसी प्रकार x ज्ञात करने के लिए खंड के क्षेत्रफल का C.D पर घूर्ण लो

$$26\bar{x} = 15 \times 0{\cdot}5 + 11 \times 6{\cdot}5$$
$$= 7{\cdot}5 + 71{\cdot}5$$
$$\bar{x} = \frac{79}{26} = 3{\cdot}04 \text{ cm} = 30{\cdot}4 \text{ mm}$$

$$I_{AB} = \frac{1 \times (15)^3}{3} + \frac{11 \times (1)^3}{3} = 1125 + 3{\cdot}67 = 1128{\cdot}67 \text{ cm}^4$$
$$= 11286700 \text{ mm}^4$$

$$I_{XX} = I_{AB} - Ah^2$$
$$= 1128{\cdot}68 - 26 \times (4{\cdot}54)^2$$
$$= 1128{\cdot}67 - 535{\cdot}86 = 592{\cdot}81 \text{ cm}^4 = 5928100 \text{ mm}^4$$

इसी प्रकार $I_{CD} = \dfrac{14 \times (1)^3}{3} + \dfrac{1 \times (12)^3}{3}$

$$= 4.67 + 576$$
$$= 580{\cdot}67 \text{ cm}^4 = 5806700 \text{ mm}^4$$
$$I_{YY} = I_{CD} - Ah^2$$
$$= 580{\cdot}67 - 26 \times (3{\cdot}04)^2$$
$$= 580{\cdot}67 - 240{\cdot}24.$$
$$= 340{\cdot}43 \text{ cm}^4$$
$$= 3404300 \text{ mm}^4$$

उदाहरण 12. चित्र 5·20 में दिखाए हुए चेनल (Channel) खंड की C.G की स्थिति व I_{XX} और I_{YY} ज्ञात करो।

हल : खंड x-x पर सममित है, इसलिए X-axis, खण्ड की गहराई के मध्य में है।

y-y की स्थिति ज्ञात करने के लिए, पूरे खण्ड का C.D पर घूर्ण लो।

$$56\bar{y} = 10 \times 2 \times 5 + 10 \times 2 \times 5 + 16 \times 1 \times 0{\cdot}5$$
$$= 100 + 100 + 8 = 208$$

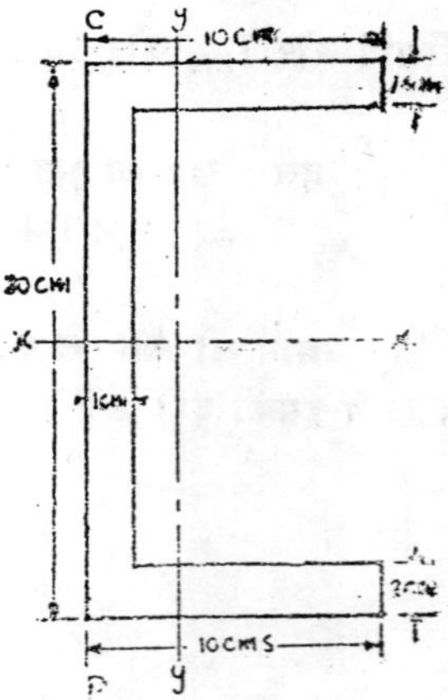

चित्र 5·20

$$\bar{y} = \frac{208}{56} = 3{\cdot}714 \text{ cm} = 37{\cdot}14 \text{ mm}$$

$$I_{XX} = \frac{10 \times (20)^3}{12} - \frac{9 \times (16)^3}{11}$$
$$= 6666{\cdot}67 - 3072{\cdot}00$$
$$= 3594{\cdot}67 \text{ cm}^4 = 35946700 \text{ mm}^4$$

I_{XX} ज्ञात करने के लिए पहले I_{CD} ज्ञात करो।

$$I_{CD} = \frac{2 \times (10)^3}{3} + \frac{2 \times (10)^3}{3} + \frac{16 \times (1)^3}{3}$$
$$= 666{\cdot}67 + 666{\cdot}67 + 5{\cdot}33$$
$$= 1338{\cdot}667 \text{ cm}^4 = 13386670 \text{ mm}^4$$

$$I_{YY} = I_{CD} - Ah^2$$
$$= 1338{\cdot}67 - 56 \times (3{\cdot}7)^2$$
$$= 1338{\cdot}67 - 770{\cdot}56$$
$$= 568{\cdot}11 \text{ cm}^4 = 5681100 \text{ mm}^4$$

उदाहरण 13. चित्र 5·21 में दिखाए हुए I खंड का ऊपरी फ्लेंज 10cm × 2 cm, नीचे वाला फ्लेंज 20 cm × 3 cm और वेब (Web) 30 cm × 2cm है। खण्ड का I_{XX} और I_{YY} ज्ञात करो।

यदि इस खण्ड को 5 m पाट पर धरन के रूप में काम लिया गया है और सुरक्षित प्रतिबल 1000kg/cm² सम्पीडन में तथा 500 kg/cm² तनाव में हो तो सुरक्षित समबाँटित भार जो यह खण्ड उठा सकता है, ज्ञात करो।

हल :

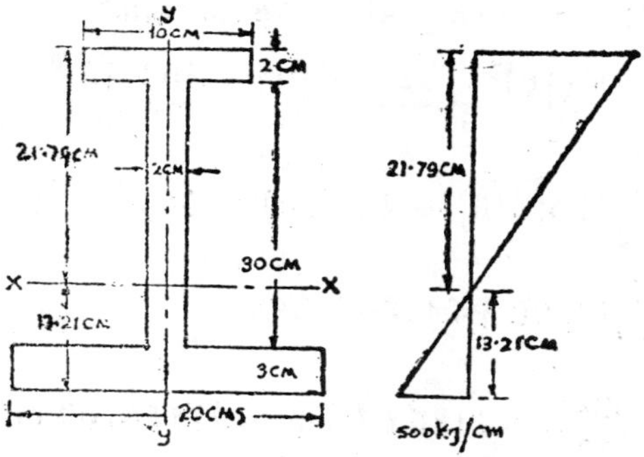

चित्र 5·21

खण्ड का कुल क्षेत्रफल $= 20 \times 3 + 30 \times 2 + 10 \times 2$
$$= 60 + 60 + 20$$
$$= 140 \text{ cm}^2 = 14000 \text{ mm}^2$$

मान लो खण्ड के नीचे से C.G x दूरी पर है।

$$140\, x = 20 \times 3 \times \tfrac{3}{2} + 30 \times 2 \times 18 + 10 \times 2 \times 34$$
$$= 90 + 1080 + 680$$
$$= 1850$$

$$x = \frac{1850}{140} = 13{\cdot}21 \text{ cms} = 132{\cdot}1 \text{ mm.}$$

ऊपरी flange का अपनी ही C.G पर जड़ता घूर्ण

$$= \frac{10 \times (2)^3}{12} = 6{\cdot}67 \text{ cm}^4$$ और इसकी दूरी पूरे खण्ड की C.G से 20·79 cm पर है।

नीचे वाले flange का जड़ता घूर्ण अपनी ही C.G पर

$$=\frac{20\times(3)^3}{12}=45\ cm^4$$ और यह पूरे खण्ड की C.G से

11·71 cm पर है।

इसी प्रकार Web का जड़ता घूर्ण अपनी ही C.G पर

$$=\frac{2\times(30)^3}{12}=4500\ cm^4$$ और इसकी C.G पूरे खण्ड

की C.G से 4·79 cm पर है।

$$I_{XX}=6{\cdot}67+10\times2\times(20{\cdot}79)^2+4500+60\times(4{\cdot}79)^2+45+20\times3\times(11{\cdot}71)^2$$

$$=8651{\cdot}17+5877{\cdot}0+8227{\cdot}5$$

$$=22755{\cdot}67\ cm^4=227556700\ mm^4$$

$$I_{YY}=\frac{2\times(10)^3}{12}+\frac{3\times(20)^3}{12}+\frac{30\times(2)^3}{12}$$

$$=\frac{1}{12}\{2\times(10)^3+3\times(20)^3+30\times(2)^3\}$$

$$=\frac{1}{12}(2000+24000+240$$

$$=\frac{26240}{12}=2186{\cdot}67\ cm^4=21866700\ mm^4$$

मान लो धरन पर समबांटित भार w/m कार्य कर रहा है।

इसलिए अधिकतम $B.M=\frac{wL^2}{8}$

$$\frac{w\times(5)^2}{8}\times100\ \text{kg-cm}$$

चित्र 5·21 में प्रतिबल आरेख देखो। साफ जाहिर है कि यदि ऊपरी flange में $1000 kg/cm^2$ का प्रतिबल उत्पन्न होने दिया जाता है तो नीचे वाले तनाव फ्लेंज से $606\ kg/cm^2$ का प्रतिबल उत्पन्न हो जाता है लेकिन तनाव में सुरक्षित प्रतिबल केवल $500\ kg/cm^2$ का ही है। इसलिए खण्ड का सुरक्षित बंकन प्रतिरोध ज्ञात करने के लिए $500\ kg/cm^2$ का प्रतिबल ही काम में लेंगे।

$\frac{M}{I}=\frac{P}{y}$ क्योंकि इस खण्ड का I_{XX}, I_{YY} से अधिक है इसलिए I_{XX} ही काम में लेते हैं।

$$M = \frac{p}{y} \times I = \frac{500 \times 22756}{13{\cdot}21}$$

इसलिए
$$\frac{w(5)^2 \times 100}{8} = \frac{500 \times 22756}{13{\cdot}21}$$

$$w = \frac{500 \times 22756}{13{\cdot}21} \times \frac{8}{(5)^2 \times 100} = 2756 \text{ kg}$$

5·10. संघटित खण्डों (Built-up Section) का जड़ता घूर्ण

उदाहरण 14. 25 cm × 12·5 cm × 27·9 kg के दो I खण्ड बराबर-बराबर रख कर उनके दोनों फ्लेजों को जोड़ती हुई दोनों फ्लेजों के ऊपर 40 cm × 1 cm की एक-एक प्लेट जोड़ी है जैसा कि चित्र 5·22 में दिखाया हुआ है। इस संघटित खण्ड का I_{XX} और I_{YY} निकालो। 25 cm × 12·5 cm × 27·9 kg I खण्ड के लिए $I_{XX1} = 3713 \text{ cm}^4$, $I_{YY} = 193{\cdot}4 \text{ cm}^4$ और क्षेत्रफल $A = 35{\cdot}53 \text{ cm}^2$।

हल :

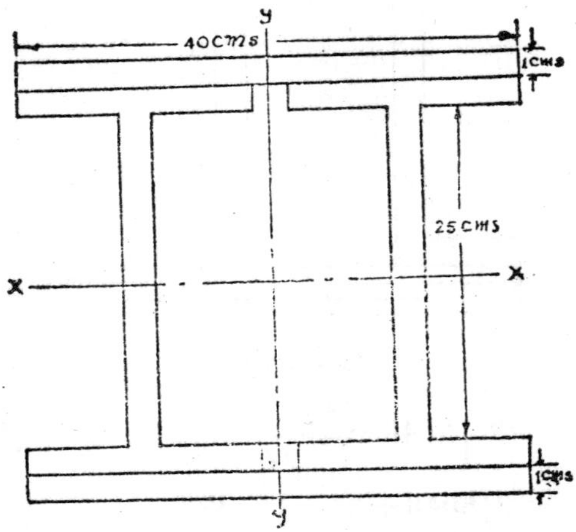

चित्र 5·22

संघटित खण्ड का I_{XX} दोनों I section के I_{XX1} का योग और 40 × 2 cm को दोनों फ्लेजों पर लगी प्लेटों के संघडित खण्ड की C.G पर जड़ता घूर्ण का योग होता है।

$$I_{XX} = 2(3714) + 2\left\{\frac{40 \times (1)^3}{12} + 40 \times 1 \times (13)^2\right\}$$

$$= 7428 + 2\left(\frac{10}{3} + 6760\right)$$

$$= 7428 + 1352थ{\cdot}67$$

$$= 20954{\cdot}67 \text{ cm}^4 = 209546700 \text{ mm}^4$$

$$I_{YY}=2\left\{193\cdot4+35\cdot53\times(13\cdot75)^2\right\}+\frac{2\times(40)^3\times1}{12}$$

$$=2(193\cdot4+6715\cdot17)+10666\cdot67$$

$$=24483\cdot8\ cm^4=244838000\ mm^4$$

उदाहरण 15. एक संघटित खण्ड 30 × 10 cm × 33·1 kg वाली दो चैनल और 36 cm × 1 cm की चार प्लेटों द्वारा जैसा चित्र 5·23 में दिखाया हुआ है, बनाया गया है। संघटित खण्ड का I_{XX} और I_{YY} ज्ञात करो। एक चेनल के लिए $I_{XX}=6048\ cm^4$, $I_{YY}=346\ cm^4$, $A=42\cdot11\ cm^2$ और $y=2\cdot55$ cm यहाँ y चेनल की C.G की चेनल की पीठ से दूरी है।

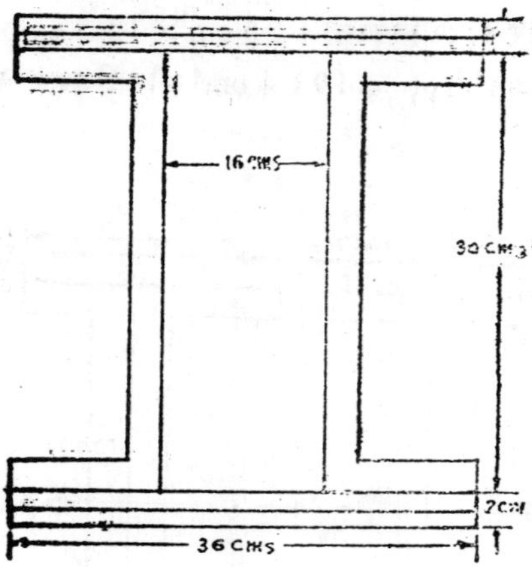

चित्र 5·23

हल : $$I_{XX}=2\left\{6048+\frac{36\times(2)^3}{12}+36\times2\times(16)^2\right\}$$

$$=2\{6048+24+18432\}$$

$$=2(24504)=49008\ cm^4$$

$$=490080000\ mm^4$$

इसी प्रकार $$I_{YY}=2\left\{346+42\cdot11\ (8+2\cdot25)^2+\frac{2\times(16)^3}{12}\right\}$$

$$=2\{346+42\cdot11\ (10\cdot55)^2+7776\cdot0\}$$

$$=2\ (12809)=25618\ cm^4=256180000\ mm^4$$

उदाहरण 16. यदि एक वर्गाकार खण्ड जैसा चित्र 5·24 में दिखाया हुआ है रखा हो तो खण्ड की सामर्थ्यता (strength) ज्ञात करो।

हल : यह तो ज्ञात ही है कि खण्ड की सामर्थ्यता खण्ड के क्षेत्रफल पर निर्भर नहीं करती बल्कि N.A से इसकी स्थिति पर निर्भर करती है।

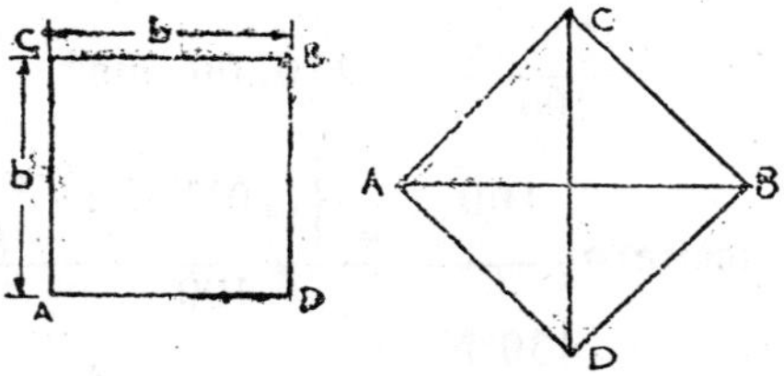

चित्र 5·24

I. जब वर्गाकार खण्ड की भुजा क्षैतिज रखी हुई है।

$$Z_1 = \frac{bd^2}{6} = \frac{b \times (b)^2}{6} = \frac{b^3}{6}$$

II. और जब वर्ग का एक विकीर्ण (diagonal) क्षैतिज होता है तो

$$AB = \sqrt{2}b$$

और ABC या ABD की ऊँचाई $\frac{b\sqrt{2}}{2}$ होती है। इसलिए इस स्थिति में खण्ड का Z_2, ABC और ABD दोनों त्रिभुजों के AB पर Z के बराबर है।

$$\text{या } Z_2 = \frac{I_{AB}}{b/\sqrt{2}} = \frac{2 \times \frac{1}{12} b\sqrt{2} \times \left(\frac{b\sqrt{2}}{2}\right)^3}{b/\sqrt{2}}$$

$$= \frac{b^3}{6\sqrt{2}}$$

$$\frac{Z_1}{Z_2} = \frac{b^3}{6} \times \frac{6\sqrt{2}}{b^3} = 1{\cdot}414$$

इसलिए क्षैतिज विकर्ण पर रखा हुआ वर्ग, क्षैतिज भुजा पर रखे वर्ग से 41·4% कमजोर होता है।

उदाहरण 17. (S.I. units) एक ढलवां इस्पात पाइप का बाहरी व्यास 200 mm व भीतरी व्यास 180 mm है। इस पाइप को 10000 mm पाट (span) पर रखा गया है। यदि पाइप पानी का पूरा भरा हुआ हो तो अधिकतम प्रतिबल पाइप में ज्ञात करो।

ढलवां इस्पात का घनत्व 7·2 gm/cm^3 और पानी का 1 gm/cm^3 है।

हल : $I_{XX} = \frac{\pi}{64}\left\{(200)^4 - (180)^4\right\}$

$$= \frac{\pi}{64} \times (16 \times 10^8 - 104976 \times 10)^4$$

$$= \frac{22}{7 \times 64} \times 550240000 = 2702 \times 10^4 \text{ mm}^4$$

$$Z_{XX}=\frac{2702\times10^4}{100}=270200\ mm^3$$

$$\text{पाइप का भार/metre}=\frac{100\times\frac{\pi}{4}\left\{(20)^2-(18)^2\right\}\times7\cdot2}{100}$$

$$=430\ N$$

पाइप की एक मीटर लम्बाई में पानी का भार

$$=\frac{\frac{\pi}{4}(180)^2\times1\times1000}{10000}=260N$$

पाइप के एक मीटर पर कुल भार $=430+260=790N$

$$B.M=\frac{wL^2}{8}=\frac{690\times(1000)^2}{8}N\text{-mm}$$

$$=86250\times100\ N\text{-mm.}$$

$$M=p\times Z$$

$$p=\frac{M}{Z}=\frac{86250\times100}{270200}=31\cdot92\ N/mm^2$$

उदाहरण 18. एक 40 mm × 40 mm के धरन का प्रयोगशाला में परीक्षण किया गया। इसे जब 1 m पाट पर रखकर इसके मध्य में 2000 N का भार रखा जाता है तो यह टूट जाता है। इसी पदार्थ का 100 mm चौड़ा व 250 mm गहरा धरन 8m पाट पर कितना सम्बांटित भार ले सकता है, ज्ञात करो। सुरक्षा गुणांक 4 है।

हल : 40 × 40 mm के खण्ड का $Z=\frac{40\times(40)^2}{6}=10670\ mm^3$

40 mm × 40 mm वाले धरन पर अधिकतम B.M.

$$B.M=\frac{2000\times1\times1000}{4}=500000\ N\text{-mm}$$

40 × 40 mm वाले धरन पर अधिकतम प्रतिबल

$$P=\frac{M}{Z}=\frac{500000}{10670}=47\ N/mm^2$$

$$\text{संरक्षित प्रतिबल}=\frac{47}{4}=11\cdot75\ N/mm^2$$

$$100\times250\ mm\ \text{धरन का}\ Z=\frac{100\times(250)^2}{6}$$

$$=\frac{6250000}{6}=1041970\ mm^3$$

मान लो धरन पर w N/m भार कार्य कर रहा है ।

अधिकतम $B.M = \frac{wL^2}{8}$

$$\frac{w(8)^2}{8} \times 1000 \text{N-mm}$$

$$= 8000\ w \text{ N-mm}$$

$$M = p \times Z$$

$$8000\ w = 11{\cdot}75 \times 1041670$$

$$w = \frac{11{\cdot}75 \times 1041670}{8000}$$

$$= 1530 \text{ N/m}$$

उदाहरण 19. एक T beam जैसा चित्र 5·25 में दिखाया हुआ है, 5m पाट पर काम में लिया गया । यदि अभय प्रतिबल सम्पीडन व तनाव में क्रम से 2t/cm² और 1 t/cm² हो तो ज्ञात करो कि धरन कितना सम्बांटित भार उठा सकता है। धरन का अपना भार छोड़ दो ।

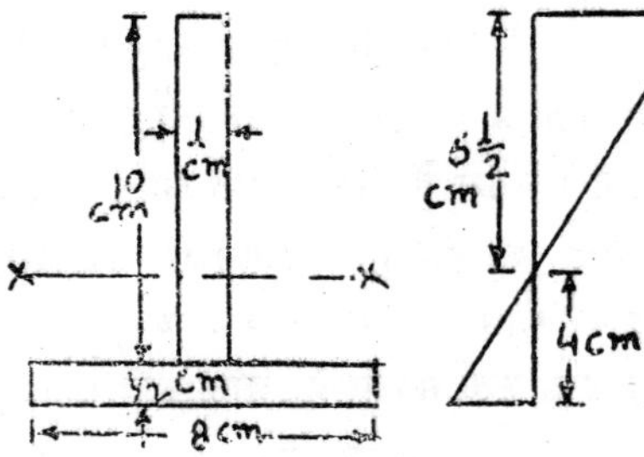

चित्र 5·25

हल : मान लो खण्ड की C.G x पर है

खण्ड का कुल क्षेत्रफल $= 10 \times 1 + 8 \times \frac{1}{2} = 14$ sq. cm $= 1400$ mm²

$$14x = 8 \times \tfrac{1}{2} \times 0{\cdot}25 + 10 \times 1 \times 5{\cdot}5$$

$$= 56$$

$$x = 4 \text{ cms} = 40 \text{ mm}$$

खण्ड के आधार पर $I_{AB} = \frac{7 \times (\frac{1}{2})^3}{3} + \frac{1 \times (10{\cdot}5)^3}{3}$

$$= \tfrac{7}{3} \times \tfrac{1}{8} + 385{\cdot}2 \text{ cm}^4$$

$$= 385{\cdot}5 \text{ cm}^4 = 3855000 \text{ mm}^4$$

$$I_{XX} = I_{AB} - Ah^2$$

$$= 385{\cdot}5 - 14 \times (4)^2$$

$$= 385{\cdot}5 - 224$$
$$= 161{\cdot}5\ \text{cm}^4 = 1615000\ \text{mm}^4$$

अधिकतम $B.M = \frac{w(5)^2}{8} = \frac{2500w}{8}\ \text{kg-cm} = \frac{250000w}{8}\ \text{N-mm}$

चित्र 5·25 के प्रतिबल आरेख (stress diagram) ज्ञात होता है कि तनाव में अगर 1 t/cm^2 का प्रतिबल उत्पन्न होता है तो सम्पीडन में 2 t/cm^2 से कम प्रतिबल उत्पन्न होता है।

इसलिए $\quad \frac{M}{I} = \frac{p}{y}$

$$\frac{2500w}{8 \times 161{\cdot}5} = \frac{1 \times 1000}{4}$$

$$w = \frac{1000 \times 8 \times 161{\cdot}5}{2500 \times 4}$$

$$= 130\ \text{kg/m length} = 1300\ \text{N/m}$$

उदाहरण 20. 40 cm × 10 cm की दो ISLC चेनल जैसा चित्र 5·26 में दिखाया हुआ है, रखी हुई हैं। चेनल में पीठ से पीठ की दूरी 10 cms है। चेनल के दोनों तरफ 10 cm × 1 cm की दो-दो प्लेटें फ्लैंजों पर जोड़ी हुई हैं। यदि यह संघटित खण्ड 8m के पाट पर काम में लिया जाय और सुरक्षित प्रतिबल 2t/cm^2 हो तो सम्बांटित भार जो यह खण्ड उठा सकता है, ज्ञात करो।

हल : 40 cm × 10 cm चेनल के लिए $I_{XX} = 13989{\cdot}5\ \text{cm}^4$

$$A = 58{\cdot}25\ \text{cm}^2$$

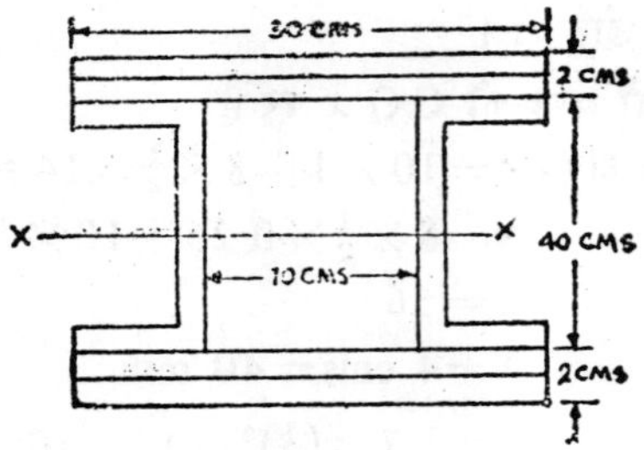

चित्र 5·26

संघटित खण्ड का

$$I_{XX} = 2\left\{13989{\cdot}5 + \frac{30 \times (2)^3}{12} + 30 \times 2 \times (21)^2\right\}$$

$$2 = \{13989{\cdot}5 + 20 + 26460\} = 80929\ \text{cm}^4$$

मान लो खण्ड पर w t/m भार कार्य कर रहा है

$$\therefore \quad B.M = \frac{w(8)^2}{8} \times 100 \text{ t-cm}$$

$$= 800w \text{ t-cm}$$

$$\frac{M}{I} = \frac{p}{y}$$

$$\frac{800\,w}{80929} = \frac{2}{22}$$

$$800w = \frac{2 \times 89029}{22}$$

$$w = \frac{2 \times 80929}{22 \times 800} = 9{\cdot}2 \text{ t/m length}$$

उदाहरण 21. एक ढलवाँ इस्पात की ब्रेकिट (Bracket) का अनुप्रस्थ काट चित्र 5·27 में दिखाया हुआ है। यदि अनुमत तनाव प्रतिबल ऊपरी फ्लैंज में 400 kg/cm^2 से न बढ़ने दिया जाए तो खण्ड के निचले फ्लैंज में प्रतिबल ज्ञात करो। यह भी ज्ञात करो कि यह खण्ड कितना अधिकतम बंकन घूर्ण रोक सकता है।

हल : कुल क्षेत्रफल $= 10 \times 6 + 20 \times 4 + 40 \times 5$

$$= 60 + 80 + 200 = 340 \text{ cm}^2$$

$$340x = 60 \times 3 + 200 \times 26 + 80 \times 48$$

$$= 180 + 5200 + 3840$$

$$x = \frac{9220}{340} = 27{\cdot}1 \text{ cm}$$

$$I_{xx'} = \frac{20 \times (40)^3}{12} + 80\,(20{\cdot}9)^2$$

$$+ \frac{10 \times (6)^3}{12} + 60 \times (24{\cdot}1)^2$$

$$+ \frac{5 \times (40)^3}{12} + 200\,(1{\cdot}1)^2$$

$$= 106{\cdot}67 + 34944{\cdot}80 + 188 + 34848{\cdot}60$$

$$+ 26666{\cdot}67 + 242$$

$$= 96989{\cdot}74 \text{ cm}^4$$

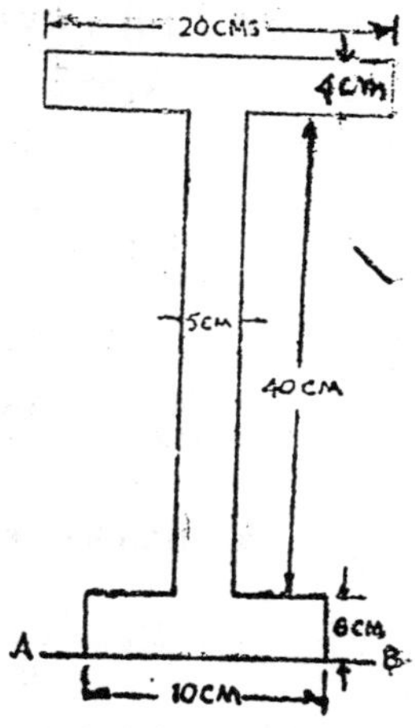

चित्र 5·27

$$M = \frac{p}{y} \times 1 = \frac{400}{22{\cdot}90} \times 96989{\cdot}74$$

$$= 1694126 \text{ kg-cm} \quad \textbf{(उत्तर)}$$

$$\frac{p_t}{y_t}=\frac{p_c}{y_c} \text{ or } pc=\frac{p_t \times y_c}{y_t}$$

$$=\frac{400\times 27{\cdot}10}{22{\cdot}90}=473{\cdot}4 \text{ kg/cm}^2 \text{ (उत्तर)}$$

उदाहरण 22. चित्र 5·28 में I section, आयताकार तथा वृत्ताकार खण्ड दिखाए हुए हैं। सभी खण्डों का क्षेत्रफल 98 cm^2 है। सभी खण्डों की सार्थकता का अनुपात निकालो।

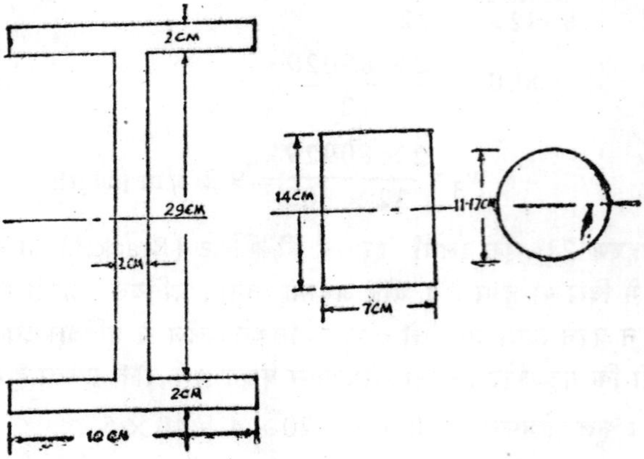

चित्र 5·28

हल : (*a*) **I खण्ड**

$$A_1=2\times 10+2\times 10+29\times 2$$
$$=20+20+58=98$$

$$I_{XX}=\frac{10\times(33)^3}{12}-\frac{8\times(29)^3}{12}$$
$$=13688{\cdot}2 \text{ cm}^3$$

$$Z_1=\frac{13688{\cdot}2\times 2}{33}=829{\cdot}6 \text{ cm}^3$$

(*b*) **आयताकार खण्ड के लिए**

$$Z_2=\frac{bd^2}{6}=\frac{7\times(14)^2}{6}=228{\cdot}67 \text{ cm}^3$$

(*c*) **वृत्ताकार खण्ड के लिए**

$$\frac{\pi}{4}d^2=98$$

$$d=11{\cdot}17 \text{ cm}$$

$$Z_3 = \frac{\pi}{32}(d)^3 = \frac{22}{7 \times 32} \times (11 \cdot 17)^3 = 137 \text{ cm}^3$$

$$\frac{Z_1}{Z_2} = \frac{829 \cdot 6}{228 \cdot 67} = 3 \cdot 63$$

$$\frac{Z_1}{Z_3} = \frac{829 \cdot 6}{137} = 6 \cdot 1$$

इससे साफ जाहिर है कि वृत्ताकार खण्ड सबसे कम सामर्थ्य रखता है, और यह इसलिए क्योंकि खण्ड के क्षेत्रफल की स्थिति N.A. के बहुत पास में है। I खण्ड में क्षेत्रफल की दूरी सबसे अधिक है इसलिए I खण्ड के लिए जड़ता घूर्ण अधिकतम है।

उदाहरण 23. 200 mm × 100 mm का चीड़ का धरन 3 m प्रभाव पाट पर धरन के रूप में काम लिया गया है। 200 mm धरन की गहराई हैं। यदि चीड़ के लिए अनुमत बंकन प्रतिबल 8 N/mm² हो तो यह धरन कितना U.D.L. प्रति मीटर पर सुरक्षा पूर्वक उठा सकता है।

हल : अधिकतम बंकन घूर्ण $= \frac{wL^2}{8} = \frac{w(3)^2 \times 1000}{8}$ N-mm

$$= \frac{9000w}{8} \text{ N-mm}$$

$Z = \frac{M}{p}$ लेकिन $Z = \frac{bd^2}{6} = \frac{100 \times (200)^2}{6}$

$$\therefore \quad \frac{100 \times (200)^2}{6} = \frac{9000w}{8 \times 8}$$

$$\therefore \quad w = \frac{100 \times (200)^2 \times 8 \times 8}{6 \times 9000} = 4740 \text{ N/m}$$

अपरूपण बल $= \frac{4740 \times 3}{2} = 7110$ N

अधिकतम अपरूपण प्रतिबल $= \frac{F}{bd} = \frac{7110}{200 \times 100} = 0 \cdot 355$ N/mm²

अधिकतम अपरूपण प्रतिबल $= 1 \cdot 5 \frac{F}{bd} = 0 \cdot 355 \times 1 \cdot 5 = 0 \cdot 53$ N/mm²

उत्पन्न अधिकतम अपरूपण प्रतिबल अनुमत अपरूपण प्रतिबल (0·64 N/mm²) से कम है अतः सुरक्षित है : अतः यह धरन 4740 N/m भार पूरी धरन लम्बाई पर उठा सकती है।

उदाहरण 24. यदि अनुमत बंकन प्रतिबल 140 kg/cm² हो तो 30 cm गहरे और 12 cm चौड़े लकड़ी के धरन की प्रतिरोध घूर्ण क्षमता ज्ञात करो।

हल :
$$Z_{XX}=\frac{bd^2}{6}=\frac{12\times(30)^2}{6}=1800 \text{ cm}^3$$
$$p=140 \text{ kg/cm}^2$$
$$M=pZ$$
$$=140\times1800=252000 \text{ kg-cm}$$

उदाहरण 25. (S. I. Units) 4000 mm पाट पर चौड़ की लकड़ी का धरन लगाना है। धरन पर खुद के भार सहित 20 KN/m का U.D.L. तथा पाट के मध्य में 20 KN/m का एक अधिकेन्द्रित भार कार्य कर रहे हैं। यदि अनुमत बंकन प्रतिबल तथा अपरूपण प्रतिबल क्रमशः 8N/mm^2 और 0·8 N/mm^2 है तो उचित धरन खण्ड का अभिकल्पन करो।

हल : अधिकतम बंकन घूर्ण $=\frac{Wl}{4}+\frac{wl^2}{8}$

$$=\frac{20\times4}{4}+\frac{20\times(4)^2}{8}=60 \text{ KN-m}$$
$$=60\times10^6 \text{ N-mm}$$

अधिकतम अपरूपण बल $F=\frac{W}{2}+\frac{wl}{2}=\frac{20}{2}+\frac{20\times4}{2}=50 \text{ KN}$

$$=50000 \text{ N}$$

आवश्यक $Z=\frac{M}{p}=\frac{60\times10^6}{8}=7500000 \text{ mm}^3$

धरन की चौड़ाई मान लो 200 mm है

धरन की गहराई d है

$$\therefore \frac{200\times d^2}{6}=7500000$$
$$d=\sqrt{\frac{7500000\times6}{200}}=474 \text{ mm.}$$
$$=480 \text{ mm (say)}$$

अतः 480×200 mm धरन खण्ड अपनाओ

अपरूपण के लिए परीक्षण

औसत अपरूपण प्रतिबल $=\frac{F}{bd}=\frac{50\times1000}{200\times480}=0{\cdot}52 \text{ N/mm}^2$

अधिकतम अपरूपण प्रतिबल $=1{\cdot}5\frac{F}{bd}=0{\cdot}52\times1{\cdot}5=0{\cdot}78 \text{ N/mm}^2$

अतः 480×200 mm लकड़ी का खण्ड समुचित है।

प्रश्नावली

1. एक 2 m पाट वाले धरन के मध्य में 30 KN का एक अधिकेन्द्रित भार कार्य कर रहा है । अगर धरन का अनुप्रस्थ काट आयताकार हो और धरन के अनुप्रस्थ काट की चौड़ाई और गहराई का अनुपात 1 : 2 हो तो धरन के अनुप्रस्थ काट की चौड़ाई और गहराई का मान ज्ञात करो । धरन के पदार्थ के लिए सुरक्षित प्रतिबल 20 N/mm^2 है ।
(उत्तर 105 mm × 210mm)
2. एक लोहे की पत्ती को 6 m व्यास वाले एक वृत्ताकार ड्रम की आकृति में मोड़ना है । अगर सुरक्षित प्रतिबल 300 N/mm^2 से बढ़ने न दिया जाए तो पत्ती की मोटाई ज्ञात करो । $E = 2 \times 10^5$ N/mm^2 (उत्तर 9 mm)
3. 5 m लम्बे एक बाहूधरन के मुक्त सिरे पर 1t का अधिकेन्द्रित भार कार्य कर रहा है । यदि अधिकतम प्रतिबल 1t/cm^2 से बढ़ने न दिया जाए तो धरन का आकृति मापाँक (Modulus section) ज्ञात करो ।
(उत्तर 500 cm^2)
4. लकड़ी के एक गोल लट्ठे में से, जिसका व्यास D है, एक आयताकार धरन काट कर निकालना है । इस आयताकार धरन की चौड़ाई और गहराई का क्या अनुपात होगा, यदि इस धरन का प्रतिरोध घूर्ण (Moment of resistance) अधिकतम हो ? (उत्तर $\sqrt{2}$)
5. एक 20 cm × 30 cm के I गर्डर को 4 m पाट पर काम में लिया गया । गर्डर के फ्लैंज और वेब दोनों की मोटाई 2 cm है । अगर अधिकतम सुरक्षित प्रतिबल तनाव व सम्पीडन में 1t/cm^2 हो तो ज्ञात करो कि गर्डर कितना सम्बाँटित भार उठा सकता है । (उत्तर 6·2t/m)
6. 1000 kg/m^2 का छत का भार उठाने के लिए दो-दो मीटर के अंतराल पर छत में लोहे के गर्डर लगाए गए हैं । अगर गर्डरों का पाट (Span) 4 m है और गर्डर में सुरक्षित प्रतिबल $1\frac{1}{2}$/t/cm^2 है तो गर्डर का आवश्यक आकृति मापाँक (Modulus of section) ज्ञात करो ।
(उत्तर 266·67 cm^3)
7. एक वर्गाकार परीक्षण धरन जिसकी एक भुजा 1 cm है, $\frac{1}{2}$m पाट पर काम में लेने से, 10 kg का अधिकेन्द्रित भार पाट के मध्य में लगाने से टूट जाता है । परीक्षण धरन वाले पदार्थ का 10 cm × 30 cm धरन 5m पाट पर कितना सम्बाँटित भार उठा सकता है, यदि सुरक्षा कारक (factor of safety) 3 हो ? (उत्तर 1200 kg/m)
8. एक लकड़ी के शहतीर के अनुप्रस्थ काट के माप ज्ञात करो अगर शहतीर 10 m पाट पर काम में लिया गया हो और इस पर 10 cm मोटी और

2m ऊँची एक कंक्रीट की दीवार खड़ी हो। कंक्रीट का भार 2300 kg/m^3 है और लकड़ी में अधिकतम सुरक्षित प्रतिबल 150 kg/cm^2 है। चौड़ाई व गहराई का अनुपात 1 : 2 हैं। (उत्तर 18 cm × 36cm)

9. एक I खण्ड के फ्लैंज बराबर नहीं हैं। ऊपरी फ्लैंज 20 × 2·5 cm, निचला फ्लैंज 10 cm × 2·5 cm और वेब 25 cm × 2·5 cm है। इस खण्ड का I_{XX} I_{YY} और निचले फ्लैंज के निचली सतह पर जड़ता घूर्ण ज्ञात करो। (उत्तर I_{XX} = 16613 cm^4)
I_{YY} = 1908 cm^4, I_{AB} = 58722 cm^4)

10. 15 cm × 10 cm × 1·5 cm वाले एक लोहे के ऐंगल आयरन का *x*-axis और *y*-axis पर जड़ता घूर्ण ज्ञात करो। 15 cm वाली भुजा खड़ी रखी गई तथा 10 cm वाली भुजा क्षैतिज है।
(I_{XX} = 795 cm^4, I_{YY} = 284 cm^4)

11. 30 cm × 20 cm के I खण्ड क *x*-axis और *y*-axis पर जड़ता घूर्ण ज्ञात करो। 30 cm I खण्ड की गहराई है।
(उत्तर I_{XX} = 18636 cm^4, I_{YY} = 2684 cm^4)

12. 13 cm × 9 cm × 1 cm वाले एक T खण्ड की C.G. की स्थिति व I_{XX} और I_{YY} ज्ञात करो। 13 cm वाली भुजा क्षैतिज है।
(उत्तर 2·22 cm नीचे से, I_{XX} = 144 cm^4, I_{YY} = 183·75 cm^4)

13. अगर प्रश्न 9 का I खण्ड 8 m पाट पर धरन के रूप में काम में लाया गया हो और पूरे पाट पर 500 kg/m का एक सम्बाँटित भार कार्य कर रहा हो तो दोनों फ्लैंजों में अधिकतम प्रतिबल ज्ञात करो।
(उत्तर 421·36 kg/cm^2 नीचे वाले फ्लैंज में और 301 kg/cm^2 ऊपर वाले फ्लैंज में)

14. एक यौगिक खण्ड (Compound section) एक I.S.H.B. 200 37·3 kg का बना हुआ है और खण्ड के दोनों फ्लैंजों पर 24 cm × 1cm की एक-एक प्लेट लगी हुई है। अगर इस खण्ड को 10 m के पाट (Span) पर काम में लाया जाए और अभय प्रतिबल $1\frac{1}{2}$ t/cm^2 हो तो ज्ञात करो कि धरन कितना सम्बाँटित भार उठा सकता है।
ISHB 200 के लिए A = 47·54 cm^2
I_{XX} = 3698·4 cm^4 और I_{YY} = 967·1 cm^4
(उत्तर 0·97 t/m)

15. एक स्थाणुक (Stanchion) ISMC 200, 22·1 kg की चेनल का बना हुआ है : दोनों चेनल एक-दूसरे की तरफ पीठ करके 10 cm दूरी पर

रखी हुई है, 25 cm × 1 cm की दो-दो प्लेटें दोनों ऊपरी व निचले फ्लैंजों पर लगी हुई हैं। इस प्रकार बने यौगिक खण्ड (compound section) का I_{XX} और I_{YY} ज्ञात करो।
एक चेनल के लिए A = 28·21 cm^2, चेनल के पीछे से C.G. = 2.76 cm I_{XX} = 1819·3 cm^4, I_{YY} = 140·4 cm^4

(उत्तर 15971·93 cm^4, I_{YY} = 8389·63 cm^4)

16. एक यौगिक गर्डर (compound girder) दो ISMB 450 72·4 kg और 36 cm × 1 cm की चार प्लेटों को जोड़कर बनाया हुआ है। दोनों ISMB 450 बराबर-बराबर रखकर 36 cm × 1 cm की दो प्लेटें ऊपरी फ्लैंजों पर तथा दो प्लेट निचले फ्लैंजों पर जोड़ी हुई हैं। ज्ञात करो कितने पाट पर यह खण्ड अगर धरन के रूप में काम में लिया जाए कि यह अपने भार को मिलाकर 10 t/m का सम्बांटित भार पूरे पाट पर उठा सके। अभय बंकन प्रतिबल 2t/cm^2 है और I.S.M.B. 450, 72·4 kg के लिए I_{XX} = 30390·8 cm^4 और I_{YY} = 824 cm^2

(उत्तर 9·55 m)

17. एक यौगिक खण्ड एक I.S.H.B. 300 और 30 cm × 1 cm की दो प्लेटों को जोड़कर बनाया हुआ है। 30 cm × 1 cm की एक-एक प्लेट दोनों फ्लैंजों पर जोड़ी हुई है। इस यौगिक खण्ड का आकृति मापांक (Section Modulus) ज्ञात करो। I.S.H.B. 300 के लिए A = 74·85 cm^2 I_{XX} = 12455·2 cm^2, I_{YY} = 2193·6 cm^4 है।

(उत्तर 1685·325 cm^3)

18. तीन धरनों के लिए लम्बाई, अनुमत प्रतिबल तथा बंकन घूर्ण तीनों तत्त्व एक जैसे हैं। धरनों के अनुप्रस्थ काट ठोस वर्गाकार, आयताकार तथा गोल हैं। आयताकार खण्ड में चौड़ाई खण्ड की गहराई की आधी है। गोलाकार तथा आयताकार धरनों के वर्गाकार धरन के साथ अलग-अलग भार के अनुसार अनुपात ज्ञात करो।

उत्तर (i) $\frac{\text{वर्गाकार खण्ड का भार}}{\text{आयताकार खण्ड का भार}} = \frac{1}{0·79}$

(ii) $\frac{\text{वर्गाकार खंड का भार}}{\text{गोलाकार खंड का भार}} = \frac{1}{1·12}$

19. एक I खंड 500 kg-m का बंकन घूर्ण प्रतिरोधित करने के लिए काम लिया गया है। खंड का ऊपरी फ्लैंज 2 cm मोटा और 6 cm चौड़ा है। निचला फ्लैंज 2 cm मोटा और 10 cm चौड़ा है। दोनों फ्लैंज 2 cm

मोटी और 10 cm गहरी वेब से आपस में सम्बन्ध है तथा I खंड बनाते हैं। धरन खंड में उत्पन्न अधिकतम बंकन प्रतिबल ज्ञात करो।

(उत्तर 308 kg/cm^2)

20. चित्र 5·29 में दिखाया खंड N.A. अक्ष अनुसार धरन के रूप में काम लिया गया है। यदि सम्पीडन तथा तनाव में अनुमत बंकन प्रतिबल क्रमश: 1600 kg/cm^2 और 200 kg/cm^2 है तो सुरक्षित प्रतिरोध घूर्ण का मान निम्न रूप से ज्ञात करो।

(a) नीचे वाले fibre तनाव में हैं।

(b) ऊपर वाले fibre तनाव में हों।

(उत्तर (a) 1·15 t-m (b) 0·561 t-m)

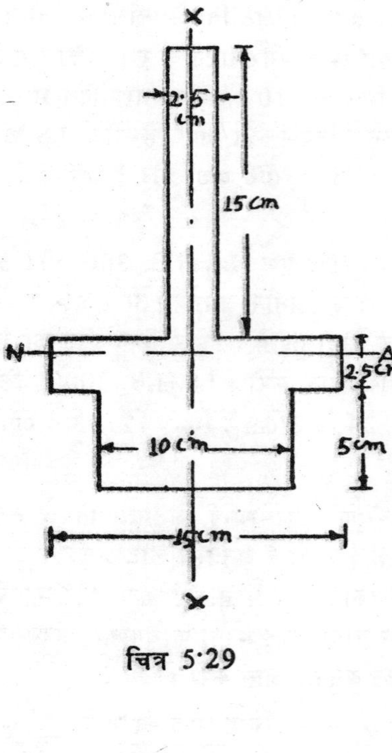

चित्र 5·29

6

संयुक्त धरनों में बंकन प्रतिबल

(BENDING STRESSES IN COMPOSITE BEAMS)

6·1. जब धरन एक से अधिक पदार्थों का बना होता है तो ऐसे धरन को संयुक्त धरन खंड कहते हैं। संयुक्त धरन खंड में अलग-अलग पदार्थों को इस प्रकार जकड़ कर लगाया जाता है कि धरन का कोई भाग दूसरे भाग पर फिसल नहीं सकता और जब धरन बाहरी भार के कारण झुकता है तो धरन के सभी भागों की बक्रता-त्रिज्या एक ही बनी रहती है।

एक कमजोर पदार्थ के धरन को अगर किसी मजबूत पदार्थ से प्रवलित कर दिया जाय तो यह धरन अतिरिक्त बकर घूर्ण ले सकता है। उदाहरण के लिए लकड़ी के धरन को यदि लोहे की पत्तियों से मजबूत कर दिया जाय तो यह धरन और अधिक बाहरी भार के कारण बंकन घूर्ण रोक सकता है। इसी प्रकार प्रवलित कंक्रीट धरन भी संयुक्त धरन का ही एक उदाहरण है। एक संयुक्त धरन का बंकन घूर्ण ज्ञात करने की दो विधियाँ हैं।

6·2 **पहली विधि**—यह विधि केवल उन्हीं परिस्थितियों में उपयुक्त होती है जब प्रबलन पदार्थ (reinforcing material) और कमजोर पदार्थ के धरन की बल

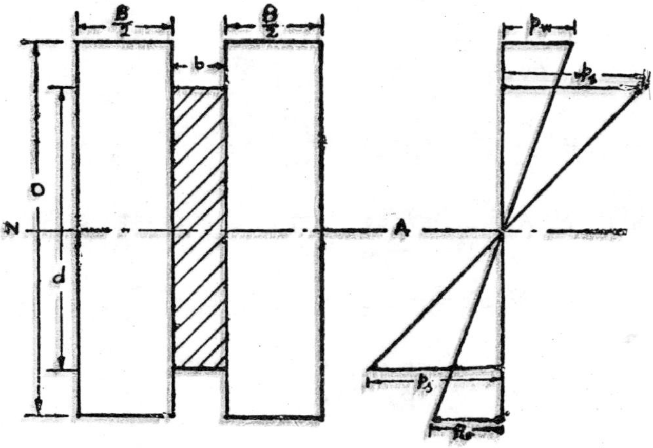

चित्र 6·1

शून्य रेखा एक ही हो, क्योंकि इस स्थिति में संयुक्त खंड की बल शून्य रेखा (N.A) की स्थिति में कोई परिवर्तन नहीं होता।

लोह-काष्ठ धरन (Flitched beam)—लकड़ी और लोहे की पत्तियों को जोड़कर जो धरन बनाया जाता है, उसे लोह-काष्ठ धरन कहते हैं।

मानलो लकड़ी के दो खंडों के बीच एक लोहे की प्लेट (जैसा कि चित्र 6·1 में दिखाया हुआ है) लगाई गई है।

मानलो B=लकड़ी के दोनों खंडों की चौड़ाई

D=लकड़ी के खंडों की गहराई

b=लोहे की प्लेट की मोटाई

d=लोहे की प्लेट की गहराई

p_W=लकड़ी के खंडों में अधिकतम प्रतिबल

p_s=लोहे में अधिकतम प्रतिबल

M_W=लकड़ी के खंड का प्रतिरोध घूर्ण

M_s=लोहे की प्लेट का प्रतिरोध घूर्ण

$$M_W=\frac{B\ (D)^2}{6}\times p_W$$

क्योंकि लकड़ी का खंड और लोहे की प्लेट जकड़ कर लगी हुई इसलिए लकड़ी व लोहे में एक निश्चित दूरी पर विकृति बराबर होती है।

N.A से $\frac{D}{2}$ दूरी पर लकड़ी में p_W प्रतिबल है।

इसलिए N.A से, $\frac{d}{2}$ दूरी पर लकड़ी में प्रतिबल

$$p_W\times\frac{d}{2}\times\frac{2}{D}=p_W\frac{d}{D}\text{ होगा।}$$

लकड़ी में $\frac{a}{2}$ दूरी पर विकृति$=\frac{p_W}{E_w}\times\frac{d}{D}$

लेकिन N. A. से $\frac{d}{2}$ दूरी पर लकड़ी व लोहे की प्लेट में विकृति बराबर होती है। इसलिए लोहे की प्लेट में $\frac{d}{2}$ पर विकृति भी $\frac{p_W}{E_w}\times\frac{d}{D}$ ही होती है

या $$p_s=E_s\times\frac{p_w}{E_w}\times\frac{d}{D}$$

$$=\frac{E_s}{E_w}\times p_w\times\frac{d}{D}$$

लेकिन $\frac{E_s}{E_W}$=m, (अनुपातमापाँक)

इसलिए $p_s = m \times p_W \times \frac{d}{D}$

$$M_s = p_s \times \frac{bd^2}{6} = m \times p_W \times \frac{d}{D} \times \frac{bd^2}{6}$$

लोह-काष्ठ धरन का कुल प्रतिरोधित घूर्ण

$M = M_W + M_s$

$$p_W \times \frac{BD^2}{6} + p_W \times m \times \frac{d}{D} \times \frac{bd^2}{6}$$

दूसरी विधि—यह विधि किसी भी परिस्थिति में काम में ली जा सकती है। इस अध्याय में हल किये हुए सभी उदाहरणों में इसी विधि का उपयोग किया गया है। इस विधि के मुख्य लक्षण नीचे दिए गए हैं।

धरन के एक पदार्थ के क्षेत्रफल को दूसरे पदार्थ के तुल्य क्षेत्रफल में बदल दिया जाता है। उदाहरण के लिए अगर एक धरन में लकड़ी और लोहा उपयोग में लाया गया है और लकड़ी और लोहे के क्षेत्रफल क्रम से A_W और A_s है और मानलो अनुपात मापांक m है तो लोहे के A_s क्षेत्रफल का तुल्य लकड़ी का क्षेत्रफल $m \times A_s$ होगा। इसी प्रकार लकड़ी के A_W क्षेत्रफल का तुल्य लोहे का क्षेत्रफल $\frac{A_w}{m}$ होगा।

अब पूरा धरन एक ही पदार्थ का बना हुआ मान कर इसका आगे विश्लेषण किया जाता है लेकिन धरन के एक पदार्थ के क्षेत्रफल को दूसरे पदार्थ के तुल्य क्षेत्रफल में बदलते समय इस बात का अच्छी तरह से ध्यान रखा जाना चाहिए कि जिस क्षेत्रफल को तुल्य क्षेत्रफल में बदला है, उसकी N.A के प्रति स्थिति वही रहे जो उस क्षेत्रफल को तुल्य क्षेत्रफल में बदलने से पहले थी। नीचे दिए गए उदाहरण इसी विधि से हल किए गए हैं और विद्यार्थी इन्हें हल करने के बाद इस विधि को अच्छी प्रकार समझ सकेंगे।

उदाहरण 1. 25 cm × 10 cm के दो लकड़ी के खण्डों में 15 × 2 cm की एक लोहे की प्लेट N.A. के सममित लगी हुई है जैसा कि चित्र 6·2 में दिखाया हुआ है। इस खंड का प्रतिरोध घूर्ण ज्ञात करो, यदि लकड़ी के लिए अनुमत प्रतिबल 100 kg/cm^2 तथा $E_s = 2 \cdot 1 \times 10^6 kg/cm^2$ और $E_W = 0 \cdot 126 \times 10^6$ kg/cm^2 है।

प्रथम विधि $I_W = \frac{20 \times (25)^3}{12}$

$$- \frac{2 \times (15)^2}{12}$$

$$= 26041 \cdot 67 - 562 \cdot 5$$

$$= 25480\ cm^4 = 2548 \times 10^5\ mm^4$$

$$M_W = \frac{p_w}{y_w} \times I_W$$

$$= 100 \times \frac{25480}{25/2}$$

$$= 203840\ kg\text{-}cm$$

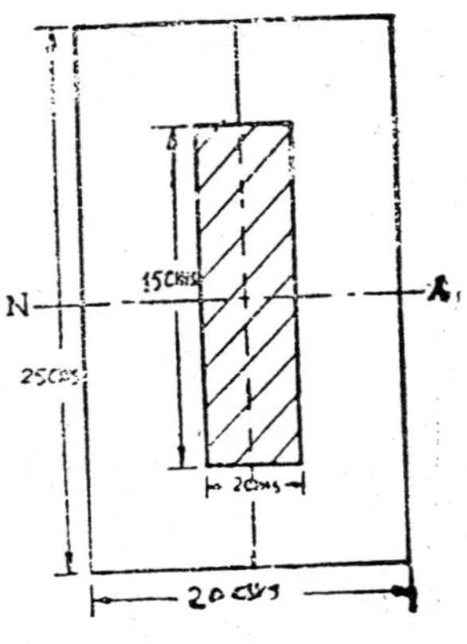

चित्र 6·2

$$M_s = m \times \frac{d}{D} \times p \times \frac{bd^2}{6}$$

$$= \frac{2 \cdot 1 \times 10^6}{0 \cdot 126 \times 10^6} \times \frac{15}{25} \times \frac{100 \times 2 \times (15)^2}{6}$$

$$= 75000 \text{ kg-cm}$$

खण्ड का कुल प्रतिरोधक घूर्ण $M = M_W + M_s$

$$= 203840 + 75000$$

$$278840 \text{ kg-cm}$$

दूसरी विधि—(तुल्य क्षेत्रफल)

लोहे की प्लेट की मोटाई $= 2$ cms

लोहे की प्लेट की लकड़ी में तुल्य मोटाई $= 2 \times m$

$$= \frac{2 \cdot 1 \times 10^6}{0 \cdot 126 \times 10^6} \times 2 = \frac{100}{3} \text{ cms}$$

तुल्य खण्ड चित्र 6·3 में दिखाया हुआ है।

तुल्य खण्ड का जड़ता घूर्ण $= \frac{100}{3} \times \frac{(15)^3}{12} + 25480$

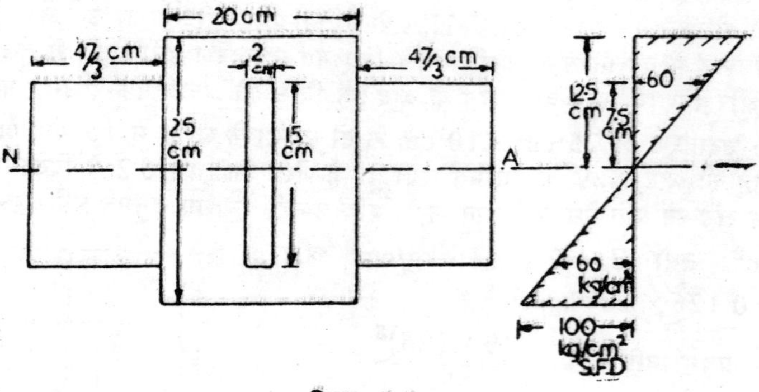

चित्र 6·3

$$= 9375 + 25480$$

$$= 34855 \text{ cm}^4 = 34855 \times 10^4 \text{ mm}^4$$

$$\frac{M}{I} = \frac{p_w}{y} \text{ or } M = \frac{p_w \times I}{y}$$

$$= \frac{100 \times 34855 \times 2}{25}$$

$$= 278840 \text{ kg/cm}^2$$

लोहे की प्लेट के तल पर लकड़ी में प्रतिबल

$$=\frac{100}{25/2}\times\frac{15}{2}=60\ \text{kg/cm}^2$$

लोहे की प्लेट में अधिकतम प्रतिबल $=m\times 60$

$$=\frac{100}{6}\times 60$$

$$=1000\ \text{kg/cm}^2$$

उदाहरण 2. 200 mm × 300 mm के एक लकड़ी के खण्ड के 200 mm वाली भुजाओं पर 200 mm × 10 mm की एक लोहे की पत्ती लगाई गई है। खंड की 300 mm भुजा खड़ी (vertical) है। इस खण्ड वाले धरन को 8 m पाट पर काम में लिया गया। यदि पूरे पाट पर 1000 kg/m का U.D.L भार हो तो मध्य पाट पर लोहे व लकड़ी में उत्पन्न प्रतिबल ज्ञात करो।

हल : $E_s=2\times10^6\ \text{kg/cm}^2$ और $E_W=0{\cdot}1\times10^6\ \text{kg/cm}^2$

$$m=\frac{2\times10^6}{0{\cdot}1\times10^6}=20$$

लकड़ी के तुल्य क्षेत्रफल $=20\times1\times20=400\ \text{cm}^2$

लकड़ी के तुल्य क्षेत्रफल की मोटाई 1 cm रखते हुए पूरा 400 cm² का क्षेत्रफल N.A के समानान्तर ही लगा दिया जाता है ताकि तुल्य क्षेत्रफल की स्थिति में कोई अन्तर न आवे। चित्र 6·4 में तुल्य खण्ड दिखाया हुआ है।

$$I_{XX}=\frac{2\times(30)^3}{12}+2\left\{\frac{400\times(1)^3}{12}+400\times(15{\cdot}5)^2\right\}$$

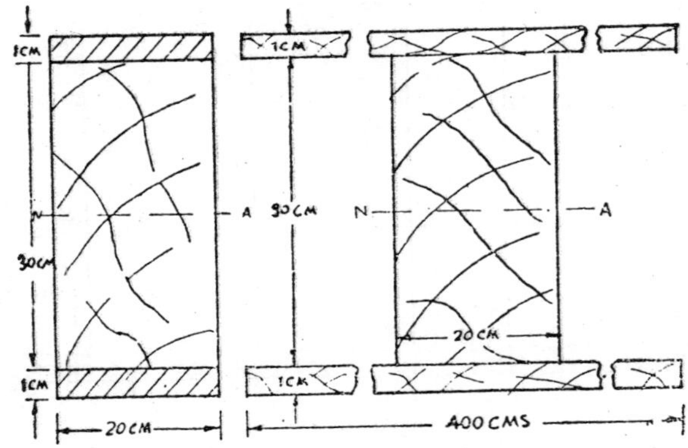

चित्र 6·4

$$=45000+\left(\frac{100}{3}+96100\right)^2$$

$$=45000+192266{\cdot}67$$

$$=237266{\cdot}67\ \text{cm}^4=237266{\cdot}67\times10^4\ \text{mm}^4$$

$$\text{B.M.}=\frac{wl^2}{8}=\frac{1000\times(8)^2}{8}\times 100$$

$$=800000\ \text{kg-cm}=8\times 10^7\ \text{N-mm}$$

$$\frac{M}{1}=\frac{p}{y}$$

या $$\frac{80000}{327266{\cdot}67}=\frac{p}{16}$$

या $$p=\frac{80000}{327266{\cdot}67}\times 16=54\ \text{kg/cm}^2=5{\cdot}4\ \ \text{N/mm}^2$$

लोहे की पत्ती में अधिकतम प्रतिबल $=m\times 54$

$=20\times 54$

$=108\ \text{kg/cm}^2=10{\cdot}8\ \text{N/mm}^2$

लकड़ी में अधिकतम प्रतिबल $=\dfrac{800000\times 15}{237266{\cdot}67}$

$=50{\cdot}5\ \text{kg/cm}^2=5{\cdot}05\ \text{N/mm}^2$

उदाहरण 3. एक लकड़ी के 200 mm $\times$ 400 mm के खण्ड के नीचे 200 mm $\times$ 10 mm की एक लोहे की पत्ती लगी हुई है, जैसा कि चित्र 6·5 में दिखाया हुआ है। यदि लकड़ी व लोहे के लिए अनुमत प्रतिबल क्रम से 20N/mm^2 और 300 N/mm^2 हो और $\dfrac{E_s}{E_w}=20$ हो तो खण्ड का प्रतिरोध घूर्ण ज्ञात करो।

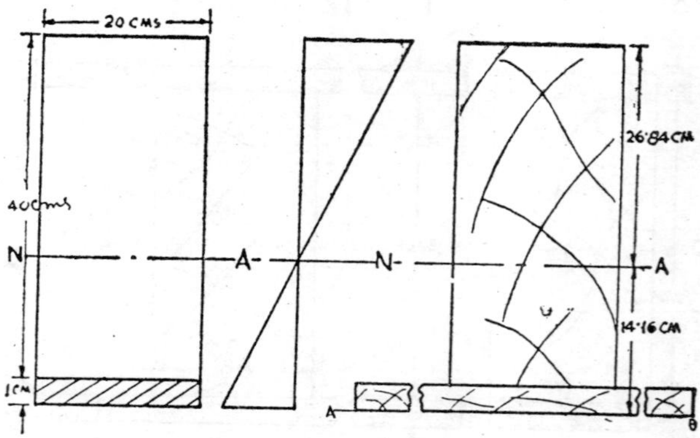

चित्र 6·5

हल—सबसे पहले खण्ड को लकड़ी के तुल्य खण्ड में वदलो और क्योंकि खण्ड N.A. पर सममित नहीं है इसलिए क्षेत्रफलों के घूर्ण, खण्ड के नीचे वाली सतह पर लेकर तुल्य खण्ड की C.G. ज्ञात करो।

कुल क्षेत्रफल $=40\times 20+400=1200\ \ \text{cm}^2=120000\ \text{mm}^2$

$1200\bar{x}=400\times\frac{1}{2}+800\times 21$

$$=200+16800=17000$$

$$\bar{x}=\frac{17000}{1200}=14{\cdot}16 \text{ cms}=141{\cdot}6 \text{ mm}$$

माना कि खण्ड के नीचे की सतह पर जड़ता घूर्ण I_{AB} है।

$$\text{इसलिए} \quad I_{AB}=\frac{20\times(41)^3}{3}+\frac{380\times(1)^3}{3}$$

$$=459473{\cdot}33+126{\cdot}67$$

$$=459600 \text{ cm}^4=459600\times10^4 \text{ mm}^4$$

$$I_{XX}=I_{AB}-Ah^2$$

$$=459600-1200\times(14{\cdot}16)^2$$

$$=459600-240600$$

$$=219000 \text{ cm}^4=219\times10^7 \text{ mm}^4$$

$$M=\frac{p}{y}\times1$$

$$=\frac{20}{268{\cdot}4}\times219\times10^7=163189300 \text{ N-mm}$$

खंड की निचली सतह पर लकड़ी में अधिकतम प्रतिबल

$$=\frac{20\times141{\cdot}6}{268{\cdot}4}=10{\cdot}55 \text{ N/mm}^2$$

लोहे की पत्ती में अधिकतम प्रतिबल $=10{\cdot}55\times20$

$$=210{\cdot}8 \text{ N/mm}^2$$

उदाहरण 4. 10 cm चौड़ी और 1 cm मोटी एक लोहे की प्लेट लकड़ी के खंडों में जैसा चित्र 6·6 में दिखाया हुआ है, दबाई हुई है। अगर लकड़ी व लोहे के लिए अनुमत प्रतिबल क्रम से 200 kg/cm² और 2500 kg/cm² है तो इस संयुक्त खंड का प्रतिरोध घूर्ण ज्ञात करो। $\frac{E_s}{E_w}=20$

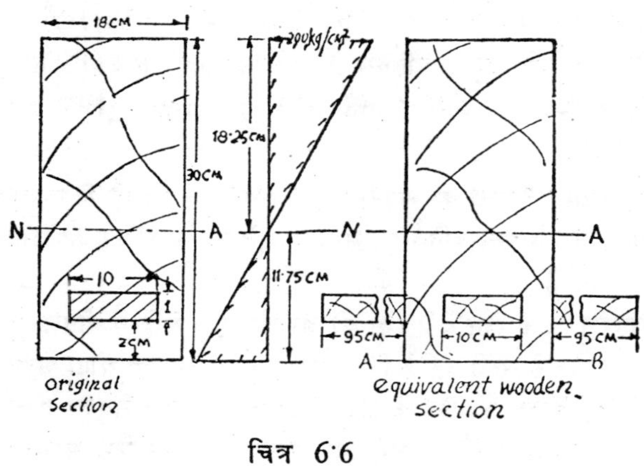

चित्र 6·6

तुल्य खंड का क्षेत्रफल $= 200 \times 1 + 18 \times 30 - 10 \times 1$

$$= 200 + 540 - 10$$

$$= 730 \text{ cm}^2$$

$$730 \ \bar{x} = 30 \times 18 \times 15 + 190 \times 1 \times 2{\cdot}5$$

$$= 8100 + 475$$

$$= 8575$$

$$\bar{x} = \frac{8575}{730} = 11{\cdot}75 \text{ cms}$$

$$I_{AB} = \frac{18 \times (30)^3}{3} + \frac{190 \times (1)^3}{12} + 190 \times 1 \times (2{\cdot}5)^2$$

$$= 162000 + 15{\cdot}83 + 1187{\cdot}50$$

$$= 1632023{\cdot}3 \text{ cm}^4$$

$$I_{XX} = I_{AB} - Ah^2$$

$$= 163202{\cdot}33 - 730 \times (11{\cdot}75)^2$$

$$= 163202{\cdot}33 - 100740$$

$$= 62462 \text{ cm}^4$$

यदि लकड़ी की अपनी सतह पर प्रतिबल 200 kg/cm^2 उत्पन्न होने दिया जाए तो प्रतिरोध घूर्ण

$$M = \frac{200}{18{\cdot}25} \times 62462$$

$$= 684515 \text{ kg-cm}$$

लोहे की पत्ती के तल (level) पर लकड़ी में प्रतिबल

$$= \frac{200}{81{\cdot}25} \times 9{\cdot}75 = 107 \text{ kg/cm}^2$$

लोहे में अतिकतम प्रतिबल $= 107 \times 20 = 2140 \text{ kg/cm}^2$

क्योंकि लोहे में अनुमत प्रतिबल 2500 kg/cm^2 है जबकि उत्पन्न प्रतिबल केवल 2140 kg/cm^2 है, इसलिए 684515 kg-cm ही सुरक्षित प्रतिरोधक घूर्ण है।

अगर लोहे की पत्ती को अपनी पूरी सामर्थ्य तक खिंचने दिया जाए तो लकड़ी की ऊपरी सतह पर उत्पन्न प्रतिबल अनुमत प्रतिबल से अधिक हो जाता है जिससे खंड फेल हो जाता है।

उदाहरण 5. 6 cm $\times$ 2 cm की आयताकार लोहे व पीतल की छड़ें एक-दूसरे पर इस प्रकार से रखी हुई हैं कि 6 cm चौड़ा 4 cm मोटा धरन बन जाता है। लोहे की छड़ पीतल की छड़ के ऊपर रखी हुई है। इस संयुक्त धरन को 2m के पाट पर काम में लिया गया है। धरन पर अधिकतम समबांटित भार ज्ञात करो यदि

(a) छड़ें बिना किसी आपसी जोड़ के एक-दूसरे पर रखी हुई हैं और बाहरी भार के कारण अपना अलग-अलग झुकाव लेती हैं।

(b) जकड़ कर आपस में बंधी हुई हैं।

$E_s = 2{\cdot}04 \times 10^6$ kg/cm², $E_b = 1{\cdot}02 = 10^6$ kg/cm² और अनुमत प्रतिबल $p_s = 1000$ kg/cm² तथा $p_b = 700$ kg/cm²

हल :

(a) क्योंकि दोनों छड़ें अपना अलग-अलग झुकाव लेती हैं इसलिए दोनों छड़ें अपने-अपने N.A पर मुड़ेंगी और क्योंकि दोनों छड़ों की मोटाई बहुत कम है इसलिए यह माना जा सकता है कि दोनों छड़ों की वक्रता-त्रिज्या एक ही है।

लोहे की छड़ के लिए $R_s = \dfrac{R_s y_s}{p_s}$

पीतल की छड़ के लिए $R_b = \dfrac{E_b \times y_b}{p_b}$

लेकिन $= R_s = R_b$

इसलिए $\dfrac{E_s \times y_s}{p_b} = \dfrac{E_b \times y_b}{p_b}$

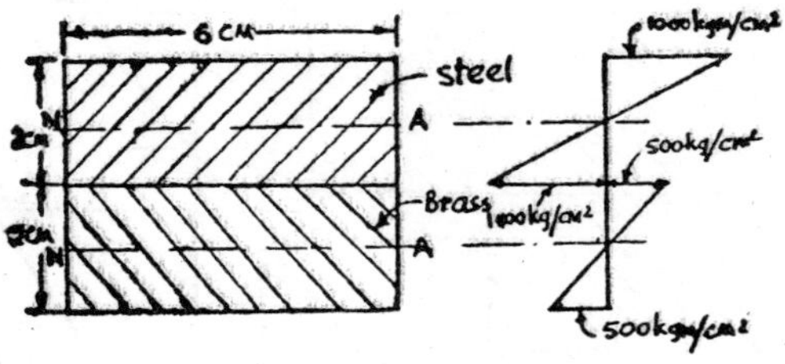

चित्र 6·7

या $\dfrac{p_b}{p_s} = \dfrac{E_b}{E_s} \times \dfrac{y_b}{y_s} = \dfrac{1{\cdot}02 \times 10^6 \times 2}{2{\cdot}04 \times 10^6 \times 2} = \dfrac{1}{2}$

या $p_s = 2p_b$.

अब यदि $p_b = 700$ kg/cm² उत्पन्न हो तो लोहे में p_s का मान 1400 kg/cm² हो जाएगा जो अनुमत नहीं है। इसलिए पीतल में केवल 500 kg/cm² का प्रतिबल उत्पन्न होने देंगे। ऐसी स्थिति में लोहे की छड़ में 1000 kg/cm² का प्रद्रिबल ही उत्पन्न होगा जो कि अनुमत है।

पीतल की छड़ का जड़ता घूर्ण $I_b = \dfrac{6 \times (2)^3}{12} = 4$ cm⁴

लोहे की छड़ का जड़ता घूर्ण $I_s = \dfrac{6 \times (2)^3}{12} = 4$ cm⁴

लोहे की छड़ का प्रतिरोधक घूर्ण $M_s = \dfrac{p_s \times I_s}{y_s}$

$$= \frac{1000 \times 4}{1} = 4000 \text{ kg cm}$$

इसी प्रकार $M_b = \dfrac{p_b \times I_b}{y_b} = \dfrac{500 \times 4}{1} = 2000 \text{ kg-cm}$

दोनों छड़ों का कुल प्रतिरोधक घूर्ण $= 4000 + 2000$

$$= 6000 \text{ kg-cm}$$

मान लो धरन पर w kg/m का U.D.L. कार्य कर रहा है

इसलिए $\text{B.M.} = \dfrac{wl^2}{8} = \dfrac{w \times (2)^2 \times 100}{8}$

$$= 50 \text{ w kg-cm.}$$

इसलिए B.M प्रतिरोधक घूर्ण के बराबर रखने पर $50\text{ w} = 6000$

$$\text{w} = 120 \text{ kg.}$$

प्रतिबल वितरण चित्र 6·7 में दिखाया हुआ है।

(b) लोहे के क्षेत्रफल को पीतल के तुल्य क्षेत्रफल में बदलने पर,

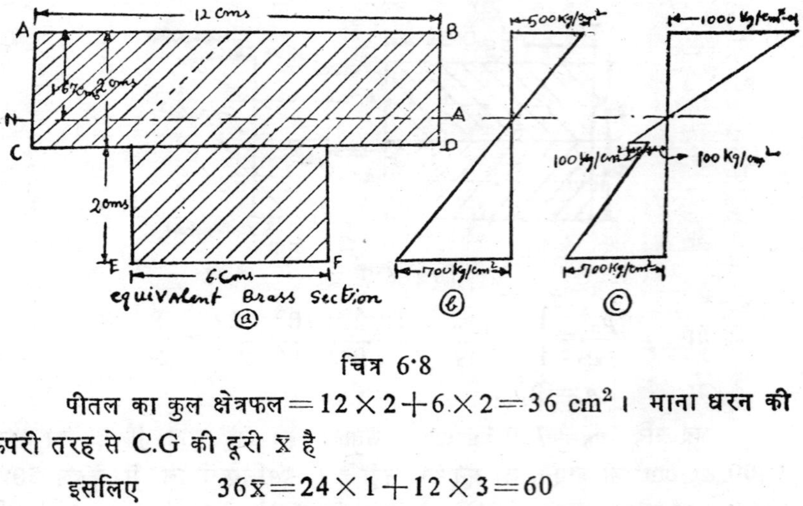

चित्र 6·8

पीतल का कुल क्षेत्रफल $= 12 \times 2 + 6 \times 2 = 36 \text{ cm}^2$। माना धरन की ऊपरी तरह से C.G की दूरी $\bar{x}$ है

इसलिए $36\bar{x} = 24 \times 1 + 12 \times 3 = 60$

$$\bar{x} = \frac{60}{36} = 1{\cdot}67 \text{ cms.}$$

तुल्य खंड का ऊपरी सतह AB पर जड़ता घूर्ण

$$= \frac{6 \times (2)^3}{3} + \frac{6 \times (4)^3}{3}$$

$$= 16 + 128 = 144 \text{ cm}^4$$

$$I_{XX} = 144 - 36\,(1{\cdot}67)^2$$
$$= 144 - 100 = 44\ cm^4$$

प्रतिबल आरेख से यह स्पष्ट है कि अधिकतम प्रतिबल खंड के नीचे वाली सतह पर होगा क्योंकि इसकी दूरी खंड की NA से अधिकतम है।

प्रतिबल रेखाचित्र से अगर पीतल की नीचे वाली सतह में अधिकतम 700 kg/cm^2 का प्रतिबल उत्पन्न हो तो तुल्य खंड की ऊपरी सतह पर प्रतिबल $700 \times \frac{3}{7} \times \frac{5}{3} = 500\ kg/cm^2$ उत्पन्न हो जाएगा। लेकिन ऊपरी सतह पर वास्तव में पीतल नहीं लोहा है और इसलिए लोहे में प्रतिबल $2 \times 500 = 1000\ kg/cm^2$ उत्पन्न हो जाएगा जो अनुमत है।

इसलिए $$50w = \frac{700 \times 44}{\frac{7}{3}}$$

$$w = \frac{700 \times 44}{\frac{7}{3} \times 50} = 264\ kg/m$$

पीतल में E.F पर तनाव प्रतिबल $= 700\ kg/cm^2$

पीतल में ही C.D पर तनाव प्रतिबल $= \frac{700}{7} \times 3 \times \frac{1}{3}$

$= 100\ kg/cm^2$

लोहे में C.D पर तनाव प्रतिबल $= 2 \times 100 = 200\ kg/cm^2$

लोहे में A.B पर सम्पीडक प्रतिबल $= 500 \times 2 = 1000\ kg/cm^2$

प्रतिबल वितरण चित्र 6·8 में दिखाया गया है।

प्रश्नावली

1. 18 cm मोटे और 10 cm चौड़े एक लकड़ी के खंड को 10 cm × 1 cm की दो लोहे की प्लेटों से प्रबलित किया गया है। यदि इस खंड को धरन के रूप में काम में लिया जाए तो खंड का प्रतिरोधक घूर्ण ज्ञात करो।
   (*a*) लोहे की एक प्लेट लकड़ी के ऊपर व एक नीचे लगी हो।
   (*b*) दोनों लोहे की प्लेटें लकड़ी के खंड की N.A के समभित खड़ी लगाई गई हों। लकड़ी के लिए अनुमत प्रतिबल 70 kg/cm^2 व लोहे के लिए 1000 kg/cm^2 और $m = 16$ है।

   [उत्तर (*a*) 211042 kg/cm (*b*) 58533 kg/cm]

2. 12 cm चौड़े व 18 cm मोटे एक लकड़ी के खंड के नीचे की सतह पर 3 cm चौड़ी व 1 cm मोटी लोहे की पत्ती लगी हुई है। अगर यह खंड 40000 kgcm का नमन घूर्ण रोके तथा m का मान 20 हो तो दोनों पदार्थों में उत्पन्न प्रतिबल ज्ञात करो। (उत्तर 44 kg/cm^2, 629·7 kg/cm^2)

3. 4 cm चौड़ी और 1 cm मोटी एक लोहे की आयताकार छड़ पर 4 cm चौड़ी व 1 cm मोटी एक पीतल की छड़ रखकर कसकर जकड़ी हुई है। अगर लोहे व पीतल में अनुमत प्रतिबल क्रम से 1000 kg/cm^2 और 450 kg/cm^2 हो और $m = 2{\cdot}5$ हो तो इस संयुक्त खंड का अधिकतम प्रतिरोध घूर्ण ज्ञात करो। (उत्तर 1490 kg/cm)
4. 12 cm चौड़े व 20 cm मोटे एक लकड़ी के खंड को 2 m पाट पर धरन के रूप में काम में लिया गया है। $\frac{1}{2}$ cm मोटी व 12 cm चौड़ी दो लोहे की प्लेटें लकड़ी के खंड की N A के सममित ऊर्ध्वाधर स्थिति में लगाई गई हैं। अगर $m = 20$ और अनुमत प्रतिबल लोहे व लकड़ी में क्रम से 1000 kg/cm^2 और 100 kg/cm हो तो ज्ञात करो कि यह खंड कितना बाहरी भार के कारण B.M रोकेगा। (उत्तर 90666·67 kg/cm)
5 6 cm चौड़े व 18 cm मोटे दो लकड़ी के खंडों में 1 cm मोटी व 12 cm गहरी एक लोहे की प्लेट जकड़ी हुई है। प्लेट खड़े रूप में इस प्रकार रखी गई है कि यह N.A के सममित है। इस लोह-काष्ठ धरन (Flitchem beam) को 4 m पाट पर धरन के रूप में काम में लिया गया है। अगर $m = 18$ और पूरे पाट पर 1 t/m का U.D.L कार्य कर रहा हो तो खंड में उत्पन्न अधिकतम प्रतिबल ज्ञात करो।
(उत्तर लकड़ी में 213·7 kg/cm^2 लोहे में 2564 kg/cm^2)
6. 6 cm चौड़े और 20 cm गहरे दो लकड़ी के धरनों में 1·5 cm मोटी और 20 cm गहरी लोहे की पट्टी लगी हुई है। यदि लोहे के लिए अनुमत बंकन प्रतिबल 1000 kg/cm^2 और लकड़ी के लिए 50 $kgcm^2$ है तो संयुक्त धरन द्वारा प्रतिरोध घूर्ण ज्ञात करो। (उत्तर 140000 kg/cm^2)
7. 15 cm चौड़े और 20 cm गहरे लकड़ी के धरन के नीचे 1 cm मोटी और 15 cm चौड़ी लोहे की पत्ती लगा दी गई है। लकड़ी और लोहे क लिए अनुमत प्रतिबल क्रमशः 80 kg/cm^2 और 1200 kg/cm^2 है। $E_s = 2{\cdot}1 \times 10^6$ kg/cm^2 $E_t = 0{\cdot}14 \times 10^6$ kg/cm^2। यह धरन खंड कितना प्रतिरोध घूर्ण सुरक्षापूर्वक रोक सकता है। (उत्तर 118100 kg-cm)

7

धरन में अपरूपण प्रतिबल

[SHEARING STRESSES IN BEAM]

7·1 अध्याय IV में पढ़ा जा चुका है कि धरन पर जब बाहरी बल कार्य करता है तो धरन के सभी खंडों पर B.M और S.F उत्पन्न हो जाते हैं। अध्याय V और VI में बताया जा चुका है कि धरन का अनुप्रस्थ काट किस प्रकार बाहरी बल द्वारा उत्पन्न B.M को रोकता है। इस अध्याय में धरन का अनुप्रस्थ काट बाहरी बल द्वारा उत्पन्न S.F को किस प्रकार रोकता है, बताया गया है।

7·2 एक धरन के AA और BB दो काट एक-दूसरे से dx दूरी पर लीजिए। मान लो AA खंड पर M बंकन घूर्ण (BM) और BB खंड पर $(M+d_m)$ बंकन घूर्ण कार्य कर रहे हैं। खंड AA से खंड BB तक B.M थोड़ा परिवर्तन होता है क्योंकि B.M.D. में देख चुके हैं कि धरन की लम्बाई के साथ-साथ हर खंड पर B.M परिवर्तित होता रहता है।

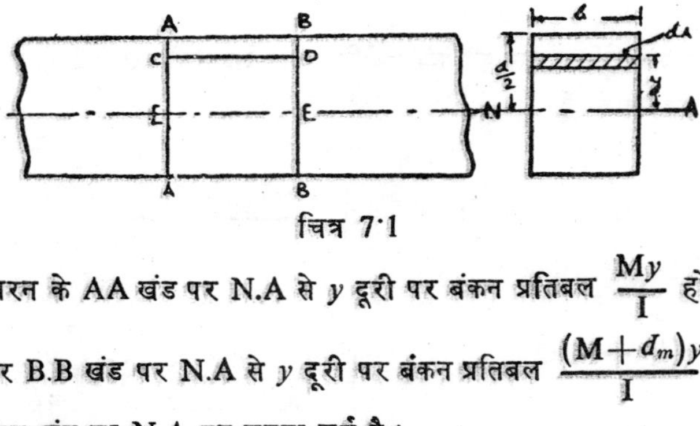

चित्र 7·1

धरन के AA खंड पर N.A से y दूरी पर बंकन प्रतिबल $\dfrac{My}{I}$ होता है और

इसी प्रकार B.B खंड पर N.A से y दूरी पर बंकन प्रतिबल $\dfrac{(M+d_m)y}{I}$ होता है।

यहाँ I धरन खंड का N.A पर जड़ता घूर्ण है।

चित्र 7·1 (a) में N.A से y दूरी पर एक परत CD लो और धरन के खंड ACDBA के सन्तुलन का विश्लेषण करो। अब चित्र 7·1 (b) को लो। मान लो धरन के खंड की चौड़ाई N.A से y दूरी पर b है। मान लो CD परत के तल पर क्षैतिज अपरूपण प्रतिबल q है।

CD परत पर कुल क्षैतिज दिशा में अपरूपण बल

$$= \text{परत का क्षेत्रफल} \times \text{अपरूपण प्रतिबल}$$

$$= b \times dx \times q \qquad \ldots(1)$$

AA खंड पर N.A से y दूरी पर एक सूक्ष्म क्षेत्रफल d_A पर बल $\frac{M}{I} y \times dA$ होगा और इसी प्रकार BB खंड में भी N.A से उतनी दूरी पर, एक सूक्ष्म क्षेत्रफल d_A पर बल $\frac{(M+d_m)}{I} y \times d_A$ होगा

$$\text{असन्तुलित क्षैतिज बल} = \frac{(M+d_m)y}{I} \times d_A - \frac{M}{I} y d_A$$

$$= \frac{M}{I} \times y \times d_A + \frac{d_m \times y \times d_A}{I}$$

$$\frac{M \times y \times d_A}{I}$$

$$= \frac{d_m \times y \times d_A}{I}$$

धरन की ऊपरी परत AB से CD तक कुल असंतुलित बल

$$\int_y^{\frac{d}{2}} \frac{d_m}{I} \times y \times d_A$$

इस असन्तुलित बल को केवल क्षैतिज बल जो समीकरण (1) में दिया हुआ है सन्तुलन में रखता है

$$\text{या} \qquad q \times d_X \times b = \int_y^{\frac{d}{2}} \frac{d_m \times y \times d_A}{I}$$

$$q = \int_y^{\frac{d}{2}} \frac{d_m \times y \times d_A}{d_X \times I \times b} \quad \text{लेकिन} \quad \frac{d_m}{d_X} = F$$

$$\text{इसलिए} \qquad q = \int_y^{\frac{d}{2}} \frac{F \times y d_A}{Ib}$$

$$= \frac{F}{Ib} \int_y^{\frac{d}{2}} y \times d_A$$

लेकिन $\int_{y}^{\frac{d}{2}} y \times d_A$ धरन की ऊपरी परत AB और CD परत के बीच के क्षेत्रफल का N.A पर घूर्ण है

इसलिए इसे $A\bar{y}$ से लिख सकते हैं। यहाँ ध्यान रहे A धरन खंड की ऊपरी परत से लेकर जहाँ अपरूपण प्रतिबल ज्ञात करना है वहाँ तक खंड का क्षेत्रफल है और $\bar{y}$ इस क्षेत्रफल की C.G की N.A से दूरी है।

इसलिए $$q=\frac{F}{Ib}A\bar{y} \qquad \ldots(2)$$

अपरूपण प्रतिबल ज्ञात करने के लिए समीकरण (2) ही मुख्य समीकरण है और इसी समीकरण का उपयोग कर सभी प्रकार के खण्डों का N.A से कितनी भी दूरी पर अपरूपण प्रतिबल ज्ञात कर सकते हैं।

7·2. (a) आयताकार धरन (Rectangular beam)

मान लो एक आयताकार धरन का अनुप्रस्थ काट b चौड़ा व d गहरा है। मान लो N.A से y दूरी पर अनुप्रस्थ काट में अपरूपण प्रतिबल ज्ञात करना है

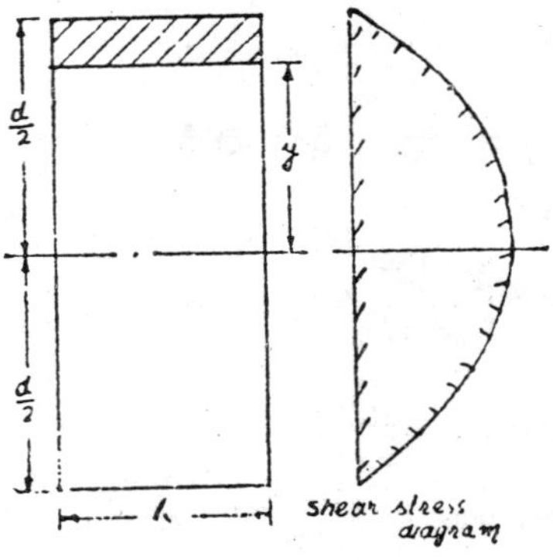

चित्र 7·2

खंड की ऊपरी परत से N.A से y दूरी पर परत तक खंड का क्षेत्रफल

$$A=b\left(\frac{d}{2}-y\right)$$

इस क्षेत्रफल की C.G की N.A से दूरी $\bar{y}=\frac{1}{2}\left(\frac{d}{2}+y\right)$

आयताकार खंड का जड़ता घूर्ण $=\frac{bd^3}{12}$

अब $$q=\frac{F}{Ib}A\bar{y}$$

$$=\frac{F}{1\times b}\times b\left(\frac{d}{2}-y\right)\times\frac{1}{2}\left(\frac{d}{2}+y\right)$$

$$=\frac{F}{1\times b}\times b\left(\frac{d^2}{4}-y^2\right)\frac{1}{2}$$

$$=\frac{F}{21}\left(\frac{d^2}{4}-y^2\right) \qquad \cdots(1)$$

समीकरण (1) में केवल y का मान ही परिवर्तनशील है। हम देखते हैं कि यदि y का मान कम कर दिया जाता है तो q का मान बढ़ जाता है, और इसके विपरीत जब y का मान अधिक होता है तो q का मान कम हो जाता है।

खण्ड की ऊपरी परत पर y का मान $\frac{d}{2}$ होता है और जब समीकरण (1) में y को $\frac{d}{2}$ के बराबर रखा जाता है तो q का मान शून्य हो जाता है। इसी प्रकार जब y का मान समीकरण (1) में न्यूनतम यानी शून्य रक्खा जाता है तो q का मान अधिकतम $\frac{Fd^2}{81}$ हो जाता है।

क्योंकि समीकरण y में द्वितीय श्रेणी की है इसलिए अपरूपण प्रतिबल का परिवर्तन पैराबोलिक होता है।

$$q_{max}=\frac{F\times d^2}{8\times bd^3}\times 12=\frac{3}{2}\ \frac{F}{bd}$$

औसत अपरूपण प्रतिबल $=\frac{F}{bd}$

इसलिए आयताकार खण्ड के N.A पर अधिकतम अपरूपण प्रतिबल होता है और यह खण्ड पर औसत अपरूपण प्रतिबल से 50% अधिक होता है।

इसी प्रकार N.A से नीचे भी अपरूपण प्रतिबल का वितरण N.A के ऊपरी भाग की तरह ही होता है।

अपरूपण प्रतिबल का वितरण चित्र 7·2 में दिखाया हुआ है।

(*b*) **ठोस वृत्ताकार खण्ड** (Solid circular section)

मान लो एक वृत्ताकार खण्ड की त्रिज्या R और व्यास D है

N.A से y दूरी पर वृत्ताकार खण्ड की चौड़ाई

$$b=2\sqrt{R^2-y^2}$$

N.A से y दूरी पर dy मोटाई की एक परत लो। मान लो इस dy मोटी परत का क्षेत्रफल d_A है।

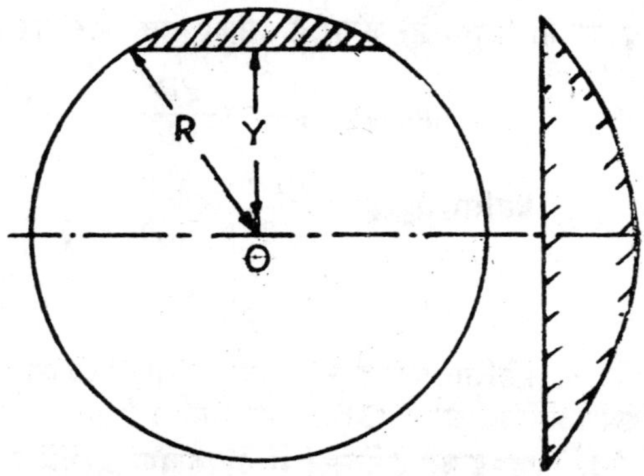

चित्र 7·3

इसलिए

$d_A = 2\sqrt{(R^2 - x^2) \times dy}$

d_A का N.A पर घूर्ण

$= 2(\sqrt{R^2 - y^2}) \times dy \times y$

$= 2y\sqrt{R^2 - y^2 dy}$

N.A से y दूरी के ऊपर के क्षेत्रफल का घूर्ण

$$= \int_y^R 2y\sqrt{(R^2 - y^2)}\,dy \qquad ...(1)$$

क्योंकि $\quad b = 2\sqrt{R^2 - y^2}$

इसलिए $\quad b^2 = 4(R^2 - y^2) \qquad ...(2)$

समीकरण (2) का अवकलन करने पर

$$2b\, d_b = 8y\, d_Y.$$

या $\quad y\, d_Y = -\frac{1}{4} b\, d_b$

$2\sqrt{R^2 - y^2}$ और $y\, d_Y$ का मान समीकरण (1) में रखने पर

$$A\bar{y} = \int_0^b -\frac{b^2}{4}\, d_b = \frac{1}{4}\int_0^b b^2 d_b$$

$$= \frac{(b)^3}{12}$$

अब $\quad q = \frac{F}{I \times b} \times A\bar{y}$

$$= \frac{F}{I \times b} \times \frac{b^3}{12}$$

$$= \frac{Fb^2}{12\, I}$$

$$= \frac{F \times 4(R^2 - y^2)}{12\, I} = \frac{F(R^2 - y^2)}{31} \qquad ...(3)$$

समीकरण (3) एक पैराबोलिक समीकरण है जिसमें y का मान R होते ही q का मान शून्य हो जाता है इसका मान N.A पर होता है।

$$p_{max}=\frac{FR^2}{3I}=\frac{FD^2}{12I}$$

$$\text{इसलिए } q_{max}=\frac{FD^2}{12}\times\frac{64}{\pi D^4}=\frac{16}{3}\frac{F}{\pi D^2}$$

$$=\frac{4}{3}\frac{F}{A}$$

इसलिए वृत्ताकार खण्ड के लिए अधिकतम अपरूपण प्रतिबल q, औसत अपरूपण प्रतिबल से 33·3% अधिक होता है।

7·4. I खण्ड और चेनल में अपरूपण प्रतिबल (Shear stresses in I section and channel section)

(*a*) I खण्ड

माना कि एक I खण्ड की कुल चौड़ाई B और गहराई D है। वेब (web) की मोटाई b है और गहराई d है।

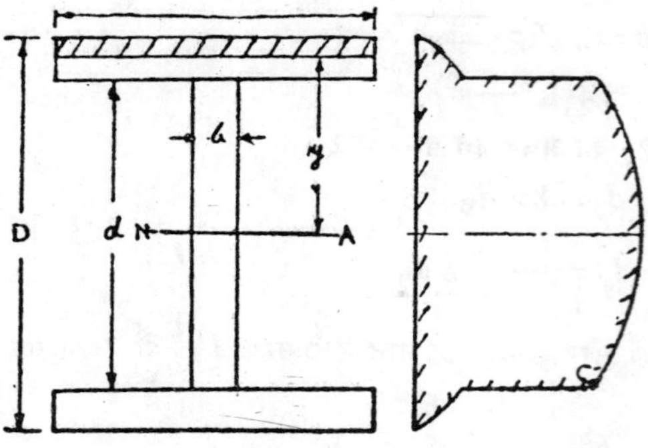

चित्र 7·4

फ्लैंज में

N.A से y दूरी पर खण्ड की चौड़ाई = B

फ्लैंज का रेखाच्छादित (Shaded) क्षेत्रफल।

$$=B\left(\frac{D}{2}-y\right)$$, इस क्षेत्रफल की N.A से CG की,

$$\text{दूर}=\frac{1}{2}\left(\frac{D}{2}+y\right) \text{ है}$$

$$\therefore\quad q=\frac{F}{I\times B}\times B\left(\frac{D}{2}-y\right)\times\frac{1}{2}\left(\frac{D}{2}+y\right)$$

$$=\frac{F}{12}\left(\frac{D^2}{4}-y^2\right) \text{ जो एक पैराबोलिक है।} \quad \ldots(1)$$

वेब और फ्लैंज के जोड़ पर फ्लैंज में अपरूपण प्रतिबल, समीकरण (1) में y का मान $\frac{d}{2}$ रखकर ज्ञात किया जाता है।

$$q=\frac{F}{2I}\left(\frac{D^2}{4}-\frac{d^2}{4}\right)$$
$$=\frac{F}{8I}\left(D^2-d^2\right)$$

वेब (web) में वेब और फ्लैंज के जोड़ पर वेब में अपरूपण प्रतिबल एकदम बढ़ जाता है क्योंकि खण्ड की चौड़ाई B से घटकर b रह जाती है।

इसलिए वेब की ऊपरी सतह पर अपरूपण प्रतिबल

$$q=\frac{F}{b\times I}\times B\left\{\left(\frac{D}{2}-\frac{d}{2}\right)+\frac{1}{2}\left(\frac{D}{2}+\frac{d}{2}\right)\right\}$$
$$=\frac{F}{2I\times b}\times B\left(\frac{D^2}{4}-\frac{d^2}{4}\right)=\frac{F}{8I}\;\frac{B}{d}\left(D^2-d^2\right)$$

N.A से y दूरी पर वेब में अपरूपण प्रतिबल q ज्ञात करने के लिए N.A के आधीन फ्लैंज और वेब दोनों के क्षेत्रफल के अलग-अलग घूर्ण लिए जाते हैं।

$$\text{या}\quad q=\frac{F}{I\times b}\left\{B\left(\frac{D-d}{2}\right)\times\frac{1}{2}\left(\frac{D}{2}+\frac{d}{2}\right)+b\left(\frac{d}{2}-y\right)\times\frac{1}{2}\left(\frac{d}{2}+y\right)\right\}$$
$$=\frac{F}{I\times b}\left\{\frac{B(D^2-d^2)}{8}+\frac{b}{2}\left(\frac{d^2}{4}-y^2\right)\right\}$$
$$=\frac{B}{b}\times\frac{F}{8I}\left(D^2-d^2\right)+\frac{F}{2I}\left(\frac{d^2}{4}-y^2\right)$$

यह समीकरण भी पैराबोलिक है अतः अधिकतम अपरूपण प्रतिबल तीव्रता N.A पर ही होगी, जब $y=0$

$$q\,(\max)=\frac{B}{b}\times\frac{F}{8I}(D^2-d^2)+\frac{Fd^2}{8I}$$

अपरूपण प्रतिबल वितरण चित्र 7·4 में दिखाया हुआ है। इस आरेख से यह स्पष्ट है कि अधिकतर अपरूपण वेब ही रोकती है। जबकि अध्याय V में देखा था कि अधिकतर B.M फ्लैंजों द्वारा रोका जाता है।

(b) चेनल के लिए अपरूपण वितरण आरेख I खण्ड की भांति ही होता है। चेनल और I खण्ड में केवल इतना अन्तर है कि चेनल में I खण्ड की वेब फ्लैंजों के मध्य में न रहकर फ्लैंजों के एक तरफ होती है और N.A पर इस अन्तर से खण्ड के

क्षेत्रफल में कोई अन्तर नहीं होता। दूसरे शब्दों में N.A पर क्षेत्रफल के निक्षेपण (depostion) में कोई अन्तर नहीं होता।

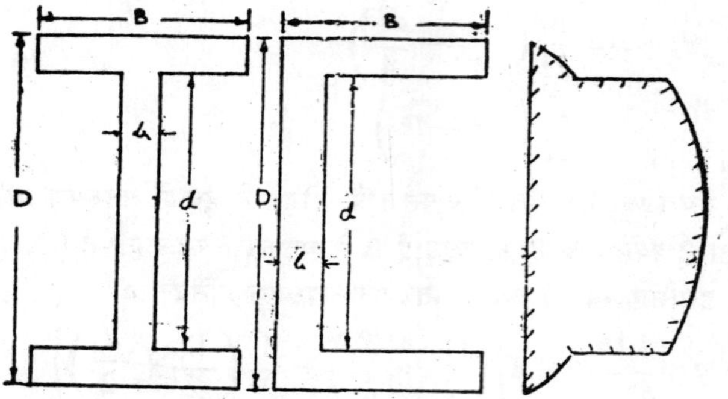

चित्र 7·5

चित्र 7·5 में एक I खण्ड व चेनल खण्ड के लिए अपरूपण वितरण आरेख दिखाया हुआ है।

7·5. ऐंग्नलेरन व T—खण्ड के लिए अपरूपण वितरण आरेख

I खण्ड की भाँति ऐंग्नलेरन में भी समीकरण $q=\frac{F}{1\times B}\times A\overline{Y}$ लगाकर अपरूपण प्रतिबल ज्ञात किया जा सकता है। चित्र 7·6 में ऐंग्नलेरन, T—खण्ड व अन्य खण्डों के लिए अपरूपण प्रतिबल वितरण आरेख दिखाए हुए हैं :

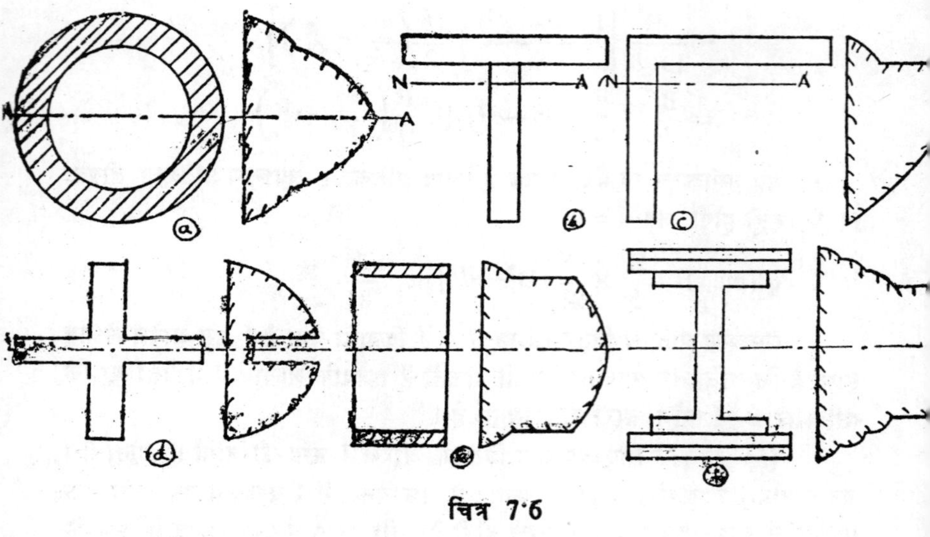

चित्र 7·6

उदाहरण 1. चित्र 7·7 में दिखाए गए I—खण्ड के लिए अपरूपण प्रतिबल वितरण आरेख बनाकर I खण्ड पर 10*t* का S.F कार्य कर रहा है।

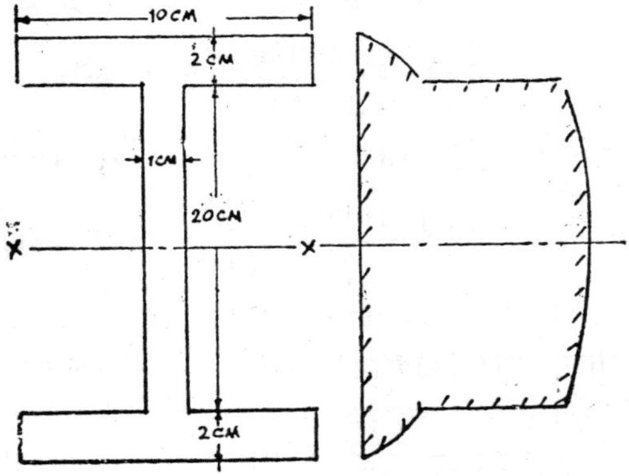

चित्र 7·7

$$I_{XX}=\frac{1}{12}\{10\times(24)^3-9\times(20)^3\}$$

$$=\frac{1}{12}\{138240-72000\}$$

$$=\frac{66240}{12}=5520\ cm^1$$

फ्लैंज में $q=\frac{F}{2\times I}\left(\frac{D^2}{4}-y^2\right)$

$F=10t=10000\ kg$

$I=5520\ cm^4$

$D=24$ cm और $d=20$ cm

फ्लैंज की ऊपरी सतह पर q का मान शून्य है।

फ्लैंज की निचली सतह पर $q=\frac{10000}{5520\times 8}\{(24)^2-(20)^2\}$

$$=\frac{10000\times 176}{5520\times 8}=40\ kg/cm^2$$

वेब (web) में—वेब के फ्लैंज के साथ जोड़ पर वेब में $q=40\times\frac{B}{b}=40\times 10$

$$=400\ kg/cm^2$$

वेब के लिए साधारण समीकर

$$q = \frac{F}{8I} \times \frac{B}{b}(D^2 - d^2) + \frac{F}{2I}\left(\frac{d^2}{4} - y^2\right)$$

$$= 400 + \frac{10000}{2 \times 5520}(100 - y^2)$$

q के अधिकतम मान के लिए y को शून्य के बराबर रखिए ।

$$q_{(max)} = 400 + \frac{10000 \times 100}{2 \times 5520} = 490{\cdot}6 \text{ kg/cm}^2$$

उदाहरण 2. चित्र 7·8 में दिखाये हुए T—खंड के लिए अपरूपण प्रतिबल वितरण आरेख बनाइए और अधिकतम अपरूपण प्रतिबल का मान ज्ञात कीजिए । खंड पर S.F 12t हैं ।

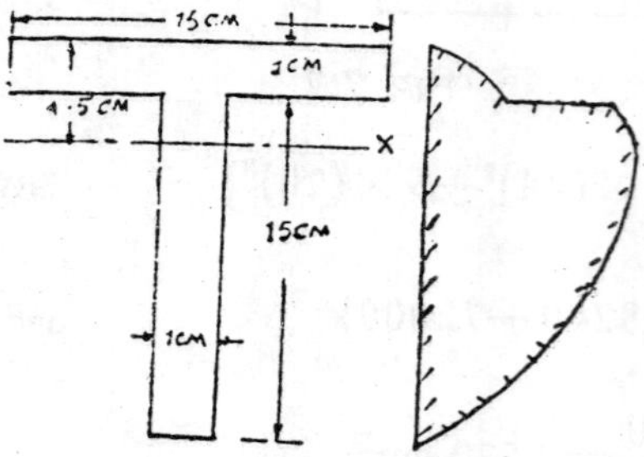

चित्र 7·8

T—खंड का क्षेत्रफल $= 15 \times 1 + 15 \times 1 = 30$ sq-cm

T—खंड के फ्लैंज के ऊपरी सतह पर घूर्ण लेने पर

$$30X = 15 \times \tfrac{1}{2} + 15 \times 8{\cdot}5$$
$$= 7{\cdot}5 + 127{\cdot}5 = 135{\cdot}0$$

$$X = \frac{135}{30} = 4{\cdot}5 \text{ cms}$$

$$I_{AB} = \frac{14 \times (1)^2}{3} + \frac{1 \times (16)^3}{3} = 4{\cdot}67 + 1365{\cdot}43$$
$$= 1370 \text{ cm}^4$$

$$I_{XX} = I_{AB} - Ah^2$$
$$= 1370 - 30 \times (4{\cdot}5)^2$$
$$= 1370 - 607{\cdot}50 = 762{\cdot}5 \text{ cm}^4$$

T—खंड के फ्लैंज के ऊपरी सतह पर q शून्य है

फ्लैंज के नीचे $q = \frac{F}{I \times B} \times Ay$

$$= \frac{12000 \times 15 \times 1 \times 4}{762{\cdot}5 \times 15} = 63 \text{ kg/cm}^2$$

पेटा और फ्लैंज के जोड़ पर पेटा में q का मान $\frac{63 \times 15}{1} = 945 \text{ kg/cm}^2$ होगा ।

q का अधिकतम मान N·A पर होगा ।

$$q_{(max)} = \frac{12000}{762{\cdot}5 \times 1}\left(15 \times 1 \times 4 + 3{\cdot}5 \times 1 \times \frac{3{\cdot}5}{2}\right)$$

$$= 945 + 96{\cdot}4 = 1041{\cdot}4 \text{ kg/cm}^2$$

उदाहरण 3. चित्र 7·9 में दिखाया हुआ ऐंगलेरन 5t की S·F ले रहा है । ऐंगलेरन के लिए अपरूपण प्रतिबल वितरण आरेख बनाओ ।

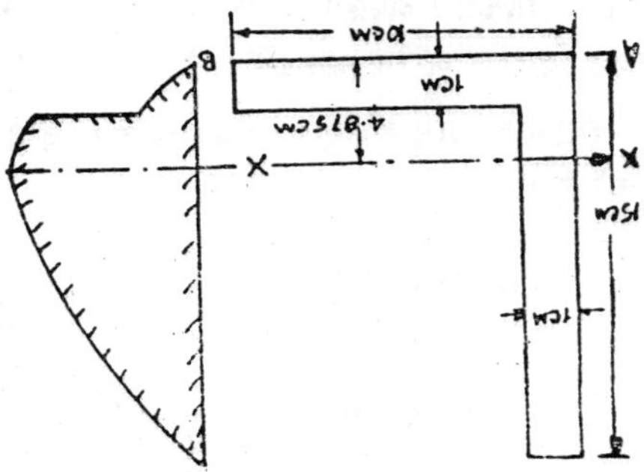

चित्र 7·9

खंड का क्षेत्रफल $= 10 + 14 = 24 \text{ cm}^2$

क्षेत्रफल का AB पर घूर्ण लेने पर

$$24 \times X = 10 \times \tfrac{1}{2} + 14 \times 8 = 5 + 112 = 117$$

$$X = \frac{117}{24} = 4{\cdot}875 \text{ cm}^2$$

$$I_{AB} = \frac{1 \times (15)^3}{3} = \frac{9 \times (1)^3}{3} = 1125 + 3 = 1128 \text{ cm}^4$$

$$I_{XX} = I_{AB} - Ah^2$$

$$= 1128 - 24\ (4{\cdot}875)^2$$

$$= 1128 - 570{\cdot}40 = 557{\cdot}6 \text{ cm}^4$$

ऐंगलेरन के ऊपरी व निचली सतह पर q का मान शून्य होता है।
फ्लैंज और पेटा के जोड़ पर फ्लैंज में

$$q = \frac{5\times 1000}{557{\cdot}6\times 10}\times 10\times 1\ \{4{\cdot}875 - 0{\cdot}50\}$$

$$= \frac{5000}{5576}\times 10\times 4{\cdot}375 = 39{\cdot}2\ \text{kg/cm}^4$$

फ्लैंज और पेटा के जोड़ पर पेटा में

$$q = 39{\cdot}2\times\frac{10}{1} = 392\ \text{kg/cm}^2$$

N·A पर $q_{max} = \dfrac{5\times 1000}{557{\cdot}6\times 1}\left\{10\times 4{\cdot}375 + 3{\cdot}875\times 1\times\dfrac{3{\cdot}875}{2}\right\}$

$$= 392 + 67{\cdot}2 = 459{\cdot}2\ \text{kg/cm}^2$$

उदाहरण 4. यदि एक वर्गाकार खंड को इस प्रकार रक्खा जाए कि खंड का एक कर्ण क्षैतिज हो तो अधिकतम अपरूपण प्रतिबल का मान व स्थिति ज्ञात कीजिए और अपरूपण प्रतिबल वितरण आरेख बनाइये।

माना कि वर्गाकार खंड की एक भुजा B है। वर्गाकार खंड के कर्ण की लम्बाई $\sqrt{2}B$ होती है।

$$I_{AB} = \sqrt{2}B\times\left(\frac{B}{\sqrt{2}}\right)^3\times\frac{1}{12}\times 2$$

$$= \sqrt{2}B\times\frac{B^3}{2\sqrt{2}}\times\frac{1}{6} = \frac{B^4}{12}$$

शीर्ष बिन्दु C से x दूरी पर खंड की चोड़ाई $2x$ होगी।

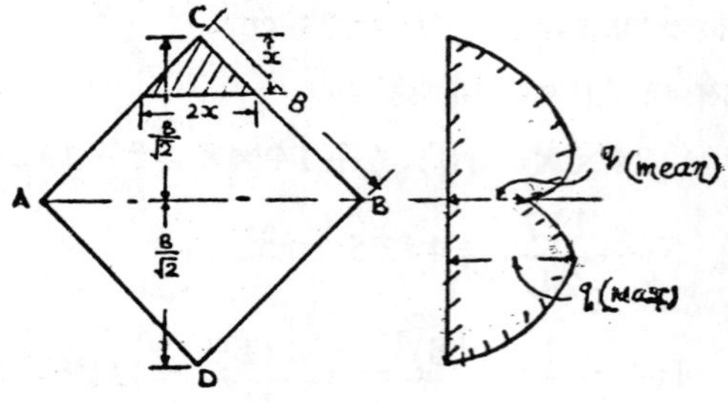

चित्र 7·10

इस तले पर अपरूपण प्रतिबल $q = \dfrac{F}{1\times 2x}\left\{x^2\left(\dfrac{B}{\sqrt{2}} - \dfrac{2}{3}x\right)\right\}$

$$=\frac{F\times 12}{2x\times B^4}\left\{x^2\left(\frac{B}{\sqrt{2}}-\frac{2}{3}x\right)\right\}$$

$$=\frac{6F}{xB^4}\times x^2\left(\frac{B}{\sqrt{2}}-\frac{2}{3}x\right)$$

$$=\frac{6F\times x}{B^4}\left(\frac{3B-2\sqrt{2}x}{\sqrt{2}\times 3}\right)$$

$$=\frac{F}{B^4}\times x\ (3\sqrt{2}B-4x) \qquad \cdots(1)$$

यह एक पैरबोलिक समीकरण है। इस समीकरण में $\frac{F}{B^4}\times x$, x के बढ़ने से बटता जाता है जब कि समीकरण का दूसरा भाग $(3\sqrt{2}B-4x)$ कम होता जाता है।

$$\text{जब } x=0 \qquad \text{तो } q=0$$

$$\text{जब } x=\frac{B}{\sqrt{2}},\ q=\frac{F}{B^4}\times\frac{B}{\sqrt{2}}\left(3\sqrt{2}B-4\frac{B}{\sqrt{2}}\right)$$

$$=\frac{F}{B^4}\ (3-2)=\frac{F}{B^2}$$

$$=\frac{S.F}{\text{क्षेत्रफल}}=q\ (\text{औसत})$$

इसलिए N.A पर औसत अपरूपण प्रतिबल है। q का अधिकतम मान ज्ञात करने के लिए समीकरण (1) का अवकलन करके शून्य के बराबर रख दो।

$$q=\frac{F}{B^4}\times\ x\ (3\sqrt{2}B-4x)$$

$$\frac{d_a}{d_x}=3\sqrt{2}B-4\times 2x=0$$

या $\qquad 8x=3\sqrt{2}B$

$$x=\frac{3\sqrt{2}}{8}B, \text{ इसलिए } q \text{ का अधिकतम मान शीर्ष C}$$

से $\frac{3\sqrt{2}B}{8}$ दूरी पर है या N.A से $\frac{B}{\sqrt{2}}-\frac{3\sqrt{2}B}{8}$ दूरी पर है।

$$q_{(max)}=\frac{F}{B^4}\times\frac{3\times\sqrt{2}B}{8}\left\{3\sqrt{2}B-\left(\frac{12\sqrt{2}B}{8}\right)\right.$$

$$=\frac{F}{B^4}\left\{\frac{18\ B^2}{8}-\frac{72}{64}B^4\right\}$$

$$=\frac{F}{B^2}\left(\frac{9}{4}-\frac{9}{8}\right)=\frac{9F}{8B^2}$$

$$\frac{q(max)}{q(average)}=\frac{9}{8}=1.125$$

अपरूपण प्रतिबल का वितरण चित्र 7·10 में दिखाया हुआ है।

उदाहरण 5. एक त्रिभुज का आधार 20 cm और ऊँचाई 20 cm है। यदि इस त्रिभुज पर एक 4000 kg की S.F. कार्य कर रही हो तो q का अधिकतम मान व स्थिति ज्ञात करो।

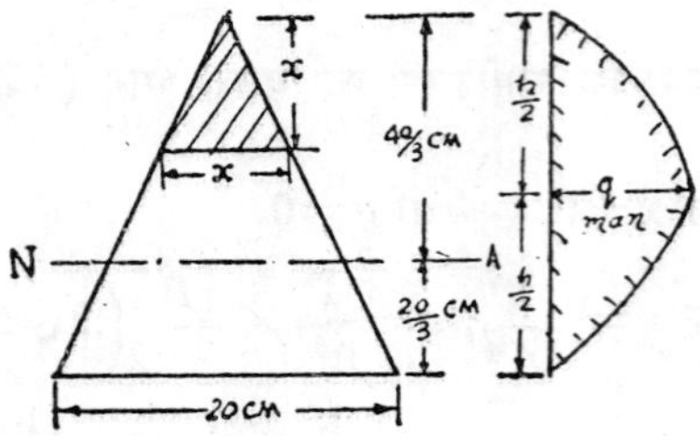

चित्र 7·11

त्रिभुज शीर्ष से x दूरी पर $q=\frac{F}{1\times B}\times A\overline{Y}$

$$F=4000\text{ kg},\ A=\frac{1}{2}\left(20\times\frac{x}{20}\right)x=\frac{x^2}{2}$$

$$\overline{Y}=\frac{40}{2}-\frac{2}{3}x$$

$$I_{xx}=\frac{20\times(20)^3}{36}=4444{\cdot}4\text{ cm}^4$$

$$B=\frac{x}{2}+\frac{x}{2}=x$$

$$q_x=\frac{4000\times x^2}{4444{\cdot}4\times x\times 2}\times\left(\frac{40}{3}-\frac{2}{3}\right)x$$

$$=\frac{2000x}{4444{\cdot}4}\left(\frac{40}{3}-\frac{2}{3}x\right) \qquad \cdots(1)$$

q_x का अधिकतम मान ज्ञात करने के लिए समीकरण (1) का अवकलन करके शून्य के बराबर रख दो।

$$\frac{d_{qx}}{d_x}=\frac{40}{3}-\frac{2}{3}\times 2x=0$$

$$\frac{4}{3}x = \frac{40}{3}$$

$$x = 10\text{cms}$$

इसलिए $q_{max} = \dfrac{2000 \times 10}{4444'4}\left(\dfrac{40}{3} - \dfrac{20}{3}\right)$

$$= 30\text{kg/cm}^2$$

N.A. पर $q = \dfrac{2000 \times 40}{4444 \cdot 4 \times 3}\left(\dfrac{40}{3} - \dfrac{80}{9}\right)$

$$= 26 \cdot 67\ \text{kg/67cm}^2$$

इससे यह स्पष्ट है कि त्रिभुज के लिए N.A. पर q का मान अधिकतम नहीं होता बल्कि त्रिभुज की ऊँचाई के मध्य में होता है । q का वितरण चित्र 7·11 में दिखाया हुआ है ।

उदाहरण 6. चित्र 7·12 में दिखाया हुआ खंड 10000 kg की S.F ले रहा है । खंड के विशिष्ट स्थानों पर q का मान ज्ञात करो और अपरूपण प्रतिबल वितरण आरेख बनाओ ।

$$I_{xx} = \frac{15 \times (20)^3}{12} - \frac{\pi}{64}(10)^4$$

$$= 10000 - 491 = 9509\ \text{cm}^4$$

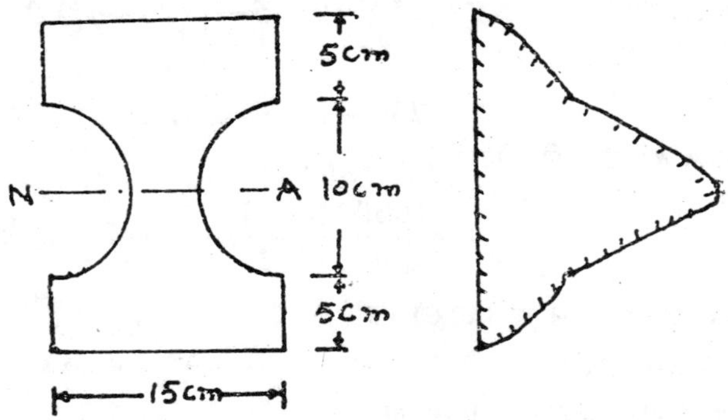

चित्र 7·12

खण्ड के ऊपरी व निचली सतह पर q शून्य होता है ।

ऊपरी सतह से 5 cm नीचे $q_b = \dfrac{10000 \times 15}{9509 \times 15} \times 5 \times 7 \cdot 5$

$$= 39 \cdot 3\ \text{kg/cm}^2$$

N.A. से 2·5 m ऊपर $AX = 15 \times 7 \cdot 5 \times 6 \cdot 25 - \int_{2 \cdot 5}^{5} 2\, xy d_Y$

$$=703{\cdot}125-\int_{2.5}^{5}\left(25-y^2\right)^{\frac{1}{2}}\times 2y\,d_Y$$

$$=70{\cdot}3125-\frac{2}{3}\left[(25-y^3)^{\frac{3}{2}}\right]_{2.5}^{5}$$

$$=703{\cdot}125-54{\cdot}3$$
$$=648{\cdot}825\ \text{cm}^3$$

N.A से 2·5 cm पर खंड की चौड़ाई $=15-2\sqrt{(25-y^2)}$

$$=15-2\sqrt{(25-(2{\cdot}5)^2}$$
$$=6{\cdot}35\ \text{cms}$$
$$q_c=\frac{10000\times 648{\cdot}825}{9508\times 6{\cdot}35}$$
$$=107{\cdot}4\ kg/\text{cm}^2$$

N.A. पर $\quad A\bar{Y}=15\times 10\times 5-\int_{0}^{5}(25-y^2)\ 2y\ dy$

$$=750-82{\cdot}5=667{\cdot}5\text{cm}^3$$

N.A पर खंड की चौड़ाई B = 5 cm

$$q=\frac{10000\times 667{\cdot}5}{9509\times 5}=140{\cdot}4\ \text{kg/cm}^2$$

अपरूपण प्रतिबल का वितरण चित्र 7·12 में दिखाया हुआ है।

उदाहरण 7. चित्र 7·13 में दिखाये गए खंड पर 10t S.F. है। अपरूपण प्रतिबल का वितरण दिखाओ और q का अधिकतम मान ज्ञात करो।

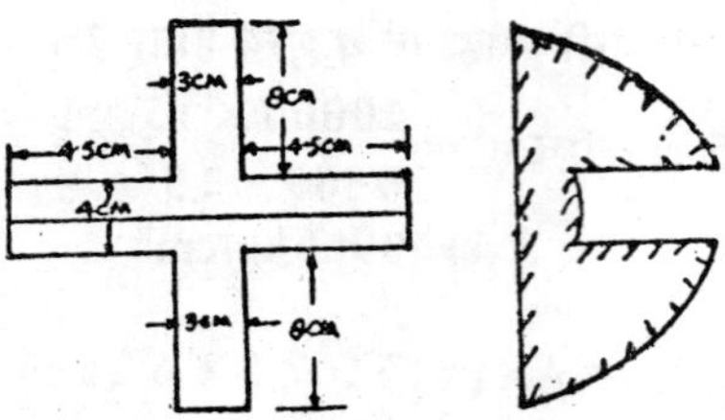

चित्र 7·13

$$I_{xx}=\left\{\frac{9\times(2)^3}{3}+\frac{3\times(10)^3}{3}\right\}\times 2$$

$$=(24+1000)2=2048 \text{ cm}^4$$

N.A से x दूरी पर ऊपरी 3 cm चौड़े भाग में

$$q=\frac{10000}{2048\times 3}\times 3\left\{\frac{(10)^2-x^2}{2}\right\}$$

$$=\frac{10000}{4096}(100-x^2),$$ जो कि एक पैराबोलिक समीकरण है।

3 cm चौड़ाई के नीचे की सतह में

$$q=\frac{F}{I\times B}\times A\bar{Y}$$

$$=\frac{10000\times 3\times 8\times 6}{2048\times 3}=234 \text{ kg/cm}^2$$

12 cm चौड़े भाग में ऊपरी सतह पर $q=\frac{234\times 3}{12}$

$$=58\cdot 5 \text{ kg/cm}^2$$

N.A पर $q=\frac{10000}{2048\times 12}\times 3\times 8\times 6+\frac{10000}{2048\times 12}\times 2\times 12$

$$=58\cdot 5+9\cdot 8=68\cdot 3 \text{ kg/cm}^2$$

q का वितरण चित्र 7·13 में दिखाया हुआ है।

प्रश्नावली

1. 10 cm चौड़ा व 30 cm गहरा एक धरन 4m पाट पर काम में लिया गया है। 10t का एक अधिकेन्द्रित भार पाट के मध्य में लगा हुआ है। अपरूपण प्रतिबल का अधिकतम मान ज्ञात करो और धरन के खंड पर इसका वितरण आरेख दिखाओ। (उत्तर 25 kg/cm²)

2. एक ISHB 300 × 250, 58·8 kg का खण्ड जिसके पेटा व फ्लैंज की मोटाई क्रमशः 7 6 mm व 10·6 mm है, एक धरन के रूप में काम लिया गया। अधिकतम अपरूपण प्रतिबल ज्ञात करो अगर (I) खंड की पेटा ऊर्ध्वाधर है और $I_{xx}=12545\cdot 2$ cm⁴ है (II) पेटा क्षैतिज है और $I_{xx}=2193\cdot 6$ kg/cm² है। अपरूपण प्रतिबल वितरण आरेख भी बनाइये। अधिकतम आलम्ब बल 10t है। [उत्तर (I) 470kg/cm²]
(II) (पेटा के ऊपर व नीचे 3558 kg/cm²)

3. 10 cm चौड़े व 30 cm गहरे एक I खंड के फ्लैंज और पेटा की मोटाई 1 cm है। यदि इस खंड पर 10t की S.F कार्य कर रही है तो खंड में अपरूपण प्रतिबल का वितरण दिखाओ। कुल अपरूपण बल का कितना

प्रतिशत पेटा अकेला वहन करता है। यदि यह मान लिया जाए कि सम्पूर्ण S.F वेब अकेला ही रोक रहा है तो खंड पर सम्बांटित S.F की तीव्रता ज्ञात करो। [उत्तर 98·785%357·1 kg/cm^2

N.A पर अधिकतम अपरूपण प्रतिबल 402·6 kg/cm^2]

4. 12 cm × 20 cm का एक I खंड जिसके पेटा और फ्लैंज की मोटाई 1 cm है, 4t का S.F रोकने के लिए काम में लिया गया।

(I) अधिकतम अपरूपण प्रतिबल ज्ञात करो।

(II) न्यूनतम अपरूपण प्रतिबल ज्ञात करो।

(III) औसतन अपरूपण प्रतिबल ज्ञात करो।

(IV) यदि यह मान लिया जाए कि S.F पेटा द्वारा ही लिया जा रहा है तो ज्ञात करो कि पेटा पर सम्बांटित S.F क्या होगी।

उत्तर [(I) 232·8 kg/cm^2 N.A पर

(II) खंड के ऊपर व नीचे शून्य

(III) 95·24 kg/cm^4

(IV) 222·2 kg/cm^4]

5. 15 cm × 10 cm × 1·3 cm के एक T खंड को 4t की S,F रोकने के लिए काम में लिया गया। T खंड की 15 cm वाली भुजा क्षैतिज है। अधिकतम अपरूपणप्रतिबल ज्ञात करो अपरूपण प्रतिबल वितरण आरेख भी बनाओ।

[उत्तर N.A पर q=442·5 kg/cm^4]

6. एक त्रिभुज का आधार 10 cm व ऊंचाई 10 cm है। यह त्रिभुजीय खंड 2t की S.F रोकने के लिए काम में लिया गया।

(I) अपरूपण प्रतिबल q का अधिकतम मान व त्रिभुज के आधार से इसकी दूरी ज्ञात करो।

(II) N.A पर अपरूपण प्रतिबल ज्ञात करो।

[उत्तर (I) अधिकतम अपरूपण प्रतिबल आधार के 5 cm ऊपर होगा और इसका मान 60 kg/cm^2

(II) N.A पर b=53·3 kg/cm^2]

7. एक छः भुजा वाली छड़ जिसकी एक भुजा 2cm है इस प्रकार रक्खी हुई है कि एक भुजा क्षैतिज है। अगर यह खंड 1000 kg की S.F रोकने के लिए काम में लिया जाए तो खंड के लिए अपरूपण प्रतिबल वितरण आरेख बनाओ। (उत्तर N.A पर q=1155 kg/cm^2

और औसत मान 96 kg/cm^2 है)

8. 30 cm $\times$ 15 cm के गर्डर का फ्लैंज 2 cm और वेब 1.3 cm मोटी है। किसी अनुप्रस्थ काट पर इस गर्डर पर 1000t-cm का नमन घूर्ण और 20t का अपरूपणबल कार्य कर रहा है। मुख्य प्रतिबल निम्न स्थितियों में ज्ञात करो।

(a) गर्डर की ऊपरी परत पर (at the top)

(b) N.A से 13 cm दूर फ्लैंज में

(c) N.A से 13 cm दूर वैब में

(d) N.A पर

[**उत्तर** (a) $p_1 = 1105$ kg/cm^2 (comp), $p_2 = 0$
(b) $p_1 = 975$ kg/cm^2 (comp), $p_2 = 2$ kg/cm^2 (तनाव
(c) $p_1 = 1152.5$ kg/cm^2 (comp), $p_2 = 137{\cdot}5$ kg/cm^2 (तनाव)
(d) $p_1 = 601$ kg/cm^2 (comp), $p_2 = 601$ kg/cm^2 (तनाव)

9. 20 cm $\times$ 20 cm की T—खंड जिसके फ्लैंज और web की मोटाई 2 cm है, उल्टी T के रूप में 4 metre पाट पर धरन के रूप में काम लिया गया है। एक आलम्ब से 1m दूरी पर धरन पर W अधिकेन्द्रित भार कार्य कर रहा है। यदि अनुमति प्रतिबल सम्पीडन में 700 kg/cm^2 तनाव में 300 kg/cm^2 और अपरूपण में 150 kg/cm^2 है तो W का अधिकतम मान ज्ञात करो। (**उत्तर** W = 1142 kg)

10. एक आयतकार लकड़ी के धरन पर W kg/m का U.D.L पूरी लम्बाई पर कार्य कर रहा है। लकड़ी के लिए अनुमत प्रतिबल बंकन में 100kg/cm^2 और अपरूपण में 10 kg/cm^2 है। धरन के पाट और गहराई में वह अनुपात ज्ञात करो कि धरन में अधिकतम बंकन प्रतिबल और अपरूपण प्रतिबल एक साथ उत्पन्न हों। $\left(\text{उत्तर} \dfrac{L}{a} = 10\right)$

11. 10 cms चौड़ा 15 cm गहरा धरन खंड 10 cm चौड़े 5 cm गहरे लकड़ी के तीन गुटके एक दूसरे पर रख कर बनाया गया है। तीनों लकड़ी के गुटके गलू से जोड़े हुए हैं ताकि अनुलम्बन अपरूपण (longitudinal shear) बल रोक सके। इस तरह बना धरन 2m पाट पर शुद्धालम्ब धरन के रूप में काम लिया गया है। यदि गलू किए जोड़ों के लिए अनुमत अपरूपण प्रतिबल 4kg/cm^2 है तो उस अधिकेन्द्रित बल का मान ज्ञात करो जिसे धरन मध्य पाट पर सुरक्षा-पूर्वक वहन कर सकता है। A.M.I.E.May 1964

[**उत्तर** 900 kg]

8

धरन विक्षेप

(DEFLECTION OF BEAMS)

8·1. जब किसी धरन पर बाहरी भार कार्य करते हैं तो धरन के अनुप्रस्थ काट पर बंकन प्रतिबल तथा अपरूपण प्रतिबल उत्पन्न होने के साथ-साथ धरन बाहरी भार की दिशा में विस्थापित भी (deflect) हो जाती है। इसलिए धरन के अभिकल्पन की दो विधियाँ होती हैं। पहली विधि में धरन का खंड इस प्रकार अभिकल्प (design) किया जाता है कि बंकन प्रतिबल और अपरूपण प्रतिबल अनुमत सीमा से अधिक न होने पायें। दूसरी विधि में खंड ऐसा होना चाहिए कि बाहरी भार के कारण धरन विक्षेप अनुमत सीमा से अधिक न होने पाये।

बाहरी भार के कारण धरन की अनुदैर्घ्य अक्ष झुकती हैं, यानी धरन झुक जाता है। धरन का झुकाव वृत्ताकार या पैराबोलिक हो सकता है। आलम्बों पर धरन में अधिकतम ढाल होती है तथा मध्य की तरफ धरन की ढाल कम होती जाती है और एक साधारण धरन के लिए पाट के मध्य में यह ढाल शून्य हो जाती है। धरन की ढाल और विस्थापन ज्ञात करने की विधियाँ नीचे दी हुई हैं।

I. द्विः समाकलन विधि (Double integration method)

II. मैकाले विधि (Macauley' method)

III. क्षेत्रफल घूर्ण विधि (Area-moment method)

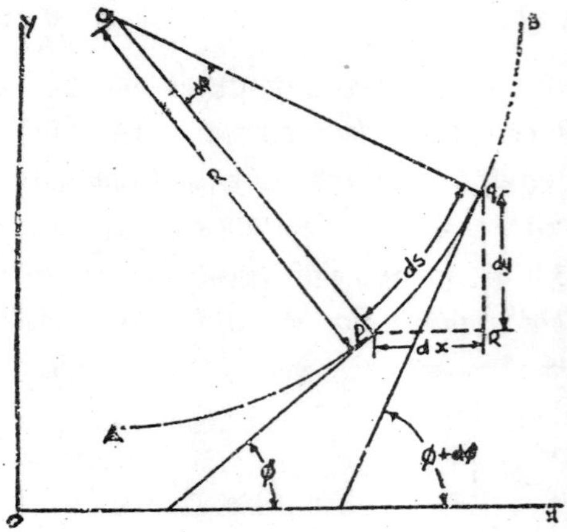

चित्र 8·1

8·2. **द्विः समाकलन विधि** (Double integration method)—AB एक ऐसा धरन लो जिस पर केवल बंकन घूर्ण हो और अपरूपण बल बिल्कुल न हो ।

AB धरन की एक सूक्ष्म लम्बाई Pq, d_s के बराबर लो । मान लो P और q बिन्दु पर स्पर्श रेखायें (tangent) क्रम से ϕ और $\phi+d\phi$ कोण पर OX पर झुकी हुई (inclined) हैं

$$\angle PO'q = d\phi$$

$$O'P = O'q = R$$

P और q पर धरन की वक्रता त्रिज्या R है और $O'P$ और $O'q$, P व q पर अभिलम्ब है ।

$$Pq = d_s = R \times d\phi$$

$$PR = d_X \text{ और } Rq = dy$$

क्योंकि Pq बहुत ही छोटा है इसलिए PqR को हम एक त्रिभुज के रूप में मान सकते हैं ।

इसलिए $(Pq)^2 = (PR)^2 + (Rq)^2$

$$(d_s)^2 = (d_X)^2 + (d_Y)^2$$

$$d_s = \sqrt{(d_X)^2 + (d_Y)^2}$$

लेकिन $\dfrac{d_Y}{d_X} = \tan\phi$

इसका अवकलन करने पर

$$\frac{d^2y}{dx^2} d_X = \sec'\phi d\phi$$

$$= (1 + \tan^2\phi) d\phi$$

$$= \left\{1 + \left(\frac{d_Y}{d_X}\right)^2\right\} d\phi$$

या
$$d\phi = \frac{\dfrac{d_Y{}^2}{d_X{}^2} \times d_X}{\left(1 + \dfrac{d_Y}{d_X}\right)^2} \qquad \ldots(1)$$

लेकिन $d_s = \sqrt{(d_X)^2 + (d_Y)^2}$ और $d_s = R \times d\phi$

या $d\phi = \dfrac{d_s}{R}$

$d\phi$ का यह मान समीकरण (1) में रखने से

$$\frac{dy^2}{R}=\frac{\frac{d^2y}{dx^2}dx}{1+\left(\frac{d_Y}{d_X}\right)^2}$$

$$\sqrt{(d_X)^2+(d_Y)^2}=\frac{R\frac{d^2_Y}{d_X^2}dx}{\left\{1+\left(\frac{d_Y}{d_X}\right)^2\right\}}$$

$$\therefore \qquad dx\sqrt{1+\left(\frac{d_Y}{d_X}\right)^2}=\frac{R\frac{d^2_Y}{d^2}dx}{\left\{1+\left(\frac{d_Y}{d_X}\right)^2\right\}}$$

$$\therefore \qquad R=\frac{\left\{1+\left(\frac{dy}{dx}\right)^2\right\}^{3/2}}{\frac{d_y}{d_X^2}}$$

लेकिन $\frac{M}{I}=\frac{E}{R}$ इसलिए $R=\frac{EI}{M}$

इसलिए $$\frac{EI}{M}=\frac{\left[1+\left(\frac{d_Y}{d_X}\right)^2\right]^{3/2}}{\frac{d^2_Y}{dx^2}}$$

क्योंकि $\frac{d_Y}{d_X}$ बहुत छोटी मात्रा है इसलिए इसका वर्ग और भी छोटा होगा।

इसलिए $\left(\frac{d_Y}{d_X}\right)$ उपेक्षणीय है।

इसलिए $$\frac{EI}{M}=\frac{I}{\frac{d_Y}{d_X^2}}$$

या $$EI\frac{d^2_Y}{d_X^2}=M \qquad \ldots(2)$$

समीकरण (2) का यदि एक बार समाकलन किया जाए तो समीकरण $\frac{d_Y}{d_X}$ में

परिवर्तित हो जाती है जो धरन के आलम्बों पर ढाल बताती है। इसी प्रकार यदि समीकरण (2) का दो बार समाकलन किया जाए तो इससे धरन का विस्थापन या विक्षेप ज्ञात हो जाता है। समाकलन के स्थिरांक धरन के सिरों की अवस्था से मालूम किए जा सकते हैं।

चिन्ह परिपाटी (Sign convention)

अगर निर्देशांकों का मूल बिन्दु धरन के बांये सिरे पर ले और x दाईं ओर धनात्मक हो तो ज्ञात होगा कि धरन का झुकाव प्रायः चौथे चतुर्थांश में होता है और y का मान प्रायः ऋणात्मक आता है। यहाँ धरन के विस्थापन के लिए मुख्य बिन्दु धरन के बायें सिरे पर लेंगे और x दायें तरफ धनात्मक और y नीचे की ओर धनात्मक होगा।

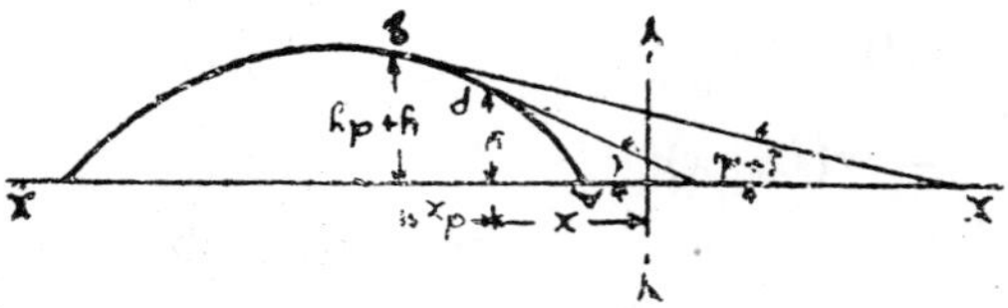

चित्र 8·2

माना कि बिन्दु P के निदेशाँग (x, y) है और q के $\{(x+d_X)(y+d_Y)\}$ हैं।

चित्र 8·2 में दिखाए गए धरन AB के लिए d_Y और d_X दोनों धनात्मक हैं और इसलिए $\frac{d_Y}{d_X}$ भी धनात्मक ही है। अगर $(i+di)$ बिन्दु q पर ढलान है तो यह P पर ढलान i से कम होगी और इसलिए di और $\frac{di}{dx}$ दोनों ऋणात्मक होंगे

अब यदि P पर B.M, M हो तो

$$M = EI\frac{d^2_Y}{d_X^2} = EI\frac{di}{dx}$$

क्योंकि $\frac{di}{dx}$ ऋणात्मक है इसलिए M भी ऋणात्मक ही होगा। अतः यह चिन्ह-परिपाटी है कि जो B.M धरन में ऊपर की तरफ अवतलता उत्पन्न करते हैं ऋणात्मक होते हैं और जो B.M ऊपर अतुलता (Convexity) उत्पन्न करते हैं, धनात्मक होते हैं। इस चिन्ह से EI $\frac{d^2_Y}{d_X^2} = M$ का जब दो बार समाकलन (Integration) किया जाता है तो इससे y का जो मान आता है वह धनात्मक होता है

8·3. बाहुधरन (Contilevers)

(*a*) बाहुधरन के मुक्त सिरे पर एक अधिकेंद्रित भार W.

आबद्ध सिरे A को मूल बिन्दु मानिए और मूल बिन्दु से x दूरी पर एक खंड लीजिए।

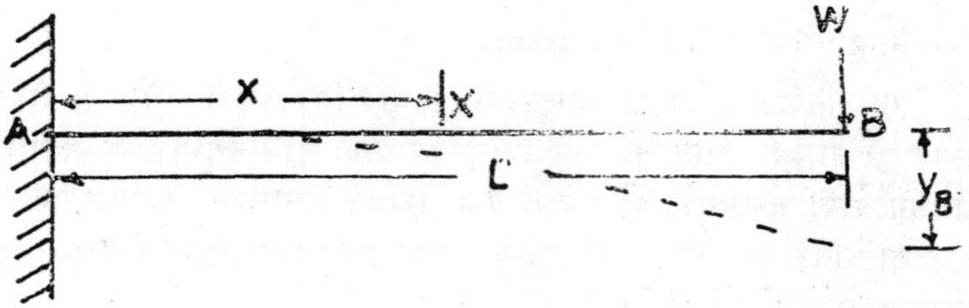

चित्र 8·3.

$$M_X = +W(L - x)$$

$$EI \frac{d^2Y}{dX^2} = W(L - x)$$

समाकलन करने पर,

$$EI\frac{dy}{dx} = W\left(Lx - \frac{x^2}{2}\right) + C_1 \text{ यहाँ } C_1 \text{ स्थिरांक है।} \quad ...(1)$$

C_1 का मान ज्ञात होने के बाद इस समीकरण द्वारा बाहुधरन के किसी भी बिन्दु पर धरन की ढाल (slope) ज्ञात की जा सकती है।

आबद्ध सिरे A पर ढाल शून्य होती है इसलिए यदि $x = 0$ तो $\frac{dy}{dx} = 0$

यह मान समीकरण (1) में रखने पर $C_1 = 0$

इसलिए ढाल समीकरण

$$EI\frac{dy}{dx} = W\left(Lx - \frac{x^2}{2}\right) \quad ...(2)$$

इसी समीकरण का एक बार फिर समाकलन करने पर

$$EIy = W\left(\frac{Lx^2}{2} - \frac{x^3}{6}\right) + C_2 \quad ...(3)$$

यहाँ फिर C_2 स्थिरांक है। जब $x = 0$ तो $y = 0$. इसलिए $C_2 = 0$

विस्थापन समीकरण $EIy = W\left(\frac{Lx^2}{2} - \frac{x^3}{6}\right)$ ...(4)

अधिकतम ढाल या विक्षेप बाहुधरन के मुक्त सिरे पर होता है।

मुक्त सिरे पर ढाल $\frac{d_Y}{d_X}$ और विक्षेप क्रमशः समीकरण (2) और (4) में x का मान L रखकर मालूम किया जा सकता है।

$$\text{इसलिए मुक्त सिरे पर ढाल } EI\frac{d_Y}{d_X}=W\left\{L\times L-\frac{(L)^2}{2}\right\}$$

$$=W\left(L^2-\frac{L^2}{2}\right)$$

$$=\frac{WL^2}{2}$$

$$\frac{d_Y}{d_X}=\frac{WL^2}{2EI}\text{ radians}$$

$$\text{इस प्रकार मुक्त सिरे पर विक्षेप } EIy=W\left\{\frac{L(L)^2}{2}-\frac{(L)^2}{6}\right\}$$

$$=W\left(\frac{L^3}{2}-\frac{L^3}{6}\right)$$

$$=\frac{WL^3}{3}$$

$$y=\frac{WL^3}{3EI}$$

बाहुधरन के लिए प्राय: यह लाभप्रद रहता है कि मुख्य बिन्दु आबद्ध सिरे पर लिया जाए। ऐसा करने से समाकलन के स्थिरांक शून्य हो जाते हैं।

(b) जब अधिकेन्द्रित भार W के बाहुधरन के मुक्त सिरे पर न होकर कहीं बीच में हो।

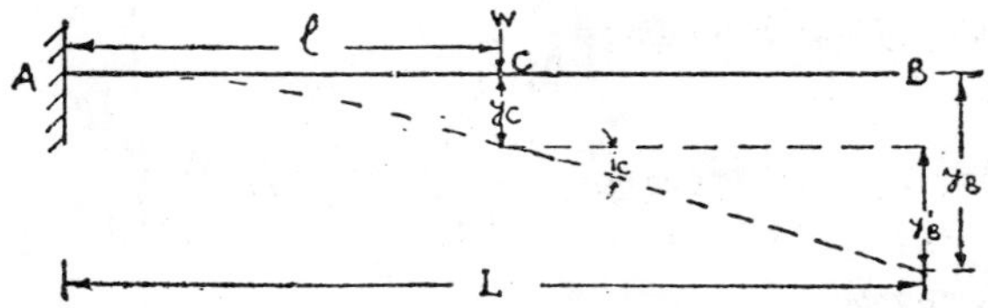

चित्र 8·4

माना कि अधिकेन्द्रित भार W बाहुधरन के आबद्ध सिरे से l दूरी पर कार्य कर रहा है जब कि बाहुधरन की कुल लम्बाई L है।

$$\text{C बिन्दु पर धरन की ढाल}=\frac{Wl^2}{2EI}$$

क्योंकि C से B बिन्दु तक कोई बाहरी भार बाहुधरन पर कार्य नहीं कर रहा है इसलिए C से B तक धरन ढाल $\frac{Wl^2}{2EI}$ ही रहती है।

C बाहुधरन का विस्थापन $y_c = \frac{Wl^2}{3EI}$ है

बाहुधरन C पर W भार के कारण झुकता है। हालांकि CB भाग में बिल्कुल ढाल नहीं है लेकिन बाहुधरन का CB भाग सीधी रेखा में नीचे झुक जाता है।

इसलिए $y'_B = (L-l)\frac{Wl^2}{2EI}$, यहाँ $\frac{Wl^2}{2EI}$ C पर ढाल $\tan\phi$ है।

और धरन से CB भाग की लम्बाई $(L-l)$ है।

B बिन्दु पर कुल विस्थापन $y_B = y_C + y'_B$

$$= \frac{Wl^3}{3EI} + (L-l)\frac{Wl^2}{2EI}$$

(c) बाहुधरन पर एक से अधिक अधिकेन्द्रित भार कार्य कर रहे हैं।

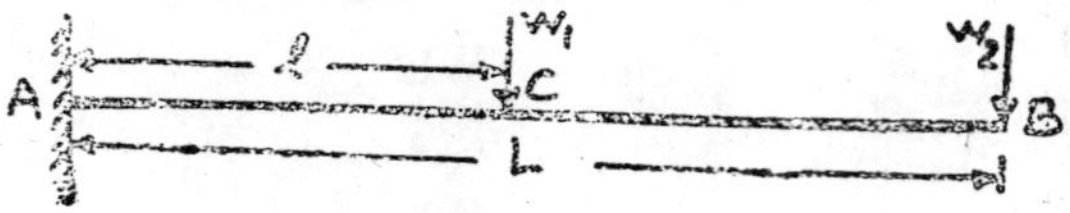

चित्र 8·5

माना कि बाहुधरन की कुल लम्बाई L है। धरन के मुक्त सिरे पर एक अभिकेन्द्रित भार W_2 और आबद्ध सिरे से l दूरी पर एक दूसरा अधिकेन्द्रित भार W_1 कार्य कर रहे हैं।

(I) W_1 के कारण

C और B बिन्दुओं पर ढाल $= \frac{W_1 l^2}{2EI}$

और B पर विस्थापन $= \frac{W_1 l^3}{3EI} + (L-l)\frac{W_1 l^2}{2EI}$

(II) W_2 के कारण

B पर ढाल $= \frac{W_2 L^2}{2EI}$

B पर विस्थापन $= \frac{W_2 L^3}{3EI}$

B पर कुल ढाल $= \frac{W_1 l^2}{2EI} + \frac{W_2 L^2}{2EI}$

B पर कुल विस्थापन $= \frac{W^2 L^3}{3EI} + \frac{W_2 l^3}{3EI} + (L-l)\frac{W_1 l^2}{2EI}$

उदाहरण 1. 3m लम्बे एक बाहुधरन पर $5t$ का अधिकेन्द्रित भार है। भार के नीचे दी गई स्थितियों में मुक्त सिरे पर ढाल व विस्थापन ज्ञात करो।

(I) $5t$ का भार मुक्त सिरे पर है।

(II) 5t का भार आबद्ध सिरे से 2m पर है।

(III) $2t$ का भार मुक्त सिरे पर व $3t$ का भार आबद्ध सिरे से 2m पर है।

$E = 2 \times 10^6$ kg/cm^2, $I = 40000$ cm^4

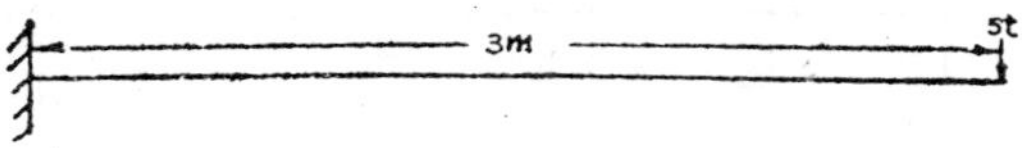

चित्र 8·6

I मुक्त सिरे पर ढाल $= \dfrac{WL^2}{2EI} = \dfrac{5 \times 1000 \times (3)^2 \times (100)^2}{2 \times 2 \times 10^6 \times 40000}$ radians

$$= \frac{45}{16000} \text{ radians}$$

$$= \frac{45}{16000} \times \frac{180}{\pi} \times 60 = 9{\cdot}7 \text{ minutes}$$

विस्थापन $\dfrac{WL^3}{3EI} = \dfrac{5 \times 1000 (3)^3 \times 10^4}{3 \times 2 \times 10^6 \times 40000} = 1{\cdot}68 \text{ cm} = 16{\cdot}8 \text{ mm.}$

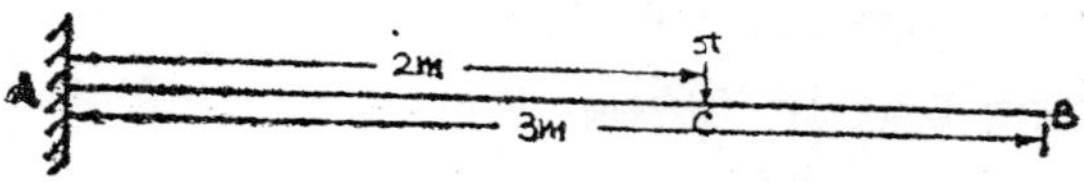

चित्र 8·7

(II) C और B बिन्दुओं पर ढाल बराबर है। (चित्र 8·7 देखें)

इसलिए मुक्त सिरे B पर ढाल $= \dfrac{Wl^2}{2EI}$

$$= \frac{5 \times 1000 (2)^2 \times (10)^4}{2 \times 2 \times 10^6 \times 40000} \text{ radians}$$

$$= \frac{5 \times 1000 \times (2)^2 \times 10^4}{2 \times 2 \times 10^6 \times 40000} \times \frac{180}{\pi} \times 60 \text{ minutes}$$

$= 4{\cdot}3$ minutes.

मुक्त सिरे B पर विस्थापन $= \dfrac{Wl^3}{3EI} + \dfrac{Wl^2}{2EI}(L - l)$

$$= \frac{5000 \times (2)^3 \times 10^6}{3 \times 2 \times 10^6 \times 40000} + \frac{5000 (2)^2 \times 10^4 \times 100}{2 \times 2 \times 10^6 \times 40000}(3 - 2)$$

$$=\frac{1}{6}+\frac{1}{8}=0{\cdot}3 \text{ cms.}=3 \text{ mm.}$$

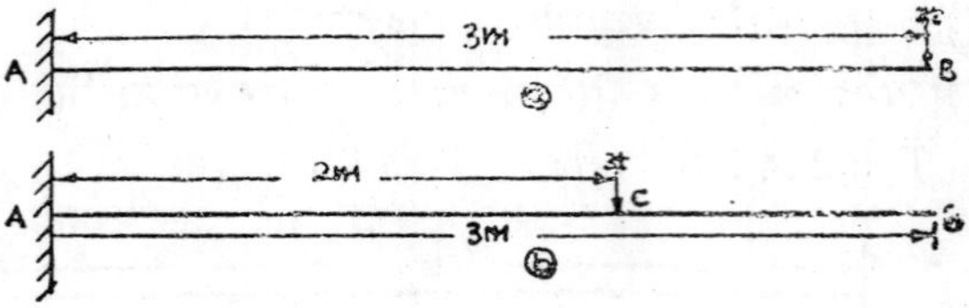

चित्र 8·8

(III) 2t भार के कारण

B पर ढाल $=\frac{2\times1000\times(3)^2\times10^4}{2\times2\times10^6\times4\times10^4}$ radians

$$=\frac{2\times1000\times(3)^2\times10^4}{2\times2\times10^6\times4\times10^4}\times\frac{180}{\pi}\times60$$

$$=3{\cdot}86 \text{ minutes.}$$

B पर विस्थापन $=\frac{2\times1000\times(3)^3\times10^6}{3\times2\times10^6\times40000}=0{\cdot}225 \text{ cms.}=2{\cdot}25 \text{ mm}$

3t का भार आबद्ध सिरे A से 2m के कारण

C पर ढाल B पर ढाल के बराबर है ।

$$=\frac{3\times1000\times(2)^2\times10^4}{2\times2\times10^6\times40000}\times\frac{180}{\pi}\times60$$

$$=2{\cdot}58 \text{ minutes.}$$

B पर विस्थापन $\frac{Wl^3}{3EI}+\frac{Wl^2}{2EI}(L-l)$

$$=\frac{3\times1000\times(2)^3\times10^6}{2\times2\times10^6\times40000}+\frac{3\times1000\times(2)^2\times10^4}{2\times2\times10^6\times40000}\times100(3-2)$$

$$=\frac{1}{10}+\frac{3}{40}=\frac{7}{40}=0{\cdot}175 \text{ cm}=1{\cdot}75 \text{ mm.}$$

B पर कुल ढाल $=3{\cdot}86+2{\cdot}58=6{\cdot}44$ minutes.

B पर कुल विस्थापन $=0{\cdot}225+0{\cdot}175=0{\cdot}4$ cms. $=4$ mm.

उदाहरण 2. 6m लम्बे बाहूधरन पर 10t का एक अधिकेन्द्रित भार आबद्ध सिरे से 3m पर कार्य कर रहा है । मुक्त सिरे पर विस्थापन व ढाल ज्ञात करो ।

E=2×10⁶ kg/cm² और I=50000 cm⁴.

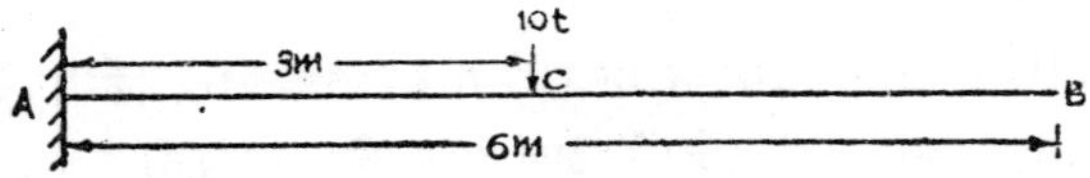

चित्र 8·9

$$C \text{ पर ढाल} = \frac{10 \times 1000 \times (3)^2 \times 10^4}{2 \times 2 \times 10^6 \times 5 \times 10^4} \times \frac{180}{\pi} \times 60 \text{ minutes}$$

$$= 15{\cdot}46 \text{ minutes.}$$

क्योंकि C से B बिन्दु तक कोई बाहरी भार कार्य नहीं कर रहा है इसलिए B पर वही ढाल होगी जो C पर है ।

$$B \text{ पर विस्थापन } \frac{Wl^3}{3EI} + \frac{Wl^2}{2EI}(L-l)$$

$$= \frac{10 \times 1000 \times (3)^3 \times 10^6}{3 \times 2 \times 10^6 \times 5 \times 10^4} + \frac{10 \times 1000 \times (3)^2 \times 10^4}{2 \times 2 \times 10^6 \times 50000} \times (6-3)100$$

$$= 0{\cdot}9 + 1{\cdot}35 = 2{\cdot}25 \text{ cms.}$$

8·4. बाहुधरन पर समबाँटित भार (U.D.L.) **के लिए**

(*a*) जब भार पूरे बाहुधरन पर समबाँटित है ।

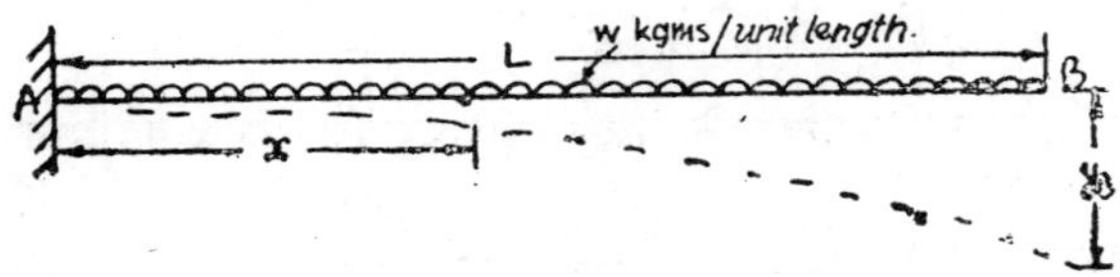

चित्र 8·10

A को मूल बिन्दु मानकर A से x दूरी पर एक खण्ड लो ।

$$EI \frac{d^2y}{dx^2} = \frac{w(L-x)^2}{2}$$

समाकलन करने पर,

$$EI \frac{dy}{dx} = -\frac{w}{6}(L-x)^3 + C_1$$

$$x = 0 \text{ पर } \frac{dy}{dx} = 0 \text{ है; इसलिए } 0 = -\frac{wL^3}{6} + C_1$$

$$\text{या } C_1 = \frac{wL^3}{6}$$

इसलिए $EI\ \frac{dy}{dx} = -\frac{w}{6}(L-x)^3 + \frac{wL^3}{6}$ .. (1)

यह समीकरण ज्ञात करने की मुख्य समीकरण है और किसी बिन्दु पर ढाल ज्ञात करने के लिए x का मान रखने से ढाल ज्ञात की जा सकती है।

मुक्त सिरे B पर ढाल के लिए $x = L$

इसलिए $$EI\frac{dy}{dx} = -\frac{w}{6}(L-L)^3 + \frac{w(L)^3}{6}$$

$$\frac{dy}{dx} = \frac{w(L)^3}{6EI}$$, यह मुक्त सिरे पर ढाल है।

समीकरण (1) का एक बार फिर समाकलन करने पर

$$EIy = +\frac{w}{24}(L-x)^4 + \frac{w(L)^3}{6}x + C_2$$

जब $x = 0,\ y = 0 \quad \therefore 0 = \frac{wL^4}{24} + C_2$

या $C_2 = \frac{wL^4}{24}$

अतः C_2 का मान रखने पर विस्थापन का समीकरण

$$EIy = \frac{w}{24}(L-x)^4 + \frac{wL^3}{6}x - \frac{Lw^4}{24}$$

मुक्त सिरे पर विस्थापन के लिए समीकरण (2) में x का मान L रखिए

$$EIy = \frac{w}{24}(L-L)^4 + \frac{wL^3 \times L}{6} - \frac{wL^4}{24}$$

$$y = \frac{wL^4}{8EI}$$

यदि ढाल $\frac{dy}{dx}$ को i से लिखें तो

B पर ढाल $i_B = \frac{wL^3}{6EI}$ और $y_B = \frac{wL^4}{8EI}$

यहाँ y_B, B बिन्दु का विस्थापन है।

यदि बाहुधरन के लिए कुल भार $W = wL$ के रूप में, ढाल व विस्थापन समीकरणों में रखें तो $i_B = \frac{wL^2}{6EI}$ और $y = \frac{wL^3}{8EI}$ ध्यान रहे यहाँ W बाहुधरन पर इकाई लम्बाई पर भार नहीं है बल्कि बाहुधरन पर कुल भार है।

(*b*) यदि w/unit लम्बाई का भार आबद्ध सिरे से पूरी लम्बाई पर न होकर कम लम्बाई पर हो।

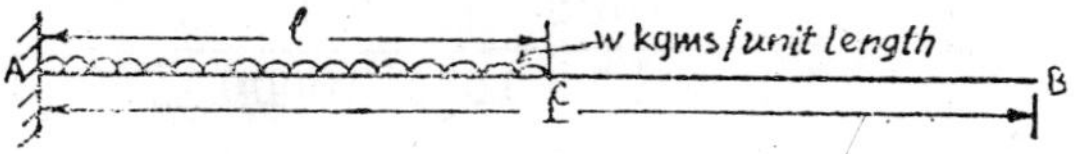

चित्र 8·11

$$i_C=\frac{wl^3}{6EI},\ y_C=\frac{wl^4}{8EI}$$

C से B तक ढाल $\frac{wl^3}{6EI}$ ही रहती है।

$$y_B=y_C+(L-l)\ i_C$$

$$=\frac{wl^4}{8EI}+(L-l)\frac{wl^3}{6EI}$$

(*c*) यदि मुक्त सिरे की तरफ से W/unit length का समबांटित भार पूरी लम्बाई पर न होकर कम लम्बाई पर कार्य करता हो।

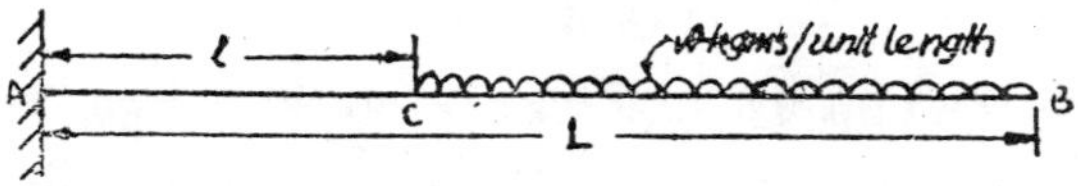

चित्र 8·12

बाहुधरन पर ऐसे भार के लिए पहले पूरे बाहुधरन की पूरी लम्बाई पर w/unit लम्बाई का भार नीचे को कार्य करता हुआ मानिए और फिर उतनी ही तीव्रता का भार A से C तक ऊपर की तरफ कार्य करता हुआ मानिए। B पर विस्थापन निम्नानुसार होगा :

$$y_B=\frac{wL^4}{8EI}-\left(\frac{wl^4}{8EI}+(L-l)\frac{wl^3}{6EI}\right)$$

उदाहरण 3. 5t का एक समबाँटित भार 5m लम्बे एक बाहुधरन पर बँटा हुआ है। अगर $E=2\times10^6$ kg/cm^2 और $I=30000$ cm^4 हो तो मुक्त सिरे पर ढाल व विस्थापन ज्ञात करो।

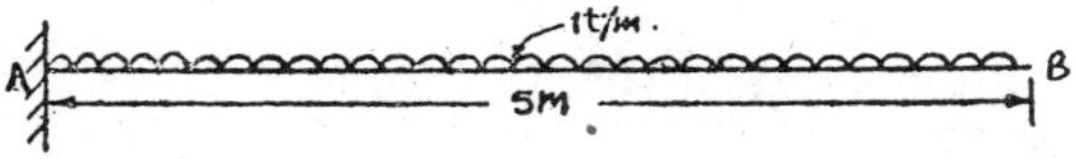

चित्र 8 13

$$i_B = \frac{wL^3}{6EI} = \frac{WL^2}{6EI}$$

$$= \frac{5 \times 1000 \times (5)^2 \times (100)^2}{6 \times 2 \times 10^6 \times 30000}$$

$$= \frac{1}{288} = 0{\cdot}0035 \text{ radians}$$

$$y_B = \frac{5 \times 1000 \times (5)^3 \times 10^6}{8 \times 2 \times 10^6 \times 30000} = 1{\cdot}3 \text{ cms}$$

उदाहरण 4. चित्र 8·14 में दिखाए हुए बाहुधरन के लिए मुक्त सिरे पर ढाल व विस्थापन ज्ञात करो।

$$I = 20000 \text{ cm}^4 \text{ और } E = 2 \times 10^6 \text{ kg/cm}^2$$

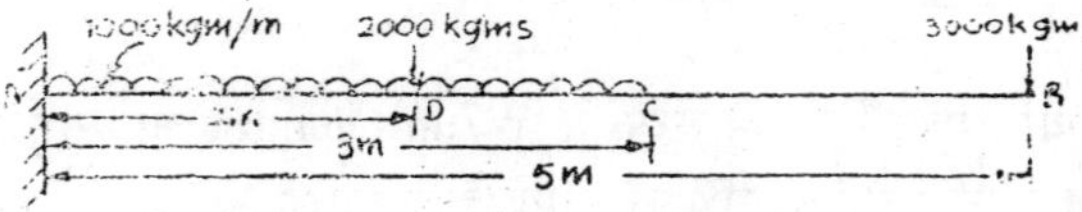

चित्र 8·14.

सभी भारों को एक-एक करके बाहुधरन पर लगाकर मुक्त सिरे B पर ढाल व विस्थापन ज्ञात करो। अन्त में इन सबका बीजीय योग ही मुक्त सिरे पर कुल ढाल व विस्थापन होगा।

I. 3000 kg **के अधिकेन्द्रित भार के कारण**

$$i_{B1} = \frac{3000 \times (5)^2 \times 10^4}{2 \times 2 \times 10^6 \times 20000} = 0{\cdot}0094 \text{ radians}$$

$$y_{B1} = \frac{3000 \times (5)^3 \times 10^6}{3 \times 2 \times 10^6 \times 20000} = \frac{25}{8} = 3{\cdot}125 \text{ cms}$$

II. 2000 kg **भार के कारण**

$$i_{B2} = \frac{2000 \times (2)^2 \times 10^4}{2 \times 2 \times 10^6 \times 20000} = 0{\cdot}001 \text{ radians}$$

और $$y_{B2} = \frac{Wl^4}{3EI} + \frac{Wl^2}{2EI}(L - l)$$

$$= \frac{2000 \times (2)^3 \times 10^6}{3 \times 2 \times 10^6 \times 2 \times 10^4} + \frac{2000 \times (2)^2 \times 10^4 (5-2)\ 100}{2 \times 2 \times 10^4 \times 20000}$$

$$= \frac{2}{15} + \frac{3}{10} = \frac{13}{30} = 0{\cdot}433 \text{ cms}$$

III. 3000 kg के सम्बांटित भार के कारण

$$i_{B2}=\frac{3000\times(3)^2\times10^4}{2\times6\times10^6\times20000}$$

$$=0{\cdot}001125 \text{ radians}$$

$$y_{B3}=\frac{3000\times(3)^2\times10^6}{8\times2\times10^4\times20000}+\frac{3000\times(2)^2\times10^4(5-3)\times100}{6\times2\times10^6\times20000}$$

$$=0{\cdot}2531+0{\cdot}225+0{\cdot}7081 \text{ cms.}$$

B पर कुल ढाल $=00094+0{\cdot}0010+0{\cdot}001125$

$=0{\cdot}11525$ radians

और B पर कुल विस्थापन $=3{\cdot}125+0{\cdot}433+0{\cdot}4781$

$=4{\cdot}0361$ cm.

8.5. अगर बाहुधरन के मुक्त सिरे पर बंकन युग्म M कार्य कर रहा है

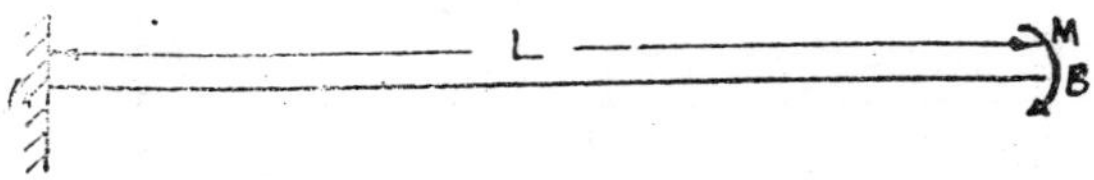

चित्र 8·15.

बाहुधरन के आबद्ध सिरे से x दूरी पर खण्ड लो

$$EI\ \frac{d^2y}{dx^2}=M$$

समाकलन करने पर

$$EI\frac{dy}{dx}=M\times x+c_1$$

जब $x=0,\ \frac{dy}{dx}=0$ $\quad\therefore c_1=0$

इसलिए ढाल समीकरण $EI\frac{dy}{dx}=Mx$ है

या $$\frac{dy}{dx}=\frac{M\times x}{EI} \qquad ...(1)$$

मुक्त सिरे पर ढाल $=\frac{M\times L}{EI}$

समीकरण (1) का एक बार फिर समाकलन करने पर

$$EIy = \frac{Mx^2}{2} + C_2$$

$$\text{जब } x=0, y=0, \therefore C_2 = 0$$

$$EIy = \frac{Mx^2}{2} \quad ...(2)$$

मुक्त सिरे पर विस्थापन के लिए $x = L$

$$\therefore \quad y_B = \frac{ML^2}{2EI}$$

उदाहरण 5. एक 4m लम्बे बाहुधरन के मुक्त सिरे पर एक दक्षिणवर्त प्रवृत्ति का 10 t-m का एक युग्म कार्य कर रहा है। मुक्त सिरे पर ढलान व विस्थापन ज्ञात करो। $E = 2 \times 10^6$ kg/cm³ और $I = 10^4$ cm⁴

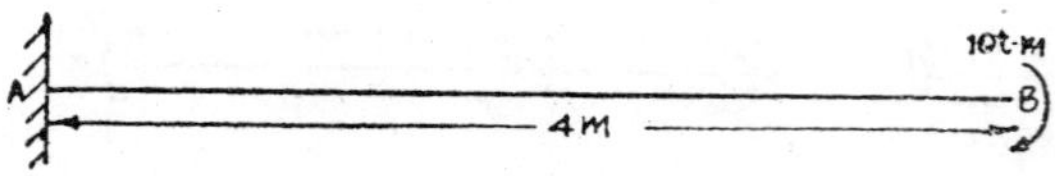

चित्र 8·16.

$$M = 10 \text{ t-m} = 1000000 \text{ kg-cm}$$

$$i_B = \frac{M \times L}{EI}$$

$$= \frac{1 \times 10^6 \times 4 \times 100}{2 \times 10^6 \times 1 \times 10^4} = 0{\cdot}02 \text{ radians}$$

$$y_B = \frac{ML^2}{2EI} = \frac{1 \times 10^6 \times (4)^2 \times 10^4}{2 \times 2 \times 10^6 \times 1 \times 10^4} = 4 \text{ cm}$$

8·6. टेकदार बाहुधरन (Propped Cantilevers)

टेक (prop) एक दृढ़ आलम्ब (Right support) होता है जो बाहुधरन के नीचे किसी भी बिन्दु पर लगाया जा सकता है। टेक पर बल ज्ञात करने के लिए जिस बिन्दु पर टेक लगी हुई है वहाँ पर धरन के विस्थापन को काम मे लेते हैं।

माना कि L लम्बाई के बाहुधरन पर एक समबाँटित w kg/unit length का भार पूरी लम्बाई पर कार्य कर रहा है। बाहुधरन के मुक्त सिरे पर आबद्ध सिरे के तल (Level) पर, एक टेक लगाई गई है।

यदि टेक B पर नहीं होती तो विस्थापन $\frac{wL^4}{8EI}$ होता लेकिन टेक के कारण यह पूर्ण विस्थापन नहीं हो रहा है। माना कि टेक पर बल P है।

टेक के कारण B पर विस्थापन $=\frac{PL^3}{3EI}$

क्योंकि टेक और बाहुधरन का आबद्ध सिरा A एक ही तल पर है इसलिए

$$\frac{PL^3}{3EI}=\frac{wL^4}{8EI}$$

या $$P=\frac{3wL}{8}$$

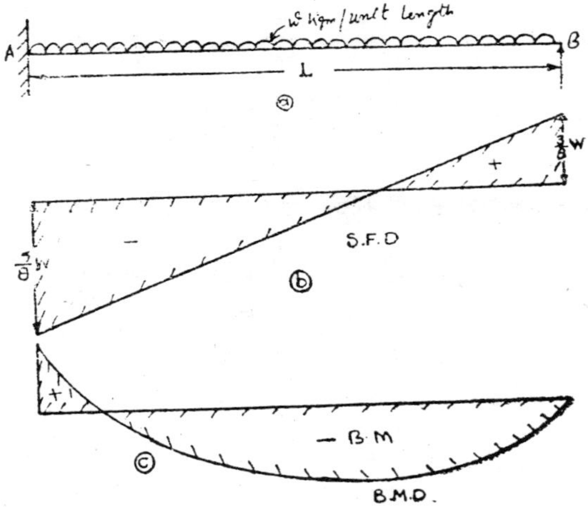

चित्र 8·17.

B.M और S.F आरेख चित्र 8·17 में दिखाए हुए हैं।

B को मूल बिन्दु मानकर x दूरी पर एक खण्ड लो, इस खण्ड पर बंकन घूर्ण

$$M=-Px+\frac{wx^2}{2}$$

$$=-\frac{3}{8}wLx+\frac{wx^2}{2} \qquad ...(1)$$

बंकन परिवर्तन बिन्दु के लिए समीकरण (1) को शून्य के बराबर रखकर x का मान ज्ञात करो।

$$-\frac{3}{8}wLx+\frac{wx^2}{2}=0, \quad \text{या } x=\frac{3}{4}L$$

अधिकतम ऋणात्मक B.M के मान के लिए समीकरण (1) का अवकलन करने पर

$$M = -\frac{3}{8} wLx + \frac{wx^2}{2}$$

$$\frac{d_m}{dx} = -\frac{3}{8} wL + \frac{2wx}{2} = 0$$

$$x = \frac{3}{8} L$$

अधिकतम ऋणात्मक B.M $= -\frac{3}{8} wL \times \frac{3}{8} L + \frac{w}{2} \frac{9L^2}{64}$

$$= -\frac{9}{64} wL^2 + \frac{9}{128} wL^2$$

$$= -\frac{9}{128} wL^2$$

अधिकतम धनात्मक B.M आबद्ध सिरे A पर होगा

$$+B.M_{max} = -\frac{3}{8} wL \times L + \frac{wL^2}{2}$$

$$= -\frac{3}{8} wL^2 + \frac{wL^2}{2}$$

$$= +\frac{wL^2}{8}$$

ढलान और विस्थापन के लिए समीकरण (1) का समाकलन करो

$$EI\frac{dy}{dx} = -\frac{3}{8} \frac{wLx^2}{2} + \frac{wx^3}{6} + C_1$$

आबद्ध सिरे A पर, $x = L$ और $\frac{dy}{dx} = 0$

$$\therefore 0 = \frac{3}{16} wL^3 + \frac{wL^3}{6} + C_1$$

$$\therefore C_1 = \frac{wL^3}{48}$$

$$\therefore EI\frac{dy}{dx} = -\frac{3}{16} wLx^2 + \frac{wL^3}{48} + \frac{wx^3}{6} \quad ...(2)$$

एक बार फिर समाकलन करने पर

$$EIy = -\frac{11}{16} wLx^3 + \frac{wx^4}{24} + \frac{wL^3x}{48} + C_2$$

B पर, $x=0$ और $y=0$ $\therefore C_2 = 0$

$$\therefore \quad EIy = -\frac{1}{16} wLx^3 + \frac{wx^4}{24} + \frac{wL^3x}{48} \quad \ldots(3)$$

समीकरण (2) और (3) द्वारा A से B तक किसी भी बिन्दु पर ढलान व विस्थापन ज्ञात किया जा सकता है।

यदि मुक्त सिरे पर टेक, आबद्ध सिरे से δ नीचे हो, तो टेक को केवल $\left(\frac{wL^4}{8EI} - \delta\right)$ ही विस्थापन समाप्त करना पड़ता है और $\frac{PL^3}{3EI}$ को $\left(\frac{wL^4}{8EI} - \delta\right)$ के बराबर करके P का मान ज्ञात किया जा सकता है।

इसी प्रकार यदि आबद्ध सिरे से टेक δ ऊपर है तो टेक द्वारा विस्थापन $\left(\frac{wL^4}{8EI} + \delta\right)$ करना होता है और टेक P का मान $\left(\frac{wL^4}{8EI} + \delta\right)$ को $\frac{PL^3}{3EI}$ के बराबर करके ज्ञात किया जा सकता है।

उदाहरण 6. चित्र 8·18 में दिखाए हुए बाहुधरन के लिए टेक पर आलम्ब बल ज्ञात करो और B.M और S.F.D बनाओ

10000 kg भार के कारण B बिन्दु पर विस्थापन

$$y_B = \frac{10000 \times (2)^3 \times 10^6}{3EI} + \frac{10000 \times (2)^2 \times 10^4}{2EI}(3-2)\,100$$

$$= \frac{10000 \times 28 \times 10^6}{6EI} \quad \ldots(1)$$

टेक के कारण B पर विस्थापन $= \frac{P \times (3)^3 \times 10^6}{3EI} \quad \ldots(2)$

समीकरण (1) और (2) को बराबर करने पर

$$\frac{P \times (3)^3 \times 10^6}{3EI} = \frac{10000 \times 28 \times 10^6}{6EI}$$

$$P = \frac{10000 \times 28}{2 \times 27} = \frac{140000}{27} = 5185{\cdot}2 \text{ kg}$$

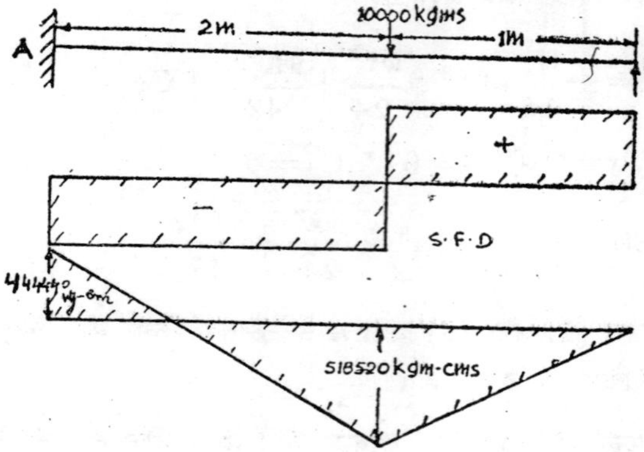

चित्र 8.18.

$$10000 \text{ kg वाले बिन्दु पर B.M} = \frac{140000}{17} \times 100$$

$$= 518520 \text{ kg-cms}$$

$$\text{A पर B.M} = \frac{140000}{27} 3 \times 100 - 10000 \times 200$$

$$= 1555560 — 2000000$$

$$= 44440 \text{ kg-cm}$$

B.M और S.F आरेख चित्र 8·18 में दिखाए हुए हैं।

8·7. शुद्धालम्ब धरन (Simply supported beams)

(a) शुद्धालम्ब धरन के मध्य में अधिकेन्द्रित भारW,

मान लो कि शुद्धालम्ब धरन का पाट L है और पाट के मध्य बिन्दु C पर W अधिकेन्द्रित भार कार्य कर रहा है।

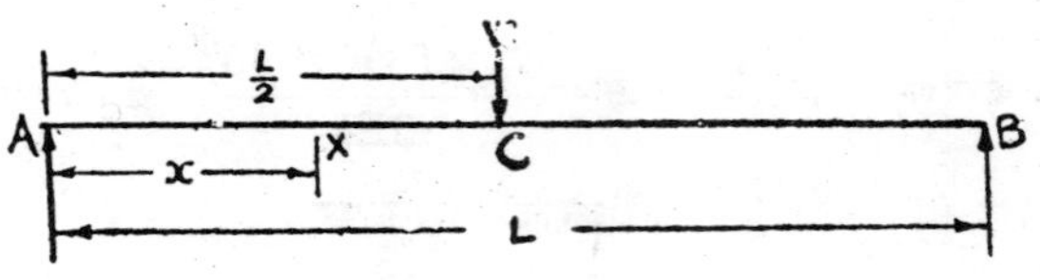

चित्र 8·19.

A को मूल बिन्दु मानकर, A से x दूरी पर AC भाग में X खण्ड लो

$$EI\frac{d^2y}{dx^2} = -\frac{W}{2}x$$

समाकलन करने पर

$$EI\frac{dy}{dx}=-\frac{W}{2}\frac{x^2}{2}+c_1$$

पाट के मध्य में ढाल शून्य है

$$\therefore \quad \text{जब } x=\frac{1}{2} \text{ तो } \frac{dy}{dx}=0$$

$$\because \quad 0=-\frac{WL^2}{16}+c_1$$

$$\text{या} \quad C_1=\frac{WL^2}{16}$$

$$\therefore \quad EI\frac{dy}{dx}=-\frac{Wx^2}{4}+\frac{WL^2}{16} \qquad \cdots(1)$$

एक बार फिर समाकलन करने पर

$$EIy=-\frac{Wx^3}{12}+\frac{WL^2}{16}x+c_2$$

A पर $x=0$ और $y=0$ $\quad \therefore C_2=0$

$$\therefore EIy=-\frac{Wx^3}{22}+\frac{WL^2}{16}x \qquad \ldots(2)$$

समीकरण (1) और (2) क्रमशः AC भाग के लिए ढाल और विस्थापन के समीकरण हैं

A पर अधिकतम ढाल होती है

$$\therefore \quad EIi_A=+\frac{WL^2}{16}$$

$$i_A=+\frac{WL^2}{16EI}$$

$$\text{सममित के कारण } i_B=-\frac{WL^2}{16EI}$$

अधिकतम विस्थापन पाट के मध्य में होता है

$$EIy_C=\frac{WL^3}{96}+\frac{WL^3}{32}=\frac{WL^3}{48}$$

$$y_C=\frac{WL^3}{48EI}$$

(b) पूरे पाट पर यदि समबांटित भार कार्य कर रहा हो

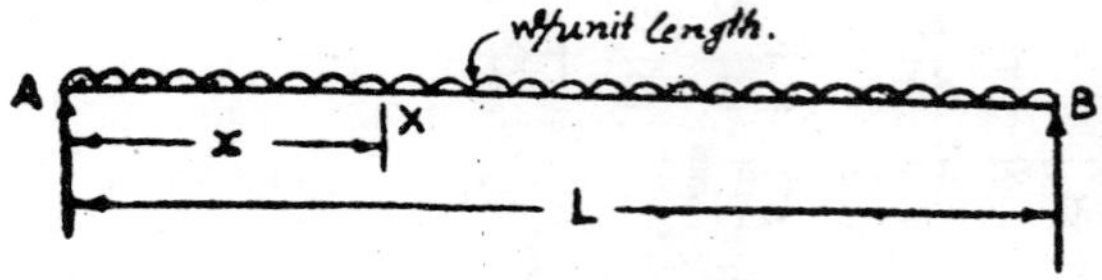

चित्र 8·20

मान लो L पाट के एक शुद्धालम्ब धरन पर w/unit लम्बाई का सम्पूर्ण पाट पर समबांटित भार कार्य कर रहा है। A को मूल बिन्दु मान कर x दूरी पर एक खंड X लो

$$EI\frac{d^2y}{dx^2}=-\frac{wLx}{2}+\frac{wx^2}{2}$$

समाकलन करने पर

$$FI\frac{dy}{dx}=-\frac{wLx^2}{4}+\frac{wx^3}{6}+c_1$$

जब $x=\frac{L}{2}$ तो $\frac{dy}{dx}=0$

$$\therefore \quad 0=\frac{wL^3}{16}+\frac{wL^3}{48}+c_1$$

$$\therefore \quad e_1=\frac{wL^3}{24}$$

$$\therefore \quad EI\frac{dy}{dx}=-\frac{wLx^2}{4}+\frac{wx^3}{6}+\frac{wL^3}{24} \quad ...(1)$$

समीकरण (1) ढाल का समीकरण है। अधिकतम ढाल आलम्बों पर होती हैं इसलिए

$$EIi_A=\frac{wL}{4}\times(0)^2+\frac{w(0)^3}{6}+\frac{wL^3}{24}$$

$$i_A=\frac{wL^3}{24EI}=\frac{WL^2}{24EI} \text{ यहाँ } W=wL$$

समीकरण (1) का एक बार फिर समाकलन करने पर

$$EIy=-\frac{wLx^3}{12}+\frac{wx^4}{24}+\frac{wL^3}{24}x+c_2$$

बिन्दु A पर $x=0$ और $y=0$ $\therefore c_2=0$

इसलिए विस्थापन या विक्षेप का समीकरण

$$EIy = -\frac{wLx^3}{12} + \frac{wx^4}{24} + \frac{wL^3x}{24}$$

अधिकतम विक्षेप धरन के मध्य में होता है ।

$$\therefore \qquad EIy_C = -\frac{wL}{12}\left(\frac{L}{2}\right)^3 + \frac{L}{24}\left(\frac{L}{2}\right)^4 + \frac{wL^3}{24} \times \frac{L}{2}$$

$$= -\frac{wL^4}{96} + \frac{wL^4}{384} + \frac{wL^4}{48} = \frac{5}{384} wL^4$$

$$y_C = \frac{5}{384}\frac{wL^4}{EI} = \frac{5}{384}\frac{WL^3}{EI} \text{ यहाँ } W = wL$$

समिमिति से $\quad i_B = -\dfrac{WL^2}{24\,EI}$

(C) यदि शुद्धालम्ब धरन पर चित्र 8·21 अनुसार उत्केन्द्रित भार कार्य कर रहा हो ।

माना कि अधिकेन्द्रित भार W, C बिन्दु पर, A से a दूरी पर तथा B से b दूरी पर कार्य कर रहा है, $(a+b) = L$.

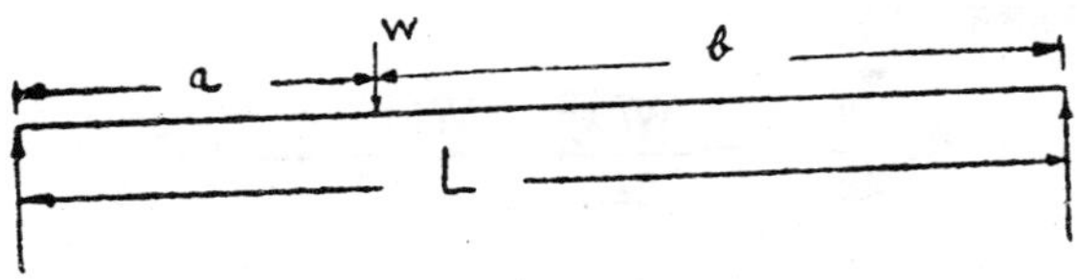

चित्र 8·21

यहाँ बायें आलम्ब को A तथा दायें आलम्ब को B माना है ।

इसलिए $\qquad R_A = \dfrac{Wb}{L}$ और $R_B = \dfrac{Wa}{L}$

A को मूल बिन्दु मानकर धरन के AC भाग में x दूरी पर एक खंड x लो

$$EI\frac{d^2y}{dx^2} = -R_A x = \frac{Wbx}{L}$$

समाकलन करने पर

$$EI\frac{dy}{dx} = -\frac{Wbx^2}{2L} + C_1$$

बिन्दु C पर $x = 0$ और $\frac{dy}{dx} = i_C$

$$\therefore \quad EIi_C = -\frac{Wba^2}{2L} + C_1 \text{ या } C_1 = \frac{Wba^2}{2L} + EIi_C$$

$$\therefore \quad EI\frac{dy}{dx} = -\frac{Wbx^2}{2L} + \frac{Wba^2}{2L} + EIi_C \quad \text{...(1)}$$

एक बार फिर समाकलन करने पर

$$EIy = -\frac{Wbx^3}{2L} + \frac{Wba^2}{2L} \times x + EIi_C \cdot x + c_2$$

क्योंकि $x = 0$ पर $y = 0$ है, $\therefore C_2 = 0$

$$\therefore \quad EIy = -\frac{Wbx^3}{6L} + \frac{Wba^2x}{2L} + EIi_C \cdot x \quad \text{...(2)}$$

अब यदि i_C का मान ज्ञात हो तो समीकरण (1) और (2) धरन के AC भाग के लिए क्रमशः ढलान व विस्थापन की समीकरणें बन जाती हैं।

अब A से x दूरी पर C B भाग में एक खंड लो।

$$EI\frac{d^2y}{dx^2} = -\frac{Wbx}{L} + W(x-a)$$

समाकलन द्वारा

$$EI\frac{dy}{dx} = -\frac{Wbx^2}{2L} + \frac{W(x-a)^2}{2} + C_1'$$

जब $x = a$ तो $\frac{dy}{dx} = i_C$

$$\therefore \quad EIi_C = -\frac{Wba^2}{2L} + C'_1$$

$$\therefore \quad C'_1 = \frac{Wba^2}{2L} + EIi_C$$

$$\therefore \quad EI\frac{dy}{dx} = -\frac{Wbx^2}{2L} + \frac{W(x-a)^2}{2} + \frac{Wba^2}{2L} + EIi_C \quad \text{...(3)}$$

एक बार फिर समाकलन करने पर

$$EIy = -\frac{Wbx^3}{6L} + \frac{W(x-a)^3}{6} + \frac{Wba^2}{2L} \times x + EIi_C x + C'_2$$

B बिन्दु पर $x=L$ और $y=0$

$$\therefore \quad 0=-\frac{WbL^2}{6}+\frac{Wb^3}{6}+\frac{Wba^2}{2}+EIi_CL+C'_2$$

$$\therefore \quad C'_3=\frac{Wb}{6}(L^2-b^2)-\frac{Wba^2}{2}-EIi_CL$$

$$=\frac{Wb(L+b)(L-b)}{6}-\frac{Wba^2}{2}-EIi_CL$$

$$=-\frac{Wab(a+2b)}{6}-\frac{Wba^2}{2}-EIi_CL$$

$$=-\frac{Wab(a-b)}{3}-EIi_CL$$

$$\therefore \quad EIy=-\frac{Wbx^3}{6L}+\frac{W(x-a)^3}{6}+\frac{Wa^2bx}{2L}+EIi_Cx$$

$$-\frac{Wab(a-b)}{3}-EIi_CL \quad \ldots(4)$$

समीकरण (3) और (4) धरन के CB भाग के लिए ढाल व विस्थापन की समीकरणें हैं। लेकिन अभी भी i_C का मान ज्ञात नहीं है। C बिन्दु पर विस्थापन एक ही आएगा इसे समीकरण (2) से या (4) से ज्ञात किया जा सकता है, क्योंकि C, AC और CB दोनों भागों में उभयनिष्ठ (common) बिन्दु है। इसलिए समीकरण (2) और (4) में $(x-a)$ रखकर बराबर कर दो।

$$-\frac{Wba^3}{6L}+\frac{Wba^3}{2L}+EIi_Ca=-\frac{Wba^3}{6L}+0$$

$$+\frac{Wba^3}{2L}+EIi_Ca-\frac{Wab(a-b)}{3}-EIi_CL$$

$$EIi_CL=-\frac{Wab(a-b)}{3}$$

$$EIi_C=-\frac{Wab(a-b)}{3L}$$

EIi_C का मान (1) और (2) में रखने से इनके संशोधित रूप नीचे दिए अनुसार हो जाते हैं।

$$EI\frac{dy}{dx}=-\frac{Wbx^2}{2L}+\frac{Wba^2}{2L}-\frac{Wab(a-b)}{3}$$

$$=\frac{Wb(a^2+2ab-3x^2)}{6L}$$

और $$EIy=-\frac{Wbx^3}{6L}+\frac{Wba^2x}{2L}-\frac{Wab(a-b)x}{3L}$$

$$=\frac{Wbx\{-x^3+3a^2-2a(a-b)\}}{6L}$$

$$=\frac{Wbx(a^2+2ab-x^2)}{6L}$$

$$\therefore \quad y=\frac{Wbx(a^2+2ab-x^2)}{6EIL}$$

$$=\frac{Wbx(L^2-b^2-x^2)}{6EIL}$$

अधिकतम विक्षेप के लिए $\frac{dy}{dx}=0$

या $$a^2+2ab-3x^2=0$$

$$\therefore \quad 3x^2=a^2+2ab \text{ और } x=\sqrt{\frac{a^2+2ab}{3}}$$

$$\therefore \quad y_{(max)}=\frac{Wb(a^2+2ab)\ 3/2}{9\sqrt{3}EIL}$$

$$y_C=\frac{Wab\times 2ab}{6EIL}=\frac{Wa^2b^3}{3EIL}$$

उदाहरण 9. 120 mm चौड़े व 200 mm गहरे एक लकड़ी के धरन को 5 m पाट पर काम में लिया गया। यदि पूरे पाट पर 5000N/m का समबांटित भार कार्य कर रहा हो तो धरन के मध्य में विस्थापन ज्ञात करो।

$$E=0{\cdot}8\times 10^5 \text{N/mm}^2$$

$$I=\frac{bd^3}{12}=\frac{120\times(200)^3}{12}=80000000 \text{ mm}^4$$

धरन के मध्य में विस्थापन $=\frac{5WL^3}{384EI}$

$$=\frac{5\times 25000\times(5000)^3}{384\times 0{\cdot}8\times 10^5\times 80000000}$$

$$=6{\cdot}3 \text{ mm.}$$

उदाहरण 10. एक धरन के अनुप्रस्थ काट की गहराई 40 cm है और इसे 6 m पाट पर काम लिया गया है। यदि अनुमत बंकन प्रतिबल 800 kg/cm^2 हो और $E = 2 \times 10^6$ kg/cm^2 हो तो एक समबाँटित भार के लिए विस्थापन ज्ञात करो।

यदि ऊपर दिए गए खंड के फ्लैंज इस प्रकार से बना दिए जाए कि धरन के पूरे पाट पर फ्लैंज में 800 kg/cm^2 का बंकन प्रतिबल हो तो धरन के मध्य में विस्थापन ज्ञात करो।

हल :

अधिकतम $B.M = \frac{WL}{8} = \frac{W \times 6 \times 100}{8} = 75\ W\ kg/cm$

यहाँ W धरन पर कुल भार है।

$$p = \frac{M}{1} \times y$$

या $$800 = \frac{75W}{1} \times 20$$

$$\frac{W}{I} = \frac{800}{75 \times 20} = \frac{8}{15}$$

धरन के मध्य में विस्थापन $= \frac{5 \times WL^3}{384\ EI}$

$$= \frac{5}{384} \times \frac{8}{15} \times \frac{(600)^3}{2 \times 10^6} = 0{\cdot}75 \text{ cms}$$

यदि धरन की गहराई स्थिर हो और इसके फ्लैंज इस प्रकार बनाए जायें कि पूरी लम्बाई में बंकन प्रतिबल समान रहे तो धरन में विस्थापन एक वृत्ताकार रूप में होगा।

$$\frac{p}{y} = \frac{E}{R} \quad \text{या} \quad R = \frac{Ey}{p}$$

$$= \frac{2 \times 10^6 \times 20}{800}$$

$$= 50000 \text{ cms}$$

धरन के मध्य में विस्थापन $= \frac{L^2}{8R}$

$$= \frac{(600)^2}{8 \times 50000} = 0{\cdot}9 \text{ cms}$$

8·8. अधिकतम बंकन प्रतिबल और विस्थापन में सम्बन्ध

(I) शुद्धालम्ब धरन का पाट L और पाट के मध्य में अधिकेंद्रित भार W हो तो अधिकतम

$$B.M=\frac{WL}{4}=pZ=p\ \frac{I}{y}$$

$$\therefore W=\frac{4p\times 1}{y\times L}$$

अधिकतम विस्थापन $y_c=\frac{WL^3}{48EI}$

$$\frac{4p\times I\times L^3}{1\times L\times 48EI}=\frac{pL^3}{12yE}$$

यदि धरन के खंड की गहराई d है तो $y=\frac{d}{2}$

$$\therefore \text{ विस्थापन } y_C=\frac{pL^2}{12\times\frac{d}{2}\times E}=\frac{PL^2}{6d\times P}$$

या $$\frac{y_C}{L}\times\frac{d}{L}=\frac{p}{6E}$$

यहाँ $\frac{y_c}{L}$ विस्थापन तथा पाट का अनुपात है और $\frac{d}{L}$ धरन के खंड की गहराई व पाट का अनुपात है ।

(ii) **शुद्धालम्ब धरन के पाट L पर कुल U.DL. भार W हो ।**

अधिकतम $$M=\frac{WL}{8}=\frac{I}{d}\times 2\times p=\frac{2p\times I}{d}$$

$$W=\frac{16pI}{d\times L}$$

अधिकतम विस्थापन $y_c=\frac{5WL^3}{384EI}$

$$=\frac{5}{384}\times\frac{16\times p\times I\times L^3}{d\times L\times E\times I}$$

$$=\frac{5pL^2}{24\,dE}$$

$$\frac{y_c}{L}\times\frac{d}{L}=\frac{5}{24}\frac{p}{E}$$

(iii) जब शुद्धालम्ब धरन के L पाट पर एक युग्म (couple) M, कार्य कर रहा हो।

$$\frac{M}{I}=\frac{E}{R} \qquad \therefore \quad R=\frac{EI}{M}$$

$$y_c=\frac{L^2}{8R}=\frac{L^2M}{8EI} \qquad \ldots(1)$$

$$M=\frac{2\times p\times I}{d} \qquad \ldots(2)$$

समीकरण (1) और (2) द्वारा

$$y_c=\frac{L^2\times 2p\times I}{8\times E\times I\times d}$$

$$\frac{y_c}{L}\times\frac{d}{L}=\frac{y}{4E}$$

(iv) समान सामर्थ्य धरन जिसकी गहराई स्थिर है।

इस धरन के लिए अधिकतम बंकन प्रतिबल p सम्पूर्ण पाट की लम्बाई पर एकसा होता है और ऐसा धरन R त्रिज्या के एक वृत्त के रूप में झुकता है।

इसलिए $\frac{p}{d/_2}=\frac{E}{R}$, या $R=\frac{Ed}{2p}$

$$y_c=\frac{L^2}{8R}=\frac{pL^3}{4Ed}$$

$$\frac{y_c}{L}\times\frac{b}{L}=\frac{p}{4E}$$

उदाहरण 11. 10m लम्बे एक लकड़ी के शुद्धालम्ब धरन पर 160 kg/m का U.D.L भार कार्य कर रहा है। यदि अधिकतम विस्थापन और अधिकतम अनुमत प्रतिबल की सीमा क्रमशः 1 cm और 100 kg/cm² हो तो धरन का अनुप्रस्थ काट ज्ञात करो। $E=0{\cdot}8\times 10^6$ kg/cm².

$$\frac{y_c}{L}\times\frac{d}{L}=\frac{5}{24}\times\frac{p}{E}$$

$$\frac{1}{10\times 100}\times\frac{d}{10\times 100}=\frac{5}{24}\times\frac{100}{0{\cdot}8\times 10^6}$$

$$=26{\cdot}04 \text{ cms}$$

अधिकतम $B.M=\frac{WL}{8}=\frac{160\times 10\times 10\times 100}{8}$

$$Z=\frac{M}{p}=\frac{160\times 10^4}{8\times 100}=2000\ cm^2$$

लेकिन $Z=\frac{bd^2}{6}$, $d=26{\cdot}04$ cm

$$\therefore \quad Z=\frac{b\times(26{\cdot}04)^2}{6}=2\times 10^3$$

$$b=\frac{2000\times 6}{(26{\cdot}04)^2}=17{\cdot}6\ cm$$

इसलिए धरन का अनुप्रस्थ काट 17·60 cm × 26·04 cm है।

8·9. मैकाले विधि (Macaulay's method)

जब धरन पर कोई भार सममति नहीं होता है तो धरन की ढाल और विस्थापन निकालने के लिए बड़ी-बड़ी समीकरणें हल करनी पड़ती हैं और जब धरन पर एक से अधिक असममित भार कार्य कर रहे हों तो गणना करने की समस्या और भी जटिल हो जाती है। प्रोफेसर W.H. Macaulay ने बताया था कि जब B.M. समीकरण का क्रमिक समाकलन (Successive integration) किया जाता है तो समाकलन स्थिरांक धरन के सभी भागों के लिए एक ही होता है, जबकि धरन के अलग-अलग भागों के लिए बंकन घूर्ण बदलता रहता है। यह विधि नीचे बताई गई है।

चित्र 8·22

मानाकि एक उत्केन्द्री (ecentric) अधिकेन्द्रित भार W एक शुद्धालम्ब धरन L पर A से a दूरी पर और B से b दूरी पर कार्य कर रहा है। $L=(a+b)$

$$R_A=\frac{Wb}{L}, \quad R_B=\frac{Wa}{L}$$

A को मूल बिन्दु मानकर धरन के AC भाग में x दूरी पर किसी खंड पर बंकन घूर्ण लो

$$M_X=-\frac{Wb}{L}\times x, x<a$$

यदि खंड धरन CB भाग में हो तो

$$M_X=-\frac{Wbx}{L}+W(x-a), x>a$$

इसलिए धरन के A से B तक के लिए

$$M_X = EI\frac{d^2y}{dx^2} = -\frac{Wbx}{L} + \Big| W(x-a)$$

यदि B.M धरन के AC भाग के किसी खंड पर लिया जाय यानी $x \angle a$ तो खड़ी रेखा तक ही समीकरण काम में ली जानी चाहिए और यदि खंड CB भाग में है यानी $(x > a)$ तो पूरी समीकरण काम में ली जानी चाहिए।

अब ढाल के लिए इस समीकरण का समाकलन करो।

$$\therefore \quad EI\frac{dy}{dx} = -\frac{Wbx^2}{2L} + C_1 \Big| + \frac{W(x-a)^2}{2} \quad \ldots(1)$$

यहाँ यह अच्छी तरह से याद रखना चाहिए कि $(x-a)$ पूरे व्यंजक का समाकलन किया गया है, अलग-अलग पदों (term) का नहीं। मैकाले की विधि की विशेषता इसी के कारण है क्योंकि समाकलन स्थिरांक C_1 अब केवल AC भाग के लिए ही नहीं बल्कि AC और BC दोनों भागों के लिए काम में आता है।

C पर ढाल i_c निकालने के लिए समीकरण (1) में $x = a$ रक्खो और खड़ी रेखा तक ही समीकरण को काम में लाओ।

$$\therefore \quad EIi_c = -\frac{Wba^2}{2L} + C_1$$

CB भाग के लिए भी C पर ढाल i_c पूरी समीकरण (1) में $x = \alpha$ रख कर ज्ञात की जा सकती है।

$$\therefore \quad EIi_c = -\frac{Wba^2}{2L} + C_1 \Big| + \frac{W(a-a)^2}{2}$$

$$= -\frac{Wba^2}{2L} + C_1$$

यहाँ देखते हैं कि स्थिदांक C_1, AC और CB दोनों भागों के लिए लागू है क्योंकि जब i_c का मान AC भाग निकालते हैं और फिर CB भाग के समीकरण से निकालते हैं तो i_c के मान स्थिरांक C_1 का मान स्थिर रहता है।

विस्थापन के लिए समीकरण (1) का समाकलन करो।

$$\therefore \quad EIy = -\frac{Wbx^3}{6L} + C_1x + C_2 \quad \Big| + \frac{W(x-a)^3}{6} \quad \ldots(2)$$

इस समीकरण में फिर $(x-a)^2$ का सम्पूर्ण का समाकलन किया गया है और इसलिए C_2 स्थिरांक AC और CB दोनों भागों के लिए लागू है।

समीकरण (1) और (2) पूरे धरन A से B तक के लिए क्रमशः ढाल और विस्थापन की समीकरणें हैं। जब AC भाग में ढाल व विस्थापन ज्ञात करना होता है तो खड़ी रेखा तक ही समीकरण काम में लेते हैं और जब CB भाग में ज्ञात करने होते हैं तो पूरी समीकरणें काम में लेते हैं।

अब C_1 और C_2 के माअ ज्ञात करने के लिए $x=0$ और $x=L$ पर y शून्य हैं। यह फिर याद रखा जाना चाहिए कि A बिन्दु AC भाग में व B बिन्दु CB भाग में है।

समीकरण (2) को केवल AC भाग के लिए काम में लो। जब $x=0$ है तो $y=0$

$$\therefore \quad EI(0)=-\frac{Wb(0)^3}{6L}+C_1\times 0+C_2$$

$$\therefore \quad C_2=0$$

अब समीकरण (2) को CB भाग में काम लो।

जब $x=L$ तो $y=0$

इसलिए $0=-\frac{WbL^2}{6}+C_1L+\frac{W(L-a)^3}{6}$ क्योंकि $C_2=0$

$$0=C_1\times L-\frac{Wb}{6}(L^2-b^2), \text{ क्योंकि } (L-a)=b.$$

$$\therefore \quad C_1=\frac{Wb}{6L}(L+b)(L-b)=\frac{Wab}{6L}(a+2b)$$

इसलिए समीकरण (1) और (2) का रूप नीचे दिए अनुसार हो जाता है।

$$EI\frac{dy}{dx}=-\frac{Wbx^2}{2L}+\frac{Wab(a+2b)}{6L}\Bigg|+\frac{W(x-a)^2}{2}$$

$$\text{और } EIy=-\frac{Wbx^3}{6L}+\frac{Wab(a+2b)}{6L}x\Bigg|+\frac{W(x-a)^3}{6}$$

C_2 का मान अधिकतर शून्य होता है क्योंकि जब $x=0$ तो $y=0$ होता है। अब केवल C_1 निकालने के लिए विस्थापन की पूरी समीकरण में जब $x=L$ रखा जाता है तो $y=0$ रखकर इसका मान ज्ञात किया जाता है।

ऊपर केवल एक भार W लेकर ढाल और विस्थापन की समीकरणें ज्ञात की हैं। यदि धरन पर एक से अधिक भार कार्य कर रहे हों तो विधि यही है केवल इतना और करना होगा कि धरन पर कार्य कर रहे सभी भारों के बीच के लिए अलग-अलग खड़ी रेखाएँ खींचनी पड़ेगी और जिस भाग में ढाल व विस्थापन

ज्ञात करना हो उसी भाग की खड़ी रेखा तक समीकरण काम में लेनी होगी। हल किए गए उदाहरणों से यह विधि बिल्कुल अच्छी तरह से समझ में आ जाएगी।

उदाहरण 12. एक 100 cm लम्बी छड़ शुद्धालम्ब धरन के रूप में 100 cm पाट पर काम में ली गई। छड़ के बाँयें आलम्ब से 30 cm और 60 cm को दूरी पर क्रमशः 20 kg, 20 kg के दो अधिकेन्द्रित भार कार्य कर रहे हैं। अगर छड़ के लिए $I=5\ cm^4$ और $E=1\times10^6\ kg/cm^2$ हैं तो छड़ के मध्य बिन्दु और दोनों भार बिन्दुओं पर ढाल व विस्थापन ज्ञात करो।

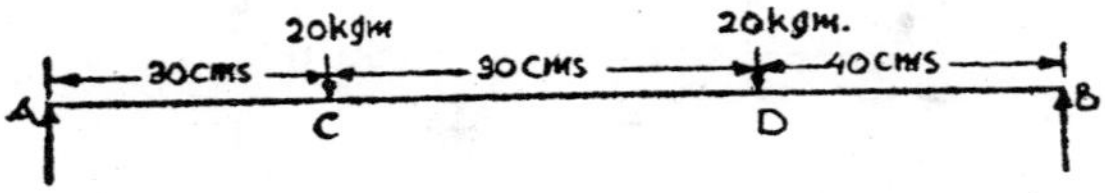

चित्र 8 23

$R_A=22$ kg और $R_B=18$ kg

मैकाले विधि से

$$EI\frac{d^2y}{dx^2}=-22x+\Big|\ 20(x-30)\ \Big|+20(x-60)$$

$$EI\frac{dy}{dx}=-\frac{22x^2}{2}+C_1\Big|+\frac{20(x-30)^2}{2}\Big|+\frac{20(x-60)^2}{2} \quad ...(1)$$

इसका दोबारा समाकलन करने पर

$$EIy=-\frac{22x^3}{6}+C_1x+C_2+\Big|\frac{20(x-30)^3}{6}\Big|+\frac{20(x-60)^3}{6} \quad ...(2)$$

$x=0,\ y=0$ और इसलिए $C_2=0$ है। क्योंकि A बिन्दु AC भाग में है इस लिए विस्थापन समीकरण केवल पहली खड़ी रेखा तक ही काम में ली गई है।

B पर $x=100,\ y=0$

$$\therefore 0=-\frac{22(100)^3}{6}+100C_1+\frac{20(100-30)^3}{6}+\frac{20(200-60)^3}{6}$$

$$100C_1=\frac{6930000}{3}$$

$$C_1=23100$$

संशोधित ढाल समीकरण

$$EI\frac{dy}{dx}=-\frac{22x^2}{2}+23100\ \Big|+\frac{20(x-30)^2}{2}\Big|+\frac{20(x-60)^2}{2} \quad ...(3)$$

और विस्थापन समीकरण

$$EIy = -\frac{22x^3}{6} + 23100x \Big| + \frac{20(x-30)^3}{6} \Big| + \frac{20(x-60)^3}{6} \quad \ldots(4)$$

C पर ढाल और विस्थापन ज्ञात करने के लिए समीकरण (3) और (4) में $x=30$ रक्खो, लेकिन समीकरणों को पहली खड़ी रेखा तक ही काम में लाओ।

$$EIi_C = -\frac{22x^2}{2} + 23100$$

$$= -\frac{22 \times (30)^2}{2} + 23100 = 13200$$

$$i_C = \frac{13200}{5 \times 1 \times 10^6} = 0{\cdot}00264 \text{ radians}$$

$$y_C = -\frac{22(30)^3}{3} + 23100 \times 30$$

$$= -99000 + 693000 = 594000$$

$$y_C = \frac{594000}{5 \times 1 \times 10^6} = 0{\cdot}1188 \text{ cms}$$

D बिन्दु पर ढाल और विस्थापन ज्ञात करने के लिए दूसरी खड़ी रेखा तक (3) और (4) समीकरण काम लो और x का मान 60 रखो।

$$EIi_C = -\frac{22(60)^2}{2} + 23100 + \frac{20(60-30)^2}{2}$$

$$= -39600 + 23100 + 9000 = -7500$$

$$i_C \frac{7500}{5 \times 1 \times 10^6} = 0{\cdot}0015 \text{ radians}$$

$$\text{और } EIy\alpha = -\frac{22 \times (60)^3}{6} + 23100 \times 60 + 20\ \frac{(60-30)^3}{6}$$

$$= -792000 + 1386000 + 90000$$

$$= 684000$$

$$y\alpha = \frac{684000}{5 \times 1 \times 10^6} = 0{\cdot}1368 \text{ cms :}$$

उदाहरण 13. चित्र 8·24 में दिखाये हुए धरन के A, B, C, D और E बिन्दुओं पर ढाल व विस्थापन ज्ञात करो। यह भी ज्ञात करो कि अधिकतम विस्थापन कहाँ और कितना होगा।

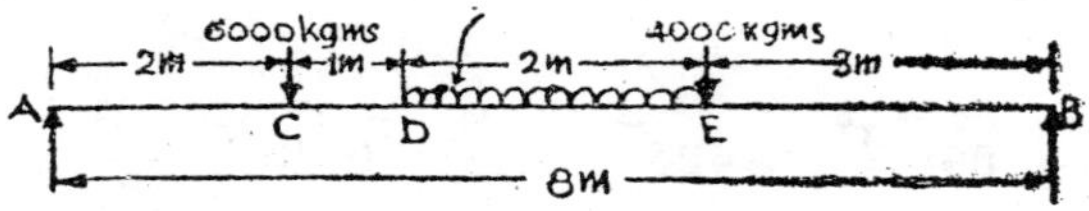

चित्र 8·24

$$R_B = 5000 \text{ kg}, \; R_A = 7000 \text{ kg}$$

$$EI\frac{d^2y}{dx^2} = -7000x + 6000(x-2) + \frac{1000(x-3)^2}{2} + 4000(x-5) - \frac{1000(x-5)^2}{2}$$

समाकलन करने पर

$$EI\frac{dy}{dx} = -7000\frac{x^2}{2} + C_1 + \left|\frac{6000(x-2)^2}{2}\right| + \frac{1000(x-3)^3}{2}\Bigg| + \frac{4000(x-5)^2}{2} - \frac{1000(x-5)^3}{6} \qquad \cdots(1)$$

दोबारा समाकलन करने पर

$$EIy = -7000\,\frac{x^3}{6} + C_1x + C_2 \Bigg| + 6000\frac{(x-2)^3}{6} \Bigg| + \frac{1000(x-3)^4}{24} + \frac{4000(x-5)^3}{6} - \frac{1000(x-5)^4}{24} \qquad \cdots(2)$$

जब $x = 0,\; y = 0 \;\therefore\; C_2 = 0$

और जब $x = 8,\; y = 0$ इसलिए

$$0 = -7000\frac{(8)^3}{6} + C_1 \times 8 + 6000\,\frac{(8-2)^2}{6} + \frac{1000(8-3)^4}{24} + \frac{4000(8-5)^3}{6} - \frac{1000(8-5)^4}{24}$$

$$\therefore\; 8C_1 = 597333{\cdot}33 - 216000 - 26041{\cdot}67 - 18000 + 3375$$

$$= 340666{\cdot}67$$

$$C_1 = \frac{340666{\cdot}67}{8} = 42583{\cdot}33$$

$$EI\frac{dy}{dx} = -7000\,\frac{x^2}{2} + 42583{\cdot}33 + \; 6000\frac{(x-2)^2}{2}$$

$$+\frac{1000(x-3)^3}{6}+4000\frac{(x-5)^2}{6}-1000\frac{(x-5)^3}{6}\cdots(3)$$

और $EIy=-7000\frac{x^3}{6}+42583{\cdot}33x+6000\frac{(x-2)^3}{6}$

$$+1000\frac{(x-3)^4}{24}+\frac{4000(x-5)^2}{6}-\frac{1000(x-5)^4}{24}\cdots(4)$$

बिन्दु A पर $x=0$

$EIi_A=42583{\cdot}33$

$$i_A=\frac{42583{\cdot}33\times10^4}{2\times10^6\times10000}=0{\cdot}0213 \text{ radians}$$

C पर ढाल के लिए $x=2$

$$EIi_c=-7000\times\frac{(2)^2}{2}+42583{\cdot}33$$

$$=-14000+42583{\cdot}33=28583{\cdot}33$$

$$i_C=\frac{28573{\cdot}33\times10^4}{2\times10^6\times10000}=\frac{28583{\cdot}33}{2\times10^6}=0{\cdot}0143 \text{ radians}$$

D बिन्दु पर ढाल के लिए $x=3$

$$EIi_4=-7000\times\frac{(3)^3}{2}+42583{\cdot}38+3000$$

$$=-3500\times9+45583{\cdot}33$$

$$=14083\ 33$$

$$id=\frac{14083{\cdot}33\times10^4}{1000\times2\times10^6}=\frac{14083{\cdot}33}{2\times10^6}=0{\cdot}007 \text{ radians}$$

E पर ढाल के लिए $x=5$

$$EI_C=-\frac{7000(5)^2}{2}+42583{\cdot}33+\frac{6000(5-2)^2}{2}+\frac{1000(5-3)^3}{6}$$

$$=-87500+42583{\cdot}33+27000+1333{\cdot}33$$

$$=16583{\cdot}33$$

$$i_C=-\frac{16583{\cdot}33\times10^4}{10000\times2\times10^6}=-0{\cdot}00859 \text{ radians}$$

B बिन्दु पर ढाल के लिए $x=8$

$$EIi_B = -7000\frac{(8)^2}{2} + 42583{\cdot}33 + 6000\,\frac{(8-2)^2}{2}$$

$$+\frac{1000(8-3)^3}{6} + 4000\frac{(8-5)^2}{2} - \frac{1000(8-5)^3}{6}$$

$$= -224000 + 42583{\cdot}33 + 108000 + 1083{\cdot}33 + 18000 - 4500$$

$$= -39084$$

$$i_B = -\frac{39084 \times 10000}{10000 \times 2 \times 10^6} = 0{\cdot}019 \text{ radians}$$

अब विस्थापन के लिए समीकरण (4) को काम में लाओ

C पर विस्थापन के लिए $x=2$

$$EIy_C = -7000\,\frac{(2)^3}{6} + 42583{\cdot}33 \times 2$$

$$= 75833{\cdot}33$$

$$y_C = \frac{75833{\cdot}33 \times 10^6}{2 \times 10^6 \times 10000} = 3{\cdot}79 \text{ cms}$$

इसी प्रकार $EIyd = -7000\frac{x^2}{6} + 42583{\cdot}33 \times 3 + 6000\frac{(3-2)^3}{6}$

$$= -7000\frac{(3)^3}{6} + 127750 + 1000$$

$$= 97250$$

$$yd = \frac{97250 \times 10^6}{2 \times 10^6 \times 10000} = 4{\cdot}86 \text{ cms}$$

इसी प्रकार E बिन्दु पर विस्थापन के लिए $x=5$

$$EIy_C = -7000\frac{(5)^3}{6} + 42583{\cdot}33 \times 5 + 6000\frac{(5-2)^3}{6}$$

$$+ 1000\frac{(5-3)^4}{24}$$

$$= -145833{\cdot}33 + 212916{\cdot}67 + 27000 + 666{\cdot}67$$

$$= 94750$$

$$ye = \frac{94750 \times 10^6}{2 \times 10^6 \times 10000} = \frac{94750}{2 \times 10^4} = 4{\cdot}7375 \text{ cms}$$

संक्षेप में

बिन्दु	ढाल	विस्थापन
A	+0 0212 radians	0
B	− 0·019 "	0
C	+0·01429 "	3·79 cms
D	+0·007 "	4·86 cms
E	—0·00829 "	4·8315 cms

उदाहरण 14. AB और CD दो शुद्धालम्ब धरन एक-दूसरे को समकोण पर पार करते हुए A, B, C और D आलम्बों पर रखे हुए हैं। दोनों धरन O बिन्दु पर एक-दूसरे को पार करते हैं तथा आपस में सम्बद्ध हैं। AB धरन 4m लम्ब है तथा इसका जड़ता घूर्ण 32000 cm^4 है। CD धरन 6m लम्बा है और इसका जड़ता घूर्ण 80000 cm^4 है। O बिन्दु पर 60t भार ऊर्ध्वाधर लगाया गया है। A, B, G और D आलम्बों पर ऊर्ध्वाधर आलम्ब बल ज्ञात करो।

हल : मान लो A और B प्रत्येक आलम्ब पर आलम्ब बल R_1 है तथा C और D प्रत्येक पर R_2

∴ AB धरन पर भार $= 2\ R_1$ tonnes

CD धरन पर भार $= 2R_2$ tonnes

दोनों धरनों द्वारा उठाया कुल भार $= 2R_1 + 2R_2$

∴ $2R_1 + 2R_2 = 60$

या $R_1 + R_2 = 30t$

AB का O पर विस्थापन $= \dfrac{Wl^3}{48EI}$

$$= \frac{2R_1\ (4)^3}{48E \times 32000}$$

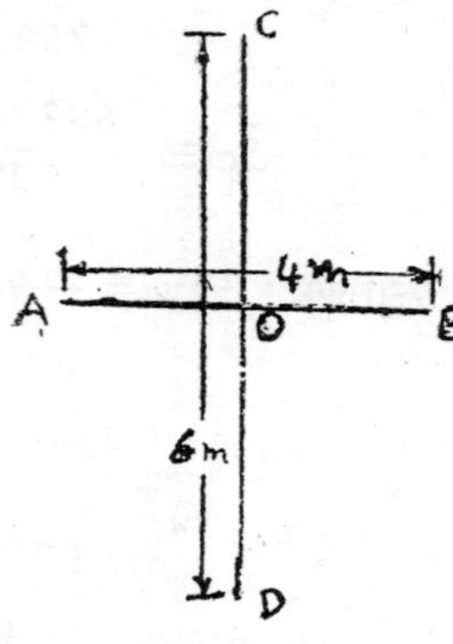

चित्र 8·25

C D का O पर विस्थापन $= \dfrac{2R_2\ (6)^3}{48E \times 80000}$ ...(3)

क्योंकि O बिन्दु पर दोनों धरनों में विक्षेप बराबर है।

$$\therefore \quad \frac{2R_1(4)^3}{48E \times 32000} = \frac{2R_2 \times 6^3}{48E \times 80000}$$

$$\frac{R_1}{27} = \frac{R_2}{20} \qquad ...(4)$$

(1) और (4) समीकरणों को हल करने पर

$R_1 = 17{\cdot}24$ t, $R_2 = 12{\cdot}76$ t (उत्तर)

उदाहरण 15. एक ही नाप के तथा 5m लम्बे तीन लकड़ी के धरन एक साथ इकट्ठे एक ही जगह काम में लिए गये हैं। बीच वाला धरन 10 cm चौड़ा और 20 cm गहरा है जबकि दोनों बाहर वाले धरनों में प्रत्येक 20 cm चौड़ा और 10 cm गहरा है। यदि लकड़ी के लिए अधिकतम अनुमत बंकन प्रतिबल 80 kg/cm² तथा E का मान $0{\cdot}1\times10^6$ kg/cm² हो तो धरनों द्वारा संयुक्त रूप में उठाया गया अधिकतम भार ज्ञात करो।

मान लो बीच वाला धरन W_1 मध्य भार और बाहर वाला प्रत्येक धरन W_2 भार अपने मध्य में उठाते हैं।

मध्य धरन का जड़ता घूर्ण $$I_1=\frac{10\times(20)^3}{12}=\frac{20000}{2}\text{cm}^4$$

बाहरी प्रत्येक धरन का जड़ता घूर्ण $$I_2=\frac{20\times(10)^3}{12}=\frac{5000}{3}\text{cm}^4$$

मध्य धरन का अधिकतम विक्षेप : $$=\frac{W_1l^3}{48EI_1}$$

बाहरी धरनों का अधिकतम विक्षेप $$=\frac{W_2l^3}{48EI_2}$$

लेकिन सभी धरनों का विक्षेप बराबर होता है।

$$\therefore\quad \frac{W_1l^3}{48EI_1}=\frac{W_2l^3}{48EI_2}$$

या $$W_1I_2=W_2I_1$$

$$W_1\times\frac{5000}{3}=W_2\times\frac{20000}{3}$$

$$W_1=4W_2 \qquad \text{...(1)}$$

मान लो बीच वाले धरन में 80 kg/cm² का अधिकतम प्रतिबल उत्पन्न होता है।

$$\text{अधिकतम BM}=\frac{W_1l}{4}=\frac{W_1\times5\times100}{4}\text{kg/cm}$$

$$Z=\frac{10\times(20)^2}{6}=\frac{4000}{6}\text{cm}^3$$

$$p=80\ \text{kg/cm}^2$$

$$\therefore\quad \frac{W_1\times500}{4}=80\times\frac{4000}{6}$$

$$W_1 = \frac{80 \times 4000 \times 4}{60 \times 500} = \frac{1280}{3} \text{ kg.} \quad \ldots(2)$$

मानलो बाहरी धरनों में 80 kg/cm^2 का अधिकतम प्रतिबल उत्पन्न हो जाता है।

$$\text{बाहरी धरन के लिए BM} = \frac{W_2 l}{4} = \frac{W_2 \, 500}{4}$$

$$Z = \frac{1}{6} \times 20 \times 10^2, \; p = 80 \text{ kg/cm}^2$$

$$W_2 \times \frac{500}{4} = 80 \times \frac{1}{6} \times 20 \times 10^2$$

$$W_2 = \frac{640}{3}$$

$$\therefore \quad W_1 = \frac{640 \times 4}{3} = \frac{2560}{3} \text{kg} \quad \ldots(3)$$

लेकिन W_1 का मान $\frac{2560}{3}$ kg मान्य नहीं है क्योंकि $\frac{1280}{3}$ kg भार पर ही मध्य धरन में 80 kg/cm^2 का अधिकतम प्रतिबल उत्पन्न हो जाता है।

$$\therefore \quad W_1 = \frac{1280}{3} \text{ kg} = 427 \text{ kg say}$$

$$\therefore W_2 = \frac{W_1}{4} = \frac{427}{4} = 107 \text{ kg say}$$

इसलिए तीनों धरनों द्वारा मध्य बिन्दु पर उठाया सुरक्षित भार

$$= 427 + 107 + 107 = 641 \text{ kg (उत्तर)}$$

उदाहरण 16. 5*m* पाट के शुद्धालम्ब धरन पर 5000 kg का भार सम्पूर्ण पाट पर समबांटित है। अगर धरन के मध्य पर एक टेक आलम्बों के तल पर लगा दी जाए और भार के कारण टेक $\frac{1}{4}$ cm आलम्बों के तल से नीचे बैठ जाती है तो टेक व आलम्बों पर बल ज्ञात करो।

$$I = 10000 \text{ cm}^4 \text{ और } E = 2 \times 10^6 \text{ kg/cm}^2$$

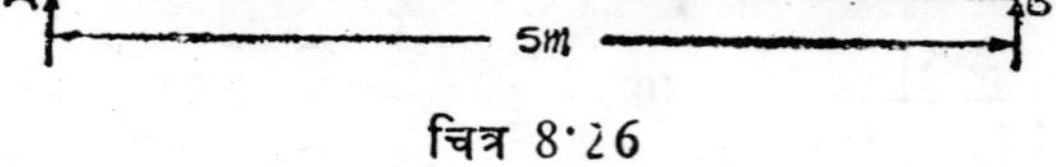

चित्र 8·26

धरन के मध्य में विस्थापन $\frac{5\ wL^4}{384\ EI}$

टेक के कारण विस्थापन $=\frac{PL^3}{48EI}$

$$\therefore \frac{PL^3}{48EI}=\left(\frac{5\ wL^4}{384\ EI}-\frac{1}{4}\right)$$

$$=\frac{5wL^4-96EI}{384EI}$$

$$P=\frac{5wL^4-96EI}{8L^3}$$

$$=\frac{5\times1000\times5\times(5)^3\times10^6-96\times2\times10^6\times10^4}{8\times(5)^8\times10^5}$$

$$=3125-1920$$

$$=1205\ kg$$

दोनों सिरों पर आलम्ब बल $=\frac{5000-1205}{2}=1897\cdot5$ kg

8·10. **क्षेत्रफल घूर्ण विधि** (Area moment method)

इस विधि में B.M.D का क्षेत्रफल और इस क्षेत्रफल का घूर्ण धरन की ढाल और विस्थापन ज्ञात करने के लिए काम में लिया जाता है।

माना कि एक धरन के A सिरे से x दूरी पर एक खण्ड x पर B.M, M है। यदि A मूल बिन्दु हो तो $EI\frac{d^2y}{dx^2}=M.$

यदि x_1 और x_2 सीमा में इसका समाकलन किया जाय तो

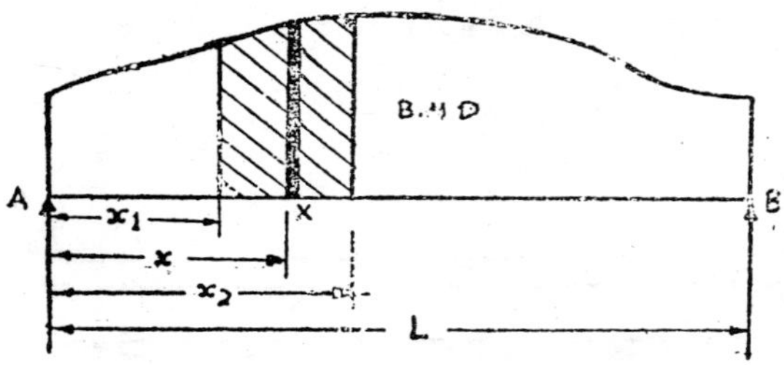

चित्र 8·27

$$EI\int_{x_1}^{x_2}\frac{d^2y}{dx^2}\,dx=\int_{x_1}^{x^2}M\,dx$$

$$\therefore \quad EI\left[\frac{dy}{dx}\right]_{x_1}^{x_2} = x_1 \text{ से } x_2 \text{ तक B.M.D}$$

$\therefore$ $EI(i_2 - i_1) = x_1$ से x_2 तक B.M.D का क्षेत्रफल

$\therefore$ x_1 खड से x_2 खंड तक धरन की ढाल में परिवर्तन

$$= \frac{\text{दोनों खंडों के बीच B.M.D का क्षेत्रफल}}{EI} \quad \cdots(1)$$

अब समीकरण $EI\frac{d^2y}{dx^2} = M$ के दोनों तरफ x से गुणा करके x_1 और x_2 सीमा में पहले की तरह समाकलन करो।

$$\therefore \quad EI\int_{x_1}^{x_2} x\frac{d^2y}{dx^2} \times dx = \int_{x_1}^{x^2} M \times x \times dx$$

$$\therefore \quad EI\left\{x\frac{dy}{dx} - y\right\}_{x_1}^{x^2} = x_1 \text{ खंड से } x_2 \text{ खंड तक के B.M.D का}$$

A बिन्दु पर घूर्ण

या $EI\{(xi_2 - y_2) - (x_1i_1 - y_1)\} = x_1$ खंड से x_2 खंड तक के B.M.D का A बिन्दु पर घूर्ण ...(2)

(1) और (2) समीकरण सभी प्रकार के साधारण धरनों के लिए ढाल व विस्थापन के लिए पर्याप्त है।

(1) बाहुधरन के मुक्त सिरे पर W अधिकेन्द्रित भार

$EI(i_A - i_B) = B$ से A तक का B.M.D का क्षेत्रफल

$$= \frac{WL}{2} \times L = \frac{WL^2}{2}$$

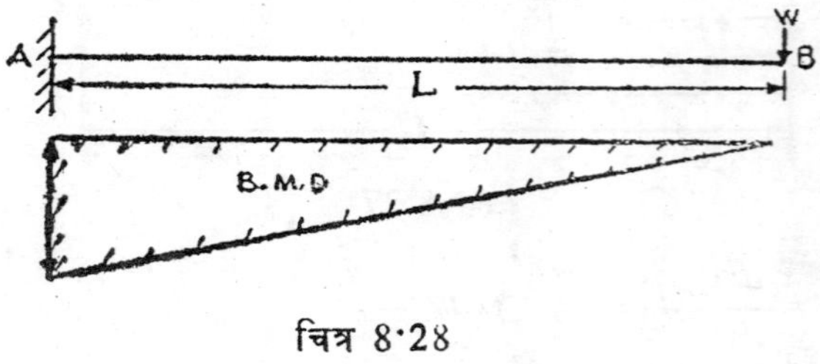

चित्र 8·28

लेकिन $i_A = 0$

$$\therefore \quad -EIi_B = \frac{WL^2}{2}$$

$$i_B = -\frac{WL^2}{2EI}$$

$EI\frac{d^2y}{dx^2} = M$ के दोनों तरफ x से गुणा करके इसका 0 से L सीमा में समाकलन करने पर ।

$$EI \int_0^L \frac{d^2y}{dx^2} x d_x = \int_0^L LMxdx$$

$$EI \left\{\frac{dy}{dx}x - y\right\}_0^L = \text{B.M.D का A पर घूर्ण}$$

$$EI \{(Li_A - y_A) - (0i_B - y_B)\} = \frac{WL^2}{2} \times \frac{2}{3}L$$

लेकिन i_A और y_A दोनों शून्य हैं

$$\therefore \quad EIy_B = \frac{WL^3}{3}$$

$$y_B = \frac{WL^3}{3EI} \qquad \ldots(2)$$

i_B और y_B का मान वही है जो पहले द्विःसमाकलन विधि से ज्ञात किया था ।

(II) इसी प्रकार समवांटित भार अगर बाहुधरन की सम्पूर्ण लम्बाई पर कार्य कर रहा हो तो ढाल व विस्थापन नीचे दिए अनुसार ज्ञात किये जा सकते हैं ।

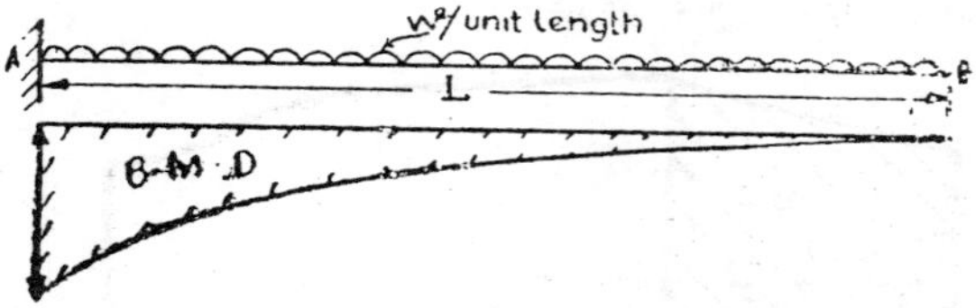

चित्र 8·29

मूल बिन्दु बाहुधरन के मुक्त सिरे B को मानिए और B से x दूरी पर एक खंड लो

$$EI\frac{d^2y}{dx^2}=M$$

$$EI\int_0^L \frac{d^2y}{dx^2}dx=\int_0^L M dx=\int_0^L \frac{wx^2}{2}dx$$

$$EI\left[\frac{dx}{dx}\right]_0^L=\left[\frac{wx^3}{6}\right]_0^L$$

$EI(i_A - i_B) =$ B.M.D का क्षेत्रफल

लेकिन $\quad i_A = 0$

$$\therefore \quad -EIi_B=\frac{wL^3}{6}$$

$$i_B=-\frac{wL^3}{6EI}$$

इसी प्रकार $EI\dfrac{d^2y}{dx^2}=M$, दोनों तरफ x से गुणा करके समाकलन करने पर

$EI\{(Li_A - y_A) - (0\ i_B - y_B)\} =$ B.M.D का B बिन्दु पर घूर्ण।

क्योंकि i_A और y_A दोनों ही शून्य के बराबर हैं

$$\text{इसलिए } EIy_B=\int_0^L \frac{wx^2}{2}\times x dx=\left[\frac{wx^4}{8}\right]_0^B=\frac{wL^4}{8}$$

$$y_B=\frac{wL^4}{8EI}$$

8·11. शुद्धालम्ब धरनों के लिए क्षेत्रफल घूर्ण विधि का प्रयोग (Use of area moment method for simply supported beams)

A बिन्दु को मूल बिन्दु मानिए और x दायें तरफ घनात्मक मानिए। A से x दूरी पर किसी भी खंड X पर, B.M

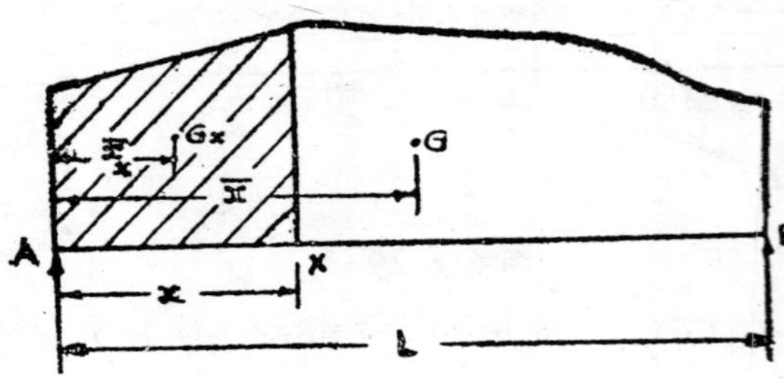

चित्र 8·30.

$$EI \frac{d^2y}{dx^2} = M$$

शून्य और x की सीमा में समाकलन करने पर,

$$EI \times (i_X - i_A) = \int_0^x M dx = a^x$$

यहाँ a_x, B.M.D. का A से X खंड तक क्षेत्रफल है।

$$\therefore \quad i_X = i_A + \frac{a^x}{EI} \qquad ...(1)$$

समीकरण (1) में यदि i_A का मान ज्ञात हो तो इस समीकरण को A से B तक किसी भी बिन्दु पर ढाल ज्ञात करने के लिए काम में लिया जा सकता है। i_A मूल बिन्दु पर ढाल है।

फिर $EI \frac{d^2y}{dx^2} = M$ को x से गुणा करके A से B तक की सीमा में समाकलन करो।

$$\therefore \int_0^L EIx \frac{d^2y}{dx^2} dx = \int_0^L M \times x \times dx$$

$$\therefore EI\left\{ x\frac{dy}{dx} - y\right\}_0^L = \text{पूरे B.M.D के क्षेत्रफल का A बिन्दु पर घूर्ण}$$

$$\therefore EI\left\{ x\frac{dy}{dx} - y\right\}_0^L = a \times \bar{x}$$

यहाँ a, B.M.D का क्षेत्रफल है और $\bar{x}$, B.M.D के क्षेत्रफल की A बिन्दु से CG की दूरी है।

$$EI \{(Li_B - y_B) - (1Li_A - y_B)\} = a\bar{x}$$

क्योंकि दोनों आलम्ब एक ही तल पर हैं इसलिए

$$y_A = y_B = 0$$

$$\therefore \quad ELIi_B = a\bar{x}$$

$$i_A = \frac{a\bar{x}}{ELI} \quad \cdots(2)$$

समीकरण (2) में स्पष्ट है कि जैसे शुद्धालम्बन धरन में एक आलम्ब बल निकालने के लिए धरन पर कार्य करने वाले सभी बलों के दूसरे आलम्ब पर घूर्ण लिए जाते हैं बिल्कुल इसी प्रकार समीकरण (2) में भी i_B निकालने के लिए B.M.D के क्षेत्रफल का A बिन्दु पर घूर्ण लिया जाता है। आलम्ब बल निकालने के लिए जैसे सभी बलों के बीजीय योग को धरन की लम्बाई L से विभाजित कर दिया जाता है, बिल्कुल उसी प्रकार B.M.D के A बिन्दु पर घूर्ण को भी L से विभाजित करने से EIi_B का मान ज्ञात हो जाता है।

इसी प्रकार $L_{AB} = -\frac{a(L-\bar{x})}{EIL} \quad \cdots(3)$

इन सभी समीकरणों को उपयोग में लाते समय चिन्ह-परिपाटी का ध्यान रखना चाहिए, क्योंकि शुद्धालम्ब धरन पर जब कोई भार कार्य करता है तो यह अवतल रूप से नीचे झुकती है जो चिन्ह-परिपाटी के आधार पर ऋणात्मक है। B.M.D का क्षेत्रफल a इसलिए ऋणात्मक होता है और इसलिए i_B भी ऋणात्मक होता है। क्योंकि i_A धनात्मक है इसलिए ऊपर समीकरण (3) के पहले ऋण का चिन्ह लगा दिया गया है।

अब क्योंकि i_A ज्ञात है इसलिए समीकरण (1) से किसी बिन्दु पर ढाल i_X ज्ञात की जा सकती है।

विस्थापन के लिए $EI\frac{d^2y}{dx^2} = M$ के दोनों तरफ x से गुणा करके; शून्य से x की सीमा में समाकलन करने पर,

$$\int_0^x EIx\frac{d^2y}{dx^2}dx = \int_0^x Mx\,dx$$

$$\therefore EI\left\{\left(x\frac{dy}{dx} - y\right)\right\}_0^x = \text{B.M.D के A से X तक के क्षेत्रफल का}$$

A पर घूर्ण

$$\therefore EI\{(xi_X - y) - (0i_A - 0)\} = a_X \times \bar{X}_X$$

यहाँ a_X से X तक के B.M.D का क्षेत्रफल है और $\bar{X}_X$ इसी क्षेत्रफल की A बिन्दु से C.G की दूरी है

$$\therefore \quad y = xi_X - \frac{a_X \bar{X}_X}{EI}$$

लेकिन $\quad i_X = \left(i_A + \frac{a_X}{EI} \right)$

$$\therefore \quad y = x\left(i_A + \frac{a_X}{EI} \right) - \frac{a_X \bar{X}_X}{EI} = xi_A + \frac{a_X(x - \bar{X}_X)}{EI}$$

लेकिन $a_X(x - \bar{X}_X)$ A से X तक के B.M.D के क्षेत्रफल का X पर घूर्ण है ।

$$\therefore \quad y = xi_A + \frac{a_X \text{ का X बिन्दु पर घूर्ण}}{EI} \quad \cdots(4)$$

समीकरण (1) और (4) में B.M.D के क्षेत्रफल व इस क्षेत्रफल का घूर्ण लेकर किसी भी बिन्दु पर ढाल व विस्थापन ज्ञात कर सकते हैं ।

(*a*) L पाट के शुद्धालम्ब धरन के मध्य में एक भार W

बिन्दु A से x दूरी पर X खंड पर $B.M = -\frac{1}{2}Wx.$

$$\therefore \quad a_X = -\frac{x}{2} \times \frac{Wx}{2} = -\frac{Wx^2}{4}$$

X बिन्दु से a_X की C.G की दूरी $= \frac{x}{3}$

i_A के लिए पूरे B.M.D का घूर्ण B पर लेने पर

$$EIi_A \times L = \frac{1}{2} \times L \times \frac{WL}{4} \times \frac{L}{2} = \frac{WL^3}{16}$$

$$i_A = \frac{WL^2}{16\,EI}$$

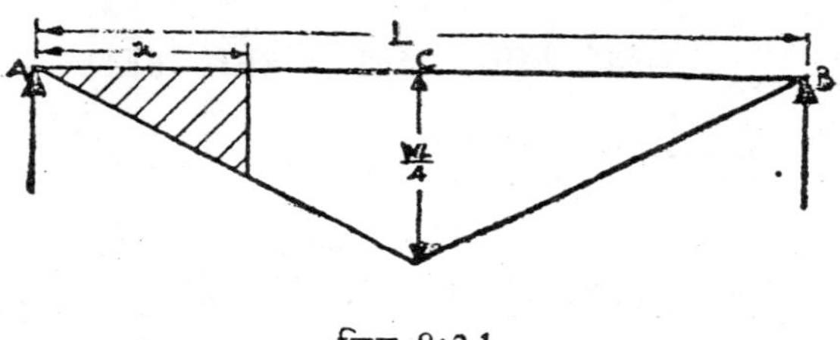

चित्र 8·31.

$$i_X = i_A + \frac{a_X}{EI} = \frac{WL^2}{16EI} - \frac{Wx^2}{4EI}$$

और $$y = xi_A + \frac{X \text{ बिन्दु पर } a_X \text{ का घूर्ण}}{EI}$$

$$= \frac{wL^3}{24}$$

$$i_A = \frac{wL^3}{24EI}$$

विस्थापन के लिए

$$\int_0^x EI\frac{d^2x}{dx^2}x\,dx = \int_0^x -\frac{wLx^2}{2} + \frac{wx^3}{2}$$

$$\left(EI\frac{dy}{dx}x - EId\right)_0^x = -\frac{wLx^3}{6} + \frac{wx^4}{8}$$

$$EI\left\{\left(xi_x - y\right) - \left(0\frac{dx}{dx} - 0\right)\right\} = -\frac{wLx^3}{6} + \frac{wx^4}{8}$$

$$EI(xi_x - y) = -\frac{wLx^3}{6} + \frac{wx^4}{8}$$

$$y = xi_x + \left(\frac{wLx^3}{6} - \frac{wx^4}{8}\right) \times \frac{1}{EI}$$

लेकिन $i_X = i_A + \frac{a_X}{EI}$

$$xi_X = x\left[\frac{wL^3}{24EI} + \frac{wx^3}{6EI} - \frac{wLx^2}{4EI}\right]$$

$$\therefore\ y = \frac{wL^3x}{24EI} + \frac{wx^4}{6EI} - \frac{wLx^3}{4EI} - \frac{wx^4}{8EI} + \frac{wLx^3}{6EI}$$

जब $x = \frac{L}{2}$

$$y = \frac{wL^4}{48EI} + \frac{wL^4}{96EI} - \frac{wL^4}{32EI} - \frac{wL^4}{48EI} - \frac{wL^4}{128EI}$$

$$= \left(\frac{8+4-12+8-3}{384}\right)\frac{wL^4}{EI} = \frac{5}{384}\frac{wL^4}{EI}$$

और $$y = xi_A + \frac{X \text{ बिन्दु पर } a_X \text{ का घूर्ण}}{EI}$$

$$= \frac{WL^2x}{16EI} - \frac{Wx^3}{12EI}$$

y_C के लिए $x = \frac{L}{2}$.

$$\therefore \quad y_C = \frac{WL^2}{16EI} \times \frac{L}{2} - \frac{WL^3}{12EI \times 8}$$

$$= \frac{WL^3}{48EI}$$

(*b*) **पूरे पाट पर समबांटित भार**

A बिन्दु को मूल बिन्दु मानकर x दूरी पर एक खंड X लो

$$EI\frac{d^2y}{dx^2} = M. = -\frac{wLx}{2} + \frac{wx^2}{2}$$

$$\therefore \int_0^x EI\frac{d^2y}{dx^2}dx = -\int_0^x \frac{wLx}{2}dx + \int_0^x \frac{wx^2}{2}$$

$$EI\left[\frac{dy}{dx}\right]_x^0 = -\left[\frac{wLx^2}{4}\right]_x^0 + \left[\frac{wx^3}{6}\right]_x^0$$

$$EI(ix - i_A) = -\frac{wLx^2}{4} + \frac{wx^3}{6} \quad \cdots(1)$$

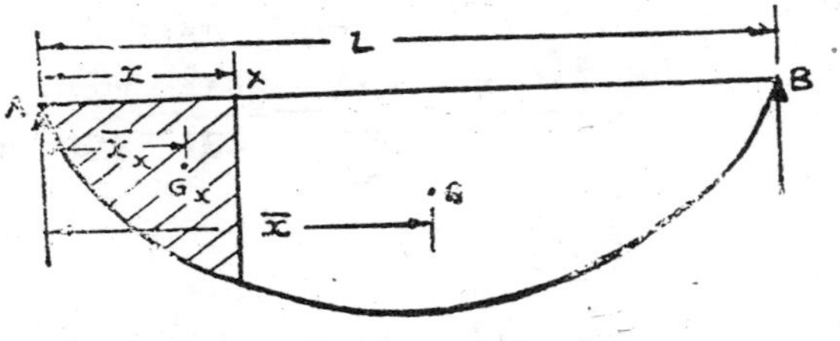

चित्र 8·32

i_A ज्ञात करने के लिए $x = \frac{L}{2}$

इससे i_A का मान शून्य हो जाता है।

$$\therefore \qquad -EIi_A = -\frac{wL}{4}\left(\frac{L}{2}\right)^2 + \frac{w}{6} \times \left(\frac{L}{2}\right)^3$$

$$= \frac{wL^3}{24}$$

$$i_A = \frac{wL^3}{24EI}$$

विस्थापन के लिए

$$\int_0^x EI\frac{d^2y}{dx^2} x \ dx = \int_0^x -\frac{wLx^2}{2} + \frac{wx^3}{2}$$

$$\left(EI\frac{dy}{dx} x - EIy\right)_0^x = -\frac{wLx^3}{6} + \frac{wx^4}{8}$$

$$EI\left\{\left(xi_X - y\right) - \left(0\frac{dy}{dx} - 0\right)\right\} = -\frac{wLx^3}{6} + \frac{wx^4}{8}$$

$$EI(xi_X - y) = -\frac{wLx^3}{6} + \frac{wx^4}{8}$$

$$y = xi_X + \left(\frac{wLx^3}{6} - \frac{wx^4}{8}\right) \times \frac{1}{EI}$$

लेकिन $i_X \qquad = i_A + \frac{a_X}{EI}$

$$xi_X = x\left[\frac{wL^3}{24EI} + \frac{wx^3}{6EI} - \frac{wLx^2}{4EI}\right]$$

$$\therefore \qquad y = \frac{wL^3x}{24EI} + \frac{wx^4}{6EI} - \frac{wLx^3}{4EI} - \frac{wx^4}{8EI} + \frac{wLx^3}{6EI}$$

जब $\qquad x = \frac{L}{2}$

$$y = \frac{wL^4}{48EI} + \frac{wL^4}{96EI} - \frac{wL^4}{32EI} - \frac{wL^4}{48EI} - \frac{wL^4}{128EI}$$

$$= \left(\frac{8+4-12+8-3}{384}\right)\frac{wL^4}{EI} = \frac{5}{384}\frac{wL^4}{EI}$$

(c) उत्केन्द्रित बल W और पाट L

$$R_A=\frac{Wb}{L} \text{ और } R_B=\frac{Wa}{L}$$

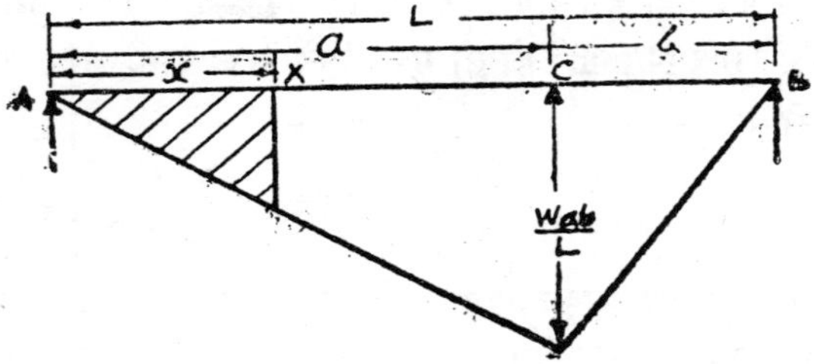

चित्र 8·33

A से x दूरी पर X खंड पर

$$B.M.=-\frac{Wb}{L}x(x<a)$$

$$a_X=-\frac{x}{2}\times\frac{Wb\times x}{L}=-\frac{Wbx^2}{2L}$$

X से इसकी CG की दूरी $=\frac{x}{3}$

i_A ज्ञात करने के लिए समस्त B.M.D. का B पर घूर्ण लो

$$EIi_A\times L=\frac{Wab}{L}\times\frac{b}{2}\times\frac{2b}{3}+\frac{Wab}{L}\times\frac{a}{2}\left(b+\frac{a}{3}\right)$$

$$=\frac{Wab}{6}\{2b^2+a(3b+a)\}$$

$$=\frac{Wab}{6L}(a+b)(a+2b)$$

धरन के AC खंड के लिए

$$i_X=i_A+\frac{a_X}{EI}=+\frac{Wab(a+2b)}{6EIL}-\frac{Wbx^2}{2EIL}$$

$$=\frac{Wb}{6EIL}(a^2+2ab-3x^2)$$

$$y=xi_A+\frac{a_X \text{ का X पर घूर्ण}}{EI}$$

$$=\frac{Wab}{6EIL}(a+2b)x-\frac{Wbx^3}{6EIL}$$

$$=\frac{Wbx}{6EIL}(a^2+2ab-x^2)$$

प्रश्नावली

1. 2m लम्बे एक बाहुधरन के मुक्त सिरे पर एक अधिकेन्द्रित भार 20KN कार्य कर रहा है। अगर धरन के लिए $I=1\times10^7$ mm^4 और $E=2\times10^5$ N/mm^2 हो तो मुक्त सिरे पर ढाल और विस्थापन ज्ञात करो।

$$\left(\text{उत्तर } \frac{1}{50} \text{ radians, } 26{\cdot}7 \text{ mm}\right)$$

2. 4m लम्बे एक बाहुधरन की पूरी लम्बाई पर 1 t/m का एक समबाटित भार कार्य कर रहा है। अगर $I=12000$ cm^4 और $E=2\times10^6$ kg/cm^2 है तो मुक्त सिरे पर ढाल और विस्थापन ज्ञात करो।

$$\left(\text{उत्तर} \frac{2}{450} \text{ radians } 1{\cdot}33 \text{ cms.}\right)$$

3. 2m लम्बे एक बाहुधरन की पूरी लम्बाई पर 1 t/m का समबांटित भार और मुक्त सिरों पर 1 t का अधिकेन्द्रित भार कार्य कर रहे हैं। अगर $I=2000$ cm^4 और $E=2\times10^6$ kg/cm^2 हो तो बहुाधरन के मुक्त सिरे पर ढाल और विस्थापन ज्ञात करो।

$$\left(\text{उत्तर} \frac{1}{120} \text{ radians, } 1{\cdot}17 \text{ cms.}\right)$$

4. 2m लम्बे एक बाहुधरन के मुक्त सिरे पर 20KN का और लम्बाई के मध्य बिन्दु 30 KN का अधिकेन्द्रित भार है। धरन में ढाल और विस्थापन (a) मुक्त सिरे पर (b) बाहुधरन के मध्य बिन्दु पर ज्ञात करो। $I=2\times10^7$ mm^4 और $E=2\times10^5$ N/mm^2

$$\left(\text{उत्तर} \begin{array}{l} (a)\ 0{\cdot}01375 \text{ radians, } 19{\cdot}5 \text{ mm} \\ (b)\ 0{\cdot}01126 \text{ radians, } 6{\cdot}65 \text{ mm} \end{array}\right)$$

5. एक 3m लम्बे बाहुधरन के मुक्त सिरे पर एक अधिकेन्द्रित भार कार्य कर रहा है और मुक्त सिरे पर ढलान $\frac{1}{2}$ degree उत्पन्न हो जाती है। बाहुधरन के मुक्त सिरे पर विस्थापन ज्ञात करो। (उत्तर 17·5 mm)

6. एक 4m लम्बे बाहुधरन के आबद्ध सिरे से आधी लम्बाई तक 2t/m का समबांटित भार कार्य कर रहा है। अगर बाहुधरन के मुक्त सिरे के नीचे एक दृढ़ टेक, आबद्ध सिरे के तल में लगा दी जाए तो टेक पर आलम्ब बल ज्ञात करो।

$$\left(\text{उत्तर} \frac{7}{16} \text{ t}\right)$$

7. 4m लम्बे एक बाहुधरन के मध्य बिन्दु पर 2t का एक अधिकन्द्रित भार कार्य कर रहा है। मुक्त सिरे पर आबद्ध सिरे के तल पर एक टेक लगी

हुई है । मैकाले विधि द्वारा टेक पर आलम्ब बल, और अधिकतम विस्थापन का मान व स्थिति ज्ञात करो ।

$$\left(\text{उत्तर } 0{\cdot}625 \text{ t}, \frac{8}{3\sqrt{5}EI} \text{ मुक्त सिरे से } \frac{4}{\sqrt{5}} \text{m पर}\right)$$

8. 8m लम्बे एक शुद्धालम्ब धरन के मध्य पाट पर 5t का एक अधिकेन्द्रित भार कार्य कर रहा है। अगर $E=2\times10^6$ kg/cm² और I= 20000 cm⁴ हो तो दोनों आलम्बों पर ढलान और पाट के मध्य में अधिकतम विस्थापन ज्ञात करो ।

$$\left(\text{उत्तर } \frac{1}{200} \text{ radians, } 13{\cdot}3 \text{ mm}\right)$$

9. 4m लम्बे एक शुद्धालम्ब धरन की पूरी लम्बाई पर 5000 N/m का एक समबांटित भार कार्य कर रहा है । अगर $I=12\times10^6$ mm⁴ और $E=2\times10^5$ N/mm² हो तो अधिकतम ढाल व विस्थापन ज्ञात करो ।

$$\left(\text{उत्तर} \frac{1}{180} \text{ radians, } 7 \text{ mm}\right)$$

10. 5m पाट के शुद्धालम्ब धरन पर 1t/m का पूरेपाट पर एक समबांटित भार और पाट के मध्य में 2t का एक अधिकेन्द्रित भार कार्य कर रहे हैं । अगर I = 2:00 cm⁴ और $E=1\times10^6$ kg/cm² हो तो अधिकतम ढाल और विस्थापन ज्ञात करो ।

$$\left(\text{उत्तर} \frac{1}{60} \text{ rabians, } 26{\cdot}7 \text{ mm}\right)$$

11. 120 mm चौड़ा और 180 mm गहरा एक लकड़ी का आयताकार खंड 8m पाट पर शुद्धालम्ब धरन के रूप में काम में लिया गया है । धरन के पूरे पाट पर कितना समबांटित भार कार्य करे कि पाट के मध्य में 40 mm का विस्थापन हो । $E=1\times10^4$ N/mm² (उत्तर 437·4 N/m)

12. एक ISHB 200, 37 kg का एक खंड 4m पाट पर शुद्धालम्ब धरन के रूप में काम में लिया गया । बायें हाथ के आलम्ब से 3m की दूरी पर 2t का एक अधिकेन्द्रित भार धरन पर कार्य कर रहा है । अगर ISHB 200 के लिए $I_{XX}=3608$ cm⁴ और $E=2\times10^6$ kg/cm² हो तो पाट के मध्य में विस्थापन और अधिकतम विस्थापन की स्थिति तथा मान ज्ञात करो । खंड का स्वयं का भार उपेक्षणीय है ।

(उत्तर बायें ओर से 2·236m पर 2·6 mm)

13. 150 × 100 mm का T खंड जिसके फ्लैंज और वेब की मोटाई 30 mm है, 2m पाट पर शुद्धालम्ब धरन के रूप में काम लिया गया । यदि अधिकतम प्रतिबल मध्य पाट पर 150 N/mm² उत्पन्न हो तो मध्य पाट पर विस्थापन और भार का मान ज्ञात करो।

(उत्तर 8·05 mm, 45400 N

14. एक ISHB 300 खंड 8m पाट पर शुद्धालम्ब धरन के रूप में काम लिया गया। धरन पर बायें हाथ के आलम्ब से 1m और 6m की दूरी पर क्रम से 30 kN और 60 kN के अधिकेन्द्रित भार कार्य कर रहे हैं। मैकाले विधि द्वारा अधिकतम विस्थापन का मान और स्थिति ज्ञात करो।

(**उत्तर** बायें हाथ से 3·8m पर 16·25 mm)

15. 4m पाट वाले एक शुद्धालम्ब धरन के बीच के 2m पर 500 kg/m का समबांटित भार कार्य कर रहा है। अगर $I = 8000\ cm^4$ और $E = 2 \times 10^6\ kg/cm^2$ हो तो (*a*) पाट के दोनों आलम्बों पर और भार के दोनों सिरों पर ढलान (*b*) भार के एक सिरे पर विस्थापन और (*c*) अधिकतम विस्थापन का मान और स्थिति ज्ञात करो।

[**उत्तर** (*a*) 0·000573 radians 0·000 410 radians
(*b*) 0·052 cms. (*c*) मध्य पाट पर 0·074 cms]

16. ISLB 250 जिसका $I_{XX} = 3717{\cdot}8\ cm^4$ है, को 6m पाट पर शुद्धालम्ब धरन के रूप में काम लिया गया। धरन के बायें सिरे से 1m और 5m पर क्रम से 2t और 3t के अधिकेन्द्रित भार कार्य कर रहे हैं। अगर $E = 2 \times 10^6\ kg/cm^2$ हो तो अधिकतम विस्थापन ज्ञात करो।

(**उत्तर** बायें सिरे में 3·1m पर 2·13 cms)

17. अगर L पाट के एक शुद्धालम्ब धरन के बीच वाले $\frac{1}{3}$ पाट पर *w*/unit length का समबांटित भार कार्य कर रहा हो तो सिद्ध करो पाट पर विस्थापन $\frac{205wL}{1152EI}$ होगा।

18. 5m पाट वाले शुद्धालम्ब धरन के बायें सिरे से 3·75m दूरी पर 3t का एक अधिकेन्द्रित भार कार्य कर रहा है। यदि EI का मान $2{\cdot}6 \times 10^{10}\ kg/cm^2$ हो तो धरन के दोनों आलम्बों पर ढाल और भार के नीचे विस्थापन ज्ञात करो।

(**उत्तर** बायें आलम्ब पर ढाल 0·001125 radians
दायें आलम्ब पर ढाल 0·001575 radians
भार के नीचे विस्थापन 0·169 cm)

19. 14m पाट का एक शुद्धालम्ब धरन जिसका जड़ता घूर्ण $1{\cdot}6 \times 10^5\ cm^4$ है पर 12t और 8t के दो अधिकेन्द्रित भार कार्य कर रहे हैं। 12t का भार बायें आलम्ब से 3m दूरी पर और 8t वाला भार दायें भार से 4·5m दूरी पर कार्य कर रहे हैं। यदि E का मान $2{\cdot}1 \times 10^6\ kg/cm^2$ हो तो प्रत्येक भार वाले बिन्दु पर धरन का विस्थापन ज्ञात करो।

(**उत्तर** 12t भार के नीचे विस्थापन 0·0015 cm
8t भार के नीचे विस्थापन 0·00199 cm)

9

आबद्ध धरन और अनेकालंब धरन

(FIXED BEAMS AND CONTINUOUS BEAMS)

9·1. **आबद्ध धरन** (fixed beams)—यदि कोई धरन ऐसे आलम्बों पर रखी जाए कि जब धरन पर बाहरी भार कार्य कर रहे हों तो आलम्बों पर धरन की ढाल (slope) शून्य बनी रहे, ऐसे धरन को आबद्ध धरन (fixed beams) कहते हैं और ऐसे आलम्ब को आबद्ध आलम्ब कहते (fixed support) हैं। लेकिन यह तभी सम्भव है यदि आबद्ध आलम्ब, बाहरी भार द्वारा उत्पन्न बंकन घूर्ण के विरुद्ध प्रवृत्ति के अवरोधक युग्म (restraining couple) आलम्ब पर उत्पन्न करें। इस अध्याय में इन अवरोधक युग्मों का मान ज्ञात करेंगे। अवरोधक युग्मों (restraining couple) के ज्ञात हो जाने पर आबद्ध धरन के किसी भी बिन्दु पर बंकन घूर्ण (B.M.) अपरूपण बल (S.F.) ढाल (slope) और विस्थापन (deflection) आसानी से ज्ञात किए जा सकते हैं :

9·2. **बंकन घूर्ण आरेख** (B.M.D.)—एक आबद्ध धरन को दो भागों में बाँटा जा सकता है।

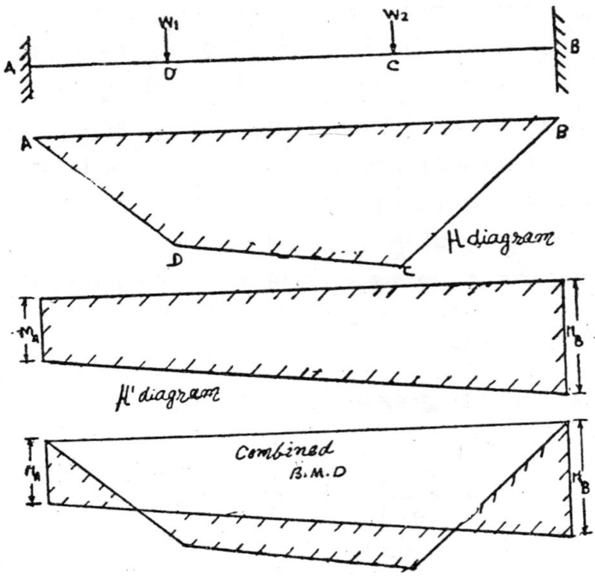

चित्र 9·1

(*a*) शुद्धालंब धरन जिस पर बाहरी भार कार्य कर रहा हो और (*b*) शुद्धालंब धरन जिसके दोनों सिरों पर युग्म कार्य कर रहा हो और उस पर कोई बाहरी भार न हो।

माना कि एक आबद्ध धरन AB है जिस पर बाहरी भार कार्य कर रहे हैं। मान लो आलम्ब A से x दूरी पर धरन के X खंड पर बंकन घूर्ण (B.M) M_X है।

$M_X = \mu'_X + \mu_X$ है। यहाँ μ_X X खंड पर बाहरी भार के कारण शुद्धालंब धरन के रूप में बंकन घूर्ण है और μ'_X अवरोधक युग्म जो आबद्ध आलम्बों पर उत्पन्न हो जाते हैं, के कारण बंकन घूर्ण है। माना कि A और B पर M_A और M_B क्रम से अवरोधक युग्म हैं।

चित्र 9·1 में μ' आरेख अनुसार

$$\mu'_X = M_A + (M_B - M_A)\frac{x}{L}$$

μ_X का मान ज्ञात करने में कोई कठिनाई नहीं होती है, क्योंकि μ_X शुद्धालंब धरन के रूप में धरन पर बाहरी भार के कारण बंकन घूर्ण है, जो आसानी से ज्ञात किया जा सकता है। इसलिए आबद्ध धरन के किसी भी खंड पर बंकन घूर्ण

$$M_X = \mu_X + \mu'_X = \mu_X + M_A + (M_B - M_A)\frac{x}{L}$$

M_A और M_B का मान यदि ज्ञात हो तो M_X का मान ऊपर दी गई समीकरण से ज्ञात किया जा सकता है। चित्र नं० 9·1 में दिखाए गए आबद्ध धरन के लिए B.M.D. चित्र नं० 9·1 के अन्तिम भाग में दिखाया हुआ है। क्योंकि μ_X और μ'_X एक दूसरे के विरुद्ध चिह्न के हैं, इसलिए अंतिम B.M.D. कुछ ऋणात्मक व कुछ धनात्मक होते हैं। धरन के जिस भाग पर धनात्मक B.M होता है उतने भाग में धरन ऊपर की तरफ उत्तल रूप में झुकता है, और जिस भाग में B.M ऋणात्मक है धरन ऊपर को अवतल रूप में झुकता है।

9·3. आलम्ब युग्म या घूर्ण (Support Moments)

आबद्ध धरन के आलम्ब घूर्ण ज्ञात करने के लिए चित्र 9·1 में किसी भी खंड पर बंकन घूर्ण $M_X = EI\frac{d^2y}{dx^2} = \mu_X + \mu'_X$

शून्य से L सीमा में इसका समाकलन करने पर

$$EI\left\{\frac{dy}{dx}\right\}_0^L = \int_0^L \mu_X d_X + \int_0^L \mu'_X d_X$$

$\therefore EI(i_B - i_A) = a + a'$, यहाँ a, μ आरेख का क्षेत्रफल a', μ' आरेख का क्षेत्रफल है।

लेकिन दोनों आलम्बों पर धरन की ढाल शून्य होती है। इसलिए $i_A = i_B = 0$

$$\text{या } a + a' = 0$$

संख्यात्मक दृष्टि से μ—आरेख का क्षेत्रफल μ'—आरेख के क्षेत्रफल के बराबर होता है क्योंकि a और a' का बीजीय योग शून्य होता है।

μ'—आरेख एक समलंब (trapezium) है इसलिए μ' आरेख का क्षेत्रफल

$$a' = (M_A + M_B)\frac{L}{2}$$

इसलिए संख्यात्मक दृष्टि से

$$(M_A + M_B)\frac{L}{2} = -a \qquad \cdots(1)$$

M_A और M_B निकालने की एक समीकरण यह है। अब एक दूसरी समीकरण निकालने के लिए $EI\frac{d^2y}{dx^2} = \mu_X + \mu'_X$ के दोनों तरफ x से गुणा करो और फिर शून्य से L सीमा में इसका समाकलन करो,

$$EI\int_0^L \frac{d^2y}{dx^2}\, x dx = \int_0^L \mu_X \times \qquad + \quad \mu'_X \times x \times dx$$

$$\therefore\ EI\left\{ x\frac{dy}{dx} - y \right\}_0^L = a\bar{x} + a'\bar{x}',$$

यहाँ $\bar{x}$ और $\bar{x}'$ क्रम से μ और μ' आरेखों की C.G की मूल बिन्दु (origin) से दूरियाँ हैं।

$\therefore\ EI\{(Li_B - y_B) - (0 \times i_A - y_A)\} = a\bar{x} + a'\bar{x}'$, अब क्योंकि $i_A i_B$, y_A और y_B सब शून्य है इसलिए $a\bar{x} + a'\bar{x}' = 0$

इसलिए संख्यात्मक दृष्टि से μ'—आरेख और μ—आरेख के मूल बिन्दु पर घूर्ण बराबर हैं और क्योंकि μ' और μ आरेख के क्षेत्रफल भी संख्यात्मक दृष्टि से बराबर हैं इसलिए $\bar{x} = \bar{x}'$ या दोनों क्षेत्रफलों के गुरुत्व केन्द्र एक ही ऊर्ध्वाधर रेखा पर होते हैं।

μ'—आरेख का मूल बिन्दु A पर घूर्ण लो।

$$M_A \times \frac{1}{2} \times \frac{L}{3} + M_B \times \frac{L}{2} \times \frac{2}{3} L = (M_A + 2M_B)\frac{L^2}{6}$$

$$\therefore\ (M_A + 2M_B)\frac{L^2}{6} = -a\bar{x}$$

या $$M_A + 2M_B = -\frac{6a\bar{x}}{L^2} \qquad \cdots(2)$$

समीकरण (1) और (2) को हल करने से M_A और M_B का मान ज्ञात हो जाता है। M_A और M_B का मान ज्ञात हो जाने पर धरन के किसी भी खंड पर बंकन घूर्ण ज्ञात किया जा सकता है और फिर बंकन घूर्ण के समीकरण का क्रमिक समाकलन (successive integration) करने से किसी भी खंड पर धरन की ढाल और विस्थापन ज्ञात किया जा सकता है।

9·4. (*a*) आबद्ध धरन के L पाट के मध्य में W अधिकेन्द्रित भार

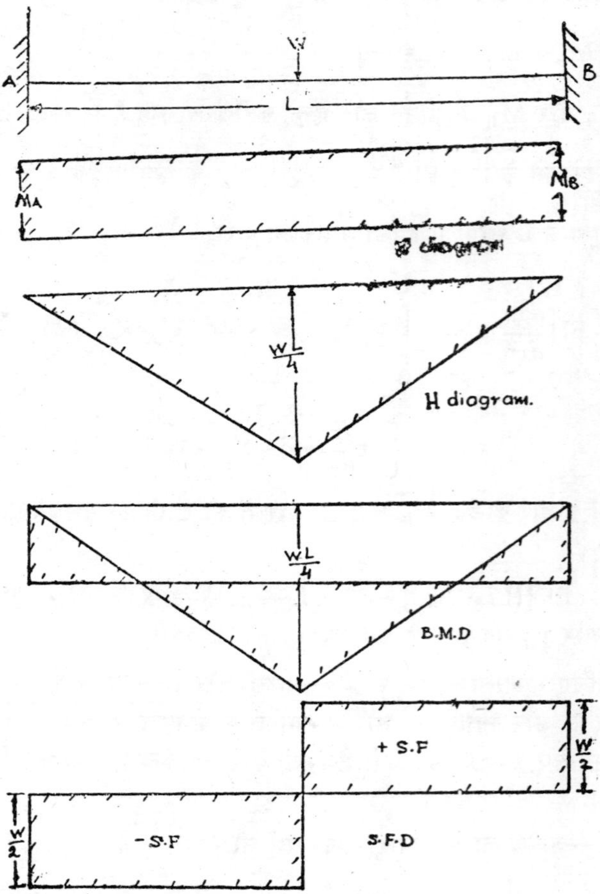

चित्र 9·2

सम्मति (symmetry) के कारण आलम्ब युग्म M_A और M_B बराबर हैं और μ' आरेख एक त्रिभुज है जिसका मध्य शीर्ष (ordinate) $\frac{WL}{4}$ के बराबर है। μ ओर μ' आरेखों के क्षेत्रफलों को बराबर रखने पर

$$M_A \times L = \frac{1}{2} \times L \times \frac{WL}{4} = \frac{WL^2}{8}$$

$$M_A = \frac{WL}{8} = M_B$$

अधिकतम ऋण B.M पाट के मध्य में होता है जिसका मान

$$\frac{WL}{4} - \frac{WL}{8} = \frac{WL}{8} \text{ होता है ।}$$

S F. आरेख बिल्कुल शुद्धालंब धरन की भाँति होता है । क्योंकि दोनों आलम्ब घूर्ण बराबर हैं इसलिए आलम्बों पर कोई अतिरिक्त आलम्ब बल कार्य नहीं करता है ।

B.M आरेख से यह भी साफ है कि बंकन परिवर्तन बिन्दु धरन के सिरों से $\frac{L}{4}$ दूरी पर है ।

अब AC भाग में ढाल और विस्थापन के लिए A से x दूरी पर

$$EI\frac{d^2y}{dx^2} = \mu_X + \mu'_X = -\frac{W}{2}x + M_A = -\frac{W}{2}x + \frac{WL}{8}$$

समाकलन करने पर

$$EI\frac{dy}{dx} = -\frac{Wx^2}{4} + \frac{WLx}{8} + C_1$$

लेकिन $x=0$ $\frac{dy}{dx}=0$ इसलिए $C_1=0$

$$\text{इसलिए } EI\frac{dy}{dx} = -\frac{Wx^2}{4} + \frac{WLx}{8} \quad \cdots(1)$$

एक बार फिर समाकलन करने पर

$$EIy = -\frac{Wx^3}{12} + \frac{WLx^2}{16} + C_2$$

क्योंकि $x=0$ पर $y=0$ इसलिए $C_2=0$

$$\therefore \quad EIy = -\frac{Wx^3}{12} + \frac{WLx^2}{16} \quad \cdots(2)$$

समीकरण (1) और (2) धरन के AC भाग में किसी भी खंड के लिए ढाल तथा विस्थापन समीकरणें हैं। सधिकतम विस्थापन के लिए समीकरण (2) में $x=\frac{L}{2}$ रखो।

$$EIy_C=\frac{WL^3}{96}+\frac{WL^3}{64}=\frac{WL^3}{192}$$

$$y_C=\frac{WL^3}{192\,EI}$$

इससे साफ है कि आबद्ध धरन में मध्य W अधिकेन्द्रित भार जितना विस्थापन उत्पन्न करता है वही भार उतने ही शुद्धालंब धरन के पाट पर इससे चार गुना विस्थापन उत्पन्न करता है।

इसी प्रकार बंकन घूर्ण मध्य पाट पर आबद्ध धरन के लिए $\frac{WL}{4}$ है जबकि शुद्धालंब धरन पर वही भार उतने ही पाट के मध्य पर इससे दुगुना $\left(\frac{WL}{4}\right)$ बंकन घूर्ण उत्पन्न करता है। दूसरे शब्दों में यह भी कह सकते हैं कि धरन के सिरों पर अवरोधक युग्म लगाने से धरन का विस्थापन अथवा उसमें बंकन घूर्ण शुद्धालंब धरन की तुलना में बहुत कम उत्पन्न होते हैं और इसलिए आबद्ध धरन की सामर्थ्यता अथवा दृढ़ता शुद्धालंब धरन से कहीं अधिक होती है।

(*b*) **अगर पूर्ण पाट L पर *w*/unit length का समवांटित भार कार्य कर रहा है।**

सममिति से $M_A=M_B$

μ—आरेख एक पैराबोलिक होगा जिसका मध्य शीर्ष $\frac{wL^2}{8}$ होगा।

μ और μ' आरेखों के क्षेत्रफल बराबर रखने पर

$$M_A\times L=\frac{2}{3}\times\frac{wL^2}{8}\times L$$

या $$M_A=\frac{wL^2}{12}=M_B$$

धरन के किसी बिन्दु पर B.M

$$M_X=\mu x+\mu' x=-\frac{wLx}{2}+\frac{wx^2}{2}+\frac{wL^2}{12}$$

बंकन परिवर्तन बिन्दु के लिए

$$-\frac{wLx}{2}+\frac{wx^2}{2}+\frac{wL^2}{12}=0$$

$$x^2-Lx+\frac{L^2}{6}=0$$

$$\left(x-\frac{L}{2}\right)^2=\frac{L^2}{12}$$

$$x=\frac{L}{2}\pm\frac{L}{2\sqrt{3}}$$

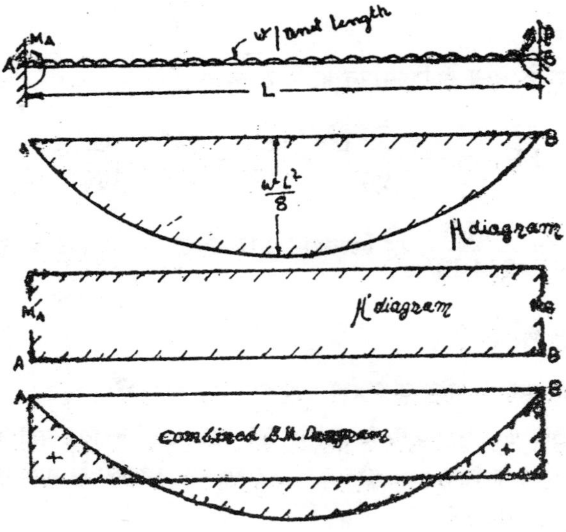

चित्र 9·3

इसलिए मध्य पाट से $\frac{L}{2\sqrt{3}}$ दूरी पर दोनों तरफ बंकन परिवर्तन बिन्दु होते हैं।

बायें हाथ के आलम्ब से $x=0{\cdot}5L\pm0{\cdot}289L.$

$$=0{\cdot}211L \text{ या } 0{\cdot}789L.$$

अब ढाल तथा विस्थापन के लिए

$$EI\frac{d^2y}{dx^2}=-\frac{wLx}{2}+\frac{wx^2}{2}+\frac{wL^2}{12}$$

समाकलन करने पर, $EI\frac{dy}{dx}=-\frac{wLx^2}{4}+\frac{wx^3}{6}+\frac{wL^2x}{12}+0$

क्योंकि $x=0$ पर $\frac{dy}{dx}=0$ इसलिए $C_1=0$

एक बार फिर समाकलन करने पर

$$EIy=-\frac{wLx^3}{12}+\frac{wx^4}{24}+\frac{wL^2x^2}{24}+0$$

क्योंकि जब $x=0$ तो $y=0$, इसलिए $C_2=0$। अतः C_1 और C_2 का मान शून्य ही होता है। यह इसलिए है कि $x=0$ पर y और $\frac{dy}{dx}$ दोनों ही शून्य होते हैं।

पाट के मध्य में विस्थापन के लिए $x=\frac{L}{2}$

$$\therefore\ EIy_C=-\frac{wL\times L^3}{96}+\frac{wL^4}{384}+\frac{wL^4}{96}=\frac{wL^4}{384}$$

$y_C=\frac{wL^4}{384\,EI}$, यह विस्थापन इसी विस्तार या पाट के शुद्धालंब धरन के विस्थापन से $\frac{1}{5}$ है।

(*c*) **पाट L और उत्केन्द्रीय (eccentric) भार W.**

क्योंकि भार उत्केन्द्रीय है इसलिए M_A और M_B बराबर नहीं होते हैं। इनका मान ज्ञात करने के लिए μ—और μ'—आरेखों के क्षेत्रफलों के घूर्ण को बराबर रख कर हल करना होता है।

μ और μ' के क्षेत्रफल बराबर रखने से

$$(M_A+M_B)\frac{L}{2}=\frac{Wab}{L}\times\frac{L}{2}$$

$$\therefore\ M_A+M_B=\frac{Wab}{L} \qquad \cdots(1)$$

μ और μ' के क्षेत्रफलों के घूर्ण बराबर रखने पर

$$(M_A+2M_B)\frac{L^2}{6}=\frac{Wab}{L}\times\frac{a}{2}\times\frac{2}{3}a+\frac{Wab}{L}\times\frac{b}{2}\left(a+\frac{b}{3}\right)$$

$$=\frac{Wab}{6L}(2a^2+3ab+b^2)$$

$$= \frac{Wab(2a+b)}{6}, \text{ क्योंकि } (a+b)=L$$

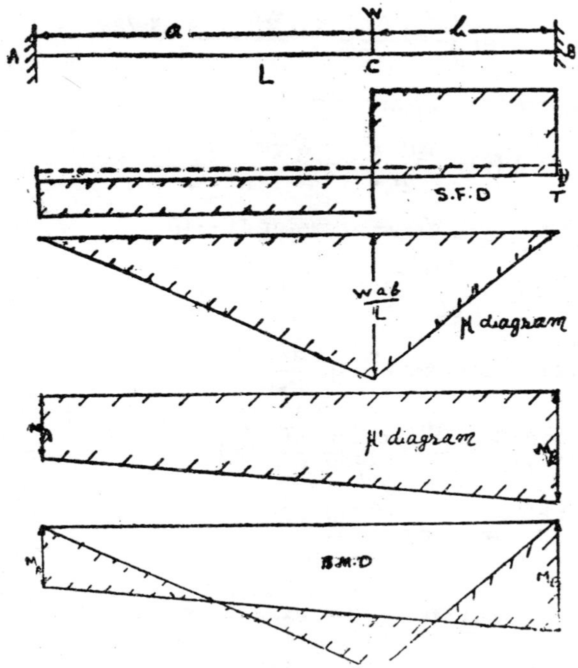

चित्र 9·4

$$\therefore\ M_A+2M_B=\frac{Wab(2a+b)}{L^2} \qquad \cdots(2)$$

समीकरण (1) और (2) को हल करने पर

$$M_A=\frac{Wab^2}{L^2};\quad M_B=\frac{Wa^2b}{L^2}$$

ढाल और विस्थापन के लिए AC भाग में, x दूरी पर एक खंड लें ।

$$EI\ \frac{d^2y}{dx^2}=\mu_x+\mu'_x=-\frac{Wbx}{L}+\left\{M_A+(M_B-M_A)\frac{x}{L}\right\}$$

$$=-\frac{Wbx}{L}+\frac{Wab^2}{L^2}+\frac{Wab(a-b)}{L^2}x$$

समाकलन करने पर

$$EI\frac{dy}{dx}=-\frac{Wbx^2}{2L}+\frac{Wab^2x}{L^2}+\frac{Wab(a-b)x^2}{2L^3}+0$$

क्योंकि $x=0$ पर $\frac{dy}{dx}=0$ इसलिए $C_1=0$

$$\therefore \quad EI\frac{dy}{dx}=\frac{Wab^2x}{L^2}-\frac{Wb^2x^2(3a+b)}{2L^3}$$

एक बार फिर समाकलन करने पर

$$EIy=\frac{Wab^2x^2}{2L^2}-\frac{Wb^2x^2(3a+b)}{6L^3}+0$$

क्योंकि $x=0$ पर $y=0$ इसलिए $C_2=0$

$$\therefore \quad EI=\frac{Wb^2x^2}{6L^3}\{3aL-x(3a+b)\}$$

अधिकतम विस्थापन के लिए $\frac{dv}{dx}=0$

$$\therefore \frac{Wab^2x}{L^3}-\frac{Wb^2x^2(3a+b)}{2L^3}=0$$

$$\text{or} \quad x=\frac{2aL}{(3a+b)}$$

$$\therefore EIy_{max}=\frac{Wb^2}{6L^3}\times\frac{4a^2L^2}{(3a+b)}\{3aL-2aL\}$$

$$=\frac{2}{3}\frac{Wa^3b^2}{(3a+b)^2}$$

C बिन्दु पर विस्थापन

$$EIy_C=\frac{Wb^2a^2}{6L^3}\{3(a+b)-a(3a+b)\}$$

$$=\frac{Wa^3b^2}{3L^3}$$

$$y_C=\frac{Wa^3b^3}{3EIL^3}$$

AC भाग के लिए बंकन परिवर्तन बिन्दु,

$$M_X=-\frac{Wbx}{L}+\frac{Wab^2}{L^2}+\frac{Wab(a-b)x}{L^3}=0$$

$$x=\frac{aL}{(3a+b)}$$

इसी प्रकार CB भाग में बंकन परिवर्तन बिन्दु निकालिए।

S.F.D. और B.M.D. चित्र 9·4 में दिखाए हुए हैं। W भार के कारण मानाकि आलम्ब बल V_A और V_B उत्पन्न होते हैं।

इसलिए $V_A = \frac{Wb}{L}$ $V_B = \frac{Wa}{L}$

∴ असंतुलित आलम्ब घूर्ण $= (M_B - M_A)$

आलम्ब युग्म बराबर न होने के कारण मान लो T बल, आलम्बों पर उत्पन्न होता है। यह बल A पर नीचे को तथा B आलम्ब पर ऊपर को होगा।

$$\text{इसलिए } T \times L = (M_B - M_A) = \frac{Wab(a-b)}{L^2}$$

$$T = \frac{Wab(a-b)}{L^3}$$

A और B पर कुल आलम्ब बल R_A और R_B नीचे दिये अनुसार होते हैं।

$R_A = V_A - T$ और $R_B = V_B + T$

इसलिए S.F.D. शुद्धालंब धरन की भाँति ही होता है लेकिन आधार AB, T बल के बराबर नीचे हट जाता है जैसाकि चित्र 9·4 S.F.D. में दिखाया हुआ है।

उदाहरण 1. 8m लम्बे आबद्ध धरन के मध्य पाट पर एक 10t का अधिकेन्द्रित भार कार्य कर रहा है। आबद्ध धरन के आलम्ब घूर्ण तथा आलम्ब बल ज्ञात करो।

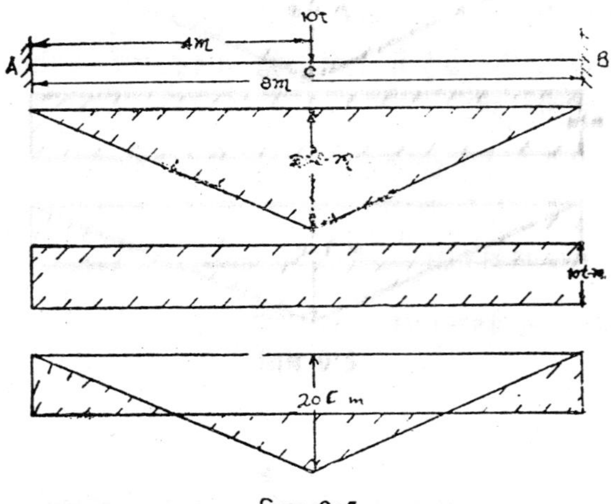

चित्र 9·5

μ—आरेख का क्षेत्रफल $= \frac{20 \times 8}{2} = 80$ units

सममित के कारण $M_A = M_B$

इसलिए $M_A \times 8 = 80$

$$M_A = 10\text{t-m} = M_B$$

S.F.D. और B.M.D. चित्र 9·5 में दिखाये हुए हैं।

उदाहरण 2. 10m पाट के एक आबद्ध धरन पर 2t/m का सम्बांटित भार पूरे पाट पर कार्य कर रहा है। धरन के आलम्ब घूर्ण ज्ञात करो।

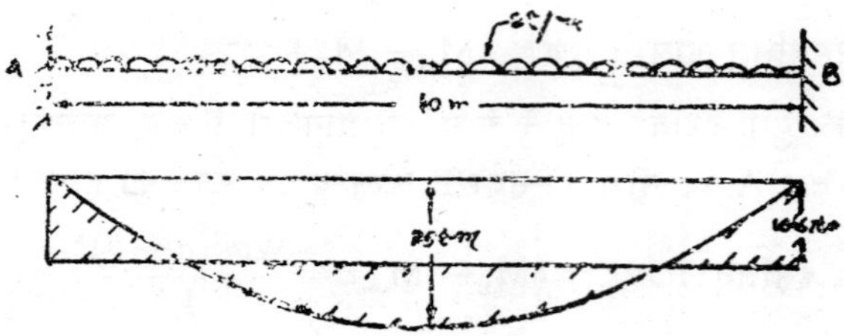

चित्र 9·6

सममित से $M_A = M_B$

μ—आरेख का क्षेत्रफल $= \frac{2}{3} \times \frac{wL^2}{8} \times L$

$$= \frac{2}{3} \times \frac{2 \times 10^3}{8} = \frac{500}{3} \text{ units}$$

इसलिए $M_A \times 10 = \frac{500}{3}$

$$M_A = \frac{50}{3} = 16{\cdot}67\text{t-m} = M_B$$

B.M.D. चित्र 9·6 में दिखाया हुआ है।

उदाहरण 3. चित्र 9·7 में दिखाये गये आबद्ध धरन के लिए आलम्ब घूर्ण तथा आलम्ब बल ज्ञात करो।

$V_A = \frac{6 \times 2}{8} = 1{\cdot}5\text{t}$ और $V_B = \frac{6 \times 6}{8} = 4{\cdot}5\text{t}$

μ—आरेख का क्षेत्रफल $\frac{9 \times 8}{2} = 36$ units

μ—आरेख के क्षेत्रफल का A पर घूर्ण

$$=\frac{6\times 9}{[illegible]}\times 4+9\times 2\times\ \frac{1}{2}\times\frac{20}{3}=168 \text{ units}$$

$$\therefore (M_A+M_B)\ \frac{8}{2}=36$$

या $M_A+M_B=9$ $\cdots(1)$

$$(M_A+2M_B)\frac{8^2}{6}=168$$

$$M_A+2M_B=\frac{168}{8\times 8}\ \times 6=\frac{63}{4}=15.75 \qquad \cdots(2)$$

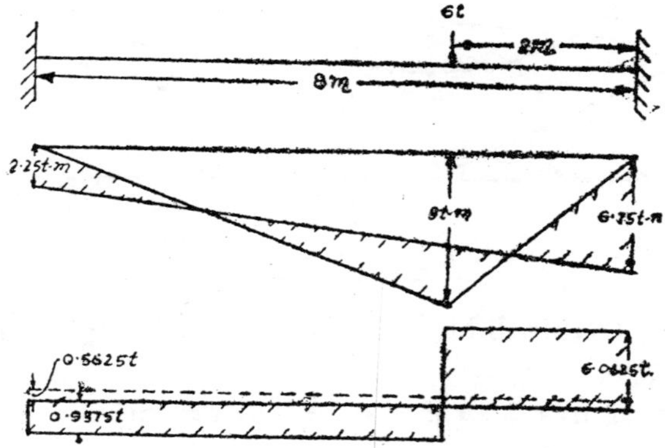

चित्र 9·7

(1) और (2) को हल करने पर

$$M_A=2.25\text{t-m} \text{ और } M_B=6.75\text{t-m}$$

असंतुलित आलम्ब घूर्ण $6.75-2.25=4.50$t-m

इसलिए अतिरिक्त आलम्ब बल $T=\dfrac{4.50}{8}=0.56$t

$R_A=V_A-T=1.5-0.5625=0.937$t.

$R_B=V_A+T=4.5+0.5625=5.0625$t.

S.F. और B.M. आरेख चित्र 9·7 में दिखाये हुए हैं।

उदाहरण 4. एक 8m वाले आबद्ध धरन पर $1\frac{1}{2}$t/m का एक सम्बांटित भार बायें हाथ वाले आधे पाट पर कार्य कर रहा है। आलम्ब घूर्ण तथा आलम्ग बल के मान ज्ञात करो।

$$V_B\times 8=4\times\frac{3}{2}\times 2=12$$

$V_B=1.5$t और $V_A=4.5$t

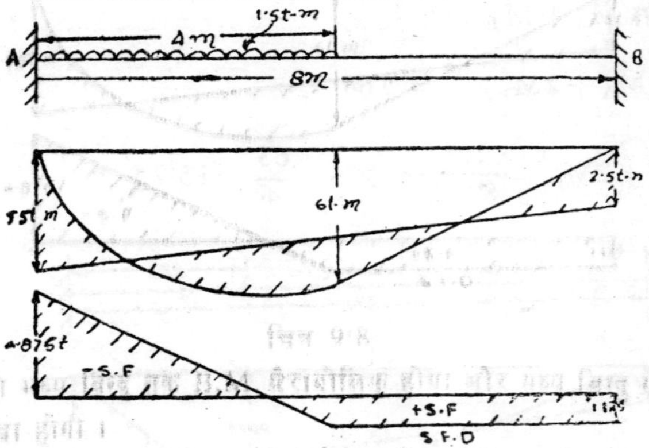

चित्र 9·8

A से मध्य बिन्दु तक B.M. पैराबोलिक होगा और यध्य बिन्दु से B तक यह एक सीधी रेखा होगी।

एक शुद्धालम्ब धरन के रूप में A से x दूरी पर बंकन घूर्ण

$$M_x = V \times x + \frac{wx^2}{2}$$

$$= -4{\cdot}5x + \frac{3}{4}x^2$$

μ—आरेख का क्षेत्रफल

$$= \int_0^4 \left(-4{\cdot}5x + \frac{3x^2}{4}\right) dx - \frac{1}{2} \times 6 \times 4$$

$$= \left[-\frac{4{\cdot}5x^2}{2} + \frac{3x^3}{12}\right]_0^4 - 12$$

$$= -20 - 12 = -32 \text{ units}$$

μ—आरेख क्षेत्रफल का A पर घूर्ण

$$= \int_0^4 \left(-4{\cdot}5x + \frac{3x^2}{4}\right) x dx - \frac{1}{2} \times 6 \times 4\left(4 + \frac{3}{4}\right)$$

$$= \left[-\frac{4{\cdot}5x^3}{3} + \frac{3x^4}{16}\right]_0^4 - 64$$

$$= -96 + 48 - 64 = 112$$

$$\left(M_A + M_B \right)\frac{8}{2} = 32$$

$$M_A + M_B = 8 \qquad \cdots(1)$$

और $(M_A + 2M_B = \frac{6a\bar{x}}{L^2} = \frac{6 \times 112}{(8)^2} = 10{\cdot}5 \qquad \cdots(2)$

समीकरण (1) और (2) को हल करने से

$$M_A = 5{\cdot}5\text{t-m},\ M_B = 2{\cdot}5\text{t} = \text{m}$$

$$T \times L = M_B - M_A$$

या $T \times 8 = \frac{2{\cdot}5 - 5{\cdot}5}{8} = -\frac{3}{8}t$

$$R_A = 4{\cdot}5 - \left(-\frac{3}{8} \right) = 4\ \frac{7}{8}\ t$$

$$R_B = 1{\cdot}5 + \left(-\frac{3}{8} \right) = 1\ \frac{1}{8} t$$

उदाहरण 5. एक 5m का धरन बायें आलम्ब पर आबद्ध और दायें आलम्ब पर शुद्धालम्ब हैं। यदि धरन के पूरे पाट पर 1 t/m का भार हो तो आलम्ब घूर्ण और आलम्ब बल ज्ञात करो।

$$V_A = V_B = \frac{WL}{2} = \frac{1 \times 5}{2} = 2{\cdot}5t$$

क्योंकि आलम्ब B शुद्धालम्ब है इसलिए $M_B = 0$

इसलिए μ'—आरेख एक त्रिभुज है

μ—आरेख का क्षेत्रफल $= \frac{2}{3} \times \frac{25}{8} \times 5$

μ—आरेख के क्षेत्रफल का B पर घूर्ण

$$= \frac{2}{3} \times \frac{25}{8} \times 5 \times \frac{5}{2}$$

$$\therefore\ M_A \times \frac{5}{2} \times 5 \times \frac{2}{3} = \frac{2}{3} \times \frac{25}{8} \times 5 \times \frac{5}{2}$$

$$M_A = \frac{25}{8} = 3{\cdot}125 \text{ t-m}$$

सभी बलों के A पर घूर्ण लेने पर

$$R_B \times 5 - 1 \times 5 \times \frac{5}{2} + M_A = 0$$

या $$5R_B = 12{\cdot}5 - 3{\cdot}125$$

$$R_B = \frac{9{\cdot}375}{5} = 1{\cdot}875t$$

$$R_A = 5 - 1{\cdot}875$$

9·5 द्विसमाकलन विधि (Double integration method)

पहले क्षेत्रफल घूर्ण विधि से आलम्ब घूर्ण ज्ञात करने के समीकरण निकाले हैं लेकिन वास्तव में देखा जाय तो, आबद्ध धरन के सिरों पर ढाल और विस्थापन जो दोनों ही शून्य होते हैं, आलम्ब घूर्ण ज्ञात करने के लिए काफी है। अब मैकाले विधि को काम में लेकर आलम्ब घूर्ण ज्ञात करेंगे।

(*a*) **मध्य पाट पर अधिकेन्द्रित भार** W

चित्र 9·2 देखिये

सममिति के कारण $M_A = M_B$ और $R_A = R_B = W/2$

$$EI\frac{d^2y}{dx^2} = -\frac{W}{2}x + M_A + \Big|\, W\left(x - \frac{L}{2}\right)$$

$$EI\frac{dy}{dx} = -\frac{Wx^2}{4} + M_A x + 0 + \Big|\, \frac{W}{2}\left(x - \frac{L}{2}\right)^2$$

$$EIy = -\frac{Wx^3}{12} + M_A\frac{x^2}{2} + 0 \Big| + \frac{W}{6}\left(x - \frac{L}{2}\right)^3$$

समाकलन स्थिरांक C_1 और C_2 दोनों ही शून्य होते हैं।

क्योंकि $x = 0$ पर, $\frac{dy}{dx}$ और y दोनों ही शून्य होते हैं।

जब $x = L$, $\frac{dy}{dx} = 0$

$$\therefore \quad 0 = -\frac{WL^2}{4} + M_A \times L + \frac{WL^2}{8}$$

$$M_A = \frac{1}{L}\left(\frac{WL^2}{4} - \frac{WL^2}{8}\right) = \frac{WL}{8} = M_B$$

मध्य पाट पर विस्थापन

$$EIy_C = -\frac{WL^3}{96} + \frac{WL}{8} \times \frac{L^2}{8} = \frac{WL^3}{64} - \frac{WL^3}{96} = \frac{WL^3}{192}$$

$$y_C = \frac{WL^3}{192EI}$$

(b) **समबांटित भार** w/unit length **पूरे पाट पर—**

चित्र नं० 9·3 देखिए।

सममिति के कारण $M_A = M_B$ और $R_A = R_B = \frac{wL}{2}$

A से x दूरी पर, घूर्ण समीकरण

$$EI \times \frac{d^2y}{dx^2} = -\frac{wL}{2}x + M_A + \frac{wx^2}{2}$$

$$EI\frac{d_Y}{dx} = -\frac{wLx^2}{4} + M_A x + \frac{wx^2}{6} + 0$$

और $EIy = -\frac{wLx^3}{12} + M_A \quad \frac{x^2}{2} + \frac{wx^3}{24} + 0$

C_1 और C_2 दोनों शून्य हैं क्योंकि $x = 0$ पर, $\frac{dy}{dx}$ और y दोनों शून्य होते हैं।

B पर $x = L$, $\frac{dy}{dx} = 0$

$$\therefore \quad 0 = + \frac{wL^3}{6} - \frac{wL^3}{4} + M_A \times L$$

$$M_A = \left(\frac{wL^3}{4} - \frac{wL^3}{6}\right)\frac{1}{L} = \frac{wL^2}{12} = M_B$$

मध्य पाट पर विस्थापन अधिकतम होता है

$$\therefore EIy_C = \frac{wL^2}{24} \times \left(\frac{L}{2}\right)^2 - \frac{wL}{12}\left(\frac{L}{2}\right)^3 + \frac{w}{24}\left(\frac{L}{2}\right)^4$$

$$= \frac{wL^4}{96} - \frac{wL^4}{96} + \frac{wL^4}{384}$$

$$y_C = \frac{wL^4}{384EI}$$

(e) **उत्केन्द्रीय बिन्दु भार** W (eccentric point load W)

चित्र नं० 9·4 देखिये।

$$EI\frac{d^2y}{dx^2} = -R_A x + M_A + \mid W(x-a)$$

$$EI\frac{dy}{dx} = -R_A \quad \frac{x^2}{2} + M_A x + 0 \; \Big| + \frac{W(x-a)^2}{2} \qquad \cdots(1)$$

$$EIy = -R_A\frac{x^3}{6} + M_A\frac{x}{2} + 0 \Big| + \frac{W(x-a)^2}{6} \qquad \cdots(2)$$

समाकलन स्थिरांक C_1 और C_2 शून्य हैं।

जब $x = L$, $\frac{dy}{dx} = 0$ और $y = 0$

$$\therefore\ 0 = R_A\frac{L^2}{2} + M_A \times L + \frac{Wb^2}{2} \qquad \cdots(3)$$

$$\text{और } 0 = -R_A\frac{L^3}{6} + M_A\frac{L^2}{2} + \frac{Wb^2}{6} \qquad \cdots(4)$$

ध्यान रहे उत्केन्द्रीय भार A से a दूरी और B से b दूरी पर कार्य कर रहा है। $a + b = L$

समीकरण (3) और (4) के हल करने पर

$$M_A = \frac{Wab^2}{L^2}, R_A = \frac{Wa^2}{L^3}(3a+b)$$

$$\text{इसी प्रकार } M_B = \frac{Wa^2b}{L^2}$$

$$\text{और} \qquad R_B = \frac{Wa^2(a+b)}{L^3}$$

अधिकतम विस्थापन के लिए $\frac{dy}{dx} = 0$

$$\text{या} \qquad \frac{Wab^2}{L^2} \times x - \frac{Wb^2}{L^3}(3a+b)\frac{x^2}{2} = 0$$

$$x = \frac{2aL}{3a+b}$$

x का मान (2) में रखने पर

$$EIy = \frac{Wb^2}{6L^3} \times \frac{4a^2L^2}{(3a+b)^2}(3aL - 2aL)$$

$$= \frac{2}{3}\frac{Wa^2b^2}{(3a+b)^2}$$

भार वाले बिन्दु पर विस्थापन के लिए $x = a$

$$EIy_C = \frac{Wab^2a^2}{2L^2} - \frac{Wb^2}{6L^3}(3a+b)a^3 = \frac{Wa^3b^2}{6L^3}(3L - 3a - b)$$

$$=\frac{Wa^3b^2}{6L^3}(3a+3b-3a-b)=\frac{Wa^3b^3}{3L^3}$$

(d) **यदि आबद्ध धरन पर एक युग्म कार्य कर रहा है ।**

मानाकि A सिरे से nL दूरी पर दक्षिणावर्त दिशा में एक युग्म M_P कार्य कर रहा है ।

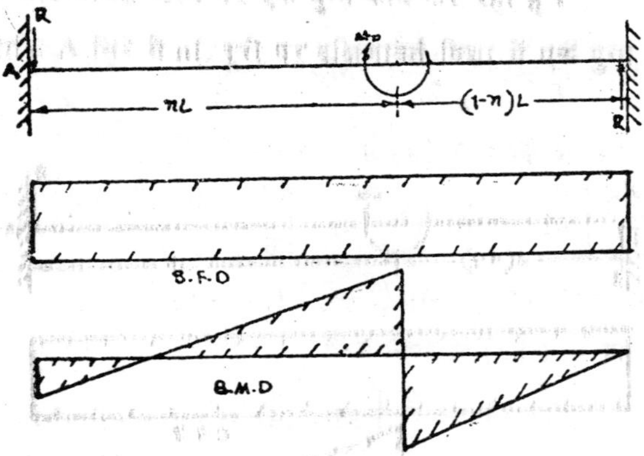

चित्र 9·9

दक्षिणावर्त युग्म के कारण A पर आलम्ब बल नीचे तथा B पर ऊपर को कार्य करता है और R_A और R_B दोनों का मान बराबर होता है । मानाकि यह **R** है ।

इसलिए $$EI\frac{d^2y}{dx^2}=Rx-M_A \Big| -M_P(x-nL)^0 \quad \cdots(1)$$

$$EI\frac{dy}{dx}=\frac{Rx^2}{2}-M_Ax+0 \Big| -M_P(x-nL)^1$$

एक बार फिर समाकलन करने पर,

$$EIy=\frac{Rx^3}{6}-\frac{M_Ax^2}{2}+0 \Big| -M_P\frac{(x-nL)^2}{2} \quad \cdots(2)$$

जब $x=L$ तो $\frac{dy}{dx}=0$

$$\therefore \quad 0=-M_AL+\frac{RL^2}{2}-M_P(1-n)L$$

$$R=\frac{2}{L}\left[M_A+M_P\,(1-n)\right] \quad \cdots(3)$$

जब $x=L$ तो $y=0$

$$\therefore\quad 0=\frac{RL^3}{6}-\frac{M_AL^2}{2}-M_P\frac{(1-n^2)L^2}{2} \quad \cdots(4)$$

(3) में से R का मान (4) में रखने पर

$$0=\frac{2}{L}\left[M_A+M_P\,(1-n)\right]\frac{L^3}{6}-\frac{M_AL^2}{2}-M_P\frac{(1-n)^2L^2}{2}$$

हल करने पर $M_A=M_P\,(1-n)\,(3n-1)$ $\cdots(5)$

M_A का मान (3) में रखने पर

$$R=\frac{2}{L}\left[M_P\;(4n-3n^2-1)+M_P\;(1-n)\right]$$

$$=\frac{6M_P\,n(1-n)}{L} \quad \cdots(6)$$

B.M. समीकरण में R और M_A का मान रखने पर

$$M_X=-M_A+R_{X\,x}--M_P$$

जब $x=L$ तो $M_X=M_B$

$$\therefore\quad M_B=M_P\;\times n(2-3n) \quad \cdots(7)$$

जब $n=\frac{1}{3}$, $M_A=0$, n का मान अगर $\frac{1}{3}$ से बड़ा है तो M_A धनात्मक होता है और जब $\frac{1}{3}$ से n का मान कम हो जाता है तो M_A ऋणात्मक हो जाता है। M_A और M_B एक-दूसरे के विरुद्ध प्रवृद्धि के होते हैं। केवल जब $n=\frac{1}{2}$ है तो

$$M_A=\frac{M_P}{4} \text{ और } M_B=\frac{M_P}{4}$$ एक ही दिशा में होते हैं।

उदाहरण 6. 15 m पाट वाले एक आबद्ध धरन पर 9000 kg. के दो अधिकेन्द्रित भार दोनों आलम्बों से 5m की दूरी पर कार्य कर रहे हैं। यदि $I=200000\ cm^4$ है तो (a) आलम्ब घूर्ण और मध्य पाट पर घूर्ण ज्ञात करो।

(*b*) मध्य पाट का विस्थापन ज्ञात करो।

हल :

μ आरेख का क्षेत्रफल $=45000\times5+2\times\frac{5}{2}\times45000$

$=450000$ units

$M_A=M_B$ इसलिए μ—आरेख का क्षेत्रफल $=M_A\times15$

$\therefore\ 15\ M_A = 450000$

$M_A = 30000$ kg-m

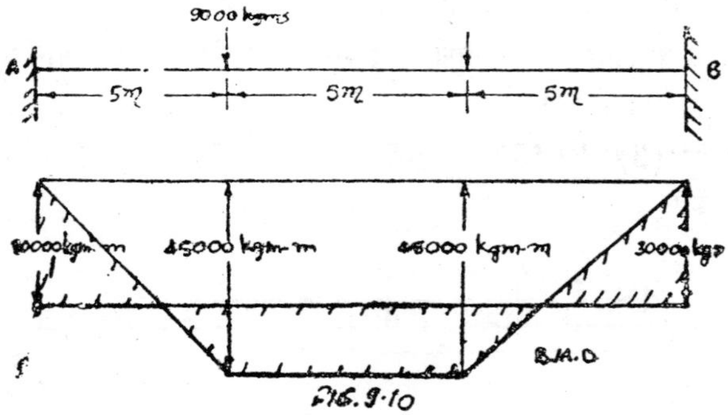

चित्र 9·10

मध्य पाट पर घूर्ण $= -45000 + 30000 = -15000$ kg-m

बंकन परिवर्तन बिन्दु के लिए $M_X = 0$

$\therefore\ -9000x + 30000 = 0$

$x = \frac{10}{3} = 3{\cdot}33$m (दोनों सिरों से)

धरन के विस्थापन और ढाल के लिए

$$EI\frac{d^2y}{dx^2} = -9000x + 30000 \Big| + 9000(x-5) + \Big| 9000(x-10)$$

$$EI\frac{dy}{dx} = -9000\frac{x^2}{2} + 30000x + 0 \Big| + 9000\frac{(x-5)^2}{2} + \Big| \frac{9000(x-10)^2}{2} \quad ...(1)$$

$$EIy = -9000\frac{x^3}{2} + 30000\frac{x^2}{2} + 0 \Big| + 9000\frac{(x-5)^3}{6} \Big| + \frac{9000(x-10)^3}{6} \quad ...(2)$$

मध्य पाट पर विस्थापन के लिए $x = \frac{15}{2}$, लेकिन समीकरण (2) केवल दूसरी ऊर्ध्वाधर लाईन तक ही काम में ली जा सकती है।

$$EIy = -\frac{9000}{6}\left(\frac{15}{2}\right)^3 + \frac{30000}{2}\left(\frac{15}{2}\right)^2 + \frac{9000}{6}\left(\frac{15}{2} - 5\right)^2$$

$$= -632812{\cdot}5 + 843750 + 23437{\cdot}5 = 23437{\cdot}5$$

$$y = -\frac{234375}{EI} = \frac{234375 \times 10^6}{2 \times 10^6 \times 200000} = 0{\cdot}596 \text{ cms.}$$

उदाहरण 7. एक 10m पाट वाले आबद्ध धरन पर 2t, 4t और 3t के भार बायें सिरे से क्रमश: 2m, 4m और 7m पर कार्य कर रहे हैं।

धरन के लिए आलम्ब घूर्ण और अधिकतम बंकन घूर्ण के मान ज्ञात कर S.F. और B.M आरेख बनाओ।

हल—माना कि शुद्धालम्ब धरन के रूप में आलम्ब बल A और B पर V_A और V_B हैं।

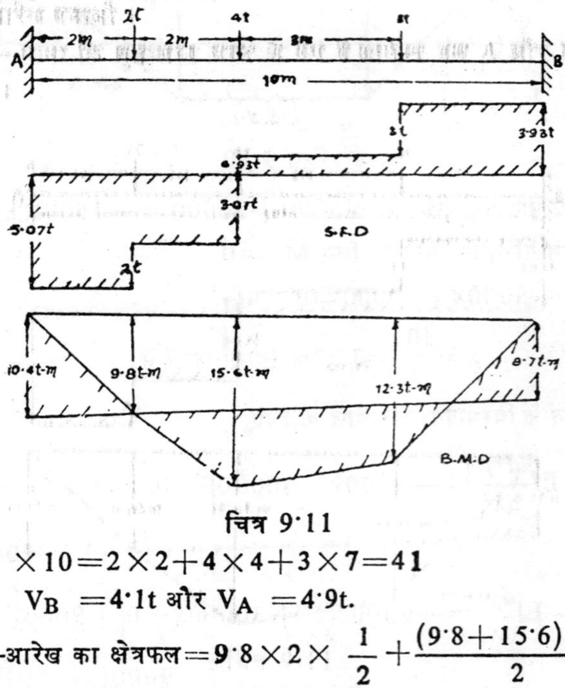

चित्र 9·11

$$V_B \times 10 = 2 \times 2 + 4 \times 4 + 3 \times 7 = 41$$

$$V_B = 4{\cdot}1t \text{ और } V_A = 4{\cdot}9t.$$

μ—आरेख का क्षेत्रफल $= 9{\cdot}8 \times 2 \times \frac{1}{2} + \frac{(9{\cdot}8 + 15{\cdot}6) \times 2}{2}$

$$+ \frac{(15{\cdot}6 + 12{\cdot}3) \times 3}{2} + \frac{12{\cdot}3 \times 3}{2}$$

$$= 9{\cdot}8 + 25{\cdot}4 + 27{\cdot}9 \times \frac{3}{2} + \frac{36{\cdot}9}{2}$$

$$= 95{\cdot}50 \text{ units}$$

μ—आरेख के क्षेत्रफल का A पर घूर्ण

$$=9{\cdot}8\times2\times\frac{1}{2}\times\frac{4}{3}+\frac{2\times9{\cdot}8}{2}\times\frac{8}{3}+\frac{2\times15{\cdot}6}{2}\times\frac{10}{3}+\frac{15{\cdot}6\times3\times5}{2}$$

$$+\frac{12{\cdot}3\times3}{2}\times6+\frac{12{\cdot}3\times3\times8}{2}$$

$$=13{\cdot}1+26{\cdot}133+52+117+110{\cdot}7+147{\cdot}6$$

$$=466{\cdot}53$$

$$(M_A+M_B)\ \frac{L}{2}=95{\cdot}5$$

या $M_A+M_B=\dfrac{95{\cdot}5\times2}{L}=\dfrac{95{\cdot}5\times2}{10}=19{\cdot}1$

और $(M_A+2M_B)\times\dfrac{(10)^2}{6}=466{\cdot}53$

$$M_A+2M_B=27{\cdot}80 \qquad \ldots(2)$$

समीकरण (1) और (2) को हल करने पर

$M_A=10{\cdot}40$ t-m, $M_B=8{\cdot}70$ t-m

असंतुलित आलम्ब घूर्ण के कारण अतिरिक्त

आलम्ब बल $T=\dfrac{10{\cdot}4-8{\cdot}70}{10}=0{\cdot}17t$

$R_A=4{\cdot}10=0{\cdot}17=3{\cdot}97t$

$R_B=4{\cdot}90+0{\cdot}17=5{\cdot}07t$

उदाहरण 8. चित्र 9·12 में दिखाये गए आबद्ध धरन के लिए आलम्ब बल तथा घूर्ण ज्ञात करो।

हल—माना कि V_A और V_B समबांटित भार के लिए और V'_A और V'_B अधिकेन्द्रित भार के लिए शुद्धालंब धरन के रूप में आलम्ब बल हैं।

$V_A=2{\cdot}8t$ और $V_B=1{\cdot}2t.$

$V'_A=V'_B=2{\cdot}5t$

5t भार वाले μ—आरेख का क्षेत्रफल $=\dfrac{12{\cdot}5\times10}{2}=62{\cdot}5$ units

5t भार वाले μ—आरेख के क्षेत्रफल का घूर्ण $=62{\cdot}5\times5=312{\cdot}5$units

2t/m के μ—आरेख का क्षेत्रफल

$$=\frac{5\cdot6\times2}{2}+\int_{2}^{4}2\cdot8x-2\frac{(x-2)^2}{2}dx+\frac{7\cdot2\times6}{2}$$

$$=5\cdot6+\left[\frac{2\cdot8x^2}{2}-\frac{(x-2)^3}{3}\right]_2^4+21\cdot6$$

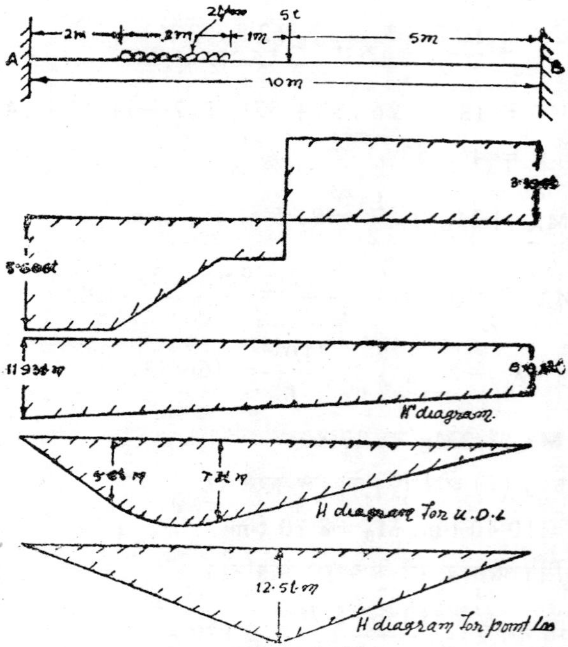

चित्र 9·12

$$=27\cdot2+\left[\left(\frac{2\cdot8\times(4)^2}{2}-\frac{8}{3}\right)-\frac{2\cdot8(2)^2}{2}=0\right]$$

$$=27\cdot2+22\cdot4-2\cdot66-5\cdot6=41\cdot34 \text{ units}$$

2t/m के μ—आरेख के क्षेत्रफल का A पर घूर्ण

$$=5\cdot6\times\frac{4}{3}+\int_{2}^{4}\left\{2\cdot8x^2-(x-2)^2x\right\}dx+21\cdot6\times6$$

$$=\frac{22\cdot4}{3}+129\cdot6+\int_{2}^{4}(2\cdot8x^2-x^3+4x^2-4x)dx$$

$$=\frac{22\cdot4}{3}+129\cdot6+\left[\frac{2\cdot8(x)^3}{3}-\frac{x^4}{4}+\frac{4x^3}{3}-\frac{4x^2}{2}\right]_2^4$$

$$=\frac{22\cdot4}{3}+129\cdot6+\left[\left(\frac{2\cdot8\times(4)^3}{3}-\frac{(4)^4}{4}+\frac{4(4)^3}{3}-\frac{4(4)^2}{2}\right)\right.$$

$$\left.=\left\{\frac{2\cdot8(2)^3}{3}-\frac{(2)^4}{4}+\frac{4(2)^3}{3}-\frac{4(2)^2}{2}\right\}\right]$$

$$=\frac{22\cdot4}{3}+129\cdot6+49-6\cdot20$$

$$=180$$

$$\therefore (M_A+M_B)\ \frac{10}{2}=41\cdot34+62\cdot5=103\cdot84$$

या $M_A+2M_B=20\cdot77$ ...(1)

और $(M_A+M_B)\ \frac{(10)^2}{6}=180+312\cdot5=492\cdot5$

या $M_A+2M_B=29\cdot67$ ...(2)

समीकरण (1) और (2) को हल करने पर

$M_B=8\cdot87$ t-m, $M_A=11\cdot93$ t-m

असंतुलित आलम्ब घूर्ण के कारण अतिरिक्त आलम्ब भार

$T\times10=11\cdot93-8\cdot87=3\cdot06$ t-m

$T=0\cdot306$ t

$R_A=2\cdot5+2\cdot8+0\cdot306=5\cdot606$ t

$R_B=2\cdot5+1\cdot2-0\cdot306=3\cdot394$ t

9·7· अनेकालंब धरन (Continous beams)

यदि एक धरन दो से अधिक आलम्बों पर रक्खी हुई है तो इसे अनेकालम्ब धरन कहते हैं। दोनों सिरों वाले आलम्बों के बीच जो दूसरे आलम्ब लगे रहते हैं उन्हें मध्यवर्ती (intermediate) आलम्ब कहते हैं। सभी मध्यवर्ती आलम्बों पर धरन की वक्रता (Curvature) ऊपर को उत्तल होती है। आलम्ब घूर्ण हमेशा बाहरी भार द्वारा उत्पन्न बंकन घूर्ण के विरुद्ध प्रवृत्ति के होते हैं। मध्यवर्ती आलम्बों के दोनों तरफ धरन की ढाल (slope) बराबर होती है।

अनेकालम्ब धरन का विश्लेषण आवद्ध धरन की तरह ही होता है। अनेकालम्ब धरन के पाट को आबद्ध धरन मान कर इसके लिए μ और μ' आरेख बनाये जाते हैं। इसी प्रकार सभी पाटों के लिए μ' आरेख बनाकर सभी पाटों को मिला दिया

जाता है। इस प्रकार जो आरेख बनता है वही अनेकालम्ब का परिणामी बंकन घूर्ण आरेख होता है।

जहाँ तक μ—आरेख का सम्बन्ध है इसमें कोई कठिनाई नहीं होनी चाहिए क्योंकि μ—आरेख बाहरी भार द्वारा उत्पन्न बंकन घूर्ण आरेख है। अब μ'—आरेख के लिए सभी आलम्ब घूर्ण मालूम होने चाहिए। अनेकालम्ब धरन के आलम्ब घूर्ण ज्ञात करने की विधि आगे दी गई है। इस विधि को कलेपरान का त्रिघूर्ण प्रमेय (Theorem of three moments) कहते हैं। यह प्रमेय (Theorm) अनेकालम्ब धरन के तीन क्रमागत आलम्बों के आलम्ब घूर्णों में सम्बन्ध स्थापित करता है।

यदि किसी खण्ड पर μ_X और μ'_X घूर्ण हैं तो खण्ड पर $BM = \mu_X + \mu'_X$ होता है। धरन में ढाल तथा विस्थापन ज्ञात करने के लिए B.M के समीकरण का समाकलन करना होता है। जो समीकरण आबद्ध आलम्ब धरन में आलम्ब घूर्ण ज्ञात करने के लिए काम में लाई गई है उसे अनेकालम्ब धरन के लिए काम में नहीं लाया जा सकता क्योंकि आबद्ध धरन में आलम्बों पर ढाल शून्य होती है, जबकि अनेकालम्ब धरन में किसी भी आलम्ब पर ढाल शून्य नहीं होती।

10·8. कलेपरान का त्रिघूर्ण प्रमेय (Claperon's Theorem of Three moments)

एक अनेकालम्ब धरन के AB और BC दो क्रमागत पाट लो और उन्हें शुद्धालम्ब धरन के रूप में मानकर, μ—आरेख बनाओ। मान लो A,B और C आलम्बों पर आलम्ब घूर्ण M_A, M_B और M_C है। M_A, M_B और M_C का मान ज्ञात करने के लिए AB पाट के A बिन्दु को मूल बिन्दु मानकर AB पाट में A से X दूरी पर एक खण्ड लो।

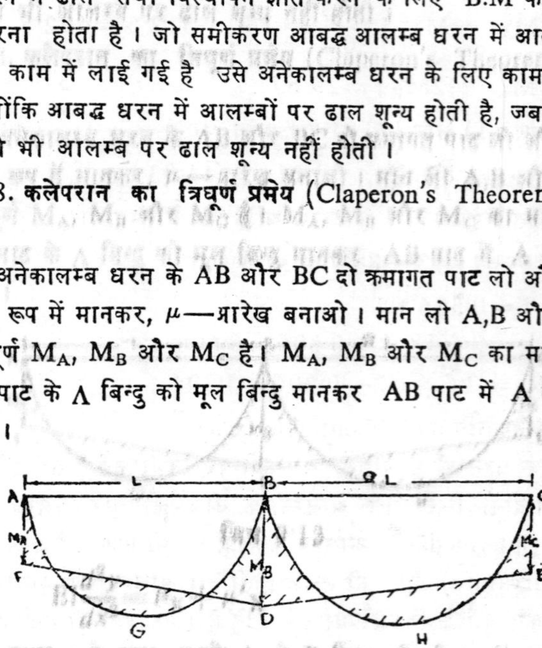

चित्र 9·13

$$EI\frac{d^2y}{dx^2} = \mu_X + \mu'_X$$

दोनों तरफ x से गुणा करके A से B बिन्दु की सीमा में समाकलन करने पर।

$$EI\int_0^L \frac{d^2y}{dx^2}x = \int_0^{L_1} \mu_X\ xdx + \int_0^{L_1} \mu'_X\ xdx$$

$\therefore EIL_1 i_B = a_1\bar{x}_1 + a_1'x_1'$ यहाँ a_1, μ—आरेख का क्षेत्रफल है और $\bar{x}_1$ इस क्षेत्रफल के गुरुत्व केन्द्र की A से दूरी है। इसी प्रकार a, '$\bar{x}$' $_1\mu'$—आरेख का

A बिन्दु पर घूर्ण हैं जो $(M_A + 2M_A)\frac{L_1^2}{6}$ के बराबर है।

$$\therefore \quad EIL_1 i_B = (M_A + 2M_B)\frac{L_1^2}{6} + a_1\bar{x}_1$$

$$\therefore \quad EI i_B = (M_A + 2M_B)\frac{L_1}{6} + \frac{a_1\bar{x}_1}{L_1} \quad \ldots(1)$$

इसी प्रकार BC पाट के लिए C को मूल बिन्दु और x बायें तरफ धनात्मक मानिए।

$$\therefore \quad EIL_2 i'_B = (M_C + 2M_B)\frac{L_2^2}{6} + a_2\bar{x}_2$$

या $$EI i'_B \; (M_c + 2M_B) \times \frac{L_2}{6} + \frac{a_2\bar{x}_2}{L_2} \quad \ldots(2)$$

यहाँ a_2 BC पाट के लिए μ—आरेख का क्षेत्रफल है और $\bar{x}_2$ इस क्षत्रफल की C बिन्दु से दूरी है।

लेकिन $i_B = i'_B$, इसलिए समीकरण (1) और (2) से

$$M_A L_1 + 2M_B (L_1 + L_2) + M_c L_2 + \frac{6a_2\bar{x}_2}{L_2} + \frac{6a_1\bar{x}_1}{L_1} = 0 \ldots(3)$$

समीकरण (3) में यह ध्यान रखना चाहिए कि a_1, और a_2 μ—आरेख के क्षेत्रफल होने के कारण ऋणात्मक हैं। यह एक त्रिघूर्ण का साधारण प्रमेय (general (Theorem) है जो किसी भी भार के लिए उपयोग में लाई जा सकती है।

(a) **अनेकालम्ब धरन पर समबांटित भार**

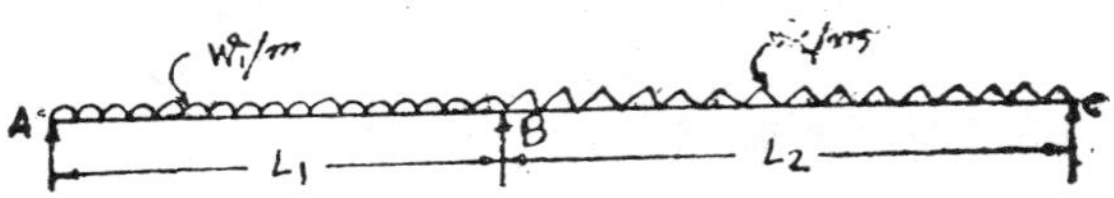

चित्र 9·14

$$M_A \times L_1 + 2M_B (L_1 + L_2) + M_c L_2 + \frac{6a_1\bar{x}_1}{L_1} + \frac{6a_2\bar{x}_2}{L_2} = 0$$

AB पाट के लिए, $a_1\bar{x}_1 = \frac{2L_1}{3} \times \frac{w_1 L_1^2}{8} \times \frac{L_1}{2} = \frac{w_1 L_1^4}{24}$

BC पाट के लिए, $a_2\bar{x}_2 = \frac{2L_2}{3} \times \frac{w_2 L_2^2}{8} \times \frac{L_2}{2} = \frac{w_2 L_2^4}{24}$

क्योंकि a_1 और a_2 ऋणात्मक है इसलिए समीकरण में a_1 और a_2 का मान भी ऋणात्मक रखेंगे।

$$\therefore\ M_AL_1+2M_B(L_1+L_2)+M_cL_2-\frac{6w_1L_1^4}{24L_1}-\frac{6w_2L_2^4}{24L_2}=0$$

या $M_AL_1+2M_B(L_1+L_2)+M_cL_2=\frac{w_1L_1^3}{4}+\frac{w_2L_2^3}{4}$

(b) **यदि आलम्ब एक ही तल पर न हो।**

माना कि आलम्ब B, A बिन्दु से δ_1 और C बिन्दु से δ_2 नीचे है।

AB पाट के लिए, $EI\frac{d^2y}{dx_2}=\mu_X+\mu'_X$ के दोनों तरफ x के गुणा करके शून्य से L_1 की सीमा में इसका समाकलन करो।

$$EI\left\{x\frac{dy}{dx}-y\right\}_0^{L_1}=\int_0^{L_1}\mu_Xxdx+\int_0^{L_1}\mu'_Xxdx$$

या $EIL_1i_B-EI\delta_1=a_1\bar{x}_1+a'_1\bar{x}'_1$

क्योंकि a_1 और a_2 ऋणात्मक हैं।

$$EIi_B=\frac{\delta_1}{L_1}+\frac{a_1\bar{x}_1}{L_1}+\frac{a'_1\bar{x}_1}{L_1} \qquad \cdots(1)$$

इसी प्रकार BC पाट के लिए

$$EIi'_B=EI\frac{\delta_2}{L_2}+\frac{a_2\bar{x}_2}{L_2}+\frac{a'_2\bar{x}'_2}{L_2} \qquad \cdots(2)$$

लेकिन $i_B=-i'_B$ इसलिए

$$\left(\frac{a'_1\bar{x}'_1}{L_1}+\frac{o'_2\bar{x}'_2}{L_2}\right)+\left(\frac{a_1\bar{x}_1}{L_1}+\frac{a_2\bar{x}_2}{L_2}\right)+EI\left(\frac{\delta_1}{L_1}+\frac{\delta_2}{L_2}\right)=0$$

$a'_1\bar{x}'_1$ और $a'_2\bar{x}'_2$ का मान रखने पर

$$M_AL_1+2M_B(L_1+L_2)+M_C\times L_2+\left(6\frac{a_1\bar{x}_1}{L_1}-\frac{6a_2\bar{x}_2}{L_2}\right)$$
$$+6EI\left(\frac{\delta_1}{L_1}+\frac{\delta_2}{L_2}\right)=0$$

यहाँ इस बात का ध्यान रखना चाहिए कि E और I की इकाई वही होनी चाहिए जो धरन की लम्बाई और धरन पर कार्य कर रहे भार की है।

(c) **आबद्ध धरन**—यदि धरन सिरों पर आबद्ध है तो आलम्ब घूर्ण, त्रिघूर्ण

प्रमेय (Theorem of three moment) से आसानी से ज्ञात किए जा सकते हैं। दोनों आबद्ध सिरों के बाहर की तरफ एक-एक शून्य पाट जैसा 9·15 में AA′ और

चित्र 9·15

BB′ दिखाए गए हैं मानिए। अब A′A और AB पाटों के लिए त्रिघूर्ण प्रमेय (Theorem of three moments) लगाने पर

$$0+2M_A(0+L)+M_B\times L+0+6\frac{a_1\bar{x}_1}{L}=0$$

$$2M_AL+M_BL+6\frac{a_1\bar{x}_1}{L}=0$$

$$2M_A+M_B+\frac{6a_1\bar{x}_1}{L^2}=0 \qquad \ldots(1)$$

इसी प्रकार AB और BB′ पाटों के लिए

$$M_AL+M_B(L+0)+0+\frac{6a_1\bar{x}_1}{L}=0$$

$$M_A+2M_B+\frac{6a_1\bar{x}_1}{L^2}=0 \qquad \ldots(2)$$

समीकरण (1) और (2) को हल करने से M_A और M_B का मान ज्ञात हो जाता है।

उदाहरण 10. एक अनेकालम्ब धरन के दो पाट हैं। हर एक पाट 8m का है और दोनों पाटों पर 1 t/m का समबांटित भार कार्य कर रहा है। धरन के लि B.M. और S.F. आरेख बनाइए।

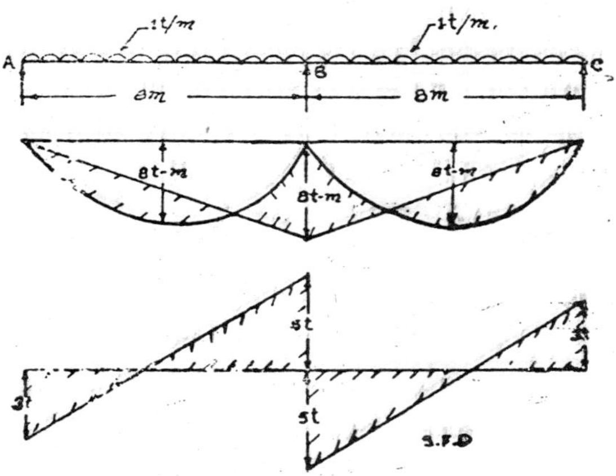

चित्र 9·16

त्रिघूर्ण प्रमेय AB और BC पाट के लिए

$$M_A L_1 + 2M_B (L_1 + L_2) + M_C L_2 = \frac{w_1 L_1^3}{4} + \frac{w_2 L_2^3}{4} \quad ...(1)$$

लेकिन इस उदाहरण में सममिति के कारण $M_A = M_C = 0$ क्योंकि A और C शुद्ध आलम्ब हैं।

$$w_1 = w_2 = 1 \ t/m$$

∴ समीकरण (1) में मान रखने पर

$$2M_B(8+8) = \frac{1\times(8)^3}{4} + \frac{1\times(8^3)}{4}$$

$$32\ M_B = 128 + 128 = 256$$

$$M_B = \frac{256}{32} = 8\,t\text{–}m$$

R_A ज्ञात करने के लिए सभी बलों के B बिन्दु पर घूर्ण लो

$$M_B = -R_A \times 8 + 8 \times 1 \times 4$$

या $\quad 8R_A = -M_B + 8\times1\times4 = -8 + 32 = 24$

$$R_A = 3t$$

सममिति से $R_C = 3t$

और $\quad R_B = 16 - 3 - 3 = 10t$

उदाहरण 11. 5t और 10t के दो अधिकेन्द्रित भार एक अनेकालम्ब धरन ABC के बायें सिरे से क्रमशः 4m और 10m पर कार्य कर रहे हैं। यदि AB = 6m और BC = 8m हो तो अनेकालम्ब धरन के लिए S.F. और B.M. आरेख बनाइए।

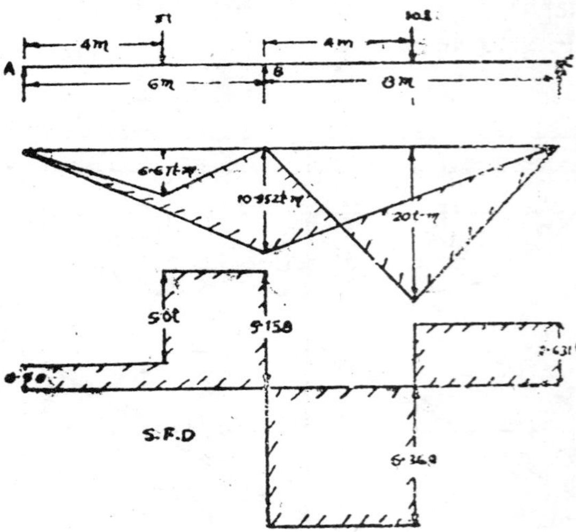

चित्र 9·17

क्योंकि A और C शुद्धालम्ब हैं इसलिए $M_A = M_C = 0$

AB पाट के लिए μ—आरेख के क्षेत्रफल का A पर घूर्ण लो

$$= \frac{20}{3} \times \frac{4}{2} \times \frac{8}{3} + \frac{20}{3} \times \frac{2}{2} \times \frac{14}{3}$$

$$= \frac{20}{3} \times 2 \times \frac{8}{3} + \frac{20}{3} \times \frac{14}{3}$$

$$= \frac{200}{3}$$

BC पाट के μ—आरेख के क्षेत्रफल का C बिन्दु पर घूर्ण

$$= \frac{20}{2} \times 8 \times 4 = 320$$

$$M_A \times L_1 + 2M_B(L_1 + L_2) + M_C L_2 + \frac{6a_1\bar{x}_1}{L_1} + \frac{6a_2\bar{x}_2}{L_2} = 0$$

$$2M_B(6+8) + \frac{6}{6}\left(\frac{-200}{3}\right) + \frac{6}{8}(-320) = 0$$

$$28M_B = \frac{200}{3} + 240 = \frac{920}{3}$$

$$M_B = \frac{920}{3 \times 28} = 10{\cdot}95 \text{ t-m}$$

R_A के लिए B बिन्दु पर घूर्ण लो,

$R_A \times 6 + 10{\cdot}95 = 5 \times 2$

$$\therefore R_A = -\frac{0{\cdot}95}{6} = -0{\cdot}158\text{t} \text{ (नीचे को)}$$

R_c के लिए फिर B पर घूर्ण लो

$R_c \times 8 + 10{\cdot}94 = 10 \times 4$

$$8R_c = 29{\cdot}05$$

$$R_c \frac{20{\cdot}05}{8} = 3{\cdot}63 \text{ t}$$

$R_B = 5 + 10 + 0{\cdot}158 - 3{\cdot}631 = 11{\cdot}527\text{t}$

उदाहरण 12. 20m लम्बा ABCD एक अनेकालम्ब धरन चार आलम्बों पर इस प्रकार टिका हुआ है कि AB=8m, BC=5m और CD=7m है। यदि AB के मध्य में एक बिन्दु भार 6t, पूरे BC पर U.D.L. 1t/m का भार और CD पर C से 2m पर 3t का बिन्दु भार कार्य कर रहे हों तो धरन के लिए S.F.D और B.M.D. बनाओ।

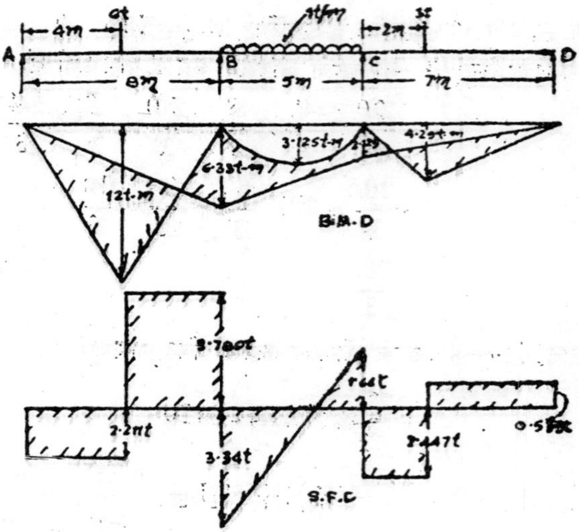

चित्र 9·18

$$a_1\bar{x}_1=\frac{12\times 8}{2}\times 4=192 \text{ unit}$$

$$a_2\bar{x}_2=\frac{25}{8}\times\frac{2}{3}\times 5\times\frac{5}{2}=\frac{625}{24}=26 \text{ units (लगभग)}$$

$$a_3\bar{x}_3=\frac{4{\cdot}29\times 2}{2}\times\left(5+\frac{2}{3}\right)+\frac{4{\cdot}29\times 5}{2}\times\frac{10}{3}$$

$$=4{\cdot}29\times\frac{17}{3}+\frac{4{\cdot}59\times 25}{3}=60{\cdot}60$$

अब AB और BC के लिए त्रिघूर्ण प्रमेय लगाने पर,

$$M_A\times 8+2M_c(8+5)+5M_c-192\frac{\times 6}{8}-\frac{26\times 6}{5}=0$$

$\therefore$ $26\ M_B+5M_c=175{\cdot}2$ ...(1)

BC और CD के लिए

$$5M_B+2M_c(5+7)+7M_D-\frac{26\times 5}{5}-\frac{60{\cdot}06\times 6}{7}=0$$

लेकिन $M_D=0$ $\therefore$ $5\ M_B+24M_c=82{\cdot}68$ ...(2)

समीकरण (1) और (2) हल करने पर,

$M_A=6{\cdot}33$ t-m और $M_c=2{\cdot}125$ t-m

R_A के लिए B बिन्दु पर घूर्ण लो

$$8R_A = 6\times4 - M_B = 24 - 6{\cdot}33 = 17{\cdot}67$$

$$R_A = \frac{17{\cdot}67}{8} = 2{\cdot}21t$$

R_D के लिए C बिन्दु पर घूर्ण लो

$$7R_D = 3\times2 - M_c = 6 - 2{\cdot}125 = 3{\cdot}875$$

$$R_D = \frac{3{\cdot}875}{7} = 0{\cdot}553t$$

R_B के लिए C बिन्दु पर घूर्ण लो

$$M_c = -R_A\times13 - R_B\times5 + 6\times9 + 5\times\frac{5}{2}$$

$$5R_B = -2{\cdot}21\times13 + 66{\cdot}5 + 2{\cdot}125$$
$$= 35{\cdot}645$$

$$R_B = \frac{35{\cdot}645}{5} = 7{\cdot}129t$$

$$R_c = 6+5+3-2{\cdot}21-0{\cdot}553-7{\cdot}120 = 4{\cdot}11t$$

उदाहरण 13. ABCD एक अनेकालंब धरन इस प्रकार आलम्बों पर टिका हुआ है कि AB=20m, BC=16m और 4m लम्बी CD धरन C आलम्बों से बाहुधरन के रूप में हैं। AB पर A से 12m पर 10t का बिन्दु भार, BC पाट के मध्य में 6t का बिन्दु भार और CD भाग पर $\frac{1}{2}$ t/m का U.D.L. कार्य कर रहे हैं। धरन के लिए B.M और S.F.D खींचो।

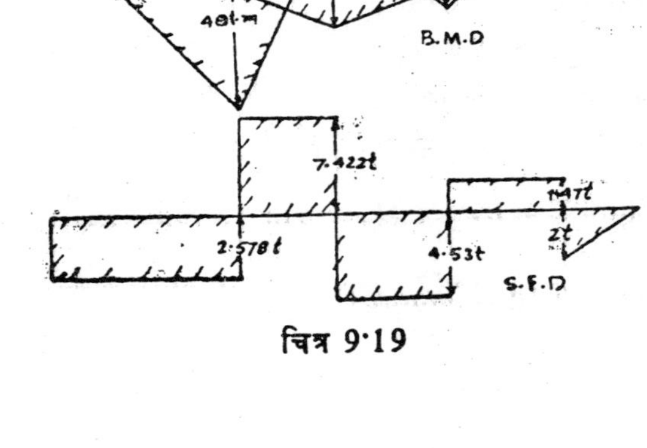

चित्र 9·19

$$M_A=0 \text{ और } M_C=\frac{1}{2}\times 4\times\frac{4}{3}=4 \text{ t-m}$$

AB के μ आरेख के क्षेत्रफल का A पर घूर्ण

$$a_1\bar{x}_1=\frac{48\times 12\times 8}{2}+\frac{48\times 8}{2}\left(12+\frac{8}{3}\right)=5120 \text{ units}$$

BC के μ आरेख के क्षेत्रफल का B पर घूर्ण

$$a_2\bar{x}_2=\frac{24\times 16\times 8}{2}=1536 \text{ units}$$

AB और BC पाट के लिए त्रिघूर्ण प्रमेय लगाने पर

$$M_A\times 20+2M_B(20+16)+4\times 16-\frac{6}{20}\times 5120-\frac{6}{16}\times 1536=0$$

$$72M_B=1536+576-64=2048$$

$$M_B=\frac{2048}{72}=28\cdot 44 \text{ t/m}$$

आलम्ब बलों के लिए

$$M_B=4\times\frac{1}{2}\times 18-16R_C+6\times 8$$

$$16R_c=36+48-28\cdot 44=55\cdot 56$$

$$R_c=\frac{55\cdot 56}{16}=3\cdot 47\text{t}$$

R_A के लिए $28\cdot 44=-20R_A+80$

$$20R_A=51\cdot 56$$

$$R_A=2\cdot 578\text{t}$$

$$R_B=10+6+2-3\cdot 47-2\cdot 578=11\cdot 952\text{t}.$$

उदाहरण 14. एक अनेकालंब धरन ABCDE के चार बराबर पाट हैं और पूरे धरन पर w kg/m का समबांटित भार कार्य कर रहा है। धरन के लिए S.F.D और B.M.D बनाइए।

हल : $M_A+M_E=0$

और समभित के कारण $M_D=M_B$

हमें केवल M_B और M_c का मान ही ज्ञात करना है।

$$M_A\times L+2M_B\times 2L+M_c\times L=\frac{wL^3}{4}+\frac{wL^3}{4}$$

$$4M_B+M_c=\frac{wL^2}{2} \quad \cdots(1)$$

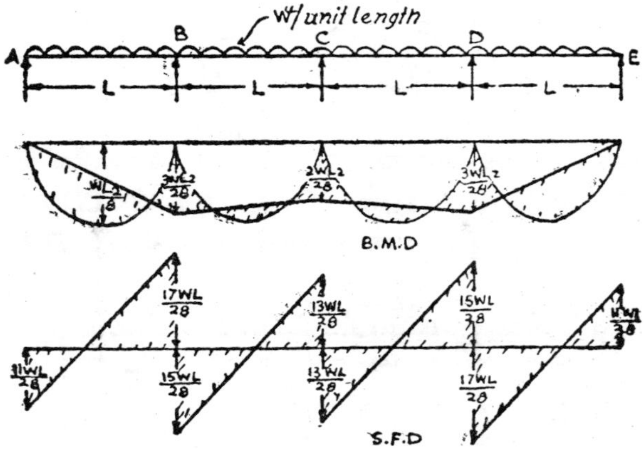

चित्र 9·20

BC और CD पाट के लिए

$$M_B \times L + 2M_C \times 2L + M_D \times L + \frac{wL^3}{4} + \frac{wL^3}{4}$$

क्योंकि $M_B = M_D$ इसलिए

$$2M_B + 4M_C = \frac{wL^2}{2} \quad \cdots(2)$$

(1) और (2) को हल करने से

$$M_B = \frac{3}{28}wL^2 = M_D \text{ और } M_C = \frac{2wL^2}{28}$$

आलम्ब बलों के लिए

$$M_B = -R_A \times L + \frac{wL^2}{2}$$

या $$\frac{3}{28}wL^2 = -R_A \times L + \frac{wL^2}{2}$$

$$R_A \times L = \frac{11}{28}wL^2$$

$$R_A = \frac{11}{28}wL = R_E$$

R_B और R_D के लिए C बिन्दु पर घूर्ण लो।

$$M_c = -R_A \times 2L - R_B \times L + 2wL \times L$$

$$R_B = \frac{32wL}{28} = R_D$$

$$R_c = 4wL - 2R_A - 2R_B$$

$$= 4wL - \frac{11}{15}wL - \frac{32}{14}wL = \frac{26}{28}wL$$

उदाहरण 15. एक अनेकालंब धरन ABCD में AB=8m BC=12m और CD=16m है। AB पर 1t/m, BC पर 2t/m और CD पर 3t/m के समवांटित भार कार्य कर रहे हैं। धरन के लिए B.M.D और S.F.D बनाइए।

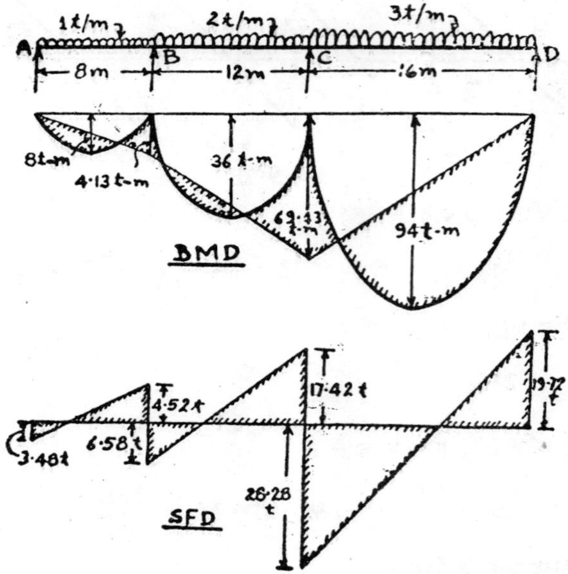

चित्र 9·21

AB और BC के लिए त्रिघूर्ण प्रमेय लगाने पर,

$$8M_A = 2M_B(8+12) + 12M_C = \frac{1\times(8)^3}{4} + \frac{2\times(12)^3}{4}$$

$$40M_B + 12M_C = 128 + 864$$

$$10M_B + 3M_C = 248 \quad \cdots(1)$$

BC और CD के लिए त्रिघूर्ण प्रमेय लगाने पर

$$12M_B + 2M_C(12+16) + 16M_D = \frac{2\times(12)^3}{4} + \frac{3\times(16)^3}{4}$$

$$12M_B + 56M_c = \frac{1728}{2} + 3072 = 3936$$

$$3M_B + 14M_c = 984 \quad \cdots(2)$$

(1) और (2) हल करने पर

$M_c = 69{\cdot}43$ t-m और $M_B = 4{\cdot}13$ t-m

आलम्ब बल ज्ञात करने के लिए

$$M_B = -8 \times R_A + 1 \times 8 \times 4$$

$$4{\cdot}13 = -8R_A + 32$$

$$R_A = 3{\cdot}48$$

R_D के लिए

$$M_c = -R_D \times 16 + 3 \times 16 \times 8$$

$$16R_D = 384 - 69{\cdot}43 = 315{\cdot}57$$

$$R_D = \frac{315{\cdot}57}{16} = 19\ 72t$$

R_B के लिए C पर घूर्ण

$$M_c = -R_A \times 20 - R_B \times 12 + 8 \times 1 \times 16 + 2 \times 12 \times 6$$

$$12R_B = -3{\cdot}48 \times 20 - 69{\cdot}43 + 128 + 144$$

$$= 133{\cdot}00$$

$$R_B = \frac{133{\cdot}0}{12} = 11{\cdot}1t$$

$$R_c = 1 + 8 + 12 \times 2 + 3 \times 16 - 3{\cdot}48 - 11{\cdot}1 - 19{\cdot}72$$

$$= 45{\cdot}70t.$$

उदाहरण 16- एक अनेकालंब धरन ABCD 20m लम्बा है। AB=5m; BC=7m और CD=8m हैं। AB पाट पर 8t का बिन्दु भार A से 2m पर, BC पाट पर 5t बिन्दु भार B से 4m पर और CD पाट पर 1t/M का समबांटित भार कार्य कर रहे हैं। अगर धरन का A सिरा आबद्ध हो तो धरन के आलम्ब घूर्ण तथा आलम्ब बल ज्ञात करो।

हल : आबद्ध आलम्ब A के बायें तरफ एक शून्य पाट AA' मानिए।

AA' और AB पाट के लिए त्रिघूर्ण प्रमेय लगाने पर,

$$0 + M_A(0+5) + M_B \times 5 - \frac{6}{5}\left\{\frac{9{\cdot}6 \times 2}{2} \times \frac{11}{3} + \frac{9{\cdot}6 \times 2 \times 3}{2}\right\} = 0$$

$$10M_A + 5M_B = 76{\cdot}8 \qquad \cdots(1)$$

AB तथा BC पाट के लिए

$$5M_A + 2M_B(5+7) + 7M_C - \frac{6}{5}\left\{\frac{9{\cdot}6 \times 2}{3} \times \frac{4}{3} + \frac{9{\cdot}6 \times 3 \times 3}{2}\right\}$$

$$-\frac{6}{7}\left\{\frac{8{\cdot}57 \times 4 \times 13}{2 \times 3} + \frac{8{\cdot}57 \times 3 \times 2}{2}\right\}$$

$$5M_A+24M_B+7M_C-67{\cdot}2-85{\cdot}774=0$$

$$5M_A+24M_D+7M_C=153 \qquad \cdots(2)$$

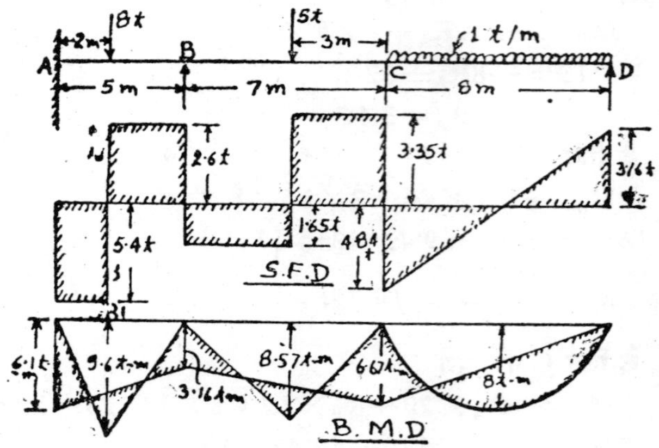

चित्र 9·22

BC और CD पाट के लिए

$$7M_B+2M_C(7+8)+8M_D-\frac{6}{7}\left\{\frac{8{\cdot}57\times4}{2}\times\frac{8}{3}+\frac{8{\cdot}57\times3\times5}{2}\right\}$$

$$-\frac{6}{8}\left\{\frac{1\times(8)^2}{8}\times\frac{2}{3}\times8\times4\right\}=0$$

$$7M_B+30M_c=94{\cdot}27+128=222{\cdot}27$$

$$7M_B+30M_c=222{\cdot}27 \qquad \cdots(3)$$

समीकरण (1), (2) और (3) को हल करने से,

$M_A=6{\cdot}10$t-m, $M_B=3{\cdot}16$t-m, $M_c=6{\cdot}671$t-m

आलम्ब बल ज्ञात करने के लिए

R_D के लिए

$$-R_D\times8+8\times1\times4=M_c=6{\cdot}671$$

$$R_D=\frac{32{\cdot}6-6{\cdot}671}{8}=3{\cdot}166t$$

R_c के लिए

$$-R_D\times15-R_c\times7+8\times11+5\times4-3{\cdot}16$$

$$7R_c=88+20-47{\cdot}49-3{\cdot}16=57{\cdot}35$$

$$R_c=\frac{57{\cdot}35}{7}=8{\cdot}19t$$

R_A के लिए

$$-R_A \times 5 + M_A + 8 \times 3 = M_B$$

$$5R_A = 6{\cdot}10 - 3{\cdot}16 + 24 = 27$$

$$R_A = \frac{27}{5} = 5{\cdot}4t.$$

$$R_B = 21 - (5{\cdot}40 + 8{\cdot}19 + 3{\cdot}16) = 4{\cdot}25t$$

S.F.D और B.M.D चित्र 9·24 में दिखाए गए हैं।

प्रश्नावली

1. 12m पाट के एक धरन के दोनों सिरे आबद्ध हैं। यदि इस धरन पर 500 kg/m का समबांटित भार कार्य कर रहा हो तो अधिकतम B.M का मान ज्ञात करो और S.F और B.M आरेख बनाओ।

   (**उत्तर** $M_{max} + B.M = 6 \times 10^5$ kg-cm, $-B.M = 3 \times 10^5$ kg-cm)

2. एक 8m के आबद्ध धरन के मध्य पाट पर 30 kN का बिन्दु भार कार्य कर रहा है। अधिकतम B.M का मान ज्ञात करो और B.M आरेख बनाओ।

   (**उत्तर** अधिकतम $B.M = 3 \times 10^7$ N-mm)

3. 10m लम्बे एक आबद्ध धरन पर 20KN के दो बिन्दु भार दोनों सिरों से 2m की दूरी पर कार्य कर रहे हैं। अधिकतम B.M का मान ज्ञात करो और B.M.D बनाओ। (**उत्तर** 32KN-m धरन के सिरों पर)

4. एक 6m लम्बे आबद्ध धरन पर 2t और 4t के बिन्दु भार बायें सिरे से क्रमशः 2m और 4m पर कार्य कर रहे हैं। अधिकतम B.M का मान ज्ञात करो और S.F बनाओ।

   (**उत्तर** आलम्ब घूर्ण $\frac{32}{9}$ और $\frac{40}{9}$ t-m आलम्ब भार 2·815t और 3·185t हैं।)

5. 10 m पाट के आबद्ध धरन की बायें से आधी लम्बाई पर 1t/m का समबांटित भार और पाट के मध्य बिन्दु पर 10t का बिन्दु भार कार्य कर रहे हैं। धरन के आबद्ध घूर्ण और लालम्ब बल ज्ञात करो।

   (**उत्तर** आलम्ब बल 9·06t, 5·94t और आलम्ब घूर्ण 18·23t-m और 15·10t-m)

6. 12m के एक आबद्ध धरन पर 6t का नीचे की तथा 4t का भार ऊपर की ओर कार्य कर रहे हैं। 6t और 4t के भार बायें सिरे से 4m और 6m पर क्रम से कार्य कर रहे हैं। धरन के लिए आलम्ब घूर्ण और आलम्ब बल ज्ञात करो।

   (**उत्तर** $\frac{22}{9}$ t बायें आलम्ब पर ऊपर को और $\frac{4}{9}$ t दायें आलम्ब पर नीचे की तरफ, आलम्ब घूर्ण क्रमशः $\frac{14}{3}$ t-m, $\frac{2}{3}$ t-m)

7. L पाट के आबद्ध धरन पर, एक सिरे से पाट के मध्य बिन्दु तक w/units length का एक समबांटित भार कार्य कर रहा है। सिद्ध करो कि आलम्ब बल $\frac{13}{32}wL$ और $\frac{3}{32}wL$ और आलम्ब घूर्ण $\frac{5}{192}wL^2$ और $\frac{11}{192}wL^2$ हैं।

8. 10m पाट के एक आबद्ध धरन पर 20KN/m का समबांटित भार बायें सिरे से मध्य बिन्दु तक कार्य कर रहा है। धरन के आलम्ब घूर्ण ज्ञात करो।

(उत्तर 114·4KN-m और 52·2 KN-m)

9. 10m पाट के आबद्ध धरन पर 20KN/m का एक समबांटित भार पूरे पाट पर कार्य कर रहा है। अगर दायाँ सिरा 10mm नीचे दब जाता है तो आलम्ब घूर्ण ज्ञात करो। $E=2{\cdot}1\times10^5 N/mm^2$ और $I=14{\cdot}5\times10^7$ mm^4

(उत्तर 181·5 KN-m, 148·5KN-m)

10. एक अनेकालंब धरन ABC पर दो बिन्दु भार 40 kN और 80 kN बायें सिरे A से 4m और 10 m पर कार्य कर रहे हैं। यदि AB और BC पाट क्रम से 8m और 6m हों तो S.F और B.M आरेख बनाओ।

(उत्तर $R_A=10{\cdot}95$ kN, $R_c=14{\cdot}6$ kN, $R_B=94{\cdot}44$ kN)

11. एक अनेकालंब धरन में 4m के दो पाट हैं। अगर धरन की पूरी लम्बाई पर 1·5t-m का समबांटित भार कार्य कर रहा हो तो B.M और S.F आरेख बनाओ। (उत्तर $M_B=3$t-m

12. एक अनेकालंब धरन ABCD 20m लम्बा है। AB पाट 9m, BC 6m और CD, C बिन्दु से 5m आगे निकला हुआ है। धरन पर 5t, 4t और 3t के बिन्दु भार A आलम्ब से 6m, 11m और 20m पर कार्य कर रहे हैं। धरन के लिए B.M और S.F आरेख बनाओ।

(उत्तर $M_B=3{\cdot}77$t-m, $M_c=15$t-m, $R_A=1{\cdot}25$t, $R_B=4{\cdot}55$t और $R_C=6{\cdot}20$t)

13. एक 16m लम्बे एक धरन का बाँया सिरा आबद्ध है और दूसरे से 4m की दूरी पर एक शुद्धालम्ब लगा हुआ है। धरन की पूरी लम्बाई पर 2t/m का एक समबांटित भार कार्य कर रहा है। धरन आलम्ब घूर्ण और आलम्ब बल ज्ञात करो और B.M और SF आरेख बनाओ।

(उत्तर $M_A=28$t-m, $R_B=19$t, $R_A=13$t)

14. अनेकालम्ब धरन ABCD 20m लम्बा है। AB=8m, BC=6m और CD 6m है। AB पर 15t का एक बिन्दु भार A से 2m पर, BC पर $1\frac{1}{2}$t/m का भार पूरे पाट पर और CD पर 20t का बिन्दु भार D से 4m पर कार्य कर रहे हैं। आलम्बों पर घूर्ण और आलम्ब बल ज्ञात करो।

(उत्तर $M_B=8{\cdot}275$t-m, $M_c=12{\cdot}42$t-m, $R_A=10{\cdot}22$t, $R_B=8{\cdot}58$t $R_c=20{\cdot}6$t और $R_D=4{\cdot}6$t)

15. 28m लम्बे ABCD का अनेकालम्ब धरन में AB = 10m, BC = 10m और CD = 8m हैं। सभी आलम्ब शुद्धालम्ब हैं और एक ही तल पर हैं। 10m के दोनों पाटों पर $\frac{20}{3}$ KN/m का समबांटित भार और 8m के पाट पर 20 KN का समबांटित भार कार्य कर रहे हैं। धरन के आलम्ब घूर्ण ज्ञात करो। (उत्तर 154·4 KN-m, 132·4 KN-m)

16. ABCD एक अनेकाधार धरन की लम्बाई 16m है। AB = 6m, BC = 5m और CD = 5m है। सभी आलम्ब एक ही तल पर हैं तथा सब कब्जेदार हैं। AB पाट पर A से 2m की दूरी पर 8t का तथा CD पाट पर D से 3m दूरी पर 6t के अधिकेन्द्रित भार कार्य कर रहे हैं। BC पाट की पूरी लम्बाई पर 2t/m का U.D.L कार्य कर रहा है। आलम्ब बिन्दुओं पर उत्पन्न घूर्ण तथा आलम्ब बल ज्ञात करो।

(उत्तर $M_B = 5{\cdot}68$t-m, $M_c = 4{\cdot}58$t-m, $R_A = 4{\cdot}39$t, $R_B = 8{\cdot}83$t, $R_c = 1{\cdot}48$t, $R_D = 9{\cdot}30$t)

17. ABCD अनेकाधार धरन में AB = 6m, BC = 12m और CD = 4m; AB पर 2t/m का BC पर 1t/m का तथा CD पर 3t/m के U.D.L पूरी पाट लम्बाइयों पर कार्य करते हैं। यदि गर्डर का अनुप्रस्थ खण्ड पूरी लम्बाई में एक ही हो तो सभी आलम्ब बल तथा B और C पर घूर्ण ज्ञात करो।

(उत्तर $M_c = 10{\cdot}71$t-m, $M_B = 11{\cdot}43$t-m, $R_A = 4{\cdot}09$t, $R_B = 13{\cdot}97$t $R_c = 14{\cdot}62$t, $R_D = 3{\cdot}32$t)

18. 40m लम्बे अनेकाधार धरन में AB = 16m, BC = 12m और CD = 12m के तीन पाट हैं। सभी आलम्ब कब्जेदार हैं तथा एक ही तल पर हैं। AB पर A में 4m दूरी पर 15t का, और CD पर D से 9m दूरी पर 20t के अधिकेन्द्रित भार कार्य कर रहे हैं। BC पर 1·5t/m का पूरी लम्बाई पर U.D.L कार्य कर रहा है। आलम्ब बल तथा घूर्ण ज्ञात करो।

(उत्तर $M_B = 21{\cdot}75$t/m, $M_c = 27{\cdot}76$t/m, $R_A = 9{\cdot}89$t, $R_B = 13{\cdot}61$t, $R_c = 26{\cdot}81$t, $R_D = 2{\cdot}69$t)

10

प्रत्यक्ष प्रतिबल एवं बंकन प्रतिबल

10·1. यदि कोई बाह्य बल किसी संरचना के अवयव की ज्यॉमितीय अक्ष पर संपात कार्य करता (Coinciding) है तो प्रत्यक्ष प्रतिबल उत्पन्न होता है । प्रतिबल का स्वभाव (संपीडन या तनाव) बाह्य पड़ने वाले बल के स्वभाव पर निर्भर करता है । यदि किसी अवयव पर तनाव बल आता है तो उसमें तनाव प्रतिबल उत्पन्न होता है और यदि संपीडित बल पड़ता है तो संपीडित प्रतिबल उत्पन्न होता है ।

यदि प्रयुक्त बाह्य बल अवयव की ज्यॉमितीय अक्ष के संपात कार्य नहीं करता तो इस बल के दो प्रभाव होते हैं । प्रथम प्रभाव प्रत्यक्ष प्रतिबल $\frac{P}{A}$ पैदा करने का तथा दूसरा प्रभाव बंकन प्रतिबल पैदा करने का होता है । चूंकि बंकन प्रतिबल बल-शून्य परत (Neutral Layer) के एक तरफ संपीडित और दूसरी तरफ तनाव होता है अतः अन्तिम प्रतिबल, प्रत्यक्ष तथा बंकन प्रतिबलों का बीजीय (algebraic) योग होता है । यदि बल ज्यॉमितीय अक्ष से परे लगता हो तो वह उत्क्रेन्द्रीय भार कहलाता है ।

10·2. उत्केन्द्रीय भार

माना कि एक लघु थाम (Short Strut) पर बाह्य भार 'P' छड़ की ज्यॉमितीय अक्ष पर कार्य करता है (ज्यॉमितीय अक्ष X-axis तथा Y-axis काटने वाली रेखा है यानी A, जैसा चित्र कि 10·1 [(*a*) में दिखाया गया है ।)]

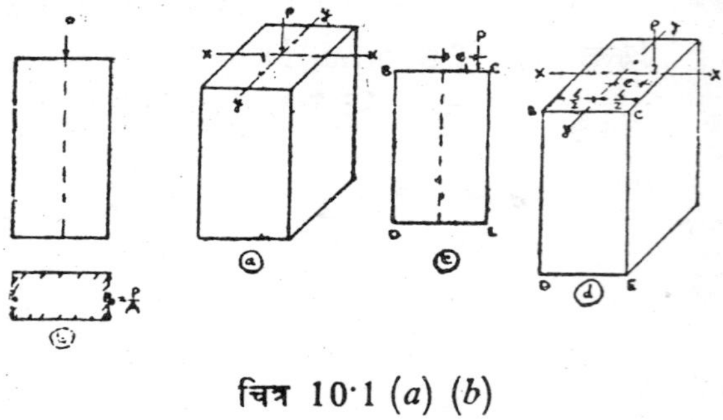

चित्र 10·1 (*a*) (*b*)

इस भार के कारण प्रत्यक्ष प्रतिबल ही उत्पन्न होता है । यदि थाम का अनुप्रस्थ काट क्षेत्रफल 'A' हो तो प्रत्यक्ष प्रतिबल का परिणाम $\frac{P}{A}$ हो जाता है । चित्र 10·1

(*d*) में थाम पर उत्केन्द्री भार दिखाया गया है। चित्र 10·1 (*c*) में थाम का समतल BCDE का सम्मुख दर्शन (elevation) दिया गया है। भार P, X-अक्ष पर रखा गया है जो Y-अक्ष से '*e*' दूरी पर है। भार की स्थिति चित्र 10·1 (*d*) में अच्छी प्रकार समझी जा सकती है।

P भार के प्रभाव निम्न होंगे :

(1) अक्षीय बल P और

(2) बलयुग्म (Couple) $M = P \times e$

अक्षीय बल P, प्रत्यक्ष प्रतिबल p_o उत्पन्न करता है।

प्रत्यक्ष प्रतिबल $p_o = \frac{P}{A}$, यहाँ p_o प्रत्यक्ष प्रतिबल है जो पूरे खण्ड पर समान रूप से वितरित होता है।

चूंकि भार P, X-अक्ष पर पड़ता है और Y से '*e*' दूरी पर है इसलिए बंकन Y-अक्ष अनुसार होगा।

बंकन घूर्ण $M = P \times e$

यह बंकन बलयुग्म (Bending Douple) अनुदैर्घ्य (Longitudinal) तनाव एवं संपीडित प्रतिबल पैदा करता है। यदि p_b अधिकतम रेशों में प्रतिबल (Maximum Fibers Stress) हो और *y* बल शून्य रेखा अथवा बंकन अक्ष से इसकी दूरी हो, तो

$$\frac{p_b}{y} = \frac{M}{I} = \frac{P \times e}{I_{YY}}$$

यह याद रखिए कि इस स्थिति में केवल I_{YY} ही लेना है क्योंकि बंकन Y-अक्ष अनुसार हो रहा है। यदि बंकन X-अक्ष अनुसार होता तो I_{YY} की जगह I_{XX} उपयोग करना होता। $y = b/2$

$$\because \quad \frac{P \times e}{I_{YY}} = \frac{p_b}{b/2}$$

$$\text{अथवा} \quad p_b = \left(\frac{P \times e}{I_{YY}}\right) \times \frac{b}{2}$$

$$\text{परन्तु} \quad \frac{I_{YY}}{b/2} = Z_{YY}$$

$$\therefore \quad p_b = \frac{P \times e}{Z_{YY}} = \frac{M}{Z}$$

अत: दोनों प्रभावों के कारण अनुप्रस्थ खण्ड में कुल प्रतिबल $P_{(min)}=p_o-p_b=\left(\frac{P}{A}-\frac{M}{Z}\right)$ और $P_{(max)}=p_o+p_b=\frac{P}{A}+\frac{M}{Z}$ एक सरल रेखा नियम (A straight line law) अनुसार होता है।

यह याद रखिए कि Z का मान बंकन होने वाली अक्ष अनुसार लना चाहिए।

पूर्ण खण्ड में प्रतिबल एक ही प्रवृत्ति का होगा या भिन्न, यह p_b के मान पर निर्भर करता है।

किसी विशेष भार P और खण्ड के लिए प्रत्यक्ष प्रतिबल $p_o=\frac{P}{A}$ होता है जो स्थिर रहता है। लेकिन ज्यॉमितीय अक्ष से 'P' की स्थिति बदलने से p_b का मान बदल जाता है। उदाहरणार्थ, यदि '*e*' बढ़ाई जाए तो p_b का मान बढ़ जाता है और यदि '*e*' का मान कम करें तो p_b का मान कम हो जाता है।

अत: प्रतिबल एक ही चिह्न का रहता है या चिह्न बदलता है, यह p_b के मान पर निर्भर करता है।

जब $p_b<p_o$, होता है तो प्रतिबल वितरण आरेख समलम्बाकार होता है और प्रतिबल पूर्ण खण्ड में एक ही चिह्न का होता है।

यदि $p_b=p_c$, होता है तो प्रतिबल वितरण त्रिभुजाकार ($p_{min}=0$ और $p_{max}=2p_o$) होता है तथा प्रतिबल पूर्ण खण्ड में एक ही प्रवृत्ति का रहता है।

परन्तु यदि $p_b>p_o$, है तो प्रतिबल पूर्ण खण्ड पर एक ही प्रवृति का नहीं रहता। कुछ खण्ड संपीडित होता है तो कुछ भाग पर तनाव होता है।

उपरोक्त तीनों प्रकार के वितरण चित्र 10·2 में दिखाए गए हैं :

10·3. उत्केन्द्रता की सीमा (Limit of Eccentricity)

यह मालूम करने के लिए कि प्रतिबल चिह्न बदलेगा या नहीं, p_b की p_o से तुलना की जाती है। पक्के बाँधों के लिए (For Masonry dams), यह बहुत महत्त्वपूर्ण है, क्योंकि इनमें तनाव प्रतिबल कभी भी उत्पन्न नहीं होना चाहिए।

$$p_b \leqslant p_o$$

अथवा $$\frac{M}{Z} \leqslant p_o \leqslant \frac{P}{A}$$

अथवा $$\frac{P \times e \times b}{2I} \leqslant \frac{P}{A}$$

अथवा $$\frac{P\times e\times b}{2AK^2} \leqslant \frac{P}{A} \quad \text{क्योंकि } I = AK^2$$

अथवा $$e \leqslant \frac{2K^2}{b}$$

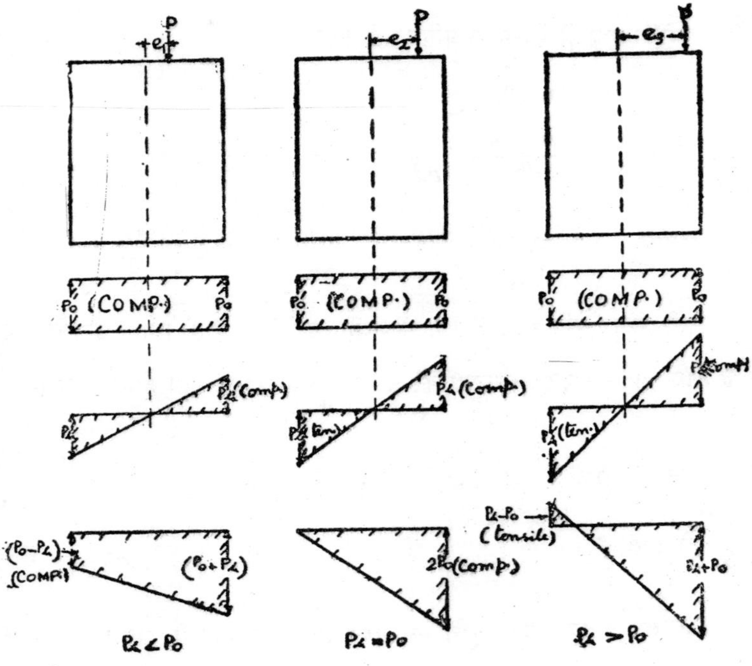

चित्र 10·2

यहाँ K जड़ता घूर्ण त्रिज्या तथा A अनुप्रस्थ काट क्षेत्रफल और b बंकन अक्ष पर लम्ब दिशा में खण्ड की चौड़ाई है ।

11·2. आयताकार खण्ड

यदि b और d किसी आयताकार खण्ड की चौड़ाई और गहराई हो और प्रथम यह मानें कि भार 'P' Y-अक्ष पर 'e' उत्केन्द्रता पर पड़ता है ।

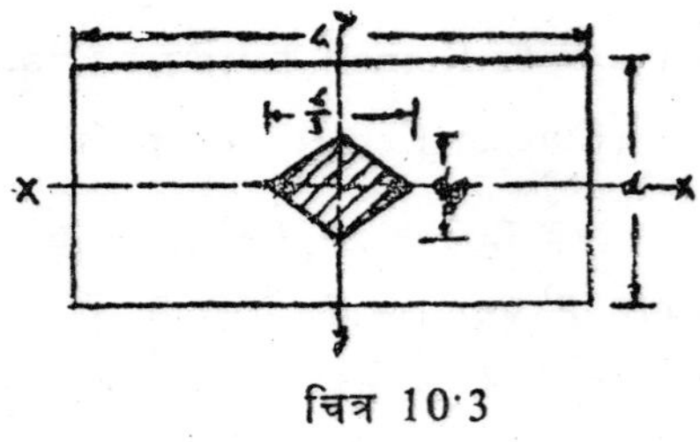

चित्र 10·3

$$p_o = \frac{P}{A} = \frac{P}{b \times d}$$

$$p_b = \frac{M}{Z_{YY}} = \frac{6P \times e}{db^2}$$

क्योंकि एक ही किस्म के प्रतिबल के लिए

$$p_b < p_o$$

अथवा $$\frac{6P \times e}{db^2} < \frac{P}{bd}$$

अथवा $$e = \frac{b}{6}$$

इसी प्रकार यदि भार X-अक्ष के अधीन उत्केन्द्रित है तो तनाव उत्पन्न न होने देने के लिए yy अक्ष पर उत्केन्द्रता की सीमा $\frac{d}{6}$ से अधिक नहीं होनी चाहिए।

अतः ज्यामितीय अक्ष के दोनों तरफ $\frac{d}{6}$ पर, यानी कुल सीमा $\frac{d}{6} + \frac{d}{6} = \frac{b}{3}$ हो जाती है।

इसलिए प्रतिबल की प्रवृत्ति उस समय तक नहीं बदलती, जब तक भार 'P', खण्ड के मध्य $\frac{d}{3}$ में रहता है और इसी प्रकार Y-अक्ष पर उत्केन्द्रित भार होने पर भार P खण्ड के मध्य $\frac{b}{3}$ में रहना चाहिए। यही मध्य तिहाई नियम (Middle Third Rule) कहलाता है। अर्थात् भार उस समचतुर्भुज (Rhombus) के अन्दर होना चाहिए जिसके विकर्ण (Diagonals) क्रमानुसार मुख्य अक्ष पर $\frac{d}{3}$ और $\frac{b}{3}$ हैं। यह समचतुर्भुज, क्रोड (Core or Kernel) कहलाता है। चित्र 10.3 में छायादार क्षेत्रफल, खण्ड का क्रोड (Core or Kernel) दर्शाता है।

माना X-अक्ष तथा Y-अक्ष निर्दिष्ट अक्षाएँ हैं और उनके काट से बनने वाला 'O' मूल बिन्दु है। माना भार 'P' प्रथम चतुर्थांश में किसी E बिन्दु पर कार्य करता है और X-अक्ष तथा Y-अक्ष अनुसार इसके निर्देशांक (Co-ordinates) x. y हैं।

इस स्थिति में भार दोनों अक्षों पर उत्केन्द्रित है।

Y-अक्ष के अधीन बंकन घूर्ण $= P \times x$

अत: बंकन प्रतिबल $= \dfrac{P \times x}{I_{YY}} \times \dfrac{d}{2}$

X-अक्ष के अधीन B.M. $= P \times y$

अत: बंकन प्रतिबल $= \dfrac{P \times y}{I_{XY}} \times \dfrac{b}{2}$

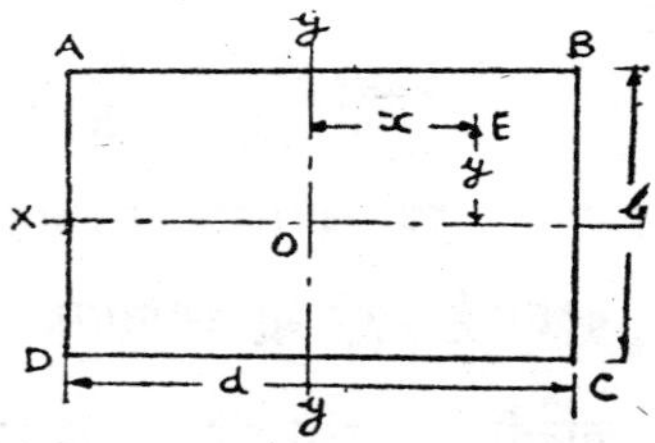

चित्र 10·4

यदि सावधानीपूर्वक चित्र 10·4 का निरीक्षण करें तो ज्ञात होगा कि D पर अधिकतम तन्य बंकन प्रतिबल होता है और B बिन्दु पर अधिकतम संपीडत बंकन प्रतिबल।

$\therefore$ D बिन्दु पर तनाव बंकन प्रतिबल

$$= \frac{P \times x}{I_{YY}} \times \frac{d}{2} + \frac{P \times y}{I_{XX}} \times \frac{b}{2}$$

परन्तु $\quad I_{XX} = \dfrac{db^3}{12}$ और $I_{YY} = \dfrac{bd^3}{12}$

$$\therefore \; pb = \frac{P \times x}{\frac{bd^3}{12}} \times \frac{d}{2} + \frac{P \times y}{\frac{db^3}{12}} \times \frac{b}{2}$$

$$= 6\,\frac{P \times x}{bd^2} + 6\,\frac{P \times y}{db^2}$$

$$= \frac{P}{bd}\left(\frac{6x}{d} + \frac{6y}{b}\right)$$

प्रत्यक्ष प्रतिबल के साथ जोड़ने पर, D बिन्दु पर पूर्ण प्रतिबल

$$po - p_b = \frac{P}{bd} - \frac{P}{bd}\left(\frac{6x}{d} + \frac{6y}{b}\right)$$

$$= \frac{P}{bd}\left\{\left(1 - \frac{6x}{d} - \frac{6y}{b}\right)\right\}$$

यदि प्रतिबल चिन्ह न बदले तो

$po - pb$ धनात्मक होना चाहिए,

यानी $1 - \frac{6x}{d} - \frac{6y}{b} \geqslant 0$

अथवा $\frac{6x}{d} + \frac{6y}{b} \geqslant 1$

यह एक सरल रेखा समीकरण है जो प्रथम चतुर्थांश में केवल रेखा की वक्रता बताता है यानी यह क्रमानुसार X-अक्ष तथा Y-अक्ष पर $\frac{d}{6}$ और $\frac{b}{6}$ की दूरी पर काटती है। इसी प्रकार अन्य चतुर्थांशों के रोधक (Intercepts of other quadrants) निकालने पर काट क्षेत्रफल, आकार में समचतुर्भुज (Rhombus) होता है।

10·4. खोखले आयताकार खंड (Hollow Rectangular Sections)

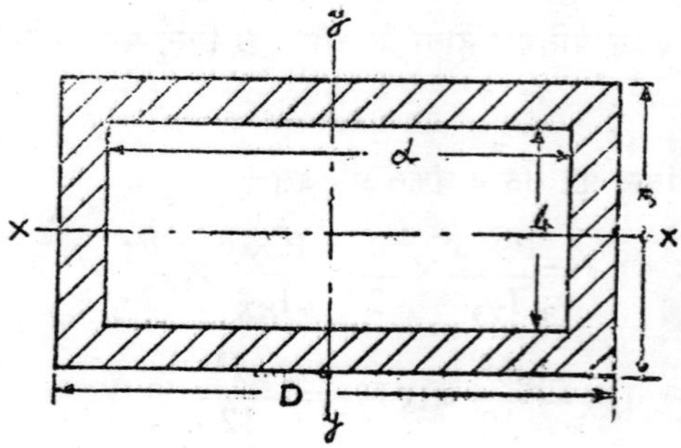

चित्र 10·5

उपरोक्त चित्र एक खोखले आयताकार खंड का है जिसकी B और D बाहरी तथा b और d अन्दर की भुजाएँ हैं।

यह मालूम कर चुके हैं कि प्रतिबल का चिह्न न बदले, इसके लिए $e < \frac{2K^2}{d}$

$$I_{XX} = \frac{DB^3}{12} - \frac{db^3}{12} = \frac{DB^3 - db^3}{12}$$

क्षेत्रफल $A = (BD - bd)$

$I_{XX} = AK^2_{XX}$ और $I_{YY} = AK^2_{YY}$

$\therefore K_{XX} = \sqrt{\frac{I_{XX}}{A}}$ और $K_{YY} = \sqrt{\frac{I_{YY}}{A}}$

$\therefore K^2_{XX} = \frac{DB^3 - db^3}{12(DB - db)}$ और $K^2_{YY} = \frac{BD^3 - bd^2}{12(BD - bd)}$

$$e_{XX}=\left\{\frac{DB^3-db^3}{12(DB-bd)}\right\}\times\frac{2}{B}$$ जबकि e_{XX}, x—अक्ष पर उत्केन्द्रता है

$$e_{YY}=\frac{BD^3-bd^3}{12(BD-bd)}\times\frac{2}{D}$$ जबकि e_{YY}, y—अक्ष पर उत्केन्द्रता है

अथवा $$e_{XX}=\frac{DB^3-db^3}{6B(BD-bd)}$$

$$e_{YY}=\frac{BD^3-bd^3}{6D(BD-bd)}$$

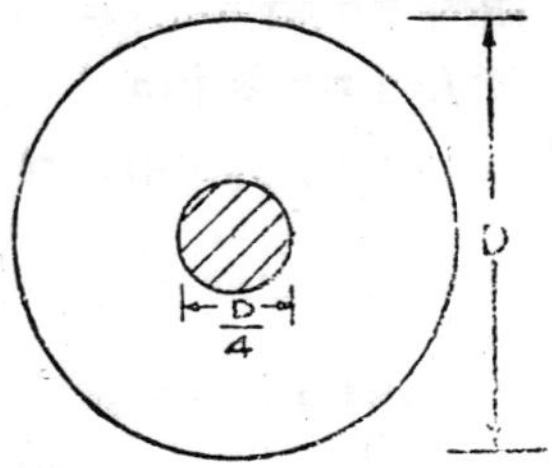

चित्र 10·6

10·5. **ठोस गोल खंड** (Solid Circular Section)

$$I=\frac{\pi D^4}{64}$$, क्षेत्रफल $$A=\frac{\pi D^2}{4}$$

$$\therefore K^2=\frac{I}{A}=\frac{\pi D^4}{64}\times\frac{4}{\pi D^2}=\frac{D^2}{16}$$

हम जानते हैं कि यदि प्रतिबल चिन्ह न बदले तो

$$e=2\frac{K^2}{D}$$

$$=\frac{2D^2}{16\times D}=\frac{D}{8}$$

इस स्थिति में क्रोड (Cord) व्यास $\frac{D}{4}$ का एक वृत्त होता है जिसका केन्द्र वही होता है जो एक ठोस गोलाकार खंड का ।

10 6. **खोखला गोल खंड** (Hollow Circular Section)

$$I=\frac{\pi}{64}(D^4-d^4)$$ जबकि D और d खोखले गोलखंड के क्रमानुसार बाह्य तथा आन्तरिक व्यास हैं ।

क्षेत्रफल $$A=\frac{\pi}{4}(D^2-d^2)$$

$$K^2=\frac{I}{A}=\frac{\pi}{64}\left(D^4-d^4\right)\times\frac{4}{\pi(D^2-d^2)}$$

$$=\frac{D^2+d^2}{16}$$

परन्तु उत्केन्द्री की सीमा $e=\frac{2K^2}{D}$

$$e=\frac{2}{D}\times\frac{(D^2+d^2)}{16}$$

$$=\frac{D^2+d^2}{8D}$$

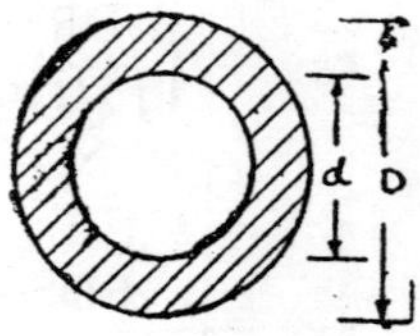

चित्र 10·7

इस स्थिति में क्रोड (Core) वृत्त का व्यास $\frac{D^2+d^2}{4D}$ होता है । क्रोड वृत्त व खोखले वृत्त का केन्द्र बिन्दु एक ही होता है ।

10·7. I खंड के लिए

$po+p_b$ समीकरण का पुनरावलोकन करने पर,

$$po+p_b=\frac{P}{A}+\frac{P\times x}{I_{YY}}\times\frac{b}{2}+\frac{P\times y}{I_{XX}}\times\frac{d}{2}$$

परन्तु $I_{YY}=AK^2_{YY}$ और $I_{XX}=AK^2_{XX}$

$$\therefore\ po+p_b=\frac{P}{A}+\frac{P\times x}{AK^2_{YY}}\times\frac{b}{2}+\frac{P\times y}{AK^2_{XX}}\times\frac{d}{2}$$

$$=\frac{P}{A}\left\{1+\frac{xb}{2K^2_{YY}}+\frac{dy}{2K^2_{XX}}\right\}$$

∴ यदि प्रतिबल चिन्ह न बदले तो

$$\frac{x\times b}{2K^2_{YY}}+\frac{d\times y}{2K^2_{XX}}+1=0$$

अथवा $$\frac{xb}{2K^2_{XX}}+\frac{yd}{2K^2_{XX}}=-1$$

अथवा $$\frac{dy}{2K^2_{XX}}=-\left(1+\frac{xb}{2K^2_{YY}}\right)$$

अथवा $$dy=-2K^2_{XX}-\frac{K^2_{XX}}{K^2_{YY}}\times xb$$

$$=-2K^2_{XX}-\frac{K^2_{XX}}{K^2_{YY}}\times xb$$

$$\therefore\ y=-\frac{2K^2_{XX}}{d}-\frac{K^2_{XX}}{K^2_{YY}}\times\frac{xb}{d}\quad\cdots(1)$$

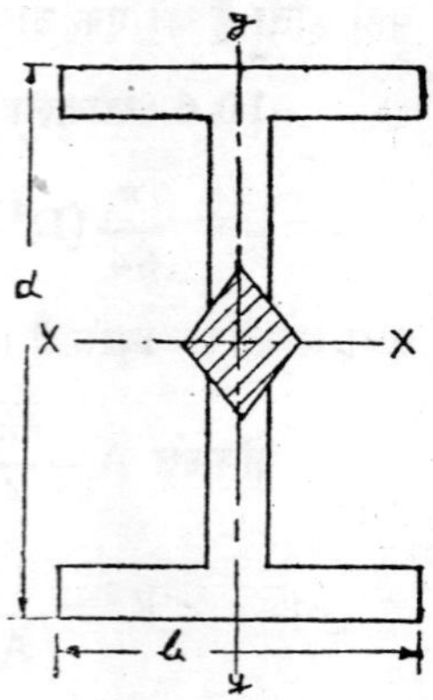

चित्र 10·8

यह एक सरल रेखा समीकरण है जो I खंड में प्रतिबल का चिह्न न बदलने पर केन्द्रक (Centroid) द्वारा भार के विचलन (deviation) की सीमा को निश्चित करती है। दूसरी तीनों सीमा की रेखाओं की समीकरणें भी इस प्रकार की होंगी। इस प्रकार I खंड की मुख्य अक्षों पर विकर्ण बनाते हुए यह समचतुर्भुज क्रोड होता है।

उदाहरण 1. 1m × 2m खंड का एक कंक्रीट का खम्भा सममिति (Symetry) की दोनों अक्षों से 40 cm पर 600 KN संपीडित भार संचारित करता है। खम्भे के चारों कोनों पर उत्पन्न प्रतिबल ज्ञात कीजिए।

हल—प्रत्यक्ष सम्पीडित प्रतिवल $po = \frac{P}{A} = \frac{600000}{1 \times 1000 \times 2 \times 1000}$

$$= \frac{600000}{2000000} = 0{\cdot}3 \text{ N/mm}^2$$

AB और DC पर बंकन प्रतिबल $= \frac{M}{Z_{YY}}$

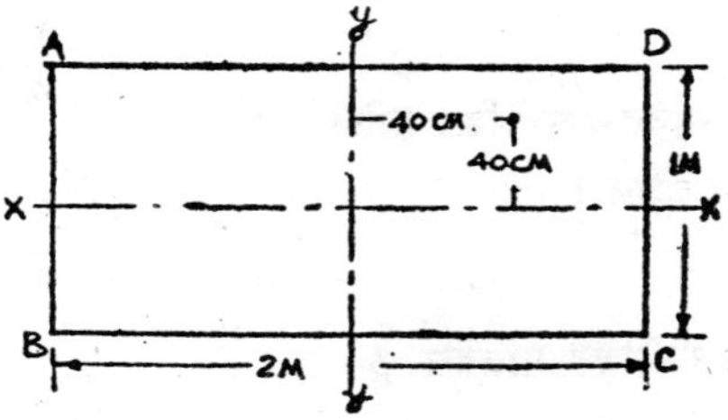

चित्र 10·9

$$= \frac{600000 \times 400}{100 \times (2000)^2} \times 6$$

$$= \frac{600000 \times 6 \times 400}{1000 \times (2000)^2} \quad = 0{\cdot}36/\text{Nmm}^2$$

AD और BC पर बंकन प्रतिबल $= \frac{M}{Z_{XX}}$

$$= \frac{600000 \times 400 \times 6}{2000 \times (1000)^2}$$

$$= 0{\cdot}72 \text{ N/mm}^2$$

A कोने पर प्रतिबल $= 0{\cdot}3 — 0{\cdot}36 + 0{\cdot}72 = +0{\cdot}66 \text{ N/mm}^2$

(संपीडित)

B कोने पर प्रतिबल $= 0{\cdot}3 — 0{\cdot}36 — 0{\cdot}72 = —0{\cdot}78 \text{ N/mm}^2$

(तनाव)

C कोने पर प्रतिबल $= 0.3 + 0.36 - 0.72 = -0.06$ N/mm^2 (तनाव)

D कोने पर प्रतिबल $= 0.3 + 0.36 + 0.72 = 1.38$ N/mm^2 (संपीडित)

उदाहरण 2. एक मीटर लम्बा तथा 50 cm व्यास का पक्का ऊर्ध्वाधर खम्भा चित्र 10·10 में दिखाये बिन्दु पर 30 kN का भार वहन करता है। अधिकतम तथा न्यूनतम प्रतिबल ज्ञात करो :—

(*a*) खम्भे के वजन को उपेक्षित करते हुए।

(*b*) चिनाई का वजन 20 kN/m^3 मानते हुए खम्भा 1m लम्बा है।

केन्द्र से भारवहन बिन्दु की अरीय दूरी (Radial distance)

$$\sqrt{8^2 + 6^2} = 10 \text{ cm}$$

चूंकि वृत्तखण्ड का जड़ताघूर्ण किसी भी व्यसीय अक्ष पर समान होता है, अतः बंकन, उस अक्ष के लम्ब रेखा पर होगा जो भार बिन्दु को वृत्त के केन्द्र से मिलती है।

A बिन्दु पर न्यूनतम संपीडित प्रतिबल तथा A′ पर अधिकतम प्रतिबल होगा।

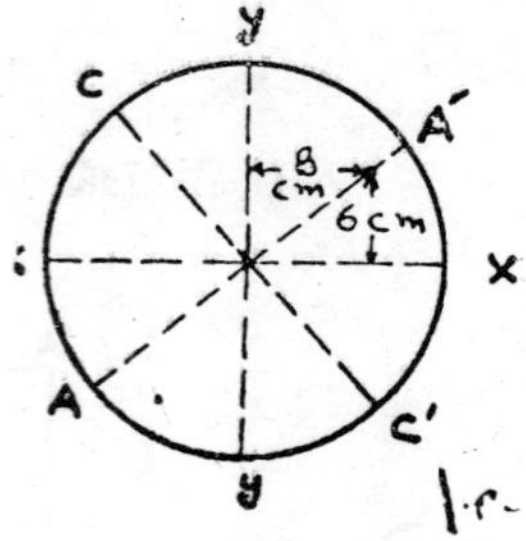

चित्र 10·10

(*a*) प्रत्यक्ष संपीडित प्रतिबल $po = \dfrac{P}{A}$

$$= \frac{30000}{\pi/4 \times (50)^2} = 15.3 \text{ N/cm}^2$$

$$\text{अधिकतम बंकन प्रतिबल} = \frac{30000 \times 10}{\frac{\pi D^2}{32}}$$

$$= \frac{30000}{\frac{22}{7} \times \frac{125000}{32}} = \frac{300000}{12276.8}$$

$$= 24.7 \text{ N/cm}^2$$

अधिकतम संपीडित प्रतिबल A′ बिन्दु पर $= 15.3 + 24.7$

$= 40$ N/cm^2 है।

अधिकतम तनाव प्रतिबल A बिन्दु पर $= 24.7 - 15.3$

$= 9.4$ N/cm^2

(*b*) आधार पर खम्भे के वजन का सबसे अधिक प्रभाव होता है।

खम्भे का वजन $= \dfrac{\pi}{4} \times D^2 \times h \times w$

$$\text{भार के कारण प्रतिबल} = \frac{P}{A} = \frac{\frac{\pi D^2}{4 \times h \times w}}{\frac{\pi D^2}{4}}$$

$$= h \times w$$

$$= 1 \times 20000 \text{ N.}$$

$$\frac{1 \times 20000}{100 \times 100} = 2{\cdot}0 \text{ N/cm}^2$$

अधिकतम संपीडित प्रतिबल $= 40{\cdot}2 + 2{\cdot}0 = 42 \text{ N/cm}^2$

अधिकतम तनाव प्रतिबल $= 9{\cdot}4 — 2{\cdot}0 = 7{\cdot}4 \text{ N/cm}^2$

उदाहरण 3. एक खोखले गोल ढले हुए लोहे के स्तम्भ का बाहरी व्यास 50 cm तथा 40 cm आन्तरिक व्यास है । एक ब्रेकेट (Bracket) द्वारा 10t भार इस पर इस प्रकार रखा जाता है कि भार ज्यामितीय अक्ष से 40 cm की उत्केन्द्रता पर है । अधिकतम तथा न्यूनतम प्रतिबल तीव्रता ज्ञात कीजिए ।

हल—जड़ताघूर्ण $I = \frac{\pi}{64}(D^4 — d^4)$

$$= \frac{22}{7 \times 64}\left\{(50)^4 — (40)^4\right\} = 181205{\cdot}4 \text{ cm}^4$$

$$\text{क्षेत्रफल} = \frac{\pi}{4}(D^2 — d^2)$$

$$= \frac{22}{7 \times 4}\{(50)^2 — (40)^2\} = 707{\cdot}1 \text{ cm}^2$$

$$\text{प्रत्यक्ष प्रतिबल} = \frac{P}{A} = \frac{10 \times 1000}{707{\cdot}1} = 14{\cdot}15 \text{ kg/cm}^2$$

$$\text{बंकन घूर्ण } M = P \times e = 10000 \times 40 = 400000 \text{ kg/cm}^2$$

$$\text{बंकन प्रतिबल} = \frac{M}{1} \times \frac{D}{2}$$

$$\text{अथवा } P_b = \frac{4{,}00{,}000}{181205{\cdot}4} \times \frac{50}{2}$$

$$= 55{\cdot}2 \text{ kg/cm}^2$$

$$\text{अधिकतम प्रतिबल} = p^o + p_b$$

$$= 14{\cdot}15 + 55{\cdot}2$$

$$= 69{\cdot}35 \text{ kg/cm}^2$$

(संपीडित)

$$\text{न्यूनतम प्रतिबल} = 14{\cdot}15 — 55{\cdot}2$$

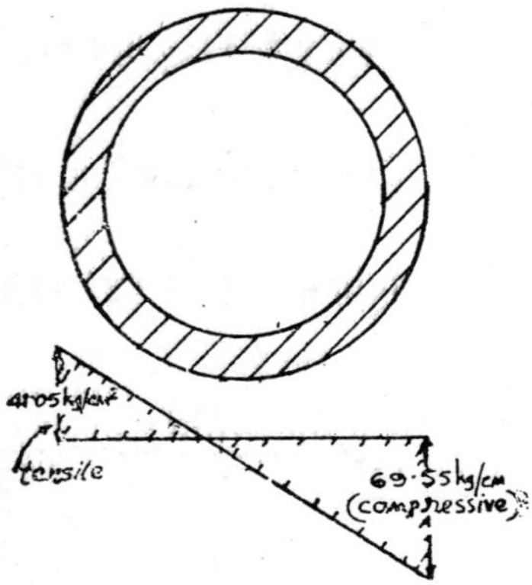

चित्र 10·11

$= 41{\cdot}05\ kg/cm^2$ (तनाव)

उदाहरण 4. 12 cm चौड़ी और 1 cm मोटी इस्पात की चद्दर 11 t के अक्षीय तनाव बल से खींची जा रही है। छड़ की अक्ष से 3 cm की दूरी पर 1 cm व्यास का सूराख छेदा गया है। सबसे कमजोर खंड पर अधिकेतम तथा न्यूनतम प्रतिबल ज्ञात कीजिए।

हल : सबसे कमजोर खंड का कुल क्षेत्रफल $= 12 \times 1 — 1 \times 1$
$= 11\ cm^2$

प्रत्यक्ष प्रतिबल $= p_0 = \dfrac{11 \times 1000}{11} = 1000\ kg/cm^2$

यदि x चद्दर के मध्य से कुल खंड की C.G. की दूरी हो तो चद्दर की बांये भुजा पर घूर्ण लेने पर

$$11 \times 1 \times x = 12 \times 6 — 1$$
$$= 72 — 9 = 63$$

$$\therefore \quad \bar{x} = \frac{63}{11} = 5{\cdot}727\ cm$$

∴ पूरे खंड की C.G. से भार की

उत्केन्द्रता $6 — \dfrac{63}{11} = \dfrac{3}{11}$ cm

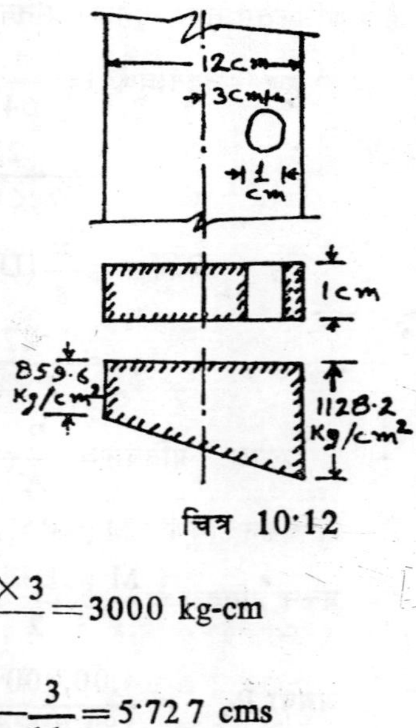

चित्र 10·12

बंकन घूर्ण $M = P \times e = \dfrac{11 \times 1000 \times 3}{11} = 3000$ kg-cm

अधिकतम संपीडित रेशों की दूरी $y_C = 6 — \dfrac{3}{11} = 5{\cdot}727$ cms

न्यूनतम संपीडित रेशों की दूरी अथवा अधिकतम तनाव रेशों की दूरी

$yt = 6{\cdot}273$ cms.

$$I_{yy} = \frac{1 \times (12)^3}{12} — \left\{\frac{1}{12} \times 1 \times (1)^3 + 1 \times 1(3)^2\right\}$$

$$= 144 — \left\{\frac{1}{12} + 9\right\} = 144 — 9{\cdot}083 = 134{\cdot}917\ cm^4$$

$$I_{Cg}=I_{YY}—A\times h^2=134{\cdot}916—12\times(3/11)^2$$
$$=134{\cdot}97—0{\cdot}9=134\ cm^4\ \text{(लगभग)}$$

$$p_C=\frac{M\times y_C}{I_{Cg}}=\frac{3000\times 5{\cdot}727}{134}=128{\cdot}2\ kg/cm^2\ \text{(संपीडित)}$$

$$p_s=\frac{M\times y_t}{I_{Cg}}=\frac{3000\times 6{\cdot}273}{134}=140{\cdot}4\ kg/cm^2\ \text{(तनाव)}$$

$$p_{max}=(p_o\times p_b)=1000+140{\cdot}4=1140{\cdot}4\ kg/cm^2\ \text{(तनाव)}$$

$$p_{min}=p_o—p_t=1000—128{\cdot}2=871{\cdot}8\ kg/cm^2\ \text{(तनाव)}$$

प्रतिबल वितरण उपरोक्त चित्र 10·12 में दिखलाया गया है, जो थोड़ा त्रुटिकर है।

चित्र में 1128·2 की जगह 1140·4 तथा 859·6 की जगह 871·8 होना चाहिए।

उदाहरण 5. 15cm × 10cm × 1 cm का T-खंड 10 cm वाली गहराई के मध्य पर 15t का भार वहन करता है। अधिकतम तथा न्यूनतम प्रतिबल तीव्रता ज्ञात कीजिए।

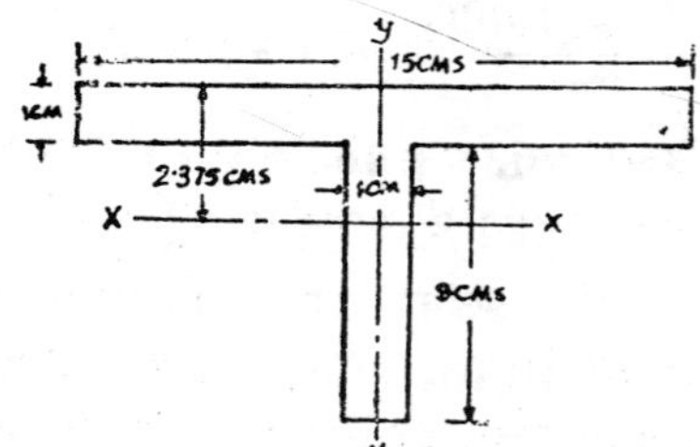

चित्र 10·13.

खंड का क्षेत्रफल $=15\times1+9\times1=24\ cm^2$

यदि T-खंड के फ्लैंज की पीठ से C.G. की दूरी x है तो

$$24\ \bar{x}=15\times\frac{1}{2}+9\times5\frac{1}{2}$$
$$=7{\cdot}5+49{\cdot}5$$
$$=57$$
$$\therefore\ \bar{x}=\frac{57}{24}=2{\cdot}375\ cm$$

$\therefore\ y_C=2{\cdot}375\ cm$ और $y_t=10—2{\cdot}375=7{\cdot}625\ cm$

भार की उत्केन्द्रता $=5—2{\cdot}375$

$=2{\cdot}625\ cm$

T-खड की पीठ पर जड़ता घूर्ण

$$I_{AB}=\frac{14\times(1)^3}{3}+\frac{1\times(10)^3}{3}$$

$$=\frac{14}{3}+\frac{1000}{3}=4{\cdot}67+333{\cdot}33$$

$$=338\ cm^4$$

I_{Cg} या $I_{XX}=I_{AB}-A\times h^2$

$$=338-24(2{\cdot}375)^2$$

$$=338-135{\cdot}4$$

$$=202{\cdot}6\ cm^4$$

बंकन घूर्ण $M=15\times1000\times2{\cdot}625$

$$=15000\times2{\cdot}625=39375\ kg\text{-}cm$$

$$\therefore p_C=\frac{M}{I_{YY}}\times y_C=\frac{39375}{202{\cdot}6}\times2.375=461{\cdot}6\ kg/cm^2$$

$$p_t=\frac{39375}{202{\cdot}6}\times7\ 625=1481{\cdot}8\ kg/cm^2$$

प्रत्यक्ष प्रतिबल $=\dfrac{15\times1000}{24}=625\ kg/cm^2$

$\therefore$ अधिकतम संपीडित प्रतिबल $=625+461{\cdot}6=1076{\cdot}6\ kg/cm^2$ (संपीडित)

$\therefore$ न्यूनतम प्रतिबल $=625-1481{\cdot}8=956{\cdot}8\ kg/cm^2$ (तनाव)

उदाहरण 7. एक फैक्ट्री में ढले हुए लोहे के बेलनाकार लघु स्तम्भ की ढलाई की गई है जिसका बाहरी व्यास 40 cm है। एक अकुशल श्रमिक द्वारा इसमें 20cm का सूराख किया गया जो इस प्रकार उत्केन्द्रित हो गया कि धातु की मोटाई एक तरफ 15 cm तथा दूसरी तरफ 5 cm रह गई। यदि स्तम्भ, सूराख की अक्ष पर 12t का भार वहन करे तो अधिकतम तथा न्यूनतम प्रतिबल ज्ञात कीजिए।

हल—स्तम्भ का क्षेत्रफल $=\dfrac{\pi}{4}\{(40)^2-(20)^2\}$

$$=\frac{22}{7\times4}(1600-400)$$

$$=\frac{1200\times22}{28}$$

$$=\frac{6600}{7}=942{\cdot}9\ cm^2$$

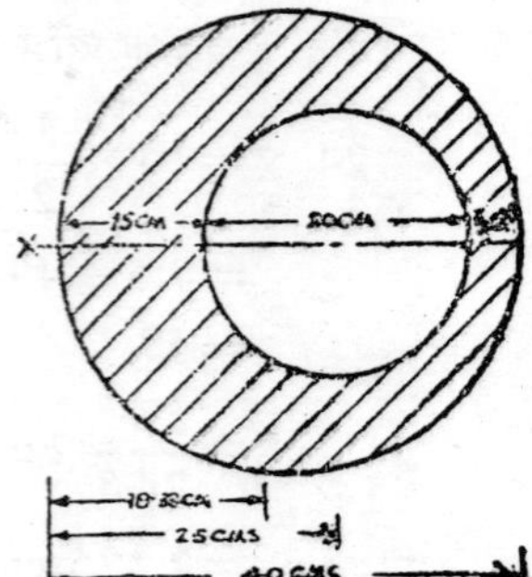

चित्र 10·14

यदि बिन्दु से खंड की C.G. की दूरी $\bar{x}$ हो तो

$$\frac{6600}{7}\bar{x}=\frac{\pi}{4}\times(40)^2\times 20-\frac{\pi}{4}(20)^2\times 25$$

अथवा $\frac{11}{7}\times 600\bar{x}=\frac{11}{7}\times\frac{2}{4}\times 32000-\frac{11}{7}\times\frac{2}{4}\times 10000$

$$600\bar{x}=16000-5000$$

$$\bar{x}=\frac{110}{6}=18\ 33\ \text{cm}$$

भार उत्केन्द्रता $=25-18{\cdot}33=6{\cdot}67$ cm

बंकन घूर्ण $=12\times 1000\times 6{\cdot}67=80040$ kg-cm

$$I_{YY}=\left\{\frac{\pi}{64}(40)^4+\pi/4(40)^2(20-18\ 33)^2\right\}$$

$$-\left\{\frac{\pi}{64}(20)^4+\pi/4(20)^2(25-18{\cdot}33)^2\right\}$$

$$=(125714{\cdot}3+3402{\cdot}06)-(7850+13968{\cdot}3)$$

$$=107388{\cdot}00\ \text{cm}^4$$

$$p_C=\frac{M}{I}\times y_C{}^1=\frac{80040}{107388}\times 21{\cdot}67=16{\cdot}2\ \text{kg/cm}^2$$ (संपीडित)

$$pt=\frac{80040}{107388}\times 18{\cdot}33=13{\cdot}5\ \text{kg/cm}^2$$ (तनाव)

प्रत्यक्ष प्रतिबल $p_o=\frac{12\times 1000}{193}=\frac{1200}{943}=12{\cdot}7$ kg/cm^2

अधिकतम संपीडित प्रतिबल $=P_o+P_b=16{\cdot}2+12{\cdot}7=28{\cdot}9$ kg/cm^2 (संपीडित)

न्यूनतम प्रतिबल $=p_o-p_t=12{\cdot}7-13{\cdot}5=0{\cdot}8$ kg/cm^2 (तनाव)

1·18. वायु दबाव

यदि किसी चिमनी या ऊँची दीवार या ऊँची इमारतों के विरुद्ध हवा चलती है तो हवा की दिशा में इमारत के गिरने का खतरा रहता है । दूसरे शब्दों में, इमारतों पर हवा के टकराने से बंकन उत्पन्न होता है जिसका प्रभाव आधार पर सबसे अधिक होता है । दीवार के स्वयं के भार के कारण इसके आधार पर प्रतिबल तीव्रता $\frac{W}{A}$ होती है, जहाँ W दीवार का स्वयं का पूरा भार तथा A आधार पर अनुप्रस्थ काट क्षेत्रफल है ।

यदि ρ दीवार की सामग्री का घनत्व हो और h ऊँचाई है तो

$$W=\rho\times A\times h,$$

$\therefore$ दीवार के स्वयं के भार के कारण प्रतिबल तीव्रता अथवा

$$\text{प्रत्यक्ष प्रतिबल } p_0 = \frac{\rho \times A \times h}{A} = \rho \times h$$

यदि हवा दीवार को, क्षितिज दबाव p' से टकराती है तो दीवार के आधार पर बंकन घूर्ण $= p' \times b \times h \times \frac{h}{2}$ उत्पन्न हो जाता है।

यहाँ b दीवार की लम्बाई है।

$\therefore$ बंकन घूर्ण $M = p' \times b \times h \times h/2$

$\therefore$ $p_{max} = p_0 + p_b$ और $p_{min} = p_0 - p_b$

परन्तु $p_b = \frac{M}{Z}$ जबकि $M = p' \times h \times b \times \frac{h}{2}$ और Z उस अक्ष के आधीन आधार पर आकृतिमापांक (Modulus of Section) है जिस पर बंकन होता है।

उपरोक्त स्थिति केवल आयताकार समतलों के लिए ही सत्य होती है। परन्तु यदि खुली हुई सतह गोल हो तो प्रतिबल तीव्रता p' के बजाय $\frac{2}{3} p'$ यानी आधार पर बंकन घूर्ण $p' \times h \times b \times \frac{h}{2}$ के बजाय $\frac{2}{3} \times p' \times h \times d \times \frac{h}{2}$ हो जाता है।

d संरचना का व्यास तथा h ऊँचाई है।

उदाहरण 8. एक चिमनी वर्गाकार है और 40 m ऊँची है। 1m × 1m का सूराख चिमनी की पूरी ऊँचाई में बनाया गया है। यदि कंक्रीट का अनुइय प्रतिबल 1200 KN/m² और घनत्व 24000 KN/m³ हो तो आधार पर कंक्रीट की मोटाई क्या होगी ? हवा का क्षैतिज दबाव 20 KN/m² है।

हल : यदि 'D' चिमनी का बाहरी माप हो।

$$\text{प्रत्यक्ष प्रतिबल} = \rho \times h$$
$$= 24000 \times 40 \text{ KN/m}^2$$
$$= \frac{24000 \times 40}{1000} \text{KN/m}^2$$
$$= 960 \text{ KN/m}^2$$

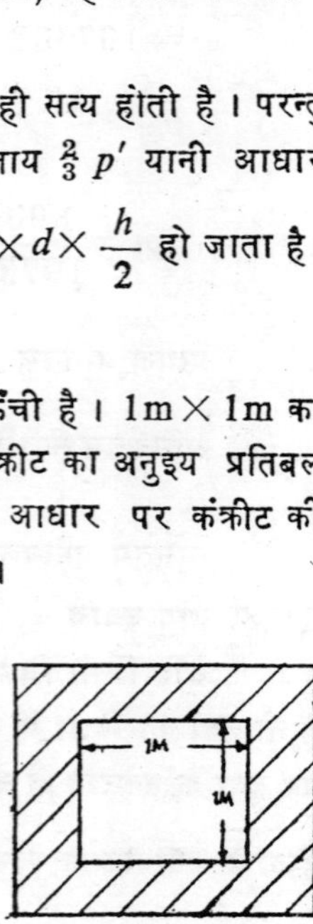

चित्र 10·15

चूँकि p_{max} 1200 KN/m² तक ही सीमित है अतः p_b का अधिकतम अनुमत मान $= 1200 - 960 = 240$ KN/m² हो सकता है।

चिमनी के एक तरफ हवा के कारण बल $=20\times D\times 40$ KN

$=800D$ KN

$$\therefore M=P\times\frac{h}{2}=800\ D\times\frac{40}{2}=16000DKN\text{-}m$$

$$Z=\frac{D^4-1}{6D}$$

$$p_b=\frac{M}{Z}=\frac{16000D\times 6D}{(D^4-1)}$$

p_b को 240 KN/m^2 के बराबर रखने पर,

$$\frac{16000D\times 6D}{D^4-1}=240$$

अथवा $\frac{16000D^2}{D^4-1}=40$ या $400\ D^2=D^4-1$

अथवा $D^4-400D^2-1=0$

प्रयास और त्रुटि विधि (Trial and Error method) द्वारा

$D=20$ m

अत: आधार पर कंक्रीट की मोटाई

$$=\frac{D-d}{2}=\frac{20-1}{2}=\frac{19}{2}=9{\cdot}5\text{ m}$$ उत्तर

उदाहरण 10. एक बेलनाकार चिमनी 30 m ऊँची है तथा इसका बाहरी व्यास 6 m है तथा आन्तरिक व्यास 2 m है। इसके एक तरफ 10 KN/m^2 का वायु दबाव पड़ रहा है। आधार पर अधिकतम तथा न्यूनतम प्रतिबल तीव्रता ज्ञात करो। चिनाई का घनत्व 20000 N/m^3 है।

हल : प्रत्यक्ष प्रतिबल $p_o=\rho\times h=20000\times 30=6\times 10^5\ N/m^2$

$=600\ KN/m^2$

वायु दबाव $P=\frac{2\times 30}{3}\times 6\times 10$

$=1200$ KN

चिमनी आधार पर अधिकतम बंकन घूर्ण,

$$M=P\times\frac{h}{2}=1200\times\frac{30}{2}=1800\text{ KN-m}$$

$$Z=\frac{\pi}{32D}(D^4-d^4)=\frac{22\{(6)^4-(2)^4\}}{7\times 32\times 6}$$

$$=\frac{22(1296-16)}{7\times32\times6}=\frac{22\times1280}{7\times32\times6}=\frac{440}{21}=21\ m^3$$

$$p_b=\frac{M}{Z}=\frac{18000}{21}=857\ KN/m^2$$

$\therefore P_{max}=600+857=1457\ KN/m^2$ (संपीडित)

$P_{min}=600-857=257\ KN/m^2$ (तनाव)

प्रश्नावली

1. 6 cm भुजा का वर्गाकार लघु लकड़ी का खंभा 10800 N भार संचारित करता है। यदि भार किसी ज्यामितीय अक्ष से 10 mm की दूरी पर है तो उत्पन्न अधिकतम और न्यूनतम प्रतिबल ज्ञात कीजिए।
(**उत्तर** 0 और 6 N/mm^2)

2. एक आयताकार खोखले चिनाई के खंभे (Rectangular hollow masonry Column) के बाहरी माप 2 m × 1 m और आन्तरिक माप 1 m × ½ m है और यह मोटाई के समद्विभाग पर 100 mm की उत्केन्द्रता पर 750 KN भार वहन करता है। खंभे से अधिकतम प्रतिबल होंगे? (**उत्तर** 380 KN/m^2 और 620 KN/m^2)

3. 3m × 2m बाहरी तथा 2m × 1m अन्दर के माप वाले खोखले चिनाई के पाये (Pier) की ऊँचाई 10m है। 3m की भुजा का समद्विभाग करने वाली रेखा पर ऊर्ध्वाधर समतल में पाये के शिखर पर 50 KN का क्षितिज (Horizontal) बल लगाया गया है। यदि चिनाई का घनत्व 22000 N/m^3 हो तो आधार पर अधिकतम और न्यूनतम प्रतिबल तीव्रता ज्ञात करो।
(**उत्तर** $p_{max}=492{\cdot}727\ KN/m^2$) (संपीडित)
$p_{min}=52{\cdot}727\ KN/m^2$ (तनाव)

4. एक चिनाई की आयताकार दीवार 1m मोटी और 3m ऊँची है। दीवार अपने शिखर तल तक मिट्टी इस प्रकार प्रतिधारण करती है कि मिट्टी द्वारा डाला गया दबाव शिखर पर शून्य तथा आधार पर 30 KN है। यदि चिनाई का भार 20 KN/m^3 हो तो आधार पर प्रतिबल तीव्रता ज्ञात कीजिए।
(**उत्तर** 210 KN/m^2 (तनाव) और 330 KN/m^2 (संपीडित)

5. 15 cm × 2 cm इस्पात के चपटे में पैदा हुई अधिकतम और न्यूनतम प्रतिबल तीव्रताएँ ज्ञात कीजिए जो 2 cm की भुजा का समद्विभाग करने वाले समतल में ज्यामितीय अक्षों से 0·4 cm की उत्केन्द्रता पर 10t का तनाव भार वहन करता हो। (**उत्तर** 386·5 kg/cm^2 (तनाव)
280·0 kg/cm^2 (तनाव)

6. एक समलम्ब चतुर्भुज (Trapezoidal section) की चिनाई की दीवार का एक फलक (face) ऊर्ध्वाधर है। दीवार 6m ऊँची और शिखर तथा आधार पर क्रमशः 2m और 6m मोटी है। यदि चिनाई का भार 20 KN/m^2 हो तो आधार पर उत्पन्न अधिकतम और न्यूनतम प्रतिबल ज्ञात कीजिए।

(**उत्तर** 147·6 KN/m^2. 13·3 KN/m^2 (दोनों संपीडित)

7. 220 mm और 180 mm क्रमशः बाह्य और आन्तरिक व्यास के ऊर्ध्वाधर पाये पर 500 mm उत्केन्द्रता पर 5000 N भार है। खंड में अधिकतम और न्यूनतम प्रतिबल ज्ञात कीजिए।

(**उत्तर** $p_{max}=4·764$ N/mm^2 (संपीडित)

$p_{min}=3·968$ N/mm^2 (तनाव)

8. 20 mm व्यास की लोहे की छड़ यूनिवर्सल टेस्टिंग मशीन में तनाव परीक्षण हेतु रखी गई है। भार छड़ की अक्ष से 2 mm दूर है और 80 KN का भार वहन करती है। धातु में उत्पन्न अधिकतम और न्यूनतम प्रतिबल ज्ञात कीजिए।

(**उत्तर** 459 N/mm^2 (संपीडित), 50·6 N/mm^2)

9. एक लघु खोखले बेलनाकार C.I. स्तम्भ का 24 cm बाहरी और 18 cm अन्दर का व्यास है। इसमें सूराख निकालने से उत्केन्द्रता आ गई जो धातु की मोटाई को 2 cm, 4 cm में बदल देती है। यदि सूराख के अक्ष पर स्तम्भ 50t का भार वहन करे तो खंड में उत्पन्न अधिकतम और न्यूनतम प्रतिबल ज्ञात कीजिए।

(**उत्तर** $p_{max}=397$ kg/cm^2) (संपीडित)

$p_{min}=135$ kg/cm^2

10. 20m ऊँची चिनाई की चिमनी एक समान खंड और आकार में गोल है। इसका बाहरी व्यास 7m और आन्तरिक व्यास $3\frac{1}{2}$m है। प्रक्षिप्त क्षेत्रफल (Projected-area) पर 100 kg/m^2 का हवा का दबाव है। यदि चिनाई का घनत्व $2t/m^3$ हो तो आधार पर अधिकतम और न्यूनतम प्रतिबल तीव्रता ज्ञात कीजिए।

(**उत्तर** 44·43 t/m^2, 35·57 t/m^2) (दोनों संपीडित)

11. एक C.I. स्तम्भ, खोखले खंड का बाह्य व्यास 20 cm तथा आन्तरिक व्यास 12 cm हैं। स्तम्भ की ज्यामितीय अक्ष से 5 cm की उत्केन्द्रता पर w भार रखा जाता है। यदि इस भार के कारण अधिकतम संपीडित प्रतिबल 1 t/cm^2 और अधिकतम तनाव प्रतिबल $\frac{1}{4}$ t/cm^2 से अधिक न हो तो w भार का मान बताओ। (**उत्तर** 81·2 ton)

12. 1 cm मोटी तथा 10 cm भुजा की आयताकार प्लेट 6t भार वहन करती है। भार रेखा ज्यामितीय अक्ष से $\frac{1}{2}$ cm की दूरी पर है और

मोटाई को समद्विभाग करने वाले समतल में है। खंड में उत्पन्न प्रतिबल ज्ञात कीजिए।

यदि भार के दूसरी तरफ, ज्यामितीय अक्ष से 1 cm पर 2 cm व्यास का सूराख हो तो उस स्थिति में उत्पन्न प्रतिबल तीव्रता ज्ञात कीजिए।

(**उत्तर** (I) 0·78 t/cm², 0·42 t/cm²
(II) 0·75 t/cm² 0·25 t-cm²

13. एक लघु खोखला ढलवाँ इस्पात स्तम्भ का बाहरी व्यास 30 cm और आन्तरिक व्यास 25 cm है। स्तम्भ का खोखलापन इस तरह उत्केन्द्री है कि धातु की मोटाई न्यूनतम 1 cm तथा अधिकतम 4 cm है। यदि छेद के केन्द्र बिन्दु पर 100 t का भार कार्य कर रहा हो तो खंड पर अधिकतम तथा न्यूनतम उत्पन्न प्रतिबल ज्ञात करो।

(**उत्तर** 0·996 t/cm² (संपीडक)
0·127 t/cm² (संपीडक)

14. एक लघु खोखला वर्गाकार स्तम्भ की बाहरी भुजा 2m और वर्गाकार थोथेपन की भुजा 1 m है। थोथेपन की अक्ष और ठोस स्तम्भ की अक्ष एक ही हैं। 12 t का एक भार एक विकर्ण पर स्तम्भ के केन्द्र बिन्दु से 1·2m उत्केन्द्रता पर कार्य करता है। स्तम्भ का खुद का भार यदि छोड़ दिया जाए तो स्तम्भ खंड के चारों कोनों पर उत्पन्न प्रतिबल ज्ञात करो।

(**उत्तर** 20·29 t/cm² (संपीडक)
12·29 t/cm² (तनाव)

बाकी के दोनों कोनों पर प्रतिबल शून्य होगा क्योंकि दोनों बिन्दु बल शून्य रेखा पर स्थित हैं।

11

स्तम्भ और थाम

[COLUMNS AND STRUTS]

11·1. परिभाषा :

स्तम्भ (Column)—स्तम्भ वह ऊर्ध्वाधर संपीडित अवयव है जो स्वतन्त्रतापूर्वक अपनी अनुदैर्ध्य, अक्ष अनुसार बाहरी भार वहन करता है ।

थाम (Strut)—किसी ढाँचेदार निर्मिति कासंपीडित अवयव, थाम कहलाता है । थाम ढाँचेदार निर्मिति का क्षैतिज, ऊर्ध्वाधर, या झुका हुआ अवयव हो सकता है ।

11·2 भूमिका :

यदि संपीडन में स्तम्भ की लम्बाई इसके पार्श्विक माप से छोटी होती है तो स्तम्भ केवल अवभंजन (Crushing) में ही विफल होता है तथा अवभंजन प्रतिबल $\frac{P}{A}$ आसानी से ज्ञात किया जाता है । यहाँ P स्तम्भ पर पड़ने वाला अवभंजन भार तथा A अनुप्रस्थ काट क्षेत्रफल है ।

परन्तु यदि स्तम्भ की लम्बाई इसके पार्श्विक माप से बड़ी हो तो किसी विशेष भार पर स्तम्भ का बंकन या बहकाव प्रारम्भ (Bukling) हो जाता है और इस प्रकार स्तम्भ में प्रत्यक्ष प्रतिबलों के अलावा बंकन प्रतिबल भी उत्पन्न हो जाते हैं । इस बंकन या बहकाव के प्रभाव के कारण स्तम्भ में प्रत्यक्ष प्रतिबल के अतिरिक्त संपीडित प्रतिबल उत्पन्न हो जाते हैं जिससे असल संपीडित प्रतिबल का मान बहुत बढ़ जाता है और स्तम्भ की भार वहन क्षमता कम हो जाती है । बहकाव या बंकन प्रभाव स्तम्भ पर किसी पार्श्व प्रभाव या ज्यामितीय अक्ष के उत्केन्द्रीय भार के कारण होता है ।

यदि किसी स्तम्भ की लम्बाई और न्यूनतम पार्श्विक माप का अनुपात छोटा होता है तो वह लघु स्तम्भ कहलाता है तथा जहाँ उपरोक्त अनुपात बड़ा होता है दीर्घ स्तम्भ कहलाता है ।

अतः कह सकते हैं कि लघु स्तम्भ केवल अवभंजन द्वारा विफल होता है जबकि दीर्घ स्तम्भ बहकाव या बंकन प्रभाव द्वारा अर्थात् जब किसी पदार्थ का चरम अवभंजन प्रतिबल बंकन तथा प्रत्यक्ष प्रतिबलों से बढ़ जाता है ।

लघु स्तम्भ में अवभंजन भार तथा दीर्घ स्तम्भ में बहकाव या विकलांगिक

भार मालूम करने के लिए विभिन्न सूत्र उपयोग में लाए जाते हैं। यहाँ केवल निम्न दो सूत्रों तक ही सीमित रहेंगे :

1. ईलर सूत्र (Eulers Formula)
2. रेन्कीन सूत्र (Rankine's Formula)

11·3. (1) **ईलर सूत्र** (Euler's Formula) :

यह सूत्र दीर्घ स्तम्भ के लिए उपयोग में आता है, जब स्तम्भ केवल बहकाव के कारण फेल होता है।

माना कि L लम्बाई के स्तम्भ के दोनों सिरे कब्जेदार हैं और P बहकाव या विकलांग भार है।

माना I स्तम्भ के अनुप्रस्थ काट का अल्पतम जड़ता घूर्ण है तथा किसी बिन्दु के निर्देशांक x, y हैं जबकि मूल बिन्दु स्तम्भ का मध्य बिन्दु है।

बंकन घूर्ण $M = -Py$

या $$\frac{EId^2y}{dx^2} = -Py$$

या $$\frac{d^2y}{dx^2} = -\frac{Py}{EI}$$

या $$\frac{d^2y}{dx^2} + \frac{Py}{EI} = 0$$

यह एक दूसरी श्रेणी की अवकलन समीकरण (Differential Equation) है जिसका हल निम्न होता है :

$$y = A\cos x\sqrt{\frac{P}{E}} + B\sin x\sqrt{\frac{P}{EI}}$$

चित्र 11·1

जहाँ A और B समाकलन अचर (Constants of Integration) है। अवकलन करने पर :

$$\frac{dy}{dx} = -A\sqrt{\frac{P}{EI}}\sin\sqrt{\frac{P}{EI}} \times x + B\sqrt{\frac{P}{EI}}\cos\sqrt{\frac{P}{EI}} \times x$$

स्तम्भ के केन्द्र पर यानि $x = 0$ पर $\frac{dy}{dx} = 0$

$$B = 0,\ y = A\cos\sqrt{\frac{P}{EI}}\,x$$

और जहाँ $x=0$ है $y=\delta$ मध्य में विक्षेप है ।

$$\therefore \quad \delta = A$$

$$\therefore \quad y = -\delta \cos\sqrt{\frac{P}{EI}}\,x$$

और $\frac{L}{2}$ पर, $y=0$

$$0 = -\delta\cos\sqrt{\frac{P}{EI}} \times \frac{L}{2}$$

या $\delta=0$ अथवा $\cos\sqrt{\frac{P}{EI}} \times \frac{L}{2} = 0$

परन्तु केन्द्र पर विक्षेप (Deflection) शून्य नहीं हो सकता । अतः केवल

$\cos\sqrt{\frac{P}{EI}} \times \frac{L}{2} = 0$ हो सकता है ।

$\therefore \cos\sqrt{\frac{P}{EI}} \times \frac{L}{2} = \cos\frac{\pi}{2}$ मूल्यांकन इसलिए किया गया है

क्योंकि यह P का न्यूनतम मान देता है ।

$$\sqrt{\frac{P}{EI}} \times \frac{L}{2} = \frac{\pi}{2}$$

दोनों पक्षों का वर्ग करने पर,

$$\frac{P}{EI} \times \frac{L^2}{4} = \frac{\pi^2}{4}$$

$$P = \frac{\pi^2}{4} \times \frac{4EI}{L^2}$$

$$= \pi^2 \frac{EI}{L^2} = \frac{\pi^2 EI}{L^2}$$

उपरोक्त P Eulers load या बहूक भार या विकलांग भार (Crippling load) अथवा क्रांतिक भार (Critical Load) कहलाता है ।

11·4. स्तम्भ के सिरों की स्थिति

किसी स्तम्भ की भार वहन क्षमता के लिए स्तम्भ के सिरों की स्थितियाँ (End conditions) बहुत महत्त्व रखती हैं । संभावित सिरों की स्थितियाँ निम्नानुसार हो सकती हैं :

1. एक सिरा स्थिर व दूसरा स्वतन्त्र

2. दोनों सिरे स्थिर
3. दोनों सिरे कब्जेदार
4. एक सिरा स्थिर व दूसरा सिरा कब्जेदार

विभिन्न सिरों की स्थिति अनुसार स्तम्भ की प्रभावी लम्बाई भिन्न होती है अतः स्तम्भ की भार वहन क्षमता भी भिन्न होती है।

1. एक सिरा स्थिर व दूसरा सिरा स्वतन्त्र होने पर सैद्धान्तिक प्रभावी लम्बाई स्तम्भ की वास्तविक लम्बाई की दुगुनी होती है।

यानी $L_e = 2L$. जबकि L_e स्तम्भ की प्रभावी लम्बाई है।

अतः इस स्थिति में ईलर सूत्र निम्न प्रकार हो जाता है :

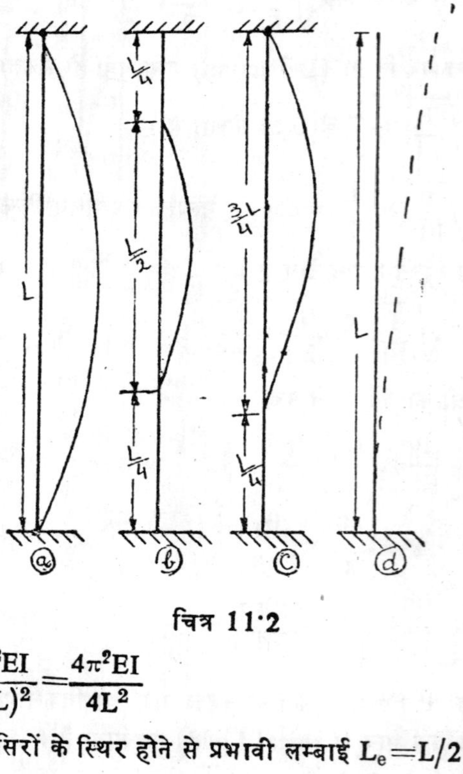

चित्र 11·2

$$P = \frac{\pi^2 EI}{(2L)^2} = \frac{4\pi^2 EI}{4L^2}$$

2. दोनों सिरों के स्थिर होने से प्रभावी लम्बाई $L_e = L/2$ होती है।
अतः ईलर सूत्र :

$$P = \frac{\pi^2 EI}{\left(\frac{L}{2}\right)^2} = \frac{4\pi^2 EI}{L^2}$$

3. जब दोनों सिरे कब्जेदार होते हैं तो ईलर सूत्र मूल रूप में ही रहता है

यानि $P=\frac{\pi^2 EI}{L^2}$ दूसरे शब्दों में प्रभावी लम्बाई वास्तविक लम्बाई के बराबर होती हैं ।

4. जब एक सिरा स्थिर व दूसरा कब्जेदार होता है तो प्रभावी लम्बाई

$$Le=\frac{L}{\sqrt{2}}$$

अतः ईलर का सूत्र $P=\frac{\pi^2 EI}{(L/\sqrt{2})^2}=\frac{2\pi^2 EI}{L^2}$

उपरोक्त संदर्भों द्वारा यह बिल्कुल स्पष्ट है कि स्तम्भ की भार वहन क्षमता सिरों की स्थिति पर निर्भर करती है ।

सारिणी 10·1

सिरों की स्थिति	प्रभावी लम्बाई	ईलर सूत्र का रूप
1. एक सिरा स्थिर व दूसरा स्वतन्त्र	2L	$\frac{\pi^2 EI}{4L^2}$
2. दोनों सिरे स्थिर	L/2	$\frac{4\pi^2 EI}{L^2}$
3. दोनों सिरे कब्जेदार	L	$\frac{\pi^2 EI}{L^2}$
4. एक सिरा स्थिर व दूसरा कब्जेदार	$L/\sqrt{2}$	$\frac{2\pi^2 EI}{L^2}$

दोनों सिरे कब्जेदार होने की स्थिति में ईलर का सूत्र

$$P=\frac{\pi^2 EI}{L^2}$$

$$=\frac{\pi^2 EAr^2}{L^2}$$

क्योंकि $I=Ar^2$ जबकि r जड़ता घूर्ण त्रिज्या (Radius of Gyration) है ।

$$P=\frac{\pi^2 EA}{\left(\frac{L}{r}\right)^2}$$

$$\text{or}\quad p=\frac{P}{A}=\frac{\pi^2 E}{\left(\frac{L}{r}\right)^2}$$

जड़ता घूर्ण त्रिज्या r या K दोनों से व्यक्त की जा सकती है ।

अनुपात L/r स्तम्भ का तनुता अनुपात (Slenderness Ratio) कहलाता है, और $\frac{P}{A}=P_C$, बहक या विकलांग प्रतिबल कहलाता है ।

11·5. ईलर सूत्र की परिसीमायें (Limitations of Euler's Formula)

ईलर सूत्र की कल्पनाएँ व प्रायोगिक स्थिति :

1. स्तम्भ पूर्णतता सीधा होता है जबकि वास्तविक रूप में ऐसा सम्भव नहीं है ।

2. भार अक्ष पर पड़ता है जबकि वस्तुतः यह कुछ उत्केन्द्री अवश्य होता है, चाहे यह उत्केन्द्रता बहुत ही कम क्यों न हो ।

3. स्तम्भ में प्राथमिक प्रतिबल नहीं होता है जबकि वास्तव में संरचना बनाते समय (Fabrication) व खड़ा करते समय (Erection) संरचना में कुछ प्रतिबल अवश्य उत्पन्न हो जाते हैं ।

4. बंकन दृढ़ता (Flexural Rigidity) EI का मान एक ही रहता है ।

सूत्र में धातु के किसी भी गुण व सामर्थ्यता का आभास नहीं होता तो भी इससे स्तम्भ की भार वहन क्षमता मालूम की जा सकती है ।

यदि ईलर सूत्र का अच्छी प्रकार अध्ययन करे तो प्रतीत होगा कि इस सूत्र में धातु के किसी भी गुण व सामर्थ्यता का आभास नहीं होता, फिर भी इससे स्तम्भ की भार वहन क्षमता ज्ञात होती है । ईलर सूत्र द्वारा स्तम्भ का चरम भार जिस पर स्तम्भ का बहकाव प्रारम्भ होता है ज्ञात किया जाता है और किन्हीं प्रत्यक्ष प्रतिबलों की गणना नहीं होती । परन्तु वास्तव में प्रत्यक्ष प्रतिबल बहकाव प्रतिबल को बढ़ाता है । अतः दीर्घ स्तम्भ में जहाँ प्रत्यक्ष प्रतिबल बंकन प्रतिबलों के अनुपात में मामूली होता है, निरस्त कर दिया जाता है अतः वहाँ ईलर सूत्र वैध होता है । ईलर सूत्र कितने तनुता अनुपात के लिए वैध है, ज्ञात किया जा सकता है । साधारण इस्पात (Mild Steel) के लिए चरम प्रतिबल 315 N/mm^2 और $E=2{\cdot}06\times10^6\ N/mm^2$ होता है ।

∴ दोनों सिरे कब्जेदार होने पर, ईलर सूत्र :

$$P=\frac{\pi^2 EI}{L^2}=\frac{\pi^2 EAr^2}{L^2}$$

$$\frac{P}{A}=\frac{\pi^2 E}{\left(\frac{L}{r}\right)^2}$$

उपरोक्त समीकरण में साधारण इस्पात के लिए चरम प्रतिबल का मान रखने पर

$$315=\frac{\pi^2\times2{\cdot}06\times10^5}{\left(\frac{L}{r}\right)}$$

$$\frac{L}{r}=\pi\sqrt{\frac{2{\cdot}06\times10^5}{315}}=80{\cdot}4$$

अतः ईलर सूत्र दोनों सिरे कब्जेदार होने पर $\frac{L}{r}=80$ या इससे अधिक होने पर कार्य में लिया जा सकता है।

सारिणी 11·2

सिरों की स्थिति	$\frac{L}{r}$ की सीमा जिसके लिए ईलर सूत्र वैध है
1. दोनों सिरे कब्जेदार	$\frac{L}{r}=80$
2. दोनों सिरे आबद्ध	$\frac{L}{r}=160$
3. एक सिरा स्थिर व दूसरा स्वतन्त्र	$\frac{L}{r}=40$
4. एक सिरा स्थिर व दूसरा सिरा कब्जेदार	$\frac{L}{r}=113$

यदि $\frac{L}{r}$ दी गई सीमा से कम हो तो ईलर सूत्र विकलांग प्रतिबल का मान काफी अधिक देता है। अतः धातु अनुमत मान से पूर्व ही अवभंजन में नष्ट हो जाती है।

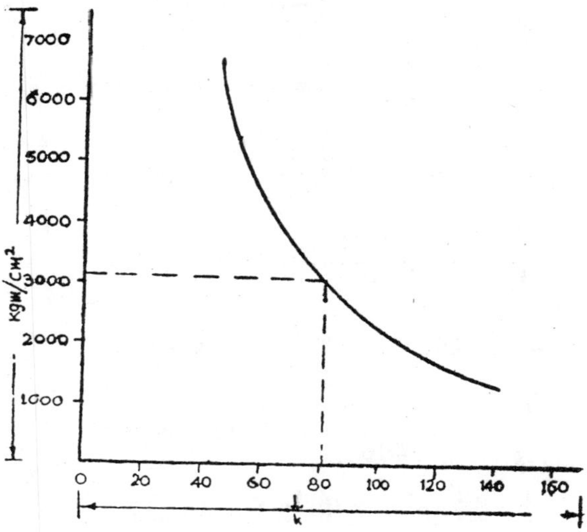

चित्र 11·3

ईलर सूत्र उपयोग में लाते समय जड़ता घूर्ण सावधानीपूर्वक ज्ञात किया जाना चाहिए, क्योंकि स्तम्भ के जिस अक्ष पर जड़ताघूर्ण न्यून होता है उसी अक्ष पर स्तम्भ का बंकन या बहक होता है।

$\frac{P}{A}=\frac{\pi^2 E}{\left(\frac{L}{r}\right)^2}$ का रेखाचित्र प्रदर्शन चित्र 11·3 दिया गया है।

उदाहरण 1. ईलर सूत्र उपयोग करते हुए स्तम्भ के लिए बहक या विकलांग प्रतिबल ज्ञात करो। तनुता अनुपात 20, 40, 80, 100, 140, 160 और 180 है। दोनों सिरों की स्थिति स्थिर व $E=2{\cdot}05\times10^5 N/mm^2$ मानिए।

हल : $$P=\frac{4\pi^2 EI}{L^2}=\frac{4\pi^2 EAr^2}{L^2}$$

$$\frac{P}{A}=\frac{4\pi^2 E}{\left(\frac{L}{r}\right)^2}$$

$4\pi^2 E$ अचर (Constant) है और दोनों सिरे स्थिर होने पर इसका मान $80{\cdot}8\times10^5$ होता है। उपरोक्त में विभिन्न $\frac{L}{r}$ के मान रख कर, विकलांग प्रतिबल ज्ञात कर सकते हैं।

1. $\frac{L}{r}=20,\qquad \left(\frac{L}{r}\right)^2=400$

$$\frac{P}{A}=\frac{80{\cdot}8\times10^5}{400}=2,02,00\ N/mm^2$$

2. $\frac{L}{r}=40,\qquad \left(\frac{L}{r}\right)^2=1600$

$$\frac{P}{A}=\frac{80{\cdot}8\times10^5}{1600}=50,50\ N/mm^2$$

3. $\frac{L}{r}=80,\qquad \left(\frac{L}{r}\right)^2=6400$

$$\frac{P}{A}=\frac{80{\cdot}8\times10^5}{6400}=1252{\cdot}5\ N/mm^2$$

4. $\frac{L}{r}=100,\qquad \left(\frac{L}{r}\right)^2=10,000$

$$\therefore \quad \frac{P}{A}=\frac{80{\cdot}8\times 10^5}{10000}=808 \text{ N/mm}^2$$

$$(5) \quad \frac{P}{A}=140, \quad \left(\frac{P}{r}\right)^2=19{,}600$$

$$\therefore \quad \frac{P}{A}=\frac{80{\cdot}8\times 10^5}{1{,}96{,}00}=\frac{80{\cdot}8\times 10^8}{196}=412{\cdot}25 \text{ N/mm}^2$$

$$(6) \quad \frac{P}{A}=160, \quad \left(\frac{L}{r}\right)^2=25{,}600$$

$$\therefore \quad \frac{P}{A}=\frac{80\ 8\times 10^5}{25600}=315{\cdot}625 \text{ N/mm}^2$$

$$(7) \quad \frac{L}{r}=180, \quad \left(\frac{L}{r}\right)^2=32{,}400$$

$$\therefore \frac{P}{A}=\frac{80{\cdot}8\times 10^5}{32400}=249{\cdot}4 \text{ N/mm}^2$$

परिणाम संक्षेप में निम्न प्रकार हैं :

सारिणी 11·3

$\frac{L}{r}$	20	40	90	100	140	160	180
$\frac{P}{A}$ N/mm²	2,02,0	50,50	1252·5	8,08	412·25	315·625	249·4

उदाहरण 2. एक खोखले गोल व ठोस गोल स्तम्भ की सामर्थ्य का अनुपात ज्ञात कीजिए जिनके अनुप्रस्थ काट क्षेत्रफल समान हैं। बाहरी व आन्तरिक व्यास का अनुपात 2 है तथा अन्य समस्त परिस्थितियाँ समरूप हैं।

हल—दोनों स्तम्भों की परिस्थितियाँ समरूप होने के कारण, माना कि इनके दोनों सिरे स्थिर हैं। यदि खोखले स्तम्भ की सामर्थ्य H और ठोस स्तम्भ की भार सामर्थ्य S है

$$S=\frac{4\pi^2 EI}{L^2}=\frac{4\pi^2 EAr_s^2}{L^2}$$

और $$H=\frac{4\pi^3 EI}{L^2}=\frac{4\pi^2 EAr_h^2}{L^2}$$

$$\therefore \quad \frac{H}{S}=\frac{(r_h^2)}{r_s^2}$$

ठोस गोल खंड के लिए $r_s^2 = \frac{\pi}{64} d^4 \times \frac{4}{\pi d^2}$

$$= \frac{d^2}{16}$$

और खोखले गोल खंड के लिए $r_h^2 = \dfrac{\frac{\pi}{64}\left\{D^4 - \left(\frac{D}{4}\right)^4\right\}}{\frac{\pi}{4}\left\{D^4 - \left(\frac{D}{2}\right)^2\right\}}$

या $$r_h^2 = \frac{D^2 + \left(\frac{D}{2}\right)^2}{16}$$

$$= \frac{D^2 + \left(\frac{D^2}{4}\right)}{16} = \frac{5D^2}{64}$$

$$\therefore \quad \frac{H}{S} = \frac{5D^2}{64} \times \frac{16}{d^2} = \frac{5}{4} \quad \frac{D^2}{d^2} \qquad ...(1)$$

खोखले गोल खंड का क्षेत्रफल $= \frac{\pi}{4}\left\{D^2 = \left(\frac{D}{2}\right)^2\right\}$

$$= \frac{\pi}{4}\left(D^2 - \frac{D^2}{4}\right) = \frac{\pi}{4} \times \frac{3}{4} D^2$$

$$= \frac{3}{16} \pi D^2$$

ठोस गोल खंड का क्षेत्रफल $= \frac{\pi d^2}{4}$

चूँकि दोनों क्षेत्रफल समान हैं

$$\therefore \quad \frac{\pi}{4} d^2 = \frac{3}{16} \pi D^2$$

या $$\frac{D^2}{d^2} = \frac{\pi}{4} \times \frac{16}{3\pi} = \frac{4}{3} \qquad ...(2)$$

समीकरण (1) में $\frac{D^2}{d^2} = \frac{4}{3}$ का मान रखने पर;

$$\frac{H}{S} = \frac{5}{4} \times \frac{4}{3} = \frac{5}{3}$$

अतः वांछित सामर्थ्य-अनुपात 5 : 3 है।

दूसरे शब्दों में खोखला स्तम्भ ठोस स्तम्भ (दिए गए) से अधिक सामर्थ्य रखता है।

उदाहरण 3. एक आयताकार छड़ 4cm × 2cm अनुप्रस्थ काट में व 2mm लम्बी हैं जो बहकाव तक अपनी अक्ष पर भार वहन करती है। ईलर-सूत्र उपयोग करते हुए 300 N/mm^2 उत्पाद प्रतिबल (yield stress) पड़ने पर अधिकतम विक्षेप (Maximum) ज्ञात कीजिए। $E = 1 \times 10^5 N/mm^2$ है।

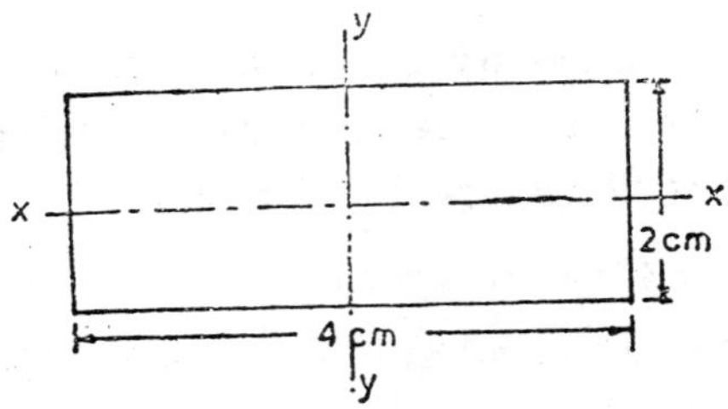

चित्र 11·4

$$I_{YY} = \frac{2 \times (4)^3}{12} = \frac{64}{6} = \frac{32}{3}$$

$$= 10{\cdot}57 \text{ cm}^4 = 105700 \text{ mm}^4$$

$$I_{XX} = \frac{4 \times (2)^3}{12} = \frac{8}{3} = 2{\cdot}67 \text{ cm}^4 = 26700 \text{ mm}^4$$

चूंकि I_{XX} न्यून है अतः स्तम्भ X—अक्ष पर ही झुकेगा।

$$\text{बहक भार} = \frac{\pi^2 EI}{L^2} = \frac{\pi^2 \times 1 \times 10^5 \times 26700}{(200)0^2}$$

$$= 6590 \text{ N}$$

$$\text{प्रत्यक्ष प्रतिबल} = \frac{659}{4 \times 2} = \frac{659}{8} = 82{\cdot}4 \text{ N/cm}^2$$

$$= 8{\cdot}24 \text{ N/mm}^2$$

अतः भंजन बिन्दु (yield point) पर बंकन प्रतिबल

$$= 300 - 8{\cdot}24 = 291{\cdot}76 \text{ N/mm}^2$$

जहाँ विक्षेप अधिकतम होगा वहाँ बंकन प्रतिबल भी अधिकतम होता है अतः भंजन प्रतिबल पर अधिकतम बंकन घूर्ण :

$$=\frac{p}{y}\times I_{XX}=291{\cdot}76\times 26700\times\frac{1}{10}$$

$$=778000 \text{ N-mm.}$$

यदि 'δ' अधिकतम विक्षेप हो तो बंकन घूर्ण $6590\times\delta$ के बराबर होता है।

$\therefore\quad 6590\times\delta=7780$

$$\therefore\qquad \delta=\frac{7780}{659}=118 \text{ mm.}$$

अतः वांछित अधिकतम विक्षेप 118mm. है।

उदाहरण 4. 200 cm लम्बे व 7cm व्यास वाले थाम (Strut) के लिए सुरक्षित भार ज्ञात कीजिए जब कि वह प्रक्षीप संपीडित भार वहन करता है। यदि (*a*) दोनों सिरे कब्जेदार हों (*b*) दोनों सिरे स्थिर हों।

उत्पादित प्रतिबल $=3200$ kg/cm²

यदि $E=2\times10^6$kg/cm² हो तो थाम की किस न्यूनतम लम्बाई के लिए ईलर सूत्र लागू नहीं होता ?

हल— $$I=\frac{\pi}{64}(7)^4\text{cm}^4$$

(*a*) बहकाव भार $=\dfrac{\pi^2EI}{L^2}$

$$=\frac{\pi^2\times2\times10^6\times\pi\times7^4}{64\times(200)^2}$$

$$=\frac{\pi^3\times2\times10^6\times49\times49}{64\times4\times10^4}=58231{\cdot}25 \text{ kg}$$

यदि L_1 वह न्यूनतम लम्बाई हो जिससे नीचे ईलर सूत्र लागू नहीं होता तो सुरक्षित भार भंजन भार अनुसार ज्ञात किया जाता है।

विनाशक भार = भंजन प्रतिबल × क्षेत्रफल

$$=3200\times\pi/4\times(7)^2$$

$$=\frac{3200\times22\times7\times7}{7\times4}=1{,}23{,}200 \text{ kg}$$

$$\therefore\qquad 1{,}23{,}200=\frac{\pi^2EI}{L_1^2}=\frac{\pi^2\times2\times10^6\times\pi\times7^4}{64\times L_1^2}$$

या $$L_1^2=\frac{\pi^3\times2\times10^6}{64\times1{,}23{,}200}\times7^4$$

$$=\frac{22}{7}\times\frac{22}{7}\times\frac{22}{7}\times\frac{2\times10^6\times49\times49}{64\times1,23,200}$$

$$=\frac{22\times22\times10^6}{64\times400}$$

$$L_1=\sqrt{\frac{22\times22\times10^6}{64\times400}}$$

$$=\frac{22\times1000}{8\times20}=\frac{22000}{160}=137\cdot5 \text{ cms}$$

(*b*) $$P=\frac{4\pi^2EI}{L^3}=\frac{4\times\pi^2\times2\times10^6\times\pi\times(7)^4}{64\times(200)^2}$$

$$=232925 \text{ kg}$$

$$\because \quad 123200=\frac{4\pi^2EI}{L^2}$$

$$\therefore \quad L=275 \text{ cms}$$

11·6. **आनुभाविक सूत्र :**

(1) Rankine's Gordon's Formule—**रेंकीन गोर्डन सूत्र**

पहले बताए गए अनुसार ईलर सूत्र केवल दीर्घ स्तम्भ के लिए ही उपयुक्त होते हैं। तुनता अनुपात की कुछ सीमाओं के नीचे यह सूत्र बहुत अधिक मान देता है अतः उवयोगी नहीं होता। प्रो० रेंकीन ने एक अच्छा परम्य सूत्र सुझाव था जो दीर्घ स्तम्भ तथा लघु स्तम्भ दोनों परिस्थितियों में उपयुक्त है।

यदि लघु स्तम्भ के लिए अधिकतम अवभंजन भार P_c तथा दीर्घ स्तम्भ के लिए P_e अधिकतम विकलांग भार हो और P स्तम्भ की भारवहन क्षमता हो। रेंकीन सूत्र के सिद्धान्तानुसार :

$$\frac{1}{P}=\frac{1}{P_c}+\frac{1}{P_e}$$

रेंकीन का विचार था कि $\frac{L}{r}$ के बहुत छोटे मान के लिए Pe का मान काफी बड़ा हो जाता है और परिणामस्वरूप $\frac{1}{P_e}$ इतना छोटा हो जाता कि $\frac{1}{P_c}$ के अनुपात में इसकी उपेक्षा की जा सकती है। अतः $\frac{1}{P}\rightarrow$लगभग $\frac{1}{P_c}$ के बराबर हो जाता है।

दूसरी तरफ, यदि तनुता अनुपात बहुत बड़ा है तो Pc का मान बहुत कम हो जाता है। परिणामस्वरूप $\frac{1}{P_c}$ भी $\frac{1}{P_e}$ के अनुपात में बड़ा हो जाता है जिससे $\frac{1}{P_e}$ की

उपेक्षा की जा सकती है।

अतः $\frac{1}{P} \rightarrow \frac{1}{P_e}$

प्रो० रेंकीन ने समस्त स्थितियों को दृष्टिगोचर रखते हुए निम्न सूत्र दिया था :

$$\frac{1}{P} = \frac{1}{P_c} + \frac{1}{P_e}$$

अथवा $$\frac{1}{P} = \frac{P_e + Pc}{P_e \times Pc} \quad \cdots(1)$$

परन्तु $P_e = \frac{\pi^2 EI}{L^2}$, दोनों सिरे कब्जेदार होने पर,

और $Pc = p_c \times A$

समीकरण (1) में मान रखने पर,

$$P = \frac{P_c \times P_e}{P_c + P_e}$$

$$= \frac{P_c}{1 + \frac{P_c}{P_e}} = \frac{pc \times A}{1 + \frac{pcA^2}{\pi^2 EI}}$$

$$= \frac{p_c A}{1 + \left(\frac{p_c}{\pi^2 E}\right)\left(\frac{L}{r}\right)^2} = \frac{pcA}{1 + a(L/r)^2} \text{ यहाँ } a = \frac{pc}{\pi^2 E}$$

'a' रेंकीन स्थिरांक (Rankine' Constant) कहलाता है।

सूत्र आनुभाविक होने के कारण 'a' स्थिरांक का मान p_c, π^2 और E के मान अनुसार न लगाकर प्रयोग द्वारा निकाला जाता है।

यह ध्यान में रखना चाहिए कि pc स्तम्भ के लिए पूर्ण अवभंजन में काम आने वाला अधिकतम संपीडित प्रतिबल है। अतः उपरोक्त सूत्र द्वारा pc के स्थान पर $\frac{P}{A}$ विकलांग प्रतिबल का मान रखने पर यह चरम प्रतिबल देता है। इस प्रकार प्राप्त किए गए चरम प्रतिबल द्वारा सुरक्षित प्रतिबल ज्ञात करने हेतु इसे सुरक्षा गुणक (Factor of safety) द्वारा भाग देना होता है।

स्थिरांक 'a' का मान सैद्धान्तिक न होकर प्रायोगिक होता है। रेंकीन सूत्र द्वारा विकलांग भार निकालते समय नीचे दिया गया 'a' का प्रायोगिक मान काम में लिया जाना चाहिए :

सारिणी 12·4

क्र० सं०	धातु	pc kg/cm^2 (N/mm^2)	दोनों सिरे कब्जेदार होने पर 'a' का मान
1.	ढला लोहा (Cast Iron)	5670 (567)	$\frac{1}{1600}$
2.	साधारण इस्पात (Mild Steel)	3300 (330)	$\frac{1}{7500}$
3.	पिटा लोहा (Wrought Iron)	2520 (252)	$\frac{1}{9000}$
4.	टिम्बर (लकड़ी)	500 (50)	$\frac{1}{750}$

अन्य सिरों की स्थितियों के लिए भी रेंकीय सूत्र लिखा जा सकता है और 'a' का मान निम्नानुसार रखा जाता है :

सारिणी 12·5

क्र० सं०	सिरों की स्थिति	'a' का मान
1.	दोनों सिरे कब्जेदार	a
2.	दोनों सिरे स्थिर	$a/4$
3.	एक सिरा स्थिर व दूसरा स्वतन्त्र	$4a$
4.	एक सिरा स्थिर व दूसरा कब्जेदार	$a/2$

रेंकीन सूत्र जैसा ही दूसरा सूत्र Ritter ने प्रस्तावित किया था। औसतन अक्षीय प्रतिबल के लिए उसका सूत्र :

$$\frac{P}{A}=\frac{p}{1+a\left(\frac{Le}{r}\right)^2}$$ है जबकि p स्वीकार्य प्रतिबल है तथा

$a=\frac{pc}{\pi^2 E}$ और L_e प्रभावी लम्बाई है। रेन्कीन (Rankine's) व रिटर (Ritter) के सूत्रों में केवल यही अन्तर है कि पूर्व सूत्र चरम विकलांग भार देता है जबकि दूसरा सूत्र सुरक्षा कारक (Safety Factor) को भी दृष्टिगत रखता है।

रेन्कीय सूत्र कम लेते समय 'a' के मान व प्रभावी लम्वाई (Effective Length) दोनों का ध्यान रखना चाहिए। यदि वास्तविक लम्बाई प्रभावी लम्बाई में बदल दी जाती है तो 'a' का मान नहीं बदलता है। इसका मान स्टॅण्डर्ड सूत्र के अनुसार होता है यानी दोनों सिरे कब्जेदार की तरह होते हैं। दूसरी तरफ यदि 'a' का मान सिरों की स्थिति अनुसार रखा गया हो तो 'L' का मान दोनों सिरे कब्जेदार होने की स्थिति में होगा चाहे सिरों की स्थिति कुछ भी क्यों न हो। यह तथ्य निम्न संख्यात्मक प्रश्नों से स्पष्ट हो जाता है।

उदाहरण 5. ढले हुए लोहे के स्तम्भ का बाहरी व्यास 10 cm व आन्तरिक व्यास 8 cm तथा लम्बाई 100 cm है। रेन्कीन सूत्र द्वारा सुरक्षित भार ज्ञात कीजिए। यदि

(*a*) दोनों सिरे स्थिर हैं।
(*b*) दोनों सिरे कब्जेदार हैं।

हल—$p^c=600\ \text{N/mm}^2\ a=\frac{1}{6400}$

काट खण्ड $=\pi/4\{(10)^2-(8)^2\}=\pi/4(100-64)=9\pi\ \text{cm}^2$
$=900\pi\ \text{mm}^2$

जड़ता घूर्ण $=\pi/64\{(10)^4-(8)^4\}$
$=\pi/64(10000-4096)=\pi/64\times 5904$
$=92{\cdot}25\pi\ \text{cm}^4 92{\cdot}25\times 10^4\ \text{mm}^4$

$$r^2=I/A=\frac{92{\cdot}35\times\pi\times 10^4}{900\pi}=1025\ \text{mm}^2$$

(*a*) $a=\frac{1}{4}\times\frac{1}{6400}=\frac{1}{1600}$

याद रखिए 'a' के मान को स्थिति अनुसार रख दिया है

अब 'L' का मान वास्तविक होगा। यदि 'a' का मान $a/4$ नहीं बदलते तो $L_e=L/2$ दोनों सिरे स्थिर होने के कारण बदलना पड़ता।

$$P=\frac{P_c\times A}{1+\frac{a}{4}\left(\frac{L}{r}\right)^2}=\frac{600\times 900\pi}{1+\frac{1}{6100}\left(\frac{1000000}{1025}\right)}=1472650\ \text{N}$$

(*b*) $a=\frac{1}{1600}$

$$P=\frac{600\times900\pi}{1+\frac{1}{1600}\left(\frac{1000\times1000}{1025}\right)}=1054285\text{ N}$$

उदाहरण 6. दो I.S.M.C 400 चेनलस 30 cm के फासले पर पीठ से पीठ रखकर, स्तम्भ के रूप में काम लाई गई हैं। 1·4 cm × 50 cm की चादर (Plates) प्रत्येक फ्लैंज (Flange) पर लगी हुई हैं। रेन्कीन सूत्र द्वारा स्तम्भ की भारवहन क्षमता ज्ञात करो, यदि स्तम्भ की लम्बाई 6m है तथा दोनों सिरे कब्जेदार हैं।

I.S.M.C 400 के विशेष गुण :

$I_{XX}=15082{\cdot}8\text{ cm}^4=15082{\cdot}8\times10^4\text{ mm}^2$

$I_{YY}=504{\cdot}8\times10^4\text{ mm}^4$ $A=62{\cdot}93\text{ cm}^2=6293\text{ mm}^2$

पीठ से C.G की दूरी $=24{\cdot}2$ mm.

प्रभावी लम्बाई $(L)=600\text{ cm}=6000\text{ mm}.$

दोनों चेनल की $I_{XX}=2\times15082{\cdot}8=30165{\cdot}6\text{ cm}^4$

$=30165{\cdot}6\times10^4\text{ mm}^4$

(Plates) की स्वयं के अक्ष का (*x*-अक्ष की समानान्तर)

प्लेटों का जड़ता घूर्ण $=2\left\{50\times\frac{(1{\cdot}4)^3}{12}\right\}=22{\cdot}88\text{ cm}^4$

$=22{\cdot}88\times10^4\text{ mm}^4$

कुल $I_{XX}=30163{\cdot}6+22{\cdot}88+2\times50\times1{\cdot}4\times(20{\cdot}7)^2$

$=90178{\cdot}50\text{ cm}^4=90178{\cdot}5\times10^4\text{ mm}^4$

y-अक्ष पर चेनल का जड़ता घूर्ण $=2\times504{\cdot}8=1009{\cdot}6\text{ cm}^4$

$=1009{\cdot}6\times10^4\text{ mm}^4$

कुल $I_{YY}=1009{\cdot}6+2\times62{\cdot}93\times(17{\cdot}42)^2+\frac{2\times1{\cdot}4\times(50)^3}{12}$

$=1009{\cdot}6+38190+29166{\cdot}6$

$=68366{\cdot}2\text{ cm}^4=68366{\cdot}2\times10^4\text{ mm}^4$

यदि यौगिक खण्ड की I_{XX} और I_{YY} की तुलना करें तो I_{YY} न्यून है अतः तनुता अनुपात की गणना हेतु I_{YY} का मान काम लिया जाएगा, क्योंकि स्तम्भ *y*-अक्ष पर बंकन करेगा।

यौगिक खण्ड का क्षेत्रफल $=2(62{\cdot}93+50\times1{\cdot}4)$

$=265{\cdot}80\text{ cm}^2=26580\text{ mm}^2$

$I_{YY}=A(r_{YY})^2$

$$r_{YY}=\sqrt{\frac{I_{YY}}{A}}=\sqrt{\frac{68366{\cdot}2\times10^4}{26580}}=160{\cdot}2\text{ mm}$$

न्यूनतम तनुता अनुपात $L/r_{YY}=\frac{6000}{160\cdot2}=37\cdot4$

रेन्कीन सूत्रानुसार, $P=\frac{pc\times A}{1+a(L/r)^2}$

$$=\frac{330\times26580}{1+\frac{1}{7500}(37\cdot4)^2}\ N$$

$$=\frac{330\times26580}{1000\left\{1+\frac{1}{7500}\times\frac{1398\cdot76}{1}\right\}}\ KN$$

$$=7394\ KN$$

उदाहरण 7. एक स्तम्भ के लिए ISHB, 400 काम में लिया गया। यदि स्तम्भ की प्रभावी लम्बाई 4m हो तो रेन्कीन सूत्र द्वारा विकांग भार (Crippling Load) ज्ञात करो। साधारण इस्पात के लिए 330 N/mm² चरम प्रतिबल मानिए।

ISHB 400 के विशेष गुण :

$$I_{XX}=28083\cdot5\ cm^4=28083\cdot5\times10^4\ mm^4$$

$$I_{YY}=2728\cdot3\ cm^4\ =2728\cdot3\times10^4\ mm^4$$

$$A=98\cdot60\ cm^2\quad=9860\ mm^2$$

हल : चूंकि I_{YY} न्यून है अत: बंकन y-अक्ष पर होगा। इसलिए y-अक्ष पर तनुता अनुपात की गणना करनी होगी।

$$r_{YY}=\sqrt{\frac{I_{YY}}{A}}=\sqrt{\frac{2728\cdot3\times10^4}{9860}}=52\cdot6\ mm$$

न्यूनतम तनुता अनुपात $\frac{L}{r}=\frac{400}{52\cdot6}=76\cdot05$

रेन्कीन सूत्रानुसार, $P=\frac{pc\times A}{1+a(L/r)^2}$

$$=\frac{330\times9860}{1+\frac{1}{7500}\times(70\cdot05)^2}=\frac{330\times9860}{1+\frac{57836}{7500}}$$

$$=\frac{330\times9860\times7500}{13283\cdot60}=184000\ N$$

$$=1840\ KN\ \text{उत्तर}$$

उदाहरण 8. दो ISMB 300, I खण्ड को 12mm × 500mm की दो सिरों की चादरों (Plates) द्वारा जालीदार (Latticed) बनाया गया है जैसा कि चित्र 11·5 में दिखाया हुआ है। स्तम्भ 5m लम्बा व दोनों कब्जेदार सिरों वाला है तथा सम्भावित अधिकतम भार के लिए अभिकल्प किया गया है। दोनों I खण्डों की दूरी व अनुमेय (Permissible) भार ज्ञात कीजिए।

ISMB 300 के विशेष गुण :

$$I_{XX}=8603{\cdot}6\ cm^4=8603{\cdot}6\times10^1\ mm^4$$
$$I_{YY}=453{\cdot}9\ cm^4\quad=453{\cdot}9\times10^4\ mm^4$$
$$A=56\ 26\ cm^2\quad=5626\ mm^2$$

हल : किसी स्तम्भ के सम्भावित अधिकतम भार के लिए मुख्य अक्ष पर दोनों जड़ता घूर्ण बराबर होने चाहिए।

यदि दोनों I खण्डों के केन्द्रक (Centroid) की दूरी x हो तो पूरे खण्ड का

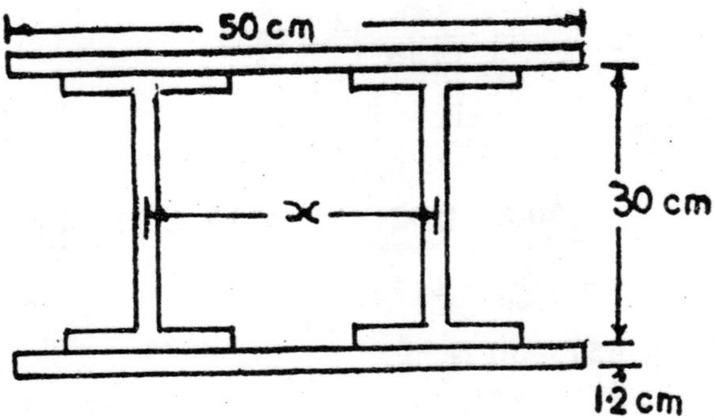

चित्र 11·5

$$I_{XX}=2\left\{8603{\cdot}6+\frac{50\times(1{\cdot}2)^3}{12}+50\times1{\cdot}2\times(15{\cdot}6^6)\right\}$$
$$=17207{\cdot}2+14.4+29203{\cdot}2$$
$$=46424{\cdot}8\ cm^4 \qquad ...(1)$$
$$I_{YY}=2\left\{453{\cdot}9+56{\cdot}26\times\left(\frac{x}{2}\right)^2+\frac{1{\cdot}2\times(50)^3}{12}\right\}$$
$$=907{\cdot}8+112{\cdot}52\left(\frac{x}{2}\right)^2+25000$$
$$=25907{\cdot}8+28{\cdot}13x^2 \qquad ...(2)$$

(1) व (2) को बराबर करने पर,

$$25907{\cdot}8+28{\cdot}13x^2=46424{\cdot}8$$

या $$28{\cdot}13x^2 = 46424{\cdot}8 - 25907{\cdot}8$$
$$= 20517{\cdot}0$$

या $$x^2 = \frac{20517}{28{\cdot}13} = \sqrt{\frac{20517}{28{\cdot}13}}$$
$$= 27{\cdot}03 \text{ cm} = 270{\cdot}3 \text{ mm.}$$

यौगिक खण्ड का क्षेत्रफल $= 2[56{\cdot}26 + 50 \times 1{\cdot}2]$
$$= 232{\cdot}52 \text{ cm}^2$$

जड़ता घूर्ण त्रिज्या $r = \sqrt{\frac{1}{A}}$
$$= \sqrt{\frac{46424{\cdot}8}{232{\cdot}52}} = 14{\cdot}13$$

तनुता अनुपात $\frac{L}{r} = \frac{500}{14{\cdot}13}$
$$\frac{L^2}{r^2} = \left(\frac{500}{14{\cdot}13}\right)^2 = 1252$$

रेन्कीन सूत्र अनुसार, $P = \frac{Pc \times A}{1 = C(L/r)^2}$
$$= \frac{330 \times 23252}{1 + \frac{1}{7500} \times 1252} = \frac{330 \times 23252 \times 7500}{8752}$$
$$= 6575000 \text{ N}$$
$$= 6575 \text{ KN.}$$

उदाहरण 9. एक जुड़ा हुआ स्तम्भ (Built up column) तीन ISMB 300 का बना हुआ है जो चित्र 11·6 में दिखलाए अनुसार रखे गए हैं। रेन्कीन और ईलर सूत्र द्वारा बहक भार ज्ञात कीजिए। यदि स्तम्भ की लम्बाई 8m हो और विकलांग प्रतिबल 320 N/mm² हो। 'a' $= \frac{1}{7500}$ मानिए।

ISMB 300 के गुण :
$$I_{XX} = 8603{\cdot}6 \text{ cm}^4 = 8603{\cdot}6 \times 10^4 \text{ mm}^4$$
$$I_{YY} = 454 \text{ cm}^4 = 454 \times 10^4 \text{ mm}^4$$
$$A = 56{\cdot}26 \text{ cm}^2 = 5626 \text{ mm}^2$$

हल—खण्ड का पूर्ण क्षेत्रफल $= 3(56{\cdot}26) = 168{\cdot}78 \text{ cm}^2 = 16878 \text{ mm}^2$
$$I_{XX} = 2 \times 8603{\cdot}6 + 454$$

$$=17661{\cdot}2\ \text{cm}^4=17661{\cdot}2\times10^4\ \text{mm}^4$$

$$I_{YY}=8603{\cdot}6+\{156{\cdot}26\times(15{\cdot}375^2)+454\}\times2$$

$$=8603{\cdot}6+908+26600$$

$$=36111{\cdot}6\ \text{cm}^4=36111{\cdot}6\times10^4\ \text{mm}^4$$

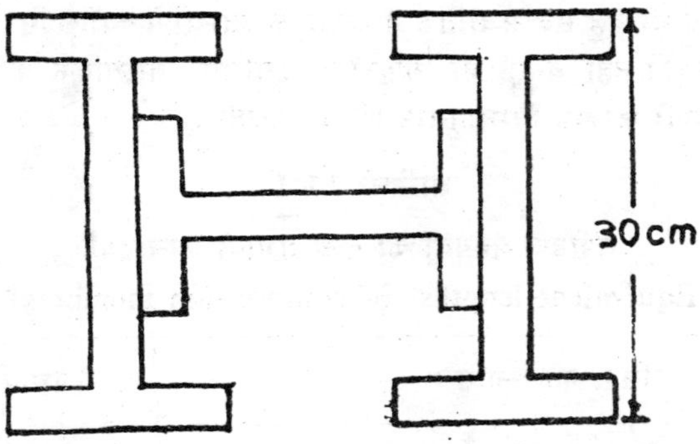

चित्र 11·6

चूँकि I_{XX}, I_{YY} से न्यून है अतः स्तम्भ X-अक्ष पर फेल होगा, अतः r_{XX} तनुता अनुपात गणना के लिए लिया जाएगा।

कम से कम जड़ता घूर्ण त्रिज्या $r_{XX}=\sqrt{\frac{I_{XX}}{A}}$

$$=\sqrt{\frac{17661{\cdot}2}{168{\cdot}78}}$$

$$=10{\cdot}23\ \text{cm}=102{\cdot}3\ \text{mm}$$

रेन्कीन सूत्रानुसार, विकलांग भार

$$P_C=\frac{p_C\times A}{1+a(l/r)^2}$$

$$=\frac{330\times16878}{1+\frac{1}{7500}\left(\frac{8\times8\times10^6}{102{\cdot}3\times102{\cdot}3}\right)}$$

$$=\frac{330\times16878}{1{\cdot}815}=3070\ \text{KN.}$$

ईलर सूत्रानुसार, $P_C=\frac{\pi^2EI}{l^2}$

$$=\frac{22}{7}\times\frac{22}{7}\times\frac{2\times10^5\times17661{\cdot}2\times10^4}{8000\times8000\times1000}$$

$$=5450\ \text{KN.}$$

स्तम्भों का अभिकल्पना

इसी अध्याय में बताये ईलर सूत्र में बता चुके हैं कि स्तम्भों के सिरों की स्थिति का इसकी प्रभावी लम्बाई पर तथा स्तम्भ की भार वहन क्षमता पर बहुत प्रभाव होता है। ईलर सूत्र में स्तम्भ की सिरों की स्थिति अनुसार जो प्रभावी लम्बाइयाँ बताई थी वह सब सैद्धांतिक है। लोहे के स्तम्भों में क्योंकि सिरों की बिल्कुल पूर्ण स्थायी स्थिति नहीं बनाई जा सकती है इसलिए वास्तविक परिस्थितियों में स्तम्भों की प्रभावी लम्बाई निम्नानुसार ली जा सकती है :

सारिणी 11·1

संपीडक अवयवों की तुल्य प्रभावी लम्बाइयाँ

(Equivalent lengths of compression members)

सिरों की स्थिति	प्रभावी लम्बाई
दोनों सिरे प्रभावी रूप से आबद्ध हैं (held in position and restrained in direction)	0·67 L
2. एक सिरा कब्जेदार है तथा दूसरा आबद्ध है	0·85 L
3. दोनों सिरे कब्जेदार हैं	L
4. एक सिरा आबद्ध है तथा दूसरा स्वतन्त्र है	2L

ध्यान रहे यहाँ L स्तम्भ की वास्तविक लम्बाई है।

IS 800-1962 अनुसार स्तम्भ का अभिकल्पन निम्न चरणों में किया जाता है।

I. लोहे के स्तम्भ के लिए लगभग 80 N/mm^2 का अनुमत संपीडित प्रतिबल मानकर, स्तम्भ के लिए आवश्यक अनुप्रस्थ काट क्षेत्रफल ज्ञात करो।

II. स्तम्भ के लिए ऐसा लोहे का खंड अपनाओ जो आवश्यक अनुप्रस्थ काट क्षेत्रफल (A) के बराबर या थोड़ा अधिक हो।

III. स्तम्भ की सिरों की परिस्थितियों अनुसार प्रभावी लम्बाई (l) ज्ञात करो।

IV. खंड की न्यूनतम जड़ता त्रिज्या r (radius of gyratio) ज्ञात करो।

V. स्तम्भ का तनुता अनुपात (Slendrenus ration) $\frac{l}{r}$ ज्ञात करो

VI. $\frac{l}{r}$ के मान के अनुरूपी स्तम्भ में अनुमत प्रतिबल (P_C) सारिणी 11·2 में से ज्ञात करो।

VII. स्तम्भ के अनुप्रस्थ काट क्षेत्रफल A और अनुमत प्रतिबल (pc) का गुणनखण्ड ज्ञात करो। यही स्तम्भ द्वारा उठाया गया भार होता है। यह भार स्तम्भ पर आ रहे भार के बराबर या थोड़ा अधिक होना चाहिए।

सारिणी 11·2

$\frac{l}{r}$ के अनुरूपी स्तम्भों में अनुमत संपीडित प्रतिबल

$\frac{l}{r}$	pc kg/cm^2 (N/mm^2)	$\frac{l}{r}$	pc kg/cm^2
	1250 (125)	140	531 (53·1)
10	1246 (124·6)	150	474 (47·4)
20	1239 (123·9)	160	423 (42·3)
30	1224 (122·4)	170	377 (37·7)
40	1203 (120·3)	180	336 (33·6)
50	1172 (117·2)	190	300 (30·0)
60	1130 (113·0)	200	270 (27·0)
70	1075 (107·5)	210	243 (24·3)
80	1007 (100·7)	210	219 (21·9)
90	928 (92·8)	230	199 (19·9)
100	840 (84·0)	240	181 (18·1)
110	753 (75·3)	250	166 (16·6)
120	671 (67·1)	300	109 (10·9)
130	527 (62·7)	350	76 (7·6)

$\frac{l}{r}$ का अधिकतम मान सारिणी 11·3 में दिए मानों से अधिक नहीं होना चाहिए।

सारिणी 11·3

अवयव की किस्म	$\frac{l}{r}$ का अधिकतम मान
1. अध्यारोपत भारों और स्थाई भारों द्वारा लदे अवयव	180
2. हवा के कारण, भूकम्प के कारण, बलों को सहने वाले अवयवों के लिए।	250
3. ऐसे अवयवों के लिए जिनमें विपरीत प्रवृत्ति के बल उत्पन्न होना सम्भव हो जैसे कैंची की तान, ब्रेसिंग वगैरा।	350

उदाहरण 10. चित्र 11·5 में दिखाए खंड द्वारा उठाया गया सुरक्षित भार I.S. विधि द्वारा ज्ञात करो। स्तम्भ के दोनों सिरे कब्जेदार हैं तथा लम्बाई 5m है।

हल—इस चित्र को इस तरह बनाया गया है कि संयुक्त खंड का जड़ता घूर्ण या जड़ता त्रिज्या दोनों अक्षों पर एक ही हो।

$$I_{xx}=I_{YY}=4642{\cdot}8\ cm^4=4642{\cdot}8\times10^4\ mm^4$$

$$A=232{\cdot}25\ cm^2=23225\ mm^2$$

$$r=\sqrt{\frac{I}{A}}=\sqrt{\frac{4642{\cdot}8\times10^4}{23252}}=14{\cdot}13$$

$$\frac{l}{r}=\frac{500}{141{\cdot}3}=35{\cdot}4$$

सारिणी 11·2 से $\frac{l}{r}=35{\cdot}4$ के लिए

p_C का मान निम्नानुसार ज्ञात किया जा सकता है।

$\frac{l}{r}$ 20 के लिए $P_C=1224\ kg/cm^2$

$$=122{\cdot}4\ N/mm^2$$

$\frac{l}{r}$ 40 के लिए $P_C=1203\ kg/cm^2$

$$=120{\cdot}3\ N/mm^2$$

$\frac{l}{r}$ के 10 के अन्तर पर P_C में अन्तर 2·1 N/mm^2

$\therefore \frac{l}{r}$ के 5·4 के अन्तर के लिए p_C में अन्तर$=\frac{2\cdot1}{10}\times5\cdot4=1\cdot134 N/mm^2$

$\therefore \frac{l}{r}$ 35·4 के लिए $p_C=122\cdot4-1\cdot134$

$=121\cdot266 N/mm^2$

अतः स्तम्भ की भार वहन क्षमता$=p_C\times A$

$=\frac{121\cdot266\times23252}{1000}$

$=2818$ KN उत्तर

उदाहरण 11. ISMB 600 खंड के फ्लैंजों पर 30 cm × 1 cm की एक लोहे की प्लेट चित्र 11·7 अनुसार लगी है। यह पूरा खंड एक स्तम्भ के रूप में लिया गया है। यदि स्तम्भ की प्रभावी लम्बाई 4m है तो स्तम्भ द्वारा उठाया सुरक्षित भार ज्ञात करो। ISMB 600 के गुण निम्नानुसार हैं :

$I_{XX}=91813\cdot0 cm^4$, $I_{YY}=2651\cdot0 cm^4$ $A=156\cdot21 cm^2$

हल—संयुक्त खंड का क्षेत्रफल$=156\cdot21+2\times30\times1$

$=216\cdot21 cm^2$

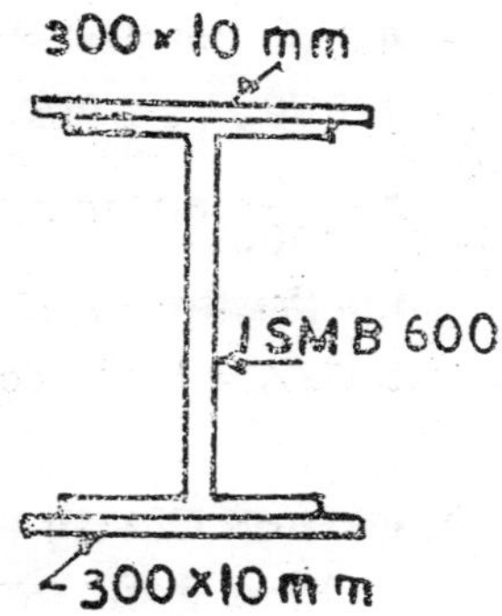

चित्र 12·7

संयुक्त खंड का I_{YY}

$=$ISMB का $I_{YY}+$फ्लैंजों पर लगी प्लेटों का NA

लेकिन I_{YY}

$=2651\cdot00+2\times1\times\frac{(30)^3}{12}$

$2651\cdot00+4500=7151 cm^4$

संयुक्त खंड का I_{YY}, ISMB के I_{XX} से भी कम है इसलिए संयुक्त खंड की जड़ता त्रिज्या r_{YY}

yy—अक्ष पर ज्ञात करनी होगी।

$$r_{YY}=\sqrt{\frac{I_{YY}}{A}}=\sqrt{\frac{7151}{216\cdot21}}=5\cdot75.$$

$$\frac{l}{r}=\frac{400}{5\cdot75}=69\cdot6$$

$\frac{l}{r}=69\cdot6$ के लिए $p_C=1130-55\times0\cdot96$

$=1130-52\cdot80$

$=1077\cdot2 kg/cm^2$

∴ सुरक्षित भार वहन क्षमता $=1077{\cdot}20\times216{\cdot}21$

$=232700$ kg $=23{\cdot}7$ t **उत्तर**

प्रश्नावली

1. I.S W.B. 400 cm × 20 cm थाम (Strut) 8m लम्बा है तथा दोनों सिरे कब्जेदार हैं। थाम के लिए ईलर सूत्र द्वारा बहक भार ज्ञात करो। ISWB 400,66·7 kg के लिए $I_{XX}=23426{\cdot}7$ cm⁴ और $I_{YY}=1388{\cdot}0$ cm^4 है तथा $r_{YY}=4{\cdot}04$ cm है। $E=2\times10^6$ kg/cm²

(उत्तर 42·84 t)

2. एक ठोस गोलाकार C.I. स्तम्भ के दोनों सिरे स्थिर हैं। यह 4m ऊँचा और 500 KN का अक्षीय भार सुरक्षा कारक 6 से वहन करता है। रेन्कीय सूत्र द्वारा स्तम्भ का व्यास मालूम कीजिए। $p_e=700$ N/mm² और अचर (Constant) $a=\frac{1}{1600}$ दोनों सिरे कब्जेदार होने पर

(उत्तर 134 mm.)

3. ISJC 200 का चेनल खंड साधारण इस्पात थाम की जगह काम में लिया गया है। 2m लम्बा और दोनों सिरों पर स्थिर है तथा अक्षीय भार 'P' वहन करता है। $p_c=6$t/cm² और दोनों सिरे कब्जेदार होने पर 'a' का मान $=\frac{1}{1600}$ तथा सुरक्षाकारक 6 मानते हुए रेन्कीन सूत्र द्वारा P का सुरक्षित मान निकालिए। ISJC 200 के लिए $I_{XX}=1161{\cdot}2$ cm³ $I_{YY}=84{\cdot}2$ cm^4, $A=17{\cdot}77$ cm² $r_{XX}=8{\cdot}08$ cm और $r_{YY}=2{\cdot}18$ cm

(उत्तर 7·67 t)

4. एक खोखले CI स्तम्भ का बाहरी तथा आन्तरिक व्यास क्रमशः 120 mm तथा 100 mm हैं और स्तम्भ 3m लम्बा है। रेन्कीन सूत्र द्वारा बहक भार ज्ञात कीजिए यदि अचर $a=\frac{1}{1600}$ दोनों सिरे कब्जेदार तथा अवभंजन प्रतिबल (Cruhingstress) $=600$ N/mm² दी गई हो।

(उत्तर 422 KN.)

5. 50 cm लम्बा तथा 1cm × $\frac{1}{2}$cm अनुप्रस्थ काट खंड की आयताकार छड़ थाम की जगह प्रयुक्त किया गया है। ईलर सूत्र द्वारा थाम के लिए बहक-भार (Bucking) ज्ञात कीजिए। यदि धातु खंड में 1000 kg/cm² का प्रतिबल तथा $E=1\times10^6$ kg/cm² हो तो छड़ के मध्य में विक्षेप (Diflection) ज्ञात कीजिए।

(उत्तर $P_e=41$ kg, 0·932 cm)

6. 15 cm बाहरी तथा 11 cm आन्तरिक व्यास के खोखले C.I स्तम्भ की लम्बाई 8m है। स्तम्भ के दोनों सिरे कब्जेदार हैं। यदि विकलांग प्रतिबल Crippling Stress) $p_e = 6t/cm^2$ और $a = \frac{1}{1600}$ तथा $E = 1 \times 10^6$ kg/cm^2 तो (1) ईलर सूत्र तथा (II) रेन्कीन सूत्र द्वारा बहक भार ज्ञात कीजिए।

(उत्तर I=27t II 25·4t)

7. 24 cm × 15 cm अनुप्रस्थ काट का लकड़ी का लट्ठा (Timber log) दोनों सिरों पर स्थिर वाले स्तम्भ के लिए प्रयुक्त किया गया है। यदि स्तम्भ की लम्बाई 4m है तो रेन्कीन सूत्र द्वारा सुरक्षित अधिकतम भार ज्ञात कीजिए। सुरक्षा कारक 5, $p_c = 500$ kg/cm^2 तथा $a = \frac{1}{800}$ मानिए

(उत्तर 9·8t)

8. एक स्थाणक (Stanchion) ISLC 40 cm × 10cm की पीठ से पीठ रखी हुई दो R.S चेनल का बना हुआ है। चेनल के बीच की दूरी 30 cm है। 60cm × 1cm मोटी एक-एक प्लेट दोनों फ्लैंजों पर लगाई गई है। यदि स्थाणुक की प्रभावी लम्बाई 6m और दोनों सिरे कब्जेदार हों तो रेन्कीन सूत्र द्वारा स्थाणुक की भार वहन क्षमता निकालिए। $p_c = 3100 kg/cm^2$, $a = \frac{1}{1600}$ तथा ISLC 50 cm × 10 cm के लिए $A = 58·25$ cm^2, $I_{XX} = 13989$ $5cm^4$, $I_{YY} = 460·5cm^4$ है।

(उत्तर 398t)

9. 20 cm × 1cm मोटी दो प्लेटें ISMB 400 फ्लैंजों के दोनों तरफ लगाई गई हैं। यदि खंड के दोनों सिरे स्थिर हों तथा स्तम्भ 12m लम्बा है तो स्तम्भ की सुरक्षित भार वहन क्षमता ज्ञात कीजिए। सुरक्षाकारक 6, $p_c = 4t/cm^2$ $a = \frac{1}{7500}$ ISMB 400 के विशेष गुण $I_{XX} = 20458·4cm^4$ $I_{YY} = 622.1$ cm^4 $A = 78·48$ cm^2 मानिए।

(उत्तर 51·2t)

10. रेन्कीन सूत्र द्वारा स्तम्भ का विकलांग भार (Crippling Load) ज्ञात कीजिए जो 23 cm की दूरी पर रखे गए दो ISMB 300 का बना हुआ है। प्रत्येक फ्लैंज के साथ 60cm × 1 cm की प्लेट लगी हुई है। यह स्तम्भ 10m लम्बा है। दोनों सिरे स्थिर मानिए। $p_c = 3·3t/cm^2$ $a = \frac{1}{7500}$ ISMB के लिए $I_{XX} = 8603·6$ cm^4, $I_{YY} = 453·1cm^4$ $A = 56·26cm^2$

(उत्तर 606t)

11. ठोस लोहे के स्तम्भ तथा खोखले लोहे के स्तम्भ की सामर्थ्यता का अनुपात ज्ञात करो। दोनों स्तम्भ एक ही पदार्थ के बने है तथा अनुप्रस्थ का क्षेत्रफल भी एक है। खोखले स्तम्भ का आन्तरिक व्यास, बाहरी व्यास का आधा है। दोनों स्तम्भों की लम्बाई एक है तथा दोनों के सिरे कब्जेदार हैं।

उत्तर $\frac{\text{खोखला स्तम्भ}}{\text{ठोस स्तम्भ}} = \frac{5}{3}$

12. $150 \times 120 \times 20$mm का T खंड जिसकी लम्बाई 4m है तथा दोनों सिरे कब्जेदार हैं एक स्तम्भ के रूप में काम लिया गया है। स्तम्भ के लिए विकलांग भार (Crippling) ज्ञात करो। $E = 2 \times 10^5$ N/mm^2 (**उत्तर** 702KN)

13. 150×100 mm के I-गर्डर के दोनों फ्लैंजों पर 120 mm $\times$ 12mm की एक-एक प्लेट लगी हुई है। इस खंड को 4m लम्बी स्तम्भ के रूप में काम लिया गया है तथा स्तम्भ का एक सिरा आबद्ध तथा दूसरा कब्जेदार है। सुरक्षकारक 3·5 मानते हुए स्तम्भ पर सुरक्षित भार ज्ञात करो। I-गर्डर के गुण निम्नानुसार हैं? $A = 21{\cdot}67$ cm^2, $I_{XX} = 839{\cdot}1$ cm^4, $I_{YY} = 94{\cdot}8$cm^4 अधिकतम अनुमत प्रतिबल 3·15t/cm^2 तथा रेन्किन स्थिरांक $a = \frac{1}{7500}$ है।

(**उत्तर** सुरक्षित भार वहन क्षमता = 20·43t)

14. ISJC 200 की दो चेनलें एक-दूसरे की तरफ पीछा करके लगाई हुई हैं। दोनों चेनलों की backs में दूरी 10 cm है। चेनलों के दोनों फ्लैंजों पर 25cm $\times$ 1cm की एक-एक प्लेट लगाकर आपस में समबद्ध किया हुआ है। यह संयुक्त खंड 6m लम्बे एक स्तम्भ के रूप में काम लिया गया है। स्तम्भ के दोनों सिरे आबद्ध हैं। यदि अधिकतम प्रतिबल 3·2t/cm^2 और रेन्किन स्थिरांक $a = \frac{1}{7500}$ है तो सुरक्षाकारक 4 मानते हुए स्तम्भ की सुरक्षित धारण क्षमता ज्ञात करो। ISJC 200 के गुणा निम्नानुसार हैं। $A = 17{\cdot}77$cm^2, $I_{XX} = 1161{\cdot}2$cm^4, $I_{YY} = 84{\cdot}2$cm^4, $C_Y = 1{\cdot}97$cm
C_Y चेनल के back से गुरुत्व केन्द्र की दूरी है। (**उत्तर** 55·7t)

12
रिवेट जोड़

12·1. रिवेट जोड़

जब दो प्लेटें रिवेट की सहायता से जोड़ी जाती हैं तो इस संयोजक को रिवेट जोड़ कहते हैं।

रिवेट जोड़ निम्न दो प्रकार के होते हैं :

(1) चढ़ाव जोड़ (Lap Joint)

(2) कुन्दा जोड़ (Butt Joint)

जब दो प्लेटें इस प्रकार रिवेट द्वारा जोड़ी जाती हैं कि एक प्लेट दूसरी के ऊपर चढ़ी हो तो यह जोड़ चढ़ाव जोड़ (Lap Joint) कहलाता है।

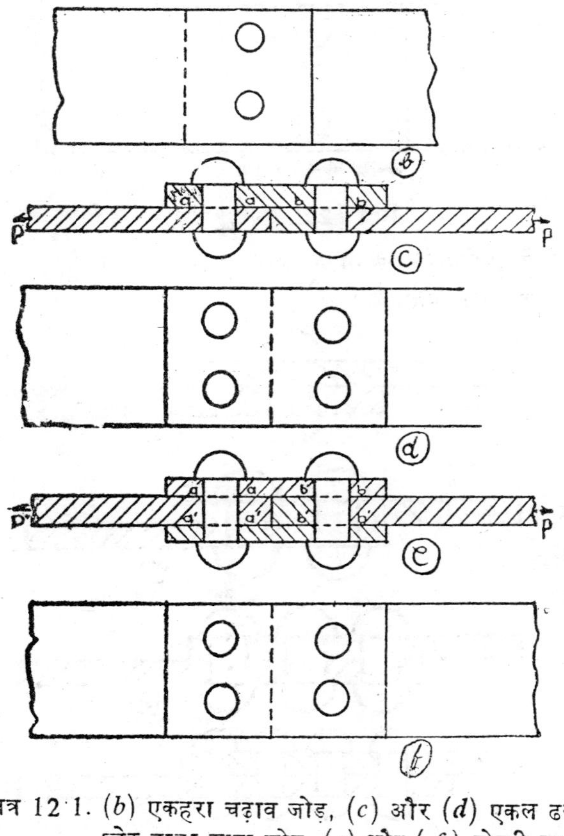

चित्र 12·1. (*b*) एकहरा चढ़ाव जोड़, (*c*) और (*d*) एकल ढकन प्लेट वाला कुन्दा जोड़, (*e*) और (*f*) दोहरी ढकन प्लेट वाला बट्ट या कुन्दा जोड़

जब दो प्लेटें सिरे से सिरा मिलाकर रखी जाती हैं तथा एक या दो ढक्कन प्लेटें (Cover Plates) लगाकर रिवेट द्वारा जोड़ा जाता है तो यह जोड़ कुन्दा जोड़ या बट्ट जोड़ (Butt Joint) कहलाता है।

जब केवल एक ढक्कन-प्लेट जोड़ के काम में लाई जाती है तो यह एकल ढक्कन कुन्दा जोड़ (Single Cover Butt Joint) तथा जब दो ढक्कन प्लेट जोड़ में काम ली जाती है तो दोहरी ढक्कन कुन्दा जोड़ (Double Cover Butt Joint) कहलाता है।

12·2. रिवेट जोड़ में उपयोगिता के साधारण पद

(Common terms used in Riveted Joints)

(1) **पिच** (Pitch)—एक ही पंक्ति में निकटवर्ती रिवेटों के केन्द्र से केन्द्र की दूरी को अन्तराल या पिच (Pitch) कहते हैं। यह 'p' शब्द से अंकित की जाती है। चित्र 12·2 में p का मान देखिए।

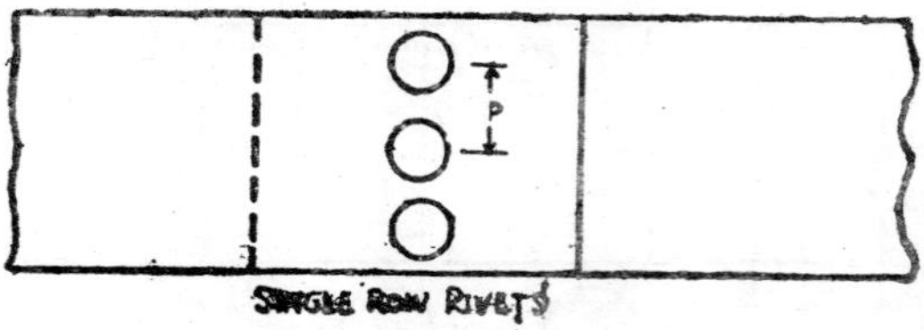

चित्र 12·2. रिवेट पिच

(2) **रिवेट पंक्ति** (Row of Rivets)—यह प्लेटों के मिलने वाले किनारों के समानान्तर रिवेट रेखा होती है।

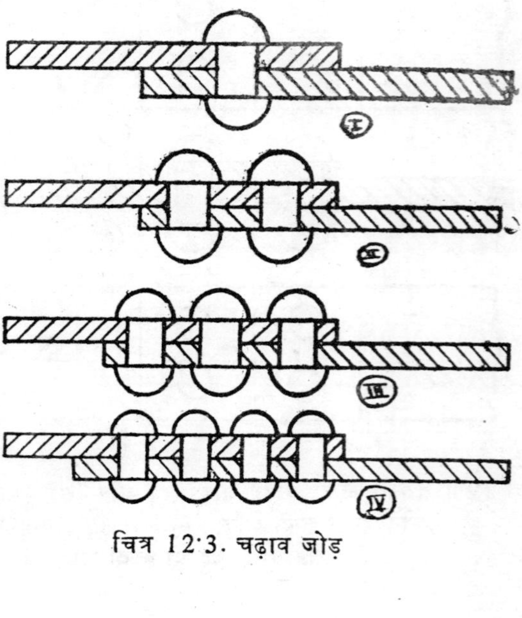

चित्र 12·3. चढ़ाव जोड़

(3) **एकल चढ़ाव रिवेट जोड़**—चढ़ाव रिवेट जोड़ जिसमें केवल एक ही रिवेट पंक्ति हो, एकल चढ़ाव रिवेट जोड़ कहलाता है । चित्र 12·3 (I) में देखो ।

(4) **दोहरा रिवेट चढ़ाव जोड़**—वह चढ़ाव जोड़ जिसमें दो रिवेट पंक्तियाँ हों, दोहरा चढ़ाव रिवेट जोड़ कहलाता है । चित्र 12·3 (II) में देखो ।

(5) **त्रिक और बहु रिवेट चढ़ाव जोड़**—वह चढ़ाव जोड़ जिसमें तीन रिवेट पंक्तियाँ हों, को त्रिक चढ़ाव रिवेट जोड़ तथा जिसमें तीन से ज्यादा रिवेट पक्ति हो, बहु रिवेट चढ़ाव जोड़ कहते हैं । चित्र 12·3 (III) और (IV) में देखो ।

(6) **एकल रिवेट कुन्दा जोड़**—वह कुन्दा जोड़ जिसमें जोड़ी गई प्रत्येक मुख्य प्लेट में एक रिवेट पंक्ति हो । चित्र 12·2 (I) देखो ।

(7) **दोहरी रिवेट कुन्दा जोड़**—वह कुन्दा जोड़ जिसमें प्रत्येक मुख्य प्लेट में दो रिवेट पंक्तियाँ हों । चित्र 12·4 (II) देखो ।

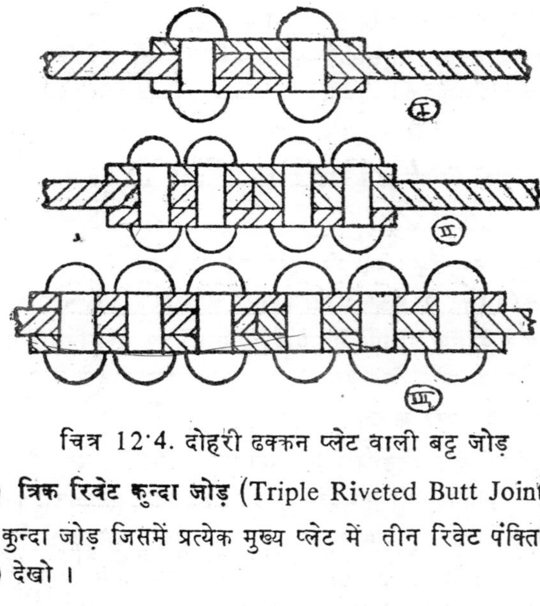

चित्र 12·4. दोहरी ढक्कन प्लेट वाली बट्ट जोड़

(8) **त्रिक रिवेट कुन्दा जोड़** (Triple Riveted Butt Joint)

वह कुन्दा जोड़ जिसमें प्रत्येक मुख्य प्लेट में तीन रिवेट पंक्तियाँ हों । चित्र 14·3 (III) देखो ।

(9) **बहु रिवेट कुन्दा जोड़** (Multi Rivet Butt Joint)

वह कुन्दा जोड़ जिसमें जोड़ी प्रत्येक मुख्य प्लेट में तीन से ज्यादा रिवेट पंक्तियाँ हों ।

(10) **पश्चिमान्तराल** (Back Pith)—यह दो उत्तरोत्तर रिवेट पंक्तियों की दूरी है ।

(11) **एकल अपरूपण में रिवेट** (Rivet in Single Shear)—जब रिवेट

एक ही काट पर अपरूपण में हो जिस प्रकार वह चढ़ाव जोड़ और एकल रिवेट कुन्दा जोड़ में होती है तो यह रिवेट एकल अपरूपण में कही जाती है ।

चित्र 12·1 (a) और (*c*) में दिखाये गए चढ़ाव जोड़ में, रिवेट की प्रवृत्ति (*a-a*) काट के अधीन अपरूपण होने की है और एकल ढक्कन कुन्दा जोड़ में रिवेट या तो (*a-a*) के अधीन या (*b-b*) के अधीन विनष्ट हो सकती है यानी केवल एक काट के अधीन ही फेल हो सकता है और इसलिए रिवेट एकल अपरूपण में है ।

(12) **दोहरी अपरूपण में रिवेट** (Rivet in Double Shear)

जब किसी जोड़ में रिवेट किन्हीं दो काटों पर अपरूपण में विनष्ट हो तो वह रिवेट दोहरे अपरूपण में कहलाती है । दोहरी ढांप कुन्दा जोड़ में रिवेट दोहरे अपरूपण में होती है । उदाहरणार्थ चित्र 12·1 (*e*) में दिखाये अनुसार (*a-a*) और (*a′*, *a′*) काटों के अधीन व (*b*, *b*) और (*b′*, *b′*) काटों के अधीन अपरूपण में हैं ।

12·3. ढक्कन-प्लेट की मोटाई (Thickness of Cover Plate)

यदि कुन्दा जोड़ द्वारा जोड़ी जाने वाली मुख्य प्लेटों की मोटाई '*t*' हो तो ढक्कन-प्लेट की मोटाई एकल ढाँप कुन्दा जोड़ में '*t*' होनी चाहिए और दोहरी ढाँप कुन्दा जोड़ में प्रत्येक ढक्कन की मोटाई कम-से-कम $t/2$ होनी चाहिए ।

ढाँप-प्लेट के विनाश को रोकने के लिए ढक्कन प्लेट की कुल मोटाई मुख्य प्लेट की '*t*' मोटाई से अधिक होनी चाहिए ।

12·4. रिवेट जोड़ की विफलता के कारण (Methods of Failure of Riveted Joints)

रिवेट जोड़ निम्नांकित कारणों द्वारा फेल हो सकता है :—

(1) ढक्कन-प्लेट या मुख्य प्लेट के फटने के कारण (By tearing) ।

(2) रिवेट के एक या एक से ज्यादा समतलों पर अपरूपित होने पर ।

(3) रिवेट या प्लेटों के सहन (Bearing) में विफल होने के कारण ।

(4) सिरों पर प्लेट के खंडित होने पर ।

प्लेटों के सिरों पर रिवेट जोड़ की विफलता, प्लेट के किनारे के पास वाले रिवेट-सूराख (Rivet hole) की समुचित दूरी पर रखकर सुरक्षित किया जा सकता है । यह दूरी रिवेट सूराख का कम-से-कम $1\frac{1}{2}$ गुना होनी चाहिए । रिवेट जोड़ की सामर्थ्य (Strength of Riveted Joint) उपरोक्त प्रथम तीन कारणों पर निर्भर करती है और इन तीनों में से जो न्यूनतम हो, वही रिवेट जोड़ की सामर्थ्य कहलाती है ।

12·5. रिवेट जोड़ की सामर्थ्य (Strength of Riveted Joint)

यदि प्लेट धातु के लिए p_t चरम तनाव प्रतिबल है और p_s और p_b क्रमानुसार चरम अपरूपण और सहन या अवभंजन प्रतिबल प्रति वर्ग सेंटीमीटर हों, तो प्लेट में वांछित बल प्राप्त किया जाना संभव हो जाता है ।

(I) प्लेट का फटना,
(II) रिवेट का अपरूपण,
(III) रिवेट का अवभंजन ।

यह तीनों मुख्य कारण हैं जिनमें रिवेट जोड़ फेल हो सकता है ।

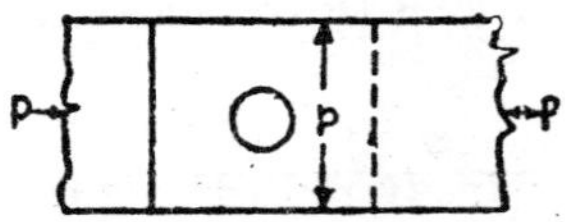

चित्र 12·5.

(I) यदि जोड़ की पिच चौड़ाई 'p' हो तो प्रति पिच (pitch) प्लेट के फटने के लिए लगाया जाने वाला बल

$P_t = p_t \times$ प्रतिरोध खंड

$= p_t \times (p - d) \times t$, यहाँ t = प्लेट की मोटाई
d = रिवेट सूराख का व्यास
p = जोड़ की एक अन्तराल चौड़ाई
p_t = प्लेट के फटने के लिए लगाया गया प्रतिबल

चाहे चढ़ाव जोड़ हो या कुन्दा जोड़, प्लेट की प्रति अन्तराल चौड़ाई केवल एक ही रिवेट सूराख से कमजोर हो सकती है और इसलिए प्लेट के फटने के लिए लगाया गया बल चढ़ाव या कुन्दा जोड़, दोनों के लिए एक ही होता है ।

(II) रिवेट अपरूपण के लिए लगाया गया बल

चढ़ाव जोड़ या एकल ढाँप कुन्दा जोड़ में जहाँ रिवेट एकल अपरूपण में है

$$P_s = p_s \times \frac{\pi}{4} d^2$$

जबकि P_s = रिवेट अपरूपण के लिए लगाया गया बल है ।
p_s = रिवेट का चरम अपरूपण प्रतिबल
d = रिवेट सूराख का व्यास
दोहरी अपरूपण में (Double Shear)

$$P_s = p_b \times 2 \times \frac{\pi}{4} \times d^2$$

यह याद रखिए कि चढ़ाव जोड़ और एकल रिवेट कुन्दा जोड़ में, रिवेट में केवल एक काट पर ही अपरूपण होता है और इसलिए एक काट पर अपरूपण के लिए रिवेट द्वारा प्रतिरोध (Resistance) $p_s \times \frac{\pi}{4} \times d^2$ होता है । दोहरी रिवेट

कुन्दा जोड़ में जैसा कि पहले बतलाया गया है, अपरूपण के लिए प्रतिरोधक चढ़ाव जोड़ या एकल रिवेट, कुन्दा जोड़ में लिए गए अपरूपण प्रतिरोधक से दुगुना होता है और $2 \times p_s \times \frac{\pi}{4} d^2$ द्वारा अंकित किया जाता है।

III. **रिवेट के अवभंजन के लिए लगाया गया बल**

$$P_b = p_b \times \text{प्रक्षिप्त क्षेत्रफल (Projected area)}$$
$$= p_b \times d \times t$$

रिवेट जोड़ के लिए सहन या अवभंजन विफलता में, रिवेट के बजाय प्लेट भार का सहन करती है और यदि p_b सुरक्षित मान से अधिक हो तो या तो प्लेट खंडित हो जाती है अथवा रिवेट खंडित हो जाता है। अत: सहन प्रतिरोध (Resistance to Bearing) रिवेट सूराख के प्रक्षिप्त क्षेत्रफल और चरम सहन प्रतिबल के गुणन खंड के बराबर होता है।

प्रक्षिप्त क्षेत्रफल प्लेट की न्यून मोटाई पर लिया जाना चाहिए।

चढ़ाव जोड़ में, यदि दोनों प्लेटें एक ही मोटाई 't' की हों तो प्रक्षिप्त क्षेत्रफल $d \times t$ होता है। यदि एक प्लेट दूसरी से मोटाई में कम है तो 't' पतली प्लेट की मोटाई लेनी चाहिए।

इसी प्रकार दोहरी ढाँप कुन्दा जोड़ में, यदि t मुख्य प्लेट की मोटाई तथा t ढक्कन-प्लेटों की कुल मोटाई है तो प्रक्षिप्त क्षेत्रफल $d \times t$ या $d' \times t'$ में से जो न्यून हो, लेना चाहिए।

P_t, P_s या P_b में से न्यूनतम बल द्वारा जोड़ विफल होता है। क्योंकि अधिक मान का बल, जोड़ के न्यूनतम बल के पहुँचते ही विफल हो जाने के कारण कभी नहीं पहुँच पाता।

अभी तक केवल एक अन्तराल के एक रिवेट पर ही ध्यान दिया है यानी केवल एकल रिवेट जोड़ पर। अब एक अन्तराल के लिए दो रिवेट पर यानी दोहरे रिवेट जोड़ पर ध्यान देंगे।

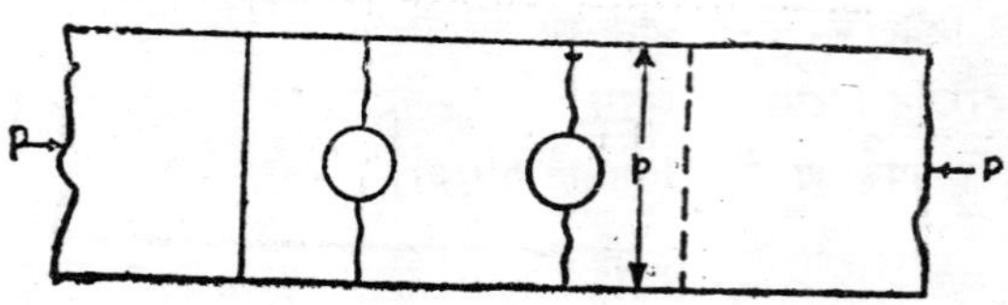

चित्र 12·6.

(I) किसी भी रिवट पंक्ति पर प्लेट के फटने से, के लिए लगाया जाने वाला बल

$$P_t = p_t\,(p-d) \times t$$

(II) रिवेट के अपरूपण के लिए लगने वाला बल

(*a*) एकल अपरूपण में,

$$P_s = p_s \times \frac{\pi}{4} \times d^2 \times 2$$ चूंकि एक अन्तराल में दो रिवेट हैं ।

(*b*) दोहरे अपरूपण में,

$$P_s = p_s \times \frac{\pi}{4} \times d^2 \times 2 \times 2$$

(III) सहन-विफलता (Bearing failure) के लिए रिवेट के अवभंजन के लिए लगाया गया बल,

$$P_b = 2p_b \times d \times t$$ चूंकि दो रिवेट एक अन्तराल में हैं ।

इसी प्रकार यदि जोड़ त्रिक रिवेट का हो तो जोड़ की एक अन्तराल चौड़ाई मानने पर,

$$P_t = (p-d) \times t \times p_t$$

$$P_s = \frac{\pi}{4} \times d^2 \times p_s \times 3$$ रिवेट एकल अपरूपण में होने पर

$$= 2 \times \frac{\pi}{4} d^2 \times p_s \times 3$$ रिवेट दोहरे अपरूपण में होने पर

और $P_b = 3 \times p_b \times d \times t$

यदि अन्तराल 'p' में रिवेट पंक्तियाँ n हों तो एक अन्तराल पर n रिवेटों का भार हो जाता है, अतः प्लेट के फटने, रिवेट के अपरूपण और रिवेट या प्लेट के अवभंजन के लिए वांछित बल निम्न होगा :

$P_t = (p-d) \times t \times p_t$, किसी भी रिवेट पंक्ति पर जोड़ विफल हो सकता है ।

$$P_s = n \times \frac{\pi}{4} \times d^2 \times p_s$$ रिवेट में एक अपरूपण होने पर,

$$= n \times 2 \times \frac{\pi}{4} \times d^2 \times p_s$$ रिवेट दोहरे अपरूपण में होने पर

और $P_b = n \times d \times t \times p_b$

जोड़ की दक्षता (Efficiency of Joint)

यह जोड़ की सामर्थ्य तथा बिना जुड़ी हुई प्लेट की सामर्थ्य का अनुपात होता है ।

बिना जुड़ी हुई प्लेट के फटने के लिए वांछित सामर्थ्य या खिचाव बल $P = p_t \times p \times t$ है जबकि p अन्तराल है।

यदि दक्षता η द्वारा व्यक्त की जाए तो,

$$\eta = \frac{(P_t,\ P_s \text{ और } P_b \text{ में से न्यून}) \times 100}{P}$$

यदि रिवेट जोड़ इस प्रकार अभिकल्प (Design) किया जाए कि यह केवल फटने से ही विफल होता है तो दक्षता η निम्न प्रकार ज्ञात की जाती है :

$$\eta = \frac{(p-d)t \times pt}{p \times pt \times t} \times 100 = \frac{(p-d)}{p} \times 100$$

रिवेट मान (Rivet Value)

रिवेट की सहन (Bearing) और अपरूपण क्षमता (Shearing) में से न्यून सामर्थ्य को रिवेट मान कहते हैं।

उदाहरण 1. 22 mm व्यास की रिवेट की केवल अपरूपण (Shearing) में सामर्थ्य (Strength) ज्ञात कीजिए।

(*a*) चढ़ाव जोड़ में

(*b*) एकल कुन्दा जोड़ में

(*c*) दोहरी ढाँप कुन्दा जोड़ (Double Cover Butt Joint) में,
रिवेट में स्वीकार्य अपरूपण प्रतिबल (Allowable Shear Stress) $= 102{\cdot}5\ N/mm^2$

हल : रिवेट व्यास $= 22 mm$

रिवेट सूराख का व्यास $= 22 + 1{\cdot}5 = 23{\cdot}5$ mm

रिवेट की अपरूपण सामर्थ्य :

एकल अपरूपण, चढ़ाव जोड़ में $= \frac{\pi}{4} d^2 \times p_s$

$$= \frac{22}{7 \times 4} \times (23{\cdot}5)^2 \times 102{\cdot}5$$

$$= 44474 \text{ N}$$

(*b*) एकल रिवेट कुन्दा जोड़ में, रिवेट एकल अपरूपण में ही होती है इसलिए रिवेट सामर्थ्य (*a*) जितनी ही होगी, यानी 44474 N (*c*) दोहरी ढाँप कुन्दा जोड़ में दोहरी अपरूपण होती है।

अतः दोहरी अपरूपण में $= 2 \times \frac{\pi}{4} \times d^2 \times p_s$

$$= 2 \times \frac{22}{7} \times \frac{(23 \cdot 5)^2}{4} \times 102 \cdot 5$$

$$= 88948 \text{ N}$$

उदाहरण 2. 14 mm और 20 mm मोटी प्लेटों को चढ़ाव जोड़ में जोड़ने पर 21 mm व्यास की रिवेट का मान ज्ञात कीजिए। $p_s = 102 \cdot 5$ N/mm²
$p_b = 212 \cdot 5$ N/mm²

हल : एकल अपरूपण में रिवेट की सामर्थ्य

$$= \pi/4 \times d^2 \times p_s$$

$$= \frac{22}{7 \times 4} \times (21)^2 \times 102 \cdot 5$$

$$= 33516 \text{ kg}$$

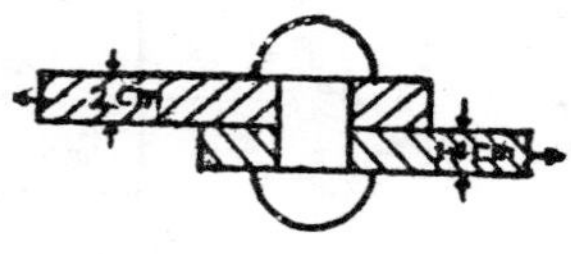

चित्र 12·7

14 mm मोटी प्लेट पर रिवेट की सहन सामर्थ्य

$$= d \times t \times p_b$$

$$= 21 \times 14 \times 212 \cdot 5 = 62475 \text{ N}$$

ध्यान रखिए कि कम मोटाई वाली प्लेट के लिए सहन सामर्थ्य निकाली जाती है। रिवेट की अपरूपण और सामर्थ्यता में से न्यून, रिवेट मान होता है।

$\therefore$ रिवेट मान $= 33516$ N **(उत्तर)**

उदाहरण 3. दोहरे ढाँप कुन्दा जोड़ में काम लिए गए 18 mm व्यास के रिवेट का मान ज्ञात कीजिए। मुख्य प्लेट की मोटाई 14 mm और प्रत्येक ढाँप प्लेट (Cover Plate) की मोटाई 8 mm है।

$$p_s = 100 \text{ N/mm}^2$$

$$p_b = 200 \text{ N/mm}^2$$

हल : रिवेट का सांकेतिक व्यास (Nominal diameter) $= 18$ mm

रिवेट का सकल व्यास (Gross-diameter) $= 18 + 1 \cdot 5 = 19 \cdot 5$ mm

रिवेट की दोहरी अपरूपण में सामर्थ्य $= 2 \times \frac{\pi}{4} \times d^2 \times p_s$

$$= 2 \times \frac{22}{7 \times 4} \times (19 \cdot 5)^2 \times 100 = 59753 \text{ N}$$

सहन सामर्थ्य $= d \times t \times p_b$

$$= 19 \cdot 5 \times 14 \times 200$$

$$= 54600 \text{ N}$$

$\therefore$ रिवेट मान $= 54600$ N उत्तर

उदाहरण 4. 10 mm मोटी प्लेटों में दोहरी रिवेट, दोहरी ढांप कुन्दा जोड़ (Double riveted, double cover Butt joint) लगा हुआ है और 80 mm अन्तराल पर 20 mm के रिवेट के सुराख हैं। यदि p_t, p_s और p_b क्रमानुसार 140 N/mm^2, 102·5 N/mm^2, 236 N/mm^2 हो तो जोड़ विफल होने वाली प्रति अन्तराल लम्बाई पर सामर्थ्य ज्ञात कीजिए और इसकी दक्षता भी निकालिए।

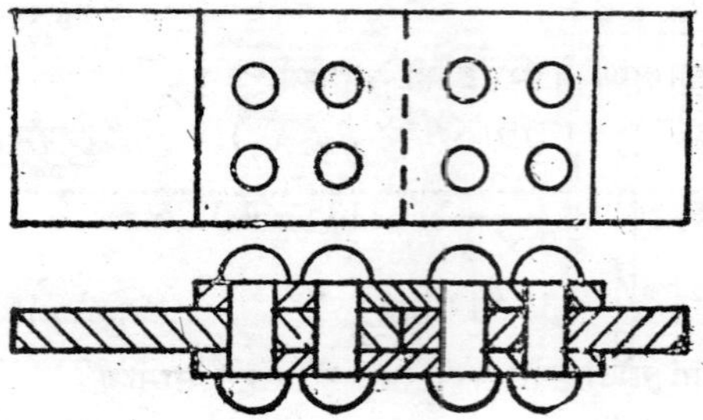

चित्र 12·8

80 mm अन्तराल लम्बाई पर,

$$P_t=(p-d)\times t\times p_t$$
$$=(80-20)\times 10\times 140$$
$$=600\times 140=84000 \text{ N}$$

चूंकि अन्तराल लम्बाई में दो रिवेट कार्य कर रहे हैं

$$\therefore \quad P_s=2\times \frac{\pi}{4}\times d^2\times p_s\times 2$$
$$=2\times \frac{22}{7\times 4}\times (20)^2\times 102\cdot 5\times 2$$
$$=128757 \text{ N}$$
$$P_b=2\times d\times t\times p_b=2\times 20\times 10\times 236$$
$$=94400 \text{ N}$$

अतः जोड़ 84000 N तनाव द्वारा प्लेट के फटने में विफल होगा।

ठोस प्लेट (बिना जुड़ी हुई) की सामर्थ्य $=p\times t\times p_t$

$$=80\times 10\times 140=112000 \text{ N}$$

$$\text{जोड़ की दक्षता}=\frac{\text{जोड़ की सामर्थ्य}}{\text{बिना जुड़ी प्लेट की सामर्थ्य}}$$
$$=\frac{84000}{112000}\times 100=75\%$$

उदाहरण 5. 20 mm मोटी दो प्लेटें त्रिक रिवेट दोहरी ढाँप कुन्दा जोड़ (Triple riveted double cover butt joint) द्वारा जोड़ी गई हैं। प्रत्येक ढक्कन प्लेट की मोटाई 11 mm है और 74 mm अन्तराल पर रखे गए 24 mm व्यास के रिवेट हैं। प्रति अन्तराल लम्बाई पर जोड़ की सामर्थ्य और दक्षता (Strength and efficiency) ज्ञात कीजिए।

यदि उपरोक्त जोड़ उतने ही रिवेट-व्यास तथा प्लेटों की मोटाई वाला चढ़ाव जोड़ हो तो प्रति अन्तराल लम्बाई पर जोड़ की सामर्थ्य और दक्षता ज्ञात करो।

$$p_s = 100 \text{ N/mm}^2,\ p_b = 220 \text{ N/mm}^2$$

$$\text{और } p_t = 150 \text{ N/mm}^2$$

रिवेट सूराख का व्यास रिवेट के व्यास के बराबर मानिए यानि 24 mm

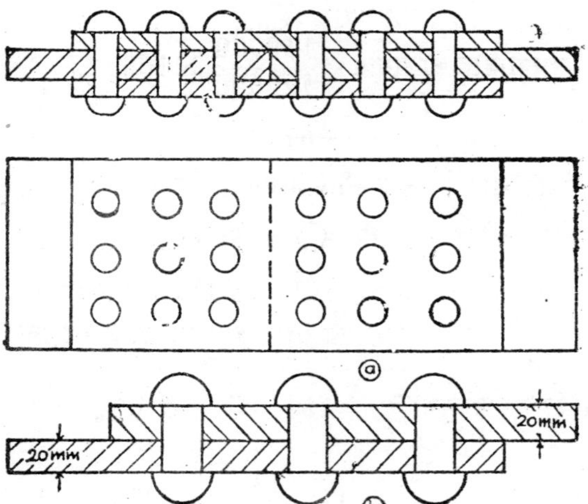

चित्र 12·9

हल : एक अन्तराल लम्बाई के लिए, जोड़ की सामर्थ्य

(I) प्लेट फटने के लिए $P_t = (p-d)t \times pt$

$$74 - 24 \times 20 \times 150$$

$$= 50 \times 20 \times 150$$

$$= 150000 \text{ N}$$

(II) दोहरी अपरूपण $P_s = 2 \times 3 \times \frac{\pi}{4} \times d^2 \times 1000$

$$= 2 \times 3 \times \frac{22}{7 \times 4} \times (24)^2 \times 100$$

$$= 271543 \text{ N}$$

(III) रिवेट की सहन सामर्थ्य $= 3 \times d \times t \times p_b$

$$= 3 \times 24 \times 20 \times 220$$

$$= 72 \times 20 \times 220 = 316800 \text{ N}$$

जोड़ की सामर्थ्य (P_t, P_s और P_b में से न्यूनतम) 150000 N

बिना जुड़ी हुई ठोस प्लेट की सामर्थ्य $= 74 \times 20 \times 150$

$$= 222000$$

कुन्दा जोड़ की क्षमता $= \frac{150000}{222000} \times 100$

$$= 67{\cdot}5\%$$

(*b*) चढ़ाव जोड़ में, जोड़ की सामर्थ्य :

(I) प्लेट फटने के लिए $P_t = (p - d)t \times p_t$

$$= (74 - 24) \times 20 \times 150$$

$$= 50 \times 20 \times 150 = 150000$$

(II) एकल अपरूपण $= 3 \times \frac{\pi}{4} \times d^2 \times p_s$

$$= 3 \times \frac{22}{7 \times 4} \times (24)^2 \times 100$$

$$= 135771{\cdot}5 \text{ N}$$

(III) सहन-सामर्थ्य $= 3 \times d \times t \times p_b$

$$= 3 \times 24 \times 20 \times 220 = 316800 \text{ N}$$

इसलिए जोड़ की सामर्थ्य $= 135771{\cdot}5$ N

ठोस प्लेट की सामर्थ्य $= 74 \times 20 \times 150$

$$= 222000$$

चढ़ाव जोड़ की दक्षता $= \frac{135771{\cdot}5}{222000} \times 100 = 61{\cdot}15\%$

12·6. रिवेटों की व्यवस्था (Arrangement of Rivets)

जब रिवेटों की सभी पंक्तियों की रिवेटें एक-दूसरे के सामने होती हैं तथा सभी पंक्तियों में रिवेटों की संख्या एक सी होती है तो इस व्यवस्था को चेन रिवेटिंग (chain riveting) कहते हैं। जब विभिन्न पंक्तियों की रिवेटें एक-दूसरे के सामने न आकर एक-दूसरे के बीच में आती हैं तो इस व्यवस्था को डायमंड रिवेटिंग (diamond riveting) कहते हैं। डायमंड व्यवस्था में प्रत्येक पंक्ति में रिवेटों की संख्या घटती जाती है। दोनों व्यवस्थायें चित्र 12·10 में दिखाई हुई हैं। दोनों व्यवस्थाओं में से

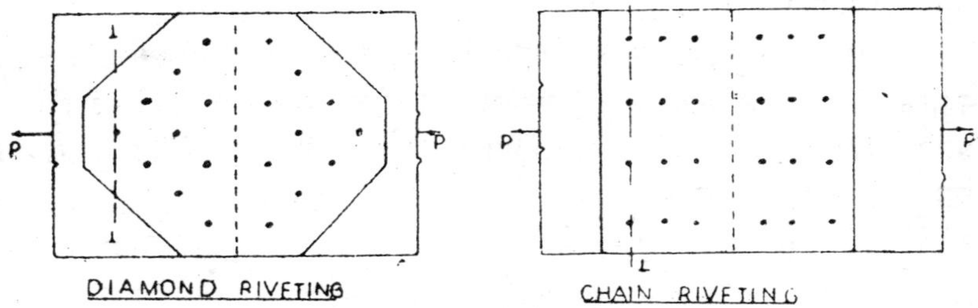

चित्र 12·10

डायमंड रिवेट व्यवस्था अच्छी समझी जाती है। डायमंड व्यवस्था में जोड़ अधिक मजबूत होता है क्योंकि जोड़ी गई प्लेट में सबसे बाहरी पंक्ति में प्लेट कम रिवेट सुराख के कारण कम कमजोर होती है। उदाहरण के लिए, चित्र 12·10 के 1—1

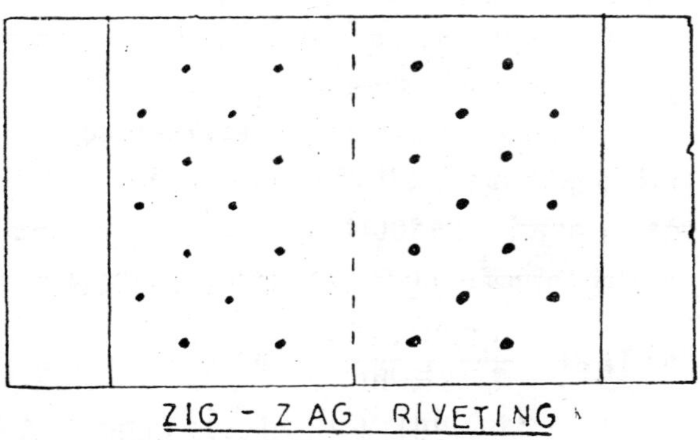

चित्र 12·11

खण्ड लें। डायमंड व्यवस्था में प्लेट केवल एक सुराख से कमजोर हुई है जबकि चेन रिवेटिंग में 1-1 खंड पर प्लेट तीन रिवेट सुराखों से कमजोर हुई हैं। चित्र 12·11 में रिवेटों की Zig-Zag व्यवस्था दिखाई हुई है।

उदाहरण 6. निम्नानुसार दो दोहरी रिवेट चढ़ाव जोड़ बनाए गए हैं :

(*a*) रिवेट व्यास = 20 mm, रिवेट अंतराल = 60 mm

(*b*) रिवेट व्यास = 30 mm, रिवेट अंतराल = 80 mm

यदि $p_t = 120 N/mm^2$, $p_s = 90 N/mm^2$, तथा $p_b = 160 N/mm^2$ हो तो ज्ञात करो कि कौन-सा जोड़ अधिक मजबूत है ? दोनों स्थितियों में प्लेटों की मोटाई 12 mm है।

हल : प्रति रिवेट अन्तराल यानि पिच के लिए जोड़ की सामर्थ्य ज्ञात करें। क्योंकि दोहरी रिवेट चढ़ाव जोड़ है इसलिए एक पिच लम्बाई में दो रिवेटें होंगी। प्रत्येक पंक्ति में एक ही रिवेट सुराख होगा। रिवेट का व्यास एवं रिवेट सुराख का व्यास एक ही माना गया है।

$$P_t = (p - d)t \times p_t$$
$$= (60 - 20)12 \times 120 = 57600 N$$

रिवेट एकल अपरूपण में है

इसलिए P_s = दो रिवेटों की एकल अपरूपण में सामर्थ्यता

$$= 2 \times p_s \times \frac{\pi}{4} d^2$$

$$= 2 \times 90 \times \frac{\pi}{4} (20)^2 = 56500 N$$

सहन क्षमता P_b = सहन में दो रिवेटों की सामर्थ्यता

= $2 \times p_b \times$ एक रिवेट का Projected क्षेत्रफल

$$= 2 \times p_b \times t \times d$$
$$= 2 \times 160 \times 12 \times 20 = 76500 N.$$

इन तीनों में से जो न्यून है वही जोड़ की सामर्थ्य है।

∴ जोड़ की सामर्थ्य = 56500N

ठोस प्लेट की सामर्थ्य = $60 \times 12 \times 120 = 86400 N$.

जोड़ की दृढ़ता = $\frac{56500 \times 100}{86400} = 65.4\%$

(*b*) $P_t = (80 - 30)12 \times 120 = 72000 N.$

$$P_s = 2 \times 90 \times \frac{\pi}{4} (30)^2 = 127000 \ N$$

$$P_b = 2 \times 160 \times 30 \times 12 = 115200 N.$$

जोड़ की सामर्थ्यता $= 72000N$.

ठोस प्लेट की सामर्थ्यता $= 80 \times 12 \times 120 = 115200N$.

$$\text{जोड़ की दक्षता} = \frac{72000}{115200} \times 100 = 63\%$$

प्रथम परिस्थिति में क्योंकि जोड़ की दक्षता अधिक है अतः प्रथम जोड़ अधिक मजबूत है।

उदाहरण 7. डायमंड रिवेट में एक दोहरी ढाँप कुन्दा जोड़ बनाया गया है जो चित्र 12·12 में दिखाया हुआ है। यदि रिवेट व्यास 20mm, मुख्य प्लेट की मोटाई 16mm, मुख्य प्लेट की चौड़ाई 160 mm तथा प्रत्येक ढक्कन प्लेट की मोटाई 10mm है तो जोड़ की दृढ़ता ज्ञात करो।

$p_t = 120\ N/mm^2,\ p_s = 90\ N/mm^2,\ p_b = 140\ N/mm^2$

हल : रिवेट व्यास तथा रिवेट सुराख एक ही व्यास के माने गए हैं। रिवेटें दोहरी अपरूपण दशा में हैं।

$$\text{6 रिवेटों की दोहरे अपरूपण में सामर्थ्यता} = 6 \times 2 \times \frac{\pi}{4}(20)^2 \times 90$$
$$= 339000N$$

$$\text{सहन में 6 रिवेटों की सामर्थ्यता} = 6 \times 16 \times 20 \times 140 = 268800N$$

$$\text{अतः प्रत्येक रिवेट की वास्तविक सामर्थ्य} = \frac{268800}{6} = 44800N$$

1-1 पंक्ति में मुख्य प्लेट में एक सुराख है

$$\text{अतः यहाँ मुख्य प्लेट की सामर्थ्य} = (160-20)16 \times 120$$
$$= 268800N$$

2-2 पंक्ति में मुख्य प्लेट की सामर्थ्यता (यहाँ दो सुराख हैं)

$$= (160 - 2 \times 20)16 \times 120 = 230400N$$

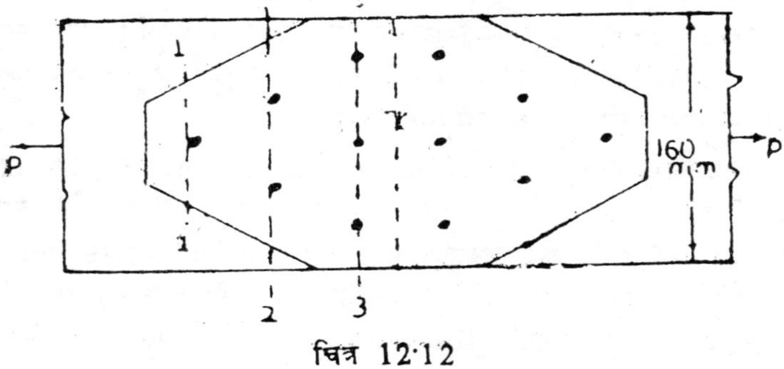

चित्र 12·12

2-2 पर प्लेट तभी फेल होगी यदि 1-1 पर लगी रिवेट भी फेल हो जाती है।

अतः 2-2 पर कुल सामर्थ्य $= $ 2-2 पर प्लेट की सामर्थ्य $+$ 1 रिवेट की सामर्थ्य

$$= 230400 + 44800 = 275200\text{N}$$

अतः 2-2 पर जोड़ 1-1 से अधिक मजबूत है।

3-3 पर जोड़ सामर्थ्य $=$ तीनों सुराखों सहित मुख्य प्लेट की सामर्थ्य $+$ 1-1 तथा 2-2 की तीन रिवेटों की सामर्थ्य

$$= (160 - 3 \times 20) 16 \times 120 + 3 \times 44800$$

$$= 326400\text{N}$$

अतः 3-3 पर जोड़ और भी मजबूत है।

ढक्कन प्लेटें 3-3 पर सबसे अधिक कमजोर होती हैं।

दो ढक्कन प्लेटों की मोटाई $= 2 \times 10 = 20\text{mm}$

3-3 पर ढक्कन प्लेटों की फटने में सामर्थ्य

$$= (160 - 3 \times 20) 20 \times 120 = 240000\text{N}$$

अतः 6 रिवटों की सामर्थ्य $= 268800\text{N}$

1-1 खंड पर मुख्य प्लेट की सामर्थ्य $= 268800\text{N}$

3-3 पर ढक्कन प्लेटों की सामर्थ्य $= 240000\text{N}$

अतः जोड़ की सामर्थ्य 240000N है।

ठोस प्लेट की सामर्थ्य $= 160 \times 16 \times 120 = 307200\text{N}$

$$\text{जोड़ की दक्षता} = \frac{240000 \times 100}{307200} = 78\%$$

12·7. वैल्डिड जोड़ (Welded Joints)

एक ही धातु के दो पिण्डों को गलाकर या दबाव द्वारा जोड़ने की प्रक्रिया को वैल्डिग (welding) कहते हैं। इस विधि द्वारा धातु के दोनों पिण्डों में धातुई संयोजन (Metallic bond) स्थापित हो जाता है जिससे जोड़ में वही गुण उत्पन्न हो जाते हैं जो जोड़े गए पिण्डों की धातु में विद्यमान होते हैं।

वैल्ड जोड़ों के लाभ (Advantages of welded)—वैल्ड जोड़ सस्ते होते हैं तथा इनकी दक्षता 100% होती है। इस विधि द्वारा धातु की संरचनाएँ बड़ी आसानी से बनाई जा सकती हैं। जोड़ आबद्ध होता है तथा रिवेट जोड़ की तरह वैल्ड जोड़ बनाने में शोर नहीं होता। वैल्ड जोड़ द्वारा बनी संरचना अधिक अच्छी लगती है।

वैल्ड जोड़ों की हानियाँ (Disadvantages of Welded Joints)—वैल्ड

संरचनाओं में प्रसार एवं सिकुड़न जैसा प्रावधान रखा हुआ न होने के कारण ताप परिवर्तन से इनमें अतिरिक्त प्रतिबल उत्पन्न हो सकते हैं जिससे संरचना में दरारें उत्पन्न हो सकती हैं। वैल्ड कार्य का निरीक्षण कठिन है तथा वैल्डिंग के लिए दक्ष कारीगर की आवश्यकता होती है। वैल्ड जोड़ सभी पदार्थों में नहीं बनाए जा सकते तथा एक बार जोड़ बन जाने के बाद प्लेटें अलग नहीं की जा सकतीं।

12·8. वैल्ड की किस्में (Types of Welds)

लोहे की संरचना में निम्न किस्म के वैल्ड होते हैं :

1. बट या कुन्दा या ग्रूव वैल्ड (Butt or groove weld)
2. फिलैट वैल्ड (Fillet weld)
3. प्लग या स्लाट वैल्ड (Plug or Slot weld)

1. **बट या कुन्दा वैल्ड** (Butt weld)—जब लोहे की जोड़ने वाली दो प्लेटों को सिरे से सिरा मिलाकर जोड़ा जाता है तो इस तरह के वैल्ड जोड़ को बट या कुन्दा वैल्ड जोड़ कहते हैं। वैल्ड जोड़ की सतह उत्तल रखी जाती है और इस उत्तलता को वास्तव में वैल्ड जोड़ का प्रबलन कहते हैं। उत्तलता की मात्रा यानि प्रबलन की मात्रा 1mm से 3mm तक होती है। विभिन्न किस्म में बट वैल्ड जोड़ चित्र 12·13 में दिखाए हुए

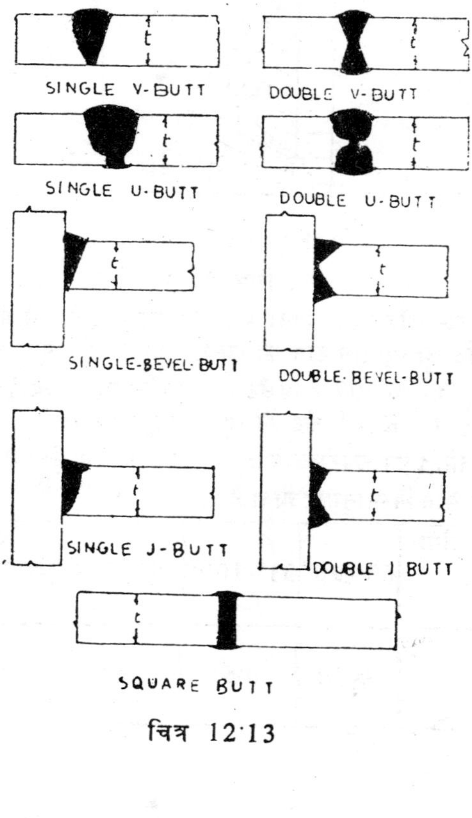

चित्र 12·13

हैं। ऐसे कुन्दा वैल्ड जोड़ों के लिए जिनमें प्लेट की सम्पूर्ण मोटाई तक वैल्ड पदार्थ पहुँचने की गारंटी नहीं दी जा सकती, ऐसे बट वैल्ड जोड़ के लिए वैल्ड जोड़ की प्रभावी मोटाई प्लेट की मोटाई का $\frac{3}{4}$ मानी जाती है। एकल-V, एकल-U तथा एकल-J कुन्दा वैल्ड जोड़ इसी किस्म के जोड़ हैं।

ऐसे कुन्दा वैल्ड जोड़ जिनमें प्लेट की सम्पूर्ण मोटाई में वैल्ड पदार्थ भर जाने की गारंटी होती है, में जोड़ की कंठ मोटाई जोड़ी गई प्लेटों में से पतली प्लेट और यदि बराबर मोटाई की प्लेटें हैं तो किसी भी प्लेट की सम्पूर्ण मोटाई प्रभावी मानी जाती है।

2. **फिलैट वैल्ड** (Fillet Weld)—जब जोडने वाली धातु की प्लेटें एक-दूसरे पर थोड़ी लम्बाई चढ़ाकर जोड़ी जाती हैं तो फिलैट वैल्ड (Fillet weld) बनाना होता है। फिलैट वैल्ड की शक्ल प्रायः समकोण त्रिभुज होती है। फिलैट का समकोण बनाने वाली भुजायें फिलैट की टाँगें (legs) कहलाती हैं। फिलैट वैल्ड का नाप इसकी टाँग की न्यूनतम लम्बाई से अंकित किया जाता है। फिलैट की कंठ मोटाई (Throat thickness) या कंठ दूरी (Throat distance) फिलैट त्रिभुज की कर्ण भुजा से फिलैट के कोने की लम्ब दूरी होती है। कंठ दूरी लेते समय फिलैट वैल्ड में जो उत्तल प्रबलन

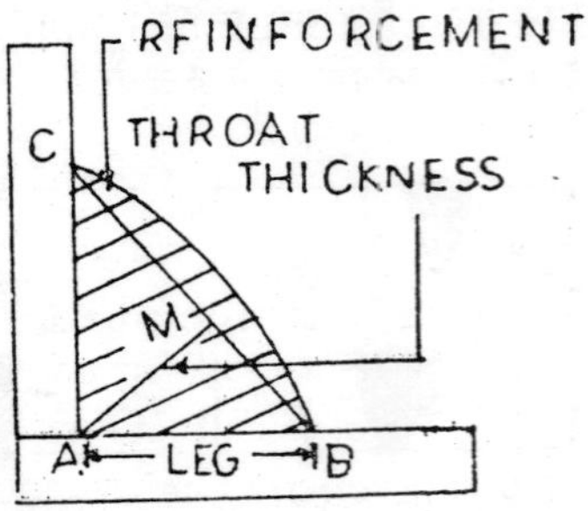

FILLET-WELD

चित्र 12·14

किया होता है, उसे छोड़ दिया जाता है। यदि कंठ मोटाई t से अंकित की जाती है तो t का मान फिलैट की न्यूनतम टाँग की लम्बाई का 0·707 गुना होती है।

∴ $t = 0{\cdot}707 \times$ फिलैट की न्यूनतम टाँग लम्बाई

या $t = K \times$ फिलैट की न्यूनतम टाँग लम्बाई

ध्यान रहे, t का उपरोक्त में K का मान 90° के लिए 0·707 है। अन्य कोणों के लिए K का मान निम्नानुसार होता है :

फिलैट वैल्ड की टाँगों में कोण	60°-90°	91°-100°	101°-106°	107°-113°	114°-120°
K का मान	0·70	0·65	0·60	0·55	0·5

फिलैट वैल्ड का अधिकतम नाप प्लेट मोटाई से 1·5 mm कम होता है। यदि गोल किए हुए किनारों का वैल्ड किया होता है तो प्लेट की मोटाई का $\frac{3}{4}$ फिलैट वैल्ड का नाप अपनाया जाता है। चित्र 12·15 देखें।

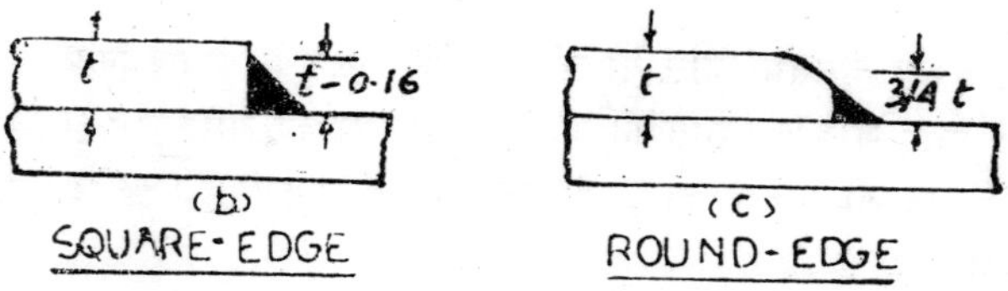

चित्र 12·15

जब फिलैट वैल्ड, प्लेटों की दोनों भुजाओं पर, प्लेट पर लगाए जा रहे बल के समानान्तर होता है तो इसे Side fillet कहते हैं। जब फिलैट वैल्ड प्लेट पर लगाए जा रहे बल के लम्ब दिशा में किया होता है तो इसे End fillet कहते हैं। चित्र 12·16 देखें।

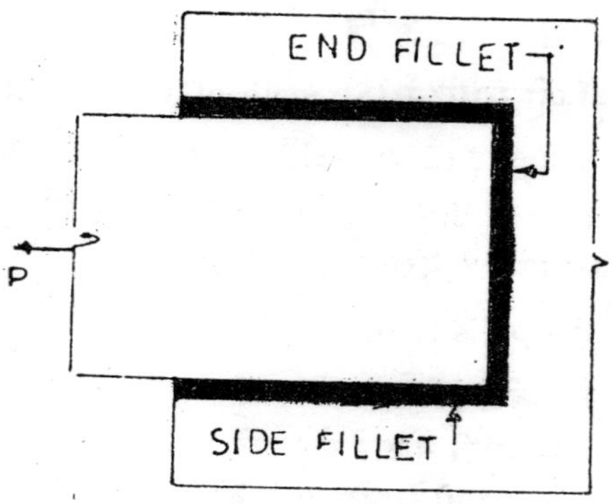

चित्र 12·16

फिलैट वैल्ड की प्रभावी लम्बाई, इसकी कुल लम्बाई में से वैल्ड नाप का दोगुना घटाकर ज्ञात की जाती है। फिलैट वैल्ड की प्रभावी लम्बाई वैल्ड नाप का चार गुना से कम नहीं होनी चाहिए। दूसरे शब्दों में, फिलैट वैल्ड की प्रभावी लम्बाई का एक-चौथाई वैल्ड नाप होना चाहिए। यदि जोड़ी गई प्लेटों की केवल Side Weld की हुई है तो प्रत्येक Side Weld की लम्बाई दोनों Side Weld में लम्ब दूरी से कम नहीं होनी चाहिए।

3. **प्लग या स्लॉट वैल्ड** (Plug or Slot Weld)—जब फिलैट वैल्ड लगाने के लिए समुचित लम्बाई उपलब्ध नहीं होती तो जोड़ को अधिक मजबूत बनाने के लिए प्लग या स्लॉट वैल्ड की जाती है। स्लॉट या प्लग वैल्ड का उपयोग अधिक चौड़ी प्लेटों की buckling रोकने के लिए भी किया जाता है।

जोड़ी गई एक प्लेट में गोल सुराख कर दिया जाता है तथा इसमें वैल्ड धातु भर दी जाती है। यदि सुराख काफी बड़ा है तो सुराख के चारों तरफ फिलैट वैल्ड लगा दिया जाता है।

सुराख का न्यूनतम व्यास या चौड़ाई, जिस प्लेट में सुराख किया गया है, की मोटाई में 8 mm जोड़ कर ज्ञात की जाती है। सुराख का अधिकतम व्यास या चौड़ाई सुराख वाली प्लेट की मोटाई का 2·25 गुना तक हो सकती है। स्लॉट एवं प्लग वैल्ड चित्र में दिखाए हुए हैं।

चित्र 12·17

12·9. वैल्ड जोड़ों की सामर्थ्य (Strength of Weld Joints)

1. **कुन्दा वैल्ड जोड़** (Butt Welded Joints)—ऐसे कुन्दा जोड़ जिनमें प्लेटों की सम्पूर्ण मोटाई तक वैल्ड धातु अच्छी तरह धँस जाती है ऐसे कुन्दा जोड़ की सामर्थ्य जोड़ी गई प्लेट की सामर्थ्य के बराबर होती है।

$$P = p_w \times t \times L$$

यहाँ P = वैल्ड की सामर्थ्य

t = प्रभावी मोटाई वैल्ड की

L = प्रभावी लम्बाई वैल्ड की

p_w = दबाव या तनाव में कार्यकारी प्रतिबल

वैल्ड यदि प्लेट की सम्पूर्ण लम्बाई में सुनिश्चित है तो वैल्ड की प्रभावी मोटाई पतली प्लेट की मोटाई के बराबर मानी जाती है। कुन्दा जोड़ प्रायः तनाव तथा संपीडित प्रतिबल ही प्रभावी रूप से संचारित करता है। कुन्दा वैल्ड जोड़ों में निम्न अनुमत प्रतिबल अपनाए जाते हैं :

1. कुन्दा वैल्ड जोड़ के कंठ पर तनाव एवं संपीडन $= 1420 \text{ kg/cm}^2$
$= 142 \text{ N/mm}^2$

2. अधिकतम बंकन प्रतिबल दोनों तनाव एवं संपीडन $= 1575 \text{ kg/cm}^2$
$= 157·5 \text{ N/mm}^2$

3. अधिकतम अपरूपण प्रतिबल $= 1025 \text{ kg/cm}^2$
$= 102·5 \text{ N/mm}^2$

यदि वैल्ड कार्य वर्कशाप में न करके बाहर क्षेत्र में ही किया जाता है तो उपरोक्त अनुमत प्रतिबलों का मान 20% घटा दिया जाता है। जब हवा तथा भूचाल के प्रभाव भी मद्देनजर रखे जाते हैं तो अनुमत मान 25% बढ़ा दिए जाते हैं।

2. **फिलैट वैल्ड** (Fillet Weld)

(I) जब side fillet पर P बल कार्य करता है तो इससे केवल अपरूपण प्रतिबल उत्पन्न होता है। अधिकतम प्रतिबल कंठ मोटाई पर उत्पन्न होता है और यह अपरूपण प्रवृत्ति का होता है।

$$P = \text{प्रतिबल} \times \text{क्षेत्रफल}$$

$$= p_s \times L \times t$$

यहाँ t का मान कंठ पर वैल्ड की प्रभावी मोटाई है जो $0{\cdot}707 \times$ फिलैट वैल्ड की न्यूनतम टाँग लम्बाई है।

यदि फिलैट वैल्ड की न्यूनतम टाँग लम्बाई h हो तो $t = 0{\cdot}707h$

$$\therefore \quad P = 0{\cdot}707\, h \times L \times p_s$$

यहाँ p_s = फिलैट वैल्ड में अपरूपण प्रतिबल है।

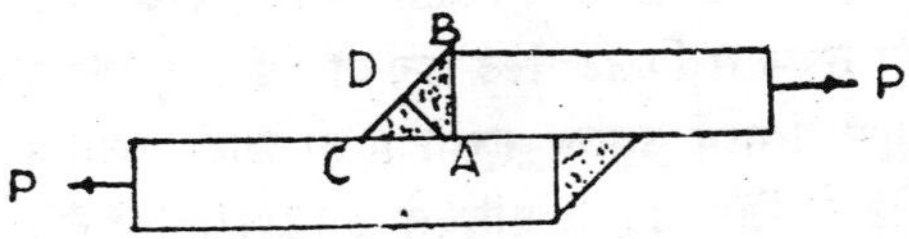

चित्र 12·18. (end फिलैट)

(II) **End fillet**—End fillet में अलग-अलग समतलों पर भिन्न किस्म का प्रतिबल उत्पन्न होता है AB समतल पर तनाव प्रतिबल तथा AC समतल पर अपरूपण प्रतिबल उत्पन्न होता है। दोनों ही परिस्थितियों में उत्पन्न प्रतिबल का मान बराबर यानि $\frac{P}{hL}$ ही होता है। AD खंड जो कि फिलैट का कंठ है पर तनाव तथा अपरूपण दोनों प्रतिबल उत्पन्न होते हैं और प्रत्येक का मान $\frac{P}{Lh}$ ही होता है। सिद्ध किया जा सकता है कि AD खंड पर अधिकतम तनाव प्रतिबल $\frac{1{\cdot}06P}{Lh}$ तथा अधिकतम अपरूपण प्रतिबल $\frac{1{\cdot}12P}{Lh}$ होता है। क्योंकि धातु अपरूपण में कमजोर होती है इसलिए सिरे वाले फिलैट (end fillet) का फेल होना अपरूपण में फेल होना ही अपनाया जाता है। यहाँ इस बात का ध्यान रखना चाहिए कि सिरे वाले फिलैट में उत्पन्न अपरूपण प्रतिबल side fillet में उत्पन्न अपरूपण प्रतिबल से कम होती है। अतः

सुविधा के लिए फिलैट वैल्ड में end fillet तथा side fillet में अन्तर नहीं किया जाता।

3. **स्लॉट या प्लग वैल्ड** (Slot or Plug Welds)—प्लग या स्लॉट वैल्ड की सामर्थ्य, प्लग या स्लॉट के अनुप्रस्थ काट क्षेत्रफल एवं अनुमत प्रतिबल के गुणनखंड के बराबर होती है।

यदि प्लग या स्लॉट में फिलैट वैल्ड की जाती है तो इसकी प्रभावी लम्बाई फिलैट के कंठ पर औसत लम्बाई के बराबर ली जाती है। यदि स्लॉट या प्लग के सुराख का व्यास d है तथा h फिलैट वैल्ड की न्यूनतम टाँग की लम्बाई है तो प्लग या स्लॉट वैल्ड की प्रभावी लम्बाई $\pi\left(d - \frac{h}{2}\right)$ के बराबर होती है। इस तरह की प्रभावी लम्बाई की अधिकतम सीमा प्लेट की मोटाई के 10 गुना से अधिक नहीं होनी चाहिए। प्लग तथा स्लॉट वैल्ड अपरूपण प्रतिबल के अलावा कोई प्रतिबल सहन नहीं करती।

उदाहरण 8. 100mm × 10mm प्लेट एक अन्य 150mm × 10mm प्लेट पर रखकर तीन तरफ से फिलैट वैल्ड कर दी गई है। वैल्ड का माप 6mm है। यदि छोटी प्लेट में पूर्ण सामर्थ्य उत्पन्न करनी है तो छोटी प्लेट का बड़ी प्लेट पर चढ़ाव ज्ञात करो। प्लेट के लिए अनुमत प्रतिबल $142 N/mm^2$ है।

हल :

छोटी प्लेट द्वारा लिया अधिकतम भार

$$= 100 \times 10 \times 142.0 = 142000 N$$

$$\text{कंठ मोटाई} = \frac{h}{\sqrt{2}} = 0.707 \times 6 = 4.24 mm$$

वैल्ड की 1mm लम्बाई के लिए अनुमत भार $= 4.24 \times 102.5 N$

$$= 435 N$$

$$\text{वैल्ड की कुल आवश्यक लम्बाई} = \frac{142000}{435} = 327 mm$$

सिरे वाले फिलैट वैल्ड की लम्बाई $= 100$mm

Side fillet की आवश्यक लम्बाई $= 327 - 100 = 227$mm

$$\text{प्लेट का चढ़ाव} = \frac{227}{2} = 113.5 mm$$

अतः side fillet की लम्बाई 120mm अपनाओ। यह लम्बाई दोनों side fillet में लम्ब दूरी से अधिक है अतः अनुमत है। चित्र 12·19 देखें।

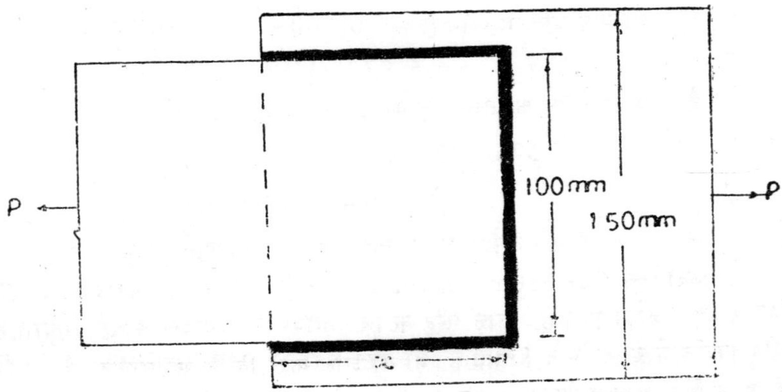

चित्र 12·19

उदाहरण 9. 100mm × 16mm मोटी तान छड़ फिलैट वैल्ड करके अन्य प्लेट से जोड़ी गई है। फिलैट वैल्ड चारों किनारों पर चित्र के अनुसार है। यदि फिलैट वैल्ड का नाप 8mm हो तो प्लेट का दूसरी प्लेट पर न्यूनतम चढ़ाव ज्ञात करो। अनुमत कार्यकारी प्रतिबल निम्नानुसार है :

प्लेट में तनाव प्रतिबल $= 150 N/mm^2$

वैल्ड में अपरूपण प्रतिबल $= 102{\cdot}5 N/mm^2$

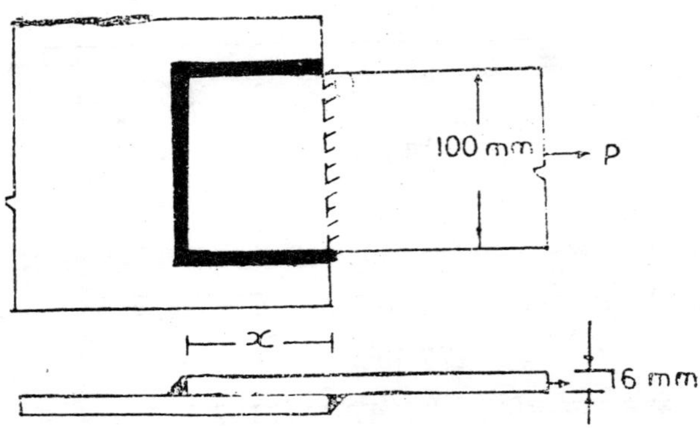

चित्र 12·20

हल :

तान छड़ में अधिकतम तनाव $= 100 \times 16 \times 150 = 240000 N$

वैल्ड की कुल लम्बाई $= 2 \times 100 + 2x$ mm

वैल्ड की कंठ मोटाई $t = 0{\cdot}7 \times$ वैल्ड का नाप

$= 0{\cdot}7 \times 8 = 5{\cdot}6 mm$

वैल्ड का प्रभावी क्षेत्रफल $= 5{\cdot}6 \times (200 + 2x)\,mm^2$

वैल्ड की कुल प्रतिरोध क्षमता $= 5{\cdot}6(200 + 2x) \times 102{\cdot}5$

$$= 574(200 + 2x)\ N$$

वैल्ड के प्रतिरोध को तान छड़ पर x के बराबर रखने पर

$$574(200 + 2x) = 240000$$

$$x = 109{\cdot}05\ mm$$

अतः x का मान यानि प्लेट का चढ़ाव 110mm अपनाओ।

उदाहरण 10. 150mm × 10mm दो तान प्लेटों को फिलैट वैल्ड द्वारा चढ़ाव देकर जोड़ा गया है। तान प्लेट के लिए कार्यकारी प्रतिबल $150 N/mm^2$ है। यदि फिलैट वैल्ड का माप 8mm है तो ज्ञात करो कि जोड़ सुरक्षित है या नहीं। वैल्ड के लिए अनुमत अपरूपण प्रतिबल $102{\cdot}5 N/mm^2$ मानिए।

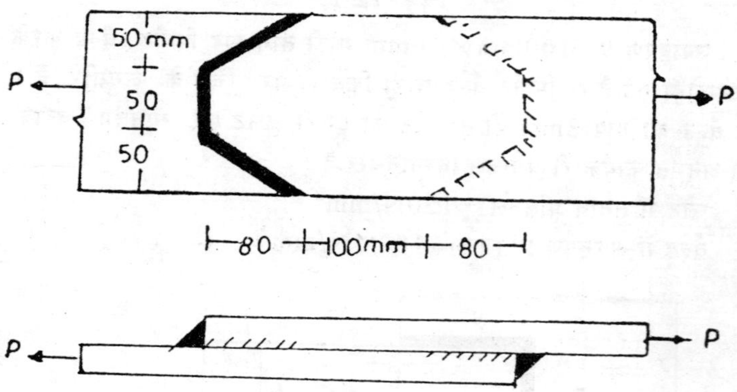

चित्र 12·21

हल :

तान प्लट में अनुमत भार $= 150 \times 10 \times 150 = 225000N$

वैल्ड की कुल लम्बाई $= 2 \times 50 + 4\sqrt{(50^2 + 80^2)}$

$$= 477{\cdot}4mm$$

वैल्ड की सामर्थ्य $= 0{\cdot}7 \times 8 \times 477{\cdot}4 \times 102{\cdot}5$

$$= 274000N.$$

क्योंकि वैल्ड की सामर्थ्य अधिकतम तनाव सामर्थ्य से अधिक है अतः तान छड़ का जोड़ सुरक्षित है।

उदाहरण 11. चित्र 12·22 के अनुसार 12mm मोटी तथा 200mm चौड़ी दो प्लेटें कुन्दा वैल्ड जोड़ द्वारा जोड़ी हुई हैं। अधिकतम सुरक्षित तनाव भार जो जोड़

सहन कर सकता है ज्ञात करो। वैल्ड के लिए सुरक्षित तनाव प्रतिबल 142·0N/mm^2 है। वैल्ड प्लेट की पूरी मोटाई तक सुनिश्चित है।

हल :

वैल्ड का अनुप्रस्थ क्षेत्रफल $= t \times L$

$= 12 \times 200 = 2400 mm^2$

$P = 2400 \times 142{\cdot}00 = 340800 N = 340{\cdot}8$ KN

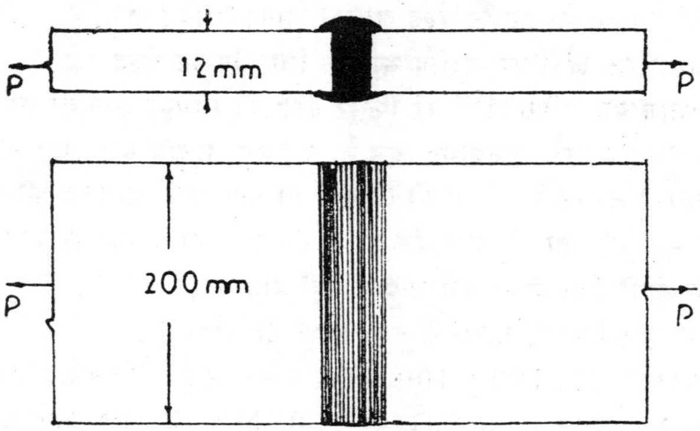

चित्र 12·22

उदाहरण 12. एक 100mm × 10mm तान प्लेट एक अन्य प्लेट से चित्र 12·23 के अनुसार फिलैट वैल्ड जोड़ द्वारा जोड़ी गई है। प्लेट के चढ़ाव की तीन भुजाओं पर फिलैट वैल्ड है तथा 50mm लम्बा एक स्लॉट है जिसमें भी फिलैट वैल्ड दो लम्बी भुजाओं में किया हुआ है। यदि अनुमत सुरक्षित तनाव प्रतिबल 150N/mm^2 है तथा वैल्ड में अपरूपण प्रतिबल 102·5 N/mm^2 तो फिलैट वैल्ड का नाप ज्ञात करो।

हल :

तान छड़ में तनाव $= 100 \times 10 \times 150 = 150000 N$

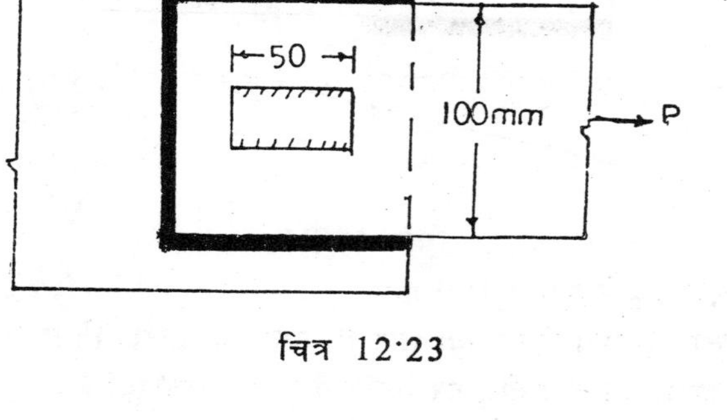

चित्र 12·23

यदि फिलैट वैल्ड का नाप h है तो वैल्ड की प्रति mm सामर्थ्य

$$=102{\cdot}5\times0{\cdot}7\times h\text{N}=71{\cdot}75h\text{N}$$

वैल्ड की कुल लम्बाई $=3\times100+2\times50=400$ mm

वैल्ड की सामर्थ्य में तनाव छड़ में तनाव के बराबर रखने पर

$$400\times71{\cdot}75h=150000\text{N}$$

$$h=5{\cdot}2\text{ mm}$$

अत: 6mm का फिलैट वैल्ड लगाया जाना चाहिए।

12·10. असममित खंडों पर अक्षीय भार के लिए फिलैट वैल्ड

अभी तक सममित खंडों पर फिलैट वैल्ड की सामर्थ्य ज्ञात की गई थी। L या T खंडों के लिए जो कि असममित खंड है पर जब तनाव बल खंड की C.G. पर लगाया जाता है तो फिलैट वैल्ड की लम्बाई भी इस तरह समंजित की जाती है कि वैल्ड की C.G. भी वही हो जहाँ खंड की C.G. है। इससे भार के कारण उत्केन्द्रता उत्पन्न नहीं होती तथा बंकन घूर्ण उत्पन्न नहीं होता।

आगे हल किए उदाहरण से तथ्य स्पष्ट हो जाता है।

उदाहरण 13. 100 × 100 × 6mm का एंगल एक गजेट प्लेट के साथ वैल्ड करना है। एंगल अपनी C.G. पर 200KN तनाव बल वहन कर रहा है। 8mm नाप के फिलैट वैल्ड की एंगल के टो तथा हील पर लम्बाई ज्ञात करो। एंगल का C.G. $=26{\cdot}7$mm पर है तथा वैल्ड के लिए अनुमत अपरूपण प्रतिबल $=110\text{N/mm}^2$।

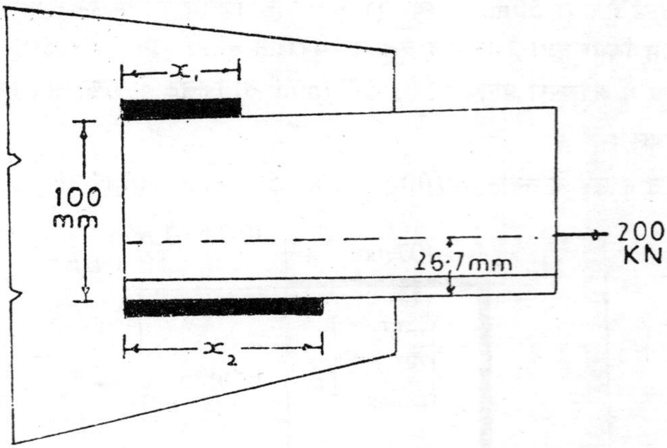

चित्र 12·24

x_1 और x_2 में दूरी $=100$ mm

मानलो x_1 द्वारा लिया गया भार P_1 तथा x_2 द्वारा लिया भार P_2 है। x_1 और x_2 क्रमश: टो तथा हील पर फिलैट वैल्ड की लम्बाइयाँ हैं।

x_2 पर घूर्ण लेने पर

$$P_1 \times 100 = 200 \times 1000 \times 26{\cdot}7$$

$$P_1 = 53400N$$

$$P_2 = 200 \times 1000 - 53400 = 146600N$$

वैल्ड का नाप 8mm है

कंठ मोटाई $= 0{\cdot}70 \times 8 = 5{\cdot}6$mm

वैल्ड की 1mm लम्बाई के लिए अधिकतम अनुमत प्रतिबल

$$= 5{\cdot}6 \times 110 = 616N$$

$$x_1 = \frac{P_1}{616} = \frac{53400}{616} = 86{\cdot}689\text{mm}$$ **उत्तर**

$$x_2 = \frac{P_2}{616} = \frac{146600}{616} = 238{\cdot}0\text{mm}$$ **उत्तर**

कई बार सम्पूर्ण वैल्ड लम्बाई side fillet के रूप में लगाना सम्भव नहीं होता। ऐसी परिस्थिति में End fillet भी लगा दिया जाता है लेकिन ध्यान रखते हुए कि कुल फिलैट वैल्ड की C.G. वहीं बनी रहे जो कि एंगल खंड की हैं।

उदाहरण 14. 60 × 60 × 10 mm एकल एंगल की तान छड़ गजेट प्लेट के साथ वैल्ड की हुई है। तान छड़ पर 150KN का तनाव बल इसकी C.G. पर कार्य कर रहा है। एंगल की C.G. हील से 18·5 mm पर है। Side फिलैट एवं End fillet के रूप में वैल्ड जोड़ अभिकल्प करें।

हल :

एंगल के सिरे पर फिलैट वैल्ड का नाप एंगल की मोटाई से 1·5 mm कम होता है।

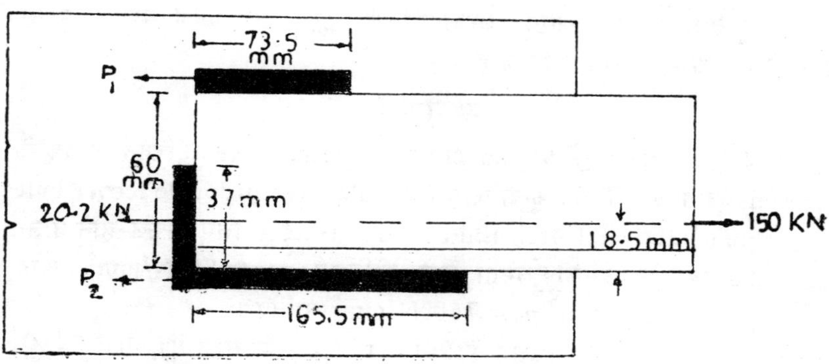

चित्र 12·25

अतः फिलैट का अधिकतम नाप $= 10 - 1{\cdot}5 = 8{\cdot}5$mm

Side fiillet वाले एंगल के किनारे क्योंकि गोल किए हुए हैं इसलिए side fillet का नाप

$$= \frac{3}{4} \times 10 = 7{\cdot}5\text{mm}$$

हमने Side एवं End दोनों वैल्ड 7·5mm अपनाए हैं।

प्रति मिलीमीटर लम्बाई के लिए फिलैट वैल्ड की सामर्थ्य

$$= 0{\cdot}707 \times 7{\cdot}5 \times 102{\cdot}5$$
$$= 544\text{N}$$

उत्केन्द्रता उत्पन्न न होने देने के लिए end फिलैट C.G. की अक्ष के सममित दोनों तरफ लगाया जाता है।

अतः end fillet की अधिकतम लम्बाई $= 2 \times 18{\cdot}5 = 37$mm

end weld की सामर्थ्य $= 37 \times 544 = 20200$N

मान लो Side fillet ऊपरी P_1 तथा निचली P_2 बल लेती है।

P_1 की क्रिया रेखा पर घूर्ण लेने पर

$$60P_2 = 15000 \times 41{\cdot}5 - 20200 \times 41{\cdot}5 = 5390000$$
$$P_2 = 89800\text{N}$$
$$P_1 = 150 \times 1000 - 89800 - 20200$$
$$= 40000\text{N}$$

Side fillet x_1 की लम्बाई $= \frac{P_1}{544} = \frac{40000}{544} = 73{\cdot}5$mm

Side fillet x_2 की लम्बाई $= \frac{P_2}{544} = \frac{89800}{544} = 165{\cdot}5$mm

x_1 तथा x_2 की वास्तविक लम्बाइयों के लिए इनमें fillet नाप का दुगुना यानि $2 \times 7{\cdot}5 = 15$mm और जोड़ दें।

प्रश्नावली

1. 15mm मोटी प्लेटें 90mm अन्तराल से 21mm व्यास के रिवेटों से दोहरी रिवेट के दोहरी ढाँप कुन्दा जोड़ (Double riveted double cover butt joint) द्वारा जोड़ी गई हैं। प्रति अंतराल लम्बाई के लिए विफल होने वाला खिंचाव और इसकी क्षमता ज्ञात कीजिए। $p_t = 480$ N/mm², और $p_s = 380$ N/mm² $p_b = 760$ N/mm² मानिए।

(उत्तर 479000 N (रिवेट के सहन में), $\eta = 74\%$)

2. 18mm मोटी दो प्लेटें दोहरे रिवेट के दोहरी ढांप कुन्दा जोड़ से जोड़ी गई हैं। यदि $p_t = 120\ N/mm^2$, $p_s = 95\ N/mm^2$ और $p_b = 190\ N/mm^2$ हो तो 23mm व्यास के रिवेटों का अन्तराल और जोड़ की दक्षता ज्ञात कीजिए। (**उत्तर** 9:mm, $\eta = 75{\cdot}8$)

3. दोहरी ढांप कुन्दा जोड़ प्रयोग करते हुए गसेट प्लेट से पुल की 10mm मोटी विकर्ण (Bridge diagonal) जोड़ने के लिए अच्छा कम खर्च वाला जोड़ अभिकल्प कीजिए। विकर्ण में अधिकतम खिचाव 220000N है तथा $p_t = 120\ N/mm^2$, $p_s = 100 N/mm^2$ और $p_b = 200\ N/mm^2$ है। जोड़ का साफ चित्र बनाइए और रिवेट तथा विकर्ण प्लेट में उत्पन्न प्रतिबल तथा इसकी दक्षता ज्ञात कीजिए।

(**उत्तर** 20 mm व्यास के रिवेटों की संख्या = 6
210mm प्लेट चौड़ाई, $\eta = 90\%$, वास्तविक प्रतिबल $p_t = 105 N/mm^2$
$p_s = 53 N/mm^2$ $p_b = 178 N/mm^2$)

4. 25mm और 20mm मोटाई की प्लेटों के चड़ाव जोड़ 30mm व्यास की रिवेट का मान ज्ञात कीजिए जबकि $p_s = 94{\cdot}5\ N/mm^2$, $p_b = 212{\cdot}5\ N/mm^2$ (**उत्तर** 66820N)

5. 10 mm मोटी दो प्लेटें दोहरे रिवेट चढ़ाव जोड़ में जोड़ी गई है। रिवेट 75 mm अंतराल पर 20 mm व्यास की हैं। बताइए कि जोड़ किस प्रकार विफल होगा। $p_s = 315\ N/mm^2$, $p_b = 630\ N/mm^2$ और $p_t = 440\ N/mm^2$ है। जोड़ की दक्षता भी ज्ञात कीजिए।
(**उत्तर** 228800 N पर अपरूपण में, $\eta = 69{\cdot}4\%$)

6. 320 mm चौड़ी और 18 mm मोटी दो प्लेटें दोहरी ढांप कुन्दा जोड़ में जोड़ी गई हैं। रिवेट व्यवस्था, रिवेटों की संख्या तथा जोड़ की दक्षता ज्ञात कीजिए। (**उत्तर** रिवेटों की संख्या 7 $\eta = 91\%$)

13

मरोड़ व ऐंठन
[TORSION]

13·1. जब एक धुरा एक सिरे से जकड़ कर दूसरे सिरे से किसी युग्म द्वारा मरोड़ा जाता है तो धुरे में मरोड़ प्रतिबल (Torsional Shear stress) और मरोड़ विकृति (Torsional shear strain) उत्पन्न होते हैं। इस युग्म को जो धुरे को मरोड़ता है, मरोड़ युग्म या मरोड़ घूर्ण (Torsional moment twisting Torque or twisting moment) कहते हैं। इसे हमेशा T से अंकित करते हैं। मरोड़ घूर्ण (T) द्वारा उत्पन्न अपरूपण मरोड़ प्रतिबल धुरे की बाहरी सतह (surfact) पर अधिकतम होता है और सीधी रेखा द्वारा कम होता हुआ धुरे की अक्ष पर शून्य हो जाता है जैसा कि चित्र 13·1 में दिखाया हुआ है।

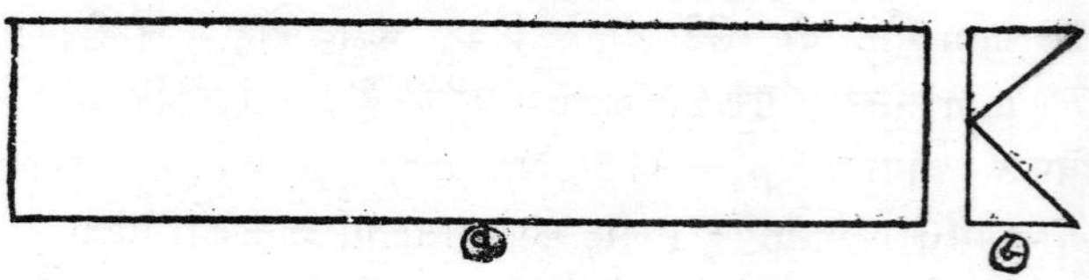

चित्र 13·1

13·2. मरोड़ अपरूपण प्रतिबल अथवा विकृति (Torsional shear stress and strain)

मानाकि एक गोल धुरा AB जिसकी त्रिज्या R और लम्बाई L है एक सिरे A पर जकड़ कर आबद्ध किया हुआ है और दूसरे सिरे B पर एक मरोड़ युग्म (T) कार्य कर रहा है। B पर लगाए गए युग्म (T) को संतुलित करने के लिए A पर धुरे में अपने आप विरुद्ध प्रवृत्ति का और इसके समान बल का एक युग्म उत्पन्न हो जाता है।

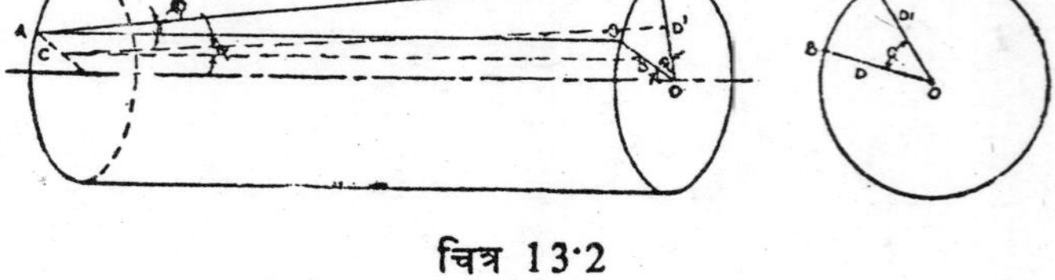

चित्र 13·2

धुरे की ऊपरी सतह (surface) पर एक रेखा AB का विरूपण लीजिए। मरोड़ युग्म लगाने से पहले रेखा की स्थिति AB है और मरोड़ युग्म (T) लगाने के बाद इसकी स्थिति AB_1 हो गई है जैसा कि चित्र 13·2 में दिखाया हुआ है।

मानाकि A बिन्दु पर $\angle BAB_1 = \phi$ है, क्योंकि $\angle\phi$ बहुत ही छोटा है इसलिए BB′ को $\phi \times AB$ के बराबर मान सकते हैं।

$$\therefore \quad \text{अपरूपण विकृति } \phi = \frac{BB_1}{AB}$$

अब, B सिरे पर मरोड़ युग्म T के कारण OB, OB_1 स्थिति में आ जाता है। मानाकि OB और OB_1 में धुरें की अक्ष पर θ कोण बनता है। θ कोण को मरोड़ कोण (angle of twist) कहते हैं।

क्योंकि θ कोण भी बहुत छोटा होता है इसलिए BB′ को $OB \times \theta$ के बराबर मान सकते हैं।

$$BB_1 = OB \times \theta \text{ लेकिन } OB = R$$

$$BB_1 = R \times \theta \qquad \cdots(2)$$

मानाकि धुरे के धरातल पर मरोड़ अपरूपण प्रतिबल f_s है और दृढ़ता गुणांक N है।

$$\text{अपरूपण विकृति} = \frac{\text{अपरूपण प्रतिबल}}{\text{दृढ़ता गुणांक}}$$

$$\phi = \frac{f_s}{N} \text{ लेकिन } \phi = \frac{BB_1}{AB}$$

$$\therefore \quad \frac{f_s}{N} = \phi = \frac{BB'}{AB} = \frac{\theta \times R}{L}$$

$$\text{या} \quad \frac{f_s}{R} = \frac{R\theta}{L}, \text{ या } \frac{f_s}{N} = \frac{N\theta}{L} \qquad \cdots(3)$$

एक दूसरी लाईन CD धुरे के धरातल के बजाय धुरे के अन्दर, अक्ष से r दूरी पर लो।

CD लाईन भी मरोड़ घूर्ण के कारण CD_1 में परिवर्तिक हो जाती है। माना कि CD और CD_1 में C बिन्दु पर ϕ' कोण है।

$$\therefore \quad \phi' = \frac{DD_1}{CD} \qquad \cdots(4)$$

D और D_1 दोनों बिन्दु क्रमशः OB और OB_1 पर स्थित है इसलिए OD और OD′ कोण भी θ ही होगा।

$\therefore \quad DD_1 = OD \times \theta = r \times \theta$

समीकरण (4) से $\phi' = \frac{DD_1}{CD} = \frac{OD \times \theta}{CD} = \frac{r\theta}{L}$

मानाकि CD लाइन की सतह पर धुरे में q प्रतिबल है। हुक के नियम अनुसार

$$\text{अपरूपण विकृति} = \frac{\text{अपरूपण प्रतिबल}}{\text{दृढ़ता गुणांक}}$$

या $\quad \phi' = \frac{q}{N} = \frac{DD_1}{CD} = \frac{OD \times \theta}{CD} = \frac{r\theta}{L} \quad \cdots(5)$

या $\quad \frac{q}{r} = \frac{N\theta}{L}$

समीकरण (3) और (5) से

$$\frac{f_s}{R} = \frac{q}{r} = \frac{N\theta}{L} \quad \cdots(6)$$

समीकरण (6) से इस निष्कर्ष पर पहुँचते हैं कि धुरे के अनुप्रस्थ काट के किसी भी बिन्दु पर अपरूपण प्रतिबल धुरे की अक्ष से बिन्दु की दूरी पर निर्भर करता है और समानुपाती होता है। धुरे की अक्ष पर प्रतिबल क्योंकि शून्य होता है इसलिए यही धुरे की N.A होती है।

13·3. प्रतिरोधक घूर्ण (Moment of Resistance)

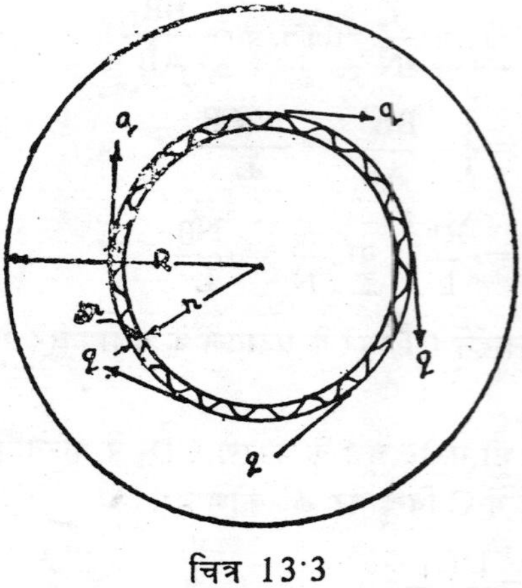

चित्र 13·3

माना कि धुरे में d_r मोटी वलय (ring) की त्रिज्या r है। इस वलय पर प्रतिबल तीव्रता $q = \frac{f_s}{R} \times r$ होती है।

वलय पर कार्य कर रहा बल $= q \times 2\pi r\, dr$

वलय पर बल द्वारा उत्पन्न किया गया प्रतिरोधक युग्म

$$= q \times 2\pi r dr \times r$$

$$= \frac{f_s}{R} \times r^2 \times 2\pi r dr$$

$$= \frac{f_s}{R} r^2 \times \delta_a$$

यहाँ $\delta_a = 2\pi r dr$, वलय का क्षेत्रफल है ।

धुरे के खंड द्वारा उत्पन्न कुल प्रतिरोधक घूर्ण

$$T = \int_0^R \frac{f_s}{R}\, r^2 \delta_a = \frac{f_s}{R} \int_0^R \delta_a r^2$$

$\delta_a r^2$ वलय का धुरे की अक्ष पर जड़ता घूर्ण है और इसलिए $\int_0^R \delta_a r^2$ धुरे के पूर्ण खंड का धुरे की अक्ष पर जड़ता घूर्ण है । इस जड़ता घूर्ण को J से अंकित करते हैं ।

$$\therefore \quad T = \frac{f_s}{R} \times J \qquad \cdots(7)$$

J को ध्रुवीय जड़ता घूर्ण (Polar moment of enertia) कहते हैं ।

अध्याय V में पढ़ चुके हैं कि $I_{ZZ} = I_{XX} + I_{XY}$ यहाँ $I_{ZZ} = J$

$\therefore J = I_{XX} + I_{YY} = 2I_{XX}$, क्योंकि वृत्ताकार खंड के लिए $I_{XX} = I_{YY}$ होता है ।

एक वृत्ताकार खंड जिसका व्यास D है के लिए

$$J = 2 \times \frac{\pi}{64} D^4 = \frac{\pi D^4}{32}$$

एक खोखले वृत्ताकार खंड जिसका बाहरी व्यास D व अन्दर का व्यास d है

$$J = 2 \times \frac{\pi}{64} (D^4 - d^4) = \frac{\pi}{32} (D^4 - d^4)$$

समीकरण (6) और (7) को इकट्ठा करने से

$$\frac{T}{J} = \frac{f_s}{R} = \frac{q}{r} = \frac{N\theta}{L} \qquad \cdots(8)$$

समीकरण (8) और बंकन प्रतिबल के समीकरण $\frac{M}{I} = \frac{p}{y} = \frac{E}{R}$ में काफी समानता है ।

एक वृत्ताकार ठोस खंड के लिए

$$T = f_s \times \frac{J}{R} = f_s \times \frac{\pi D^4 \times 2}{32 \times D} = f_s \times \frac{\pi D^3}{16}$$

इसी प्रकार खोखले वृत्ताकार खंड के लिए

$$T = f_s \times \frac{J}{R} = f_s \frac{\pi(D^4 - d^4)}{32} \times \frac{2}{D} = f_s \times \frac{\pi}{16} \times \frac{(D^4 - d^4)}{D}$$

$\frac{J}{R}$ व्यंजक $\frac{I}{d/2}$ या Z आकृति मापांक के अनुरूप है इसलिए $\frac{J}{R}$ को ध्रुवीय आकृति मापांक (Polar modulus of section) कहते हैं।

समीकरण (8) से मरोड़ कोण θ आसानी से ज्ञात किया जा सकता है।

$$\theta = \frac{T \times L}{NJ} = \frac{f_s}{R} \times \frac{L}{N} \text{ radians}$$

धुरे में मरोड़ के कारण, मरोड़ कोण धरन में विस्थापन के अनुरूप है और वह धुरे के कड़ेपन (stiffness) का माप है। व्यंजक NJ धरन के विस्थापन में EI के अनुरूप है।

13·4. धुरे द्वारा अश्व-शक्ति संचारण (Transmission of horse power by shaft)

माना कि $\left(1KW = \frac{1}{0{\cdot}735} \text{ H. P. metric}\right)$

H = धुरे द्वारा संचारित अश्व-शक्ति

n = एक मिनट में धुरे के घुमाव का वेग

T = औसत बल घूर्ण kg-cm में

अब 1 H.P. = 75 kg-m/sec = 4500 kg-m/min

= 45000 N-m/min

$= 0{\cdot}45 \times 10^6$ kg-cm/min $= 0{\cdot}45 \times 10^8$ M-mm/min

H अश्व शक्ति संचारित करने के लिए आवश्यक उद्यम

$= 0{\cdot}45 \times 10^6 \times H$ kg-cm/min ···(1)

धुरे पर उद्यम = औसत युग्म × एक मिनट में धुरे द्वारा घुमाव कोण

$= T \times 2\pi n$ ···(2)

समीकरण (1) और (2) को बराबर रखने पर

$$2\pi n T = 0{\cdot}45 \times 10^6 \times H$$

$$H = \frac{2\pi n \times T}{0{\cdot}45 \times 10^6} = \frac{2\pi n T}{450000} \quad \cdots(3)$$

T kg-cm में है और H अश्व-शक्ति है।

इसलिए यदि n, R.P.M. से घूमता हुआ एक धुरा H, H.P. संचारित करे तो औसत बल घूर्ण समीकरण (3) से ज्ञात किया जा सकता है। इस बल घूर्ण (Torque) का मान इतना होना चाहिए कि धुरे में अनुमत प्रतिबल की सीमा न बढ़ने पाए।

$$\therefore \quad T = f_s \times \frac{J}{R} \text{ या } \frac{T}{f_s} = \frac{J}{R}$$

समीकरण (3) द्वारा T का मान प्राप्त किया जाता है और अनुमत प्रतिबल f_s का मान दिया हुआ होता है। इससे समीकरण (4) द्वारा $\frac{J}{R}$ मरोड़ आकृति मापांक (Torsional sections Modulus) ज्ञात किया जा सकता है। $\frac{J}{R}$ का मान ज्ञात हो जाने पर धुरे का व्यास भी मालूम किया जा सकता है।

समीकरण $H = \frac{2\pi nT}{450000}$ से जो T का मान ज्ञात होता है, वह औसत मान होता है लेकिन धुरे को इससे 30% से 40% अधिक बल घूर्ण के लिए अभिकल्प करते हैं क्योंकि इंजन जब किसी मशीन को चलाना शुरू करता है तो इंजन को औसत शक्ति से अधिक शक्ति लगानी पड़ती है और इसलिए धुरे को भी अधिक शक्ति संचारित करनी पड़ती है।

13·5. पतली चद्दर की ट्यूब के लिए सामर्थ्य-भार अनुपात की समीकरण (Strength Weight ratio for thin walled tubes)

मानलो ट्यूब का बाहरी व्यास D और आन्तरिक व्यास d है। मानलो ट्यूब की चद्दर की मोटाई t है।

$$\therefore \quad t = \frac{D - d}{2}$$

ट्यूब का $J = \frac{\pi}{32}(D^4 - d^4)$ लेकिन $D = 2R$ और $d = 2(R - t)$

$$\therefore \quad J = \frac{\pi}{32R}\{(2R)^4 - 2^4(R-t)^4\} = \frac{\pi}{2}\{R^4 - (R-t)^4\}$$

$$= \frac{\pi}{2}\{4R^3t - 6R^2t^2 + 6Rt^3 - t^4\}$$

$$= \frac{\pi}{2}R^4\left\{\frac{4t}{R} - 6\left(\frac{t}{R}\right)^2 + 6\left(\frac{t}{R}\right)^3 - \left(\frac{t}{R}\right)^4\right\}$$

पतली चद्दर की ट्यूबों में $\frac{t}{R}$ अनुपात बहुत छोटा है और इसलिए इसकी एक से बड़ी Power छोड़ दी जाती है ।

$$\text{अत:}\quad J \simeq \frac{\pi}{2}R^4 \times \frac{4_t}{R} \simeq = 2\pi R^3 t \qquad \ldots(1)$$

$$\text{मरोड़ घूर्ण}\quad T = \frac{f_s}{R} \times J = \pi R^2 t f_s \qquad \ldots(2)$$

ट्यूब का अनुप्रस्थ काट क्षेत्रफल $A = \pi\{R^2 - (R-t)^2\}$

$$= (2Rt - t^2)\pi = \pi R^2\left\{\frac{2t}{R} - \left(\frac{t}{R}\right)^2\right\}$$

फिर $\frac{t}{R}$ की बड़ी Power छोड़ देने से

$$A \simeq 2\pi Rt \qquad \ldots(3)$$

यदि ट्यूब के पदार्थ का इकाई भार P है तो ट्यूब की l लम्बाई का भार $W = 2\pi Rt \times l \times P$

$$\text{सामर्थ्य—भार अनुपात} = \frac{T}{W} = \frac{2\pi R^2 t f_s}{2\pi Rt \times l \times p} = \frac{Rf_s}{lP} \qquad \ldots(4)$$

हवाई जहाजों के अभिकल्पन में यह अनुपात बहुत महत्त्वपूर्ण होता है ।

उदाहरण 1. 70 mm व्यास और 2m लम्बे धुरे के एक सिर पर 1·5 KN-m का एक मरोड़ घूर्ण कार्य कर रहा है । धुरे में अधिकतम अपरूपण प्रतिबल और मरोड़ कोण डिग्री में ज्ञात करो ।

हल—

$$N = 0{\cdot}8 \times 10^5\ \text{N/mm}^2$$

$$\frac{T}{J} = \frac{f_s}{R} = \frac{N\theta}{L}$$

$$f_s = \frac{T}{J} \times R = \frac{1{\cdot}5 \times 10^6}{\frac{\pi}{32} \times (70)^4} \times \frac{70}{2} = 2{\cdot}26\ \text{N/mm}^2$$

$$\theta = \frac{TL}{NJ} = \frac{1{\cdot}5 \times 10^6 \times 2000}{8 \times 10^4 \times \frac{\pi}{32}(70)^4} \times \frac{180}{\pi}\ \text{डिग्री}$$

$$= 0{\cdot}91^\circ\ \text{डिग्री}$$

उदाहरण 2. एक ठोस गोलाकार धुरे पर 2×10^7 N-mm का एक बल घूर्ण (Torque) कार्य कर रहा है । अगर अनुमत अपरूपण प्रतिबल 60 N/mm²

और धुरे की 15 व्यास लम्बाई में मरोड़ कोण 1° से कम न हो तो धुरे का व्यास ज्ञात करो ।

$$N = 8 \times 10^4 \text{ N/mm}^2$$

हल—

$$f_s = \frac{T}{J} \times R$$

$$T = 2 \times 10^7 \text{ N-mm}$$

$$J = \frac{\pi}{32} D^4$$

$$\therefore \quad 60 = \frac{2 \times 10^7 \times D/2}{\frac{\pi}{32} \times D^4}$$

$$D^3 = \frac{2 \times 10^7 \times 16}{60 \times \pi}$$

$$D = \sqrt{\frac{2 \times 10^7 \times 16}{60 \times \pi}}$$

$$= 119{\cdot}2 \text{ mm}$$

मरोड़ कोण के लिए

$$\frac{T}{J} = \frac{N\theta}{L} \text{ या } \theta = \frac{T \times L}{J \times N}$$

$$\theta = \frac{2 \times 10^7 \times 15D}{8 \times 10^4 \times \frac{\pi}{32} \times D^4} \times \frac{180}{\pi} \text{ degree}$$

$$\text{या} \quad \frac{2 \times 10^7 \times 15D \times 180}{8 \times 10^4 \times \frac{\pi}{32} \times D^4 \times \pi} = 1$$

$$D = 128{\cdot}8 \text{ mm} = 130 \text{ mm (say)}$$

D के दोनों मानों में बड़ा मान ही सुरक्षित होता है । इसलिए धुरे का व्यास 130 mm होना चाहिए ।

उदाहरण 3. 80 mm व्यास का एक ठोस धुरा 180 R.P.M. से घूमता हुआ 200 H.P. संचारित (Transmit) करता है । धुरे की 6m लम्बाई में मरोड़ कोण और अधिकतम अपरूपण प्रतिबल ज्ञात करो ।

$N = 8 \times 10^4\ N/mm^2$

हल $$T = \frac{450000 \times H \times 100}{2\pi n} \text{N-mm}$$

$$= \frac{45000 \times 200 \times 7 \times 100}{2 \times 22 \times 180} = 7954550 \text{ N-mm}$$

$$T = \frac{f_s}{R} \times J = \frac{f_s}{\frac{D}{2}} \times \frac{\pi}{32} D^4$$

या $$7954550 = f_s \times \frac{\pi}{16} D^3$$

$$= f_s \times \frac{\pi}{16} \times (80)^3$$

$$f_s = \frac{7954550 \times 16 \times 7}{22 \times 640 \times 80} = 79{\cdot}1 \text{ N/mm}^2$$

$$\theta = \frac{f_s}{R} \times \frac{L}{N} = \frac{79{\cdot}1 \times 6000}{40 \times 8 \times 10^4} \times \frac{180}{\pi} = 8°30'$$

उदाहरण 4. 150 R.P.M. से घूमता हुआ एक गोलाकार ठोस धुरा 100 H.P. संचारित करता है। अगर प्रारम्भिक बल घूर्ण (Torque) औसत बल घूर्ण से 30% अधिक हो तो धुरे का व्यास ज्ञात करो। अनुमत प्रतिबल 80 N/mm^2 है।

हल— $$T = \frac{45 \times 10^6 \times 100 \times 7}{2 \times 22 \times 150} = 4772720 \text{ N-mm}$$

अधिकतम बल घूर्ण $= 1{\cdot}3 \times 4772720 = 6204536$ N-mm

$$T = \frac{f_s}{R} \times J$$

मान रखने पर, $$6204536 = 80 \times \frac{\pi}{16} D^3$$

$$D^3 = \frac{6204536 \times 16 \times 7}{80 \times 22}$$

$$D = \sqrt[3]{\frac{6204536 \times 16 \times 7}{80 \times 22}} = 73 \text{ mm}$$

उदाहरण 5. 140 R.P.M. पर घूमता हुआ एक गोल धुरा 120 H.P. संचारित कर रहा है। अगर धुरे पर अधिकतम प्रतिबल 90 N/mm^2 और 4 m लम्बे धुरे में मरोड़ कोण 1° से अधिक न हो तो धुरे का व्यास ज्ञात करो।

$N = 8 \times 10^4\ N/mm^2$

$$T = \frac{45 \times 10^6 \times H}{2\pi n} = \frac{45 \times 10^6 \times 120}{2 \times \pi \times 140} = 6136360\ \text{N-mm}$$

$$T = f_s \times \frac{\pi D^3}{16} = 90 \times \pi \times \frac{D^3}{16}$$

$$= 90 \times \pi \times \frac{D^3}{16} = 6136360$$

$$D = \sqrt{\frac{6136360 \times 16}{90 \times \pi}} = 73\ \text{mm.}$$

$$\theta = \frac{T \times L}{N \times J} \text{ या } 1° = \frac{6136360 \times 4000 \times 7 \times 32 \times 180}{8 \times 10^4 \times \pi \times \pi \times D^4}$$

$$D^4 = \frac{6136360 \times 4000 \times 7 \times 32 \times 180 \times 7}{8 \times 10^4 \times 22 \times 22} = 17891{\cdot}7 \times 10^4$$

$$D = \sqrt[4]{17891{\cdot}7 \times 10^4} = 115{\cdot}5\ \text{mm}$$

इसलिए सुरक्षित व्यास 115·5 mm हैं।

उदाहरण 6. 240 mm बाहरी और 120 mm भीतरी व्यास वाले एक खोखले धुरे को 4×10^7 N-mm का बल घूर्ण (Torque) संचारित करने के लिए काम में लिया गया है। अगर $N = 8 \times 10^4\ N/mm^2$ हो तो धुरे की 4m लम्बाई में मरोड़ कोण ज्ञात करो।

हल— $J = \frac{\pi}{32}\left\{(240)^4 - (120)^4\right\} = 97200000\ \pi\ mm^4$

$$f_s = \frac{TR}{J} = \frac{4 \times 10^7 \times 120}{\pi \times 97200000} = 15{\cdot}7\ N/mm^2$$

मरोड़ कोण $\theta = \frac{f_s}{R} \times \frac{L}{N}$

$$= \frac{15{\cdot}7 \times 4 \times 1000}{120 \times 8 \times 10^4} \times \frac{180}{\pi} \text{ डिग्री}$$

$= 0{\cdot}38$ डिग्री

उदाहरण 7. यदि अधिकतम मरोड घूर्ण औसत मरोड़ घूर्ण से 60% अधिक हो और अनुमत प्रतिबल 700 kg/cm^2 हो, तो ज्ञात करो कि 16 cm का ठोस गोलाकार धुरा 500 R.P.M. पर कितनी अश्व शक्ति संचारित कर सकता है।

हल— $T = \frac{f_s \times J}{R}$

$$=700\times\frac{\pi(16)^3}{16}$$

$$=563200 \text{ kg-cm}$$

$$\text{T का औसत मान}=\frac{563200\times100}{160}=352000 \text{ kg-cm}$$

$$\text{H.P.}=\frac{2\pi nT}{450000}=\frac{2\times\pi\times500\times352000}{450000}$$

$$=2458{\cdot}4 \text{ H.P.}$$

उदाहरण 8. 280 R.P.M. पर घूमते हुए और 110 H.P. संचारित करने वाले एक गोलाकार धुरे का व्यास ज्ञात करो अगर अपरूपण प्रतिबल 80 N/mm^2 और धुरे की 3m लम्बाई में मरोड़ कोण (Angle of Twist) 2° से अधिक न होने पाये।

$$N=8\times10^4 \text{ N/mm}^2$$

हल :

$$T=\frac{45\times10^6\times HP}{2\pi n}$$

$$=\frac{45\times10^6\times110}{2\pi\times280}$$

$$=2812500 \text{ N-mm}$$

$$T=f_s\times\frac{J}{R}$$

$$\therefore\quad 2812500=80\times\frac{\pi d^3}{16}=5\pi d^3$$

$$d=\sqrt{\frac{2812500\times7}{5\times22}}=56 \text{ mm.}$$

$$\theta=\frac{T\times L}{N\times J}=\frac{2812500\times3\times1000}{8\times10^4\times\frac{\pi d^4}{32}} \text{ radians}$$

$$2^\circ=\frac{2812500\times3\times1000\times32}{8\times10^4\times\pi\times\pi\times2}\,\frac{180}{\pi}$$

$$d=\sqrt[4]{\frac{2812500\times3000\times32\times180}{8\times10^4\times\pi\times\pi\times2}}$$

$$=76{\cdot}5 \text{ mm.}$$

सुरक्षित व्यास 76·5 mm है।

उदाहरण 9. 4 cm व्यास और 5 m लम्बा एक धुरा दोनों सिरों पर आबद्ध (fixed) है। धुरे के एक सिरे से 3m पर 20000 kg-cm का एक बल घूर्ण (Torque) कार्य कर रहा है।

(a) धुरे के दोनों सिरों पर बलघूर्ण (Torque) ज्ञात करो।

(b) 20000 kg-cm बल घूर्ण वाले बिन्दु पर मरोड़ कोण ज्ञात करो।

(c) धुरे के दोनों भागों पर अधिकतम प्रतिबल ज्ञात करो। $N=8\times10^5$ kg/cm²

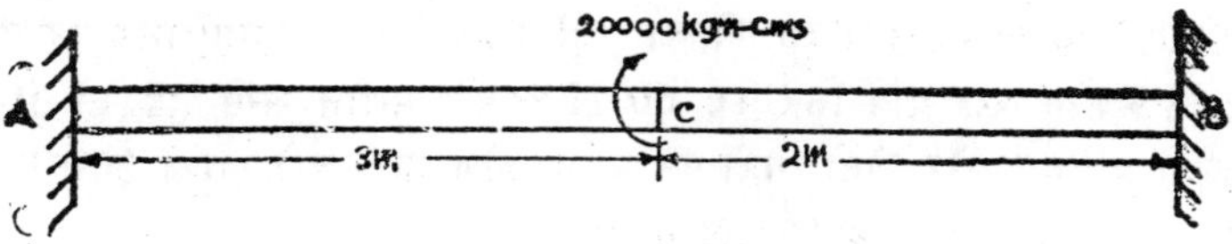

चित्र 13·4

मानाकि T_A और T_B दोनों सिरों A और B पर बल घूर्ण हैं

$$\therefore T_A+T_B=20000 \quad \cdots(1)$$

क्योंकि धुरे के दोनों सिरे आबद्ध हैं इसलिए धुरे के दोनों भागों के लिए मरोड़ कोण बराबर होगा।

$$\theta=\frac{T\times L}{N\times J}$$

$$\therefore \frac{T_A\times3}{N\times J}=\frac{T_B\times2}{N\times J}$$

$$T_A=\frac{2}{3}T_B \quad \cdots(2)$$

(1) और (2) से

$T_B=12000$ kg-cm और $T_A=8000$ kg-cm

2m वाले भाग में प्रतिबल $=\frac{T}{J}\times R$

$$=\frac{8000\times2}{\frac{\pi}{32}\times(4)^4}=636{\cdot}3 \text{ kg/cm}^2$$

3m वाले भाग में प्रतिबल$=\frac{T\times R}{J}$

$$=\frac{12000\times 2}{\frac{\pi}{32}\times(4)^3}=954{\cdot}5 \text{ kg/cm}^2$$

मरोड़ कोण दोनों भागों में से किसी भी भाग को मानकर ज्ञात किया जा सकता है।

$$\theta=\frac{T\times L}{N\times J}=\frac{8000\times 3\times 100}{8\times 10^5\times\frac{\pi}{32}\times(4)^4}=7{\cdot}4°$$

उदाहरण 10. 70 mm व्यास और 4m लम्बे एक धुरे के मध्य बिन्दु पर एक पुली द्वारा 100 H.P. संचारित की जा रही हैं। यदि धुरे के बाएँ सिरे पर एक 40 H.P. की मशीन और दायें सिरे पर 60 H.P. की मशीन लगी हुई हों तो धुरे में अधिकतम प्रतिबल और दोनों सिरों पर मरोड़ कोण ज्ञात करो। धुरा 200 R.P.M. पर घूम रहा है। $N=8\times 10^4$ N/mm²

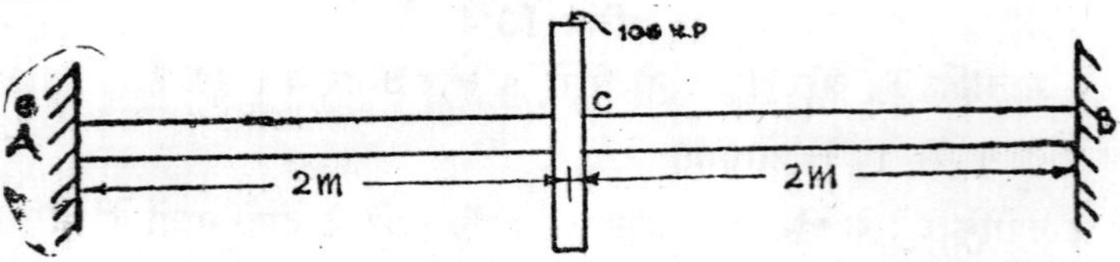

चित्र 13·5

A सिरे पर मशीन 40 H.P. ले रही है अतः C से A तक 40 H.P. संचारित हो रही है और इसी प्रकार C से B तक 60 H.P. संचारित हो रही है।

क्योंकि अधिकतम H.P., CB भाग द्वारा संचारित हो रही है इसलिए अधिकतम प्रतिबल भी CB भाग में ही होगा।

CB भाग में बलघूर्ण (Torque) $=\frac{60\times 4500000}{2\pi\times 200}$

$$=\frac{6750000}{\pi}\text{ N-mm}$$

अधिकतम प्रतिबल$=\frac{T}{J}\times R$

$$=\frac{6750000\times 16}{\pi\times\pi(70)^3}=31{\cdot}88 \text{ N/mm}^2$$

$$\text{BC में मरोड़ कोण} = \frac{T \times L}{N \times J} \times \frac{180}{\pi} \text{Degree}$$

$$= \frac{6750000 \times 2000 \times 32 \times 180 \times 7 \times 7 \times 7}{22 \times 8 \times 10^4 \times 22 \times (70)^4 \times 22}$$

$$= 1 \cdot 2^\circ$$

$$\text{AC में बल घूर्ण (Torque)} = \frac{40 \times 45000000}{2\pi \times 200}$$

$$= \frac{4500000}{\pi} \text{N-mm}$$

$$\text{AC में मरोड़ कोण} = \frac{4500000 \times 2000 \times 32 \times 180}{\pi \times 8 \times 10^4 \times \pi \times (70)^4 \pi}$$

$$= 0 \cdot 87^\circ$$

कुल मरोड़ कोण $= 1 \cdot 3 + 0 \cdot 87 = 2 \cdot 17^\circ$

उदाहरण 11. AB और CD दो धुरे A और C बिन्दुओं पर क्रमशः 30 cm और 20 cm व्यास की गरारियों द्वारा जोड़े हुए हैं जैसा चित्र नं० 13·6 में दिखाया हुआ है। यदि B बिन्दु पर 90000 kg-cm का एक बल घूर्ण (Torque) लगाया गया है तथा अधिकतम प्रतिबल 700 kg/cm^2 से अधिक न हो तो CD धुरे का व्यास ज्ञात करो।

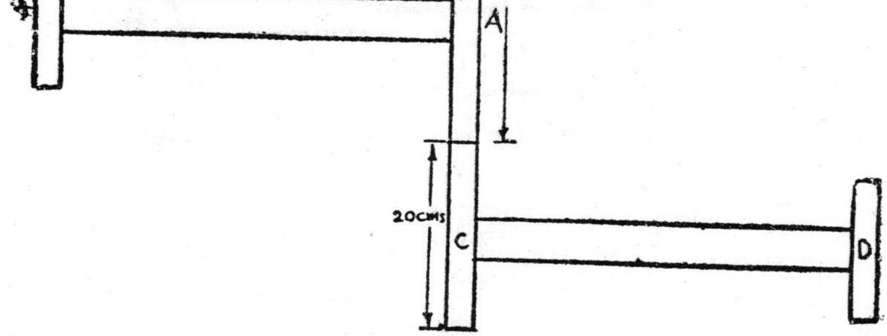

चित्र 13·6

$$\frac{\text{AB में बल घूर्ण}}{\text{CD में बल घूर्ण}} = \frac{\text{गरारी A का व्यास}}{\text{गरारी C का व्यास}}$$

$$\therefore \quad \text{CD में बल घूर्ण} = \frac{\text{C का व्यास}}{\text{A का व्यास}} \times \text{AB में बल घूर्ण}$$

$$= \frac{20}{30} \times 90000 = 60000 \text{ kg-cm}$$

माना कि धुरे CD का व्यास D है

$$\therefore \quad \frac{\pi}{16}(D)^3 \times 700 = 60000$$

$$D = \sqrt{\frac{60000 \times 16}{700 \times \pi}} = 7{\cdot}5 \text{ cms}$$

13·12. **समानान्तर और श्रेणीबद्ध शाफ्ट** (Shafts in parallel and series)—जब भिन्न नापों के एक से अधिक शाफ्टों के सिरे से सिरे मिलाकर तथा जोड़कर एक शाफ्ट बनाया जाता है तो इस शाफ्ट को यौगिक शाफ्ट (Composite shaft) कहते हैं। इस यौगिक शाफ्ट पर घुमाव उत्पन्न करने वाला मरोड़ घूर्ण यदि एक सिरे पर और प्रतिरोधी मरोड़ घूर्ण दूसरे सिरे पर कार्य करते हों तो इस व्यवस्था को श्रेणीबद्ध शाफ्ट (Shaft in series) कहते हैं। यदि यौगिक शाफ्ट के घटकों के जोड़ बिन्दु पर घुमाव उत्पन्न करने वाला मरोड़ घूर्ण कार्य कर रहा हो और दोनों सिरों पर प्रतिरोधी मरोड़ घूर्ण कार्य कर रहे हो तो इस व्यवस्था को समानान्तर शाफ्ट (shaft in parallel) कहते हैं। चित्र 13·7 में श्रेणीबद्ध और 13·9 में समानान्तर शाफ्टों की व्यवस्थाएँ दर्शाई हुई हैं।

I. **श्रेणीबद्ध शाफ्ट** (Shaft in series)

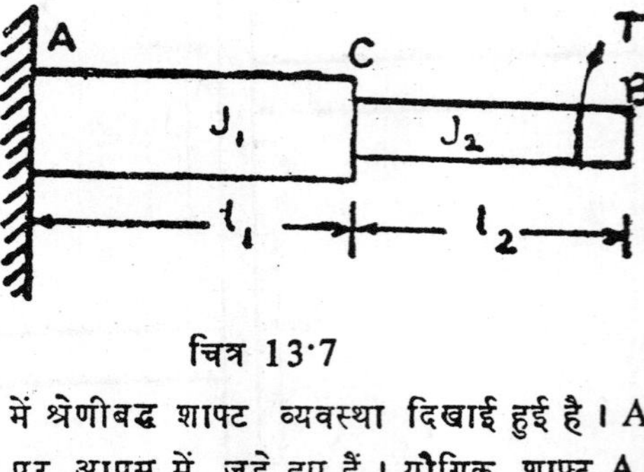

चित्र 13·7

चित्र 13·7 में श्रेणीबद्ध शाफ्ट व्यवस्था दिखाई हुई है। AC और CB दो शाफ्ट हैं जो C बिन्दु पर आपस में जुड़े हुए हैं। यौगिक शाफ्ट A सिरे पर आबद्ध किया हुआ है जबकि B सिरे पर घुमाव उत्पन्न करने वाला बाहरी मरोड़ घूर्ण T लगाया हुआ है।

इस व्यवस्था में AC और CB दोनों घटकों में मरोड़ घूर्ण (T) का मान एक

ही रहता है। मान लो AC और CB घटकों में क्रमशः θ_1 और θ_2 मरोड़ कोण उत्पन्न होता है। संयुक्त शाफ्ट के A सिरे पर कुल मरोड़ कोण मान लो θ है :

$$\because \quad \theta=\theta_1+\theta_2$$

लेकिन $\frac{T}{J}=\frac{N\theta}{r}$ समीकरण से

$$\theta_1=\frac{T}{J_1}\quad\frac{l_1}{N_1} \text{ और } \theta_2=\frac{T}{J_2}\quad\frac{l_2}{N_2}$$

ध्यान रहे AC और CB शाफ्ट अलग धातुओं के बने माने हैं।

J_1=AC शाफ्ट का ध्रुवीय जड़ता घूर्ण

J_2=CB ,, ,, ,,

N_1=AC शाफ्ट के पदार्थ का दृढ़ता प्रत्यास्था गुणांक

N_2=BC ,, ,, ,, ,,

l_1=AC शाफ्ट की लम्बाई

l_2=CB ,, ,,

$$\therefore \ \theta=\theta_1+\theta_2=\frac{Tl_1}{J_1N_1}+\frac{Tl_2}{J_2N_2} \qquad \cdots(1)$$

यदि AC और CB दोनों एक ही पदार्थ के बने हों तो $N_1=N_2=N$

$$\therefore \ \theta=\theta_1+\theta_2=\frac{Tl_1}{J_1N}+\frac{Tl_2}{\theta_2N}$$

$$=\frac{T}{N}\left(\frac{l_1}{J_1}+\frac{l_2}{J_2}\right) \qquad \cdots(2)$$

2. समानान्तर शाफ्ट (parallel shaft)

इस व्यवस्था में लगाया गया बाहरी मरोड़ घूर्ण C बिन्दु पर लगाया जाता है जबकि A और B सिरों पर प्रतिरोधी मरोड़ उत्पन्न होते हैं।

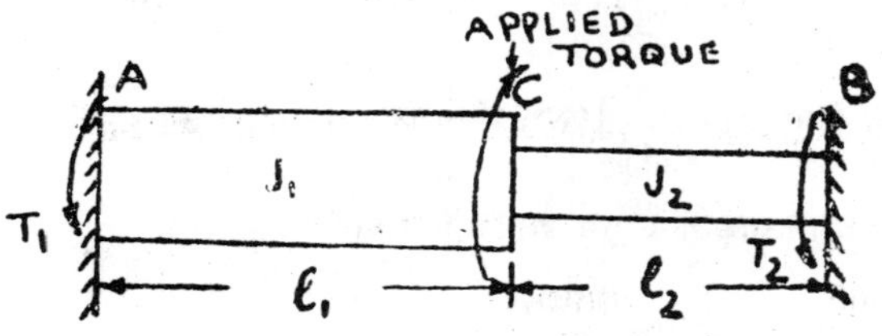

चित्र 13·8

मानलो C बिन्दु पर T मरोड़ घूर्ण लगाया गया हैं और A और B सिरों पर क्रमशः T_1 ओर T_2 मरोड़ घूर्ण उत्पन्न हो जाते हैं।

इस व्यवस्था में AC ओर CB दोनों का मरोड़ कोण बराबर होता है।

या $\theta_1 = \theta_2$

या $$\frac{T_1 l_1}{N_1 J_1} = \frac{T_2 l_2}{N_2 l_2}$$

या $$\frac{T_1}{T_2} = \frac{l_2}{l_1} \times \frac{N_1}{N_2} \times \frac{J_1}{J_2} \qquad \cdots(3)$$

यदि AC और BC शाफ्ट एक ही पदार्थ के बने हैं तो $N_1 = N_2 = N$

अतः $$\frac{T_1}{T_2} = \frac{J_1}{J_2} \times \frac{l_2}{l_1} \qquad \cdots(4)$$

उदाहरण 17. एक गोलाकार शाफ्ट जिसका व्यास 4 cm है के सिरों पर 8 cm व्यास के कपलिंग लगे हुए हैं। कपलिंग, शाफ्ट के साथ दृढ़तापूर्वक जकड़ा हुआ है। शाफ्ट के एक सिरे पर 5000 kg/cm मरोड़ घूर्ण लगाकर, शाफ्ट से सम्बद्ध कपलिंग पर 1 mm मोटी चद्दर की लोहे की ट्यूब गर्म करके चढ़ा कर सिकुड़ा दी जाती है। ध्यान रहे जब ट्यूब कपलिग पर सिकुड़ाई जाती है तो शाफ्ट 5000 kg-cm मरोड़ घूर्ण से मरोड़ा हुआ रखा गया था। ट्यूब के कपलिग पर अच्छी तरह सिकुड़ जाने पर शाफ्ट पर लगा मरोड़ घूर्ण हटा लिया जाता है। यदि शाफ्ट और ट्यूब एक ही पदार्थ के बने हुए हैं तो शाफ्ट पर बाकी बचा मरोड़ घूर्ण ज्ञात करो।

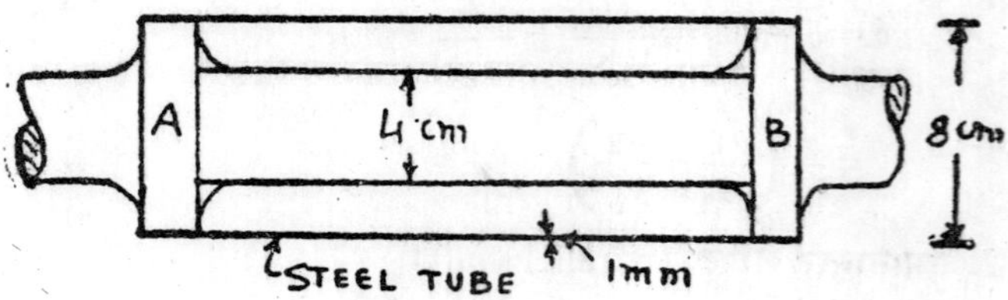

चित्र 13·9

शाफ्ट के लिए $J_1 = \frac{\pi}{32}(4)^4 = 8\pi \text{ cm} = 25{\cdot}14 \text{ cm}^2$

ट्यूब के लिए $J_2 = \frac{\pi}{32}\{(8{\cdot}2)^4 - (8)^4\} = 41{\cdot}64 \text{ cm}^4$

मानलो ट्यूब चढ़ाने से पूर्व शाफ्ट में मरोड़ θ_1 है।

$$\therefore \quad \frac{N\theta_1}{l} = \frac{T_1}{J_1} = \frac{5000}{25{\cdot}14}$$

$$\therefore \quad \theta_1 = \frac{5000\, l}{25{\cdot}14\, N} \qquad \cdots(1)$$

ट्यूब चढ़ाकर मरोड़ घूर्ण जब हटा लिया जाता है तो शाफ्ट में पैदा हुआ मरोड़ घूर्ण ट्यूब में और शाफ्ट में बराबर वितरित हो जाता है।

मानलो शाफ्ट में शेष रहा मरोड़ घूर्ण T है

θ_1' = शाफ्ट में बचा मरोड़ कोण

θ_2' = ट्यूब में उत्पन्न मरोड़ कोण

$$\therefore \quad T=\frac{N\theta_1' J_1}{l}=\frac{N\theta_2' J_2}{l}$$

$$\text{या } \theta_1'=\theta_2'\frac{J_2}{J_1}=\theta_2'\times\frac{41{\cdot}64}{25{\cdot}14} \quad \cdots(2)$$

लेकिन $\theta_1=\theta_1'+\theta_2'$

$$\therefore \frac{5000l}{25{\cdot}14N}=\frac{41{\cdot}64}{25{\cdot}14}\theta_2'+\theta_2'=\frac{66{\cdot}78}{25{\cdot}14}\theta_2$$

लेकिन $\theta_2'=\frac{Tl}{NJ_2}$

$$\therefore \frac{50001}{25{\cdot}14N}=\frac{66{\cdot}78}{25{\cdot}14}\times\frac{T\times l}{N\times 41{\cdot}64}$$

$$\therefore \quad =\frac{5000\times 41{\cdot}64}{66{\cdot}78}=3118 \text{ kg-cm} \text{ (उत्तर)}$$

उदाहरण 18. एक क्षैतिज शाफ्ट की कुल लम्बाई। 1·5m है। चित्र 13·10 में शाफ्ट दिखाया हुआहै। AB लम्बाई 1 m हैं और इसका व्यास 7 cm तथा यह लोहे का बना है। BC भाग 0·5 cm है, इसका व्यास 4 cm है तथा यह पीतल का बना है। यदि अधिकतम मरोड़ कोण 1·5° और लोहे तथा पीतल अनुमत में अपरूपण प्रतिबल क्रमश: 1000 kg/cm² और 500 kg/cm² हो तो शाफ्ट के C सिरे पर कितना अधिकतम मरोड़ घूर्ण लगाया जा सकता है। N का मान पीतल के लिए $0{\cdot}34\times10^6$ kg/cm² और लोहे के लिए $0{\cdot}82\times10^6$ kg/cm² है।

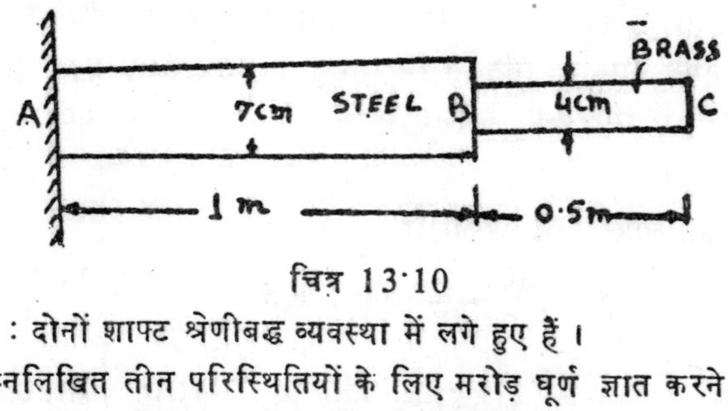

चित्र 13·10

हल : दोनों शाफ्ट श्रेणीबद्ध व्यवस्था में लगे हुए हैं।

निम्नलिखित तीन परिस्थितियों के लिए मरोड़ घूर्ण ज्ञात करने होंगे। तीनों में से जो मान न्यूनतम होता है वही सुरक्षित मरोड़ घूर्ण है।

I. लोहे में 1000 kg/cm^2 का प्रतिबल स्थापित करने के लिए मरोड़ घूर्ण T_1

II. पीतल में 500 kg/cm^2 का प्रतिबल उत्पन्न करने के लिए मरोड़ घूर्ण T_2

III. 1·5° मरोड़ कोण उत्पन्न करने के लिए मरोड़ घूर्ण T_3

लोहे के लिए $J_s = \frac{\pi}{32} \times (7)^4 = 235{\cdot}81 \text{ cm}^4$

पीतल के लिए $J_B = \frac{\pi}{32} \times (4)^4 = 25{\cdot}14 \text{ cm}^4$

$$T_1 = \frac{f_s}{R} J_s = \frac{1000 \times 235{\cdot}81}{3{\cdot}5} = 70550 \text{ kg-cm}$$

$$T_2 = \frac{f_b}{R} J_b = \frac{500 \times 25{\cdot}14}{2} = 6285 \text{ kg-cm}$$

$$\theta = \frac{T_3 l_1}{N_1 J_s} + \frac{T_3 l_2}{N_2 J_B}$$

$$\frac{1{\cdot}5 \times \pi}{180} = \frac{T_3 \times 100}{0{\cdot}82 \times 10^6 \times 235{\cdot}81} + \frac{T_3 \times 50}{0{\cdot}34 \times 10^6 \times 15{\cdot}14}$$

$$= T_3 \left\{ \frac{1}{82 \times 23581} + \frac{1}{68 \times 2514} \right\}$$

$$T_3 = 4114 \text{ kg-cm}$$

$\therefore$ T_3 ही सुरक्षित मरोड़ घूर्ण है जो शाफ्ट सुरक्षापूर्वक संचारित कर सकता है।

उदाहरण 19. 10 cm व्यास का ठोस मिश्र धातु शाफ्ट, 10 cm बाहरी व्यास के लोहे के खोखले शाफ्ट से जोड़ा हुआ है। यदि 300 KW शक्ति शाफ्टों द्वारा संचारित की जाती है तो शाफ्ट की गति व लोहे के शाफ्ट का अन्दर का व्यास दोनों ज्ञात करो। अनुमत.अपरूपण प्रतिबल मिश्र धातु के लिए 500 और लोहे के लिए 700 kg/cm^2 है। मिश्र धातु के लिए $N = 0{\cdot}35 \times 10^6$ kg/cm^2 और लोहे के लिए $0{\cdot}8 \times 10^6$ kg/cm^2 है।

मिश्र धातु शाफ्ट (Alloy shaft)

$$\text{H.P.} = \frac{300}{0{\cdot}735} = 407{\cdot}5 \text{ H.P.}$$

$$T = \frac{f_s}{R} \times J = \frac{500}{5} \times \frac{\pi}{32}(10)^4 = 98200 \text{ kg-cm}$$

$$H.P. = \frac{2\pi nT}{450000} = 407{\cdot}5$$

$$\therefore \quad \frac{2\pi n \times 98200}{45000} = 407{\cdot}5$$

$$\therefore \quad n = \frac{407{\cdot}5 \times 450000 \times 7}{2 \times 22 \times 98200} = 297 \text{ R. P. M.}$$

लोहे का शाफ्ट $J_s = \frac{TR}{f_s} = \frac{98200 \times 5}{700} = 702 \text{ cm}^4$

$$\therefore \frac{\pi}{32}\{(10)^4 - d\} = 702$$

$$d = 7{\cdot}31 \text{ cm} = 73{\cdot}1 \text{ mm}$$

उदाहरण 20. एक संयुक्त शाफ्ट की लम्बाई 3m है। शाफ्ट की AB लम्बाई 1·2 m है और व्यास 10 cm है। BC लम्बाई 1·8 m है तथा व्यास 5 cm है। शाफ्ट के मुक्त सिरे C पर T मरोड़ घूर्ण वामावर्त दिशा में कार्य कर रहा है। संयुक्त बिन्दु B पर बड़े व्यास वाली शाफ्ट लम्बाई पर दक्षिवृत दिशा में 2T मरोड़ घूर्ण कार्य कर रहा है। यदि शाफ्ट में अनुमत अपरूपण प्रतिबल 700 kg/cm² हो तो मुक्त सिरे C पर, आबद्ध सिरे A की अपेक्षा मरोड़ कोण ज्ञात करो।

$$N = 0{\cdot}84 \times 10^6 \text{ kg/cm}^2$$

हल—क्योंकि B और C पर कार्य कर रहे मरोड़ घूर्णों एक दूसरे के उल्ट दिशा में हैं इसलिए दोनों मरोड़ घूर्णों का प्रभाव दोनों शाफ्ट लम्बाइयों पर अलग-अलग स्वतंत्र रूप से ज्ञात करना होता है। C पर मरोड़ कोण, दोनों मरोड़ घूर्णों के प्रभाव का बीजीय योग होता है।

C पर कार्य कर रहे T मरोड़ घूर्ण का प्रभाव BC भाग पर ज्ञात करेंगे

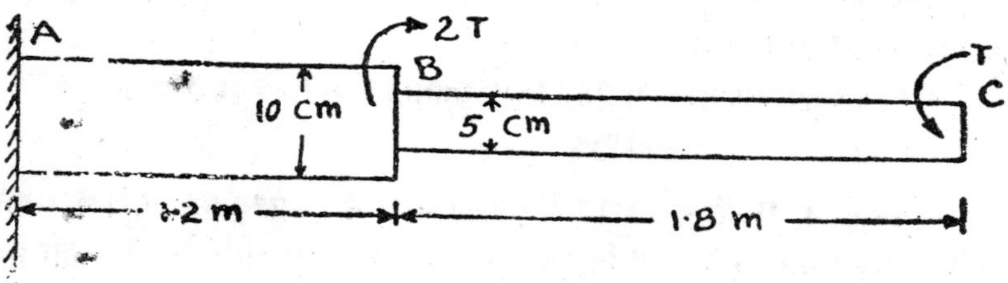

चित्र 13·11

क्योंकि AB भाग पर इसके प्रभाव से, बड़ा व्यास होने के कारण कम प्रतिबल उत्पन्न होता है।

$$T=\frac{\pi D^3}{16}f_s$$

$$=\frac{\pi}{16}\times(5)^3\times 700=17182 \text{ kg-cm}$$

$$J_{BC}=\frac{\pi}{32}(5)^4=61{\cdot}37 \text{ cm}^4$$

$$J_{AB}=\frac{\pi}{32}(10)^4=982 \text{ cm}^4$$

निम्न समीकरण का उपयोग करें।

$$\frac{T}{J}=\frac{N\theta}{L}$$

$$\theta=\frac{TL}{JN}=\frac{T}{N}\left(\frac{L_{AB}}{J_{AB}}+\frac{L_{BC}}{J_{BC}}\right)$$ (C पर T मरोड़ घूर्ण के लिए)

मान रखने पर

$$\theta_1=\frac{17182}{0{\cdot}84\times10^6}\left(\frac{120}{982}+\frac{180}{61{\cdot}37}\right) \text{ रेडियन}$$

$$=0{\cdot}06248 \text{ रेडियन}$$

B पर T मरोड़ घूर्ण के कारण θ का मान निम्नानुसार ज्ञात किया जा सकता है।

$$\theta_2=\frac{2T\,L_{AB}}{N\,J_{AB}}=\frac{2\times17182}{0.84\times10^6}\times\frac{120}{982}=0{\cdot}995 \text{ रेडियन}$$

B पर 2T के कारण उत्पन्न मरोड़ कोण θ_2, BC भाग में भी वही बना रहता है। क्योंकि दोनों मरोड़ घूर्णों की दिशा उल्ट है। इसलिए C पर निबल मरोड़ कोण, θ_1 और θ_2 का अन्तर है।

C पर मरोड़ कोण $=0{\cdot}06248-0{\cdot}005=0{\cdot}05748$ रेडियन

$=3^\circ18''$ उत्तर

उदाहरण 21. चित्र 13·12 में दिखाए शाफ्ट में C बिन्दु पर 60H.P. लगाई जाती है और क्रमशः A और B बिन्दुओं पर 40 और 20 H.P. ले ली जाती है। शाफ्ट 200 R. P. M. से घूमता है। A बिन्दु पर C की अपेक्षा मरोड़ कोण ज्ञात करो। शाफ्ट में उत्पन्न अधिकतम मरोड़ प्रतिबल भी ज्ञात करो। शाफ्ट के AB भाग का व्यास 5 cm और BC भाग का व्यास 7·5 cm है।

$$N=0{\cdot}85\times10^6 \text{ kg/cm}^2$$

हल—सबसे पहले BC शाफ्ट को लो ।

$$H.P. = \frac{2\pi NT_1}{4500}$$

$$T_1 = \frac{H.P. \times 4500}{2\pi N} = \frac{60 \times 4500}{2\pi \times 200} = 21486 \text{ kg-cm}$$

प्रतिबल ज्ञात करने के लिए $= \frac{\pi}{16} D^3 f_s$ सूत्र का उपयोग करें

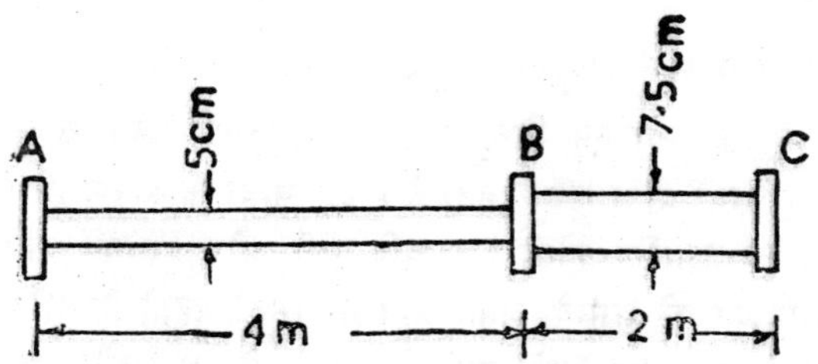

चित्र 13·12

$$21486 = \frac{\pi}{16}(7{\cdot}5)^3 \times f_s$$

$$f_s = \frac{21486 \times 16}{\pi(7{\cdot}5)^3} = 259{\cdot}4 \text{ kg/cm}^2$$

मरोड़ कोण के लिए $\frac{T}{J} = \frac{N\theta}{L}$ का उपयोग करें

$$\theta_1 = \frac{T_1 L}{JN} = \frac{21486 \times 200}{\frac{\pi(7{\cdot}5)^4}{32} \times 0{\cdot}85 \times 10^6} = 0{\cdot}01628 \text{ रेडियन}$$

$$= 0°56''$$

अब AB शाफ्ट की लम्बाई पर विचार करें

θ_2 = मरोड़ कोण, T_2 = मरोड़ घूर्ण, f_{s2} मरोड़ प्रतिबल

$$H.P. = \frac{2\pi NT}{4500}$$

$$40 = \frac{2\pi \times 200 \times T_2}{4500}$$ हल करने पर, $T_2 = 14324$ kg-cm

$$f_{s2} = \frac{T_2 \times 16}{\pi(5)^3} = \frac{14324 \times 16}{\pi \times (5)^3} = 583{\cdot}6 \text{ kg/cm}^2$$

$$\theta = \frac{14324 \times 400}{\frac{\pi}{32}(5)^4 \times 0{\cdot}85 \times 10^6} = 0{\cdot}10986 \text{ rad} = 6^\circ\ 18'$$

क्योंकि 40 और 20 H.P एक ही तरफ ली जा रही है इसलिए A का C की अपेक्षा मरोड़ कोण $= 0^\circ\ 56' + 6^\circ\ 18'$

$= 7^\circ\ 14'$ **उत्तर**

अधिकतम मरोड़ प्रतिबल AB लम्बाई में है और इसका मान 583·6 kg/-cm² है। **(उत्तर)**

17·10. चाबी एवं युग्मक (Keys and couplings)

एक धुरा घूमते समय एक बिन्दु से दूसरे बिन्दु तक शक्ति संचारित करता है और पुल्ली के साथ चाबी द्वारा जुड़ा रहता है। इस चाबी के कारण ही पुली से धुरे व धुरे से पुली पर शक्ति संचारित होती है। यदि पुली और धुरे को चाबी से न जोड़ा जाय, तो पुली बिना धुरे को घुमाये, अपने आप में घूमती रहती है लेकिन जब धुरा पुली से चाबी द्वारा जुड़ा होता है तो चाबी पर भी मरोड़ घूर्ण और अपरूपण प्रतिबल उत्पन्न हो जाते हैं, और धुरा भी पुली के साथ घूमना प्रारम्भ हो जाता है।

मानाकि q_k = चाबी में अपरूपण प्रतिबल

r = धुरे की अक्ष से चाबी की दूरी

L = चाबी की लम्बाई

b = चाबी की चौड़ाई

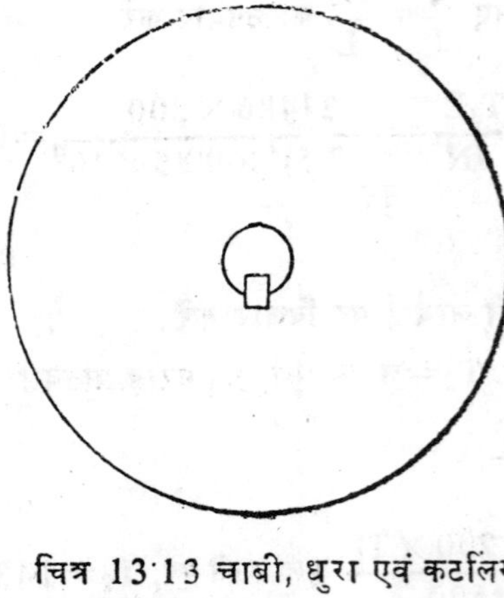

चित्र 13·13 चाबी, धुरा एवं कर्टलिंग

चाबी द्वारा उत्पन्न प्रतिरोधक घूर्ण $= q_k \times r \times L \times b$

चाबी द्वारा उत्पन्न प्रतिरोधक घूर्ण, संचारित बल घूर्ण (Torque) के बराबर होता है।

$$T=\frac{\pi}{16} D^3 \times f_t = q_k \times r \times L \times b \quad (1)$$

इस समीकरण (1) से चाबी में अपरूपण प्रतिबल या चाबी का आकार मालूम किया जा सकता है।

17·11 युग्मक (Coupling)

जब दो धुरे लम्बाई में जोड़ने होते हैं तो युग्मक द्वारा जोड़े जा सकते हैं। युग्मक में दोनों धुरे पुली और चाबी द्वारा जोड़े जाते हैं जैसा कि चित्र नं० 13·14 में दिखाया हुआ है। दोनों धुरों के सिरों पर चाबी द्वारा पुल्लियाँ लगी रहती हैं और फिर पुल्लियाँ बोल्टों द्वारा कस कर आपस में जोड़ दी जाती हैं। शक्ति संचारन धुरे से चाबी पर और चाबी से युग्मक के बोल्टों पर होता है।

मानाकि n = युग्मक में बोल्टों की संख्या है

R_b = जिस वृत्त पर युग्मक बोल्ट लगे हुए हैं उसकी त्रिज्या है

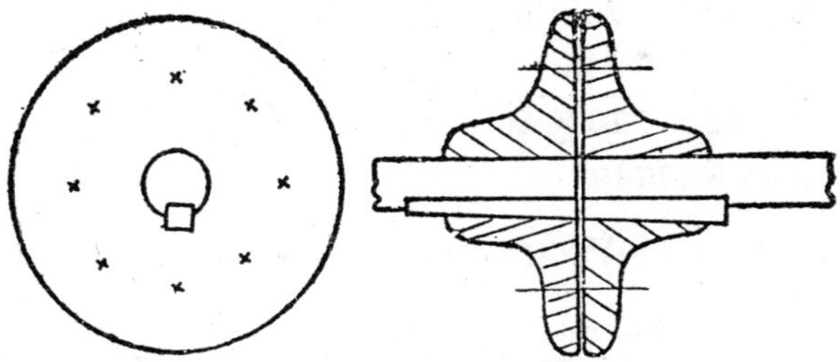

चित्र 13·14

d_b = एक बोल्ट का व्यास

q_b = प्रत्येक बोल्ट में अपरूपण प्रतिबल

n बोल्टों द्वारा कुल संचारित घूर्ण $= n \times q_b \times \frac{\pi}{4}(d_b)^2 \times R_b$ और यह घूर्ण बाहरी बल घूर्ण (Torque) के बराबर होना चाहिए।

$$\because \quad T=\frac{\pi}{16}(D)^3 \times f_s = q_b \times n \times R_b \frac{\pi}{4}(d_b)^2$$

इस समीकरण से युग्मक में कोई भी अज्ञात मान मालूम किया जा सकता है।

उदाहरण 23. 120mm व्यास का एक धुरा 150 H.P. 140 R.P.M. पर संचारित करने के लिए काम में लिया गया। एक फ्लैंज युग्मक एक 100 mm लम्बी और 20mm चौड़ी चाबी से धुरे के साथ जुड़ा हुआ है। युग्मक में फ्लैंज पर 300mm के व्यास पर, 20mm वाले 8 बोल्ट लगे हुए हैं। धुरे चाबी और युग्मक के बोल्टों में अपरूपण प्रतिबल ज्ञात करो।

हल :

$$T=\frac{450000\times H}{2\pi\times n}=\frac{450000\times 150}{2\times\pi\times 140}$$

$$=76704{\cdot}6 \text{ kg-cm}=7670460 \text{ N-mm}$$

माना कि f_s, q_k और q_b क्रमशः धुरे, चाबी और युग्मक बोल्ट में अधिकतम अपरूपण प्रतिबल है।

$$\therefore \quad \frac{\pi}{16}D^3\times f_s=7670460$$

$$\frac{\pi}{16}(120)^3\times f_s=7670460$$

$$f_s=\frac{7670460\times 16}{\pi\times(120)^3}=22{\cdot}6 \text{ N/mm}^2$$

चाबी में प्रतिबल q_k के लिए

$$q_k\times 100\times 20\times 60=7670460$$

$$q_k=\frac{7670460}{100\times 20\times 60}=63{\cdot}92\text{N/mm}^2$$

युग्मक बोल्टों में प्रतिबल

$$q_k\times\frac{\pi}{4}(20)^2\times 150\times 8=7670460$$

$$q_k=\frac{7670460\times 7\times 4}{22\times 400\times 150\times 8}=20{\cdot}34\text{N/mm}^2$$

प्रश्नावली

1. एक खोखले लोहे के धुरे का बाहरी व्यास 60mm, अन्दर का व्यास 50mm और लम्बाई 3 m है। अगर अनुमत अपरूपण 40 N/mm² हो और $N=8\times 10^4$ N/mm² हो तो (*a*) संचारित बल घूर्ण (*b*) मरोड़ कोण (*c*) धुरे के अन्दर के धरातल पर प्रतिबल ज्ञात करो।

   (**उत्तर** (*a*) T=882000 N-mm (*b*) $\theta=0{\cdot}05$ radians (*c*) $q=33{\cdot}3$ N/mm²)

2. एक ठोस लोहे का धुरा 200 R.P.M. पर 120 H.P. संचारित करता है। अगर अधिकतम बल घूर्ण (Torque) औसत बल घूर्ण से 50% अधिक हो और अनुमत प्रतिबल 22 N/mm² हो तो धुरे का व्यास ज्ञात करो।

   (**उत्तर** 139·8 mm)

3. एक 3m लम्बा और 6cm का धुरा एक सिरे पर आबद्ध किया हुआ है और दूसरे सिरे पर धुरे की अक्ष के समकोण 50cm दूरी पर 400kg का एक बल कार्य कर रहा है। मुक्त सिरे पर यहाँ 400kg बल द्वारा युग्म कार्य कर रहा

है मरोड़ कोण और जिस बिन्दु पर युग्म कार्य कर रहा है उसका विस्थापन ज्ञात करो ।

$$N = 8 \times 10^5 \text{ kg/cm}^2$$

धुरे में अधिकतम प्रतिबल भी ज्ञात करो ?

(उत्तर 3·37°. 471·3 kg/cm^2
बिन्दु का विस्थापन 0·1765cms)

4. एक 5 m लम्बे और 200mm व्यास वाले धुरे पर 15×10^7 N-mm का मरोड़ घूर्ण कार्य कर रहा है। अगर N का मान 8×10^4 N/mm^2 है तो मरोड़ कोण और अधिकतम अपरूपण प्रतिबल ज्ञात करो ।

(उत्तर 95·46 N/mm^2 3·417°)

5. एक जहाज का प्रोपेलर शाफ्ट का बाहरी व्यास 200mm और अन्दर का व्यास 140mm है। अगर अधिकतम अपरूपण प्रतिबल 75 N/mm^2 हो तो ज्ञात करो कि 150 R.P.M. पर धुरा कितनी H.P. संचारित करेगा। अगर धुरे की लम्बाई 4m है तो मरोड़ कोण भी ज्ञात करो। $N = 8 \times 10^4$ N/mm^2

(उत्तर 1876 H.P. 2·145, degrees)

6. अगर 4m लम्बे 100mm बाहरी व 60mm भीतरी व्यास वाले धुरे पर मरोड़ घूर्ण के कारण 80 N/mm^2 का अधिकतम प्रतिबल उत्पन्न होता हो, तो मरोड़ कोण का मान ज्ञात करो। मरोड़ घूर्ण का मान भी ज्ञात करो। $N = 8 \times 10^5$ N/mm^2 (उत्तर $\theta = 4·58°$, T = 13680000 N-mm)

7. एक प्रोपेलर धुरे का व्यास 24 cm है। अगर 10 m लम्बाई में मरोड़ कोण 1·5° और प्रतिबल 400 kg/cm^2 में अधिक न हो तो धुरे द्वारा संचारित अधिकतम बल घूर्ण (Torque) ज्ञात करो। $N = 8 \times 10^5$ kg/cm^2

(उत्तर T = 682800 kg-cm)

8. एक 10cm व्यास का धुरा 180 R.P M. पर 150 H.P. संचारित करता है। धुरे पर एक फ्लैंज युग्मक 10cm लम्बी और 2cm चौड़ी चाबी द्वारा जोड़ा गया है। अगर युग्मक के फ्लैंजों में 2cm व्यास के 6 बोल्ट 26cm व्यास वाले वृत्त पर लगाए हुए हों तो धुरे, चाबी और युग्मक के बोल्टों में अपरूपण प्रतिबल ज्ञात करो।

(उत्तर धुरे में 304 kg/cm^2, चाबी में 597 kg/cm^2
और बोल्ट में 243 6 kg/cm^2)

9. एक खोखला प्रोपेलर धुरा 8000H.P. द्वारा एक समुद्री जहाज को 60K*m*/*hr* के वेग से चला रहा है। अगर प्रोपेलर की दक्षता (efficiency) 75% और धुरे के बाहरी और भीतरी व्यास का अनुपात $\frac{3}{2}$ हो तो धुरे के व्यास का मान और उत्पन्न अपरूपण प्रतिबल ज्ञात करो। धुरे पर एक प्रत्यक्ष प्रतिबल (direct stress) 100 kg/cm^2 भी कार्य कर रहा है।

(उत्तर बाहरी व्यास 33·33 cms
भीतरी व्यास 22·22 cms, अधिकतम अपरूपण प्रतिबल = 490 kg/cm^2)

10. 0 9 m लम्बा 25mm व्यास का एक धुरा दोनों सिरों पर आबद्ध है। 90000 N-mm का एक बल घूर्ण (Torque) धुरे पर इस प्रकार कार्य कर रहा है कि यह 0·9 m को 1 : 2 के अनुपात में बाँटता है। बल घूर्ण कार्य करने वाले बिन्दु पर मरोड़ कोण और प्रतिबल ज्ञात करो।

(उत्तर 1·05°, 29·4 N/mm^2)

11. 24cm व्यास वाले धुरे द्वारा 500 R.P.M. पर संचारित अश्व शक्ति ज्ञात करो, अगर अधिकतम मरोड़ घूर्ण, औसत मरोड़ घूर्ण से 60% अधिक हो और अपरूपण प्रतिबल 800kg/cm^2 से अधिक न हो। (उत्तर 9482 H.P.)

12. 10cm व्यास के ठोस शाफ्ट की अक्ष अनुसार यदि 5 cm व्यास का एक छेद पूरी शाफ्ट लम्बाई में बोर कर दिया जाय तो ज्ञात करो कि शाफ्ट की प्रतिशत में कितनी सामर्थ्यता में कमी होती है। दोनों परिस्थितियों में (जब शाफ्ट ठोस है और खोखला है) सामर्थ्य-भार अनुपातों की तुलना भी करो। यदि खोखले शाफ्ट का बाहरी व्यास, अन्दर के व्यास से दो गुना है तो ऊपर भाग I में बताए मरोड़ घूर्ण और प्रतिबल के लिए खोखले शाफ्ट का बाहरी व्यास ज्ञात करो।

(उत्तर 25%, 10·20 cm)

13. 120 R.P.M. पर 400 H.P. संचारित करती है। ज्ञात करो

I. ठोस गोलाकार शाफ्ट का व्यास

II. खोखला गोलाकार शाफ्ट का व्यास जिस का अन्दर काव्यास, बाहरी व्यास का 3/4 है।

अनुमत प्रतिबल 75 N/mm^2 है। यदि धातु का घनत्व 7·7 gm/cc हो तो खोखला शाफ्ट काम लेने से कितने प्रतिशत धातु की बचत की जा सकती है।

(उत्तर (I) 117·4 mm (II) 133·3 mm, 43·63%)

13. 5000 *kw* शक्ति 100 R.P.M. पर एक खोखले लोहे के शाफ्ट द्वारा संचारित करनी है। शाफ्ट का बाहरी व्यास अन्दर के व्यास से दुगुना है। यदि अनुमत अपरूपण प्रतिबल का मान 75 N/mm^2 हो तो शाफ्ट का व्यास ज्ञात करो।

(उत्तर 328 mm.)

15. 10 cm व्यास के ठोस गोलाकार धुरे के किसी खंड पर 80000 kg-cm बंकन घूर्ण और 120000 kg-cm मरोड़ घूर्ण कार्य कर रहे हैं। यदि m का मान $\frac{10}{8}$ है तो ज्ञात करो।

I. अधिकतम सरल प्रतिबल (direct stress) तथा इसका समतल

II. वह प्रतिबल जो अकेला कार्य करता हुआ उतनी ही (*a*) विकृति और (*b*) विकृति ऊर्जा उत्पन्न करें।

(उत्तर I. 1·1435 t/m^2 at 28°9′ or 61°51′ धुरे की अक्ष के साथ
II. (*a*) 1·242 t/m^2 (*b*) 1·282 t/cm^2

16. 30cm बाहरी और 15cm अंदर के व्यास का एक धुरा 100 R.P.M. पर 2400 H.P. संचारित करता है। इसके अलावा धुरे पर 120000 kg-cm का बंकन घूर्ण और 30000kg का एक सिरे की तरफ से सीधा दबाव भी धुरे पर कार्य कर रहे हैं। यदि m का मान $\frac{10}{3}$ हो तो ज्ञात करो

(उत्तर) I. मुख्य समतल और मुख्य प्रतिबल

II. अधिकतम अपरूपण प्रतिबल

III. वह प्रतिबल जो अकेला धुरे पर कार्य करता हुआ उतनी ही विकृति उत्पन्न करता है।

I. 400 kg/cm^2 (comp) at 40°41′ and 341·9 kg/cm^2 tensile at 130°41′,

II. 371 kg/cm^2,

III. 297·4 kg/cm^2,

17. 8cm व्यास का एक गोलाकार ठोस शाफ्ट 60cm दूरी पर लगी बियरिंगों पर लगा हुआ है। 500 kg भारी एक घिरनी शाफ्ट की मध्य लम्बाई पर लगी हुई है। यदि शाफ्ट 360 R.P.M. पर 40 H.P. संचारित कर रहा है तो घिरनी के बहुत पास ऊर्ध्वाधर और क्षैतिज व्यासों पर मुख्य प्रतिबल और अधिकतम अपरूपण प्रतिबल ज्ञात करो।

(**उत्तर** 183·5 kg/cm^2, —34·5 kg/cm^2, 109 kg/cm^2, 86·0 kg/cm^2)

18. एक ठोस गोलाकार धुरे के किसी खंड पर मरोड़ घूर्ण 40000 kg-cm और बंकन घूर्ण 30000 kg-cm कार्य कर रहे हैं। निम्नलिखित परिस्थितियों में धुरे के व्यास ज्ञात करो।

(a) अधिकतम मरोड़ प्रतिबल 800 kg/cm^2 से अधिक न हो।

(b) अधिकतम प्रतिबल का मान 1280 kg/cm^2 से अधिक न हो

(**उत्तर** (a) 6·84 cm, (b) 4·84 cm)

19. 1000 H.P. के इंजन के लिए तथा 100 R.P.M. के लिए एक धुरा चाहिए। धुरे का अधिकतम मरोड़ घूर्ण का मान औसत मान का दुगुना हो जाता है। शाफ्ट की बियरिंग 5 m दूरी पर लगी हैं और शाफ्ट के मध्य लम्बाई पर 100 t पर एक घिरनी लगी हुई है। यदि अधिकतम तनाव प्रतिबल का मान 700 kg/cm^2 से अधिक नहीं होने देना है तो शाफ्ट का व्यास ज्ञात करो। (**उत्तर** 56·71 cm)

20. एक शाफ्ट पर मरोड़ घूर्ण 70 t-m और बंकन घूर्ण 15 t-m है। यदि 25-t का बल शाफ्ट के एक सिरे से शाफ्ट की अक्ष अनुसार कार्य कर रहा है और शाफ्ट का बाहरी व्यास 40 cm तथा अन्दर का व्यास 20 cm है तो शाफ्ट में उत्पन्न अधिकतम अपरूपण प्रतिबल ज्ञात करो। (**उत्तर** 607 kg/cm^2)

14

परिवहन या परतदार या पत्तीदार कमानी
(CARRIAGE OR LAMINATED OR LEAF SPRINGS)

14·1. इस प्रकार की कमानी चित्र 14·1 में दिखलाई गई है।

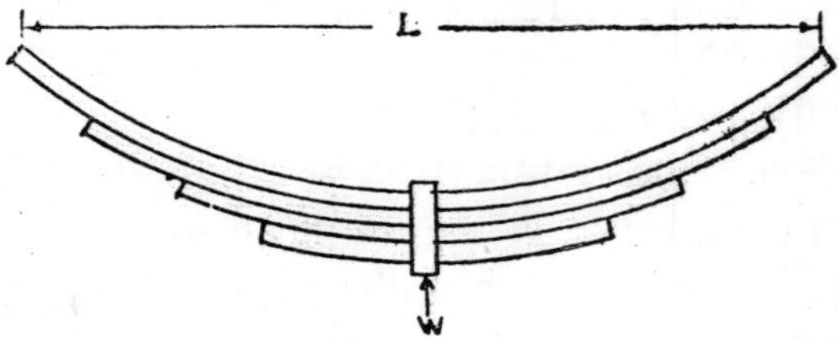

चित्र 14·1

एक परतदार कमानी कई प्लेटों की बनी हुई एक ही सामर्थ्य की धरन (Beam) होती है। यह प्रायः मध्य में भार वहन करती है अतः इसे साधारण आधारित धरन (Simply Supported Beam) के समान माना जाता है। प्रत्येक परत की लम्बाई इस प्रकार समंजित (Adjust) की जाती है कि समस्त परतों का जड़ता घूर्ण (Moment of Inertia) लम्बाई के साथ रेखिक विचरण करे, क्योंकि B.M. का मान इसी प्रकार परिवर्तित होता है जिससे $\frac{M}{I} \times y$ का मान स्थिर (Constant) रहता है।

प्रत्येक पत्ती संलग्न पत्ती पर स्वतंत्रतापूर्वक सरक सकती है और इसकी स्वयं की तटस्थ अक्ष (Natural axis) के अधीन एक ही अर्द्ध व्यास द्वारा स्वतंत्रतापूर्वक मुड़ी होती हैं। परतों की संख्या मध्य में जहाँ बंकन घूर्ण (B.M) अधिकतम होता है, अधिकतम होती हैं। इन परतों में आरम्भिक वक्रता इस प्रकार दी जाती हैं कि पूर्ण अभिकल्प भार से उत्पन्न होने वाला मध्य-विक्षेप अदृश्य हो जाता है और परतें समतल दिखलाई देती हैं। अतः यह मध्य में ऊपरी भार वाली तथा सिरों पर नीचे की तरफ के आधार प्रतिक्रिया वाली एक समान सामर्थ्य की धरन होती है।

यदि L=कमानी की लम्बाई तथा b=प्रत्येक परत की चौड़ाई t=प्रत्येक परत की मोटाई और n=परतों की संख्या हो तथा मध्य का भार W हो तो n परतों द्वारा प्रतिरोधित अधिकतम बंकन घूर्ण $=\frac{WL}{4}$

n परतों पर प्रतिरोधी घूर्ण $= n \times p \times \frac{bt^2}{6}$ जबकि p अधिकतम अनुज्ञेय पृष्ट प्रतिबल (Max. permissible skin stress) है।

अतः $$\frac{WL}{4} = \frac{n \times p \times bt^2}{6}$$

या $$p = \frac{3WL}{2nbt^2}$$

प्रत्येक खंड की प्रत्येक परत पर B.M. $= \frac{WL}{4 \times n}$

ढाल और विक्षेप (Slope and deflection) के लिए कमानी समान सामर्थ्य की कड़ी होने के कारण, यह वृत्तीय चाप (Circular arc) के आकार में झुकती है:

अतः विक्षेप $\delta = \frac{L^2}{8R}$ परन्तु $\frac{p}{y} = \frac{p}{t/2} = \frac{E}{R}$

$$\therefore \quad R = \frac{Et}{2p} \text{ और } \delta = \frac{pL^2}{4Et}$$

दूसरे शब्दों में,

$$\frac{M}{I} = \frac{E}{R} = \frac{WL}{4nI}$$

$$\therefore \quad \frac{1}{R} = \frac{WL}{4nEI} \text{ और } \delta = \frac{L^2}{8R} = \frac{L^2}{8} \times \frac{WL}{4nIE} = \frac{WL^3}{32nIE}$$

उदाहरण 1. एक परिवहन कमानी 1 m पाट (span) की है और इसके सिरे साधारण (simply supported) है। इसके मध्य पर 1000 kg का परीक्षण भार (Proof load) है, यदि मध्य पर विक्षेप 4cm से अधिक और बंकन प्रतिबल 4000 kg/cm^2 से अधिक न हो तो परतों की संख्या, चौड़ाई और मोटाई ज्ञात कीजिए। परत के लिए $\frac{b}{t} = 10$ तथा $E = 2 \times 10^6\ kg/cm^2$ है।

हल :

कमानी को समतल करने वाला भार परीक्षण भार (Proof load) कहलाता है।

अधिकतम प्रतिबल $q = \frac{3WL}{2nbt^2}$

$$4000 = \frac{3 \times 1000 \times 100}{2 \times n \times (10t) \times t^2}$$

अथवा $nt^3 = \dfrac{3 \times 10000 \times 100}{20 \times 4000} = 3{\cdot}75$ ...(1)

विक्षेप $= \dfrac{WL^3}{32 \times n \times EI}$

$\therefore \quad 4 = \dfrac{1000 \times (100)^3 \times 12}{32 \times n \times 2 \times 10^6 \times 10t \times t^3} = \dfrac{1000 \times 10^6 \times 12}{32 \times 20 \times 10^6 \times nt^4}$

$\therefore nt^4 = \dfrac{1000 \times 10^6 \times 12}{32 \times 20 \times 10^6 \times 4} = 4{\cdot}7$ ...(2)

(1) और (2) से $t = \dfrac{4\ 7}{3{\cdot}75} = 1{\cdot}253$ cms

चौड़ाई $b = 10 \times 1{\cdot}253 = 12{\cdot}53$ cms

परतों की संख्या $= \dfrac{3{\cdot}75}{(1{\cdot}253)^3} =$ परतें

$$\frac{M}{I} = \frac{E}{R} \text{ या } R = \frac{EI}{M} = \frac{4EI}{WL}$$

और $I = \dfrac{nbt^3}{12} = \dfrac{n \times 10t \times t^3}{12}$

$$R = \frac{4 \times 2 \times 10^6 \times 2 \times 10 \times (1{\cdot}253)^4}{12 \times 1000 \times 100}$$

$$= \frac{160 \times 2{\cdot}445 \times 10}{12}$$

$$= 40 \times 10 \times 0{\cdot}815$$

$= 400 \times {\cdot}815 = 326$ cms उत्तर

14·2. चौथाई दीर्घवृत्तीय या बाहुधरन परिवहन कमानी

(Quarter Elliptical or Cantilever type carriage spring)

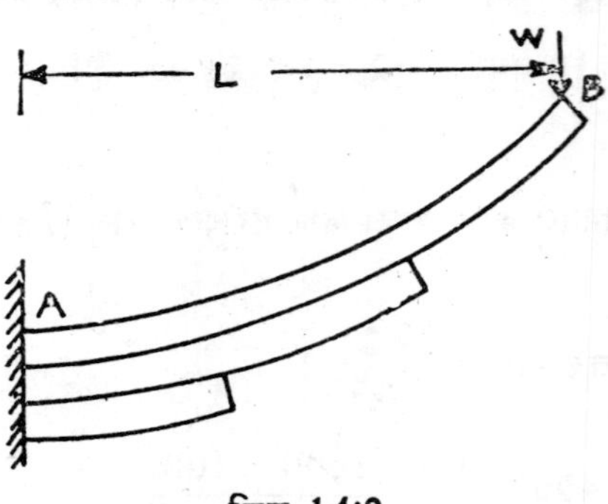

चित्र 14·2

इस कहानी का एक सिरा आबद्ध होता है जबकि दूसरा सिरा प्रक्षिप्त होता है और बाहुधरन की तरह कार्य करता है। यह चौथाई दीर्घवृत्तीय कमानी भी कहलाती है। इसका विश्लेषण (Analysis) बाहुधरन के सिद्धान्त पर किया जाता है।

यदि L पाट के बाहु धरन कमानी के स्वतन्त्र सिरे पर 'W' बल लगाया जाता है तो कमानी के आबद्ध सिरे पर अधिकतम बंकन घूर्ण

$$M = W \times L$$

आबद्ध सिरे पर अधिकतम मापांक (Modulus of section)

$Z = \dfrac{nbt^2}{6}$ जबकि परत की चौड़ाई b तथा एक परत की मोटाई t और n कुल परतों की संख्या है।

$$\therefore \quad W \times L = p \times n \times \frac{bt^2}{6}$$

$$p = \frac{W \times L \times 6}{nbt^2} \qquad \cdots(1)$$

कमानी का विक्षेप $\delta = \dfrac{(2L)^2}{8R} = \dfrac{L^2}{2R}$ जबकि R कमानी की वक्रता-त्रिज्या है

$$\therefore \quad \delta = \frac{L^2}{2R} \text{ और चूंकि } \frac{1}{R} = \frac{p}{EI} = \frac{2p}{Et}$$

$$\therefore \quad \delta = \frac{L^2}{2R} = \frac{L^2}{Et} \times \frac{6WL}{nbt^2} = \frac{6WL^3}{nEbt^2}$$

उदाहरण 2. 1 m लम्बी परिवहन कमानी 7·5 cms चौड़ी और 1 cm मोटी परतों की बनी हुई है। यदि 800 kg भार वहन करने पर बंकन प्रतिबल 1800 kg/cm^2 से अधिक न हो तो कमानी के लिए वांछित परतों की संख्या ज्ञात कीजिए।
$E = 12 \times 10^5$ kg/cm^2 (BTER, May 1966)

हल :

एक परत का जड़ता घूर्ण $I = \dfrac{bt^3}{12}$

$$= \frac{7 \cdot 5 \times (1)^3}{12} = \frac{7 \cdot 5}{12} \text{cm}^4$$

यदि परतों की संख्या n हो तो कुल परतों का जड़ता घूर्ण

$$= \frac{7 \cdot 5n}{12} \text{cm}^4$$

$$\text{अधिकतम बंकन घूर्ण} = \frac{WL}{4} = \frac{800 \times 1 \times 100}{4} = 20{,}000 \text{ kg-cm}$$

$$p=1800 \text{ kg/cm}^2$$

$$\frac{M}{I}=\frac{p}{y}$$

या
$$\frac{\dfrac{20000}{\dfrac{7 \cdot 5 \times n}{12}}}{}=\frac{1800}{\dfrac{1}{2}}$$

या
$$\frac{12 \times 20000}{7 \cdot 5n}=3600$$

या
$$n=\frac{12 \times 20000}{7 \cdot 5 \times 3600}=9 \text{ परत}$$

उदाहरण 3. एक परिवहन कमानी में 5 mm मोटी तथा 60 mm चौड़ी 10 परतें हैं। कमानी का पाट (span) 0·8 m लम्बा है। कमानी के मध्य में लगाया गया अधिकतम भार ज्ञात कीजिए, जिससे बंकन प्रतिबल और मध्य विक्षेप क्रमशः 200 N/mm² और 20 mm से अधिक न हो। $E=2 \times 10^5$ N/mm²

(1)
$$\delta=\frac{WL^3}{32nEI}$$

$$\therefore W=\frac{\delta \times 32 \times nEI}{L^3}, \quad I=\frac{nbt^3}{12}=\frac{10 \times 60 \times (5)^3}{12}=6250 \text{ mm}^5$$

$$\therefore W=\frac{20 \times 32 \times 6250 \times 2 \times 10^5}{800 \times 800 \times 800}=1562 \cdot 5 \text{ N}$$

(2) प्रतिबल के प्रतिफलार्थ,

$$p=\frac{3}{2} \times \frac{WL}{nbt^2}$$

$$\therefore W=\frac{p \times 2 \times 2 \times b \times t^2}{3L}=\frac{200 \times 2 \times 10 \times 60 \times (5)^2}{3 \times 800}$$

$$=2500 \text{ N}$$

अतः स्वीकार्य भार $=1562 \cdot 5$ N

उदाहरण 4. एक परतदार इस्पात की कमानी का पाट 50 cms है और 1*t* का परीक्षण भार (Proof Load) वहन करती है। विक्षेप तथा बंकन प्रतिबल क्रमशः 3 cms और 4 t/cm^2 तक सीमित हैं। परतें 2 mm मोटाई के अपवर्त्य (Multiple) है और $\frac{1}{2}$ cm चौड़ाई के अपवर्त्य में प्राप्त हैं। यदि $E=2 \times 10^6$ kg/cm² और

चौड़ाई तथा मोटाई का अनुपात 20 हो तो मोटाई, चौड़ाई, परतों की संख्या और वक्रता त्रिज्या (Radius of Curvature) का उचित मान ज्ञात कीजिए ।

हल :

$$\delta=\frac{WL^3}{32nEI}=\frac{WL^3\times 12}{32\times nEbt^3}=\frac{3}{8}\times\frac{WL^3}{nEbt^3}$$

$$\therefore\ nbt^3=\frac{3}{8}\frac{WL^3}{E\delta} \qquad ...(1)$$

$$p=\frac{3WL}{2nbt^2}$$

$$\therefore\ nbt^2=\frac{3WL}{2p} \qquad ...(2)$$

(2) को (1) से भाग देने पर, हम प्राप्त करेंगे,

$$t=\frac{3WL^3}{8E\delta}\times\frac{2p}{3WL}=\frac{2pL^2}{8E\delta}$$

$$=\frac{2\times 4\times 1000\times 50\times 50}{8\times 2\times 10^6\times 3}=0{\cdot}42\text{ cm}=4{\cdot}2\text{ mm}$$

परन्तु परत 2 mm के अपवर्त्य में प्राप्त है अतः परत की मोटाई 4 mm मानिए ।

परत की चौड़ाई $=4\times 20=80$ mm $=8$ cms

$$n=\frac{3WL}{2pbt^2}=\frac{3\times 1000\times 50}{2\times 4\times 1000\times 8\times\left(\frac{4}{10}\right)^2}=\frac{3\times 1000\times 50\times 25}{2\times 4\times 1000\times 8\times 4}$$

$=14{\cdot}7$, या 15 परतें ।

अत: विरूपित प्रतिबल (Modified stress)

$$p=\frac{3}{2}\times\frac{WL}{nbt^2}=\frac{3}{2}\times\frac{1\times 1000\times 50\times 25}{15\times 7\times 4}$$

$$=3906{\cdot}24\text{ kg/cm}^2$$

अब $\frac{p}{y}=\frac{E}{R}$ या $R=\frac{Ey}{p}=\frac{2\times 10^6\times 0{\cdot}2}{3006{\cdot}25}=102{\cdot}4$ cms

उदाहरण 5. एक परतदार कमानी 65 mm चौड़ी और 6·5 mm मोटी लोहे की सात प्लेटों की बनी है । यदि अधिकतम उत्पन प्रतिबल 160 N/mm^2 से अधिक न होने दिया जाए और मध्य पाट में 2750 N भार उठाना हो तो कमानी की लम्बाई ज्ञात करो । यदि $E=2{\cdot}1\times 10^5$ N/mm^2 है तो कमानी के मध्य में विक्षेप ज्ञात करो।

हल— $n=7$

$$p=\frac{3Wl}{2nbt^2}$$

$$160=\frac{3\times2750\times l}{2\times7\times65\times(6\cdot5)^2}$$

$$l=\frac{160\times2\times7\times65\times(6\cdot5)^2}{3\times2750}=745\cdot3 \text{ mm}$$

कमानी के मध्य में विक्षेप ज्ञात करने लिए

$$\delta=\frac{pl^2}{4Et}=\frac{160\times(745\cdot3)^2}{4\times2\cdot1\times10^5\times6\cdot5}=16\cdot3 \text{ mm}$$

उदाहरण 6. एक quarter ellptical परतदार कमानी 0·8 m लम्बी और लोहे की प्लेटों की बनी हुई है। लोहे की प्लेट 4 mm के गुणाज चौड़ाई में और 1 mm के गुणाज मोटाई में उपलब्ध है। कमानी के मुक्त सिरे पर 1000 kg भार कार्य कर रहा है तथा अधिकतम प्रतिबल 3200 kg/cm^2 है। अधिकतम विक्षेप 8 cm से अधिक नहीं होना चाहिए। यदि प्लेटों की चौड़ाई मोटाई का आठ गुना हो और E का मान 2×10^6 kg/cm^2 हो तो प्लेटों के नाप व संख्या ज्ञात करो।

हल— $p=\dfrac{W\times L\times6}{nb\times t^2}$

$$\delta=\frac{6WL^3}{Enbt^3}$$

दोनों समीकरणों को एक दूसरे का भाग देने पर

$$\frac{p}{\delta}=\frac{Et}{L^2} \qquad \text{या } t=\frac{pL^2}{\delta E}$$

$$=\frac{3200\times(80)^2}{8\times2\times10^5}=1\cdot28 \text{ cm}$$

क्योंकि प्लेटों की मोटाई 1 mm का गुणाज उपलब्ध हैं, इसलिए प्लेट की मोटाई 1·3 cm अपनाओ।

∴ प्लेट की चौड़ाई $(b)=8t=8\times1\cdot3=10\cdot4$ cm

यह 4 mm का गुणाज है।

$$n=\frac{6WL}{pbt^2}=\frac{6\times1000\times80}{3200\times10\cdot4\times(1\cdot3)^2}=8\cdot54$$

विक्षेप समीकरण अनुसार

$$n=\frac{6WL^3}{bt^3E\delta}=\frac{6\times1000\times80^3}{(10\cdot4)\ (1\cdot3)^3\times2\times(10)^6\times8}=8\cdot38$$

∴ इसलिए 1·3 cm मोटी व 10·4 cm चौड़ी 9 प्लेटें लगाओ।

14·2. संवृत्त कुण्डलीदार कमानी (Closed coiled helical spring)

अक्षीय खिचाव (Axial pull)—

(*a*) एक संवृत्त कुण्डलीदार कमानी (Helix) वह है जिसकी प्रत्येक कुण्डली एक ही समतल में कमानी के अक्ष के लम्ब होती है। यह वास्तव में ऐंठन कमानी होती है। कमानी में उत्पन्न प्रतिबल करीब-करीब सब विशुद्ध ऐंठन प्रवृत्ति का होता है। इसके सिरों पर एंठन बलयुग्म (Tortional couple) द्वारा तार को मोड़ कर कमानी की उचित शकल दी हुई होती है।

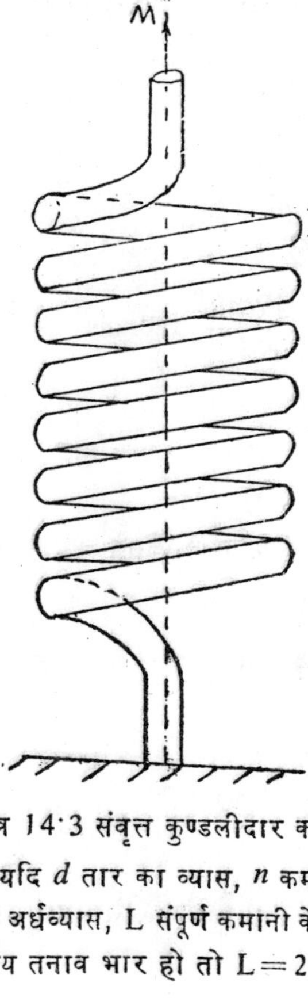

चित्र 14·3 संवृत्त कुण्डलीदार कमानी

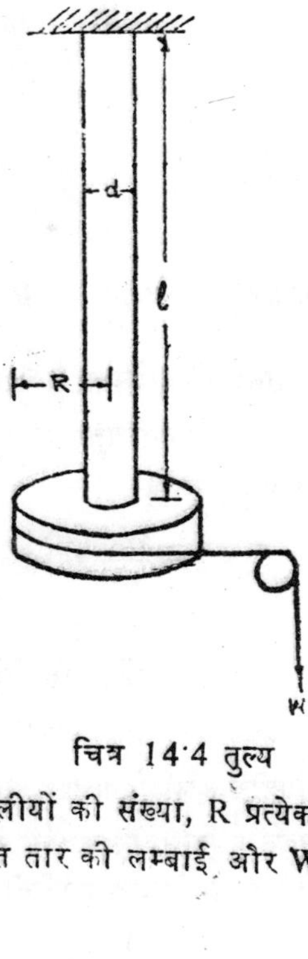

चित्र 14·4 तुल्य

यदि d तार का व्यास, n कमानी में कुण्डलीयों की संख्या, R प्रत्येक कुण्डली का मध्य अर्धव्यास, L संपूर्ण कमानी के लिए बांछित तार की लम्बाई और W कमानी पर अक्षीय तनाव भार हो तो $L=2\pi R\times n$

तनाव की l लम्बाई तथा d व्यास का धुरा (shaft) जिसका एक सिरा आबद्ध तथा दूसरे सिरे पर R त्रिज्या की दूरी पर पड़ने वाले W स्पर्शीय बल के तुल्य रख सकते हैं जैसे कि चित्र 14·4 में दिखाया हुआ है ।

अधिकतम अपरूपण बल p_s

धूरे के सब खंडों पर ऐंडन घूर्ण $T = WR = p_s \times \frac{\pi}{16} d^3$

यह कमानी के किसी भी खण्ड की सतह पर उत्पन्न अधिकतम अपरूपण प्रतिबल की तीव्रता है ।

मरोड़ या ऐंठन कोण θ और विक्षेप δ (Angle of twist θ and Deflection δ)

यदि सिरे पर ऐंठन कोण θ हो तो

$\frac{T}{J} = \frac{N\theta}{L}$ या $\theta = \frac{TL}{NJ}$ परन्तु $T = WR$ और $L = 2\pi R \times N$

$$J = \frac{\pi d^4}{32}$$

$$\therefore \qquad \theta = \frac{TL}{NJ} = \frac{WR \times 2\pi Rn}{N \times \frac{\pi d^4}{32}}$$

$$= \frac{64 WR^2 \pi n}{N\pi d^4} = \frac{64 WnR^2}{Nd^4} \text{ radians}$$

कमानी का विक्षेप $\delta = R\theta = \frac{64 WR^3 n}{Na^4}$

कमानी की दुर्नम्यता (Siffness of spring)

कमानी की दुर्नम्यता या कड़ापन वह भार होता है जिससे कमानी में इकाई अक्षीय विक्षेप उत्पन्न हो ।

$\therefore \qquad s = \frac{W}{\delta}$ जबकि s कमानी की दुर्नम्यता तथा δ विक्षेप है ।

$$= \frac{W}{64 \times \frac{WR^3 n}{Nd^4}} = \frac{Nd^4}{64R^3 \times n}$$

संग्रहीत ऊर्जा (energy stored)

संवृत कुण्डलीदार कमानी में कुल संग्रहीत ऊर्जा विक्षेप के लिए भार द्वारा किए गए श्रम की मात्रा के बराबर होती है ।

अतः संग्रहीत ऊर्जा = औसत बल × दूरी

$$= \frac{W}{2} \times \delta = \frac{1}{2} W\delta$$

$$= \frac{W}{2} \times \frac{64WR^3n}{Nd^4} = \frac{\left(\frac{16WR}{\pi d^4}\right)^2 \left[2\pi nR \times \frac{\pi d^4}{4}\right]}{4N}$$

$$= \frac{p_s^2}{4N} \times \text{तार का आयतन}$$

'b' भुजा के वर्गाकार तार द्वारा बनायी गई कमानी (spring made from square bar of side 'b')

$$\theta = \frac{410TL}{Nb^4} \text{ डिग्री} = \frac{7{\cdot}11TL}{Nb^3} \text{ radians}$$

$$= \frac{7{\cdot}11WRL}{Nb^4} \text{ radians}$$

कमानी का अक्षीय विक्षेप (Axial deflection of the spring)

$$\delta = R\theta = \frac{7{\cdot}11WR^3L}{Nb^4}$$

$$= \frac{44{\cdot}7WR^3n}{Nb^4} \text{ चूँकि } L = 2\pi Rn$$

वर्गाकार छड़ कमानी की दुर्नम्यता (Stiffness of square bar spring)

$$s = \frac{W}{\delta} = \frac{Nb^4}{44{\cdot}7nR^3}$$

अधिकतम विक्षेप उस समय होता है जब कमानी पूरी बन्द होती है यानी जब कुण्डली एक दूसरे को छू जाती है ।

δ = कमानी की अक्षीय लम्बाई—nd (गोल तार की कमानी के लिए)

और δ = कमानी की अक्षीय लम्बाई—nd (वर्गाकार तार की कमानी के लिए)

14·4. संवृत कुण्डीदार कमानी (अक्षीय ऐंठन) (Closed-coiled helical springs, Axial twist)

जब एक कमानी एक सिरे पर आबद्ध है और इसके दूसरे स्वतन्त्र सिरे पर कमानी के अक्ष के अधीन ऐंठन बलयुग्म (Twisting couple) M कार्य करता है तो संपूर्ण कमानी पर M के बराबर बंकन घूर्ण उत्पन्न हो जाता है । कुण्डली के तार का प्रत्येक खंड बंकन घूर्ण M लेता है, जो M की दिशा अनुसार कुण्डली को फैलाता है या दबाता है ।

यदि स्वतन्त्र सिरे पर लगाए गए ऐंठन बल युग्म से पूर्व और अन्त में R और R′ माध्य अर्द्धव्यास (Mean radius) तथा कुण्डलियों की संख्या n और n' हो तो तार की लम्बाई $L = 2\pi R'n' = 2\pi Rn$ और $\frac{M}{I} = \frac{E}{R}$

$$\text{या} \quad \frac{M}{I} = E \times (\text{वक्रता परिवर्तन})$$

$$= E\left(\frac{1}{R'} - \frac{1}{R}\right)$$

$$= \frac{2\pi E}{L}(n' - n), \text{ जबकि कुण्डलियाँ दबी हुई हैं}$$

$$\therefore \quad M = \frac{2\pi IE}{L}(n' - n),$$ I नमन अक्ष पर जड़ता घूर्ण है। यदि ϕ radians, M बल युग्म के कारण स्वतन्त्र सिरे पर कुल ऐंठन हो तो $\phi = 2\pi (n' - n) = \frac{M \times L}{EI}$

अवकलन करने पर,

$\frac{d\phi}{dL} = \frac{1}{R'} - \frac{1}{R} = \frac{M}{EI}$ जिससे प्रतीत होता है कि वक्रता परिवर्तन या तार की लम्बाई का बंकन कोण (Angle of bend) स्थिर (Constant) रहता है और इसका मान $\frac{M}{EI}$ होता है।

***d* व्यास के गोल तार की कमानी के लिए** (For spring of circular wire of diameter '*d*')

$$I = \frac{\pi}{64} d^4 \text{ और } L = 2\pi Rn$$

$$\phi = \frac{ML}{EI} = \frac{M \times 2\pi Rn}{E\frac{(\pi d^4)}{64}} = \frac{128 MRn}{Ed^4} \text{ रेडियन}$$

$$\text{अधिकतम बंकन प्रतिबल } p = \frac{M}{I} \times y$$

$$\frac{M}{\frac{\pi d^4}{64}} \times \frac{d}{2} = \frac{32M}{\pi d^2}$$

b भुजा की वर्गाकार तार की कमानी के लिए

$$I=\frac{b^4}{12}, \quad \phi=\frac{ML}{EI}=\frac{M\times 2\pi Rn}{\frac{Eb^4}{12}}=\frac{24\pi MRn}{Eb^4} \text{ रेडियन}$$

प्रत्यक्ष बंकन प्रतिबल $p=\frac{M}{I}\times y=\frac{6M}{b^3}$

संग्रहीत ऊर्जा (Energy Stored)

गोलतार की कमानी के लिए $=\frac{1}{2}M\times\phi$

$$=\frac{1}{2}\frac{M^2L}{EI}=\frac{1}{2}p^2\left(\frac{\pi d^3}{32}\right)^2\times\frac{L}{E}\times\frac{64}{\pi d^4}$$

$$=\frac{1}{2}p^2\left(\frac{\pi d^6}{16}\times\frac{L}{E}\times\frac{1}{\pi d^4}\right)$$

$$=\frac{1}{8}\frac{p^2}{E}\left(\frac{\pi}{4}d^2\times L\right)$$

$$=\frac{1}{8}\frac{p^2}{E}\times \text{आयतन}$$

इसी प्रकार वर्गाकार तार की कमानी के लिए,

संग्रहीत ऊर्जा $=\frac{24\pi M\times R\times n}{Eb^4},\ p=\frac{6M}{b^3}$

संग्रहीत ऊर्जा या लचीलापन $=\frac{1}{6}\frac{p^2}{E}\times$ आयतन

मरोड़ के प्रति कमानी की दुर्नम्यता (stiffness) $=\frac{M}{\phi}=\frac{EI}{2\pi nR}$ kg/cm/radians

संयुक्त कमानी (Compound or Composite spring)

I यदि कमानी की दुर्नम्यता s (Stiffness) (यानी विक्षेप प्रति इकाई बल) हो तब $W=s\times\delta$

दोनों कमानियों की समानान्तर व्यवस्था के लिए,

$\delta=\frac{W_1}{s_1}=\frac{W_2}{s_2}$ जबकि W_1 और W_2 प्रत्येक कमानी द्वारा बहक भार और s_1, s_2 तदनुसार दुर्नम्यताएँ हैं ।

चूंकि $\quad W=W_1+W_2+s\times\delta$

अत: $\quad s=s_1+s_2$

II. कमानियों की श्रेणीबद्ध व्यवस्था (Series arrangement) के लिए

$$W = s \times \delta \text{ और } \delta = \delta_1 + \delta_2$$

$$\frac{W}{s} = \frac{W_1}{s_1} + \frac{W_2}{s_2}$$

$$\frac{1}{s} = \frac{1}{s_1} + \frac{1}{s_2}$$

उदाहरण 7. एक संवृत्त कुण्डलीदार कमानी का व्यास 110 mm और स्वतन्त्र कुण्डलियें 10 हैं जो 10mm व्यास के तार द्वारा बनाई गई हैं। यदि इस पर 100 N का अक्षीय भार हो तो पूर्ण विक्षेप और अपरूपण प्रतिबल तीव्रता ज्ञात कीजिए। कमानी की दुर्नम्यता (Stiffness) भी ज्ञात कीजिए।

$$N = 8 \times 10^4 \text{ N/mm}^2$$

हल :

$$p_s = \frac{1 \times WR}{\frac{\pi d^3}{16}} = \frac{16 \times 100 \times 5}{\frac{22}{7} \times (10)^3} = 28 \text{ N/mm}^2$$

कुछ विक्षेप $\delta = \frac{64WR^3 n}{Nd^4}$

$$= \frac{64 \times 100 \times (5)^3 \times 10}{8 \times (10)^4 \times (10)^4} = \frac{64 \times 100 \times 25 \times 10}{8 \times (10)^4 \times 10^4}$$

$$= 13{\cdot}31 \text{ cms}$$

$$\text{कमानी की दुर्नम्यता} = \frac{W}{\delta} = \frac{100}{13{\cdot}31} = 7{\cdot}5 \text{ N/mm.}$$

उदाहरण 8. एक संवृत्त कुण्डलीदार कमानी का अभिकल्प कीजिए जिसमें 100 N भार के अधीन 20 mm का विक्षेप हो। कुण्डली का व्यास तार के व्यास से 10 गुना बड़ा है और तार में अधिकतम अपरूपण प्रतिवल 100 N/mm² से अधिक नहीं होना चाहिए। $N = 8 \times 10^4$ N/mm²

हल : यदि तार का व्यास d हो तो कुण्डली का व्यास $= 10d$

$$\therefore \quad \text{विक्षेप } \delta = \frac{64WR^3 \times n}{Nd^4}$$

अथवा

$$20 = \frac{64 \times 100 \times (5d)^3 \times n}{8 \times 10^4 \times d^4}$$

$$= \frac{64 \times 100 \times 125 \times d^3 \times n}{8 \times 10^4 \times d^4}$$

अथवा $\frac{n}{d} = 2$ ...(1)

$$ps = \frac{16WR}{\pi d^3} = \frac{16 \times 100 \times 5d}{\frac{22}{7} \times d^3}$$

या $100 = \frac{16 \times 100 \times 5d}{\frac{22d^3}{7}}$ या $d^3 = \frac{16 \times 100 \times 5 \times 7}{22 \times 100} = \frac{280}{11}$

$$\therefore \quad d = \sqrt{\frac{280}{11}} = 5{\cdot}1 \text{ mm}$$

अतः कमानी कुण्डली का व्यास $= 0{\cdot}51 \times 10 = 51$ mm

'd' का मान (1) में रखने पर,

$$\frac{n}{5{\cdot}1} = 2 \text{ या } n = 2 \times 5{\cdot}1 = 10{\cdot}2$$

अतः कमानी 5·1 mm व्यास के तार की बनानी चाहिए जिसमें 51 mm व्यास की 10·5 कुण्डलियें हों।

उदाहरण 9. एक संवृत्त कुण्डलीदार कमानी पर अधिकतम भार 100 N, अधिकतम अपरूपण प्रतिबल 50 N/mm^2 और दुर्नम्यता 4 N/mm है। यदि कुण्डलियें एक-दूसरे से अच्छी प्रकार सटी हुई हों तो कमानी की लम्बाई 50 mm है। यदि $N = 4 \times 10^4$ N/mm^2 हो तो तार का व्यास, कुण्डली का व्यास और वांछित कुण्डलियों की संख्या ज्ञात कीजिए।

हल : जब कुण्डलियें सटी हुई हैं तो कमानी की लम्बाई = 50 mm

$$\therefore \quad n = \frac{50}{d} \qquad \cdots(1)$$

यहाँ n कुल लम्बाई में कुण्डलियों की संख्या है तथा d तार का व्यास है।

अब, $ps = \frac{16 \times W \times R}{\pi d^3}$

या $50 = \frac{16 \times W \times R}{\pi d^3}$

या $R = 50 \times \frac{22}{7} \times d^3 \times \frac{1}{16 \times 100} = 0.0982 d^3$ ...(2)

दुर्नम्यता $\delta = \frac{64 \times WR^3 \times n}{Nd^4}$

या $\frac{W}{\delta} = \frac{Nd^4}{64R^3n}$ परन्तु $\frac{W}{\delta} = 4$

$$\therefore \quad 4 = \frac{Nd^4}{64R^3n} = \frac{4 \times 10^4 \times d^4}{64R^3n} \quad \cdots(3)$$

समीकरण (1) तथा (2) से $n = \frac{50}{d}$ और $R = 0{\cdot}0982d^3$ का मान (3) में रखने पर;

$$4 = \frac{4 \times 10^4 \times d^4}{d \times (0{\cdot}0982d^3)^3} \times \frac{d}{50} = \frac{4 \times 10^4 \times d^4 \times d}{64 \times (0\ 0982)^3 \times d^9 \times 50}$$

$$\therefore \quad d^4 = \frac{4 \times 10^4}{64 \times (0{\cdot}0982)^3 \times 50 \times 4} \quad \text{या} \quad d = \sqrt[4]{\frac{4 \times 10^4}{64 \times (0{\cdot}0982)^3 \times 200}}$$

$$= 7{\cdot}6 \text{ mm}$$

कमानी में कुण्डलियों की संख्या $= \frac{50}{7{\cdot}6} = 6\ 58$

कुण्डली का व्यास $= 0{\cdot}0982 \times (7{\cdot}6)^3 = 44$ mm

उदाहरण 10. एक संवृत्त कुण्डलीदार कमानी पर 2000 N-mm का ऐंठन बल युग्म है । यदि तार का व्यास 10 mm हो तो कमानी में उत्पन्न अधिकतम बंकन प्रतिबल ज्ञात करो ।

बंकन प्रतिबल $= \frac{32 \times M}{\pi d^3}$

$$\frac{32 \times 2000}{\frac{22}{7} \times (10)^3} = \frac{32 \times 20 \times 7}{22} = \frac{224}{11}$$

$$= 20{\cdot}37 \text{ N/mm}^2$$

उदाहरण 11. एक close coiled helical spring 5 mm व्यास की तार का बना है । स्प्रिंग का औसत व्यास 5 cm है तथा 12 कुण्डलियाँ हैं । स्प्रिंग पर 10 kg का अक्षीय भार लगाया गया है । यदि $N = 8 \times 10^5$ kg/cm² हो तो स्प्रिंग का विक्षेप तथा अधिकतम अपरूपण प्रतिबल ज्ञात करो ।

हल : $d = 5$ mm $= 0{\cdot}5$ cm, $\quad n = 12, \quad R = 2{\cdot}5$ cm

$N = 8 \times 10^5$ kg/cm² $\quad W = 10$ kg

$$\delta = \frac{64WR^3n}{Nd^4}$$

$$=\frac{64\times10\times(2\cdot5)^2\times12}{8\times10^5\times(0\cdot5)^4}=2\cdot4\text{ cm}\quad\text{उत्तर}$$

$$p=\frac{16WR}{\pi d^3}=\frac{16\times10\times2\cdot5}{\pi(0\cdot5)^3}=1018\cdot6\text{ kg/cm}^2\quad\text{उत्तर}$$

उदाहरण 12. 1 cm व्यास की तार से 10 कुण्डलियों वाला, 8 cm औसत व्यास वाला एक close coiled spring बनाया गया है । यदि स्प्रिंग पर 100 kg/cm का अक्षीय मरोड़ घूर्ण लगा हो तो बंकन प्रतिबल का मान तथा स्प्रिंग की कुण्डलियों में बढ़ोत्तरी ज्ञात करो । $E=2\cdot1\times10^6$ kg/cm²

हल : $\frac{M}{I}=\frac{p}{y}$

$$\frac{100}{\frac{\pi}{64}\times(1)^4}=\frac{p}{\frac{1}{2}}\quad\therefore p=1018\cdot6\text{ kg/cm}^2\text{ उत्तर}$$

मानलो कुण्डलियों की संख्या में बढ़ोत्तरी $n'-n$ है ।

$\therefore$ या $2\pi(n'-n)=\frac{M}{EI}$

$$\therefore\quad=\frac{100\times2\pi\times4\times10\times64}{2\cdot1\times10^6\times2\pi\times\pi(1)^4}$$

$$=0\cdot0388\text{ उत्तर}$$

स्प्रिंग मरोड़ दुर्नम्यता (Torsional stiffness)

$$=\frac{M}{\phi}=\frac{EI}{2\pi Rn}=\frac{2\cdot1\times10^6\times\pi}{64\times2\pi\times10\times4}$$

$$=410\text{ kg-cm/radian}$$

उदाहरण 13. 10 mm व्यास की तार से बराबर कुण्डलियों की संख्या वाली दो closely coiled spring बनाए गए हैं । एक spring की त्रिज्या 100 mm है जबकि दूसरी की त्रिज्या 75 mm है । दोनों स्प्रिंग एक-दूसरे के अन्दर रखे हैं तथा दोनों सिरों पर दो प्लेटें लगाकर ईन्हें बन्द कर दिया गया है । यदि प्लेटों पर 500 N भार लगाया जाता है तो स्प्रिंग में उत्पन्न अधिकतम अपरूपण बल ज्ञात करो ।

हल : $R_1=100$ mm, $R_2=75$ mm

$n_1=n$ $W=500$ N

मानलो p_1 = बाहरी स्प्रिंग में उत्पन्न अपरूपण प्रतिबल है

δ_1 = बाहरी स्प्रिंग में विक्षेप है

W_1 = बाहरी स्प्रिंग द्वारा उठाया भार है

p_2, δ_2, W_3 अन्दर वाले स्प्रिंग के अनुरूपी मान है

$$\delta_1=\frac{64W_1R_1^3n_1}{Nd^4}=\frac{64\times W_1\times(100^3)n_1}{Nd^4} \quad \cdots(1)$$

$$\delta_2=\frac{64W_2R_2^3n_2}{Nd^4}=\frac{64W_2(75)^3n_2}{Nd^4} \quad \cdots(2)$$

क्योंकि दोनों स्प्रिंग दो दृढ़ प्लेटों से बन्द किए हैं इसलिए दोनों का विक्षेप बराबर होगा।

$$\therefore \quad \frac{64W_1(100)^3n_1}{Nd^4}=\frac{64W_2(75)^3n_2}{Nd^4}$$

या $\frac{W_1}{W_2}=\frac{(75)^3}{(100)^3}=\frac{27}{64}$, या $W_1=\frac{27}{64}W_2$ $\cdots(3)$

लेकिन $W_1+W_2=500$ (4)

(3) और (4) समीकरणों को हल करने से

$$W_1=148{\cdot}2 \text{ N}, \qquad W_2=351{\cdot}8 \text{ N}$$

$$p_1=\frac{16W_1R_1}{\pi d^3}=\frac{16\times148{\cdot}2\times100}{\pi(10)^3}=75{\cdot}5 \text{ N/mm}^2$$

$$p_2=\frac{16\times351{\cdot}8\times75}{\pi(10)^3}=134{\cdot}4 \text{ N/mm}^2$$ **उत्तर**

उदाहरण 14. एक संवृत्त कुण्डलीदार कमानी इस्पात 1 cm व्यास के तार की बनी है। कमानी 10 cm त्रिज्या की 20 कुण्डलियों की बनी है। यदि कमानी पर 200 kg-cm का अक्षीय ऐंठन हो तो खंड में उत्पन्न बंकन प्रतिबल और लपेटन की संख्या में वृद्धि ज्ञात कीजिए। $E=2\times10^6$ kg/cm^2। कमानी की ऐंठन दुर्नम्यता (Stiffness) भी ज्ञात कीजिए।

हल : जड़ता घूर्ण $I=\frac{\pi}{64}d^4=\frac{\pi}{64}(1)^4=0{\cdot}0491 \text{ cm}^4$

$$Z=\frac{I}{d/2}=\frac{0{\cdot}0491}{0{\cdot}5}=0{\cdot}0982 \text{ cm}^3$$

बंकन प्रतिबल $p=\frac{M}{Z}=\frac{200}{0{\cdot}982}=2040 \text{ kg/cm}^2$

स्वतंत्र सिरे पर ऐंठन $\phi=\frac{ML}{EI}=\frac{M(2\pi Rn)}{EI}$ rad.

$$=\frac{200\times2\pi\times20\times5}{2\times10^6\times0{\cdot}0491} \text{ rad}$$

$$=\frac{200\pi}{491}\text{rad}$$

परन्तु $\phi=2\pi(n'-n)$

$$\frac{200\pi}{491}=2\pi(n'-n) \quad \text{या} \quad n-20=\frac{100}{491}$$

या $n'=20+\frac{100}{491}=20{\cdot}203$

कमानी की ऐंठन दुर्नम्यता $=\frac{M}{\phi}=\frac{EI}{2\pi nR}$

$$=\frac{2\times10^6\times0{\cdot}0491}{2\times\pi\times20\times5}=156{\cdot}2\text{ kg-cm/rad}$$

उदाहरण 15. एक संवृत्त कुण्डलीदार संपीडित कमानी पर 10 kg का भार गिराया जाता है। कमानी 1 cm इस्पात के तार की तथा 10 cms व्यास की 16 कुण्डलियों की बनी हुई है। यदि तात्कालिक (Instant‸neous) संपीडन 10 cm है तो वह ऊँचाई ज्ञात करो जहाँ से भार गिराया गया है। $N=1\times10^6$ kg/cm³

हल : माना गिराए गए भार की ऊँचाई $h=$cms

यदि उसी संपीडन को प्राप्त करने के लिए क्रमिक लगाया गया तुल्यभार W kg है तो

विक्षेप $\delta=\frac{64WR^3n}{Nd^4}$

या $W=\frac{Nd^4\times\delta}{64R^3n}=\frac{1\times10^6\times(1)^4\times10}{64\times(5)^3\times16}=78{\cdot}125$ kg

संग्रहीत ऊर्जा को संग्रहन भार (Impact load) द्वारा दी गई ऊर्जा के समान रखने पर, $P(h+\delta)=\frac{1}{2}\times W\delta$

या $10(h+10)=\frac{1}{2}\times78{\cdot}125\times10=390{\cdot}25$

या $10h+100=390\ 625$ या $10h=290{\cdot}625$

अतः $h=29{\cdot}0625$ cms $=290\ 625$ mm

उदाहरण 16. 2000 kg वजन का ट्रक जिसकी गति 3 km/hour है, एक प्रतिरोधक द्वारा विश्राम में लाया जाता है। 20 cms संपीडन के लिए, प्रत्येक 20 कुण्डलियों वाली कितनी कमानियों की आवश्यकता होगी जो गति की ऊर्जा को संग्रहीत कर लें। कमानी के तार का व्यास 2 cm और कुण्डली के लिए औसत वक्रता त्रिज्या 10 cms है। $N=0{\cdot}8\times10^6$ kg/cm²

हल : $\delta=\dfrac{64WR^3n}{Nd^4}$

प्रत्येक कमानी की भार वहन क्षमता $=\dfrac{Nd^4\times\delta}{64R^3n}$

$$=\frac{0.8\times10^6\times(2)^4\times20}{64\times(10)^3\times20}=200 \text{ kg}$$

संग्रहीत ऊर्जा $=\dfrac{1}{2}mV^2$

$$=\frac{1}{2}\times\frac{2000}{981}\times(83.33)^2=7078 \text{ kg-cm}$$

$(\because$ 3 km/hr = 83.33 cm/sec$)$

अतः एक कमानी के लिए संग्रहीत ऊर्जा $=\frac{1}{2}\times w\times\delta=\frac{1}{2}\times200\times20$
$=2000$ kg-cm

वांछित कमानियों की संख्या $=\dfrac{7078}{2000}=4$

उदाहरण 17. एक संयुक्त श्रेणीबद्ध कमानी दो संवृत्त कुण्डलीदार कमानियों की बनी हुई है। एक कमानी में 15 कुण्डलियें हैं और अर्धव्यास 4 cm तथा तार का व्यास 0.5 cms है। यदि दूसरी कमानी में 4 cms अर्ध व्यास की कुण्डली हों तो दूसरी कमानी में प्रयुक्त तार का व्यास ज्ञात कीजिए। संयुक्त कमानी की दुर्नम्यता 2 kg/cm है। उपरोक्त संयुक्त कमानी द्वारा वहन अधिकतम भार तदनुसार वृद्धि भी ज्ञात कीजिए, यदि अधिकतम अपरूपण प्रतिबल 1500 kg/cm² तक सीमित हो। $N=8\times10^5$ kg/cm²

हल—यदि s_1 और s_2 दोनों कमानियों की तथा s संयुक्त कमानी की दुर्नम्यताएँ हों तो,

$$\frac{1}{s}=\frac{1}{s_1}+\frac{1}{s_2} \qquad \cdots(1)$$

$$s_1=\frac{Nd^4}{64R^3n}=\frac{8\times10^5\times(0.5)^4}{64\times(2)^3\times15}=6.5 \text{ kg/cm}$$

$$s_2=\frac{Nd^4}{64R^3n}=\frac{8\times10^5\times d^4}{64\times2^3\times20}=\frac{625d^4}{8} \text{ kg/cm}$$

$s=2$ kg/cm

$$\therefore \frac{1}{s}=\frac{1}{s_1}+\frac{1}{s_2}$$

$$\frac{1}{2}=\frac{1}{6\cdot51}+\frac{8}{625d^4}$$

अथवा $0\cdot5=0\cdot1536+\frac{8}{625d^4}$ या $\frac{8}{625d^4}=0\cdot3454$

या $d=\sqrt[4]{\frac{8}{3\cdot3454\times625}}=0\cdot4414$ cm

$$ps=\frac{16\times T}{\pi d^3} \text{ या } T=\frac{p_s\pi\times d^3}{16}=WR$$

$$W=\frac{ps\times\pi d^3}{16\times R}$$

अतः सुरक्षित भार न्यूनतम व्यास की कमानी द्वारा प्राप्त किया जाता है।

$\therefore$ $W=\frac{1500\times22\times(0\cdot4413)^3}{7\times16\times2}=12\cdot66$ kg

कुल वृद्धि $=\frac{W}{s}=\frac{12\cdot66}{2}=6\cdot33$ cm **उत्तर**

उदाहरण 18. एक संयुक्त संवृत्त कुण्डलीदार कमानी में दो लोहे की कमानियाँ श्रेणीबद्ध विधि से जुड़ी हुई हैं। प्रत्येक कमानी में 1 cm औसत त्रिज्या की 12 कुण्डलियाँ हैं। यदि एक कमानी की तार का व्यास 2·5 mm है और संयुक्त कमानी की दुर्नम्यता (stiffness) 1 kg/cm है तो दूसरी कमानी की तार का व्यास ज्ञात करो।

यदि N का मान $0\cdot82\times10^6$ kg/cm^2 है और अधिकतम अपरूपण प्रतिबल 3600 kg/cm^2 है तो संयुक्त कमानी द्वारा उठाया गया अधिकतम भार व कमानी की लम्बाई में बढ़ोत्तरी ज्ञात करो।

हल—मानलो एक कमानी की दुर्नम्यता s_1 और दूसरी कमानी की s_2 है। संयुक्त कमानी की दुर्नम्यता 1 kg/cm दी हुई है। मानलो δ_1 और δ_2 दोनों कमानियों की लम्बाई में बढ़ोत्तरी तथा δ संयुक्त कमानी की लम्बाई में बढ़ोत्तरी है।

$$\frac{1}{s}=\frac{\delta}{W} \text{ लेकिन } s=1 \text{ kg/cm}^2,\ \delta=\delta_1+\delta_2$$

$$\therefore \frac{\delta_1+\delta_2}{W}=1=\frac{1}{s_1}+\frac{1}{s_2} \qquad \cdots(1)$$

$$\therefore \left(\frac{\delta_1}{W}=\frac{1}{s_1},\ \frac{\delta_2}{W}=\frac{1}{s_2}\right)$$

$$\therefore \frac{1}{s_1}=\frac{8D^3n}{Nd_1^4}=\frac{8\times(2)^3 12}{N(0\cdot025)^4}=\frac{1\cdot97\times10^5}{N}$$

$$\frac{1}{s_2}=\frac{8D^3n}{Nd_2^4}=\frac{8\times(2)^3\times12}{Nd_2^1}=\frac{7{\cdot}68\times10^2}{Nd_2^4}$$

$\frac{1}{s_1}$ और $\frac{1}{s_2}$ के मान समीकरण (1) में रखने पर

$$\frac{1{\cdot}97\times10^5}{N}+\frac{7{\cdot}68\times10^2}{Nd_2^4}=1$$

हल करने पर $d_2=0{\cdot}1875$ cm **उत्तर**

$$p_s=\frac{16T}{\pi d^3} \qquad \cdots(2)$$

p_s का मान अधिकतम प्राप्त करने के लिए छोटे व्यास वाली तार वाली कमानी का उपयोग करना होता है।

अतः $p_s=3600$ kg/cm² दिया हुआ है।

$d=0{\cdot}1875$ cm

$\therefore$ समीकरण (3) में मान रखने पर

$$3600=\frac{16T}{\pi(0{\cdot}1875)^3}$$

$$T=\frac{3600\times\pi\times(1{\cdot}875)^3}{16\times10^3}=4{\cdot}66 \text{ kg-cm}$$

$$T=WR=4{\cdot}66$$

$$\therefore\ W=\frac{4{\cdot}66}{1}=4{\cdot}66 \text{ kg}$$

संयुक्त कुण्डली का कुल प्रसार $\delta=\frac{W}{s}=\frac{4{\cdot}66}{1}=4{\cdot}66$ cm **उत्तर**

प्रश्नावली

1. संवृत्त कुण्डलीदार कमानी 10 mm वर्गाकार छड़ की बनी हुई है और इसमें 120 mm अर्धव्यास की 16 कुण्डलियें हैं। यदि अपरूपण प्रतिबल 300 N/mm² तक सीमित हो तो (1) अधिकतम अनुज्ञेय अक्षीय भार और (2) इस भार द्वारा विक्षेप ज्ञात कीजिए।

(**उत्तर** W = 1040 N, δ = 191·4 mm)

2. 7·5 mm इस्पात के तार की बनी संवृत्त कुण्डलीदार कमानी में 80 mm त्रिज्या की 10 स्वतंत्र कुण्डलियाँ हैं। यदि इस पर 100 N का अक्षीय भार हो तो अधिकतम अपरूपण प्रतिबल तीव्रता और कुल विक्षेप मालूम

कीजिए। कमानी की दुर्नम्यता भी ज्ञात कीजिए। $N=8\times10^4$ N/mm^2

(उत्तर विक्षेप 16·2 mm, अपरूपण प्रतिबल $=49·4\ N/mm^2$, दुर्नम्यता $=6·2$ N/mm)

3. 1000 N भार के अधीन विक्षेप वाली एक कुण्डलीदार कमानी का अभिकल्पन कीजिए। कुण्डली का व्यास तार के व्यास से 8 गुना है। तार में अधिकतम अपरूपण प्रतिबल 200 N/mm^2 से ज्यादा न हो, $N=8\times10^4\ N/mm^2$

(उत्तर $d=10·1$ mm, $R=40·5$ mm, $n=8$)

4. एक संवृत्त कुण्डलीदार कमानी की दुर्नम्यता 1 N/mm तथा अधिकतम भार वहन क्षमता 40 N है। जब कुण्डलियें एक-दूसरे से सटी हुई हों तो कमानी की कुल लम्बाई 45 mm है। यदि अधिकतम अपरूपण प्रतिबल 130 N/mm^2 से अधिक न हो तो तार का व्यास, कुण्डली का औसत व्यास और वांछित कुण्डलियों की संख्या ज्ञात कीजिए। $N=4\times10^4$ N/mm^2

(उत्तर $d=2·7$ mm, $n=16·6$ और $R=12·7$ mm)

5. एक कुण्डलीदार कमानी 2 mm तार के व्यास की तथा 2 cm औसत व्यास की 12 कुण्डलियों की बनी हुई है। यदि कमानी की लम्बाई 6 cms हों तो कुण्डली की 1·5 cms लम्बाई कम करने वाला भार ज्ञात कीजिए।

इस भार से तार में अधिकतम प्रतिबल कितना उत्पन्न होगा ?
$N=8\times10^5\ kg/cm^2$

(उत्तर 2·5 kg, 1590 kg/cm^2)

6. 138·6 cm/sec की गतिवाला तथा 3000 kg भार का एक रेल डिब्बा प्रतिरोध द्वारा विश्राम में लाया जाता है। यदि प्राप्य प्रत्येक कमानी 25 mm इस्पात की छड़ से बनी हुई हो और 24 cms औसत व्यास की 18 कुण्डलियों की हो तो 20 cm का संपीडन होने पर वांछित कमानियों की संख्या क्या होगी ? (उत्तर 9)

7. एक संवृत्त कुण्डलीदार कमानी 10000N-mm cms का ऐंठन घूर्ण प्रतिरोधित करती है। यदि तार का व्यास 5 mm हो तो कमानी में उत्पन्न अधिकतम बंकन प्रतिबल ज्ञात कीजिए। (उत्तर 813 N/mm^2)

8. एक परिवहन कमानी 1 m लम्बी है और 10 mm मोटी तथा 75 mm

चौड़ी प्लेटों की बनी हुई है। यदि इसके मध्य पर 8000 N का भार पड़ने से बंकन प्रतिबल 180 N/mm^2 तक सीमित रहे तो कमानी के लिए वांछित प्लेटों की संख्या क्या होगी ? $E = 12 \times 10^4\ N/mm^2$

(उत्तर 9 प्लेटें)

9. एक संयुक्त कमानी दो संवृत्त कुण्डलीदार कमानियों की बनी है जो 5mm व्यास के तार की बनी है। दोनों की लम्बाई समान है। कमानियाँ एक-दूसरी के अन्दर रखी हुई हैं। अन्दर और बाहर की कमानी का औसत व्यास क्रमशः 30 mm और 70 mm है। यदि संयुक्त कमानी 100 N वजन द्वारा संपीडित हो तो प्रत्येक कमानी में उत्पन्न अधिकतम प्रतिबल ज्ञात कीजिए। (उत्तर 24·3 N/mm^2, 56·4 N/mm^2)

10. एक परिवहन कमानी 80 cms लम्बी है। परतों का अनुप्रस्थ काट 10 cms × 1 cms है। यदि धातु में अधिकतम अनुज्ञेय प्रतिबल 2000 kg/cm^2 और कमानी के लिए परीक्षण भार 1000 kg हो तो (i) प्लेटों की संख्या (ii) प्लेटों का चढ़ाव (over lap) (iii) मध्य पर विक्षेप और (iv) प्लेटों का आरम्भिक अर्धव्यास ज्ञात करो : $E = 2 \times 10^6\ kg/cm^2$।

(उत्तर $n = 6$, (ii) 6·67 cms (iii) 1·6 cms (iv) 500 cms)

11. एक परिवहन कमानी 75 cm लम्बी है। कमानी के लिए मध्य परीक्षण भार (proof load) 750 kg है। यदि कमानी का मध्य विक्षेप 5 cm से अधिक और बंकन प्रतिबल 2000 kg/cm^2 से अधिक न होने देना हो तो प्लेटों की संख्या, मोटाई, चौड़ाई और वह त्रिज्या जिसमें प्लेटें मोड़नी चाहिए, ज्ञात करो। प्लेट की चौड़ाई, मोटाई का 12 गुना है। प्लेट 1mm मोटाई तथा 3mm चौड़ाई के गुणन खण्डों में मिलती है।

(उत्तर $t = 0·3$ cm, चौड़ाई = 3·6 cm, $n = 130$, R = 150 cm)

12. एक परतदार कमानी 5 mm मोटी 80 mm चौड़ी कुल 9 प्लेटों से बनी हुई है। यदि अधिकतम बंकन प्रतिबल 150N/mm^2 तक ही सीमित रखने हो तो कमानी के मध्य पाट पर 4000 N भार उठाने के लिए कमानी, की लम्बाई ज्ञात करो। कमानी के मध्य में विक्षेप भी ज्ञात करो।

(उत्तर लम्बाई 450 mm, विक्षेप 7·6 mm)

13. दो संयुक्त कुण्डलीदार कमानियों के औसत व्यास 6 cm और 4 cm है। 4 cm व्यास वाली कमानी 6 cm व्यास वाली कमानी के अन्दर डाली हुई है। 6 cm औसत व्यास वाली कमानी 6 mm व्यास की तार की बनी है और इसमें 10 कुण्डलियाँ हैं तथा स्वतंन्त्र लम्बाई 12 cm है।

अन्दर वाली कमानी 5 mm व्यास की तार की बनी है और इसमें 8 कुण्डलियाँ हैं तथा स्वतन्त्र लम्बाई 10 cm है । यदि दोनों कमानियों की उक्त व्यवस्था पर 120 kg अक्षीय भार डाल दिया जाता है तो प्रत्येक कमानी के लिए ज्ञात करो ।

I. लम्बाई में परिवर्तन

II. प्रत्येक कमानी द्वारा उठाया भार

III. अधिकतम अपरूपण प्रतिबल

$N = 0{\cdot}8 \times 10^6$ kg/cm^2

(उत्तर I. 2·637 cm, 4·637 cm
II. 55·64 kg, 64·36 kg
III. $p_{s1} = 3930$ kg/cm′
$p_{s2} = 5240$ kg/cm)

15

विकृति-ऊर्जा, क्रमिक, आकस्मिक, संघटन और आघात भार वृद्धि के लिए

[STRAIN ENERGY FOR GRADUAL, SUDDEN : IMPACT AND SHOCK LOADING]

15·1. **विकृति ऊर्जा** (Strain energy)—जब किसी संरचना के अवयव पर बाह्य भार पड़ता है तो इसमें विकृति उत्पन्न होती है। यदि बाह्य बल तन्य है तो अवयव की लम्बाई बढ़ती है और यदि यह संपीडित बल है तो अवयव की लम्बाई कम हो जाती है। अवयव की विकृति के फलस्वरूप भार का क्रिया बिन्दु भी अवयव में उत्पन्न आन्तरिक बल द्वारा किए गये प्रतिरोधक के विरुद्ध चलता है और अवयव पर कार्य करता है। यदि अवयव में प्रतिबल, प्रत्यास्थता-सीमित (Elastic limit) से अधिक न हो तो यह संग्रहीत कार्य (work) विकृति ऊर्जा (Strain energy) कहलाता है। यह ऊर्जा धातु से भार हटने पर पुनः प्राप्त की जा सकती है। अवयव प्रत्यास्थता सीमा में पूर्ण कमानी (Perfect spring) के रूप में होता है यानी जब अवयव में विकृति आती है तो यह विकृति-ऊर्जा के रूप में इसकी विकृति में किए गए श्रम को सोखता है और जैसे ही बाह्य बल हटाया जाता है, अवयव संग्रहीत ऊर्जा को छोड़कर पुनः अपने मूल आकार में आ जाता है। यह इसलिए होता है क्योंकि प्रत्यास्थता सीमा में, बाह्य बल को हटाने पर विकृति पूर्णतया अदृश्य हो जाती है। परन्तु प्रत्यास्थता सीमा के आगे, विकृति पूरी तरह अदृश्य नहीं होती अतः विकृति में किए गए श्रम का कुछ भाग ही उपलब्ध होता है और अवशिष्ट धातु स्लिप (Meterial slip) पैदा करने के काम आता है और ऊष्मा के रूप में पुनः दिखलाई देता है। अवयव से पुनः प्राप्य शोषण ऊर्जा को ही **विकृति ऊर्जा या लचक** (Resilienee) कहते हैं। अधिकतम संग्रहीत विकृति ऊर्जा प्रत्यास्थता सीमा पर होती है क्योंकि यदि कोई अवयव प्रत्यास्थता सीमा से अधिक भार वहन करता है तो विकृति पूर्ण रूप से अदृश्य नहीं होती।

15·2. **प्रतिरोध-विरूपण-आरेख** (Resistance-deformation-diagram)

यदि L = नमूने की (Specmen) मूल लम्बाई

δL = प्रत्यास्थता सीमा पर नमूने का दीर्घीकरण (Elongation)

x = प्रत्यास्थता सीमा मे किसी बीच के बिन्दु पर दीर्घीकरण

p = प्रत्यास्थता सीमा पर उत्पन्न प्रतिबल

p_X = प्रत्यास्थता सीमा में किसी बीच के बिन्दु पर प्रतिबल

A = नमूने का अनुप्रस्थ काट क्षेत्रफल

$P = p \times A$ = प्रत्यास्थता सीमा पर बाह्य बल

$P_X = p_X \times A$ = प्रत्यास्थता सीमा में किसी बीच के बिन्दु पर बाह्य बल

$R = P$ = नमूने द्वारा किया गया प्रतिरोध

$R_X = P_X$ = प्रत्यास्थता-सीमा में किसी बीच के बिन्दु पर नमूने द्वारा प्रतिरोध

E = प्रत्यास्थता गुणांक (Young' modulus)

हुक के नियमानुसार (According to Hook's law) प्रतिबल विकृति का आनुपातिक होता है। अत:

$$e_X = \frac{x}{L}$$

$$p_X = E \times e_X = E \times \frac{x}{L}$$

$$R_X = p_X \times A = E \times \frac{x}{L} \times A = \frac{EAx}{L}$$ और प्रत्यास्थता सीमा पर

$$R = \frac{E \times \delta L \times A}{L}$$

यदि प्रतिरोधक R_X और विरूपण का x का प्रत्यास्थता सीमा में आरेख

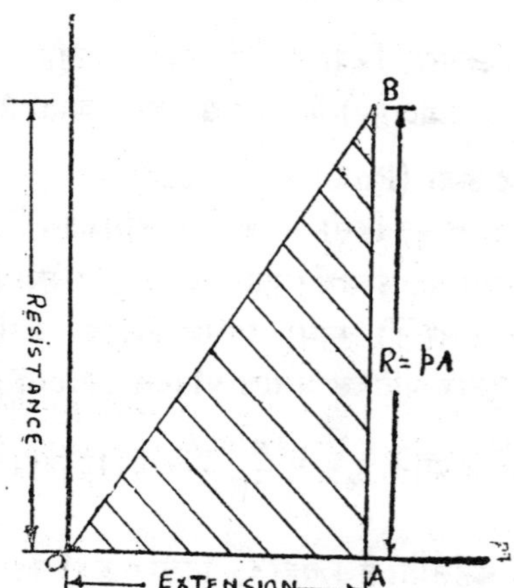

चित्र 15·1

बनायें तो यह एक सरल सीधी रेखा होता है। चूँकि R_X, x का आनुपातिक है और प्रत्यास्थता सीमा पर प्रतिरोधक अधिकतम होता है।

अतः $$R = p \times A = E \times \frac{\delta L}{L} \times A = EA\frac{\delta L}{L}$$

विरूपण में प्रतिरोधक द्वारा सोखे गए श्रम की मात्रा प्रतिरोध विरूपण-आरेख के अधीन क्षेत्रफल के बराबर होती है और त्रिभुज OBA द्वारा दिखलाई जाती है।

संग्रहीत ऊर्जा = त्रिभुज OAB का क्षेत्रफल

$$= \tfrac{1}{2}OA \times AB = \tfrac{1}{2}\ \delta L \times R$$

$$= \tfrac{1}{2}\delta L \times p \times A$$

$$= \frac{1}{2}pAeL \quad \left(\text{क्योंकि}\frac{\delta L}{L} = e\right)$$

$$= \tfrac{1}{2}peAL$$

$$= \tfrac{1}{2}\ \text{प्रतिबल} \times \text{विकृति} \times \text{नमूने का आयतन}$$

संग्रहीत ऊर्जा $= \frac{1}{2}\ pe \times AL$ परन्तु $e = \frac{p}{E}$

अतः $U = \frac{1}{2}p \times \frac{p}{E} \times AL$, यहाँ विकृति ऊर्जा U से अंकित की गई है।

$$U = \frac{1}{2} \times \frac{p^2}{E} \times \text{नमूने का आयतन}$$

अतः लचक विरूपण क्रिया में नमूने द्वारा संग्रहीत ऊर्जा प्रत्यास्थता विकृति ऊर्जा (Elastic Strain Energy) के नाम से पुकारी जाती है।

15·3. प्रमाण विकार ऊर्जा (Proof Resilience)—

प्रत्यास्थता सीमा पर किसी भी धातु में अधिकतम विकृति ऊर्जा होती है और जैसे ही प्रत्यास्थता सीमा का उल्लंघन होता है, धातु में स्थायी विकृति आ जाती है। यह अधिकतम विकृति ऊर्जा की मात्रा **प्रमाण विकार ऊर्जा** (Proof resilience) कहलाती है और तदनुसार प्रतिबल **प्रमाण प्रतिबल** (Proof stress) कहलाता है।

$U = \frac{p^2}{2E} \times$ आयतन, सूत्र में $\frac{p^2}{2E}$ प्रति इकाई आयतन पर विकार ऊर्जा या विकार ऊर्जा मापांक कहलाता है। यहाँ $\frac{p^2}{E}$ विकार ऊर्जा का गुणांक (Coefficient of Resilience) कहलाता है जो धातु का एक गुणा है।

15·4. प्रत्यास्थता सीमा से आगे विकृत ऊर्जा (Strain energy beyond elastic limit)

जब कोई नमूना (Specimen) प्रत्यास्थता सीमा से आगे भार वहन करता है तो किया गया बाह्य श्रम (external workdone) धातु के अवयवों में आंतराकर्षण (Cohesion) लाने में लग जाता है और तब एक दूसरे के ऊपर फिसलने के कारण ऊष्मा (heat) उत्पन्न होती है। तथापि, यह मालूम किया गया है कि सुघट्य अवस्था तथा प्रत्यास्थता अवस्था (Plastic and elastic stafe) में प्रतिबल और विकृति के अनुपात में अधिक अन्तर नहीं होता और प्रत्यास्थता सीमा से आगे विकृति ऊर्जा या विकार ऊर्जा $\frac{p^2}{2E}\times$ आयतन के लगभग बराबर ही होता है।

15·5. क्षणिक प्रतिबल तथा विकृतियाँ (Instantaneous Stresses and Strains)

प्रत्यास्थता सीमा में प्रतिबल, विकृति का अनुपातिक होता है। परन्तु यह तभी सत्य रहता है जब भार धीरे-धीरे लगाया गया हो। जब धातु पर आकस्मिक या संघटन भार लगता है तो इसका प्रभाव क्रमिक (Gradual) भार वृद्धि के प्रभाव से कहीं अधिक होता है। लेकिन यह प्रभाव थोड़े समय तक ही रहता है। इस प्रकार के प्रतिबल जो आकस्मिक, संघटन या आघात भार वृद्धि के कारण उत्पन्न होते हैं, अल्प अवधि के होते हैं और **क्षणिक प्रतिबल** के नाम से जाने जाते हैं। इस प्रकार उत्पन्न विकृतियाँ **क्षणिक विकृतियाँ** कहलाती हैं।

15·6. विभिन्न भार वृद्धि के प्रभाव

I. क्रमिक भार वृद्धि (Gradual loading)

माना L लम्बाई और A अनुप्रस्थ काट क्षेत्रफल की छड़ पर W क्रमिक भार पड़ता है। यदि δL लम्बाई में बढ़ोत्तरी है तो छड़ पर किया गया कार्य = औसत भार × दीर्घाकरण $=\frac{1}{2}W\times\delta L$

यदि छड़ द्वारा प्रस्तुत आन्तरिक प्रतिरोध R और तदनुसार प्रतिबल p हो तो छड़ में संग्रहीत कार्य $=\frac{1}{2}R\times\delta L$

$$=\frac{1}{2}\times p\times A\times\delta L$$

समान करने पर $\frac{1}{2}W\times\delta L=\frac{1}{2}p\times A\times\delta L$

या $$p=\frac{W}{A},\text{ इसलिए }\quad e=\frac{p}{E}=\frac{W}{AE}$$

II. आकस्मिक भार (Suddenly applied load)

माना W भार आकस्मिक है। इस स्थिति में चूंकि भार क्रमिक नहीं है,

अचानक पूरा भार लगाया गया है अतः प्रतिबल गणना के लिए औसत भार $\frac{W}{2}$ न होकर W लेना होता है।

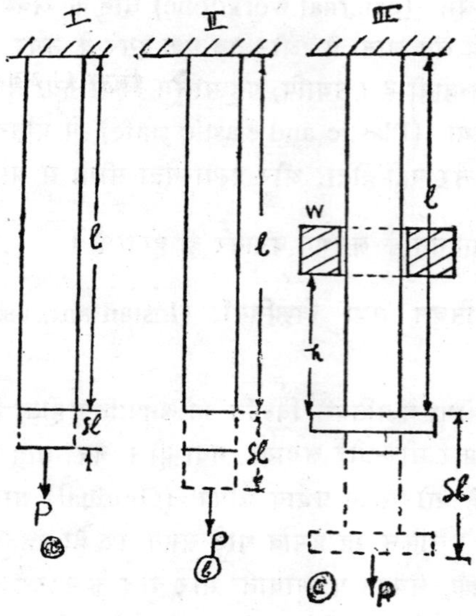

चित्र 15·2

यदि δL कुल दीर्घीकरण है तो

किया गया कार्य $=W\times\delta L$ तथा छड़ में संग्रहीत ऊर्जा या श्रम $=\frac{1}{2}p\times A\times\delta L$.

$$W\times\delta L=\frac{1}{2}p\times Ax\delta L$$

या $$p=\frac{2W}{A}$$

अतः आकस्मिक भार लगाने पर उत्पन्न प्रतिबल उसी भार पर क्रमिक भार वृद्धि से उत्पन्न प्रतिबल का दुगना होता है।

$$e=\frac{p}{E}=\frac{2W}{AE}$$

दूसरे शब्दों में, आकस्मिक भार W क्रमिक रूप में लगाए गए भार की 2W मात्रा के समान होता है।

III. संघटन भार (Impact load)

माना कि छड़ के विस्तार से पूर्व W भार *h* ऊँचाई से गिराया गया है। छड़ को टक्कर लगाने के बाद यह आकस्मिक भार की स्थिति में हो जाता है। भार के गिरने द्वारा किया गया श्रम स्थितिज ऊर्जा (Potential energy) की हानि है।

छड़ पर किया गया श्रम $=W(h+\delta L)$

संग्रहीत विकृति ऊर्जा $=\frac{1}{2}\times p\times A\times \delta L$

बराबर करने पर, $W(h+\delta L)=\frac{1}{2}p\times A\times \delta L$

परन्तु $\quad \delta L=\frac{p}{E}\times L$

$$\therefore \quad W\left(h+\frac{p}{E}L\right)=\frac{1}{2}p\times A\times\frac{p}{E}\times L$$

या $\quad Wh+\frac{WpL}{E}=\frac{p^2AL}{2E}$

या $\quad \frac{ALp^2}{2E}-\frac{WL}{E}p-Wh=0$

समीकरण हल करने पर,

$$p=\frac{W}{A}+\sqrt{\frac{W^2}{A^2}+2E\frac{W}{A}\times\frac{h}{L}}$$

प्राय: $\frac{W^2}{A^2}$, $2E\,\frac{Wh}{AL}$ की तुलना में काफी छोटा होता है अत: यह उपेक्षणीय है। इसलिए क्षणिक प्रतिबल के लिए समीकरण (expression) निम्न रूप में हो जाता है :

$$p=\frac{W}{A}+\sqrt{\frac{2EWh}{AL}} \text{ ाय केवल } \sqrt{\frac{2EWh}{AL}}$$

अत: क्षणिक विकृति $e=\frac{p}{E}=\sqrt{\frac{2EWh}{AL}}\times\frac{I}{E}$

$$=\sqrt{\frac{2Wh}{ALE}}$$

चित्र 15·2 (a), (b) और (c) में उपरोक्त तीनों स्थितियों में लम्बाई में बढ़ोत्तरी दिखाई गई है। चित्र में क्रमिक भार वृद्धि के कारण दीर्घीकरण सीमा निर्दिष्ट की गई है। दूसरी दोनों अवस्थाओं में, छड़ क्षणिक दीर्घीकरण प्राप्त करती है और पहले xx के अधीन कम्पित होती है और फिर xx रेखा पर स्थिर हो जाती है।

उदाहरण 1. एक 0·5 m लम्बी और 200 mm^2 क्षेत्रफल की इस्पात की छड़ पर प्रत्यास्थता सीमा (Elastic limit) तक क्रमिक भार लगाया गया है। यदि इस्पात के लिए सुरक्षित-प्रतिबल (Safe Stress) 200 N/mm^2 और $E=2\times10^5$ N/mm^2 हो तो (I) प्रमाण-विकार ऊर्जा (Proof resilience) (II) विकार ऊर्जा मापांक (Modulus of resilience) और (III) विकार ऊर्जा गुणांक (Coefficient of resilience) ज्ञात कीजिए।

I. प्रमाण विकार ऊर्जा $= \frac{1}{2}\frac{p^2}{E} \times$ छड़ का आयतन

$$= \frac{1}{2} \times \frac{200 \times 200}{2 \times 10^5} \times 200 \times 500$$

$$= 10000 \text{ N/mm}$$

II. विकार ऊर्जा मापांक = इकाई आयतन विकार ऊर्जा या लचक

$$= \frac{p^2}{2E} = \frac{200 \times 200}{2 \times 2 \times 10^5}$$

$$= 0.1 \text{ N/mm/Unit Volume}$$

III. विकार ऊर्जा का गुणांक $= \frac{p^2}{E} = \frac{200 \times 200}{2 \times 10^5}$

$$= 0.2 \text{ N-mm/unit volume}$$

उदाहरण 2. 50 N/mm दबाव वाली भाप 1000 mm लम्बे और 20 mm व्यास की जड़ से लगे 100 mm व्यास के पिस्टन पर आकस्मिक कार्य करती है। यदि $E = 2 \times 10^5$ N/mm^2 हो तो छड़ की लम्बाई में परिवर्तन और क्षणिक प्रतिबल ज्ञात कीजिए।

हल—पिस्टन का क्षेत्रफल $= \frac{\pi}{4} d^2 = \frac{22}{7 \times 4} \times (100)^2$

$$= 2500\pi \text{ mm}^2$$

पिस्टन पर बल, $P = 50 \times 2500\pi = 125000$ N

पिस्टन छड़ का क्षेत्रफल $= \frac{\pi(20)^2}{4} = 100\pi$ mm^2

पिस्टन छड़ में प्रतिबल $= \frac{2P}{A} = \frac{2 \times 125000}{100\pi} = 2500$ N/mm^2

छड़ की लम्बाई में परिवर्तन $= \frac{p}{E} \times L$

$$= \frac{2500 \times 1000}{2 \times 10^5} = 12.5 \text{ mm}$$

उदाहरण 3. 5*t* भार की एक ठेलागाड़ी एक तार के रस्से से बंधी है और 7·2 *km*/hour की गति से चल रही है। किसी कारणवश रस्सा अचानक कस जाता है और ठेलागाड़ी अचानक विश्राम में आ जाती है। यदि रस्सा 100 m लम्बा हो और $E = 2 \times 10^6$ kg/cm^2 हो तो तो रस्से में क्षणिक प्रतिबल और दीर्घीकरण ज्ञात कीजिए। रस्से का व्यास 2cms तथा $g = 981$ cm/sec^2 हैं।

हल :

चूंकि ठेलागाड़ी द्वारा नष्ट की गई गतिज ऊर्जा (Kinetic energy) रस्से में विकृति ऊर्जा (Strain energy) में बदल जाती है । अतः

ठेलागाड़ी की गतिज ऊर्जा $=\frac{mV^2}{2g}$

$$=\frac{5000\times(200)^2}{2\times981}, \therefore (7\cdot2 \text{ km/h}=200 \text{ cm/sec})$$

$$=\frac{10^8}{981} \text{ kg/cms} \quad ...(1)$$

रस्से द्वारा संग्रहीत ऊर्जा $=\frac{p^2}{2E}\times$ आयतन

$$=\frac{p^2\times\pi/4(2)^2\times100\times100}{2\times2\times10^6} \quad ...(2)$$

(1) तथा (2) समीकरण बराबर करने पर,

$$\frac{p^2\times\pi\times10^4}{2\times2\times10^6}=\frac{10^8}{981}$$

$$\frac{\pi p^2}{4\times100}=\frac{10^8}{981} \text{ या } p=\sqrt{\frac{10^{10}\times4\times7}{981\times22}}=3600 \text{ kg/cm}^2$$

रस्से का अधिकतर क्षणिक दीर्घीकरण $\delta L=eL$

$$=\frac{p}{E}\times L$$

$$=\frac{3600\times100\times000}{2\times10^6}$$

$$=18 \text{ cms}$$

उदाहरण 4. 10 m लम्बी और 40 mm व्यास की पीतल की छड़ 1000 N-m की संघात ऊर्जा (Shock energy) संचारित करती है । यदि $E=0\cdot8\times10^5$ N/mm^2 हो तो अधिकतम उत्पन्न क्षणिक प्रतिबल और दीर्घीकरण ज्ञात कीजिए ।

हल—संग्रहीत श्रम $=1000$ N-metre $=1\times10^6$ N-m

छड़ द्वारा संग्रहीत ऊर्जा $=\frac{p^2}{2E}\times$ आयतन

$$=\frac{p^2\times\frac{\pi}{4}(40)^2\times10\times1000}{2\times0\cdot8\times10^5}$$

समीकरण बद्ध करने पर,

$$\frac{p^2 \times 400 \times \pi \times 10000}{2 \times 0\cdot8 \times 10^5} = 10^6$$

या $p^2 = \dfrac{10^6 \times 2 \times 0\cdot0 \times 10^5 \times 7}{400 \times 22 \times 10000}$ या $p = \sqrt{\dfrac{14 \times 10^6}{1000}}$

अतः $p = 112\cdot8$ N/mm²

$$\delta l = \frac{p}{E} \times L = \frac{112\cdot8 \times 10 \times 1000}{0\cdot8 \times 10} = 14\cdot1 \text{ mm}$$

उदाहरण 5. 6 m लम्बी और 30 mm व्यास की ऊर्ध्वाधर छड़ के निचले सिरे पर लगे छल्ले पर 1000 N का भार गिराया जाता है। यदि अधिकतम क्षणिक प्रतिबल 120 N/mm² से अधिक न हो तो भार के गिराए जाने वाली ऊँचाई क्या होगी ? क्षणिक दीर्घीकरण भी ज्ञात कीजिए। $E = 2 \times 10^5$ N/mm²

हल—क्षेत्रफल $A = \pi/4 \times (30)^2 = 705$ mm²

अधिकतम क्षणिक दीर्घीकरण $= \dfrac{p}{E} \times L$

$$= \frac{120 \times 6000}{2 \times 10^5} = 3\cdot6 \text{ mm}$$

गिराए गए भार द्वारा किया गया श्रम $= 1000(h + \delta h)$

$$= 1000(h + 3\cdot6)$$

छड़ द्वारा संग्रहीत श्रम $= \dfrac{p^2}{2E} \times A \times L$

$$= \frac{(120)^2}{2 \times 2 \times 10^5} \times 705 \times 6000$$

$$= 152300 \text{N-mm}$$

किए गए श्रम तथा संग्रहीत ऊर्जा को बराबर रखने पर,

$1000(h + 3\cdot6) = 152300$ या $h + 3\cdot6 = 152\cdot3$

या $h = 152\cdot3 — 3\cdot6$

$$= 148\cdot7 \text{ mm}$$

उदाहरण 6. दो गोल छड़ें A तथा B लम्बाई तथा आयतन में समान हैं। A छड़ 30 cms लम्बी है जिसमें प्रथम 20 cms लम्बाई तक 2 cms व्यास तथा बाद की लम्बाई का व्यास 1·5 cms है। यदि B छड़ की पूरी लम्बाई में एक सा व्यास

है तथा अधिकतम प्रतिबल समान है तो समान प्रतिबल के अधीन A और B की विकृति ऊर्जा की तुलना कीजिए ।

$$\text{A छड़ का आयतन} = \pi/4 \times (2)^2 \times 20 + \pi/4(1\cdot5)^2 \times 10$$
$$= \pi/4(80 + 22\cdot5)$$
$$= \pi/4 \times 102\cdot5 \text{ cm}^3$$

$$\text{B छड़ का आयतन} = \frac{\pi}{4} d^2 \times 30$$

$$\text{समीकरण में रखने पर} = \frac{\pi d^2}{4} \times 30 = \pi/4 \times 102\cdot5$$

या
$$d^2 = \frac{102\cdot5}{30}$$

या
$$d = \sqrt{\frac{102\cdot5}{30}} = 1\cdot85 \text{ cms}$$

यदि p, A छड़ के पतले भाग में स्वीकार्य प्रतिबल हो तो छड़ A के मोटे भाग में प्रतिबल

$$p = \frac{(1\cdot5)^2}{(2)^2} = \frac{2\cdot25}{4} p$$

$$\text{A छड़ की विकृति ऊर्जा}, U_A = \frac{p^2 \times \pi/4(1\cdot5)^2 \times 10}{2E} +$$

$$\frac{\left(\frac{2\cdot25}{4}\right)^2 p^2 \times \pi/4 \times 4 \times 20}{2E}$$

$$= \frac{22\cdot5}{8} \pi \ \frac{p^2}{E} + \frac{810}{256} \pi \ \frac{p^2}{E}$$

$$= \frac{\pi p^2}{E}(2\cdot8125 + 3\cdot1646)$$

$$= 5\cdot977 \ \pi \frac{p^2}{L}$$

$$\text{B छड़ की विकृति ऊर्जा}, U_B = \frac{p^2}{E} A \times L$$

$$= \frac{p^2}{2E} \times \frac{\pi}{4} \times (1\cdot85)^2 \times 30$$

$$= 12\cdot834 \ \frac{\pi p^2}{E}$$

$$\therefore \frac{\text{छड़ A की विकृति ऊर्जा}}{\text{छड़ B की विकृति ऊर्जा}} = \frac{5\cdot977 \dfrac{\pi p^2}{E}}{12\cdot834\pi \dfrac{p^2}{E}} = 0\cdot468$$

उदाहरण 7. एक ठोस स्टैपदार छड़ ABC ऊर्ध्वाधर है। इसका निचला सिरा C अबद्ध तथा ऊपरी सिरा A मुक्त है। मुक्त सिरे पर 5000N का क्षैतिज बल तथा 10000N का ऊर्ध्वाधर तनाव बल लगाया गया है। AB लम्बाई 1m तथा BC की लम्बाई 2m है, $E=2\times10^5$ N/mm², छड़ में संग्रहीत विकृति ऊर्जा ज्ञात करो।

(1) केवल बंकन में

(2) केवल अक्षीय तनाव में

AB भाग का व्यास 35 mm तथा B भाग का व्यास 50 mm है :

(1) बंकन के कारण ऊर्जा

$$\text{AB का जड़ता घूर्ण} = \frac{\pi}{64}(35)^4 = 73660 \text{ mm}^4$$

$$\text{BC का जड़ता घूर्ण} = \frac{\pi}{64}(50)^4 = 306800 \text{ mm}^4$$

A से x नीचे बंकन घूर्ण $= M = 5000x$ N-mm

$$\text{AB में संग्रहीत ऊर्जा } U_1 = \int_0^{1000} \frac{M^2}{2EI_1}\,dx$$

$$= \frac{1}{2\times2\times10^5\times73660}\int_0^{100}(5000\,x)^2\,dx$$

$$= \frac{(5000)^2}{4\times10^5\times73660}\times\frac{(1000)^3}{3}\text{N-mm}$$

$= 282800$ N-mm

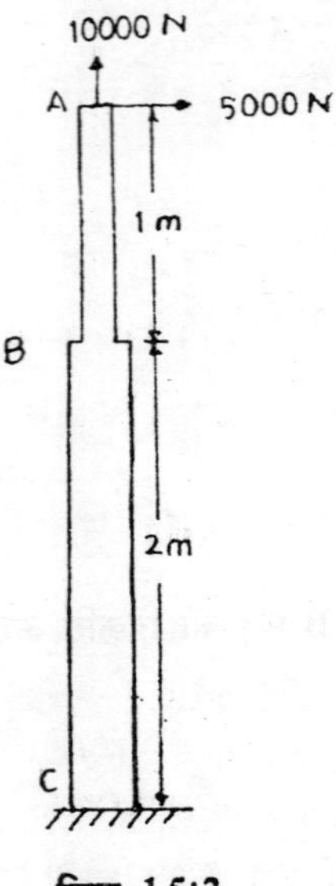

चित्र 15·3

BC में ऊर्जा

$$U_2 = \int_{1000}^{3000} \frac{M^2 dx}{2EI_2}$$

$$= \frac{1}{2 \times 2 \times 10^5 \times 306800} \int_{1000}^{3000} (5000\ x)^2 dx$$

$$= \frac{(5000)^2}{4 \times 10^5 \times 306800} \times \left[\frac{1}{3}\left\{(3000)^3 - (1000)^3\right\}\right]$$

$$= 1765500 \text{ N-mm}$$

अत: बंकन के कारण कुल ऊर्जा

$$U = U_1 + U_2$$

$$= 282800 + 1765500 = 2048300 \text{ N-mm}$$

तनाव के कारण ऊर्जा

AB का अनुप्रस्थ क्षेत्रफल $= \frac{\pi}{4}(35)^2 = 962{\cdot}1 \text{ mm}^2$

$$l_1 = 1000 \text{ mm}$$

$$\text{भार } p = 10000 \text{ N}$$

AB में बढ़ोत्तरी $\delta p_1 = \frac{p_1 l_1}{A_1 E} = \frac{10000 \times 1000}{962{\cdot}1 \times 2 \times 10^5} = 0{\cdot}05197$ mm

BC लम्बाई में बढ़ोत्तरी $\delta l_2 = \frac{10000 \times 2000}{1963{\cdot}5 \times 2 \times 10^5} = 0{\cdot}05093$ mm

कुल बढ़ोत्तरी $\delta l = 0{\cdot}05197 + 0{\cdot}05093 = 0{\cdot}1029$ mm

तनाव के कारण कुल ऊर्जा $U = \frac{1}{2}\, p\ \delta l$

$$= \frac{1}{2} \times 10000 \times 0{\cdot}1029$$

$$= 514{\cdot}5 \text{ N-mm}$$

उदाहरण 8. दो छड़ें A और B दोनों 25 cms लम्बी तथा एक ही धातु की बनी हुई हैं। B छड़ की ऊपरी 10 cms लम्बाई का व्यास 2 cms तथा अवशिष्ट 15 cms लम्बाई का 4 cms व्यास है। A छड़ की ऊपरी 15 cms लम्बाई का व्यास 2 cms और अवशिष्ट 10 cms 4 cms व्यास की है। यदि B पर लगाई गई अक्षीय चोट द्वारा 1000 kg/cm^2 का अधिकतम क्षणिक प्रतिबल उत्पन्न होता है तो (I) A

में उसी चोट द्वारा उत्पन्न अधिकतम क्षणिक प्रतिबल ज्ञात करो। (II) यदि प्रत्येक छड़ में प्रमाण प्रतिबल (Proof stress) तक की प्रतिबलें हों तो संग्रहीत ऊर्जा अनुपात (Ratio of energy stored) ज्ञात करो (III) समान प्रतिबल पर प्रत्येक छड़ की प्रति इकाई आयतन पर विकृति ऊर्जा की तुलना कीजिए।

(I) यदि B छड़ में 2 cms व्यास के भागों में p प्रतिबल हो तो 4 cms व्यास के भाग में प्रतिबल $= p \times \frac{4}{16} = \frac{p}{4}$

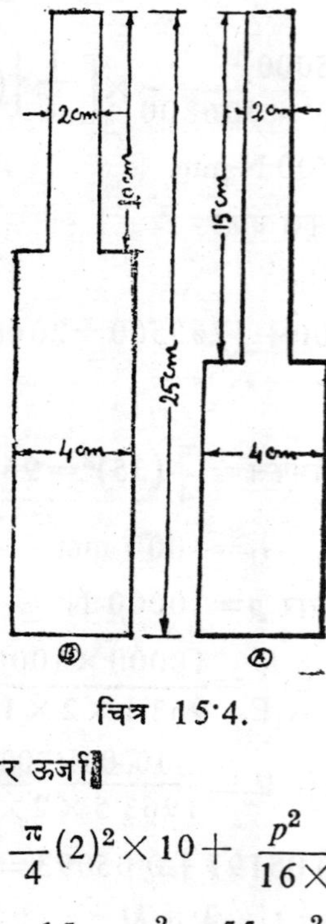

चित्र 15·4.

B में संग्रहीत बिकार ऊर्जा

$$U_B = \frac{p^2}{2E} \times \frac{\pi}{4}(2)^2 \times 10 + \frac{p^2}{16 \times 2E} \times \frac{\pi}{4} \times (4)^2 \times 15$$

$$= 5\pi \frac{p^2}{E} + \frac{15}{8} \times \frac{\pi p^2}{E} = \frac{55}{8} \frac{\pi p^2}{E}$$

परन्तु $p = 1000 \text{ kg/cm}^2$

$$\therefore U_B = \frac{55}{8} \times \frac{(1000)^2 \times \pi}{E} \qquad ...(1)$$

यदि A छड़ में 2 cms व्यास के भाग में 'p' प्रतिबल हो तो 4 cms व्यास वाले भाग में प्रतिबल $\frac{p'}{4}$ होगा।

$$U_A=\frac{p'^2}{2E}\times\frac{\pi}{4}(2)^2\times 15+\frac{p'^2}{16\times 2E}\times\frac{\pi}{4}(4)^2\times 10$$

$$=\frac{15}{2}\frac{\pi p'^2}{E}+\frac{5}{4}\frac{\pi p'^2}{E}$$

$$=\frac{35}{4}\frac{\pi p'^2}{E} \qquad \ldots(2)$$

जब दोनों छड़ों पर लगाई गई चोट समान है तो दोनों संग्रहीत ऊर्जा भी समान होगी $\therefore\ U_A=U_B$

अत: $$\frac{35\pi}{4}\times\frac{p'^2}{E}=\frac{55}{8}\times\frac{(1000)^2}{E}\times\pi$$

या $$p'=\sqrt{\frac{55\times(1000)^2\times 4}{8\times 35}}=886{\cdot}5\ \text{kg/cm}^2$$

(II) यदि दोनों छड़ों में प्रमाण प्रतिबल हों तो दोनों छड़ों में प्रतिबल भी समान होंगे ।

$$\therefore\quad U_A=\frac{55}{8}\frac{\pi p^2}{E}\text{kg-cm}$$

और $$U_B=\frac{35}{4}\frac{\pi p^2}{E}\text{kg-cm}$$

$$\therefore\quad \frac{U_B}{U_A}=\frac{35}{4}\times\frac{\pi p^2}{E}\times\frac{8}{55}\times\frac{E}{\pi p^2}=0{\cdot}786$$

(III) A छड़ का आयतन $=\pi/4\times(2)^2\times 15+\pi/4\times(4)^2\times 10$

$=\pi/4\{60+160\}=\pi/4\times 220=55\pi\ \text{cm}^3$

B छड़ का आयतन $=\pi/4\times(2)^2\times 10+\pi/4\times(4)^2\times 15$

$=\pi/4(40+240)=\pi/4\times 280=70\pi\ \text{cm}^3$

प्रति इकाई आयतन $U_B=\frac{55\pi}{8}\times\frac{p^2}{E}\times\frac{1}{70\pi}=\frac{11p^2}{112E}$

प्रति यूनिट आयतन $U_A=\frac{35}{4}\pi\times\frac{p^2}{E}\times\frac{1}{55\pi}=\frac{7}{44}\frac{p^2}{E}$

$$\frac{U_B}{U_A}=\frac{11}{112}\times\frac{44}{7}=0{\cdot}617$$

उदाहरण 9. एक पीतल की ट्यूब जिसका अन्दर का व्यास 2 cm और बाहरी व्यास 3 cm है में 2 cm व्यास की लोहे की छड़ जकड़ कर बन्द की हुई है । इस

तरह बनी संयुक्त छड़ पर एक टन का भार 0·3 cm ऊँचाई से एकदम लगाया जाता है। इस्पात और पीतल में उत्पन्न अधिकतम प्रतिबल ज्ञात करो। छड़ की लम्बाई 2·5 m है।

$$E_s = 2 \times 10^6 \text{ kg/cm}^2, \; E_b = 10^6 \text{ kg/cm}^2$$

हल—

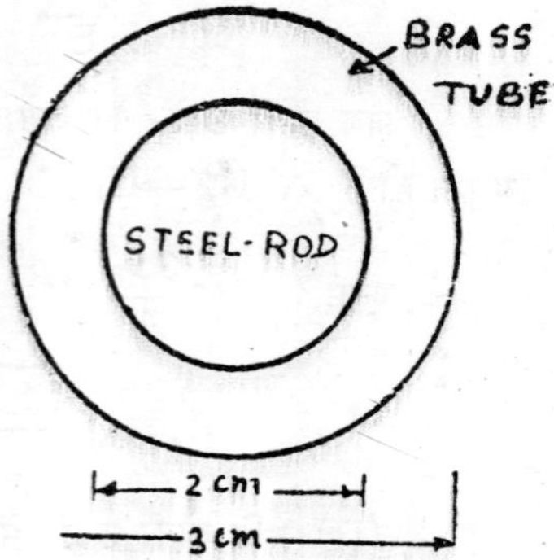

चित्र 15·5

लोहे की छड़ का अनुप्रस्थ काट क्षेत्रफल

$$= \frac{\pi}{4} \times (2)^2 = 3{\cdot}142 m^2$$

पीतल की ट्यूब का अनुप्रस्थ काट क्षेत्रफल

$$= \frac{\pi}{4} \left\{ (3)^2 - (2)^2 \right\}$$

$$= 3{\cdot}927 \text{ cm}^2$$

$$p = 1 \; t = 1000 \text{ kg}$$

क्योंकि दोनों अवयव आपस में दृढ़ता से सम्बद्ध हैं इसलिए दोनों में विकृति बराबर होती है।

$$\frac{p_s}{E_s} = \frac{p_b}{E_b}$$

$$p_s = \frac{2 \times 10^6}{1 \times 10^6} p_b = 2p_b$$

लोहे की छड़ द्वारा विकृति ऊर्जा $U_s = \frac{p_s^2}{2E_s} \times$ Volume of steel rod

$$= \frac{(2p_b)^3 \times 250}{2 \times 2 \times 10^6} \times 3{\cdot}142 = 0{\cdot}0007856 p_b^2$$

इसी तरह $U_b = \frac{p_b^2}{2E^5} \times$ Volume of Brass

$$= \frac{p_b^2 \times 250}{2 \times 1 \times 10^6} \times 3{\cdot}927 = 0{\cdot}0004909 p_b^2 \qquad \ldots(2)$$

गिरते भार द्वारा किया गया कार्य

$$= p(h + \delta l)$$

$$= 1000\left(0{\cdot}3 + \frac{p_b \times 250}{1 \times 10^6} \right) \left(\because \; \delta l = \frac{pl}{E} \right)$$

$$= 300 + 0{\cdot}25 \; p_b \qquad \ldots(3)$$

किया गया कार्य=लोहे तथा पीतल द्वारा संग्रहीत ऊर्जा

$$300+0\cdot25\ p_b=0\cdot0007856\ p_b^2+0\cdot0004909\ p_b^2$$

$$0\cdot0012765\ p_b^2-0\cdot25\ p_b=300$$

हल करने पर $p_b=593\ kg/cm^2$
$p_s=2p_b=2\times593=1186\ kg/cm^2$ उत्तर

उदाहरण 10. A और B दो छड़ों पर बराबर का तनाव बल धीरे-धीरे लगाया गया है। A छड़ का व्यास 6 cm है और पूरी लम्बाई पर इसका व्यास एक सार है। B छड़ का व्यास भी 6 cm है लेकिन मध्य एक-तिहाई का व्यास छड़ को रगड़कर 3 cm किया हुआ है। यदि दोनों छड़ें एक ही पदार्थ की बनी हैं तो दोनों द्वारा संग्रहीत ऊर्जा की तुलना करो।

(II) एक निश्चित तनाव प्रतिबल का मान न बढ़ने देते हुए दोनों छड़ों द्वारा संग्रहीत (absorb) ऊर्जा की भी तुलना करें। ध्यान रहे छड़ें प्रत्यास्थता सीमा के भीतर ही प्रतिबलित हैं।

हल—मान लो प्रत्येक छड़ पर P बल लगाया जाता है।

$$\text{A छड़ में प्रतिबल}=\frac{P}{\frac{\pi}{4}(6)^2}=\frac{P}{9\pi}$$

$$\text{A छड़ में विकृति ऊर्जा } U_1=\left(\frac{P}{9\pi}\right)^2\times\frac{1}{2E}\times\frac{\pi}{4}\times6^2\times L$$

$$=\frac{P^2L}{18\pi E} \qquad \ldots(1)$$

B छड़ के लिए

छड़ के सिरों वाले भागों का व्यास A छड़ जितना ही है इसलिए B छड़ के इन भागों द्वारा संग्रहीत ऊर्जा समीकरण (1) में L की जगह $\frac{2}{3}$ L मान रखने से ज्ञात हो जाती है।

$$\text{अतः सिरे वाले भागों में ऊर्जा}=\frac{p^2\times\left(\frac{2}{3}\right)\times L}{18\pi E}=\frac{p^2L}{27\pi E}$$

$$\text{B छड़ के मध्य भाग में प्रतिबल}=\frac{P}{\frac{\pi}{4}(3)^2}=\frac{4P}{9\pi}$$

B छड़ के मध्य भाग द्वारा संग्रहीत ऊर्जा

$$=\left(\frac{4P}{9\pi}\right)^2 \times \frac{1}{2E} \times \frac{\pi}{4}(3)^2 \times \frac{L}{3} = \frac{2P^2L}{27\pi E}$$

B छड़ द्वारा संग्रहीत कुल ऊर्जा

$$U_2 = \frac{P^2L}{27\pi E} + \frac{2P^2L}{27\pi E} = \frac{P^2L}{9\pi E} \quad \ldots(2)$$

$$\frac{U_1}{U_2} = \frac{P^2L}{18\pi E} \times \frac{9\pi E}{P^2L} = \frac{1}{2} \text{ (उत्तर)}$$

मानलो अधिकतम अनुमत प्रतिबल p है

A छड़ में ऊर्जा $U_1 = \frac{p^2}{2E} \times \frac{\pi}{4} \times (6)^2 \times L = \frac{9\pi Lp^2}{2}$

B छड़ में अधिकतम प्रतिबल p मध्य भाग में उत्पन्न होता है। छड़ के सिरे वाले भाग में उत्पन्न प्रतिबल $\frac{p}{4}$ होगा।

B छड़ द्वारा संग्रहीत ऊर्जा U_2 = मध्य भाग में विकृति ऊर्जा + सिरे वाले भागों में विकृति ऊर्जा

$$= \frac{p^2}{2E} \times \frac{\pi}{4}(3)^2 \times \frac{L}{3} + \left(\frac{p}{4}\right)^2 \times \frac{1}{2E} \times \frac{\pi}{4} \times (6)^2 \times \frac{2}{3} L$$

$$= \frac{9\pi Lp^2}{16E}$$

$$\frac{U_1}{U_2} = \frac{9\pi Lp^2}{2E} \times \frac{16E}{9\pi Lp^2} = 8 \text{ (उत्तर)}$$

उदाहरण 11. एक 1000 mm^2 अनुप्रस्थ काट की ऊर्ध्वाधर इस्पात की छड़ 4000N भार के गिरने से उत्पन्न संघटन (Impact) को सोखती है। छड़ से टक्कर लगने से पूर्व 10mm की ऊँचाई से भार गिरता है। संघटन को सोखने वाली वह छोटी से छोटी लम्बाई ज्ञात करो, जिससे अधिकतम स्वीकार्य प्रतिबल 100 N/mm^2 से अधिक न हो। $E = 2 \times 10^5$ N/mm^2

हल—$W(h + \delta L) = \frac{p^2}{2E} AL$

या $W\left(h + \frac{pL}{2E}\right) = \frac{p^2}{2E} AL$

या $4000\left(10 + \frac{100 \times L}{2 \times 10^5}\right) = \frac{100 \times 100 \times 1000 \times L}{2 \times 2 \times 10^5}$

या $4000+0{\cdot}2L=2{\cdot}5L$

या $2{\cdot}3L=4000$

या $L=\frac{4000}{2{\cdot}3}=1739{\cdot}1$ cms

15·7. **अपरूपण विकार ऊर्जा** (Shear Resilience)

यदि बाह्य बल द्वारा उत्पन्न अपरूपण प्रतिबल q हो तो प्रत्यास्थता सीमा में संग्रहीत ऊर्जा अपरूपण विकार ऊर्जा कहलाती है और इसका मान $\frac{q^2}{2N}\times$ आयतन के बराबर होता है जबकि N अपरूपण मापांक (Shear Modules) या दृढ़ता मापांक (Modulus of Rigidity) है।

यदि किसी ब्लाक (block) की लम्बाई, चौड़ाई और ऊँचाई क्रमशः l, b और h हो DC धरातल पर पड़ने वाला प्रतिबल (चित्र 1·3 देखिए) $P=q\times b\times l$

यदि भार क्रमिक हो तो किया गया श्रम $=\frac{1}{2}P\times DD'$ या CC'

$=\frac{1}{2}P\times A\times D\phi=\frac{1}{2}q\times b\times l\times AD\times\phi$

$=\frac{1}{2}q\phi\times b\times AD\times l=\frac{1}{2}q\phi\times b\times h\times l$

$=\frac{1}{2}$ प्रतिबल $\times$ विकृति $\times$ ब्लाक का आयतन

'ϕ' के स्थान पर $\frac{q}{N}$ रखने पर,

अपरूपण विकार ऊर्जा $=\frac{q^2}{2N}\times$ आयतन

15·8. **धरनों में अपरूपण विकृति ऊर्जा** (Strain energy due to shear in Beam)

धरन के एक आलम्ब से x दूरी पर δx लम्बी धरन की एक पट्टी लो। आलम्ब से x दूरी पर धरन के खण्ड पर N.A. से y दूरी पर अपरूपण प्रतिबल (q)

$$q=\frac{F}{Ib}\int_{yt}^{y_c}\delta_a y \text{ होता है।}$$

$$\therefore \quad q=\frac{F}{Ib}\int_{y_t}^{y_C}\delta_a y$$

δy मोटी और δx लम्बी तथा b चौड़ी पट्टी का आयतन

$$\delta v=8x\times b\times\delta y$$

इस छोटी सी पट्टी में इकट्ठी हुई विकृति ऊर्जा

$$=\frac{q^2}{2N}\delta V$$

$$=\frac{q^2}{2N}\delta x\times b\times\delta y$$

$\therefore$ δx लम्बे, धरन के इस खण्ड द्वारा इकट्ठी की हुई विकृति

$$=\int_{y_t}^{y_C}\frac{q^2}{2N}b\times\delta x\times\delta y$$

पूर्ण धरन लम्बाई में इकट्ठी कुल विकृति ऊर्जा

$$=\int_0^L\int_{yt}^{x}\frac{q^2}{2N}\times b\times d_Y\times dx \qquad \cdots(1)$$

उदाहरण 12. एक शुद्धालम्ब धरन का पाट L, तथा खंड चौड़ाई b और d गहरा है। धरन के मध्य पाट पर W अधिकेन्द्रित भार कार्य कर रहा है। अपरूपण के कारण संचित विकृति ऊर्जा का मान ज्ञात करो।

हल :—

$$F=\frac{W}{2}; \quad I_{XX}=\frac{bd^3}{12}$$

$$q=\frac{F}{2I}\left(\frac{d^2}{4}-y^2\right)=\frac{3W}{bd^3}\left(\frac{d^2}{4}-y^2\right)$$

$$q^2=\frac{9W^2}{b^2d^6}\left(\frac{d^4}{16}-\frac{d^2y^2}{2}+y^4\right)$$

15·8 की समीकरण (1) में मान रखने पर

$$U=2\int_0^{L/2}\int_{-d/2}^{+d/2}\frac{b}{2Na^6}\frac{9W^2}{b^2}\left(\frac{d^4}{16}-\frac{d^2y^2}{2}+y^4\right)d_Y$$

$$=\frac{9W^2}{Nbd^6}\int_0^{L/2}\left[\frac{d^4y}{16}-\frac{d^2y^3}{6}+\frac{y^5}{5}\right]_{-d/2}^{d/2}b_X$$

$$=\frac{9W^2}{Nbd^6}\int_0^{L/2}\left\{\frac{d^4}{16}d-\frac{d^2}{6}\frac{d^3}{4}+\frac{d^5}{5\times 16}\right\}dx$$

$$=\frac{9W^2}{Nbd^6}\frac{d^5}{30}\int_0^{L/2}dx.$$

$$=\frac{9W^2}{30Nbd}\times\frac{L}{2}=\frac{3\,W^2L}{20\,Nbd}$$

10·9. **मुख्य प्रतिबलों के पदों में विकृति ऊर्जा** (Strain Energy in Terms of Principal Stresses)

यदि p_1 और p_2 विकृत धातु में किसी बिन्दु पर मुख्य प्रतिबल हों तो मुख्य विकृतियां निम्न होती हैं :

$$e_1=\frac{p_1}{E}-\frac{p_2}{mE} \text{ और } e_2=\frac{p_2}{E}-\frac{p_1}{mE}$$

प्रति यूनिट आयतन पर विकृति ऊर्जा $=\frac{1}{2}p_1e_1+\frac{1}{2}p_2e_2$

$$=\frac{1}{2E}\left(p_1^2+p_2^2-\frac{2p_1p_2}{m}\right) \quad \cdots(1)$$

उपरोक्त समीकरण में यह ध्यान रखिए कि p_1 तथा p_2 प्रतिबल एक ही किस्म के हैं। अतः p_1 और p_2 का मान,

$$p_1=\frac{p+p'}{2}+\sqrt{\frac{(p-p')^2}{2}+q^2} \text{ और}$$

$$p_2=\frac{p+p'}{2}-\sqrt{\frac{(p-p')^2}{2}+q^2}$$

इनको उपरोक्त समीकरण (1) में रखने पर, संयुक्त प्रतिबलों के लिए प्रति यूनिट आयतन पर विकृति ऊर्जा, प्राप्त होगी।

$$\frac{p^2}{2E}+\frac{p'^2}{2E}-\frac{pp'}{mE}+\frac{q^2}{E}\left(1+\frac{1}{m}\right) \quad \cdots(2)$$

परन्तु $\quad \frac{1}{E}\left(1+\frac{1}{m}\right)=\frac{1}{2N}$

$\therefore$ समीकरण (2) में $\frac{1}{E}\left(1+\frac{1}{m}\right)$ का मान रखने पर

$$\frac{p^2}{2E}+\frac{p'^2}{2E}-\frac{pp'}{mE}+\frac{q^2}{2N}$$

इसी प्रकार विकृति धातु के किसी बिन्दु पर यदि तीन मुख्य प्रतिबल p_1, p_2 और p_3 हों तो प्रति यूनिट आयतन विकृति ऊर्जा ।

$$=\frac{1}{2E}\left(p_1^2+p_2^2+p_3^2-\frac{2p_1p_2+2p_2p_3+2p_3p_1}{m}\right) \text{ होती है ।}$$

जबकि p_1, p_2 और p_3 एक ही प्रवृत्ति के प्रतिबल हैं ।

अध्याय 15

प्रश्नावली

1. एक छड़ 100 cms लम्बी तथा इसका अनुप्रस्थ काट क्षत्रफल 5 cm^2 है । यदि 2t कमिक भार लगाया जाय तो किया गया कार्य (Workdone) ज्ञात कीजिए । यदि छड़ की धातु की प्रत्यास्थता सीमा (Elastic limit) 1t/cm^2 और E = 2000 t/cm^2 हो तो कुल विकृति ऊर्जा (Strain energy), प्रति इकाई आयतन विकृत ऊर्जा और प्रमाण-विकार ऊर्जा (proof resiliene) ज्ञात कीजिए ।

   (उत्तर 20 kg-cms, 0·04 kg-cms, 1·0 kg-cm/cm^2)

2. 2m लम्बी और 40mm व्यास की छड़ में विकृति ऊर्जा (Strain energy) ज्ञात कीजिए जबकि इस पर 200 KN का तनाव भार कार्य करता हो । E = 2×10^5 N/mm^2 हो तो छड़ की धातु की विकार ऊर्जा मापांक (Modulus of ence) क्या होगा ?

   (उत्तर 396·8 N/mm^2, 0·1575 kg-cm/cm^2)

3. 100KN भार वहन करने वाली 5m लम्बी तथा 10mm भुजा की वर्गाकार छड़ की कुल प्रत्यास्थता ऊर्जा (Total elastic energy) ज्ञात करो । E का मान 2×10^5 N/mm^2 तथा भार क्रमिक है । (उत्तर 1250000 m-mm)

4. प्रत्येक 1 Sq. cm अनुप्रस्थ काट क्षेत्रफल के दो तार के रस्सों से 2 t का भार लटकाया जाता है । भार 5·4 km/hour की गति से नीचे की ओर चलता है । यदि ऊपरी सिरे से 60 m की दूरी पर भार होने पर ऊपर का सिरा अचानक कस जाता है तो रस्से में उत्पन्न प्रतिबल ज्ञात कीजिए । E = 1×10^6 kg/cm^2 (उत्तर 2955 kg/cm^2)

5. 5 m लम्बी और 30 mm व्यास की ऊर्ध्वाधर छड़ के निचले सिरे पर बंधे छल्ले पर 10mm की ऊँचाई से W भार गिरता है । यदि इस भार से विस्तार 5 mm है तो W का मान तथा उत्पन्न क्षणिक प्रतिबल ज्ञात कीजिए ।

   (उत्तर 23500 N, 200 N/mm^2)

6. L लम्बाई और A अनुप्रस्थकाट क्षेत्रफल की छड़ के एक तरफ लगे छल्ले पर h ऊँचाई से W भार गिरता है । यदि h की तुलन में अधिकतम विस्तार उपेक्षणीय हो तो छड़ में उत्पन्न अधिकतम प्रतिबल के लिए समीकरण (expression) ज्ञात कीजिए ।

   2·5 mm लम्बी तथा 50 mm व्यास की एक लोहे छड़ 10×10^4 N-mm की आघात ऊर्जा (shock energy) संचारित करती है । यदि $E = 2 \times 10^5$ N/mm^2 हो तो अधिकतम क्षणिक प्रतिबल और उत्पन्न दीर्घीकरण ज्ञात कीजिए । **(उत्तर** 90·3 N/mm^2, 1·13 mm)

7. दो छड़ें ऊर्ध्वाधर (vertically) लटकी हुई हैं और इनके निचले सिरों पर समान भार पड़ता है । दोनों छड़ें एक ही धातु की समान लम्बाई की हैं । एक छड़ का व्यास एक सार है जबकि दूसरी की 2/3 लम्बाई तक $\frac{d}{2}$ व्यास तथा अवशिष्ट के लिए d व्यास है । तुलना कीजिए—

   (*i*) प्रत्येक छड़ द्वारा संग्रहीत विकृति ऊर्जा

   (*ii*) यदि अधिकतम प्रक्बिल दोनों में समान हो तो छड़ों द्वारा सोखी जाने वाली विकृति ऊर्जा की मात्रा **(उत्तर** I $\frac{1}{2}$, II 8)

8. एक कोयले का ठेला 5·4 km/hour के वेग से एक खान में ऊपर की तरफ चल रहा है। इसका कुल भार 5KN है । जब ठेला तार लपेटे सिरे से 100m की दूरी पर है तो ठेला अचानक रुक जाता है । अधिकतम उत्पन्न क्षणिक दीर्घीकरण और संग्रहीत ऊर्जा ज्ञात कीजिए, जबकि रस्से का अनुस्थ काट क्षेत्रफल 1000 mm^2 है । $g = 9{\cdot}81$ m/sec^2 और $E = 2 \times 10^6$ N/mm^2 है । **(उत्तर** 5733000 N-mm, 55·75 mm)

9. सिद्ध कीजिए कि स्वतन्त्रतापूर्वक लटकी हुई ठोस छड़ द्वारा संग्रहीत विकृति ऊर्जा $\frac{W^2 \times AL^3}{6E}$ है जबकि छड़ की लम्बाई L, अनुप्रस्थ काट क्षेत्रफल A उत्कर्षण बल (Garvity force) g और E धातु का प्रत्यास्थता मापांक (Modulus of elasticity) तथा W प्रति यूनिट आयतन भार है ।

10. जब अपरूपण प्रतिबल 200 N/mm^2 है तो धातु के बिन्दु पर प्रति यूनिट आयतन विकृति ऊर्जा ज्ञात कीजिए $N = 1 \times 10^5$ N/mm^2 ।
    (उत्तर 2 N-mm/mm^2)

11. A और B छड़ें प्रत्येक 30 cm लम्बी है । A छड़ का ऊपरी भाग 2 cm व्यास मे तथा 10 cm लम्बा है जबकि निचला 20 cm भाग व्यास में 4

cm है। B छड़ का ऊपरी 20 cm लम्बाई का व्यास 2 cm तथा निचली 10 cm लम्बाई का व्यास 4 cm है।

A छड़ पर इतनी चोट दी जाती है कि इसमें अधिकतम प्रतिबल 2 t/cm^2 उत्पन्न हो जाता है। इसी चोट के कारण B छड़ में उत्पन्न अधिकतम प्रतिबल ज्ञात करो।

यदि B छड़ पर इतनी चोट दी जाती है कि इसमें उत्पन्न अधिकतम प्रतिबल भी 2 t/cm^2 हो जाता है तो A और B द्वारा संग्रहीत ऊर्जा का अनुपात ज्ञात करो।

(उत्तर I. B छड़ में उत्पन्न अधिकतम प्रतिबल $= 1633\ kg/cm^2$

II. A और B छड़ों द्वारा संग्रहीत ऊर्जा का अनुपात $\frac{U_A}{U_B} = \frac{2}{3}$ या किसी प्रतिबल पर B छड़ A छड़ से 50% अधिक विकृति ऊर्जा संग्रहीत करती है।)

16

पतले बेलनाकार और गोलाकार खोल

[THIN CYLINDRICAL AND SPHERICAL SHELLS]

16·1. **पतला खोल** (Thin Shells)—किसी खोल की दीवार की मोटाई इसके व्यास के अनुपात में जब बहुत कम होती है तो यह **पतला खोल** कहलाता है। प्रायः खोल की दीवार की मोटाई तथा व्यास का अनुपात $\frac{1}{10}$ से $\frac{1}{15}$ के बीच रहता है। पतले खोल में, यह माना जाता है कि अभिलम्ब प्रतिवल (Normal stresses) दीवार की पूर्ण मोटाई में एक सार रहता है।

मोटे खोल (Thick Shells)—यदि किसी खोल की दीवार की मोटाई व्यास के अनुपात में अधिक हो तो ये **मोटे खोल** कहलाते हैं। मोटे खोल में, अभिलम्ब प्रतिबल का वितरण एक सार नहीं होता। अभिलम्ब प्रतिबल आन्तरिक धरातल (Internal Surface) पर सबसे अधिक होता है तथा खोल के बाहरी धरातल पर न्यूनतम होता है तथा यह परिवर्तन पैराबोलिक (Parabolic) होता है।

16·2. **अनुदैर्ध्य एवं परिधीय प्रतिबल** (Longitudinal and Hoop or Circumferential Stress)

बन्द सिरों का बेजोड़ पतला बेलनाकार खोल (Seamless Thin Cylindrical Shell) मानिए। यदि इस पर आन्तरिक बल 'P' पड़ता है तो खोल निम्न प्रकार विफल होता है :

(1) बेलन-अक्ष (Axis of Cylinder) के अधीन गोल सिरों पर कुल दबाव के खिचाव के कारण।

(2) बेलन-अक्ष के लम्ब स्फोट (Bursting) के कारण, दूसरे शब्दों में, बेलन की परिधि के फटने के कारण।

स्थिति (1) में उत्पन्न प्रतिबल, जिसमें बेलन की दीवारों में खिचाव आता है, अनुदैर्ध्य प्रतिबल (Longitudinal Stress) कहलाता है और स्थिति (2) में उत्पन्न प्रतिबल, जिसमें बेलन की अक्ष के समानान्तर विस्फोट होता है परिधि या चक्र प्रतिबल कहलाता है। अनुदैर्ध्य प्रतिबल p_0 द्वारा तथा परिधि प्रतिबल p_C द्वारा अंकित किया गया है।

16·3. **पतले गोलाकार खोल** (Thin Spherical Shell)

d व्यास तथा t मोटाई के गोलाकार खोल पर 'p' आन्तरिक दबाव प्रतिबल कार्य करता है। संतुलन (Equilibrium) के लिए अर्द्ध गोलाकार खंड मानिए।

विस्फोट बल (Bursting Force) $P = p \times$ प्रक्षिप्त क्षेत्रफल

$$= p \times \frac{\pi}{4} d^2$$

यदि धातु में उत्पन्न प्रतिबल p_o है तो प्रतिरोधी बल (Resisting force)

$$= p_o \times \text{धातु का अनुप्रस्थकाट क्षेत्रफल}$$
$$= p_o \times \pi d \times t$$

समीकरणानुबद्ध करने पर,

$$p_o \times \pi \times d \times t = p \times \frac{\pi}{4} d^2$$

अथवा $$p_o = \frac{pd}{4t}$$

यदि जोड़ रहित खोल के बजाय η दक्षता का रिवेट जोड़ हो तो रिवेट सूराख में से गुजरने वाले खंड की गोलाकार दीवार में प्रतिबल $p_o = \dfrac{pd}{4\eta t}$

पूर्वानुसार विस्फोट बल $= p \times \dfrac{\pi}{4} d^2$ और यदि p_o खंड के आधीन प्रतिबल हो तो प्रतिरोधी बल $= p_o \times \pi \times d \times t$

समीकरण में रखने पर,

$$p_o = \frac{pd}{4t}$$

गोलाकार धातु में किसी बिन्दु पर, तीनों मुख्य प्रतिबल निम्न हैं :

I. $p_o = \dfrac{pd}{4t}$ (तनाव)

II. $p_C = \dfrac{pd}{4t}$ (तनाव)

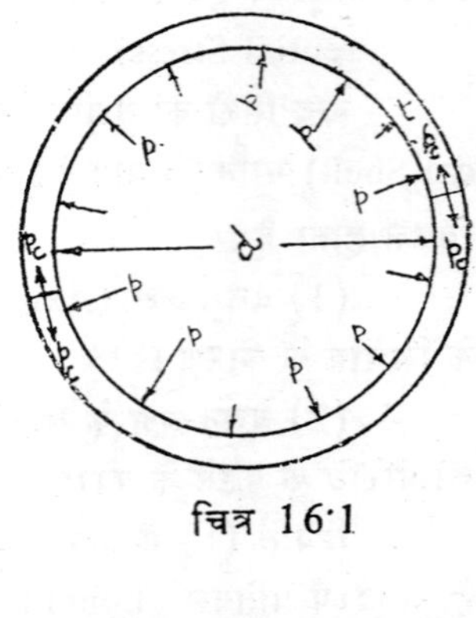

चित्र 16·1

III. आन्तरिक प्रतिबल p

p_o और p_C की अपेक्षा आन्तरिक दबाव बहुत कम होता है, अतः प्रायः उपेक्षणीय होता है। अब केवल दो प्रतिबल p_o तथा p_C रहते हैं, जो दोनों ही समान तथा एक ही प्रवृत्ति के हैं। चूंकि दोनों मुख्य प्रतिबल हैं अतः किसी भी स्थान पर अपरूपण प्रतिबल (Shear Stress) नहीं होता है और प्रत्येक मुख्य समतल पर $\dfrac{pd}{4t}$ के बराबर प्रत्यक्ष प्रतिबल होता है।

किसी भी दिशा में विकृति (Strain)

$$e=\left(\frac{p_C}{E}-\frac{p_o}{mE}\right), \text{ परन्तु } p_o=p_C$$

$$\therefore \qquad e=\frac{p_o}{E}\left(1-\frac{1}{m}\right)=\frac{pd}{4tE}\left(1-\frac{1}{m}\right)$$

अत: गोले के व्यास में परिवर्तन,

$$\frac{\delta d}{d}=e=\frac{pd}{4tE}\left(1-\frac{1}{m}\right)$$

यदि गोले का आयतन V हो तो

$$V=\frac{4}{3}\times\pi R^3, \text{ लेकिन } R=\frac{d}{2}$$

$$V=\frac{4}{3}\times\frac{\pi d^3}{8}=\frac{\pi d^3}{6}$$

अवकलन करने पर (Differentiating)

$$\delta V=\frac{3\pi d^2\times\delta d}{6}$$

$$\frac{\delta V}{V}=\frac{3\pi d^2\times\delta d}{6}\times\frac{6}{\pi d^3}=\frac{3\delta d}{d}=3e=\frac{3pd}{4tE}\left(1-\frac{1}{m}\right)$$

अरीय प्रतिबल (Radial pressure) p के विचारने पर,

$$e=\frac{pxd}{4tE}\left(1-\frac{1}{m}\right)+\frac{p}{mE}$$

$$\text{और, } \frac{\delta V}{V}=3e=\frac{3pd}{4tE}\left(1-\frac{1}{m}\right)+\frac{3p}{mE}$$

16·4. पतले जोड़ रहित बेलनाकार खोल (Thin Seamless cylindrical shell) :

पहले बेलनाकार खोल का व्यास 'd' तथा मोटाई 't' मानिए। यदि बेलन पर 'p' आन्तरिक दबाव है तो अनुदैर्ध्य प्रतिबल p_o तथा परिधि प्रतिबल p_C निम्न प्रकार मालूम किए जा सकते हैं।

अनुदैर्ध्य प्रतिबल (Longitudinal stress)—चित्र 16·2 में दिखाए अनुसार बेलन को A और B दो भागों में विभक्त करते हुए बेलन के अक्ष के लम्ब पर XX खंड मानिए। जैसा कि अनुदैर्ध्य प्रतिबल की परिभाषा में समझाया गया है, आन्तरिक दबाव 'p' के कारण बेलन के सिरों पर बल अनुदैर्ध्य प्रतिबल पैदा होता

है अतः आन्तरिक दबाव के कारण खंड XX पर कुल खिचाव बल $P=\frac{\pi}{4}d^2\times p$ हो जाता है।

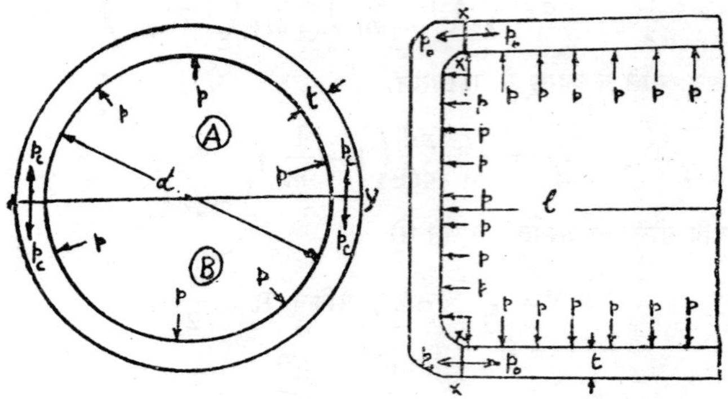

चित्र 16·2

XX खंड के अधीन प्रतिरोधी बल $=\pi\times dt\times p_o$ जबकि p_o उत्पन्न अनुदैर्ध्य प्रतिबल है।

समीकरणानुबद्ध करने पर,

$$\frac{\pi}{4}\times d^2\times p=\pi d\times t\times p_o$$

$$\therefore \quad p_o=\frac{pd}{4t}\text{(तनाव)} \quad \cdots(1)$$

यदि XX काट के बजाय किसी अन्य बिन्दु पर बेलन की अक्ष के लम्ब काट लिया जाता है तो प्रत्येक खंड पर $\frac{pd}{4t}$ के बराबर अनुदैर्ध्य प्रतिबल उत्पन्न होता है, तथा प्रतिबल की दिशा बेलन अक्ष के समानान्तर होती है।

II. **परिधीय प्रतिबल** p_c (Circumferential stress)

बेलन की अक्ष के समानान्तर YY खंड लीजिए और चित्र 16·2 में दिखाए अनुसार A और B भागों के संतुलन पर विचार करिए।

कुल विस्फोट बल = आन्तरिक दबाव × प्रक्षिप्त क्षेत्रफल

$=p\times d\times l$, जबकि 'l' बेलन की लम्बाई है।

अवकलन द्वारा यह सिद्ध किया जा सकता है कि कुल विस्फोट बल प्रक्षिप्त क्षेत्रफल तथा आन्तरिक दबाव के गुणनफल के बराबर होता है।

एक बेलन की दीवार द्वारा लगाया गया प्रतिरोधी बल $=p_C\times t\times l$ है; परन्तु वास्तव में विस्फोट बल के विरुद्ध दो दीवारें प्रतिरोध में हैं।

अतः कुल प्रतिरोधी बल $= 2 \times p_c \times t \times l$

विस्फोट बल तथा प्रतिरोधी बल बराबर करने पर,

$$2 \times t \times l \times p_c = pdl$$

अथवा $$p_c = \frac{pd}{2t} \quad \cdots(2)$$

उपरोक्त समीकरण (1) तथा (2) की तुलना करने पर यह विदित होता है कि परिधीय प्रतिबल अनुदैर्ध्य प्रतिबल से दुगना होता है। अतः पतले बेलनों के अभिकल्पन हेतु नियन्त्रण प्रतिबल हमेशा परिधी प्रतिबल को ही माना जाता है। इससे यह भी जाहिर होता है कि बायलर (Boiler), गैस सिलिंडर अनुदैर्ध्य रेखा के अधीन विफल होते हैं या परिधीय के अधीन फटते हैं।

यदि बेजोड़ बेलनाकार खोल के बजाय, η दक्षता के रिवेट जोड़ या ढलाई जोड़ (welding Joint) हों तो परिधीय प्रतिबल $p_c = \frac{pd}{2\eta t}$ तथा अनुदैर्ध्य प्रतिबल $p = \frac{pd}{4\eta t}$ हो जाता है।

धातु में किसी भी बिन्दु पर, बेलन पर अनुदैर्ध्य प्रतिबल $p_o = \frac{pd}{4t}$ और परिधीय प्रतिबल $p_c = \frac{pd}{2t}$ है जो दोनों तनाव प्रतिबल हैं कार्य करते हैं। चूंकि दोनों प्रतिबल पूर्णतया अभिलम्ब (Normal) हैं अतः आन्तरिक दबाव p भी अभिलम्ब होता है। p_o और p_c की तुलना में p काफी कम होने के कारण उपेक्षणीय है।

16·5. अपरूपण प्रतिबल की अधिकतम तीव्रता (Maximum intensity of Shear Stress)

$$= \frac{p_c - p_o}{2}$$

$$= \frac{1}{2}\left(\frac{pd}{2t} - \frac{pd}{4t}\right) = \frac{1}{2} \times \frac{pd}{4t} = \frac{pd}{8t}$$

यह अपरूपण प्रतिबल मुख्य समतलों के साथ 45° पर झुका होता है। अपरूपण प्रतिबल के समतलों में प्रायः 90° झुकाव होता है।

यदि $e_c =$ परिधीय विकृति (Circumferential Strain)

$e_o =$ अनुदैर्ध्य विकृति (Longitudinal Strain)

अतः 'p' के प्रभाव की उपेक्षा करने के बाद

$$ec = \frac{p_c}{E} - \frac{p_o}{mE} = \frac{p_c}{E} - \frac{p_c}{2mE} \quad \text{चूंकि} \quad \frac{p_c}{2} = p_o$$

$$=\left(1+\frac{1}{2m}\right)=\frac{pd}{2tE}\left(1-\frac{1}{2m}\right) \quad \cdots(3)$$

और $$e_o=\frac{p_o}{E}-\frac{p_c}{mE}=\frac{p_c}{2E}-\frac{p_c}{mE}$$

$$=\frac{p_c}{E}\left(\frac{1}{2}-\frac{1}{m}\right)=\frac{pd}{2tE}\left(\frac{1}{2}-\frac{1}{m}\right) \quad \cdots(4)$$

अतः उपरोक्त समीकरण द्वारा बेलन में प्रत्येक दिशा का परिवर्तन ज्ञात किया जा सकता है।

$$\text{परिधी विकृति}=\frac{\text{परिधी में परिवर्तन}}{\text{मूल परिधी}}$$

$$=\frac{\pi\delta d}{\pi d}=\frac{\delta d}{d}=e_o$$

इसी प्रकार, $e_c=\frac{\delta l}{l}$

आयतन—विकृति के लिए, $V=\frac{\pi}{4}d^2l$

$$\delta V=\frac{\pi}{4}d^2\delta l+2\times\frac{\pi}{4}d\times l\times\delta d$$

$$\therefore \quad \frac{\delta V}{V}=\frac{\delta l}{l}+2\frac{\delta d}{d}$$

यदि आयतन $\frac{\delta V}{V}$ विकृति को e_V द्वारा अंकित करें तो

$$e_V=e_o+2e_c$$

$$=\frac{pd}{2tE}\left(\frac{1}{2}-\frac{1}{m}\right)+2\times\frac{pd}{2tE}\left(1-\frac{1}{2m}\right)$$

$$=\frac{pd}{2tE}\left(\frac{5}{2}-\frac{2}{m}\right) \quad \cdots(5)$$

इसी प्रकार यदि 'p' आन्तरिक दबाव के कारण तीसरा मुख्य समतल भी लिया जाता है तो समीकरण (3), (4) और (5) का नया रूप निम्नानुसार हो जाता है :

$$e_C=\frac{pd}{2tE}\left(1+\frac{1}{2m}\right)+\frac{p}{mE} \quad (p \text{ संपीडित में होने के कारण})$$

और $e_0 = \frac{pd}{2tE}\left(\frac{1}{2}-\frac{1}{m}\right)+\frac{p}{mE}$

$$e_V = \frac{pd}{2tE}\left(\frac{5}{2}-\frac{2}{m}\right)+\frac{3p}{mE}$$

16·6. पतले बेलनों का अभिकल्प (Design of thin cylinders)

यदि धातु के लिए p_a स्वीकार्य तनाव प्रतिबल हो तो दीर्घ मुख्य प्रतिबल p_C, p_a से अधिक नहीं होगा।

$$\therefore \quad \frac{pd}{2t} \ngtr p_a$$

यदि स्वीकार्य प्रतिबल p_a के लिए बेलन की मोटाई t ज्ञात करनी हो तो निम्न सूत्र काम में लिया जाना चाहिए :

$$t \ngtr \frac{pd}{2p_a}$$

16·7. बाहरी लपेटन द्वारा प्रबलित पतले बेलन (Thin cylinders reinforced by external winding)

पहले अनुच्छेद में ज्ञात कर चुके हैं कि बेलन की मोटाई आन्तरिक दबाव पर निर्भर करती है। यदि दबाव अधिक हो तो उपयोग में लाए गए धातु के बेलन की मोटाई अधिक अपनानी होती है। मोटी दीवारों के खोल का उपयोग हटाने के लिए, खोल के बाहर की ओर लपेटन की जाती है जिससे पतला खोल अधिक आन्तरिक दबाव सहन कर सकता है। बाह्य लपेटन गोल या आयताकार पतले तार द्वारा की जाती है। तार जो कि तनाव में होता है, खोल के चारों तरफ पास-पास पर लपेटा जाता है, जिससे पाइप में संपीडित प्रतिबल उत्पन्न हो जाता है। यह संपीडन पाईप के अनुदैर्ध्य अनुप्रस्थ काट द्वारा प्रतिरोधित होता है।

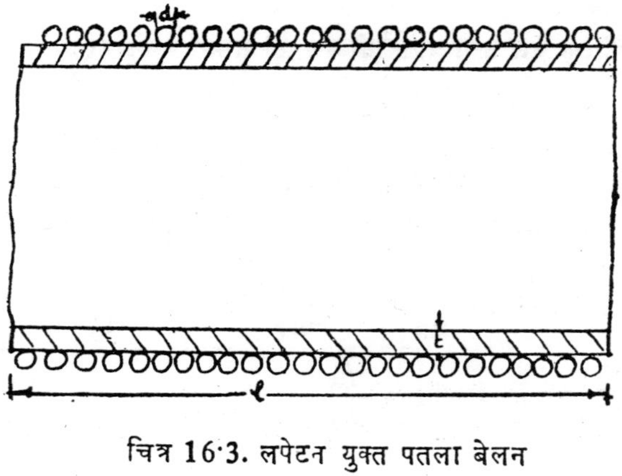

चित्र 16·3. लपेटन युक्त पतला बेलन

यदि बाह्य लपेटन द्वारा उत्पन्न संपीडित प्रतिबल f_c हो तो बेलनाकार खोल द्वारा किया गया प्रतिरोध $= 2l \times t \times f_c$ ...(1)

यहाँ l बेलन की लम्बाई और t दीवार की मोटाई है।

यदि बेलन की लम्बाई l में लपेटन के n प्रतिरोधी खंड (Resisting Section) हों तो प्रतिरोधी खंड पाईप के चारों ओर के लपेटन की संख्या से दुगने हो जाते हैं और यदि पाईप पर लपेटे गए तार में आरम्भिक (Initrail) तनाव प्रतिबल f_t हो तो इस तनाव प्रतिबल के अधीन लपेटन के n खंडों के कारण अवभंजन बल

$$= f_t \times \frac{\pi}{4} d^2 \times n \quad \cdots(2)$$

यहाँ d लपेटे गए तार का व्यास है।

(1) तथा (2) को समान रखने पर बेलन के आरम्भिक संपीडित प्रतिबल f_C को प्राप्त कर सकते हैं।

$$\therefore \quad f_c \times 2l \times t = d^2 f_t \times n \times \frac{\pi}{4}$$

$$f_e = \frac{\pi \times d^2 \times ft \times n}{4 \times 2l \times t} = \frac{\pi d^2 ft \times n}{8tl} \quad \cdots(3)$$

अब यदि कोई द्रव दबाव पाईप में से गुजारा जाता है तो विस्फोटक बल, पाईप और लपेटन दोनों द्वारा प्रतिरोधित होता है।

यदि 'p' तरल का दबाव है और f_p और f_W क्रमशः बेलन तथा लपेटन में उत्पन्न प्रतिबल हैं तो बेलन में विस्फोटक बल $= fp \times 2t \times l$, इसी प्रकार लपेटन के कारण प्रतिरोधी बल $= f_W \times n \times \frac{\pi d^2}{4}$

$$\text{कुल प्रतिरोधी} = f_P \times 2t \times l + f_W \times \frac{\pi}{4} d^2 \times n$$

विस्फोटक बल तथा प्रतिरोधी बल को समान रखने पर :

$$p \times d \times l = f_b \times 2t \times l + f_W \times n \times \frac{\pi d^2}{4} \quad \cdots(4)$$

एक अन्य समीकरण, विकृति (Strain) पर विचार से प्राप्त की जा सकती है, क्योंकि लपेटन और बेलन के उभयनिष्ट धरातल पर विकृति समान होती है।

$$\text{बेलन में विकृति} = \frac{f_P}{E_P} - \frac{p_o}{mE_P} \quad \text{यहाँ} \quad po = \frac{pd}{4t}$$

$$\text{लपेटन तार में विकृति} = \frac{f_W}{E_W}$$

दोनों विकृतियाँ समान रखने पर :

$$\frac{f_P}{E_P}-\frac{p_o}{mE_P}=\frac{f_W}{E_W} \qquad \cdots(5)$$

समीकरण (4) तथा (5) से f_P और f_W प्राप्त किए जा सकते हैं।

परिणामी प्रतिबल आरम्भिक और अन्तिम प्रतिबल का बीजक योग है।

उदाहरण 1. पाइप की आवश्यकीय मोटाई मालूम कीजिए जब (*a*) बेजोड़ पाईप है (*b*) पाईप जोड़ की दक्षता 70% है। पाईप का व्यास 1 m है तथा आन्तरिक दबाव 1 N/mm² है। यह मानिए कि धातु में प्रतिबल 100 N/mm² से अधिक नहीं होना चाहिए।

$$(a)\quad t \geqq \frac{pd}{2f_a}=\frac{1\times1000\times1}{2\times100}=5\text{ mm}$$

$$(b)\quad t \leqq \frac{pd}{2f_\eta}=\frac{1\times1\times1000}{2\times100\times0{\cdot}7}=7{\cdot}1\text{ mm}$$

उदाहरण 2. 2 m लम्बा तथा 1 m व्यास वाला बेलनाकार खोल 5 mm मोटी प्लेटों का बना हुआ है। 2N/mm² आन्तरिक दबाव से बेलन की दीवारों में अधिकतम अनुदैर्घ्य (Longitudinal) और परिधीय (Circumferential) प्रतिबल क्या होंगे? आयतन तथा मापों में परिवर्तन मालूम कीजिए।

$$E=2\times10^5\text{ N/mm}^2 \text{ और } \frac{1}{m}=\frac{3}{10}$$

हल :

$$\text{परिधि प्रतिबल } p_C=\frac{pd}{2t}=\frac{2\times1\times1000}{2\times5}=200\text{ N/mm}^2$$

$$\text{अनुदैर्घ्य प्रतिबल } p_o=\frac{pd}{4t}=\frac{2\times1\times1000}{4\times5}=100\text{ N/mm}^2$$

$$\text{परिधि विकृति}\quad e_C=\frac{p_C}{E}-\frac{p_C}{mE}=\frac{\delta d}{d}$$

$$\therefore\quad \frac{\delta d}{d}=\frac{p_c}{E}\left(1-\frac{1}{2m}\right)=\frac{pd}{2Et}\left(1-\frac{1}{2m}\right)$$

$$=\frac{2\times1\times1000}{2\times5\times2\times10^5}\left(1-\frac{1}{2}\times\frac{3}{10}\right)$$

$$=\frac{2\times1\times1000}{2\times5\times2\times10^5}\left(\frac{17}{20}\right)$$

$$\therefore \quad \delta d = \frac{2 \times 1000}{10 \times 2 \times 10^5} \times \frac{17}{20} \times \frac{1000}{1} = 0{\cdot}85 \text{ mm.}$$

$$\frac{\delta l}{l} = e_0 = \frac{pd}{2tE}\left(\frac{1}{2} - \frac{1}{m}\right)$$

$$\therefore \quad \delta t = \frac{pd}{2tE}\left(\frac{1}{2} - \frac{1}{m}\right) l$$

$$= \frac{2 \times 1 \times 1000}{2 \times 5 \times 2 \times 10^5}\left(\frac{1}{2} - \frac{3}{10}\right) 2 \times 1000$$

$$= \frac{2 \times 1000}{10 \times 2 \times 10^5} \times \frac{2}{10} \times 2000 = 0{\cdot}4 \text{ mm}$$

$$\frac{\delta V}{V} = \frac{pd}{2tE}\left(\frac{5}{2} - \frac{2}{m}\right)$$

$$= \frac{2 \times 1 \times 1000}{2 \times 5 \times 2 \times 10^5}\left(\frac{5}{2} - \frac{2 \times 3}{10}\right)$$

$$= \frac{2 \times 1000}{10 \times 2 \times 10^5}\left(\frac{19}{10}\right)$$

$$\therefore \quad \delta V = \frac{2 \times 1000}{10 \times 2 \times 10^5} \times \frac{19}{10} \times V$$

परन्तु $\quad V = \pi/4 \times (1000)^2 \times 2 \times 1000$

$$\therefore \quad \delta v = \frac{2 \times 1000}{10 \times 2 \times 10^5} \times \frac{19}{10} \times \frac{22}{7 \times 4} \times (1000)^2 \times 2 \times 1000$$

$$= 2985700 \text{ mm}^3$$

उदाहरण 3. $\frac{1}{2}$ m व्यास तथा 5 mm मोटी चद्दर का गोलाकार खोल 1·5 N/mm² के दबाव के पानी से भरा गया है। खोल (Shell) में उत्पन्न प्रतिबल ज्ञात कीजिए जब

(*a*) गोलाकार खोल बेजोड़ (Seamless) है।

(*b*) 70% दक्षता का रिवेट जोड़ काम में लिया गया है।

हल— (*a*) $p_c = \frac{pd}{2t} = \frac{1{\cdot}5 \times \frac{1}{2} \times 1000}{2 \times 5} = 75 \text{ N/mm}^2$

(*b*) $\frac{pd}{2\eta t} = \frac{1{\cdot}5 \times \frac{1}{2} \times 1000}{2 \times 0{\cdot}7 \times 5} = 107{\cdot}14 \text{ N/mm}^2$

उदाहरण 4. 1 cm मोटी धातु तथा 2 m व्यास का बेजोड़ गोलाकार खोल उस समय तक दबाव के साथ तरल से भरा जाता है जब तक कि इसका आयतन 400 घन से०मी० (c c) नहीं बढ़ जाता। खोल पर तरल द्वारा डाला गया दबाव ज्ञात कीजिए। धातु के लिए E का मान 1×10^5 N/mm² और $m=\frac{10}{3}$ मानिए।

हल : खोल का आयतन $\frac{\pi}{6}d^3=\frac{\pi}{6}\times(2\times1000)^3$

$$\delta v=400\times10^3=4\times10^5 \text{ mm}^3$$

$$\therefore \frac{\delta v}{V}=\frac{400\times10^3}{\frac{\pi}{6}(2\times1000)^3} \quad \text{परन्तु } \frac{\delta v}{V}=3e$$

$$\therefore \quad e=\frac{400\times10^3}{\pi/6\times(2\times1000)^3}\times\frac{1}{3}=\frac{7}{220000}$$

परन्तु $e=\frac{p_c}{E}\left(1-\frac{1}{m}\right)$

$$\therefore \quad \frac{p_c}{2\times10^5}\left(1-\frac{1}{m}\right)=\frac{7}{220000}$$

या $\frac{p_c}{2\times10^5}\left(1-\frac{3}{10}\right)=\frac{7}{220000}$

या $p_c=9\cdot1$ N/mm²

अब $p_c=\frac{pd}{4t}$, $\therefore p=\frac{p_c\times4t}{d}=\frac{9\cdot1\times4\times10}{2\times1000}$

$$=0\cdot182 \text{ N/mm}^2$$

उदाहरण 5. 90 cm लम्बे और 15 cm आन्तरिक व्यास वाला बेलन (Cylinder) 5 mm मोटी लोहे की प्लेटों का बना हुआ है। इन पर 70 kg/cm² का आन्तरिक दबाव है। आन्तरिक दबाव के कारण 16 cm³ की आयतन वृद्धि (Increase in Volume) हुई है। यदि E का मान 21×10^5 kg/cm³ हो तो पाईज़न अनुपात (Poisson's Ratio) और दृढ़ता गुणांक (Modulus of Rigidity) का मान ज्ञात कीजिए।

हल :—

परिधि प्रतिबल $p_C=\frac{pd}{2t}=\frac{70\times15}{2\times0\cdot5}=1050$ kg/cm²

अनुदैर्ध्य प्रतिबल $p_o = \frac{pd}{4t} = \frac{70 \times 15}{4 \times 0.5} = 525 \text{ kg/cm}^2$

$$e_C = \frac{p_C}{E} - \frac{p_o}{mE} = \frac{1}{E}\left(p_C - \frac{p_o}{m}\right)$$

$$= \frac{1}{E}\left(1050 - \frac{525}{m}\right)$$

अनुदैर्ध्य विकृति $e_o = \frac{p_o}{E} - \frac{p_C}{mE} = \frac{1}{E}\left(525 - \frac{1050}{m}\right)$

आयतन विकृति $ev = \frac{\delta V}{V} = e_o + 2e_c$

अथवा $\delta V = 16 \text{ cm}^2$ और $V = \frac{\pi}{4} \times (15)^2 \times 90$

$$16 = \left\{\frac{1}{E}\left(525 - \frac{1050}{m}\right) + \frac{2}{E}\left(1050 - \frac{525}{m}\right)\right\}$$

$$\pi/4 \times 15^2 \times 90$$

$$= \left(\frac{525}{E} - \frac{1050}{m} + \frac{2100}{E} - \frac{1050}{mE}\right) \times 15910.7$$

अथवा $\frac{16}{15910.7} = \frac{2625}{E} - \frac{2100}{mE}$

या $\frac{2100}{21 \times 10^4 \times m} = \frac{2625}{21 \times 10^4} - \frac{16}{15910.7} = 0.00125 - 0.001$

$$= 0.00025$$

$$\therefore \quad m = \frac{2100}{21 \times 10^5} \times \frac{1}{0.00025} = 4$$

परन्तु $E = 2N\left(1 + \frac{1}{m}\right)$, जबकि N दृढ़ता गुणांक है :

$$21 \times 10^5 = 2N\left(\frac{1}{5} + \frac{1}{4}\right)$$

या $N = 8.4 \times 10^5 \text{ kg/cm}^2$

उदाहरण 6. एक पतला बेलनाकार बर्तन है जिसके सिरे 3 mm मोटी फ्लैंज प्लेटों से बन्द किए हुए हैं। बर्तन की आन्तरिक लम्बाई 500 mm तथा व्यास 250 mm है। यदि बर्तन में भरा पानी 3 N/mm^2 का आन्तरिक दाब बर्तन में उत्पन्न

कर रहा है तो बर्तन खोल में अनुदैर्ध्य एवं परिधीय प्रतिबल ज्ञात करो। बर्तन की लम्बाई, व्यास तथा आयतन में बढ़ोत्तरी भी ज्ञात करो।

$$E=2\times 10^5\ N/mm^2,\ \frac{1}{m}=0\cdot 3$$

हल :

अनुदैर्ध्य प्रतिबल $p_o=\frac{pd}{4t}=\frac{3\times 250}{4\times 3}=62\cdot 5\ N/mm^2$

हुप या परिधीय प्रतिबल $p_e=2p_o=125\ N/mm^2$

व्यासीय या परिधीय विकृति $e_C=\frac{p_c}{E}-\frac{p_o}{mE}$

$$=\frac{p_c}{E}-\frac{p_c}{2mE}$$

$$=\frac{p_c}{E}\left(1-\frac{1}{2m}\right)$$

$$=\frac{125}{2\times 10^5}\left(1-\frac{0\cdot 3}{2}\right)=\cdot 000531$$

अनुदैर्ध्य विकृति $e_o=\frac{p_c}{E}\left(\frac{1}{2}-\frac{1}{m}\right)$

$$=\frac{125}{2\times 10^5}(0\cdot 5-0\cdot 3)=0\cdot 000125$$

लम्बाई में बढ़ोत्तरी $=e_o\times l=\cdot 000125\times 500$

$$=0\cdot 0625\ mm$$

व्यास में बढ़ोत्तरी $=e_C\times d=\cdot 000531\times 250$

$$=0\cdot 13275\ mm$$

बर्तन का आयतन $=\frac{\pi}{4}(250)^2\times 500=24544000\ mm^3$

आयतन में बढ़ोत्तरी $=(2e_c+e_o)V$

$$=(\cdot 001062+\cdot 000125)\ 24544000$$

$$=29100\ mm^3\ \text{Ans.}$$

उदाहरण 7. एक पतली चद्दर का ऊर्ध्वाधर खड़ा पाइप का व्यास 4·8 m है तथा 30 m ऊँचा है। यदि तनाव में अनुमत प्रतिबल 112 N/mm² है तो पाइप

की चद्दर की मोटाई ज्ञात करो। यह माना गया है कि पाईप पानी से ऊपर तक भरा हुआ है। पानी का घनत्य 10000 N/m^3 है।

हल—पाईप के निचले सिरे पर आन्तरिक दाब,

$$p = wh = 10000 \times 30 = 3 \times 10^5 \ N/m^2$$
$$= 0{\cdot}3 \ N/mm^2$$

पाईप का व्यास = 4·8 m

$$p_c = \frac{pd}{2t} \text{ या } t = \frac{pd}{2p_c}$$

$$= \frac{0{\cdot}3 \times 4{\cdot}8 \times 1000}{2 \times 112} = \frac{90}{14} \text{ mm} \quad \textbf{उत्तर}$$

उदाहरण 8. एक वायलर खोल 15 mm मोटी लोहे की प्लेट से बनाने का प्रस्ताव है। लोहे के लिए चरम तनाव प्रतिबल 120 N/mm^2 है। यदि अनुदैर्ध्य एवं परिधीय जोड़ों की दक्षता क्रमशः 70% एवं 30% है तो ज्ञात करो।

1. 2 N/mm^2 आन्तरिक दाब के लिए खोल का अधिकतम अनुमत व्यास

2. जब खोल का व्यास 1·5 m है तो आन्तरिक दाब की अनुमत तीव्रता

हल—1. मानलो खोल का अधिकतम व्यास $d$mm है।

सबसे पहले यह मानिए कि परिधीय प्रतिबल सीमान्त तनाव प्रतिबल के बराबर है।

$$p_c = \frac{pd}{2t_1}$$

$$\text{या} \quad d = \frac{2t_1 p_c}{p} = \frac{2 \times 15 \times 0{\cdot}7 \times 120}{2}$$
$$= 1260 \text{ mm.}$$

अब मानलो अनुदैर्ध्य प्रतिबल सीमान्त प्रतिबल के बराबर है

$$p_o = \frac{pd}{4t\eta_2}$$

$$d = \frac{p_o \times 4t\eta_2}{p} = \frac{4 \times 15 \times 0{\cdot}3 \times 120}{2}$$
$$= 1080 \text{ mm}$$

दोनों मानों में से d का छोटा मान है 1080 mm

(b) $pd = 4tp_o f\eta_2$

क्योंकि t, η तथा p_0 स्थिर है इसलिए *pd* भी स्थिर है। अतः *p* का मान *d* के प्रतिलोमानुपाती होता है

जब $d = 1080$ mm, *p* का अधिकतम मान $= 2$ N/mm^2

जब $d = 1{\cdot}5$ m $= 1500$ mm तो *p* का अधिकतम मान

$$= \frac{1080 \times 2}{1500} = 1{\cdot}44 \text{ mm}^2$$

उदाहरण 9. गोलाकार खोल का व्यास 1 m तथा धातु की मोटाई 10 mm है। इस गोले पर यदि 1·5 N/mm^2 का आन्तरिक दाब उत्पन्न कर दिया जाता है तो गोले के आयतन में वृद्धि ज्ञात करो।

$$E = 2 \times 10^5 \text{ N/mm}^2, \quad \frac{1}{m} = 0{\cdot}3$$

हल :

$$\text{आयतन } V = \frac{\pi}{6} d^3 = \frac{\pi}{6} (1000)^3 = 5235 \times 10^5 \text{ mm}^3$$

$$p = 1{\cdot}5 \text{ N/mm}^2$$

$$\delta V = \frac{3pd}{4tE}\left(1 - \frac{1}{m}\right)V$$

$$= \frac{3 \times 1{\cdot}5 \times 1000}{4 \times 10 \times 2 \times 10^5}(1 - 0{\cdot}3)\ 5235 \times 10^5$$

$$= 206000 \text{ mm}^3 \text{ उत्तर}$$

उदाहरण 10. 250 mm व्यास की तांबे की फ्लोट कितनी गहराई तक डबोई जावे ताकि इसका व्यास 0·03 mm घट जाये। फ्लोट की धातु की मोटाई 3 mm है।

$$E_c = 1 \times 10^5 \text{ N/mm}^2, \frac{1}{m} = 0{\cdot}27$$

पानी का भार $= 10000$ N/m^3

हल—

$$\frac{\delta d}{d} = \frac{pd}{E4t}\left(1 - \frac{1}{m}\right)$$

$\delta d = 0{\cdot}03$ mm, $d = 250$ mm, $t = 3$ mm, $E = 1 \times 10^5$ N/mm^2

$$\frac{1}{m} = 0{\cdot}27$$

$$\frac{0{\cdot}03}{250} = \frac{p \times 250}{4 \times 3 \times 1 \times 10^5}(1 - 0{\cdot}27)$$

हल करने पर $p = 0{\cdot}79\ N/mm^2$

मानलो पानी की आवश्यक गहराई $h\ m$ है

$h\ m$ गहराई पर दाब $= wh = 10000h\ N/m^2$

$$= \frac{10000\ h}{1000 \times 1000}\ N/mm^2$$

$$= \frac{h}{100}\ N/mm^2$$

$$\therefore \quad = \frac{h}{100} = 0{\cdot}79$$

$$h = 100 \times 0{\cdot}79 = 79\ m.$$ **उत्तर**

अध्याय 16

प्रश्नावली

1. व्यास d तथा लम्बाई l और मोटाई t वाले पतली दीवार के बेलन में आन्तरिक दबाव की तीव्रता p है। सिद्ध करें कि दबाव के कारण आयतन वृद्धि $\frac{\pi p d^3 (5 - 4m)}{16EI}$ है जबकि E = प्रत्यास्थता मापांक (Modulus of elasticity) और m = पाईजन अनुपात (poision's ratio) है।

2. एक बेलनाकार बर्तन का व्यास 1 m लम्बाई 2m तथा 10mm मोटी इस्पात की चादर का बना है। इस पर 2 N/mm^2 का आन्तरिक दबाव है। अनुदैर्ध्य तथा परिधि दोनों में उत्पन्न तनाव प्रतिबल ज्ञात करो।
(**उत्तर** $p_c = 100\ N/mm^2$, $p_o = 50\ N/mm^2$)

3. 0·3 m व्यास के गोलाकार खोल की दीवार में अधिकतम तनाव पैदा करने के लिए आन्तरिक प्रतिबल क्या होगा ? प्लेट की मोटाई 4 mm है। अधिकतम अनुमत तनाव प्रतिबल, 18·75 N/mm^2 है। (**उत्तर** 1N/mm^2)

4. एक उठी हुई पानी की टंकी $\frac{1}{2}$ cm मोटी इस्पात की प्लेटी की बनी है तथा ऊपर से खुली हुई है। टंकी आकार में 8 m व्यास की गोल तथा 16 m ऊँची है। यदि पानी का भार 900 kg/cm^2 हो तो उत्पन्न अधिकतम प्रतिबल ज्ञात करो। (**उत्तर** 1152 kg/cm^2)

5. एक ताँबे की नलकी 1 m लम्बी 5 cm आन्तरिक व्यास और 1·25mm मोटी है तथा सिरों पर बन्द है। यह दबाव के साथ पानी से भरी गई है।

प्लेटों के प्रभाव की उपेक्षा करते हुए दबाव में परिवर्तन ज्ञात करो ताकि नलकी में 10 c.c अतिरिक्त पानी की मात्रा भरी जा सके। $E_c = 1 \cdot 03 \times 10^5$ N/mm² $\frac{1}{m} = 0 \cdot 3$ और पानी का आयतन मापांक (Bulk modulus) $= 2 \cdot 1 \times 10^3$ N/mm² है। (उत्तर 6·04 N/mm²)

6. एक बॉयलर का खोल 2 m व्यास का तथा 2 cm मोटी M.S. प्लेट का बना है। अनुदर्ध्य जोड़ की दक्षता 70% मानते हुए बॉयलर में अनुमेय भाप का दबाव ज्ञात करो, जबकि रिवेट में से प्लेट खंड में अधिकतम तनाव प्रतिवल 500 kg/cm² से अधिक न हो। इस दबाव पर प्लेट खंड में परिधि प्रतिबल भी ज्ञात करो। यदि दक्षता 60% हो तो परिधि जोड़ के रिवेटों में से प्लेट खंड में अनुदैर्ध्य प्रतिबल क्या होगा ?
(उत्तर $p = 7 \cdot 7$ kg/cm², $p_c = 350$, kg/cm², $p_o = 291 \cdot 67$ kg/cm²)

7. 3 m लम्बे $\frac{1}{2}$ cm धातु की मोटाई और 1 m व्यास के बेलनाकार खोल पर 100 kg/cm² का आन्तरिक दबाव है। इस दबाव पर खोल के आयतन, लम्बाई और व्यास में क्या परिवर्तन होगा ? $E = 2 \times 10^6$ kg/cm²)
(उत्तर $\delta d = 0 \cdot 625$ cm $\delta l = 0 \cdot 375$ cm और $\delta V = 32410 \cdot 7$ cm³)

8. 1·8 m व्यास के गोलाकार खोल की प्लेट की मोटाई 2 cm है। खोल में 15 kg/em² का अतिरिक्त दबाब पैदा किया हुआ है। यदि $E = 2 \times 10^6$ kg/cm² या $\frac{1}{m} = 0 \cdot 25$ है तो खोल के आयतन में परिवर्तन ज्ञात करो।
(उत्तर 1160 cm²)

9. ताँबे की फ्लोट (float) जिसका व्यास 250 mm है की चादर की मोटाई 3mm है। इस फ्लोट को कितना गहरा पानी में डुबोना चाहिए कि इसके व्यास में कमी 0·03mm हो जाए। ताँबे के लिए $E = 1 \times 10^5$ N/mm² और $\frac{1}{m} = 0 \cdot 27$। पानी का भार 10400 N/m³ है।
(उत्तर 76m)

10. 0·8 m व्यास का एक पतला बेलनाकार सिलिंडर 3m लम्बा है। सिलिंडर 10 mm मोटी लोहे की चादर का बना हुआ है और इसके अन्दर 2·5 N/mm² का आन्तरिक दबाव पैदा किया हुआ है। यदि $E = 2 \times 10^5$ N/mm² $\frac{1}{m} = 0 \cdot 25$ ज्ञात करो।
(a) व्यास में परिवर्तन (उत्तर 0·35 mm
(b) लम्बाई में परिवर्तन और उत्तर 0·375 mm
(c) आयतन में परिवर्तन उत्तर 1508×10^3 mm²)

11. एक बेलनाकार खोल 10mm मोटी प्लेट का बना हुआ है, खोल का अन्दर का व्यास 0·5 mm तथा लम्बाई 2 m है। यदि खोल के अन्दर 10 N/mm^2 का आन्तरिक दबाव उत्पन्न कर दिया जाय तो खोल के बाहरी व्यास में तथा लम्बाई में परिवर्तन ज्ञात करो।

$$E = 2 \times 10^5 \ N/mm^2 \ \frac{1}{m} = 0 \cdot 3$$

(उत्तर $\delta d = 0 \cdot 531$ mm
$\delta l = 0 \cdot 5$ mm)

12. एक धातु की ट्यूब का आंतरिक व्यास 50 mm लम्बाई 1m और प्लेट की मोटाई 1·25 mm है। ट्यूब के दोनों सिरे बद हैं और ट्यूब में दबाव में पानी भरा हुआ है। यदि ट्यूब में 3 cc अतिरिक्त पानी पम्प कर दिया जाता है तो पानी के आन्तरिक दबाव में बढ़ोत्तरी ज्ञात करो। धातु के लिए $E = 1 \cdot 03 \times 10^5 \ N/mm^2$

$\frac{1}{m} = 0 \cdot 3$ और पानी का आयतन गुणांक $2 \cdot 1 \times 10^5 \ R/mm^2$ है।

(उत्तर दबाव में बढ़ोत्तरी $1 \cdot 815 \ N/mm^2$)

□

17
ढाँचदार निर्मित

17·1. यदि कई सीधी छड़ों के सिरे एक-दूसरे से जोड़ दिए जायें तो बनी हुई संरचना एक फ्रेम या ढाँचा कहलाती है। इन छड़ों को ढाँचे के अवयव कहते हैं। उनके आपस के जोड़, रिवेट, बोल्ट या ढिबरी या झलाई (Welding) द्वारा किए होते हैं। अवयवों में प्रतिबल गणना के लिए सभी जोड़ कीलदार जोड़ ही कल्पित किए जाते हैं।

यदि छड़ों की मध्य रेखा एक ही समतल में स्थित हो, तो यह समतल ढाँचा कहलाता है और यदि ढाँचा त्रिविमितीय (Three dimensional) हों तो त्रिविस्तारीय ढाँचा (Space frame) कहलाता है। त्रिविस्तारीय ढाँचे में, जोड़ों का निस्पंद (Nodes) कहते हैं।

17·2 ढाँचे की किस्में (Types of Frames)

ढाँचे तीन प्रकार के होते हैं :

(*a*) **आदर्श ढाँचा** (Perfact frame)—एक आदर्श ढाँचा वह है जिसमें प्रत्येक तरह के भार के अधीन ढाँचे को संतुलन में रखने के लिए अवयवों की संख्या पर्याप्त होती हैं। दूसरे शब्दों में, आदर्श ढाँचा बाहरी भार से उत्पन्न ज्यामितीय विकृति को प्रतिरोधित कर सकता है।

(*b*) **अनादर्श ढाँचा** (Deficient Frame)—यह वे ढाँचे होते हैं जिनमें समस्त बाहरी भारों के अधीन संतुलन के लिए पर्याप्त अवयवों की संख्या नहीं होती। यद्यपि कई बलों की स्थितियों में ढाँचा संतुलन में रहता है परन्तु जैसे ही बलनिकाय (System of Forces) बदल जाता है, ढाँचा दब जाता है।

(c) **अधिकांगी ढाँचा** (Redundant Frames)—ये वे ढाँचे हैं जिनमें समस्त बाहरी भार के अधीन संतुलन के लिए अवयवों की संख्या पर्याप्त से अधिक होती है।

निम्न सूत्रों द्वारा ढाँचों का वर्गीकरण मालूम किया जा सकता है :

$n=2J-3$ यहाँ n ढाँचे में अवयवों की संख्या और J जोड़ों की कुल संख्या है।

यदि अवयवों की संख्या $n=2J-3$ सूत्र द्वारा दी गई संख्या के समान हो तो यह आदर्श ढाँचा कहलाता है। यदि अवयवों की संख्या इससे कम हो तो अनादर्श ढाँचा और यदि इससे अधिक हो तो अधिकांगी ढाँचा कहलाता है।

अनादर्श और अधिकांगी ढाँचों में, स्थैतिक नियमों की क्रिया द्वारा प्रतिबलों की जानकारी सम्भव नहीं होती है अतः वे स्थेतिकतया अनिर्धारित ढाँचे (Statically indeterminate frames) कहलाते हैं। दूसरी तरफ आदर्श ढांचों में प्रतिबल, स्थैतिक नियमों द्वारा प्राप्त किए जा सकते हैं, अतः वे स्थैतिकतया निर्धारित ढाँचे कहलाते हैं।

किसी ढाँचे में, वे अवयव जो तनाव सहन करते हैं तान (Iies) और जो संपीडन सहन करते हैं, थाम (Sturt) कहलाते हैं। चित्र 17·1 में तीनों प्रकार के ढांचे दिखाए गए हैं।

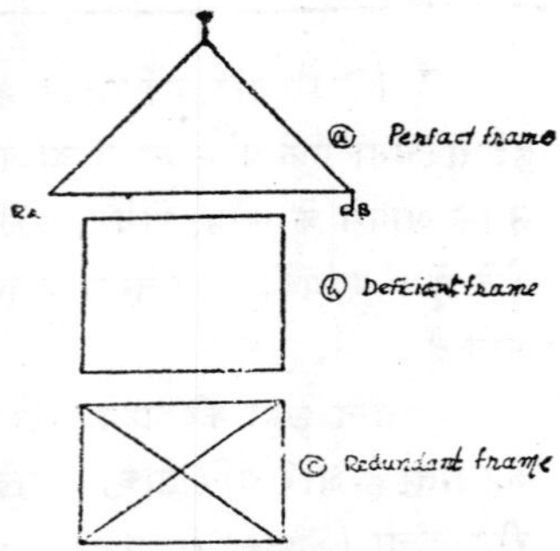

चित्र 17·1

17·3. ढाँचों के विश्लेषण की कुछ कल्पनाएँ (Assnmptions) **नीचे दी गई हैं :**

1. समस्त जोड़ कब्जेदार माने जाते हैं।

2. किसी जोड़ पर मिलने वाले विभिन्न अवयवों के तनाव तथा संपीडत बल, संतुलन के लिए संगामी बलों का निकाय (System of Concurrent forces) बनाते हैं।

17·4. ढाँचों के विश्लेषण की विधियाँ :

आदर्श ढाँचे के अवयवों में प्रतिबल नीचे दिए गए चारों में से किसी एक विधि द्वारा ज्ञात किए जा सकते हैं।

1. काट विधि या रिटर विधि (Method of Ritter) अथवा घूर्ण विधि

2. वियोजन (Resolution) या जोड़ विधि

3. ग्राफ विधि या लेखाचित्र विधि

4. तनाव गुणांक विधि (Method of Tension Coefficient)

प्रथम तीन विधियों का विवेचन यहाँ दिया गया है। परन्तु अन्तिम विधि यानि तनाव गुणांक विधि जो प्रायः उपयोग में नहीं लाई जाती है, इस पुस्तक में नहीं दी गई है।

I. काट विधि—

यह विधि केवल उन्हीं परिस्थितियों से लाभकारी हैं जबकि बहुत कम अवयवों में ही बल ज्ञात करना होता है। यह विधि इस तथ्य पर आधारित है कि यदि किसी ढाँचे को एक काट द्वारा दो भागों में बाँट दिया जाता है तो कटे हुए ढाँचे के किसी भी भाग पर बाहरी बलों के साथ-साथ कटे हुए अवयवों के बल, संतुलन के लिए, बल निकाय बनाते हैं। कटे हुए अवयवों में बल ज्ञात करने के लिए, दी गई संतुलन की शर्तें काम में लायें :

1. क्षैतिज बलों का बीजीय योग शून्य होता है ।

2. ऊर्ध्वाधर बलों का बीजीय योग शून्य होता है ।

3. किसी भी बिन्दु के अधीन बलों के घूर्णों का बीजीय योग शून्य होता है।

इस विधि की उपयोगिता जैसा कि पहले बताया गया है उसी समय होती है, जब केवल कुछ अवयवों में ही बल ज्ञात करने होते हैं ।

उदाहरण 1. चित्र नं० 17·2 में दिखाए अनुसार एक छत कैंची 15m पाट पर काम में लाई गई है । कैंची का उठान (Rise) 5m है और भार चित्र में दिए गए हैं । कैंची के सब अवयवों में बल ज्ञात कीजिए ।

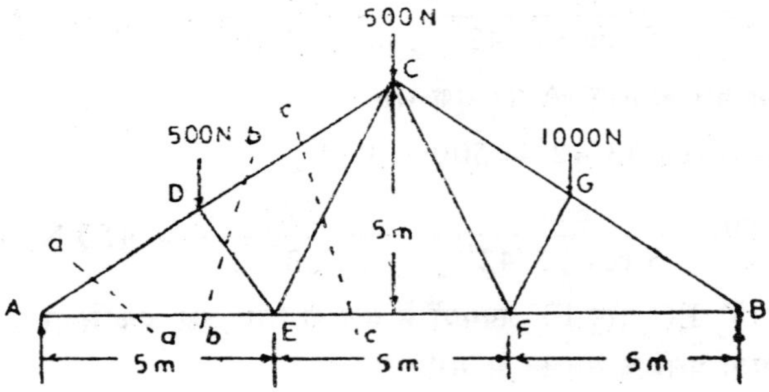

चित्र 17·2

कदम I. R_A **और** R_B **आलम्ब बल ज्ञात करो**

A के अधीन सब बलों का घूर्ण लेने पर,

$$R_B \times 15 = 1000 \times 11{\cdot}25 + 500 \times 7{\cdot}5 + 500 \times 3{\cdot}75 = 16875$$

$$\therefore \quad R_B = \frac{16875}{15} = 1125 \text{ N}$$

$$R_A = 1000 + 500 + 500 - 1125 = 875 \text{ N}$$

कदम II. AD और AE अवयवों में बल के लिए काट *a-a* द्वारा ढांचे को काटकर दायें हाथ की तरफ के भाग पर विचार करें।

AD में बल के लिए E बिन्दु के अधीन घूर्ण लेवें ।

$AD \times 5 \sin \theta = 875 \times 5$ जबकि $\tan \theta = \frac{5}{7{\cdot}5} = 33° \ 42'$

$$\therefore AD \times 5 \sin 33° \ 42' = 875 \times 5$$

या $AD = \dfrac{875}{\sin 33° \ 42'} = 1577$ N (संपीडित)

AE अवयव में बल के लिए D बिन्दु के अधीन घूर्ण लीजिए,

$\therefore AE \times 2{\cdot}5 = 875 \times 3{\cdot}75$

$$AE = \frac{875 \times 3{\cdot}75}{2{\cdot}5} = 1312{\cdot}5 \text{ N (तनाव)}$$

कदम III. DC और DE अवयवों के बल के लिए, काट *b-b* द्वारा ढाँचे को काटो तथा बायें हाथ के भाग को संतुलित मानिए। DC में बल ज्ञात करने के लिए E बिन्दु के अधीन घूर्ण लेवें,

$DC \times 5 \sin\theta = 875 \times 5 - 500 \times 1{\cdot}25 = 3750$

$$\therefore \quad DC = \frac{3750}{5 \sin 33^\circ\, 42'} = \frac{350}{\sin 33^\circ\, 42'} = 1352 \text{ N (संपीडित)}$$

DE में बल के लिए, A पर घूर्ण लो

$DE \times 5 \cos 33^\circ 42' = 500 \times 3{\cdot}75$

$$\therefore \quad DE = \frac{1875}{5 \cos 33^\circ 42'} = \frac{375}{\cos 33^\circ 42'} = 450 \text{ N (संपीडित)}$$

कदम IV. EC और EF अवयवों में बल के लिए कस्ट *c-c* लेकर बायें हाथ की तरफ का भाग बलों के संतुलन में मानिए।

EF में बल के लिए, C पर घूर्ण लेवें।

$EF \times 5 = 875 \times 7{\cdot}5 - 500 \times 375$

$$EF = \frac{6562{\cdot}5 - 1875}{5} = \frac{4687{\cdot}5}{5} = 937{\cdot}5 \text{ N (तनाव)}$$

EC में बल के लिए A के अधीन घूर्ण लेवें,

$EC \times 9{\cdot}01 \sin 29^\circ\, 44' = 500 \times 375 = 1875$

$$\therefore EC = \frac{1875}{9{\cdot}01 \sin 29^\circ\, 44'} = = 419{\cdot}6 \text{ N(तनाव)}$$

कदम V. CG और CF अवयवों में बल के लिए ढाँचे को *d-d* काटकर दायें तरफ के भाग को संतुलन में मानिए।

CF में बल के लिए, B पर घूर्ण लेवें,

$CF \times 9{\cdot}01 \sin 29^\circ\, 44' = 1000 \times 3{\cdot}75$

$$CF = \frac{3750}{9{\cdot}01 \times \sin 29^\circ 44'} = 839{\cdot}2 \text{ N (तनाव)}$$

CG में बल के लिए, F पर घूर्ण लेवें,

$CG \times 5 \sin 33^\circ 42' = 1125 \times 5 - 1000 \times 1{\cdot}25 = 4375$

$$CG=\frac{4375}{5\sin 33^\circ 42'}=1577 \text{ N (संपीडित)}$$

कदम VI. FG और FB में बल के लिए काट *e-e* लेकर संतुलन के लिए दायें तरफ का भाग मानिए ।

FG में बल के लिए, B पर घूर्ण लेवें,

$$FG\times 5\cos 33^\circ 42'=1000\times 3{\cdot}75$$

$$\therefore \quad GF=\frac{3750}{5\cos 33^\circ 42'}=\frac{750}{\cos 33^\circ 42'}=900 \text{ N (संपीडित)}$$

FB में बल के लिए, G पर घूर्ण लेवें,

$$FB\times 2{\cdot}5=1125\times 3{\cdot}75$$

$$\therefore \quad FB=\frac{1125\times 3{\cdot}75}{2{\cdot}5}=1687{\cdot}5 \text{ N (तनाव)}$$

कदम VII. अन्तिम अवयव BG में बल के लिए काट *f-f* लेवें तथा F के अधीन घूर्ण लेवें ।

$$BG\times 5\times\sin 33^\circ 42'=1125\times 5=5625$$

$$\therefore \quad BG=\frac{5625}{5\times\sin 33^\circ 42'}=2027 \text{ N (संपीडित)}$$

सारणीबद्ध व्यवस्था में परिणाम संक्षिप्त रूप में नीचे दिया गया है :

अवयव	बल (N में)	बल की प्रवृत्ति
AE	1312·5	तनाव
EF	937·5	तनाव
FB	1687·5	तनाव
AD	1577	संपीडित
DC	1352	संपीडित
CG	1577	संपीडित
GB	2027	संपीडित
DE	450	संपीडित
EC	419·6	तनाव
CF	839·2	तनाव
EG	900	संपीडित

अवयव में बल की प्रवृत्ति (तनाव या संपीडित) इस तथ्य द्वारा ज्ञात की जाती है कि अज्ञात बलों का घूर्ण सन्तुलन में रखने वाले अन्य बलों के घूर्ण के बीजीय योग को प्रतिरोधित करता है ।

अत: प्रारम्भ में तनाव या संपीडित बल अवयव में मान लिया जाता है और इसके अनुसार गणना की जाती है। यदि परिणाम धनात्मक आता है तो मानी गयी कल्पना उचित है अन्यथा बलों की प्रवृत्ति बदल दी जाती है।

उदाहरण 2. चित्र 17·3 में एक पुल गर्डर की K-कैंची दी गई है। कैंची के AB, BC, CE, DE, FE और BF अवयवों में बल ज्ञात कीजिए। कैंची में छः समान खंड (Panel) है और इसके कर्ण 45° कोण पर झुके हुए हैं।

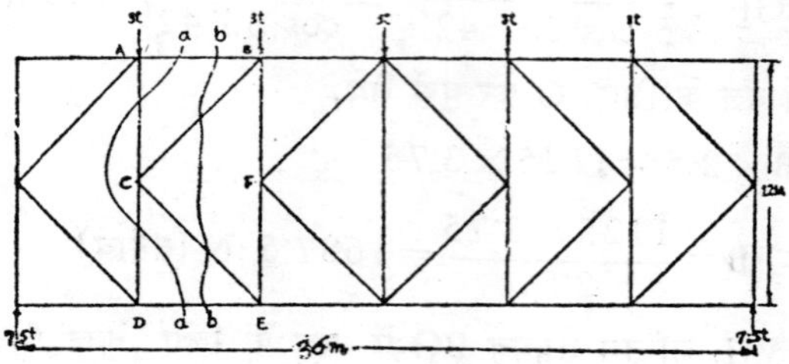

चित्र 17·3

हल—काट *a-a* लो तथा कैंची का बायें हाथ की तरफ का भाग सन्तुलन में मानो। A के अधीन घूर्ण लेने पर,

$$DE \times 12 = 7{\cdot}5 \times 6$$

$$\therefore \quad DE = \frac{7{\cdot}5 \times 6}{12} = 3{\cdot}75 \text{ Tonnes (तन्य)}$$

AB में बल के लिए, D पर घूर्ण लेवें,

$$AB \times 12 = 7{\cdot}5 \times 6$$

$$\therefore \quad AB = \frac{7{\cdot}5 \times 6}{12} = 3{\cdot}75 \text{ Tonnes (संपीडित)}$$

काट *b—b* लो और कैंची का बायें हाथ की तरफ का भाग सन्तुलन में मानिए। C पर AC और CD में बल समान तथा प्रतिपक्षी है। CB और CE अवयवों में भी बल समान हैं। दूसरे शब्दों में क्षैतिज और ऊर्ध्वाधर संघटक परिणाम में समान हैं। परन्तु बल प्रवृत्ति में उल्टा हैं।

अत: ऊर्ध्वाधर दिशा में वियोजन करने पर,

$$CE \sin 45^\circ + CB \sin 45^\circ = 7{\cdot}5 — 3 = 4{\cdot}5 \text{ Tonnes}$$

परन्तु CB = CB $\quad \therefore \quad CE = \frac{4{\cdot}5}{\sqrt{2}} = 3{\cdot}18$ Tonnes (तन्य)

और CB = 3·18 Tonnes (संपीडित)

FE में बल के लिए E पर ऊर्ध्वाधर दिशा में समस्त बलों का वियोजन करें

$$FE = CB \sin 45°$$

$$= \frac{4 \cdot 5}{\sqrt{2}} \times \frac{1}{\sqrt{2}} = 2 \cdot 25 \text{ Tonnes (संपीडित)}$$

BF अवयव में बल के लिए B पर समस्त बलों का ऊर्ध्वाधर दिशा में वियोजन करने पर,

$$BF = 3 - CB \sin 45°$$

$$= 3 - \frac{4 \cdot 5}{\sqrt{2}} \times \frac{1}{\sqrt{2}} = 3 - 2 \cdot 25 = 0 \cdot 75 \text{ Tonnes (तन्य)}$$

पूरी कैंची के अवयवों पर उपरोक्त विधि से बल मालूम किए जा सकते हैं। परिणाम नीचे सारणीबद्ध दिए गए हैं :

अवयव	बल	बल की प्रकृति
DE	3·75 Tonnes	तन्य
AB	3·75 Tonnes	संपीडित
BC	3·18 Tonnes	संपीडित
CE	3·18 Tonnes	तन्य
EF	2·25 Tonnes	संपीडित
FB	0·75 Tonnes	तन्य

उदाहरण 3. चित्र 17·4 में N कैंची (PRAT Truss) झुकी हुई जीवाओं (chords) के साथ दिखाई गई है। कैंची के प्रत्येक अवयव में बल बल ज्ञात कीजिए।

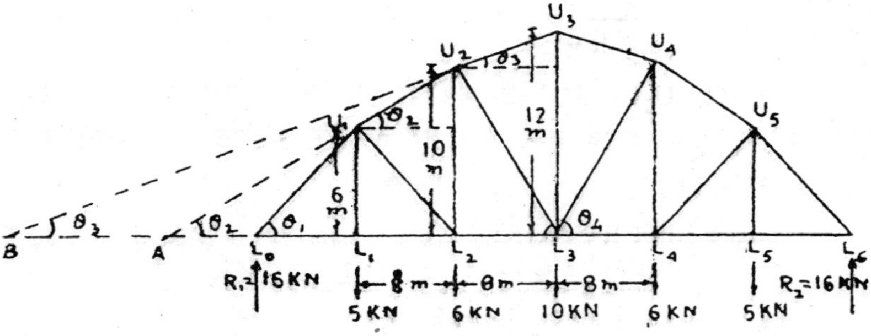

चित्र 17·4

$$R_1 = R_2 = 16 \text{ Tonnes}$$

कदम I. $\sin \theta_1 = \frac{6}{\sqrt{(8)^2 + (6)^2}} = \frac{6}{\sqrt{64+36}} = \frac{6}{10} = 0 \cdot 6$

$$\cos\ \theta_1 = \frac{8}{10} = 0{\cdot}8$$

$$\tan\ \theta_2 = \frac{4}{8} = 0{\cdot}5\ \therefore \theta_2 = 26°32'$$

$\sin\ \theta_2 = 0{\cdot}4467$ और $\cos\ \theta_2 = 0{\cdot}8946$

$$\tan\ \theta_3 = \frac{12-10}{8} = \frac{2}{8} = 0{\cdot}25\ \therefore \theta_3 = 14°2'$$

$$\sin\ \theta_3 = 0{\cdot}2424,\ \text{Cos}\ \theta_3 = 0{\cdot}97$$

$$\tan\ \theta_4 = \frac{10}{8} = 1{\cdot}25 \qquad \because \theta_4 = 51°20'$$

$\sin\ \theta_4 = 0{\cdot}78{\cdot}8$ और $\cos\ \theta_4 = 0{\cdot}6247$

कदम II. L_0U_1 और L_0L_1 अवयवों में बल के लिए ढाँचे को L_0U_1 और L_0L_1 को काटता हुआ काट काटें तथा बायें हाथ की तरफ के भाग को संतुलन में मानिए ।

U_1 पर घूर्ण लेने पर,

$$L_0L_1 \times 6 = 16 \times 8$$

$$\therefore\ L_0L_1 = \frac{16 \times 8}{6} = \frac{64}{3} = 21{\cdot}33\ \text{KN (तन्य)}$$

L_0U_1 अवयव में बल के लिए L_1 पर घूर्ण लें,

$$L_0U_1 \times 8\ \sin\ \theta_1 = 16 \times 8$$

$$\therefore\ L_0U_1 = \frac{16 \times 8}{8 \times 0{\cdot}6} = 26{\cdot}67\ \text{KN (संपीडित)}$$

कदम III. U_1L_1 और L_1L_2 अवयवों में बल ज्ञात करने के लिए U_1L_2, L_1L_2 और U_1L_0 को काटता हुआ काट लो तथा इसके संतुलन के लिए बायें तरफ का भाग मानिए ।

L_0 के अधीन घूर्ण लेने पर,

$$U_1L_1 \times 8 = 5 \times 8, \qquad \therefore\ U_1L_1 = 5\ \text{KN}$$

L_1L_2 में बल के लिए U_1 पर घूर्ण लेवें,

$$L_1L_2 \times 6 = 16 \times 8 - 5 \times 0$$

$$\therefore\ L_1L_2 = \frac{128}{6} = 21{\cdot}33\ \text{KN (तन्य)}$$

कदम IV. U_1U_2 और U_1L_2 में बल प्राप्त करने के लिए U_1U_2, U_1L_2 और L_1L_2 को काटता हुआ काट लें। U_1U_2 में बल के लिए L_2 पर घूर्ण लेवें,

$U_1U_2 \times AL_2 \sin \theta_2 = 16 \times 16 — 5 \times 8$

U_2L_2 A और U_2U_1L समान त्रिभुजों द्वारा,

$$\frac{AL_2}{10} = \frac{U_1L}{U_2L} = 8/4$$

$\therefore AL_2 = 8/4 \times 10 = 20$ meters

$U_1U_2 \times 20 \sin \theta_2 = 16 \times 16 — 8 \times 5 = 256 — 40 = 216$

$$U_1U_2 = \frac{216}{20 \times 0{\cdot}4467} = 24{\cdot}17 \text{ NN (संपीडित)}$$

U_1L_2 में बल के लिए A पर घूर्ण लेवें,

$U_1L_2 \times AL_2 \sin\theta_1 = 16 \times AL_0 — 5(L_0L_1 + AL_0)$

$U_1L_2 \times 20 \times 0{\cdot}60 = 16 \times 4 — 5 \times 12$

$$\therefore\ U_1L_2 = \frac{64—60}{20 \times 0{\cdot}60} = \frac{4}{20 \times 0{\cdot}50} = 0{\cdot}33 \text{ KN (तन्य)}$$

कदम V. U_2L_2 और L_2L_3 अवयवों में बल के लिए, U_1U_2, U_1L_2, और L_2L_3 को काटता हुआ काट लें। U_1L_2 में बल के लिए A के अधीन घूर्ण लेवें,

$U_2L_2 \times 20 = 16 \times 4 — 5 \times 12 — 6 \times 20$

$= 64 — 60 — 120 = —116$

$$U_2L_2 = —\frac{116}{20} = —5{\cdot}8 \text{ KN (तन्य)}$$

L_2L_3 में बल में लिए U_2 पर घूर्ण लें,

$L_2L_3 \times 10 = 16 \times 16 — 5 \times 8 — 6 \times 0 = 256 — 40$

$$L_2L_3 = \frac{216}{10} = 21{\cdot}6 \text{ KN (तन्य)}$$

कदम VI. U_2L_3 और U_2U_3 अवयवों में बल प्राप्त करने के लिए U_2U_3, U_2L_3 और L_2L_3 को काटता हुआ काट लें।

BL_3U_3 और $U_2L'U_3$ समान त्रिभुजों द्वारा,

$$\frac{BL_3}{L_3U_3} = \frac{U_2L'}{U_3L'} \text{ या } \frac{BL_3}{12} = \frac{8}{2}$$

$\therefore BL_3 = 48$ Meteres

$\therefore L_0B = 48 - 24 = 24$ Meters

U_2U_3 अवयव में बल के लिए L_3 पर घूर्ण लेवें,

$U_2U_3 \times 48 \sin\theta_3 = 16 \times 24 - 5 \times 16 - 6 \times 8$

या $U_2U_3 \times 48 \times 0{\cdot}2425 = 384 - 80 - 48 = 256$

$$\therefore U_2U_3 = \frac{256}{48 \times 0{\cdot}2435} = 22 \text{ KN}$$ (संपीडित)

U_2L_3 अवयव में बल के लिए B पर घूर्ण लेवें,

$$U_2L_3 \times 48 \sin\theta_4 = 24 \times 16 - 5 \times 32 - 6 \times 40$$
$$= 384 - 160 - 240$$
$$= -16$$

$$U_2L_3 = \frac{-16}{48 \times 0\ 7808} = \frac{1}{3 \times 0{\cdot}7808}$$

$$\frac{1}{3{\cdot}3424} = 0{\cdot}427 \text{ KN}$$ (संपीडित)

कदम VII. U_3L_3 अवयव में बल प्राप्त करने के लिए U_2 U_3, U_3 L_3, U_4L_3 और L_3L_4 को काटें और B के अधीन घूर्ण लेवें,

$$U_3L_3 \times 48 = 10 \times 48 + 6 \times 40 + 5 \times 32 - 16 \times 24 + 0{\cdot}427 \sin\theta_4 \times 48$$
$$= 480 + 240 + 160 - 384 + 0{\cdot}427 \times 0{\cdot}7808 \times 48$$
$$= 880 - 384 + 0{\cdot}33 \times 48 = 512$$

$$\therefore U_3L_3 = \frac{512}{48} = 10{\cdot}67 \text{ KN}$$ (तन्य)

सारणीबद्ध व्यवस्था में परिणाम निम्नानुसार हैं :

अवयव	बल	बल की प्रवृत्ति
L_0L_1	21·33 KN	तन्य
L_0U_1	26·67 ,,	संपीडित
U_1L_1	5 00 ,,	तन्य
U_1L_2	0·33 ,,	तन्य
L_1L_2	21·33 ,,	तन्य
U_1U_2	24·17 ,,	संपीडित
U_2L_2	5·80 ,,	तन्न
U_2L_3	0·427 ,,	संपीडित

L_2L_3	21·6	,,	तन्य
U_2U_3	22·0	,,	संपीडित
U_3L_3	10·67	,,	तन्य

समानता के कारण कैंची के दायें आधे भाग के अवयवों में भी अनुरूपी बल ही होंगे।

(*ii*) **जोड़ विधि** (Method of Joints)

यह विधि इस सिद्धान्त पर आधारित है कि किसी संतुलित जोड़ पर समस्त बलों के ऊर्ध्वाधर संघकटों और क्षैतिज संघकटों का बीजीय योग शून्य होता है।

गणित अनुसार, $\Sigma H=0$ और $\Sigma V=0$

किसी जोड़ को हल करते समय यह ध्यान रखना चाहिए कि उस जोड़ पर दो अज्ञात संघटकों से अधिक अवयव नहीं होने चाहिए। दो समीकरणें बनेंगी, एक क्षैतिज संघटकों के लिए तथा दूसरी ऊर्ध्वाधर संघटकों के लिए और इन दोनों को हल करने पर दोनों अज्ञात बल ज्ञात किए जा सकते हैं।

इन दोनों अज्ञात बलों की प्रवृत्ति सावधानी पूर्वक निर्धारित करें जो कई स्थितियों में सम्भव होती है। जब कभी ऐसा निर्धारण संभव न हो तो दोनों अज्ञातों को तनाव या संपीडित मानिए। $\Sigma H=0$ और $\Sigma V=0$ को हल करने के पश्चात् यदि दोनों में से किसी भी अज्ञात का मान ऋणात्मक हो तो यह निश्चित हो जाता है कि उस बल की कल्पित दिशा गलत है और बल की उचित दिशा अंकित कर देनी चाहिए।

ऊर्ध्वाधर और क्षैतिज संघटकों के लिए नीचे दी गई परिपाटी अपनाइए।

ऊपर की तरफ के ऊर्ध्वाधर घटक धनात्मक और नीचे की तरफ के ऊर्ध्वाधर घटक ऋणात्मक होते हैं।

इसी प्रकार क्षैतिज घटकों के लिए दाएँ बताने वाले घटक धनात्मक और बाँए बताने वाले घटक ऋणात्मक होते हैं।

उदाहरण 4. चित्र 17·5 में दिए अनुसार वारेन पुलकैंची (Warrens Bridge Truss) भार वहन करती है। यदि प्रत्येक खण्ड 4m लम्बा तथा कैंची का कोण 60° हो तो जोड़ विधि द्वारा प्रत्येक अवयव में बल ज्ञात कीजिए।

हल—कदम I. आलम्ब बल ज्ञात करने के लिए, जोड़ (1) पर सब बलों का घूर्ण लेवें,

$$R_2\times 8=4000\times 6+8000\times 4+2000\times 2$$
$$=24000+32000+4000$$
$$R_2=\frac{60000}{8}=7500 \text{ kg}$$

$R_1 = 14000 - 750 = 6500$ kg

कदम II. जोड़ (1) पर ध्यान दीजिए ।

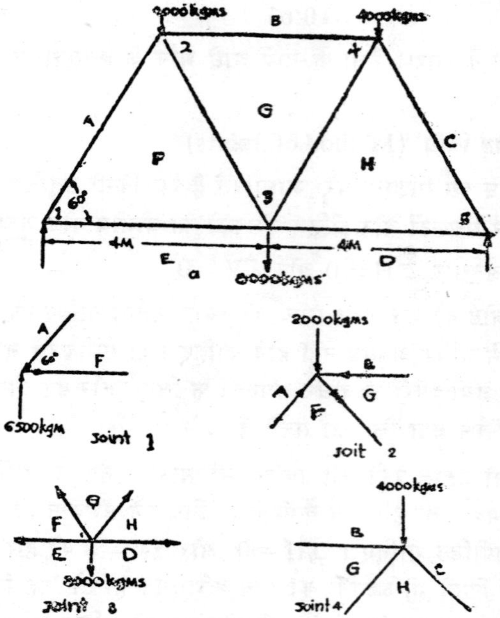

चित्र 17·5

ऊर्ध्वाधर दिशा में वियोजित करने पर,

$-AF \sin 60 + 6500 = 0$

$\therefore \qquad AF = \frac{6500}{0{\cdot}866} = 7506$ kg (संपीडित)

क्षैतिज दिशा में वियोजित करने पर

$-AF \cos 60° + EF = 0$

$\therefore\ AF \cos 60° = EF = 7506 \times \frac{1}{2} = 3753$ kg (तनाव)

कदम III. जोड़ (2) पर ध्यान दीजिए ।

FG और BG अज्ञात बल हैं । तार्किक ज्ञान (Logically) द्वारा संलग्न चित्र में FG और BG की दिशाएँ अंकित की गई हैं ।

ऊर्ध्वाधर दिशा में वियोजन करने पर;

$-2000 + AF \cos 30° - FG \cos 30° = 0$

$AF \cos 30° = 2000 + FG \cos 30°$

$$7506 \times 0{\cdot}866 = 2000 + FG \times 0{\cdot}866$$

$$FG \times 0{\cdot}866 = 7506 \times 0{\cdot}866 - 2000$$

$$\therefore \; FG = 7506 - \frac{2000}{0{\cdot}866} = 7506 - 2309$$

$$= 5198 \text{ kg (तन्य)}$$

क्षैतिज दिशा में वियोजित करने पर,

$$AF \cos 60° + FG \cos 60° - BG = 0$$

या $BG = AF \cos 60° + FG \cos 60°$

$$= 7506 \times \tfrac{1}{2} + 5797 \times \tfrac{1}{2}$$

$$= 3753 + 2598{\cdot}5 = 6351{\cdot}5 \text{ kg (संपीडित)}$$

कदम IV. जोड़ (3) पर ध्यान दीजिए।

चित्र में दिखाए अनुसार GH और HD अज्ञात बलों की दिशाएँ कल्पित कीजिए।

ऊर्ध्वाधर दिशा में वियोजित करने पर,

$$FG \cos 30° + GH \cos 30° = 8000$$

$$GH \cos 30° = 8000 - FG \cos 30°$$

$$= 8000 - 5197 \times 0{\cdot}866$$

या $$GH = \frac{8000}{0{\cdot}866} - 5197 = 4043 \text{ kg (तन्य)}$$

सब बलों को क्षैतिज दिशा में वियोजित करने पर,

$$-3703 + HD - FG \cos 60° + 4043 \cos 60° = 0$$

$$HD = 3703 + 5197 \times \tfrac{1}{2} - 4043 \times \tfrac{1}{2}$$

$$= 3703 + 2598{\cdot}5 - 2021{\cdot}5$$

$$= 6301{\cdot}5 - 2021{\cdot}5 = 4280 \text{ kg (तन्य)}$$

कदम V. जोड़ (4) पर ध्यान दीजिए।

केवल GH अज्ञात बल है। इसे जोड़ से परे की दिशा में मानिए।

ऊर्ध्वाधर दिशा में वियोजित करने पर,

$$-GH \cos 30° - CH \cos 30° - 4000 = 0$$

$$-GH \times 0{\cdot}866 - CH \times 0{\cdot}866 = 4000$$

$$GH \times 0{\cdot}866 = -4000 - 4043 \times 0{\cdot}866$$

$$\therefore \quad HC = -\frac{4000}{0{\cdot}866} - 4043 = -4619 - 4043$$

$$= -8662 \text{ kg}$$

चूँकि इसका चिह्न ऋणात्मक है अतः इसका निशान संपीडित होगा।

अतः CH = 8662 kg (संपीडित)

सारिणीबद्ध परिणाम निम्नानुसार हैं :

अवयव	बल	बल की प्रवृत्ति
AF	7506 kg	संपीडित
EE	3703 kg	तन्य
BG	6351·5 kg	संपीडित
GF	5197 kg	तन्य
GH	4043 kg	तन्य
HD	4280 kg	तन्य
HC	8662 kg	संपीडित

17·5. जोड़ विधि की परिसीमाएँ

यह विधि उसी समय उपयोगी होती है जब कैंची के समस्त अवयवों में बल ज्ञात करने हों। यदि कैंची के मध्य में किसी अवयव में बल ज्ञात करना हो तो शुरू से लेकर वांछित जोड़ तक समस्त जोड़ों को हल करना पड़ता है। अतः इस विधि से हल में समय अधिक लगता है। इन स्थितियों में काट विधि सबसे अधिक उपयोगी रहती है।

17·6. बाउ के संकेत (Bow's Notation)

बाउ संकेत के अनुसार एक बल बड़े अक्षरों द्वारा बल की क्रिया रेखा के किसी भी ओर के स्थानों को नाम देकर प्रदर्शित किया जाता है। उदाहरणार्थ चित्र 17·6 देखिए। एक '*ab*' बल बाउ संकेत अनुसार AB दिखलाया गया है।

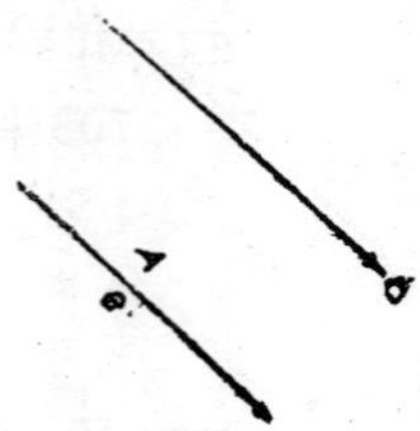

चित्र 17·6

एक दूसरा बाउ-संकेत का उदाहरण चित्र 17·7 में दिया गया है :

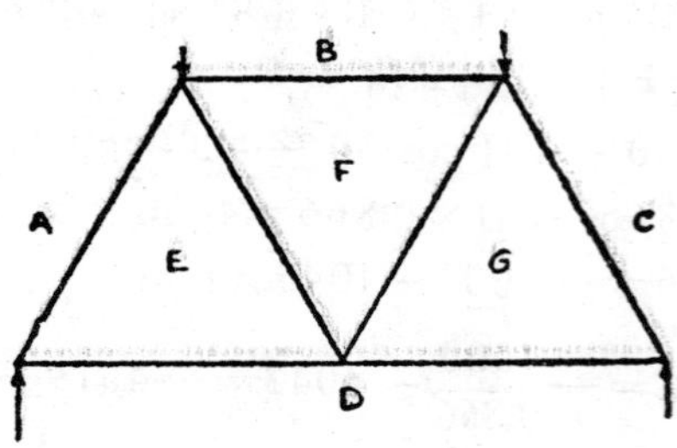

चित्र 17·7

इस चित्र में समस्त बलों को आसानी से अंकित किया जा सकता है। यह संकेत लेखाचित्रीय विधि के लिए बहुत लाभदायक है और आगे लेखाचित्रीय विधि द्वारा हल किए गए समस्त उदाहरणों में यही संकेत काम में लाए गए हैं।

बाउ-संकेत का सबसे बड़ा लाभ यही है कि स्थान तथा बल आरेख दोनों में बल और तद्नुसार सदिश (vector) आसानी से जाने जा सकते हैं, चूंकि यही दो अक्षर स्थान आरेख में बड़े अक्षरों द्वारा तथा बल आरेख में छोटे अक्षरों द्वारा बल विशेष तथा उसके सदिश (vector) को सूचित करते हैं।

17·7. **स्थान आरेख** (Space Diagram)

यह उचित पैमाने पर खींचे गए किसी मुक्त पिंड का सही नक्शा है जिसमें विभिन्न बलों की स्थितियाँ दिखाई होती हैं। साधारणतया इसे किसी निश्चित पैमाने पर एक अवयव का आरेख कह सकते हैं। उदाहरणार्थ यदि कोई कैंची लेखा-चित्रीय विधि से हल करनी है तो इसे किसी पैमाने पर खींचना होता है। पैमाने पर बनी कैंची को ही स्थान आरेख कहते हैं।

17·8. **बल आरेख या संदिश आरेख** (Force diagram or vector diagram)

वह आरेख जो बलों के परिणाम बताता है और संघटकों में बहुरोपित हो उसे बल या सदिश आरेख कहते हैं।

चित्र 17·8 में, एक धरन पर दो भार AB और BC तथा इसके आलम्ब बल CE और EA द्वारा दिखाए गए हैं। चित्र 17·8 (a) जिसमें धरन की रूप रेखा और बलों की स्थितियाँ दिखाई गई हैं, स्थान आरेख है जबकि बल या सदिश आरेख चित्र 13·8 (b), स्थान आरेख के बलों का बहुरोपण और परिणाम बताता है।

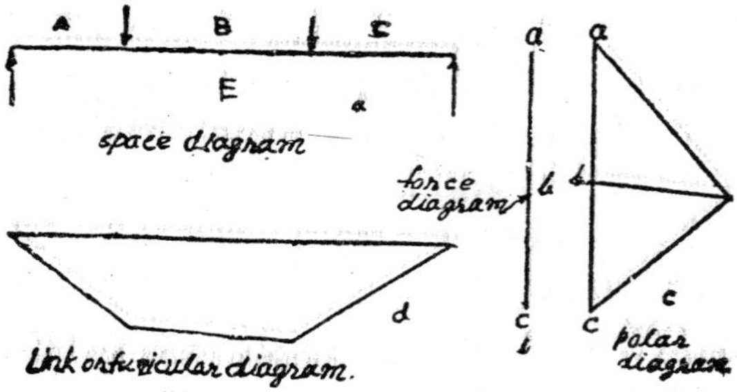

चित्र 17·8

17·9. **ध्रुवीय आरेख** (Polar diagram)

सदिश-आरेख में, किसी उचित जगह ध्रुव मानिए और बल आरेख के समस्त बिन्दुओं से मिलाइए। इस प्रकार का आरेख ध्रुवीय आरेख कहलाता है। चित्र 17·8 (c) में पोलर चित्र दिखाया हुआ है।

17·10. संयोजन या श्रृंखला बहुभुज (Funiculor or Link Polygon)

संयोजन बहुभुज वह आकार है जो कड़ियों पर बल लगाने से कड़ियों के बने हुए रस्से या जंजीर का स्वतंत्रतापूर्वक लटकाने से प्राप्त होता है। उदाहरण के लिए दिया गया चित्र 17·8 (d) देखिए।

17·11. लेखा चित्र विधि से आलम्ब बल ज्ञात करना

1. बिन्दु भार वहन करने वाली शुद्धालम्ब धरन की स्थिति में,

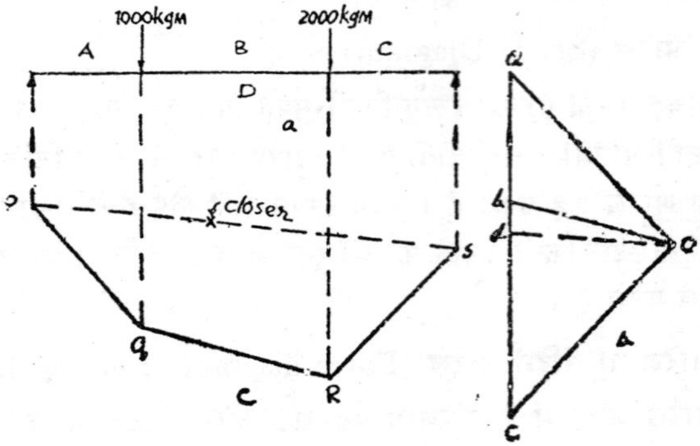

चित्र 17·9

माना कि धरन पर 1000 kg और 2000 kg के दो बिन्दु भार कार्य कर रहे हैं।

बाउ संकेत अनुसार बलों को प्रदर्शित करें। बायें तरफ के आलम्ब को DA द्वारा और दायें तरफ के आलम्ब को CD द्वारा अंकित किया गया है। बायें आलम्ब और 1000 kg बल के बीच के स्थान को A द्वारा, 1000 kg और 2000 kg बलों के बीच के स्थान को B द्वारा और 2000kg बल तथा दायें तरफ के आलम्ब के बीच के स्थान को C द्वारा अंकित किया गया है। आलम्बों के बीच के स्थान को D माना गया है।

किसी पैमाने पर ऊर्ध्वाधर भार रेखा *a b*, 1000 kg के बराबर तथा *b c*, 2000 kg के बराबर खींचो।

चित्र 17·9 (*b*) देखिए। एक ध्रुव बिन्दु O मानिए तथा इसे भार रेखा के बिन्दु *a*, *b* और *c* से मिलाकर ध्रुवीय आरेख बनाइए।

बायें हाथ के आलम्ब, 1000 kg बल, 2000 kg बल और दायें हाथ के आलम्ब में से ऊर्ध्वाधर रेखाएँ खींचे। स्थान A में ध्रुवीय आरेख के *o a* रेखा के समानान्तर '*pq*' रेखा, स्थान B में *ob* के समानान्तर '*q*R' रेखा और स्थान C में *oc* के समानान्तर 'R*s*' रेखा खींचें। इस प्रकार *pq* 'R*s*' एक श्रृंखलाबहुभुज बन जाता है।

sp रेखा को मिलाइए। *sp* रेखा मापन रेखा (closer) कहलाती है। अब ध्रुव 'O' में से समापन रेखा के समानान्तर '*od*' रेखा खींचो। ऊर्ध्वाधर रेखा *abc* का *cd* दायें हाथ का आलम्ब बल और '*da*' बायें हाथ की तरफ के आलम्ब बल निर्देशित करती है।

2. कैंची में आलम्ब बल ज्ञात करना

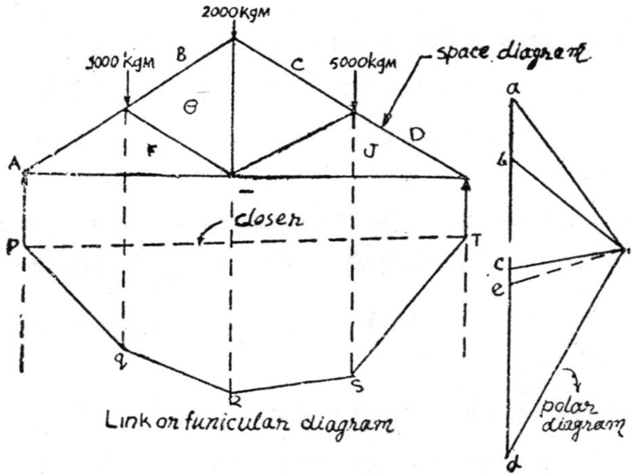

चित्र 17·10

आलम्ब बल ज्ञात करने की विधि शुद्धालम्ब धरन के लिए बताई गई विधि के समान ही है।

कैंची का स्थान आरेख बनाओ और बाउ संकेत अनुसार बलों का स्थान अंकित करें।

उचित पैमाने पर 1000 kg, 2000 kg और 5000 kg के बराबर क्रमशः *ab*, *bc* और *cd* भार रेखाएँ खींचो। किसी बिन्दु को उचित ध्रुव मानकर ध्रुवीय आरेख पूरा कीजिए।

ध्रुवीय आरेख के *oa*, *ob*, *oc*, और *od* रेखाओं के समानान्तर A, B, C और D स्थानों में क्रमशः *pq*, *q*R RS और ST रेखाएँ खींचें।

P और T को मिला दो, PT समापन रेखा है। PT के समानान्त *oe* रेखा खींचें, जो *ae* और *ad* आलम्ब बलों का परिमाण और दिशाएँ बताती हैं।

तापमान में परिवर्तन के कारण कैंची की लम्बाई में भी परिवर्तन होता रहता है अतः कैंची का एक सिरा कब्जेदार और दूसरा रोलरों पर स्वतन्त्रतापूर्वक रखा जाता है। कोई भी क्षैतिज या संघटक बल कब्जेदार सिरे द्वारा प्रतिरोधित किया जाता है जबकि रोलरों पर रखे गए सिरे पर लम्बाई में परिवर्तन

समायोजन (Adjustment) किया जाता है। रोलर सिरे पर प्रक्रिया बल हमेशा रोलरों के लम्ब होता है जबकि कब्जेदार सिरे पर प्रक्रिया बल नत भी हो सकता है क्योंकि ऊर्ध्वाधर और क्षैतिज दोनों घटक इस सिरे से प्रतिरोधित होते हैं। लेखाचित्रीय द्वारा अभिलम्ब बलों का परिणाम और दिशाएँ आसानी से ज्ञात की जा सकती हैं।

17·12. प्रतिबल आरेख के लिए कल्पनाएँ (Assumptions for Stress Diagram)

1. कैंची के समस्त अवयव एक ही समतल में माने जाते हैं अतः समस्त अन्तंग्रस्त बल समतलीय बल पद्धति (System of co-planer forces) बनाते हैं।
2. प्रतिबलों के अधीन अवयवों का विरूपण अवयवों के माप की तुलना में उपेक्षणीय है अतः कैंची की आकृति विरूपण द्वारा नहीं बदलती।
3. चूँकि समस्त जोड़ कीलदार माने जाते हैं अतः अवयव कोई घूर्ण प्रतिरोधित नहीं करता।
4. उपयुक्त भार जोड़ों पर ही कार्य करते हैं।
5. जब तक बिनिर्देशित न हो, अवयवों का स्वयं का भार उपेक्षणीय होता है।

17·13. प्रतिबल आरेख की बनावट

किसी उचित पैमाने पर कैंची के अवयवों में बलों के परिणाम को प्रदर्शित करने वाला आरेख प्रतिबल आरेख कहलाता है। प्रतिबल आरेख की बनावट क्रिया नीचे दी गई है :

1. किसी पैमाने पर भार सहित ढाँचे को दिखलाते हुए स्थान आरेख बनाएँ।

2. यदि प्रक्रियाओं की दिशा ज्ञात हो तो क्रिया रेखाएँ अंकित कर दें।

3. बाउ संकेत अनुसार बाह्य बलों के बीच स्थानों सहित ढाँचे के स्थानों का नामांकन करें।

4. उचित पैमाने पर समस्त लगाए गए भारों की भार रेखाएँ खींचो।

5. विश्लेषणात्मक (Analytically) या लेखाचित्रीय किसी भी विधि से जो सरल हो, अभिलम्ब बल ज्ञात करे।

6. ढाँचे के बाएँ हाथ की तरफ के जोड़ से शुरू करके प्रत्येक जोड़ के लिए बल त्रिभुज या बल-बहुभुज दक्षिणावर्त दिशा में भार रेखा के अधीन बनाये। परन्तु यह ध्यान रखें कि वही जोड़ मानना चाहिए जिस पर केवल दो बल अज्ञात हों। यदि अज्ञात बल तीन या तीन से अधिक हैं तो हल संभव नहीं होता है।

7. कई स्थितियों में तीन अज्ञात बल गणना में आ जाते हैं और इस स्थिति में, एक अवयव में बल या तो काट-विधि द्वारा मालूम किया जाता है अन्यथा दो अवयवों को एक अवयव में बदलकर जोड़ हल किया जाता है। इसे प्रतिस्थापन विधि भी कहते हैं।

8. तीन अज्ञात बलों की कठिनाई आने पर पूरी कैंची को या तो काट विधि या प्रतिस्थापन विधि द्वारा हल करते हैं। समस्त जोड़ों को एक के बाद एक क्रमागत लेने पर प्रतिबल आरेख प्राप्त किया जाता है जिसकी भुजाओं को जब भार के पैमाने पर नापा जाता है तो अवयव में प्रतिबल निर्देशित होता है। यदि कोई दो बिन्दु एक बिन्दु पर ही संपात करें तो उन अक्षरों द्वारा निर्देशित अवयव में शून्य प्रतिबल होता है।

उदाहरण 5. नीचे चित्र 17·11 में दी गई कैंची के सब अवयवों में बल ज्ञात कीजिए।

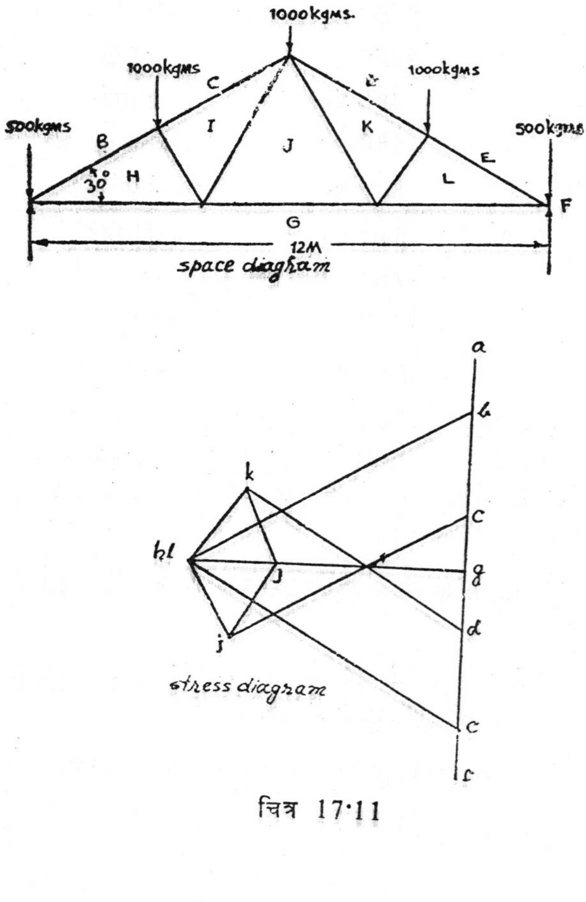

चित्र 17·11

स्थान आरेख और प्रतिबल आरेख क्रमशः 1 cm = 1 m और 1 cm = 500 kg पैमाने पर खींचे गए हैं जैसा कि 17·11 (*a*) और (*b*) में दिखलाया गया है।

विश्लेषणात्मक विधि से आलम्ब बल ज्ञात किए गए हैं जो प्रत्येक 2000 kg के लिए बराबर हैं :

कैंची के बायें तरफ से लेकर एक-एक जोड़ हल कर प्रतिबल आरेख बनाया गया है। विभिन्न अवयवों में बल नापकर नीचे सारणीबद्ध दिए गए हैं।

अवयव	बल	बल की प्रकृति
BH	3000 kg	संपीडित
CI	2500 kg	संपीडित
DK	2500 kg	संपीडित
EL	3000 kg	संपीडित
HI	480 kg	संपीडित
IJ	480 kg	तन्य
JK	840 kg	तन्य
KL	840 kg	संपीडित
HG	2600 kg	तन्य
JG	1800 kg	तन्य
LG	2600 kg	तन्य

उदाहरण 6. चित्र 17·12 (*a*) में एक वारन गर्डर और उस पर कार्य कर रहे भार दिखाए हुए हैं। वारन गर्डर के प्रत्येक त्रिभुज की प्रत्येक भुजा 2·5 m है। गर्डर के लिए प्रतिबल आरेख बनाओ और प्रत्येक अवयव में उत्पन्न प्रतिबल सारिणीबद्ध लिखो।

चित्र 17·12 (*a*) में वारन गर्डर तथा उस पर भार का space diagram दिखाया हुआ है।

क्योंकि गर्डर पर कार्य कर रहे भार ऊर्ध्वाधर हैं तथा सम्मित हैं, इसलिए आलम्ब बल भी बराबर होंगे और ऊर्ध्वाधर होंगे।

$$\text{प्रत्येक आलम्ब बल} = \tfrac{1}{2}(4000+4000+4000+4000+4000)$$
$$= 10000 \text{ N}$$

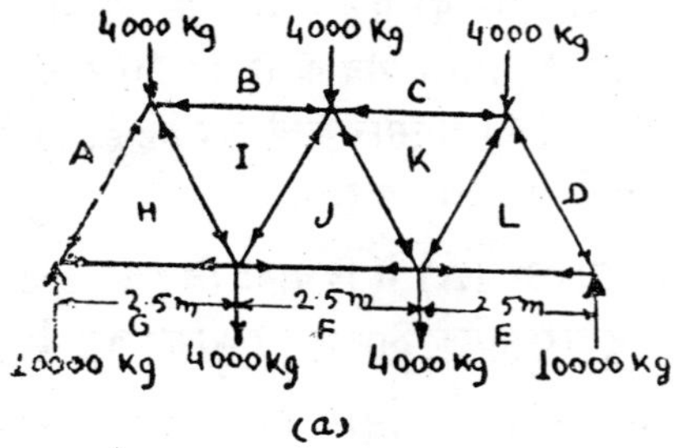

चित्र 17·12 (*a*)

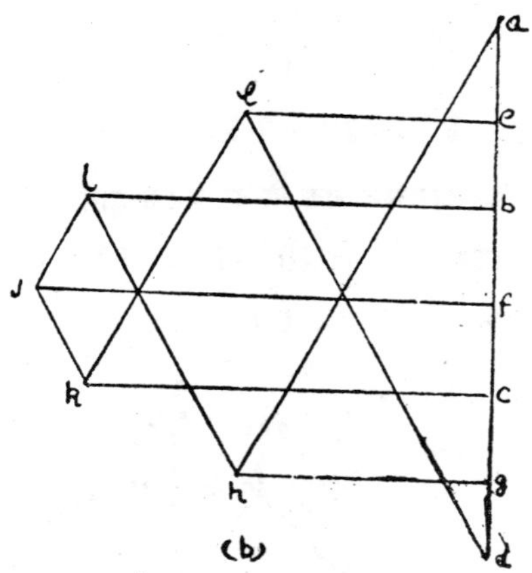

चित्र 17·12 (*b*)

प्रतिबल आरेख चित्र 17·12 (*b*) में दिखाया हुआ है ।

नापने पर प्रत्येक अवयव में बल नीचे दी सारिणी अनुसार हैं ।

अवयव	kg में प्रतिबल	प्रतिबल की किस्म
AH, DL	11440	संपीडक
HG, LE	5720	तनाव
BI, CK	9200	संपीडक
HI, KL	6880	तनाव
IJ, JK	2320	संपीडक
FJ	10400	तनाव

उदाहरण 7. 4m पाट पर एक कैंची, छत का भार उठाने के लिए काम ली गई है। कैंची की उठान 2 m है। यदि कैंची पर 20 t का ऊर्ध्वाधर और 10 t का क्षैतिज बल चित्र 17·13 (A) अनुसार कार्य कर रहे हों तो रेखा चित्रीय विधि द्वारा कैंची के प्रत्येक अवयव में बल ज्ञात करो।

हल—चित्र 17·13 (A) में दिखाया चित्र ही space diagram है। चित्र में बो अंकन पद्धति अनुसार प्रत्येक Spacc को अंकित करें।

कैंची का दायें सिरे वाला आलम्ब क्योंकि रोलर आलम्ब है इसलिए यहाँ पर आलम्ब बल ऊर्ध्वाधर होगा।

दायें सिरे पर आलम्ब बल (R_1) ज्ञात करने के लिए बाये सिरे पर घूर्ण लो

$$R_1 \times 4 = 10 \times 1 + 20 \times 1 = 30$$

$$R_1 = \frac{30}{4} = 7{\cdot}5 \text{ t}$$

$$R_2 = 20 - 7{\cdot}5 = 125{\cdot}\text{t}$$

बायें सिरे पर आलम्ब बल के दो घटक होंगे।

ऊर्ध्वाधर घटक $= 20 - 7{\cdot}5 = 12{\cdot}5$ t और

क्षैतिज घटक $= 10$ t

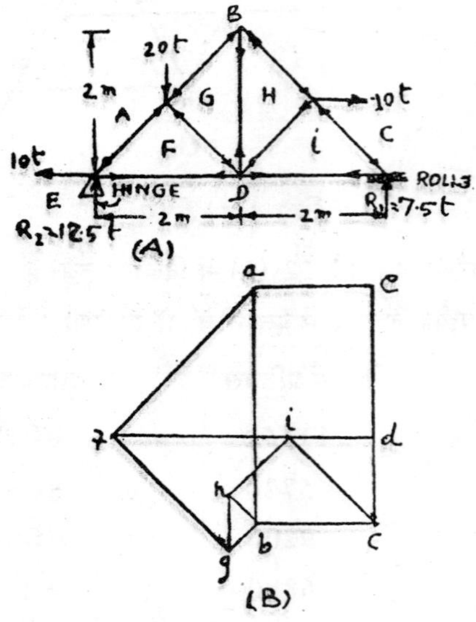

चित्र 17·13

चित्र 17·13 A बाएँ सिरे पर बायें दिशा अंकित करता हुआ तीर दिखाया हुआ है जो इस आलम्ब पर क्षैतिज घटक का सूचक है। क्षैतिज घटक का मान 10 t है। बायें आलम्ब पर ऊर्ध्वाधर और क्षैतिज घटकों के बीच की space को, बो की अंकन पद्धति अनुसार E से अंकित किया हुआ।

सभी अवयवों में बल ज्ञात करने के लिए प्रतिबल आरेख चित्र 17·13 B में बनाया हुआ है। नापने पर विभिन्न अवयवों पर बल निम्नानुसार आते हैं।

अवयव	बल KN में	बल की किस्म
AF	17·5 KN	संपीडक
BG	3·75 KN	संपीडक
BH	3·75 KN	संपीडक
CI	10 625 KN	संपीडक
DI	7·5 KN	तनाव
DF	22·5 KN	तनाव
FD	14·375 KN	संपीडक
GH	5·625 KN	तनाव
HI	6·875 KN	तनाव

उदाहरण 8. चित्र 17·14 (*a*) में दिखाई बाहुधरन कैंची के निचले L_2, L_3 और U_4 प्रत्येक बिन्दु पर 2t का भार कार्य कर रहे हैं। कैंची में 1·5m के तीन पैनल है तथा नत कोण 30° है। कैंची के प्रत्येक अवयव में बल ज्ञात करो।

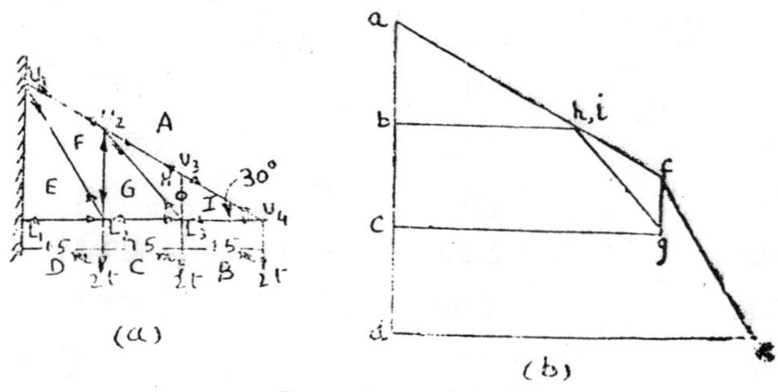

चित्र 17·14 (*a*) (*b*)

कैंची का Space diagram चित्र 17·14 (*a*) में दिखाया हुआ है। Space diagram में बो की अंकन पद्धति से विभिन्न अवयवों को दर्शाओ।

प्रतिबल आरेख चित्र 17·14 (*b*) में दिखाया हुआ है। नापने पर विभिन्न अवयवों में बल विम्नानुसार हैं।

अवयव	KN में बल	बल की किस्म
U_3U_4	4·0	तनाव
L_3U_4	3·5	संपीडक
U_3L_3	0	0
U_2L_3	2·65	तनाव
U_2U_3	4·0	तनाव
L_2L_3	5·2	संपीडक
U_2L_2	1·0	संपीडक
L_1L_2	6 95	तनाव
U_1L_2	3·5	तनाव
U_1U_2	6·0	तनाव

उदाहरण 9. चित्र 17·15 (*a*) में दिखाई बाहुधरन कैंची के अवयवों में बल रेखा चित्रीय विधि से बल ज्ञात करो।

चित्र में बो-अंकन पद्धति अनुसार अंकन करो और चित्र 17·15 (*b*) अनुसार प्रतिबल आरेख बनाओ। नापने पर विभिन्न अवयवों में बल निम्न होंगे।

अवयव	टन में बल	बल की किस्म
BF	1 16 t	तनाव
FC	2·30	संपीडक
EF	2·30	तनाव
EC	2·30	संपीडक
DE	4 60	संपीडक
DA	4·60	तनाव

उदाहरण 10. चित्र 17·16 (*a*) में एक बाहुधरन कैंची का चित्र दिखाया हुआ है। कैंची के विभिन्न अवयवों में लेखाचित्रीय विधि द्वारा बल ज्ञात करो।

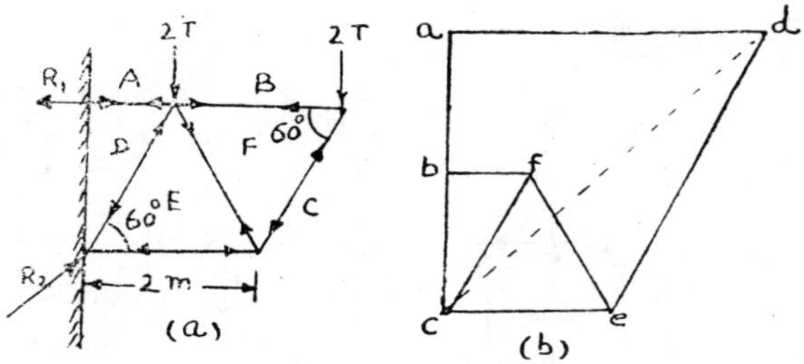

चित्र 17·15 (*a*) (*b*)

हल :

चित्र 17·16 (*a*) में ही बो अंकन पद्धति द्वारा विभिन्न space अंकित करो और चित्र 17·16 (*b*) अनुसार प्रतिबल आरेख बनाओ । नापने पर विभिन्न अवयवों में बल निम्नानुसार आते हैं ।

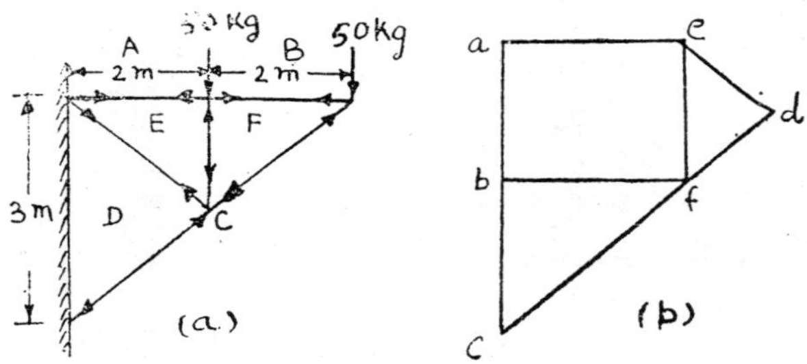

चित्र 17·16 (*a*) (*b*)

अवयव	बल का मान ब	ल की किस्म
CF	85·0	संपीडक
BF	67·5	तनाव
EF	50·0	संपीडक
DE	42·5	तनाव
DC	127·5	संपीडक
EA	66·5	तनाव

उदाहरण 11. चित्र 17·17 में एक फ्रेम का चित्र दिखाया हुआ है। फ्रेम के नत अवयवों में बल ज्ञात करो।

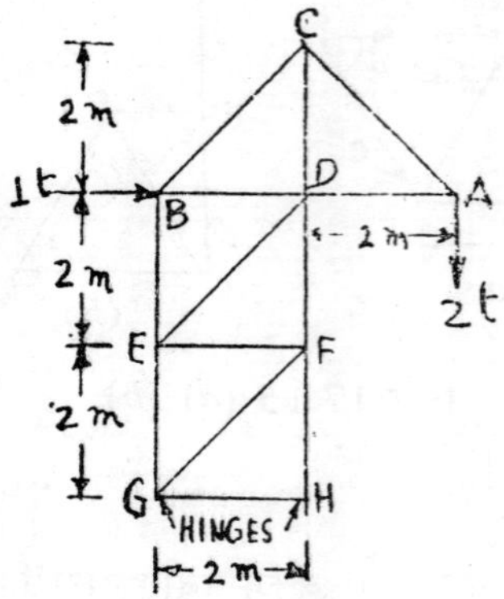

चित्र 17·17

चित्र 17·18 (*a*) में फ्रेम का space diagram दिखाया हुआ है और चित्र 17·18 (*b*) में प्रतिबल आरेख दिखाया हुआ है। नापने पर विभिन्न अवयवों में बल निम्नानुसार हैं।

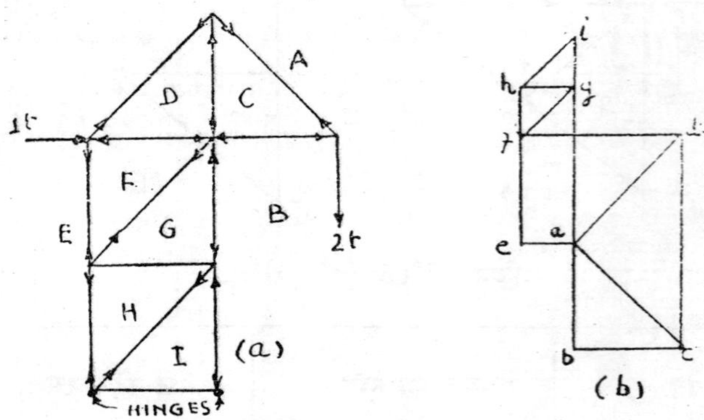

चित्र 17·18 (*a*) (*b*)

अवयय	बल का मान टन में	बल की किस्म
AC	2·83 t	तनाव
DA	2·83 t	,,
FG	1·414 t	,,
HI	1·414 t	,,

उदाहरण 12. चित्र 17·19 (*a*) में एक फ्रेम दिखाया हुआ है। फ्रेम के विभिन्न अवयवों में बल ज्ञात करो।

चित्र 17·19 (*a*) में ही फ्रेम व इस पर भार दिखाए हुए हैं। इसी चित्र में विभिन्न जगहें बो की अंकन पद्धति अनुसार अंकित करें।

चित्र 17·19 (*b*) में प्रतिबल आरेख दिखाया हुआ है। इस उदाहरण में पहले आलम्ब बल ज्ञात करना आवश्यक नहीं हैं। बायाँ आलम्ब कब्जेदार है, जब कि दायाँ आलम्ब रोलर पर है।

प्रतिबल आरेख नापने से विभिन्न अवयवों में बल निम्नानुसार पाए गए हैं। संपीडक अवयव को (+) और तनाव अवयव को (—) से अंकित किया गया है।

अवयव	बल टन में	अवयव	बल टन में
BE	2(+)	FH,JL	1·0(+)
DE	4(+)	FK,JN	3·0(—)
BG,GB	0	DH	3·0(+)
GF,KJ,MN	1·4(+)	DL	2·0(+)
EF,HJ,LM	1·4(—)	KB	1·0(+)
MC	1·0(—)	NB	2·0(+)

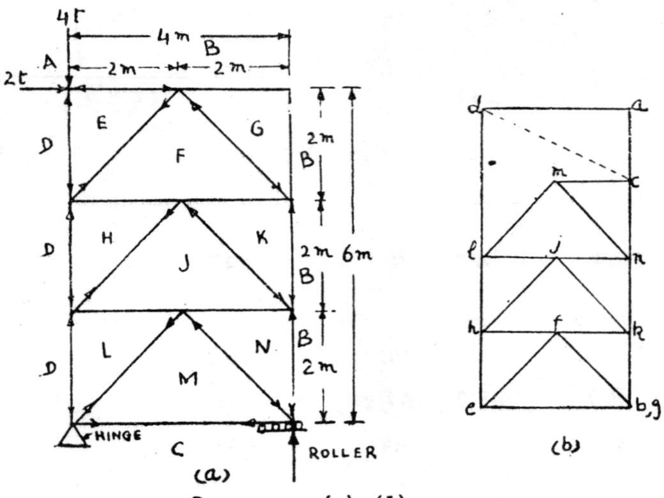

चित्र 17·19 (*a*) (*b*)

वायें सिरे पर आलम्ब बल प्रतिबल आरेख में कटी रेखा Cd से दिखाया हुआ है। नापने पर इसका मान 2·25 t तथा क्षैतिज के साथ कोण 26° 34′ पाया गया।

उदाहरण 13. चित्र 17·20 में एक बाहुधरन फ्रेम के विभिन्न अवयवों में बल ज्ञात करो।

लेखा चित्रीय विधि से हल करने के लिए चित्र 17·21 (*a*) अनुसार space diagram बनाओ और उससे 17·21 (*b*) अनुसार प्रतिबल आरेख दिखाओ। प्रतिबल आरेख नापने पर विभिन्न अवयवों में बल निम्नानुसार है।

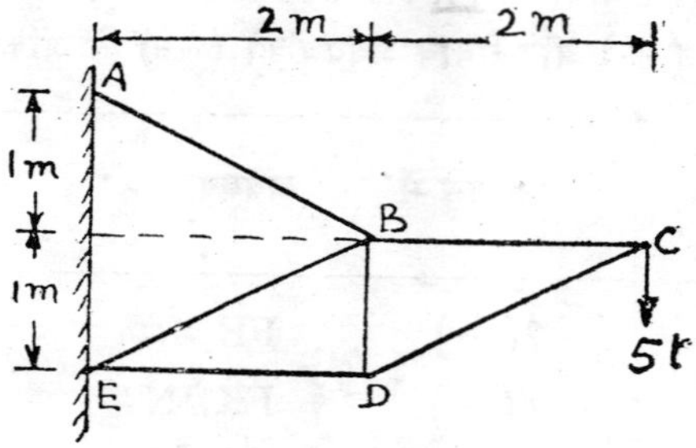

चित्र 17·20

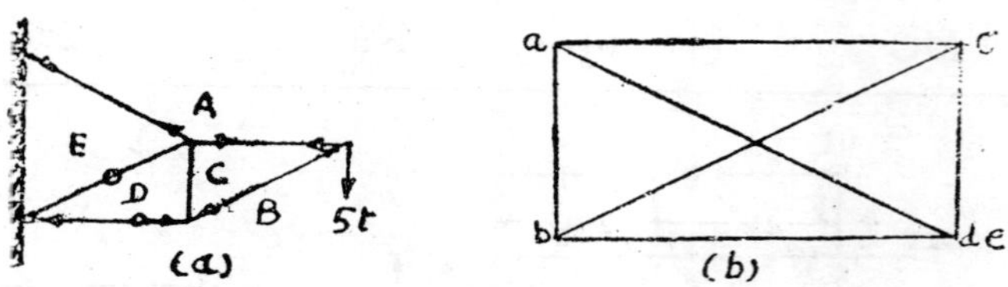

चित्र 17·21 (*a*) (*b*)

अवयव	बल टन में	अवयव	बल टन में
AC	10 t (तनाव)	BD	10·0 (संपीडक)
BC	11·2 t (संपीडक)	DE	0
DC	5·0 t (तनाव)	EA	11·2 t(तनाव)

फ्रेम पर नत भार के लिए आलम्ब बल तथा अवयवों में बल लेखा चित्रीय विधि से ज्ञात करना ।

उदाहरण 14. चित्र 17·22 (*a*) में दिखाए फ्रेम पर तीन भार चित्र अनुसार नत राफ्टर पर कार्य कर रहे हैं । आलम्ब बल तथा फ्रेम के विभिन्न अवयवों में बल लेखाचित्रीय विधि के अनुसार ज्ञात करो । फ्रेम के दोनों सिरे आबद्ध हैं ।

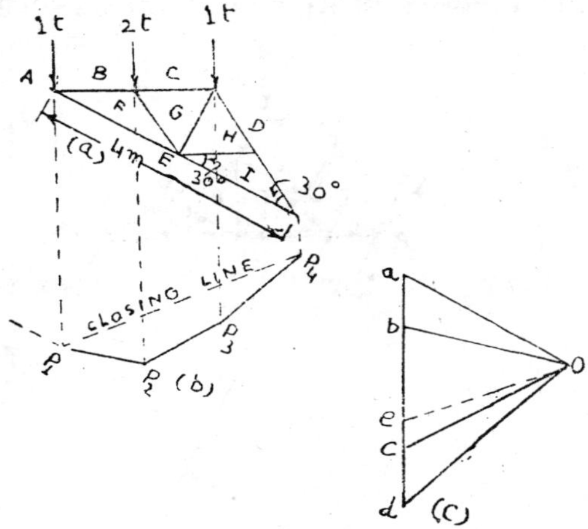

चित्र 17·22

लेखा चित्रीय विधि से आलम्ब बल ज्ञात करना :

I. *abcd* एक रेखा नत भारों के समानान्तर खींचो । यह रेखा इस तरह खींचो कि किसी पैमाने पर *a b*, 1 t, *bc*, 2t और *cd*, 1t प्रदर्शित करें ।

abcd रेखा चित्र 17·22 (*c*) में दिखाई हुई है ।

II. कोई उचित पोल *o* मानिए और *a*, *b*, *c* और *d* सभी बिन्दुओं को इससे *oa*, *ob*, *oc* और *od* रेखाओं से मिला दो ।

III. AB, BC और CD भारों की कार्य रेखाएँ चित्र 17·22 (*a*) और (*b*) आगे बढ़ाओ ।

IV. AB भार की क्रिया रेखा पर कोई बिन्दु p_1 मानिए और इससे *o b* के समान्तर p_1p_2 रेखा B स्पेस में खींचें ।

V. p_2 में से p_2p_3 रेखा, C स्पेस में *oc* के समान्तर खींचें ।

VI. p_3 में से *od* के समान्तर एक रेखा खींचें । मान लो यह p_3 आलम्ब बल की क्रिया रेखा को q_4 पर काटती है ।

VII. p_1 को p_4 से मिला दो। p_1p_4 रेखा को closing line या समापन रेखा कहते हैं। चित्र 17·22 (*b*) देखें।

VIII. *o* बिन्दु में से समापन रेखा $p_1 p_4$ के समानान्तर रेखा खींचो मान लो यह *a b c d* रेखा को *e* बिन्दु पर काटती है।

IX. अब नापने पर *de*, R_2 आलम्ब बल और *ea*, R_1 आलम्ब बल दर्शित करते हैं। नापने पर आलम्ब बल $R_1 = 2·67$ t और $R_2 = 1·33$ t हैं।

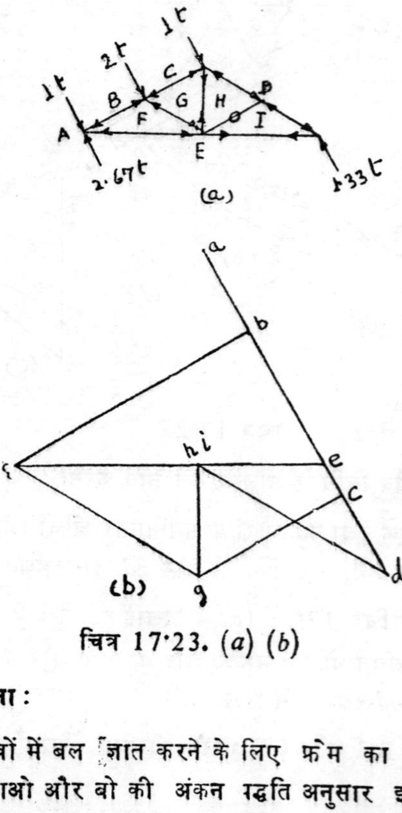

चित्र 17·23. (*a*) (*b*)

बल ज्ञात करना :

विभिन्न अवयवों में बल ज्ञात करने के लिए फ्रेम का चित्र 17·23 (*a*) अनुसार स्पेस चित्र बनाओ और बो की अंकन पद्धति अनुसार इसका अंकन करो। चित्र 17·23 (*b*) अनुसार प्रतिबल आरेख बनाओ। नापने पर विभिन्न अवयवों में बल निम्नानुसार आते हैं :

अवयव	बल	अवयव	बल
BF	3 t (संपीडक)	HD	2·4 t (संपीडक)
FE	3·45 t (तनाव)	HI	0
CG	1·9 t (संपीडक)	ID	2·4 t (संपीडक)
FG	2·4 t (संपीडक)	IE	1·4 t (तनाव)
GH	1·2 t (तनाव)		

प्रश्नावली

1. चित्र 17·24 में दिखाए बाहुधरन फ्रेम के विभिन्न अवयवों में बल ज्ञात करो ?

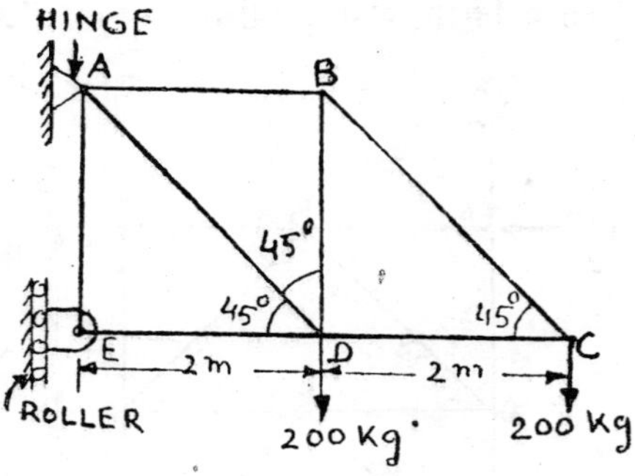

चित्र 17·24

(उत्तर AB = 200 kg (तनाव), BC = 566 kg (तनाव)
CD, DB = 200 kg संपीडक, DE = 1200 kg संपीडक
AD = 1132 kg (तनाव)

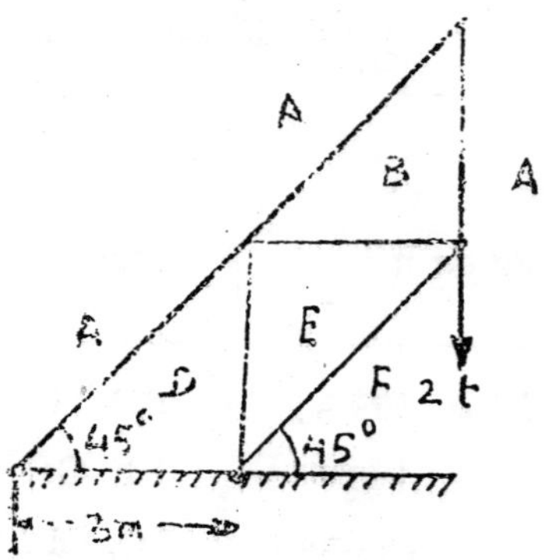

चित्र 17·25

E आलम्ब क्योंकि रोलर हैं इसलिए इस आलम्ब पर आलम्ब बल क्षैतिज है।

2. चित्र 17·25 में दिखाई कैंची के विभिन्न अवयवों में बल ज्ञात करो।

अवयव	बल	अवयव	बल
AB, BA	0	BE	2 t (तनाव)
BF	2·817 t (संपीडक)	AD	2·818 t (तनाव)
DE	2·0 t (संपीडक)		

3. चित्र 17·26 में दिखाए फ्रेम के विभिन्न अवयवों में बल ज्ञात करो।

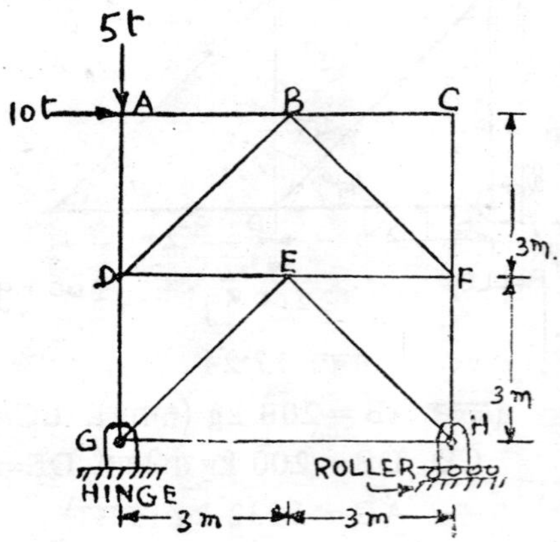

चित्र 17·26

उत्तर—

अवयव	बल टन में	अवयव	बल टन में
AB	10·0 (तनाव)	BD, GE	7·07 (तनाव)
AD, DE, FH	5·0 (संपीडक)	EF, GH	5·0 (तनाव)
BF, EH	7·07 (संपीडक)	BC, CF, DG	0

4. चित्र 17·27 में दिखाए फ्रेम के सभी अवयवों में बल ज्ञात करो। फ्रेम C आलम्ब पर रोलर पर टिका है जबकि A आलम्ब पर कब्जेदार जोड़ है।

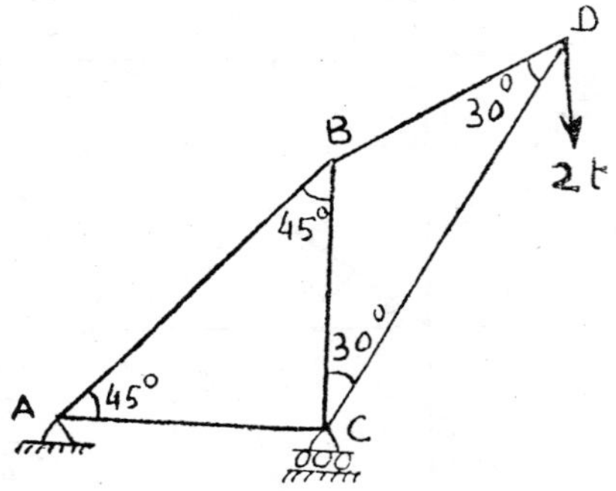

चित्र 17·27

उत्तर AB = 2·44 t (तनाव), BD = 2 t (तनाव), DC = 3·45 (संपीडक), CA = 1·73 t (संपीडक) BC = 0·74 t (संपीडक)

5. चित्र 17·28 में दिखाई कैंची के सभी अवयवों में बल ज्ञात करो।

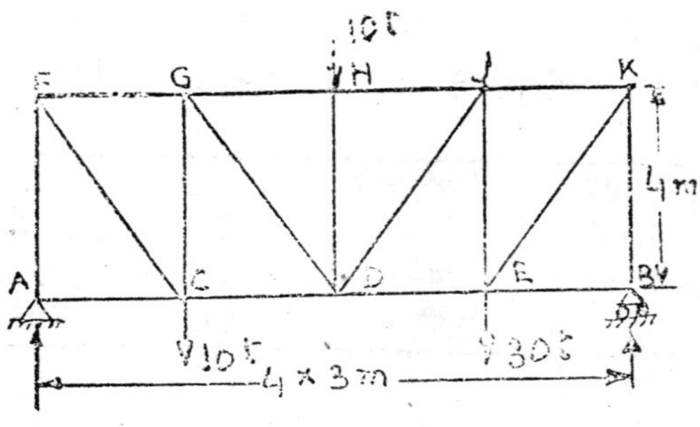

चित्र 17·28

उत्तर—

अवयव	बल	अवयव	बल
AC	0	GH, HJ, JK	22·5 t (संपीडक)
CD	15 t (तनाव)	KB	30 t (संपीडक)
CF	25 t (तनाव)	GC	10 t (संपीडक)
EB	0	FC	25 t (तनाव)
AF	20 t (संपीडक)	GD	12·5 t (तनाव)
FG	15 t (संपीडक)		
HD	10 t (संपीडक)	KE	37·5 t (तनाव)
JD, JE	0		

6. चित्र 17·29 में दिखाए फ्रेम के लिए विभिन्न अवयवों में बल ज्ञात करो।

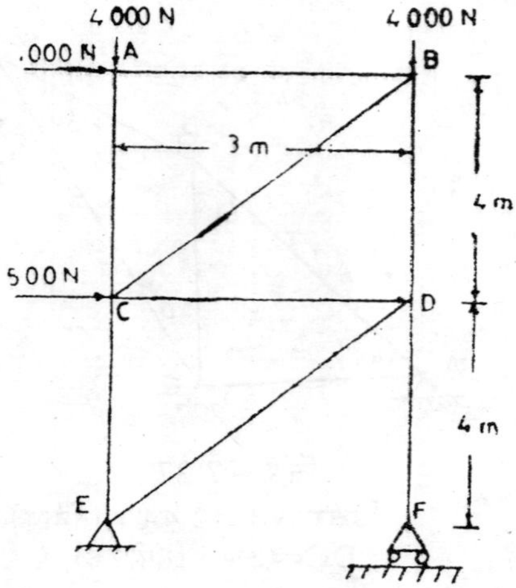

चित्र 17·29

उत्तर—

अवयव	बल N में		अवयव	बल N में	
AB	1000	(संपीडक)	CD	1500	(संपीडक)
AC	4000	,,	CE	2666·6	(संपीडक)
BC	1666·6	(तनाव)	DE	2500	(तनाव)
BD	5333·4	(संपीडक)	DF	7333·4	(संपीडक)

18

पक्का बाँध और पुश्ता दीवार

[MASONRY DAM AND RETAINING WALLS]

18·1. चिनाई तथा सीमेंट कंक्रीट तनाव में बहुत कमजोर होते हैं, परन्तु संपीडन में इनकी सामर्थ्य बहुत अधिक होती है। इसलिए चिनाई तथा कंक्रीट संरचनाओं में इस बात का ध्यान रखना चाहिए कि इनके किसी भी खंड में तनाव उत्पन्न न हो। इस अध्याय में चिनाई दीवार और पक्के बाँध में उत्पन्न विभिन्न बलों का विश्लेषण किया गया है।

18·2. आयताकार पक्का बाँध (Rectangular masonry or concrete dam)

माना कि A B C D एक पक्का बाँध है जिसकी ऊँचाई H तथा शीर्ष मोटाई b है। मानलो पानी h गहराई तक बाँध के एक तरफ भरा हुआ है। बाँध पर कार्य कर रहे बल निम्नानुसार हैं :

(a) दीवार का भार W

$W = b \times H \times \lambda$ यहाँ λ चिनाई का घनत्व है। भार W ऊर्ध्वाधर फलक (face) AD से $\frac{b}{2}$ दूरी पर कार्य करता है।

(*b*) पानी द्वारा उत्पन्न क्षैतिज बल P

पानी द्वारा उत्पन्न क्षैतिज बल पानी की ऊपरी सतह पर शून्य और पानी की गहराई अनुसार सरल रेखा नियम अनुसार बढ़ता जाता है, जो पानी की आधार सतह पर अधिकतम wh हो जाता है। यहाँ w पानी का घनत्व है। पानी द्वारा उत्पन्न कुल बल $P = \frac{wh \times h}{2} = \frac{wh^2}{2}$, यह क्षैतिज बल

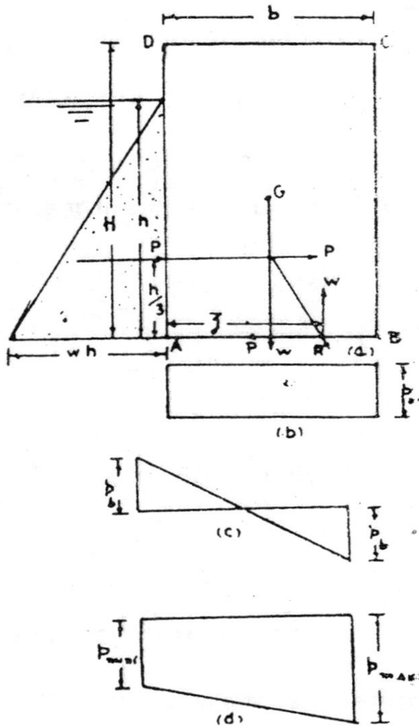

चित्र 18·1

पानी की निचली सतह AB से $\frac{h}{3}$ ऊँचाई पर कार्य करता है।

(c) **बाँध के आधार पर परिणामी बल R**

बाँध का भार W, ऊर्ध्वाधर दिशा में है और पानी द्वारा उत्पन्न दबाव P क्षैतिज दिशा में है। माना कि W और P का परिणामी बल R, बाँध के आधार A B के E बिन्दु पर, जो ऊर्ध्वाधर फलक A D से z दूरी पर है, टकराता है। चूंकि अन्य कोई बाहरी बल बाँध पर कार्य नहीं कर रहा है। इसलिए बाँध के सन्तुलन के लिए परिणामी बल R का ऊर्ध्वाधर घटक W के बराबर तथा क्षैतिज घटक, P के बराबर होता है। ऊर्ध्वाधर घटक W बाँध के आधार पर A B पर अभिलम्ब प्रतिबल उत्पन्न करता है जबकि क्षैतिज बल P, बाँध के आधार A B पर घर्षण प्रतिरोध (frictional Resistance) उत्पन्न करता है।

E बिन्दु की स्थिति ज्ञात करने के लिए सभी बलों के A बिन्दु पर घूर्ण लो।

$$W \times \frac{b}{2} + P \times \frac{h}{3} = \text{A पर R का घूर्ण}$$

$$= \text{ऊर्ध्वाधर घटक का घूर्ण} + \text{क्षैतिज घटक का घूर्ण}$$

$$= W \times z + 0$$

क्षैतिज घटक P का E बिन्दु पर घूर्ण शून्य होता है क्योंकि परिणामी बल R का क्षैतिज घटक P, E बिन्दु में से ही गुजरता है।

$$W \times z = W \times \frac{b}{2} + P \times \frac{h}{3}$$

$$z = \frac{b}{2} + \frac{P}{W} \cdot \frac{h}{3}$$

बाँध के आधार AB पर ऊर्ध्वाधर घटक की उत्केन्द्रता (eccentricity)

$$e = z - \frac{h}{2}$$

अब बाँध के आधार पर बंकन प्रतिबल ज्ञात करने के लिए $\frac{M}{I} = \frac{p}{y}$ समीकरण का उपयोग करो।

बंकन घूर्ण $M = W \times e$, $y = \frac{b}{2}$ और $1 = \frac{b^3}{12}$

$$\therefore \text{ बंकन प्रतिबल } p_b = \frac{W \times e}{b^3} \times \frac{b}{2} = \frac{6W \times e}{b^2}$$

अक्षीय प्रतिबल (Direct stress) $p_o = \frac{W}{A} = \frac{W}{b \times 1} = \frac{W}{b}$, यहाँ A बाँध की एक मीटर लम्बाई का क्षेत्रफल है। आधार AB के B बिन्दु पर अधिकतम प्रतिबल

$$p_{max} = p_o + p_b = \frac{W}{b} + \frac{6We}{b^2} = \frac{W}{b}\left(1 + \frac{6e}{b}\right)$$

इसी प्रकार AB के A बिन्दु पर न्यूनतम प्रतिबल

$$(p_{mini}) = p_o - p_b = \frac{W}{b} + \frac{6We}{b^2} = \frac{W}{b}\left(1 - \frac{6e}{b}\right)$$

प्रतिबल विवरण आरेख चित्र 18·1 में दिखाया हुआ है। तनाव प्रतिबल आधार पर कहीं उत्पन्न न हो इसके लिए (p_{mini}) का मान हमेशा घनात्मक रहना चाहिए

$$\therefore \quad \frac{W}{b}\left(1 - \frac{6e}{b}\right) = \text{घनात्मक मान}$$

$$\text{या} \quad 1 - \frac{6e}{b} > 1, \quad e < \frac{d}{6}$$

इससे यह निष्कर्ष निकालते हैं कि जब तक परिणामी बल R बाँध के आधार AB के मध्य तिहाई भाग में रहता है, बाँध में कहीं तनाव उत्पन्न नहीं होता।

यदि बाँध के पीछे पानी भरा हुआ न होता तो क्षैतिज बल P का मान शून्य हो जाता है और इसलिए बाँध के आधार A B पर केवल बाँध के भार के कारण ही प्रतिबल उत्पन्न होता। बाँध का भार ऐसी स्थिति में बाँध के आधार के मध्य बिन्दु पर कार्य करता है और उत्केन्द्रता का मान शून्य हो जाता है। इससे प्रतिबल वितरण आरेख आयताकार हो जाता है, या p_{max} और p_{mini} दोनों का मान $\frac{W}{A}$ के बराबर हो जाता।

18·3. समलम्बाकार पक्का बाँध (Trapezoidal Masonry dam)

माना कि A B C D एक समलम्बाकार पक्का बाँध है जिसकी ऊँचाई H, शिखर मोटाई a तथा आधार A B की मोटाई b है। A D फलक (face) ऊर्ध्वा-

धर और C B नत (sloping) है और माना कि पानी ऊर्ध्वाधर फलक की तरफ h गहराई तक भरा हुआ है। बाँध पर कार्य कर रहे बल नीचे दिए गए हैं।

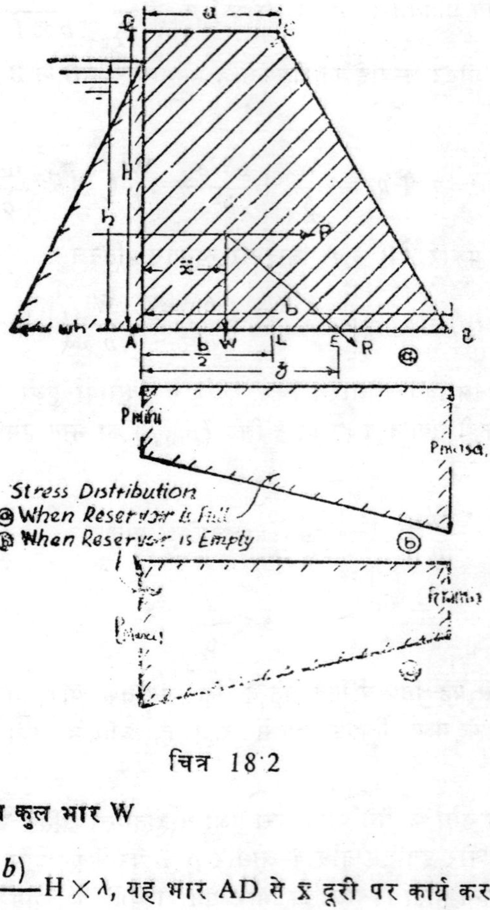

चित्र 18·2

(*a*) **बाँध का कुल भार W**

$$W = \frac{(a+b)}{2} H \times \lambda,$$ यह भार AD से $\bar{x}$ दूरी पर कार्य करता है।

$$\bar{x} = \frac{a^2 + ab + b^2}{3(a+b)}$$

(*b*) **पानी द्वारा उत्पन्न क्षैतिज बल P**

$P = \frac{wh^2}{2}$, यह क्षैतिज बल बाँध के आधार AB से $\frac{h}{3}$ ऊँचाई पर कार्य करता है।

(*c*) आधार AB पर परिणामी बल R

जैसा पहले बताया जा चुका है कि परिणामी बल R के दो घटक होते हैं । बाँध के आधार पर क्षैतिज घटक P के बराबर तथा E बिन्दु पर ऊर्ध्वाधर घटक W के बराबर होता है । क्षैतिज घटक P का आधार के किसी भी बिन्दु पर घूर्ण शून्य होता है, क्योंकि क्षैतिज घटक आधार पर ही कार्य करता हैं । सभी बलों के A बिन्दु पर घूर्ण लेने पर,

$$W\bar{x}+P\times\frac{h}{3}=\text{A बिन्दु पर R का घूर्ण}=Wz$$

या $$z=\bar{x}+\frac{P}{W}\times\frac{h}{3}$$

ऊर्ध्वाधर घटक की उत्केन्द्रता (eccentricity) $e=z-\frac{b}{2}$

बंकन प्रतिबल $p_b=\frac{M}{I}\times y=\frac{W\times e\times b/2}{\frac{1\times b^3}{12}}=\frac{6We}{b^2}$

अक्षीय प्रतिबल (direct stress) $p_0=\frac{W}{A}=\frac{W}{b\times 1}=\frac{W}{b}$

यहाँ भी A, आधार की एक मीटर लम्बाई का क्षेत्रफल है, B बिन्दु पर अधिकतम प्रतिबल $p_{max}=p_0+p_b$

$$=\frac{W}{b}+\frac{6\,W\,e}{b^2}=\frac{W}{b}\left(1+\frac{6\,e}{b}\right)$$

इसी प्रकार A पर न्यूनतम प्रतिबल $(p_{min})=p^{\circ}-p_b$

$$=\frac{W}{b}-\frac{6\,W\,e}{b^2}=\frac{W}{b}\left(1-\frac{6\,e}{b}\right)$$

यदि बाँध के पीछे पानी भरा हुआ न हो तो क्षैतिज बल P बांध पर शून्य हो जाता है और इसलिए बांध के आधार AB पर बांध के भार के कारण ही प्रतिबल उत्पन्न होता । बाँध का भार (W) ऊर्ध्वाधर फलक (face) से $\bar{x}$ दूरी पर कार्य करता है । भार की उत्केन्द्रता $\left(\frac{b}{2}-\bar{x}\right)$ हो जाती है । अधिकतम प्रतिबल B बिन्दु पर न होकर A पर और न्यूनतम प्रतिबल A पर न होकर B पर हो जाता है ।

फिर तनाव प्रतिबल किसी भी खण्ड में उत्पन्न न होने देने के लिए $\frac{W}{b}\left(1-\frac{6e}{b}\right)$ का मान हमेशा घनात्मक रहना चाहिए

$$\text{या} \quad \frac{W}{b}\left(1-\frac{6e}{b}\right)=\text{घनात्मक मान}$$

$$\text{या} \quad 1-\frac{6e}{b}>1.\ \text{या}\ e<\frac{b}{6}$$

इसलिए उत्केन्द्रता $\left(\frac{b}{2}-\bar{x}\right)$ का मान $\frac{b}{6}$ से अगर कम है तो बाँध के किसी खंड में तनाव उत्पत्न नहीं होता है।

अतः यह स्पष्ट है कि बाँध चाहे खाली हो या पानी से भरा हुआ हो, जब तक परिणामी बल R, बाँध के आधार के मध्य तिहाई भाग में रहता है, बाँध में कहीं भी तनाव उत्पन्न नहीं होता है। इस नियम को मध्य तिहाई (Middle third rule) नियम कहते हैं।

उदाहरण 18·1. एक चिनाई बाँध की ऊँचाई 6 m, शिखर पर मोटाई 2m व आधार चौड़ाई 4 m है। यदि पानी के तरफ का फलक ऊर्ध्वाधर हो और पानी बाँध के शिखर तक भरा हुआ हो तो बाँध के आधार पर अधिकतम व न्यूनतम प्रतिबल ज्ञात करो। पानी तथा चिनाई का घनत्व क्रम से 1000 kg/m³ तथा 2240 kg/m³ है।

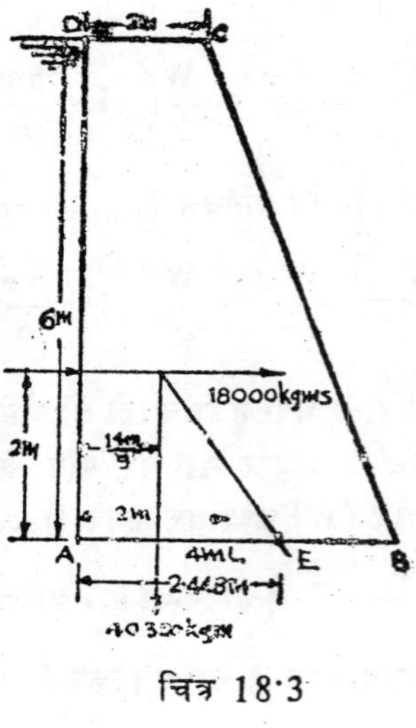

चित्र 18·3

हल—बांध की एक मीटर लम्बाई लो।

बांध का कुल भार $W=\frac{(a+b)}{2}\times H\times \lambda$

$$=\frac{(2+4)}{2}\times 6\times 2240=40320 \text{ kg}$$

$$\bar{x}=\frac{a^2+ab+b^2}{3(a+b)}+\frac{(2)^2+2\times 4+(4)^2}{3(2+4)}=\frac{14}{9}\text{m}$$

पानी का क्षैतिज दबाव $P=\frac{wh^2}{2}=\frac{1000\times(6)^2}{2}=18000 \text{ kg}$

यह क्षैतिज दबाव P बांध के आधार से 2 m की ऊँचाई पर कार्य करता है।

E बिन्दु की ऊर्ध्वाधर फलक AD से दूरी z निकालने के लिए सभी बलों के A बिन्दु पर घूर्ण लो।

$$z=\bar{x}+\frac{P}{W}\cdot\frac{h}{3}$$

$$=\frac{14}{9}=\frac{18000}{40320}\times\frac{6}{3}=2{\cdot}448 \text{ m}$$

$$e=2{\cdot}448—2=0{\cdot}448 \text{ m}$$

अक्षीय प्रतिबल (direct stress) $p_o=\frac{40320}{4\times 1}=10080 \text{ kg/m}^2$

बंकन प्रतिबल $p_b=\frac{40320\times 0{\cdot}448\times 6}{(40)^2}=6773{\cdot}8 \text{ kg/m}^2$

$p_{max}=10080+677{\cdot}8=16753{\cdot}8 \text{ kg/m}^2$ संपीडक

$p_{min}=p_o—p_b=10080—6773{\cdot}8=3306{\cdot}2 \text{ kg/m}^2$ (संपीडक)

18·4. बांध की स्थिरता की शर्तें (Conditions of stability of masonry dam)

बांध की स्थिरता की तीन शर्तें हैं :

(I) P और W का परिणामी बल R, बांध के मध्य तिहाई भाग में रहना चाहिए। ऐसा करने से बांध के किसी भी खंड में तनाव उत्पन्न नहीं होता है।

(II) यदि बांध के खंड तथा बांध की नींव में घर्षण गुणांक (cofficient of friction) μ है और P और W क्रम से क्षैतिज बल तथा बांध का भार है तो बांध को नींव पर फिसलने से रोकने के लिए μW का मान P से अधिक होना चाहिए या $P \ngtr \mu W$

(III) बाँध के आधार पर उत्पन्न अधिकतम प्रतिबल, अनुमत प्रतिबल से अधिक नहीं होना चाहिए ।

18·5. बाँध के आधार की अधिकतम मोटाई ज्ञात करना

शिखर मोटाई a, आधार मोटाई b और H ऊँचाई के एक समलम्बाकार खंड के ऊर्ध्वाधर फलक (face) की तरफ पानी बाँध से शिखर तक भरा हुआ है ।

इसलिए $\bar{x}=\frac{a^2+ab+b^2}{3(a+b)}$

$$z=\bar{x}+\frac{P}{W}\frac{H}{3}$$

जब $z=\frac{2}{3}b$ है तो आधार पर न्यूनतम प्रतिबल शून्य हो जाता है और अगर $\frac{2}{3}b$ से z थोड़ा-सा भी बढ़ा दिया जाता है तो तनाव प्रतिबल उत्पन्न हो जाता हैं ।

इसलिए z की अधिकतम सीमा $\frac{2}{3}b$ है ।

$$\therefore \quad \frac{2}{3}b=\bar{x}+\frac{P}{W}\times\frac{H}{3}$$

या $$\frac{2}{2}b=\frac{a^2+ab+b^2}{3(a+b)}+\frac{wH^2}{2}\times\frac{H}{3}\frac{2}{(a+b)\times H\times\lambda}$$

या $a^2+ab^2+b^2+\frac{wH^2}{\lambda}=2b(a+b)$

$$b^2+ab=a+\frac{wH^2}{\lambda} \qquad \cdots(1)$$

इस समीकरण से बाँध के आधार की मोटाई ज्ञात की जासकती हैं ।

त्रिभुजीय बाँध के लिए $a=0$

$$\therefore \quad b^2=\frac{w}{\lambda}H^2 \text{ या } b=\sqrt{\frac{w}{\lambda}}\times H=\frac{H}{\sqrt{\rho}}$$

यहां ρ चिनाई का अपेक्षित घनत्व है । आयताकार बाँध के लिए $a=b$ समीकरण (1) में मान रखने पर

$$2b^2=b^2+\frac{H^2}{\rho} \text{ या } b=\frac{H}{\sqrt{\rho}}$$

इसलिए बाँध त्रिभुजाकर हो अथवा आयताकार हो, आधार की अधिकतम मोटाई

$\frac{H}{\sqrt{\rho}}$ हीं रहती है और इस प्रकार ज्ञात की गई बाँध की आधार मोटाई में कहीं तनाव नहीं होता है।

II. स्थिरता की दूसरी शर्त के आधार पर मोटाई

$$P \underline{\underline{<}} \mu W$$

या $$\frac{wH^2}{2} \underline{\underline{<}} \mu \left(\frac{a+b}{2}\right) \times H \times \lambda$$

$$(a+b) \underline{\underline{<}} \frac{wH}{\lambda\mu}$$

$$\therefore \quad b = \frac{w}{\lambda}\frac{H}{\mu} - a = \frac{H}{\rho\mu} - a$$

फिर यहाँ ρ चिनाई का अपेक्षित घनत्व है।

III. बाँध के आधार की मोटाई अधिकतम अनुमत प्रतिबल के आधार पर भी मालूम करनी चाहिए।

ऊपर दी गई तीनों विधियों से बाँध के आधार की मोटाई ज्ञात करो और जिस विधि से आधार की मोटाई का मान अधिकतम आता हो वही आधार की मोटाई अपनाएँ।

उदाहरण 18·2 एक समलम्बाकार बाँध की शिखर मोटाई 3 m और ऊँचाई 20 m है। समलम्बाकार बाँध के ऊर्ध्वाधर फलक की तरफ 18 m गहराई तक पानी भरा हुआ है। अगर चिनाई के लिए अनुमत संपीडक प्रतिबल, घर्षण गुणांक चिनाई का घनत्व और पानी का घनत्व क्रम से $5\ N/mm^2$, 0·6, $22500\ N/m^3$ और $10000\ N/m^3$ हो तो बाँध की आधार मोटाई ज्ञात करो।

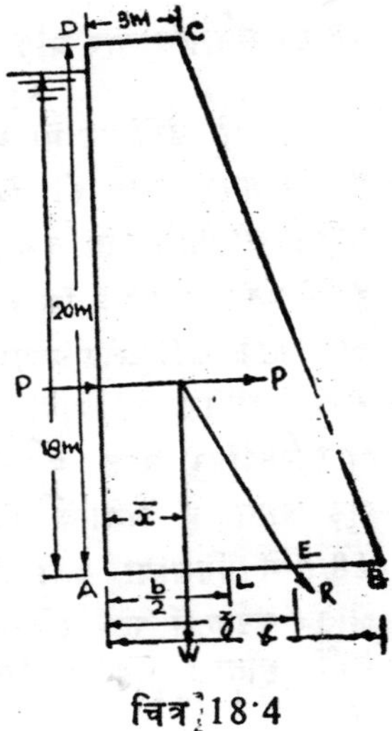

चित्र 18·4

I. स्थिरता की पहली शर्त के अनुसार

$$W = \frac{(3+b)}{2} \times 20 \times 22500$$

$$= 225000\,(3+b)\ N$$

$$P = \frac{wh^2}{2} = \frac{10000 \times (18)^2}{2}$$

$$= 1620000\ N$$

$$\bar{x} = \frac{(3)^2 + 3b + b^2}{3(3+b)} = \frac{9 + 3b + b^2}{3(3+b)}$$

$$\bar{x} = \frac{P}{W} \times \frac{h}{3} = \frac{2b}{3}$$

$$\frac{9+3b+b^2}{3(3+b)}+\frac{1620000\times 6}{225000(3+b)}=\frac{2b}{3}$$

हल करने पर $b=10{\cdot}4$ m

II. स्थिरता की दूसरी शर्त से $P<\mu W$

$1620000=0{\cdot}6\times 225000(3+b)$

या $b \overline{\geq} 9$ meters

III. अनुमत प्रतिबल के लिए स्थिरता की तीसरी शर्त

$W=225000\ (3+10{\cdot}4)=225000\times 13{\cdot}4=3015000$ N

$$p_{mint}=\frac{W}{b}\left(1+\frac{6\times e}{b}\right)$$

$$e=\frac{2}{3}\times 10{\cdot}4-\frac{10{\cdot}4}{2}=\frac{10{\cdot}4}{6}\text{m}$$

$$\therefore\ p_{max}=\frac{3015000}{10{\cdot}4}\left(1+\frac{6\times 10{\cdot}4}{6\times 10{\cdot}4}\right)$$

$$=\frac{3015000}{10{\cdot}4}\times(1+1)=580000\ \text{N/m}^2$$

$$=0{\cdot}58\ \text{N/mm}^2$$

इसलिए बाँध के आधार की मोटाई 10·4 m लो

18·6. समलम्बाकार बाँध जिसका कोई भी फलक (face) ऊर्ध्वाधर न हो

ऐसे खंडों पर भी बलों के विश्लेषण करने की विधि वही है जो पहले बता चुके हैं। केवल इतना अन्तर है कि ढालदार फलक AD और ऊर्ध्वाधर AE के भीतर का पानी का भार ऊर्ध्वाधर घटक में और जुड़ जाता है जैसाकि चित्र 18·5 में दिखाया हुआ है। क्षैतिज घटक में कोई परिवर्तन नहीं होता। यह ऊर्ध्वाधर

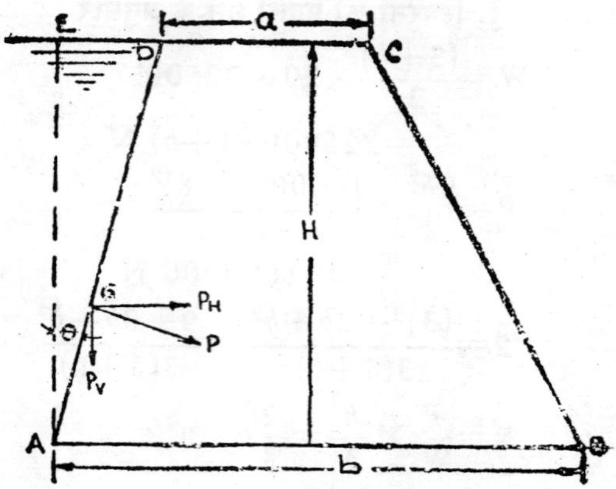

चित्र 18·5

फलक AE पर $\frac{wh^2}{2}$ क्षैतिज बल के रूप में आधार AB से $\frac{h}{3}$ पर कार्य करता है।

ऐसे ही कुछ उदाहरण यहाँ हल किए हैं जिनसे अच्छी तरह से यह विधि समझ में आ जाएगी।

उदाहरण 18·3. एक समलम्बाकार खंड के बाँध की शिखर मोटाई 2 m, आधार मोटाई 6m तथा ऊँचाई 10m है। बाँध के जिस तरफ पानी भरा है वह फलक (face) 1 in 10 की ढाल में है। यदि पानी बाँध के शिखर तक भर सकता है और चिनाई का घनत्व 22000 N/m^3 तथा पानी का 10000 N/m^3 हो तो बाँध के आधार पर अधिकतम तथा न्यूनतम प्रतिबल ज्ञात करो।

हल :—

I. ऊर्ध्वाधर फलक FA पर क्षैतिज दबाव

$$P=\frac{wh^2}{2}=\frac{10000\times(10)^2}{2}=50\ 000\ N$$

इस बल का A पर घूर्ण

$$=50000\times\frac{10}{3}=\frac{5000000}{3}\ N\text{-}m$$

II. ADF पानी का भार

$$W_1=\frac{10\times1\times10000}{2}$$

$$=50000\ N$$

इस भार का A पर घूर्ण $=50000\times\frac{1}{3}$

$=16656{\cdot}67$ N

III. चिनाई के ADD′ भाग का भार

$$W_2=\frac{10\times1\times22000}{2}$$

$$=110000\ N$$

W_2 का A पर घूर्ण

$$=110000\times\frac{2}{3}\times1$$

$$=73333{\cdot}3\ N\text{-}m$$

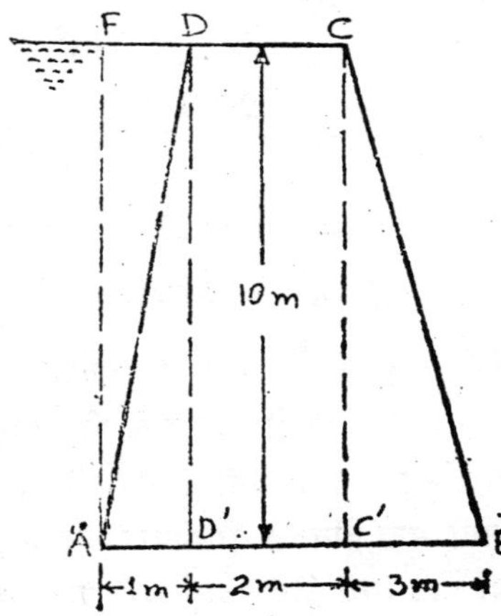

चित्र 18·6

IV. चिनाई DD′CC′ भाग पर भार $W_3=2\times10\times22000$

$=440000$ N

W_3 का A पर घूर्ण $=440000\times2=880000$ N-m

V. चिनाई के CC′B भाग का भार $W_4 = \frac{10 \times 3 \times 22000}{2}$

$= 330000$ N

W_4 का A पर घूर्ण

$$= 330000 \times \left(3 + \frac{4}{3}\right) = 1320000 \text{ N-m}$$

कुल ऊर्ध्वाधर भार $= W_1 + W_2 + W_3 + W_4$

$$= 50000 + 110000 + 440000 + 330000 = 930000 \text{ N}$$

A पर कुल घूर्ण का योग

$$= \frac{5000000}{3} + 16666{\cdot}67 + 73333{\cdot}3 + 880000 + 1320000$$

$$= 3956666{\cdot}67 \text{ N-m}$$

$$930000 \times z = 3956666{\cdot}67$$

$$z = \frac{3956666{\cdot}67}{930000} = 4{\cdot}255 \text{ m}$$

$$\therefore\ e = 4{\cdot}255 - 3 = 1{\cdot}255 \text{ m}$$

$$p_b = \frac{930000 \times 1{\cdot}25 \times 6}{(6)^2} = 194525{\cdot}0 \text{ N/m}^2$$

$$p_o = \frac{930000}{6} = 155000 \text{ N/m}^2$$

$p_{mvx} = 194525 + 155000 = 349525$ N/m^2 (संपीडक)

$p_{mini} = 155000 - 194525 = -39525$ N/m^2 (तन्य)

18·7. पुश्ता दीवार (Retaining Walls)

जब किसी दीवार के पीछे पानी के बजाय मिट्टी या कोई और ठोस पदार्थ भरी रहती है तो ऐसी दीवार को पुश्ता दीवार कहते हैं। जब पुश्ता दीवार के पीछे पानी भरा होता है तो दीवार पर क्षैतिज बल पानी के कारण होता है और जब मिट्टी या कोई अन्य ठोस पदार्थ भरी रहती है तो दीवार पर क्षैतिज बल, भरी हुई मिट्टी के कारण होता है।

पुश्ता दीवार पर पिछली भराई के कारण दबाव, भराई के अन्तः घर्षण कोण (angle of internal friction) तथा घनत्व पर निर्भर करता है। भराई के कारण उत्पन्न दबाव का मान ज्ञात करने के मुख्य दो सिद्धान्त हैं :

1. रान्किस का सिद्धान्त (Rankine theory) **और कोलम्ब का स्फान सिद्धान्त** (Coulombs wedge theory).

इन दोनों सिद्धान्तों में से रान्किन्स का सिद्धान्त अधिकतर उपयोग में लाया जाता है और इसलिए पुश्ता दीवारों के अभिकल्पन में यही सिद्धान्त काम में लिया जाता है।

माना कि समलम्बाकार दीवार ABCD के ऊर्ध्वाधर फलक AD की तरफ भराई h ऊँचाई तक है जबकि दीवार की ऊँचाई H है। मान लो पिछली भराई का अन्तःघर्षण कोण (angle of internal friction) ϕ और घनत्व w_e है। रान्किन के सिद्धान्त अनुसार पिछली भराई के कारण क्षैतिज बल P, $\frac{w_e h^2}{2}\left(\frac{1-\sin\phi}{1+\sin\phi}\right)$ होता है।

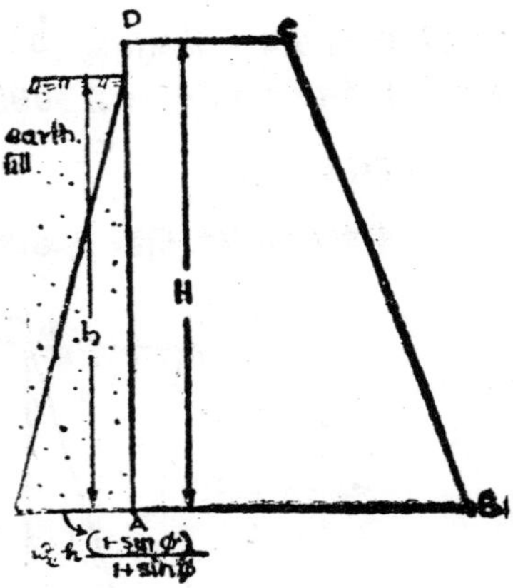

चित्र 18·7

पिछली भराई के ऊपरी धरातल पर भराई का पार्श्विक दबाव शून्य होता है। लेकिन गहराई के साथ-साथ पार्श्विक दबाव भी सरल रेखा नियम अनुसार बढ़ता जाता है और दीवार के आधार पर अधिकतम $w_e h\left(\frac{1-\sin\phi}{1+\sin\phi}\right)$ हो जाता है। पार्श्विक दबाव का दीवार की ऊँचाई के साथ वितरण चित्र 18·7 में दिखाया हुआ है। भराई का कुल दबाव, पार्श्विक दबाव वितरण आरेख के क्षेत्रफल के बराबर होता है।

$$\text{या } P=w_c h\left(\frac{1-\sin\phi}{4+\sin\phi}\right)\times\frac{h}{2}=\frac{w_e h^2}{2}\left(\frac{1-\sin\phi}{1+\sin\phi}\right)$$

जो दीवार के आधार AB से $\frac{h}{3}$ पर कार्य करता है। दीवार का भार तथा अधिकतम व न्यूनतम प्रतिबल ज्ञात करने की वही विधि है जो बाँधों के लिए पहले बता चुके हैं।

रान्किन्स का समीकरण $\frac{w_e h^2}{2}\left(\frac{1-\sin\phi}{1+\sin\phi}\right)$ पानी या दूसरे द्रवों की भराई

के लिए भी उपयुक्त है। पानी तथा किसी द्रव्य के लिए ϕ का मान शून्य होता है और ϕ का मान इस समीकरण में रखने से पार्श्विक दबाव $\frac{w_e h^2}{2}$ ही आ जाता है।

उदाहरण 18·4. एक समलम्बाकार दीवार की शिखर मोटाई 1 m, आधार पर मोटाई 4 m तथा ऊँचाई 10 m है। अगर 45° अन्तःघर्षण कोण 16000 N/m^3 घनत्व की भराई दीवार ऊर्ध्वाधर फलक AD की तरफ, दीवार के शिखर तक की हुई हो तो दीवार के आधार पर अधिकतम तथा न्यूनतम प्रतिबल ज्ञात करो। दीवार की चिनाई का घनत्व 23000 N/m^3 है।

हल :

दीवार की एक मीटर लम्बाई पर

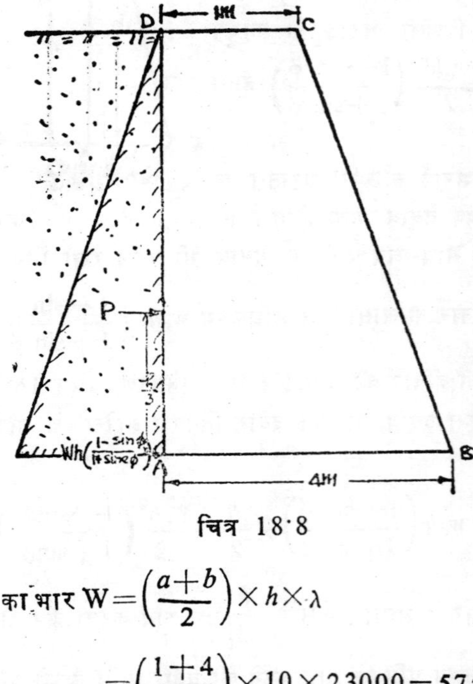

चित्र 18·8

I. दीवार का भार $W = \left(\frac{a+b}{2}\right) \times h \times \lambda$

$$= \left(\frac{1+4}{2}\right) \times 10 \times 23000 = 575000 \text{ N}$$

$$\bar{x} = \frac{a^2+ab+b^2}{3(a+b)} = \frac{1+1\times 4+(4)^2}{3(1+4)} = \frac{7}{5} \text{ meters}$$

पार्श्विक दबाव $P = \frac{w_e h^2}{2}\left(\frac{1-\sin\phi}{1+\sin\phi}\right)$

$$=\frac{16000\times10^2}{2}\left(\frac{1-\sin\phi}{1+\sin\phi}\right)=137400 \text{ N}$$

जो दीवार के आधार से $\frac{10}{3}$m पर कार्य करता है

$$z=\bar{x}+\frac{P}{W}\times\frac{h}{3}$$

$$z=\frac{7}{5}+\frac{137400}{575000}\times\frac{10}{3}=1\cdot4+0\cdot8=2\cdot2 \text{ m}$$

उत्केन्द्रता $e=2\cdot2-2=0\cdot2$ m

$$\text{बंकन प्रतिबल } p_b=\frac{575000\times0\cdot2\times6}{1\times(4)^2}=43125 \text{ N/m}^2$$

$$\text{अक्षीय प्रतिबल } p_o=\frac{575000}{4}=143750 \text{N/m}^2$$

$$\left.\begin{array}{l}p_{max}=186875 \text{ N/m}^2\\ p_{min}=100625 \text{ N/m}^2\end{array}\right\}\text{ (दोनों संपीडक)}$$

उदाहरण 18·5. एक समलम्बाकार पुश्ता दीवार 15 m ऊँची, शिखर पर 2 m मोटी तथा आधार पर 6 m मोटी है। दीवार का जो फलक (face) मिट्टी की भराई की तरफ है वह 1 in 10 की ढाल पर है और मिट्टी दीवार के शिखर तक भरी हुई है। अगर दीवार का तथा मिट्टी का घनत्व क्रम से 2200 kg/m^2 और 1700 kg/m^3 हो और मिट्टी की भराई का अन्त:घर्षण कोण 40° हो दो दीवार के आधार पर प्रतिबल वितरण ज्ञात करो।

हल—दीवार की एक मीटर लम्बाई के लिए

I. क्षैतिज बल $P=\frac{w_e h^2}{2}\left(\frac{1-\sin\phi}{1+\sin\phi}\right)$

$$=\frac{1700\times(15)^2}{2}\times\left(\frac{1-\sin40^\circ}{1+\sin40^\circ}\right)=41590 \text{ kg}$$

इसका A बिन्दु पर घूर्ण $=41590\times\frac{15}{3}=207950$ kg-m

II. मिट्टी के ADF भाग का भार

$$W_1=15\times\frac{3}{2}\times1700=19125 \text{ kg}$$

A पर W_1 का घूर्ण $=19125\times\frac{15}{3}=9562\cdot5$ kg-m

III. दीवार के ADD′ भाग का भार

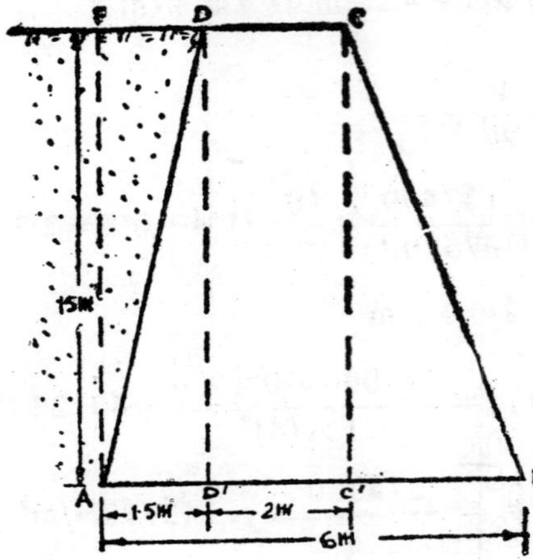

चित्र 18·9

$W_2=15\times1\cdot5\times\frac{1}{2}\times2200=24750$ kg

W_2 का A पर घूर्ण $=24750\times1\cdot5\times\frac{2}{3}=24750$ kg-m

IV. आयत CDD′C′ का भार

$W_3=2\times15\times2200=66000$ kg

W_2 का A पर घूर्ण $=66000\times2\cdot5=165000$ kg-m

V. त्रिभुज CC′B का भार

$$W_4=\frac{15\times2\cdot5}{2}\times2200=41250 \text{ kg}$$

W_4 का A बिन्दू पर घूर्ण $=41250\left(3\cdot5+\frac{2\cdot5}{3}\right)=178750$ kg-m

कुल ऊर्ध्वाधिर संघटक $=W_1+W_2+W_3+W_4$

$=19125+24750+66000+41250=151125$ kg

A बिन्दु पर कुल घूर्ण $=207950+9562\cdot5+24750+165000$

$+178760=586012\cdot5$ kg-m

$$z=\frac{586012\cdot5}{151125}=3\cdot88 \text{ m}$$

उत्केन्द्रता $e=3\cdot88-3=0\cdot88$ m

$$\text{अक्षीय प्रतिबल } p_o = \frac{151125}{6} = 25187{\cdot}5 \text{ kg/m}^2$$

$$\text{बंकन प्रतिबल } p_b = \frac{151125 \times 0{\cdot}88 \times 6}{1 \times (6)^2} = 22165 \text{ kg m}^2$$

$$p_{max} = 25187{\cdot}5 + 22165 = 47352{\cdot}5 \text{ kg/m}^2 \text{ (संपीडक)}$$

$$p_{mini} = 25187{\cdot}5 - 22165 = 3022{\cdot}5 \text{ kg/m}^2 \text{ (संपीडक)}$$

उदाहरण 18·7. एक चिनाई दीवार 12m ऊँची, शिखर पर मोटाई 3 m तथा आधार पर मोटाई 7 m है। भराई की तरफ का फलक (face) चित्र 18·10 में दिखाया हुआ है और भराई दीवार के शिखर तक है। यदि दीवार की चिनाई का तथा भराई का घनत्व क्रम से 2300kg/m^3 है और 1600 kg/m^3 तथा भराई का अतःघर्षण कोण 30° हो तो दीवार के आधार पर अधिकतम तथा न्यूनतम प्रतिबल ज्ञात करो।

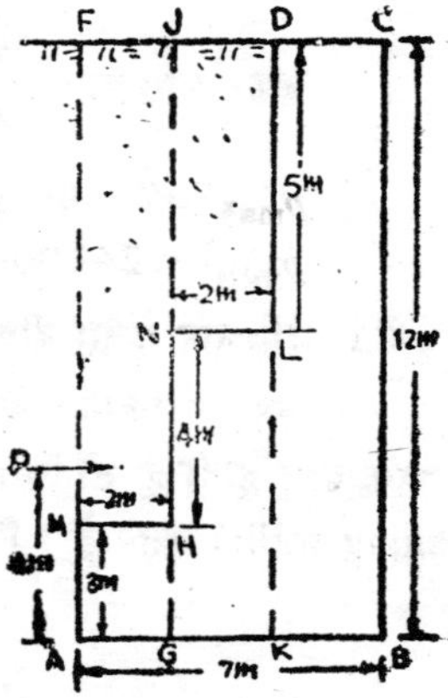

चित्र 18·10

हल—

$$\text{(I) क्षैतिज बल } P = \frac{1600 \times (12)^2}{2} \times \left(\frac{1 - \sin 30^\circ}{1 + \sin 30}\right) = 38400 \text{ kg}$$

$$\text{इसका A बिन्दु पर घूर्ण} = 38400 \times \frac{12}{3} = 153600 \text{ kg-m}$$

(II) AGJF का भार W_1 = दीवार का AGHM का भार + मिट्टी के MHJF का भार

$= 2 \times 3 \times 2300 + 2 \times 9 \times 1600$

$= 13800 + 28800 = 42600$ kg

W_1 का A पर घूर्ण $= 42600 \times 1 = 42600$ kg-m

(III) GKDJ का भार $W_2 = 2 \times 7 \times 2300 + 2 \times 5 \times 1600$

$= 32200 + 1600 = 48200$ kg

W_2 का A पर घूर्ण $= 48200 \times 3 = 144600$ kg-m

(IV) KBCD का भार $W_3 = 3 \times 12 \times 2300 = 82800$ kg

W_2 का A पर घूर्ण $= 82800 \times 5{\cdot}5 = 455400$ kg-m

कुल ऊर्ध्वाधर भार $= W_1 + W_2 + W_3$

$= 42600 + 48200 + 82800 = 173600$ kg

A बिन्दु पर कुल घूर्ण $=153600+42600+144600+455400$
$=795200$

$$Z=\frac{795200}{173600}=4{\cdot}59$$

उत्केन्द्रता $e=4{\cdot}59-3{\cdot}5=1{\cdot}09$ m

अक्षीय प्रतिबल $=\frac{W}{b}=\frac{173600}{7}=24800\ kg/m^2$

बंकन प्रतिबल $=\frac{We}{Z}=\frac{173600\times 1{\cdot}09\times 6}{2\times(7)^2}=23170{\cdot}3\ kg/m^2$

$p_{max}=24800+23170{\cdot}3=47970{\cdot}3\ kg/m^2$ (संपीडक)

$p_{min}=24800-23170{\cdot}3=1629{\cdot}7\ kg/m^2$ (संपीडक)

18·8. अधिभार पुस्ता दीवार (Surcharged Retaining Wall)

जब पुश्ता दीवार के पीछे की भराई की ऊपरी सतह क्षैतिज न होकर ऊपर की तरफ ढालू होती है तो ऐसी दीवारों को अधिभार पुस्ता दीवारें (surcharged retaining walls) कहते हैं । जिस कोण पर भराई ऊपर की तरफ ढलान में होती है उसे

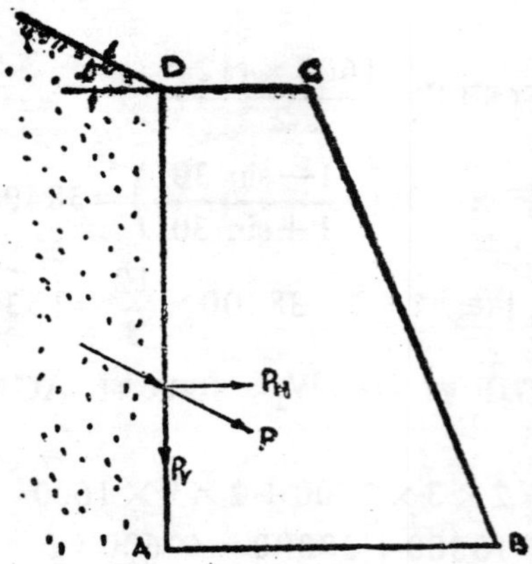

चित्र 18·11

अधिभार कोण (angle of surcharge) कहते हैं । एक अधिभार पुश्ता दीवार व अधिभार कोण चित्र 18·11 में दिखाए गए हैं ।

रान्किन्स नियम अनुसार पार्श्विक दाब $P=\frac{w_e h^2}{2}\cos\theta\times\frac{\cos\theta-\sqrt{\cos^2\theta-\cos^2\phi}}{\cos\theta+\sqrt{\cos^2\theta-\cos^2\phi}}$ होता है । इसमें फिर w_e भराई का घनत्व, h भराई

की ऊँचाई θ अधिभार कोण चित्र 18·11 में यह दर्शाया गया है। और ϕ अंतःघर्षण कोण है। पार्श्विक दाब P क्षैतिज नहीं होता है बल्कि भराई की ढाल के समानान्तर $\frac{h}{3}$ पर पुश्ता दीवार पर कार्य करता है, अर्थात् P क्षैतिज धरातल के साथ α कोण पर कार्य करता है।

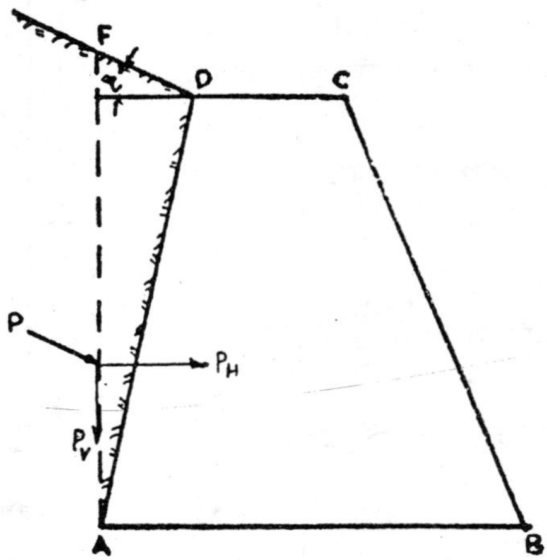

चित्र 18·12

इस पार्श्विक दबाव के दो घटक होते हैं एक क्षैतिज व दूसरा ऊर्ध्वाधर। क्षैतिज घटक को P_h तथा ऊर्ध्वाधर घटक को P_V से अंकित किया गया है।

$$\text{इसलिए } P_H = P \cos\alpha = \frac{w_e h^2}{2}\cos^2\alpha \times \left\{\frac{\cos\alpha - \sqrt{\cos^2\alpha - \cos^2\phi}}{\cos\alpha + \sqrt{\cos^2\alpha - \cos^2\phi}}\right\}$$

$$\text{और } P_V = P\sin\alpha = \frac{w_e h^2}{2}\cos\alpha \sin\alpha \times \left\{\frac{\cos\alpha - \sqrt{(\cos^2\alpha - \cos^2\phi}}{\cos\alpha + \sqrt{(\cos^2\alpha - \cos^2\phi}}\right\}$$

P_H दीवार के आधार से $\frac{h}{3}$ पर तथा P_V भराई वाले ऊर्ध्वाधर फलक के साथ कार्य करता है।

यदि भराई वाला फलक (face) ऊर्ध्वाधर न होकर ढालदार हो जैसा कि चित्र 18·12 में दिखाया हुआ है तो कुल ऊर्ध्वाधर घटक, ABCD दीवार का भार ADF भराई का भार तथा AF पर कार्य करते हुए P_v, तीनों के योग के बराबर हो जाता है।

क्षैतिज संघटक P_H $\frac{h}{3}$ पर न होकर $\frac{AF}{3}$ पर कार्य करता है।

उदाहरण 18·8. एक समलम्बाकार दीवार की ऊँचाई 10 m शिखर मोटाई 1 m तथा आधार मोटाई 5 m है यदि ऊर्ध्वाधर फलक की तरफ भराई दीवार के शिखर में 20° अधिभार पर हो और दीवार तथा भराई का घनत्व क्रम से 2250 kg/m³ और 1900 kg/m³ हो तो दीवार के आधार पर अधिकतम तथा न्यूनतम प्रतिबल ज्ञात करो। मृदा का अतःघर्षण कोण 45° है।

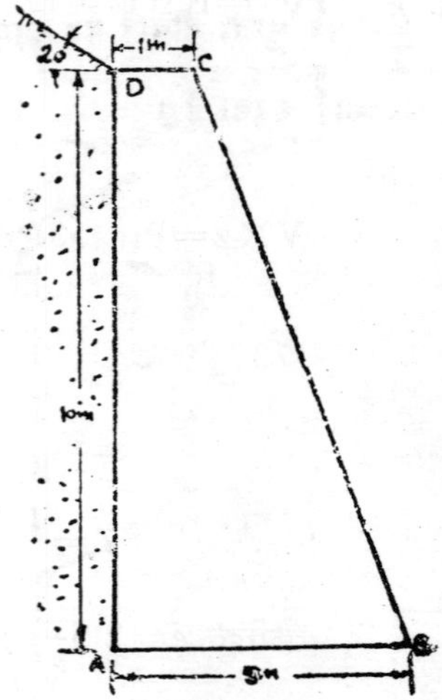

चित्र 18·13

हल—

दीवार की एक मीटर लम्बाई लो

I. दीवार का भार $W=\frac{(a+b)}{2}\times\lambda\times H$

$=\frac{(1+5)}{2}\times 2250\times 10=67500$ kg

$\bar{x}=\frac{(1)^2+1\times 5+(5)^2}{3(1+5)}=\frac{31}{18}$ m

अब $\cos 20°=0·9397$ इसलिए $\cos^2 20=0·8831$

$\cos^2 45=0·5$

$\because \sqrt{\cos^2 20°-\cos^2 45°}=\sqrt{0·8831-0·500}=0·6189$

$\therefore \frac{\cos 20°-\sqrt{\cos^2 20°-\cos^2 45}}{\cos 20°+\sqrt{\cos^2 20°-\cos^2 45°}}$

$=\frac{0·9397-0·6189}{0397+0·6189}=\frac{0·3208}{1·5586}$

$p=\frac{1900\times(10)^2}{5}\cos 20°\times\frac{\cos 20°-\sqrt{\cos^2 20°-\cos^2 45}}{\cos 20°+\sqrt{\cos^2 20°-\cos^2 45°}}$

$=\frac{1900\times(10)^2}{2}\times 0·9397\times\frac{0·3208}{1·5586}$

$=18380$ kg

$P_H = P\cos\alpha = 18380 \times 0{\cdot}9397 = 17270$ kg

$P_V = P\sin\alpha = 18380 \times 0{\cdot}3420 = 6284$ kg

कुल ऊर्ध्वाधर घटक $V = 67500 + 6284$

$= 73784$ kg

$$V \times z = P_H \times \frac{h}{3} + W \times \bar{x}$$

$$73785 \times z = 17270 \times \frac{10}{3} + 67500 \times \frac{31}{18}$$

$$= 173816{\cdot}67$$

$$Z = \frac{173816{\cdot}67}{73784} = 2{\cdot}355 \text{ m}$$

उत्केन्द्रित $e = 2{\cdot}5 — 2{\cdot}355 = 0{\cdot}145$ cm

क्योंकि उत्केन्द्रता 0·145m A बिन्दु की तरफ है, इसलिए अधिकतम प्रतिबल A बिन्दु पर होगा।

अक्षीय प्रतिबल $p_o = \frac{73784}{5} = 14756{\cdot}8 \text{ kg/m}^2$

बंकन प्रतिबल $p_b = \frac{73784 \times 0{\cdot}145 \times 6}{1 \times (5)^2} = 2567 \text{ kg/m}^2$

A बिन्दु पर $p_{max} = 17323{\cdot}8 \text{ kg/m}^2$ (संपीडक)

B पर $p_{min} = 14756{\cdot}8 — 2567 = 12189{\cdot}8 \text{ kg/m}^2$

(संपीडक)

उदाहरण 18·9. एक समलम्बाकार पुश्ता दीवार 10 m ऊँची, शिखर पर 1 m तथा आधार पर 5 m मोटी है। दीवार के ऊर्ध्वाधर फलक की तरफ दीवार के शिखर तक भराई की हुई है। यदि भराई के क्षैतिज धरातल पर 3200 kg/cm² का अधिभार कार्य कर रहा हो और भराई का अन्तःघर्षण कोण 30° हो तो दीवार के आधार पर अधिकतम तथा न्यूनतम प्रतिबल ज्ञात करो। दीवार तथा भराई का घनत्व क्रम से 2200 kg/m² तथा 1600 kg/m³ है।

हल—भराई पर अतिरिक्त अधिभार के कारण

तुल्य ऊँचाई $h' = \frac{3200}{1600} = 2$ m

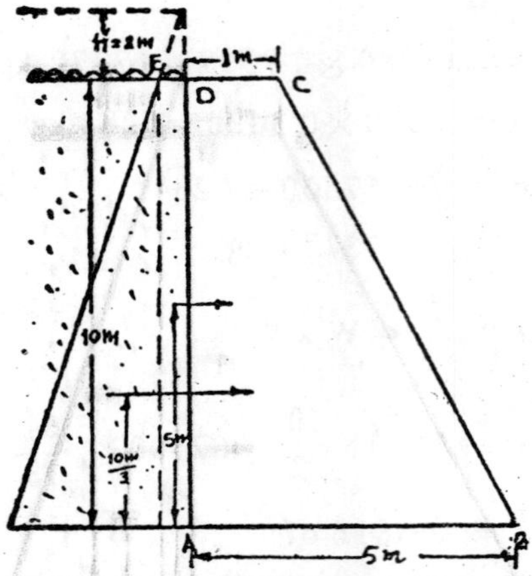

चित्र 18·14

अब दीवार के पीछे भराई 10 m न लेकर 12 m लेते हैं।

तुल्य ऊँचाई के कारण दीवार के शिखर पर क्षैतिज दबाव

$$=w_e h'\left(\frac{1-\sin\theta}{1+\sin\theta}\right)$$

$$=1600\times 2\times\left(\frac{1-\sin 30^\circ}{1+\sin 30^\circ}\right)=\frac{3200}{3}\text{ kg/m}^2$$

दीवार के आधार पर दबाव $w=(h+h^1)\left(\frac{1-\sin\phi}{1+\sin\phi}\right)$

$$=1600\times 12\times\frac{1}{3}=6400\text{ kg}$$

दबाव के समलम्बाकार वितरण आरेख को एक आयत तथा एक त्रिभुज में बाँट कर A बिन्दु पर घूर्ण लिए जा सकते हैं।

II. दीवार का भार $=\left(\frac{1+5}{2}\right)2200\times 10=66000$ kg

$$\bar{x}=\frac{1+5\times 1+25}{3(1+5)}=\frac{31}{18}\text{ m}$$

सभी बलों के A बिन्दु पर घूर्ण लो

$$66000\times z=66000\times\frac{31}{18}+\frac{3200}{3}\times 10\times 5+\frac{16000}{3}\times\frac{10}{2}\times\frac{10}{3}.$$

$$= 113666{\cdot}67 + \frac{160000}{3} + \frac{800000}{9}$$

$$= 113666{\cdot}67 + 53333{\cdot}33 + 88888{\cdot}88$$

$$= 255888{\cdot}88$$

$$z = \frac{255888{\cdot}8}{66000} = 3{\cdot}88 \text{ m}$$

उत्केन्द्रता $e = 3{\cdot}88 - 2{\cdot}5 = 1{\cdot}38$ m

अक्षीय प्रतिबल $p_o = \dfrac{66000}{5} = 13200 \text{ kg/m}^2$

बंकन प्रतिबल $p_b = \dfrac{66000 \times 1{\cdot}38 \times 6}{1 \times (5)^2} = 21860 \text{ kg/m}^2$

बिन्दु B पर $p_{max} = 21860 + 13200 = 35060 \text{ kg/m}^2$ (संपीडक)

बिन्दु A पर $p_{min} = 21860 - 13200 = 8660 \text{ kg/m}^2$ (तन्य)

18·9. नींव की न्यूनतम गहराई

मानाकि W = नींव पर पड़ने वाला कुल भार

A = नींव क्षेत्रफल

p_1 = नींव के नीचे मिट्टी पर प्रतिबल

p_2 = p_1 के कारण समकोण पर दबाव

p_3 = नींव के बाहर, नींव के आधार के तल पर प्रत्यक्ष प्रतिबल

H = नींव की गहराई

w_c = मिट्टी का घनत्व/m³

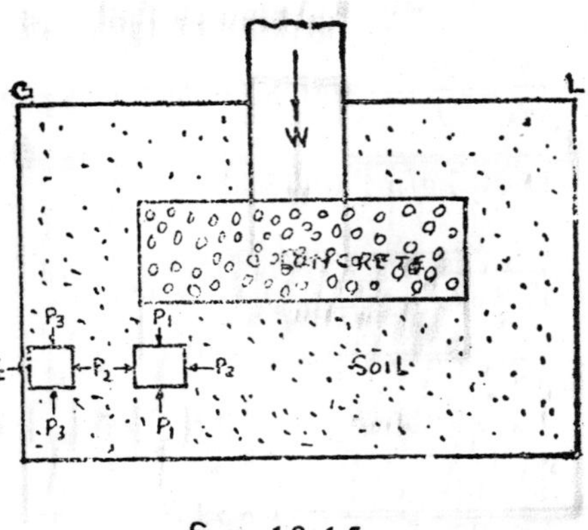

चित्र 18·15

एक सूक्ष्म घन नींव के नीचे लो । इस सूक्ष्म घन पर ऊपर से p_1 प्रतिबल कार्य कर रहा है या $p_1=\frac{W}{A}$

राकिन्स नियम अनुसार p_1 का अपने समकोण दिशा में प्रभाव

$p_2=p_1\left(\frac{1-\sin\phi}{1+\sin\phi}\right)$ है, यहाँ $\phi°$ मिट्टी का अन्तःघर्षण कोण है ।

अब p_2 का प्रभाव एक दूसरे सूक्ष्म घन पर जो नींव के बाहर है लेकिन पहले घन के तल पर ही है, ऊपर को उठाने का होता है । नींव के संतुलन के लिए इस घन के तल पर इतनी मिट्टी रहनी चाहिए कि यह घन ऊपर न उठने पाए ।

अतः राकिन्स के नियम के अनुसार

$$p_3 \geqq p_2\left(\frac{1-\sin\phi}{1+\sin\phi}\right) \geqq p_1\left(\frac{1-\sin\phi}{1+\sin\phi}\right)^2$$

लेकिन $\quad p_3=w_e H$ और $p_1=\frac{W}{A}$

इसलिए $w_e H=\frac{W}{A}\left(\frac{1-\sin\phi}{1+\sin\phi}\right)^2$

$$H \geqq \frac{W}{A}\left(\frac{1-\sin\phi}{1+\sin\phi}\right)^2$$

उदाहरण 18·10. एक दीवार 1 m वर्गाकार नींव पर 30 t भार संचारित करती है । यदि मिट्टी का विश्राम कोण तथा घनत्व क्रम से 30° तथा 1800 kg/m³ हो तो नींव की न्यूनतम गहराई ज्ञात करो ।

हल—$p_1=\frac{W}{A}=\frac{30}{1}=30 \text{ t/m}^2=30000 \text{ kg/m}^2$

$$w_e=1800 \text{ kg/m}^3,\ \theta=30°$$

$$H=\frac{W}{A\times w_e}\left(\frac{1-\sin\phi}{1+\sin\phi}\right)^2$$

$$=\frac{30000}{1\times 1800}\left(\frac{1-0.5}{1+0.5}\right)^2$$

$$=\frac{30000}{1800}\times\frac{1}{9}=1.852 \text{ m}$$

2m गहरी नींव काफी है ।

प्रश्नावली

1. एक समलम्बाकार चिनाई बाँध जिसका एक फलक ऊर्ध्वाधर है 7 m ऊँची, 2 m शिखर मोटाई तथा आधार पर 4 m मोटी है। ऊर्ध्वाधर फलक की तरफ 6 m गहराई तक पानी भरा हुआ है। अगर चिनाई तथा पानी के क्रम से घनत्व $2 t/m^2$ और $1 t/m^3$ हो तो बाँध के आधार पर न्यूनतम तथा अधिकतम प्रतिबल ज्ञात करो।

(उत्तर 16·99 t/m^2, 4·01 t/m^2)

2. एक समलम्बाकार बाँध जिसकी ऊँचाई 8m, शिखर मोटाई 1 m तथा आधार मोटाई 3m है, के ऊर्ध्वाधर फलक की तरफ 6m गहराई तक पानी भरा है। यदि बाँध का तथा पानी का घनत्व क्रम से 21000 N/m^3, 10000 N/m^3 हो तो बाँध के आधार पर न्यूनतम तथा अधिकतम प्रतिबल ज्ञात करो।

(उत्तर 258·7 KN/m^2 (संपीडक) तथा 34·7 KN/m^2 (तन्य)

3. एक समलम्बाकार पुश्ता दीवार जिसकी ऊँचाई 10 m, शिखर मोटाई 1·5 m तथा आधार मोटाई 4·5 m है, के ऊर्ध्वाधर फलक की तरफ दीवार के शिखर तक 30° अत: घर्षण कोण तथा 17·5 KN/m^3 घनत्व का पदार्थ भरा हुआ है। अगर दीवार का घनत्व 21 KN/m^3 हो तो दीवार के आधार पर न्यूनतम तथा अधिकतम प्रतिबल ज्ञात करो।

(उत्तर 31 KN/m^2 संपीडक तथा 3 KN/m^2 (तन्य)

4. एक समलम्बाकार बाँध जिसकी ऊँचाई 6m, शिखर मोटाई 1 m तथा आधार मोटाई 3 m है, के ऊर्ध्वाधर फलक की तरफ 4 m गहराई तक पानी भरा है। अगर बांध तथा पानी का घनत्व क्रम से 20 KN/m^3, 8·4 KN/m^3 हो तो दीवार के आधार पर अधिकतम तथा न्यूनतम प्रविबल ज्ञात करो।

(उत्तर $p_{max} = 87$ KN/m^2, $p_{mini} = 73$ KN/m^2 (संपीडक)

5. एक पुल का अबटमेंट जिसकी ऊँचाई 9m, शिखर मोटाई 1 m तथा आधार मोटाई 4 m है, 1 m मोटी कंक्रीट की नींव पर रखा हुआ है। अबटमेंट के ऊर्ध्वाधर फलक (face) की तरफ अबटमेंट के शिखर तक 30° अंत:घर्षण कोण तथा 20 KN/m^3 घनत्व का ठोस पदार्थ भरा हुआ है। अगर नींव अबटमेंट के नत (sloping) फलक से 1 m आगे निकली हुई हो और कंक्रीट तथा चिनाई का घनत्व क्रम से 26 KN/m^3 तथा 25 KN/m^3 हो तो अबटमेंट के आधार पर नींव के 1 m आगे बढ़े हुए भाग में अपरूपण प्रतिबल ज्ञात करो।

(उत्तर 256·5 KN/m^2, 205 KN/m^2 दोनों संपीडक, अपरूपण प्रतिबल 0·233 N/mm^2)

6· एक चिनाई दीवार का खंड समलम्बाकार है और इसकी ऊँचाई, शिखर मोटाई तथा आधार मोटाई क्रम से 24 m, 2 m और 14 m है। दीवार के आधार पर प्रतिबल ज्ञात करो, चिनाई का घनत्व 2 5 t/m^3 मानिए।

(I) 1·5 t/m^3 घनत्व तथा अन्तःघर्षण कोण 30° की भराई दीवार के शिखर तक की हुई हो।

(II) दीवार के पीछे कोई भराई न हो।

दीवार का रफ फलक ऊर्ध्वाधर है।

(उत्तर { (I) 36·55, 32·05)
{(II) 67·36, 1·24 t/m^2)

7. एक पुश्ता दीवार 15 m ऊँची, शिखर मोटाई 2 m तथा आधार मोटाई 6m है। दीवार के ऊर्ध्वाधर फलक की तरफ दीवार के शिखर तक 45° अन्तः-घर्षण कोण तथा 1·8 t/m^3 घनप्व का ठोस पदार्थ 20° के अधिभार (surcharge) पर भरा हुआ है। यदि दीवार का घनत्व 2·5 t/m^3 हो तो दीवार के आधार पर अधिकतम तथा न्यूनतम प्रतिबल ज्ञात करो।

(उत्तर 32·96 t/m^2 और 16·24 t/m^2 दोनों संपीडक)

8. एक चिनाई पुश्ता दीवार की ऊँचाई 16, शिखर मोटाई 2 m तथा आधार मोटाई 6 m है। दीवार के ऊर्ध्वाधर फलक की तरफ दीवार के शिखर तक 30° अन्तःघर्षण कोण का एक ठोस पदार्थ भरा हुआ है। यदि भराई पर 3000 kg/m^2 का अधिभार (surcharge load) कार्य कर रहा हो और पदार्थ तथा दीवार का घनत्व 1500 kg/m^3 व 2300 kg/m^3 हो तो दीवार के आधार पर उत्पन्न प्रतिबल ज्ञात करो।

(उत्तर 82186·67 kg/m^2 संपीडक, 33120 kg/m^2 तन्य)

9. यदि मिट्टी (Soil) का अनुमत सहन प्रतिबल 20 t/m^2 अन्तःघर्षण कोण 30° तथा घनत्व 1700 kg/m^2 हो तो 200 t भार उठाने के लिए एक वर्गाकार नींव की गहराई ज्ञात करो।

(उत्तर 3 12 m वर्गाकार, नींव की गहराई 1·31 m)

10. एक समलम्बाकार दीवार जिसकी ऊँचाई 20 m, शिखर की मोटाई 3 m तथा आधार मोटाई 9 m है, के ऊर्ध्वाधर फलक की तरफ 1·8 t/m^3 घनत्व तथा 30° अन्तःघर्षण कोण का ठोस पदार्थ 20° के अधिभार पर दीवार के शिखर तक भरा हुआ है। यदि दीवार का घनत्व 2t/m^3 हो तो I दीवार

के आधार पर प्रतिबल ज्ञात करो II दीवार की 1 m लम्बाई के लिए भराई का दबाव ज्ञात करो।

(उत्तर I. 62·33 t/m^2 2·33 t/m^2 दोनों संपीडित, II. दीवार के आधार से $\frac{20}{2}$m पर 149 t, 20° ढाल पर)

11. एक चिनाई की पुश्ता दीवार 6 m ऊँची है मिट्टी के सम्पर्क वाला फलक ऊर्ध्वाधर है तथा दीवार के शीर्ष तल तक मिट्टी भरी हुई है। दीवार की शीर्ष मोटाई 1 m और आधार मोटाई 3 m है। मिट्टी का अन्तःघर्षण कोण 30° और घनत्व 16000 N/m^3 है। चिनाई का भार 22000 N/m^3 है। यदि नींव पर चिनाई का घर्षण गुणांक 0·5 है तो दीवार की स्थिरता का विश्लेषण करो। (उत्तर p_{max} = 142·6 KN/m^2, p_{min} = 33·4 KN/m^2, फिसलन के प्रति सुरक्षाकारक = 1·375)

□

19

चर भार या संचलन भार

19.1. अभी तक केवल धरन पर स्थैतिक भार के प्रभाव पर ही विचार करते रहे हैं। जब पुल पर गतिमान ट्रक या गाड़ी के धुरीय भार गुजरते हैं, तो इस प्रकार के भार को चर या संचलन भार कहते हैं। चर भार के प्रभाव के कारण धरन के प्रत्येक खण्ड पर S.F. और B.M. का परिवर्तन होता रहता है। धरन के किसी विशेष खण्ड पर S.F. और B.M. का परिणाम, भार की स्थिति अनुसार परिवर्तित होता रहता है। ऐसी अवस्था में, भार की विशिष्ट स्थिति ज्ञात करने की समस्या होती है जो धरन के उस विशेष खण्ड पर अधिकतम S.F. और B.M. उत्पन्न करती है। इस अधिकतम S.F. और B.M. के मान अनुसार धरन के खण्डों का अभिकल्पन किया जाता है।

नीचे दिए गए भार की स्थितियों में चर भार पर विवेचन किया गया है :

(1) जब धरन पर एकल अधिकेन्द्रित भार एक सिरे से दूसरे सिरे तक चलता है।

(2) जब पाट से अधिक लम्बाई वाला समबांटित भार धरन को पार करता है।

(3) जब पाट से कम लम्बाई वाला समबांटित भार धरन को पार करता है।

(4) एक निश्चित दूरी पर रखे गए दो बिन्दु भार धरन को पार करते हैं।

19·2. एकल अधिकेन्द्रित भार W (Single Concentrated Load W)

बाएँ तरफ के आलम्ब से A से x दूरी पर एक X खण्ड लो। माना कि भार W, A से B की तरफ चलता है और मान लो किसी क्षण पर भार A से y दूरी पर है।

Step I. W **भार धरन के AX भाग है** $(y<x)$

जब तक भार धरन के AX भाग में रहता है और A से y दूरी पर है,

आलम्ब बल $R_A = \dfrac{W(L-y)}{L}$ और $R_B = \dfrac{Wy}{L}$ होता है।

भार की इस स्थिति के लिए धरन के X खड पर अपरूपण बल $F_X = +R_B$

या $+\frac{Wy}{L}$ होता है। यह अपरूपण बल y के बढ़ने के साथ-साथ बढ़ता है जब तक कि भार X खण्ड पर नहीं पहुँच जाता। जब भार X खण्ड पर पहुँच जाता है तो $y=x$ हो जाता है।

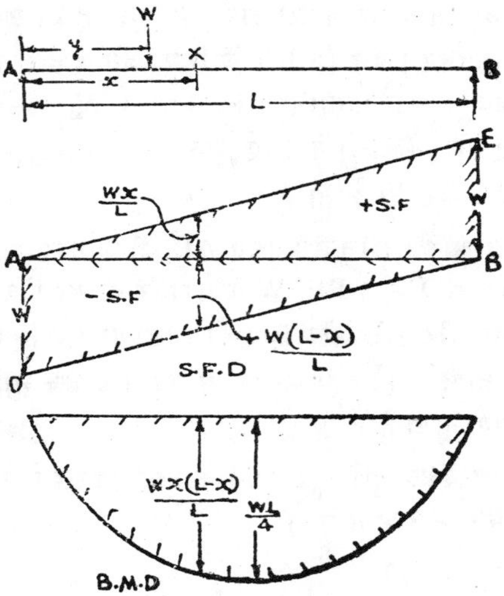

चित्र 19 1

$$\therefore\ F_{max}=+\frac{Wx}{L} \quad ...(1)$$

Step II. W भार धरन के XB भाग में है ($y>x$)

ज्यों ही भार W, धरन के AX भाग से XB भाग में जाता है, अपरूपण बल (S.F.) अपना चिह्न बदल लेता है

$$\therefore\ F_X=-R_A=\frac{W(L-y)}{L}$$

ऋणात्मक अपरूपण बल का मान y के बढ़ने से घटता है जो ऊपरी समीकरण से स्पष्ट है। ऋणात्मक अपरूपण बल अधिकतम होने के लिए y का मान XB भाग में कम-से-कम होना चाहिए यानी $y=x$

$$\therefore\ F_{(max)}=-\frac{W(L-x)}{L} \quad ...(2)$$

इसलिए X खण्ड पर अधिकतम अपरूपण बल (S.F.) के लिए भार X खण्ड पर ही होना चाहिए। धनात्मक S.F. के लिए AX भाग में तथा ऋणात्मक S.F. के लिए XB भाग में।

समीकरण (1) और (2) दोनों ही प्रथम श्रेणी की समीकरणें हैं। इसलिए धनात्मक तथा ऋणात्मक अपरूपण बल आरेख सीधी रेखाएँ होती हैं।

यदि धरन के A से B तक सभी खण्डों के लिए धनात्मक व ऋणात्मक अधिकतम अपरूपण बल ज्ञात कर आरेख खींचा जाए तो यह दो समान्तर रेखाएँ होंगी। अधिकतम धनात्मक अपरूपण बल (S.F.) के लिए, जब $x=0$ होता है, $F_{max}=0$ हो जाता है और जब $x=L$ होता है। $F_{max}=+W$, इसी प्रकार अधिकतम ऋणात्मक अपरूपण बल (S.F.) के लिए, जब $x=0$; $F_{max}=-W$ और जब $x=L$ होता है $F_{max}=0$ हो जाता है।

अपरूपण बल आरेख खींचने के लिए AB को आधार मानकर और A और B पर किसी माप पर AD और BE, W के बराबर दो समकोण रेखाएँ एक-दूसरे के विपक्ष दिशा में खींचो और AE और BD को मिला दो। AE और BD रेखाएँ एक दूसरे के समानान्तर होंगी और यही अधिकतम अपरूपण बल आरेख होगा, जैसा कि चित्र 19·1 में दिखाया हुआ है।

अब अधिकतम बंकन घूर्ण (B.M.) के लिए भार की स्थिति पहले धरन के AX भाग में और फिर XB भाग में लो।

भार AX में $(y<x)$

$$M_X=-R_B(L-x)=-\frac{Wy}{L}(L-x)$$

M_X का मान y, के साथ-साथ बढ़ता जाता है जब तक कि भार X खण्ड पर नहीं पहुँच जाता। जब भार X खण्ड पर पहुँचता है तो y, x के बराबर हो जाती है

और B.M, $M_{max}=-\dfrac{Wx(L-x)}{L}$ हो जाता है।

भार XB भाग में $(x>x)$

जब भार AX भाग से XB भाग में प्रवेश करता है तो

$$M_X=-\frac{W(L-y)}{L}x$$

यह बंकन घूर्ण y के बढ़ने से घटता है और इसका अधिकतम मान $-\dfrac{Wx(L-x)}{S}$ हो जाता है, जब y का मान XB भाग के लिए न्यूनतम होता है

इसलिए बंकन घूर्ण (B.M.) का मान X खण्ड पर अधिकतम होता है जब भार खण्ड पर ही कार्य कर रहा होता है।

इसलिए $$M_{(max)}=-\frac{W\times x(L-x)}{L} \quad \ldots(3)$$

समीकरण (3) 'x' में दूसरी डिग्री का समीकरण है, इसलिए बंकन घर्ण आरेख (B.M.D) पैराबोलिक होता है।

निरपेक्ष अधिकतम बंकन घूर्ण गर्डर के मध्य पाट पर होता है और इसका मान $M_{max} = -\frac{WL}{4}$ होता है।

19·3. धरन के पाट से अधिक लम्बाई में समबांटित भार w धरन को पार करता है।

माना कि एक समबांटित भार w/m, एक L पाट के गर्डर AB पर से, बाएँ A आलम्ब से B आलम्ब की तरफ गुजरता है। आलम्ब A से x दूरी हर एक खण्ड X मानिए और माना कि समबांटित भार का आगे का सिरा किसी क्षण पर A आलम्ब से y दूरी पर है।

भार गर्डर के AX भाग में $(y<x)$ होने पर,

B आलम्ब पर आलम्ब बल $R_B = \frac{wy^2}{2L}$

X खण्ड पर अपरूपण बल (S F.) $F_X = +R_B = \frac{Wy^2}{2L}$

F_X का मान y के बढ़ने के साथ-साथ बढ़ता जाता है जब तक कि समबांटित भार का आगे का सिरा X खण्ड पर न पहुँच जाए। जब $y = x$

$$F_{(max)} = +\frac{wx^2}{2L} \qquad \ldots(3)$$

ज्यों ही भार का आगे का सिरा X खण्ड को पार कर XB भाग में घुसता है F_X का मान घटना प्रारम्भ हो जाता है। यह आसानी से सिद्ध किया जा सकता है। जब भार का आगे का सिरा X खण्ड पर पहुँचता है तो $R_B = \frac{wx^2}{2L}$ होता है। अब माना कि भार XB भाग में δ_X की लम्बाई ढक लेता है और माना कि B पर आलम्ब बल δR_B बढ़ जाता है।

$$R_B + \delta R_B = \frac{w(x+\delta x)^2}{2L}$$

अब X खण्ड पर अपरूपण बल (S.F.) नीचे दिए अनुसार होता है।

$$F_X = +(R_B + \delta R_B) - w\delta x = \frac{w(x+\delta x)^2}{2L} - w\delta x$$

$$=+\frac{wx^2}{2L}+\left\{wx\frac{\delta x}{L}-w\times\delta x\right\}$$

व्यंजक में $(\delta x)^2$ का मान बहुत छोटा होने के कारण छोड़ा जा सकता है। कोष्ठक के अन्दर का मान ऋणात्मक है, इसलिए पूरे समीकरण का मान $\frac{wx^2}{2L}$ से कम हो जाता है। अतः F_X, $\frac{wx^2}{2L}$ से कम होता है।

इससे यह निष्कर्ष निकलता है कि जब समबांटित भार का आगे का सिरा X खण्ड पर है, और AX भाग पूरा भार से ढका है, तो X खण्ड पर अपरूपण बल (S.F) अधिकतम घनात्मक होता है।

जब भार X खण्ड से XB भाग पर बढ़ता जाता है तो X खण्ड पर अपरूपण बल (S.F) घटता जाता है। एक अवस्था में, भार की स्थिति ऐसी आ जाती है कि X खण्ड पर अपरूपण बल शून्य हो जाता है। जब भार और आगे बढ़ता जाता है तो X खण्ड पर अपरूपण बल का चिह्न बदल जाता है और फिर ऋणात्मक दिशा में, भार के आगे बढ़ने के साथ-साथ बढ़ता जाता है और जब भार पूरा पाट ढक लेता है यानी भार का आगे का सिरा B आलम्ब तक पहुँच जाता है, तो X खण्ड पर इस स्थिति में अपरूपण बल (S.F) $F_X=R_A+wx=\frac{wL}{2}+wx$ हो जाता है। यह बल पाट के बाएँ आधे भाग के किसी भी खण्ड पर ऋणात्मक होता है। जब तक पूरा पाट भार से ढका रहता है अपरूपण बल का मान स्थिर रहता है। जब भार और आगे बढ़ता जाता है, भार का पिछला सिरा A से X की तरफ आना प्रारंभ हो जाता है। किसी क्षण पर माना कि XB भार से पूरा तथा AX भाग आंशिक रूप से ढका हुआ है ऐसी स्थिति में X खण्ड पर अपरूपण बल नीचे दिए अनुसार होता है।

$$F_X=+R_B-w(L-x)$$

इस समीकरण में हम देखते हैं कि भार के और आगे बढ़ जाने से R_B का मान कम होता जा रहा है या दूसरे शब्दों में ऋणात्मक अपरूपण बल (S.F) का मान बढ़ता जाता है, क्योंकि $w(L-x)$ का मान स्थिर रहता है। अब ज्यों ही भार का पिछला सिरा X खण्ड पर पहुँचता है और AX भाग पर कोई भार नहीं रहता, अपरूपण बल R_A द्वारा नियन्त्रित हो जाता है।

$$F_X=-R_A=\frac{w(L-x)^2}{2L}$$

ऋणात्मक अपरूपण बल का यही अधिकतम मान है। क्योंकि यदि भार का पिछला सिरा X से B की तरफ जाता है तो R_A का मान कम होना प्रारम्भ हो जाता है और इससे X खण्ड पर अपरूपण बल कम होना शुरू हो जाता है। इसलिए अधिकतम ऋणात्मक अपरूपण बल का मान नीचे दिए अनुसार होता है।

$$F_{max}=\frac{w(L-x^2)}{2L} \quad ...(2)$$

अब निश्चित रूप से कह सकते हैं कि X पर धनात्मक S.F अधिकतम तब होता है, जब AX पूरा ढका हुआ तथा XB पर कोई भार न हो और अधिकतम ऋणात्मक अपरूपण बल तब होता है जब XB पूरा भार से ढका हो तथा AX भाग पर कोई भार न हो।

अपरूपण बल आरेख खींचने के लिए गर्डर के AB पाट को आधार मानकर, A और B पर AX के समकोण दिशा में, किसी पैमाने पर $\frac{wL}{2}$ के बराबर AD और BE दो रेखाएँ खींचो। AE और BD को पैराबोला से मिला दो। S.F.D चित्र नं० 19·2 में दिखाया हुआ है।

बंकन घूर्ण (B.M)

अधिकतम बंकन घूर्ण के लिए भार के आगे का सिरा AX भाग में y दूरी पर मानने पर, यानी $y<x$

$$M_X=-R_B(L-x)=-\frac{wy^2}{2L}(L-x)$$

y के बढ़ने के साथ-साथ M_X का मान भी बढ़ता जाता है और जब भार का अगला सिरा X खण्ड पर पहुँच जाता है अर्थात् $y=x$ हो जाता है तो

$$M_X=-\frac{wx^2(L-x)}{2L}$$

अब जब भार का अगला सिरा XB भाग में प्रवेश करता है तो बंकन घूर्ण बढ़ता ही जाता है जैसा कि नीचे सिद्ध किया गया है।

जब भार का अगला सिरा X पर है, तो $R_B=\frac{wx^2}{2L}$; मानसिक भार δx, XB भाग में प्रवेश कर जाता है, और B पर आलम्ब बल δR_B बढ़ जाता है।

$$R_B+\delta R=\frac{w(x+\delta_X)^2}{2L}$$

$$M_X = -(R_B + \delta R_B)\ (L - x) + w\delta_X \times \frac{\delta_X}{2}$$

$$= \frac{w(x+\delta_X)^2}{2L}\ (L-x) + \frac{w\delta_X{}^2}{2} \text{ जो } -\frac{wx^2(L-x)}{2L}$$

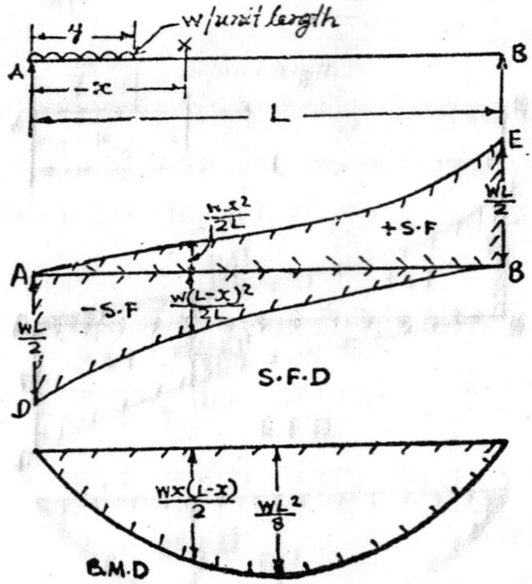

चित्र 19·2

से निश्चय ही अधिक है। इसलिए X खण्ड पर बंकन घूर्ण बढ़ता जाता है जब तक कि भार पूरे पाट को नहीं ढक लेता। जब पूरा पाट ढक जाता तो

$$M_X = -\frac{wL}{2} \times x + \frac{wx^2}{2} = -\frac{wx(L-x)}{2}$$

जब भार का पिछला सिरा A आलम्ब पर आ जाता है और B की तरफ चलता है, तो

$$M_X = -R_B(L-x) + \frac{w(L-x)^2}{2}$$

जब भार का पिछला सिरा A से B की तरफ चलता है तो R_B का मान कम होना शुरू हो जाता है जबकि $\frac{w(L-x)^2}{2}$ का मान स्थिर रहता है। जब पिछला सिरा X पर पहुँचकर B की तरफ बढ़ता जाता है तो बंकन घूर्ण का मान कम होता जाता है। इसलिए बंकन घूर्ण अधिकतम मान $-\frac{wx(L-x)}{2}$ ही होता है।

जब पूरा पाट भार से ढका हुआ है $M_{max} = -\frac{wx(L-x)}{2}$

बंकन घूर्ण आरेख स्थिर समबांटित भार की भांति पैराबोलिक होता है और निरपेक्ष अधिकतम बंकन घूर्ण (Absolute maximum B.M) गर्डर के पाट के मध्य में होता है और इसका मान $-\frac{wL^2}{8}$ होता है ।

19·4 पाट से कम लम्बाई का समबांटित भार

मान लो L पाट के गर्डर पर से, C लम्बाई का w/unit length का समबांटित भार गुजर रहा है । यह ध्यान रहे कि C का मान L से छोटा होता है ।

गर्डर के A आलम्ब से x दूरी पर एक X खण्ड लो ।

जब $x < C$, $F_{max} = +\frac{wx^2}{2L}$

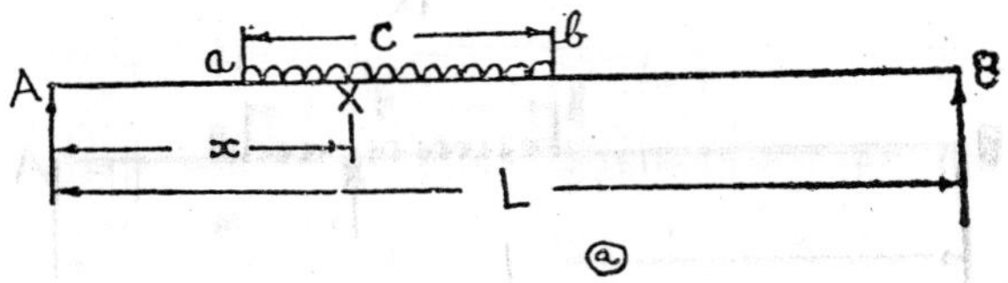

चित्र 19·3

जब $x = C$, $F_{max} = +\frac{wC^2}{2L}$

जब $x > C$, $F_X = R_B$, F_X का मान भार के अगले सिरे के X खण्ड की तरफ बढ़ने से बढ़ता जाता है और जब भार का अगला सिरा X खण्ड पर पहुँच जाता है तो $F_{max} = +R_B = \frac{wC}{L}\left(x - \frac{C}{2}\right)$ हो जाता है ...(1)

समीकरण (1) एक सरल रेखा की समीकरण है । धनात्मक अधिकतम S.F आरेख खींचने के लिए,

जब $x = \frac{C}{2}$ होता है तो, $F_{max} = 0$

और $x = \left(L + \frac{C}{2}\right)$ होता है तो, $F_{max} = wC$

$x=0$ से $x=C$ तक S.F का आरेख पैराबोलिक नियम में होता है । क्योंकि जब $x=C$ है तो $F_{max}=\frac{wC^2}{2L}$ होता है जो कि पैराबोला का समीकरण है । इसलिए अधिकतम धनात्मक S.F आरेख $x=0$ से $x=C$ तक पैराबोलिक और $x=C$ से $x=\left(L+\frac{C}{2}\right)$ तक एक सरल रेखा होती है जिसका मान $x=\left(L+\frac{C}{2}\right)$ पर wC होता है ।

जब भार का अगला सिरा X खंड को पार कर XB भाग में घुसता है तो S.F का मान कम हो जाता है । भार की किसी स्थिति में S.F का मान शून्य हो जाता और इसके बाद S.F चिह्न बदल कर परिवर्तित दिशा में बढ़ना शुरू हो जाती है । जब भार का पिछला सिरा X खंड पर पहुँचता है तो अपरूपण बल R_A द्वारा नियंत्रित हो जाता है ।

$$F_X=-R_A=-\frac{wC}{L}\left(L-x-\frac{C}{2}\right),$$ जो भार के B आलम्ब की तरफ बढ़ने से फिर कम होना शुरू हो जाता है क्योंकि R_A का मान भार के B की तरफ बढ़ने से कम होता है। इसलिए अधिकतम ऋणात्मक S.F,

$$F_{max}=-\frac{wC}{L}\left(L-x-\frac{C}{2}\right)$$

अधिकतम धनात्मक तथा ऋणात्मक S.F आरेख चित्र 19·4 में दिखाया हुआ है ।

B.M के लिए

जब तक भार गर्डर के AX भाग में हैं, X खण्ड पर बंकन घूर्ण (B.M) $M_X=-R_B(L-x)$, जिसका मान भार के अगले सिरे के X खंड की तरफ बढ़ने से बढ़ता है और जब अगला सिरा X खंड से XB भाग में प्रवेश करता है, तो M_X का मान बढ़ता ही जाता है । जब भार X खंड के दोनों तरफ होता है और भार आगे B की तरफ बढ़ता जाता है । भार की X खंड पर एक ऐसी स्थिति आ जाती है, जिससे X खंड पर बंकन घूर्ण अधिकतम उत्पन्न हो जाता है । ध्यान रहे इस स्थिति में समबांटित भार X खंड के दोनों तरफ हैं । भार की वास्तविक स्थिति ज्ञात करने के लिए, मान लो भार की C.G. A आलम्ब मे y दूरी पर है जैसा कि चित्र 19·3 में दिखाया हुआ है ।

A आलम्ब पर घूर्ण लेने पर

$$R_B = wC \times \frac{y}{L}$$

$$M_X = -R_B(L-x) + \frac{wC(Xb)^2}{2}$$

$$= \frac{wCy(L-x)}{L} + \frac{w}{C}\left(y + \frac{C}{2} - x \right)^2$$

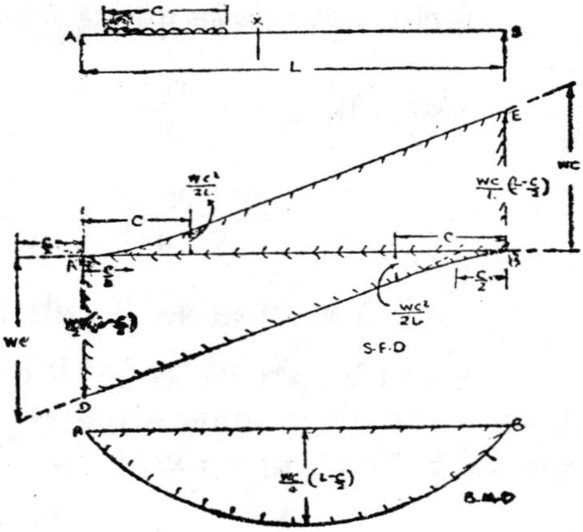

चित्र 19·4

M_X का अधिकतम मान ज्ञात करने के लिए इस समीकरण का y के लिए अवकलन करो ।

$$\frac{d_{max}}{d_2} = -\frac{wC(L-x)}{L} + w\left(y + \frac{C}{2} - x \right) = 0$$

$$\text{या } \frac{C}{L}(L-x) = \left(y + \frac{C}{2} - x \right)$$

रेखा चित्रीय विधि द्वारा

$$\frac{ab}{AB} = \frac{Xb}{XB}$$

$$\text{या} \quad \frac{XB}{Xb} = \frac{AB}{ab} = \frac{AB-XB}{ab-Xb} = \frac{AX}{aX}$$

$$\text{इसलिए} \quad \frac{aX}{xb} = \frac{AX}{Xb}$$

इससे यह महत्वपूर्ण निष्कर्ष निकलता है कि किसी भी X खंड पर अधिकतम बंकन घूर्ण भार की उस स्थिति में होता है, जिस स्थिति में X खंड भार को तथा गर्डर के पूरे पाट को एक ही अनुपात में बाँटता है । यह बाद में देखेंगे कि यह निष्कर्ष अधिकेन्द्रित तथा समबांटित दोनों तरह के भारों के लिए उपयुक्त है ।

इसलिए पाट में कम लम्बाई का समबांटित भार जब गर्डर पर से गुजरता है तो किसी भी खंड पर अधिकतम बंकन घूर्ण के लिए भार की स्थिति इस प्रकार खंड के दोनों तरफ रखनी चाहिए कि खंड X, भार तथा पाट को एक ही अनुपात में बाँटें ।

निरपेक्ष अधिकतम बंकन घूर्ण पाट के मध्य बिन्दु पर होता है।

$$M_{(max)(max)} = -\frac{wC}{2} \times \frac{L}{2} + \frac{wC}{2} \times \frac{C}{4}$$

$$= -\frac{wC}{4}\left(L - \frac{C}{2} \right)$$

19·5. दो अधिकेन्द्रित भार W_1 और W_2 एक दूसरे से d दूरी पर

मान लो W_1 और W_2 एक-दूसरे से d दूरी पर स्थित दो अधिकेन्द्रित भार L पाट के गर्डर पर से A आलम्ब से B आलम्ब की तरफ गुजरते हैं। मानलो W_2 भार आगे है और W_2 का मान W_1 के मान से कम है और

$$d < \frac{W_2 L}{W_1 + W_2}$$

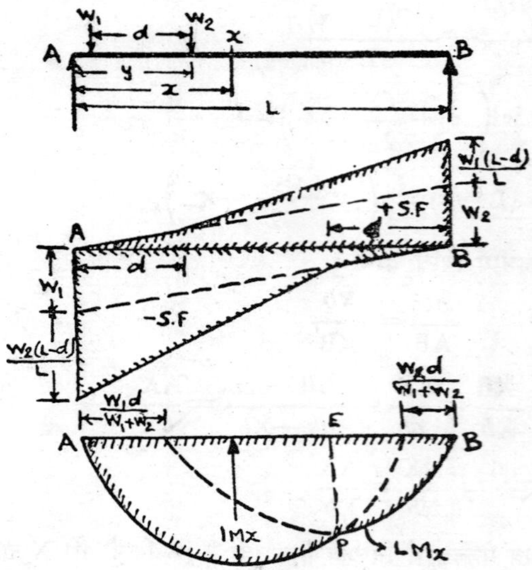

चित्र 19·5

आलम्ब A से x दूरी पर एक खंड X लो। जब दोनों भार AX में हैं, $F_X = +R_B$ जो W_2 भार के X खंड तक पहुँचने तक बढ़ता जाता है।

जब $x < d$

जब W_2, X खंड पर पहुँचता है तो W_1 गर्डर पर नहीं होगा और खंड पर अधिकतम धनात्मक S.F., W_2 के कारण ही होता है।

$$F_{max} = +R_B = +W_2 \frac{x}{L}$$

जब $x = d$

W_2 जब X खंड पर होता है तो W_1, A आलम्ब पर होगा लेकिन अभी गर्डर पर नहीं होगा।

या $x = d$ और $F_{max} = W_2 \times \frac{d}{L}$

और जब $x > d$

जब W_2, X खंड पर होता है तो W_1 भी पाट पर d दूर पीछे होता है इसलिए X खंड पर अधिकतम घनात्मक S.F.

$$F_{max2} = +R_B = +\frac{W_2 x + W_1(x-d)}{L},$$

यहाँ F_{max2}, W_2 खंड पर होने पर S.F. है। इसी प्रकार जब W_1 भार X खंड पर होगा तो हम S.F को F_{max1} से लिखेंगे।

जब W_2, X खंड को पार कर XB में घुसता है, S.F. एकदम W_2 कम हो जाती है। लेकिन फिर भारों के आगे बढ़ने के साथ-साथ बढ़नी शुरू हो जाती है।

$F_X = +R_B - W_2$, F_X का मान R_B के बढ़ने से बढ़ता है और जब W_1 भार भी X खंड पर पहुँच जाता है लेकिन X खंड को पार नहीं करता तो S.F. $F_{max1} = +\frac{W_1 x + W_2(x+d)}{L} - W_2$ हो जाती है।

इसलिए X खंड पर अधिकतम धनात्मक S.F., F_{max2} और F_{max1} में से जो अधिक होता है वही होगा।

मानलो F_{max2}, E_{max1} से बड़ी है।

$$\text{या} \quad \frac{W_2 x + W_1(x-d)}{L} < \frac{W_1 x + W_2(x+d)}{L} - W_2$$

$$\text{या} \qquad (W_1 + W_2)d < W_2 L$$

$$d < \frac{W_2 L}{W_1 + W_2}$$

भार की इसी स्थिति के लिए चित्र 19·5 में अधिकतम S.F.D खींचा हुआ है। अधिकतम घनात्मक S.F दो सरल रेखायें होती हैं। क्योंकि $x = 0$ से $x = d$ तक के लिए S.F. समीकरण $F_{max} = \frac{W_2 x}{L}$ और $x = d$ से $x = L$ तक S.F. का समीकरण $\frac{W_2 x + W_1(x-d)}{L}$ होता है।

$x=d$ पर $F_{max}=-\frac{W_2 d}{L}$, और $x=L$ पर

$F_{max}=W_2+W_1\frac{(L-d)}{L}$ है।

जब W_1 भार X खंड के XB भाग की तरफ हो जाता है तो अधिकतम ऋणात्मक S.F., $F_{max}=-R_A=-\frac{W_1(L-x)+W_2(L-x-d)}{L}$ हो जाती है।

अब जब दोनों भार B की तरफ आगे और बढ़ते हैं तो R_A का मान कम होता जाता है, इसलिए अधिकतम ऋणात्मक S.F. भी कम होता जाता है।

अधिकतम ऋणात्मक S.F. सरल रेखा नियम में होता है

$$F_{max}=-\frac{W_1(L-x)+W_2(L-x-d)}{L}$$

यह समीकरण $x=0$ से $x=(L-d)$ तक अधिकतम S.F. बताती है। लेकिन $(L-d)$ से आगे W_2 गर्डर पर से हट जाता है और X खंड पर ऋणात्मक S.F. केवल W_1 के कारण होती है।

जब $x=0$ $F_{max}=-\left\{W_1+W_2\frac{(L-d)}{L}\right\}$

और जब $x=(L-d)$, $F_{max}=-\frac{W_1 d}{L}$

अपरूपण बल आरेख चित्र 19·5 में दिखाया हुआ है।

B.M के लिए

जब भार AX भाग में है तो X खंड पर बंकन घूर्ण $M_X=-R_B(L-x)$ जो R_B के बढ़ने के साथ-साथ बढ़ता है और जब W_2 भार X खंड पर आ जाता है तो X खंड पर बंकन घूर्ण नीचे दिए अनुसार हो जाता है।

$$2M_X=-\left\{\frac{W_2 x+W_1(x-d)}{L}\right\}(L-x)$$

ज्योंही W_2 भार X खंड को पार कर XB भाग में घुस जाता है तो X खंड पर बंकन घूर्ण, बढ़ेगा या कम होगा यह X खंड की स्थिति पर निर्भर करता है और जब W_1 भार भी X खंड पर पहुँच जाता है तो $1M_X=R_A\times x$

$$=-\frac{x}{L}\left\{W_1(L-x)+W_2(L-x-d)\right.$$

^2M_X और ^1M_X खंड पर क्रम से W_2 और W_1 के खंड पर होने की स्थिति में बंकन घूर्ण हैं।

अब जब दोनों भार और आगे B आलम्ब की तरफ बढ़ते जाते हैं तो R_A का मान कम होता जाता है और इसलिए X खंड पर बंकन घूर्ण भी कम होता जाता है।

इस प्रकार X खंड पत्र ^1M_X तथा ^2M_X में से जिसका मान अधिक है वहीं अधिकतम बंकन घूर्ण होता है।

अगर ^2M_X और ^1M_X के आरेख खींचे जायें तो यह दोनों आरेख पैराबोलिक होंगे।

$x=L$ और $x=\dfrac{W_1d}{W_1+W_2}$ पर ^2M_X शून्य हो जाता है और इसी प्रकार

$x=O$ और B से $\dfrac{W_2d}{W_1+W_2}$ दूरी पर ^1M_X शून्य हो जाता है।

B.M.D चित्र 19·5 में दिखाया हुआ है। P पर $^2M_X={}^1M_X$

P की स्थिति ज्ञात करने के लिए

$$W_2x(L-x)+W_1(x-d)(L-x)=W_1x(L-x)+W_2x(L-x-d)$$

या $W_1d(L-x)=W_2\times x\times d$

$$x=\frac{W_1L}{W_1+W_1}$$

P बिन्दु, AB को $W_1 : W_2$ अनुपात में बांटता है। A से P तक अधिकतम B.M ^1M_X है या दूसरे शब्दों में जब W_1 खंड पर है और M_2 खंड से आगे B की तरफ है। इसी प्रकार P से B तक सभी खंडों के लिए अधिकतम नमन घूर्ण ^2M_X के कारण होता है या दूसरे शब्दों में जब W_2 खंड पर तथा W_1 खंड के पीछे AX भाग में हो।

गर्डर में कहीं भी अधिकतम निरपेक्ष बंकन घूर्ण (absolute Maxi B.M)

^1M_X की सीमा में होगा जब A से $X=\dfrac{AE}{2}$ जैसा कि चित्र 19·5 में दिखाया हुआ है।

उदाहरण 19·1. एक 2t/m पाट से लम्बाई में अधिक समबांटित भार 10m पाट वाले गर्डर पर से गुजरता है।

(*a*) बायें सिरे से 3 m दूर खंड पर अधिकतम +S.F तथा —S.F ज्ञात करो।

(*b*) इसी खण्ड पर अधिकतम B.M ज्ञात करो।

(*c*) अधिकतम निरपेक्ष (absolute) B.M का मान ज्ञात करो।

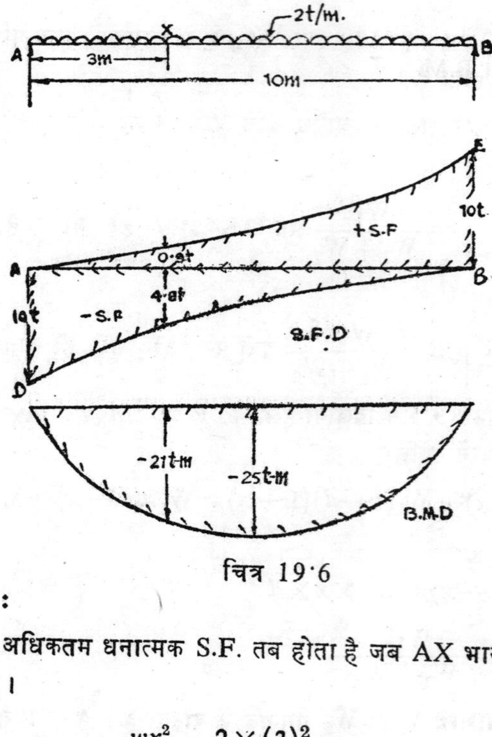

चित्र 19·6

हल :

(*a*) अधिकतम धनात्मक S.F. तब होता है जब AX भाग पूरा भार से ढका हुआ होता है।

$$\text{या} \quad -F_{max} = \frac{wx^2}{2L} = \frac{2 \times (3)^2}{2 \times 10} = 0{\cdot}9\text{t}.$$

इसी प्रकार अधिकतम ऋणात्मक S.F. तब होता है जब XB भाग पूरा भार से ढका हुआ होता है।

$$\text{या} \quad F_{max} = \frac{w(L-x)^2}{2L} = \frac{2 \times (10-3)^2}{2 \times 10} = 4{\cdot}9\text{t}.$$

(b) जब पूरा पाट भार से ढका हो, X खण्ड पर बंकन घूर्ण अधिकतम होता है।

$$M_{max} = -\frac{wx(L-x)}{2} = \frac{-2 \times 3 \times (10-3)}{2} = 21 \text{ t-m}$$

(*c*) निरपेक्ष (absolute) अधिकतम B.M, पाट के मध्य में होता है।

$$\text{निरपेक्ष } M_{max} = -\frac{wL^2}{8} = \frac{-2\times(10)^2}{8} = 25 \text{ t-m}$$

उदाहरण 19·2. एक 5t का अधिकेन्द्रित भार 15m पाट के शुद्धालंब धरन पर से गुजरता है। बायें सिरे से 4m की दूरी पर एक खण्ड पर अधिकतम धनात्मक; ऋणात्मक S.F. तथा B.M ज्ञात करो। अधिकतम निरपेक्ष (absolute) B.M का मान भी ज्ञात करो।

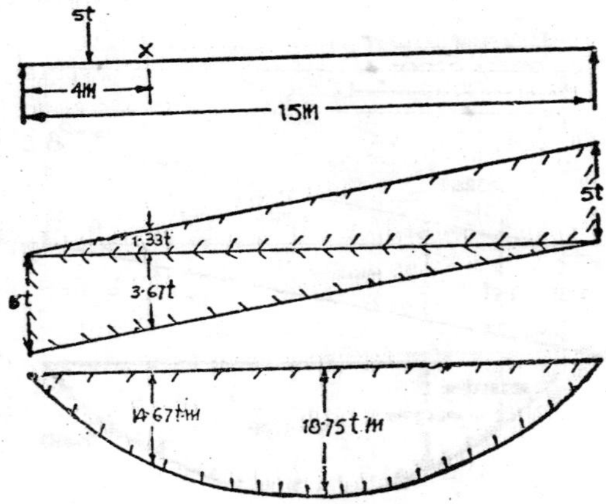

चित्र 19·7

हल :

जब 5t का भार AX भार में X खण्ड पर है तो खण्ड पर अधिकतम धनात्मक S.F. उत्पन्न होता है।

$$F_{max} = R_B = \frac{Wx}{L} = \frac{5\times 4}{15} = \frac{4}{3} = 1{\cdot}33\text{t}$$

जब 5 t का भार XB में X खंड पर ही है तो S.F. अधिकतम ऋणात्मक होता है।

$$F_{max} = -R_A = -\frac{W(L-x)}{L}$$

$$= -\frac{5\times(15-4)}{15} = \frac{5\times 11}{15} = 3{\cdot}67\text{t}$$

जब भार खंड पर होता है तो B.M. अधिकतम होता है।

$$M_{(max)} = -\frac{Wx(L-x)}{L} = -\frac{5\times4(15-4)}{15}$$

$$= -14\cdot67 \text{ t-m}$$

$$\text{अधिकतम निरपेक्ष B.M} = -\frac{WL}{4} = -\frac{5\times15}{4} = -18\cdot75 \text{ t-m}$$

उदाहरण 19·3. 1 t/m का 10m लम्बा एक समबांटित भार 40m पाट के गर्डर पर बायें से दायें तरफ गुजरता है। गर्डर के बायें सिरे से 5, 10, 20 और 30 m की दूरी के खंडों पर अधिकतम S.F तथा B.M ज्ञात करो।

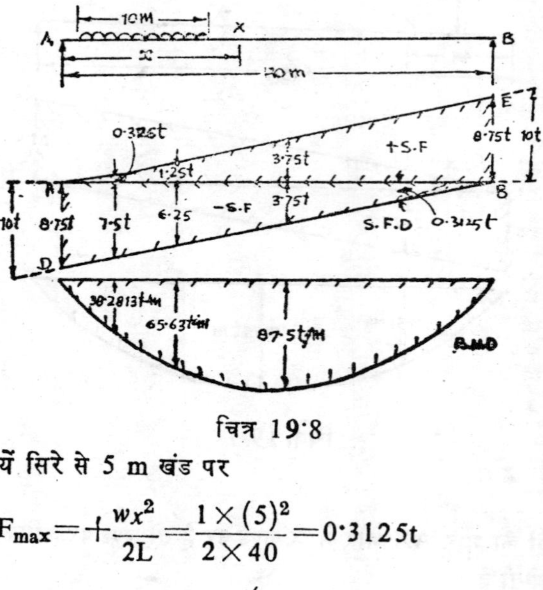

चित्र 19·8

I बायें सिरे से 5 m खंड पर

$$+F_{max} = +\frac{wx^2}{2L} = \frac{1\times(5)^2}{2\times40} = 0\cdot3125 \text{t}$$

$$-F_{max} = -R_A = \frac{wC\left(L-x-\frac{C}{2}\right)}{L}$$

$$= -\frac{1\times10(40-2-10/_2)}{40}$$

$$= -\frac{10\times30}{40} = -7\cdot5 \text{ t}$$

खंड पर अधिकतम B.M के लिए भार की स्थिति ऐसी होनी चाहिए कि खंड भार तथा पाट दोनों को एक ही अनुपात में बांटे। दूसरे शब्दों में AX पर भार 1·25 t तथा XB पर भार 8·75 t होना चाहिए।

भार की उस स्थिति के लिए

$$R_A = \frac{10 \times (40 - 3.75 - 5)}{40} = \frac{31.25}{4} = 7.8125 \text{ t.}$$

$$\therefore M_5 = -R_A \times x + w\frac{(aX)^2}{2}$$

$$= -7.8125 \times 5 + \frac{1 \times (1.25)^2}{2} = -38.2813 \text{ t-m}$$

(*b*) A से 10m खंड की दूरी के लिए

$$+F_{max} = R_B = \frac{wx^2}{2L} = \frac{1 \times 10^2}{2 \times 40} = 1.25\text{t}$$

$$F_{max} = -R_A = -\frac{wC\left(L - x - \frac{C}{2}\right)}{L}$$

$$= -\frac{1 \times 10(40 - 10 - 5)}{40} = 6.25\text{t-m}$$

अधिकतम B.M के लिए

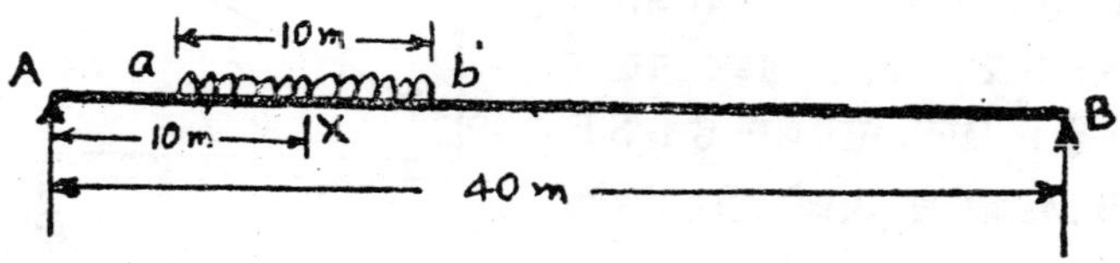

चित्र 19·9

$$\frac{aX}{ab} = \frac{AX}{AB} \text{ या } aX = \frac{10 \times 10}{40} = \frac{10}{4} = 2.5 \text{ m}$$

$$\therefore Xb = 10 - 2.5 = 7.5 \text{ m}$$

भार की इस स्थिति के लिए

$$R_A = \frac{wC\left(L - Aa - \frac{C}{2}\right)}{L}$$

$$= \frac{1 \times 10(40 - 7.5 - 5)}{40} = \frac{10 \times 27.5}{40} = 6.875 \text{ t}$$

$$M_{10} = R_A \times x + \frac{w(aX)^2}{2}$$

$$=-6{\cdot}875\times10+1\times1\,\frac{(2{\cdot}5)^2}{2}$$

$$=-68{\cdot}75+3{\cdot}12=-65{\cdot}63 \text{ t-m}$$

B से 20m की दूरी पर खंड के लिए

$$F_{max}=+R_B=\frac{10\times15}{40}=3{\cdot}75 \text{ t}$$

$$-F_{max}=-R_A=\frac{10\times15}{40}=30{\cdot}75 \text{ t}$$

अधिकतम B.M. के लिए aX
$Xb=5$m

$$\therefore\ M_{20}=-5\times20+5\times1\times\frac{5}{2}$$

$$=-100+12{\cdot}5$$

$$=-87{\cdot}3 \text{ t-m}$$

उदाहरण 19·4. 6 m दूरी पर स्थिति 10 t और 5 t के दो अधिकेन्द्रित भार 20 m के गर्डर पर से गुजरते हैं। छोटा भार आगे है। S.F. तथा B.M. आरेख बनाओ और निरपेक्ष अधिकतम B.M. की स्थिति तथा मान ज्ञात करो।

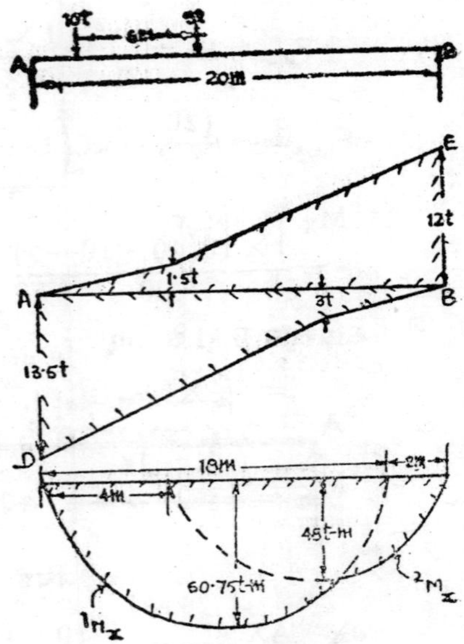

चित्र 19·10

हल :

धनात्मक S.F. के लिए

$$x=6 \text{ m पर}+F_{max}\frac{W_2\times d}{L}=\frac{5\times6}{20}=1{\cdot}5 \text{ t}$$

और $x=20$ m पर

$$F_{max}=W_2+W_1\frac{(L-d)}{L}$$

$$=5+10\frac{(20-6)}{20}=5+\frac{10\times14}{20}=12 \text{ t}$$

$$x=0 \text{ पर } F_{max}=-\left\{W_1+W_2\left(\frac{L-d}{L}\right)\right\}$$

$$=-\left\{10+5\frac{(20-6)}{20}\right\}=-13{\cdot}5t$$

$$x=14m \text{ पर}-F_{max}=\frac{W_1d}{L}=\frac{10\times6}{25}=-3t$$

$$^2M\bar{x}=-\frac{(L-x)}{L}\{W_2x+W_1(x-l)\}$$

$$=\frac{(20-x)}{20}\{5x+10(x-9)\}$$

$$=-\frac{(20-x)(15x-60)}{20}=-\frac{15}{20}(20-x)(x-4)$$

^2M_X का मान $x=4$ और $x=20$ पर शून्य होगा

$$^2M_{12}=-\frac{15}{20}(20-12)(12-4)$$

$$=\frac{15}{20}\times8\times8=-48 \text{ t-m}$$

$$^1M_X=-\frac{x}{L}\{W_1(L-x)+W_2(L-x-b)\}$$

$$=-\frac{x}{20}\{10(20-x)+5(14-x)\}=-\frac{15}{20}x(18-x)$$

$_1M_X$ का मान $x=0$ और $x=18$ m पर शून्य होता है ।

निरपेक्ष (absolute) अधिकतम B.M. $x=9$ m पर होगा और इसका मान

$^1M_9=-\dfrac{15\times9\times9}{20}=-60{\cdot}75$ t-m चित्र 19·10 में S.F.D और B.M.D दिखाए हुए हैं ।

19·6. कई अधिकेन्द्रित भारों की शृंखला जब पाट पर से गुजरती है ।

जब दो अधिकेन्द्रित भार एक-दूसरे से निश्चित दूरी पर रहते हुए गर्डर पर से गुजरते हैं तो अधिकतम S.F. तथा B.M. की स्थिति व मान ज्ञात करने के लिए बड़ी-बड़ी परिकलनें (calculations) करनी पड़ती हैं, जिनमें काफी समय लगता है ।

यदि भार दो से अधिक हों तो इससे भी कई गुना अधिक परिकलनें (calculations) करनी पड़ेगी। इसी कठिनाई को हल करने के लिए नीचे दो बहुत ही महत्त्वपूर्ण साध्य (proportions) दिए हुए हैं।

पहला साध्य

जब बिन्दु भारों की शृंखला (series) एक शुद्धालम्ब धरन पर से गुजरती है तो किसी भी बिन्दु भार की स्थिति पर अधिकतम B.M. उसी अवस्था में होता है, जब वह भार तथा भारों की पूरी श्रेणी की C.G. धरन के मध्य बिन्दु से बराबर दूरी पर होती है।

मानलो एक भारों की शृंखला (series) एक धरन AB जिसका पाट L है, पर से गुजरती है।

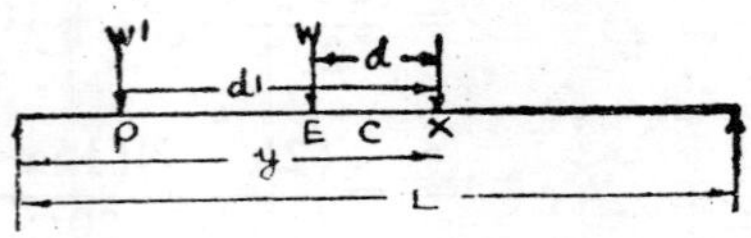

चित्र 19·11

मान लो एक खंड जहाँ पर अधिकतम B.M. ज्ञात करना है, की स्थिति X है जो बायें आलम्ब से y दूरी पर है। मानलो पूरे भारों की शृंखला की C.G,E. बिन्दु पर और धरन के बायें भाग पर भारों की C.G.P. पर तथा बायें भाग पर कुल भार W_1 हैं। X बिन्दु से W_1 और W की दूरी क्रमशः d_1 तथा d है। इस स्थिति में बायें आलम्ब पर बल ज्ञात करने के लिए दायें आलम्ब पर घूर्ण लो

$$R_A = \frac{W \times BE}{AB} = \frac{W}{L}(L - y + d)$$

X पर बंकन घूर्ण

$$M_X = -R_A \times y + W_1 d_1$$

$$= -\frac{Wy}{L}(L - y + d) + W_1 d_1$$

B.M. का अधिकतम मान ज्ञात करने के लिए इस समीकरण का अवकलन (differentiation) करो।

$$\frac{dM_X}{dy} = -\frac{W}{L}(L - 2y + b) = 0$$

$$\therefore L - 2y + d = 0, \quad y - \frac{L}{2} = \frac{d}{2}$$

$$y = \left(\frac{L}{2} + \frac{d}{2}\right)$$

दूसरा साध्य

किसी भी X खंड पर अधिकतम B.M. के लिए धरन के दोनों भागों पर औसत भार बराबर होना चाहिए।

दूसरे शब्दों में, X खंड पर भार की स्थिति ऐसी होनी चाहिए कि खंड, भार तथा गर्डर के पाट को एक ही अनुपात में बाँटें।

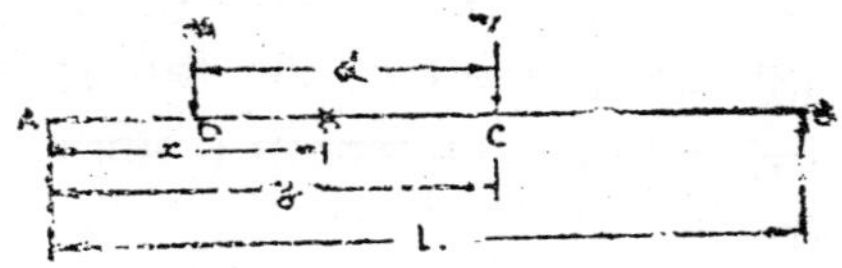

चित्र 19·12

L पाट के AB धरन के बायें सिरे A से x दूरी पर X खड लो। मानलो धरन पर कुल भार W है जो C बिन्दु पर कार्य कर रहा है या दूसरे शब्दों में, W भार की C.G, C बिन्दु पर है और मान लो C की दूरी A से y हैं। AX पर कुल भार W_1 है जिसकी C.G, D बिन्दु पर है।

$$\text{अब,}\quad R_A=\frac{W\times BC}{AB}=\frac{W(L-y)}{L}$$

$$\text{X खंड पर B.M,}\quad M_X=-R_A\times AX+W_1\times DX$$

$$=-\frac{Wx(L-y)}{L}+W_1\{x-(y-d)\}$$

अब y के बदलने के साथ-साथ M_X का मान भी बदलता है। M_X का अधिकतम मान ज्ञात करने के लिए M_X के समीकरण का अवकलन करो।

$$\frac{dM_X}{dy}=\frac{Wx}{L}-W_1=0$$

$$\therefore\ \frac{W_1}{x}=\frac{W}{L}=\frac{W-W_1}{L-x},$$ AX पर औसत भार BX पर औसत भार के बराबर है या X, भार तथा धरन के पाट को एक ही समानुपात में बांटता है।

समबांटित भार के लिए तो कोई कठिनाई नहीं है लेकिन अधिकेन्द्रित भारों के लिए यह स्थिति बहुत ही कम होती हैं। क्योंकि एक बिन्दु भार के X खंड के बायें से दायें चले जाने से भार की स्थिति बिल्कुल बदल सकती है। दूसरे शब्दों में यदि AX पर XB भाग से भारी भार है तो ऐसा साधारणतया होता है कि यदि एक बिन्दु भार भी AX भाग से XB की तरफ चला जाता है तो XB भाग पर AX से भार भारी हो जाता है।

ऐसी परिस्थिति में X खंड पर अधिकतम B.M उसी स्थिति में होता है जब

वह भार जो AX पर XB से भारी भार को XB भाग पर AX भाग से भारी भार में बदल देता है। भार की प्रवृत्ति इससे उल्ट भी हो सकती है।

कई बार ऐसा भी होता है कि भार की दो परिस्थितियाँ ऐसी आ जाती हैं कि दोनों ही हमारी शर्तें पूरी करती हैं। ऐसी परिस्थिति में दोनों ही स्थितियों में M_X का मान ज्ञात करो, और जिस स्थिति में M_X का मान अधिकतम हो वही खंड पर अधिकतम B.M अपनाओ। आगे हल किए उदाहरणों से यह तथ्य स्पष्ट हो जाएगा।

M_X समीकरण का अवकलन करके अधिकतम B.M की स्थिति ज्ञात नहीं कर सकते क्योंकि सभी अधिकेन्द्रित भार है और इसलिए समीकरण का अवकलन करने से y जो परिवर्तनशील मात्रा है, समीकरण में रहता ही नहीं और इसलिए y का मान अवकलन से ज्ञात नहीं किया जा सकता।

उदाहरण 19·7. 6t, 8t, 8t और 4t के भार, इसी क्रम में 3m की समान दूरी पर स्थित हैं। 6t का भार सबसे आगे है और भारों की यह श्रृंखला बायें से दायें तरफ 40m पाट के धरन पर से गुजरती है। बायें आलम्ब से 12·5m की दूरी पर अधिकतम बंकन घूर्ण तथा धरन में निरपेक्ष अधिकतम बंकन घूर्ण की स्थिति तथा मान ज्ञात करो।

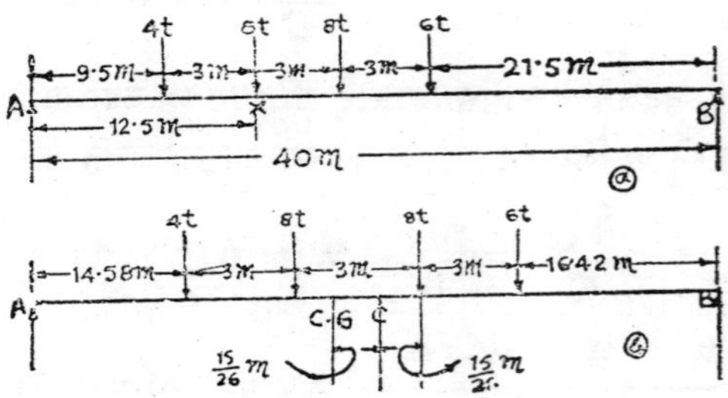

चित्र 19·13

12·5 m पर अधिकतम B.M. के लिए AX तथा XB पर औसत भार बराबर होना चाहिए।

$$\text{या} \quad \frac{12.5}{40} = \frac{x}{26}, \text{ या } x = \frac{12.5 \times 26}{40} = 8.125 \text{ t}$$

इसलिए 6t भार की तरफ से 8t का दूसरा भार खंड पर होना चाहिए। भार की इस स्थिति में आलम्ब बल R_A,

$$40R_A = 6 \times 21.5 + 8 \times 24.5 + 8 \times 27.5 + 4 \times 30.5$$

$$= 129 + 196 + 220 + 122 = 667$$

$$R_A = \frac{667}{40} = 16{\cdot}675 \text{ t}$$

$$\therefore M_{max} = -R_A \times 12{\cdot}5 + 4 \times 3$$
$$= -16{\cdot}675 \times 12{\cdot}5 + 12$$
$$= -196{\cdot}4375 \text{ t-m}$$

निरपेक्ष अधिकतम B.M के लिए पूरे भार की श्रृंखला की C.G. तथा 8t भार की दूरी धरन के पाट के मध्य से बराबर दूरी पर होनी चाहिए।

मानलो सभी भारों की C.G 6t वाले भार से $\bar{x}$ दूरी पर है,

$$\therefore 26\bar{x} = 8 \times 3 + 8 \times 6 + 4 \times 9 = 108$$

$$\bar{x} = \frac{108}{26} = 4{\cdot}15 \text{ m}$$

भार की ठीक स्थिति चित्र 19·13 (*b*) में दिखाई गई है।

इस स्थिति में $40\ R_B = 4 \times 14{\cdot}58 + 8 \times 17{\cdot}58 + 8 \times 20{\cdot}58 + 6 \times 23{\cdot}56$

$$R_B = \frac{58{\cdot}23 + 140{\cdot}64 + 164{\cdot}64 + 141{\cdot}48}{40}$$
$$= 12{\cdot}625 \text{t}$$

$$M_{max} = -12{\cdot}625 \times 19{\cdot}42 + 6 \times 3$$
$$= -227{\cdot}25 \text{ t-m}$$

यह B.M, A आलम्ब से 20·58 m की दूरी पर है।

उदाहरण 19·6. 10t, 5t, 8t, 15t, 18t, 20t, 3t, और 7t के भार, जिनमें 10t का भार सबसे आगे है इसी क्रम में एक 50m पाट के गर्डर पर से बायें से दायें तरफ गुजरते हैं। यदि सभी भारों में क्रमागत दूरी 5m हो तो गर्डर के बायें सिरे से 20m दूरी के एक खंड पर अधिकतम B.M ज्ञात करो। गर्डर पर अधिकतम B.M तथा उसकी स्थिति भी ज्ञात करो।

हल :

A बिन्दु से 20m खंड पर अधिकतम B.M के लिए AX तथा XB पर औसत भार बराबर होना चाहिए। या $\frac{x}{86} = \frac{20}{50}$

या $$x = \frac{20}{50} \times 86 = 34{\cdot}4\text{t}$$

अधिकतम B.M के लिए 18t का भार खंड पर होना चाहिए क्योंकि यही भार है जो हल्के-भारी को स्थिति को भारी-हल्के में बदल देता है।

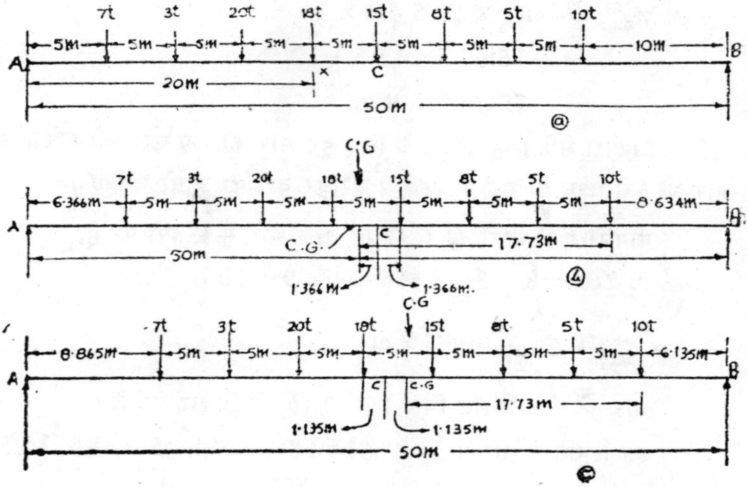

चित्र 19·14

$$R_A = \frac{1}{50}\begin{pmatrix}10\times10+5\times15+8\times20+15\times25+18\times30\\ +20\times35+3\times40+7\times45\end{pmatrix}$$

$$= \frac{109+75+160+375+540+700+120+315}{50}$$

$$= \frac{2385}{50} = 47{\cdot}7\text{t}$$

$$M_{20} = -47{\cdot}7\times20+7\times15+3\times10+20\times5$$
$$= 710\text{t-m.}$$

गर्डर में अधिकतम B.M के लिए भारों की संयुक्त C.G 10t भार से ज्ञात करो।

$$86\times\bar{x} = 5\times5+8\times10+15\times15+18\times20+20\times25+3\times30+7\times35$$

$$= 25+80+225+360+500+90+245$$

$$\bar{x} = \frac{1525}{86} = 17{\cdot}73\text{ m.}$$

पूरे भारों की संयुक्त C.G से 15t का भार 2·73 m पर तथा 18 t का भार 2·27 m पर है। निरक्षेप अधिकतम B.M दो स्थितियों में हो सकता है।

I. गर्डर का मध्य बिन्दु जब संयुक्त C.G तथा 15 t भार के बीच में हो। चित्र 19·13 (*b*) अनुसार

II. गर्डर का मध्य बिन्दु जब संयुक्त C.G तथा 18 t भार के बीच में हो। लेकिन अधितकम B.M दूसरी परिस्थिति में ही होगा, क्योंकि 18 t वाला भार भारी है तथा पाट के मध्य के अधिक पास में है। अतः चित्र 19 13 (*c*) अनुसार ही अधिकतम B.M होगा।

$50\ R_B = 7 \times 8{\cdot}865 + 3 \times 13{\cdot}865 + 20 \times 18{\cdot}865 + 18 \times 23\ 865 + 15 \times 28{\cdot}865 + 8 \times 33{\cdot}865 + 5 \times 38{\cdot}865 + 10 \times 43{\cdot}865 = 2247{\cdot}39$

$R_B = \frac{2247{\cdot}39}{50} = 44{\cdot}95t$, अतः $R_A = 86 - 44\ 95 = 41{\cdot}05t$

$M_{(max)} = -41{\cdot}05 \times 23\ 865 + 7 \times 15 + 3 \times 10 + 20 \times 5$
$= 744{\cdot}66$t-m (**उत्तर**)

प्रश्नावली 19

1. 10t का एक बिन्दु भार 10m पाट के एक गर्डर पर से गुजरता है। बायें सिरे से 2m, 4m तथा 5m दूरी पर स्थित खंडों पर अधिकतम S.F तथा B.M ज्ञात करो।

(**उत्तर** A से 2m दूरी पर +F=2t, —F=8t, B.M=—16t-m)
A से 4m दूरी पर +F=4t, —F=6t, B.M=—24t-m
A से 5m दूरी पर +F=5t, —F=5t, B.M=—25t-m

2. 4t/m का पाट से लम्बाई में अधिक, एक समबांटित भार 40m के पाट के गर्डर पर बायें से दायें गुजरता है। बाँये हाथ के आलम्ब से 4m, 10m तथा 15 m पर अधिकतम B.M और S.F निकालो और B.M तथा S.F आरेख बनाओ।

(**उत्तर** A से 4m पर +F=0·8t, —F = 64·8t, B.M=—288t-m
A से 10m पर +F=5t, —F=45t, B.M=—600t-m
A 15m पर+F=11·25t,—F=31·25t, B.M=—750t-m

3. 6m लम्बा 2t/m का एक समबांटित भार 40m पाट पर बायें से दायें तरफ गुजरता है। बायें आलम्ब से 15 m के खंड अधिकतम S.F तथा B.M ज्ञात करो

(**उत्तर**+F=3·6t, —F=6.6t और B.M=—104·062t-m)

4. 10 m की दूरी पर स्थित 9t के दो भार, 30M पाट के गर्डर से गुज़रते हैं। गर्डर में अधिकतम B.M का मान तथा स्थिति ज्ञात करो।

(**उत्तर** गर्डर के मध्य बिन्दु से 2·5 m की दूरी पर 93·75t-m)

5. 6t और 8t के दो बिन्दु भार आपस में 8m की दूरी पर स्थित हैं। दोनों भारों में से 6t का भार आगे है और दोनों भार बायें से दायें तरफ 50m पाट के एक गर्डर पर से गुजरते हैं। अधिकतम निरपेक्ष B.M का मान तथा स्थिति ज्ञात करो और B.M तथा S.F आरेख भी बनाओ।

(**उत्तर** बायें सिरे से 27·74 m पर 151·8t-m)

6. 8t और 16t के दो बिन्दु भार एक-दूसरे से 4m की दूरी पर स्थित हैं। 8t वाले भार आगे हैं और ये भार 10m पाट के गर्डर पर से बायें से दायें तरफ चलते हैं। पाट के मध्य बिन्दु पर अधिकतम B.M तथा S.F ज्ञात करो। गर्डर के निरपेक्ष (absolute) अधिकतम B.M का मान तथा स्थिति ज्ञात करो।

(**उत्तर** पाट के मध्य से F = 7·2t, BM = 44t-m)
निरपेक्ष अधिकतत BM, LH से 9·33m पर 45·07t-m होगा)

7. 8t, 6t, 10t, 3t तथा 5t के सभी भार आपस में एक-दूसरे से 2m दूरी पर है। 8t का भार आगे है और इसी क्रम में भार 30m पाट के गर्डर पर से बायें से दायें तरफ गुजरते हैं। बायें सिरे से 10m की दूरी पर अधिकतम B.M ज्ञात करो। गर्डर में निरपेक्ष अधिकतम B.M का मान तथा स्थिति ज्ञात करो।

(**उत्तर** 181·33t-m, बायें सिरे से 14·28m पर 10t भार के नीचे 105·1t-m)

8. 3t' 5t, 6t तथा 10t के चर भार इसी क्रम में एक-दूसरे से 3m, 4m तथा 6m की दूरी पर स्थित हैं। अगर 10t का भार सबसे आगे हो और इसी क्रम में भार एक 40m पाट के गर्डर पर से गुजरें तो बायें हाथ के आलम्ब से 15m पर अधिकतम B.M ज्ञात करो। गर्डर पर निरपेक्ष अधिकतम B.M का मान तथा स्थिति भी ज्ञात करो।

(**उत्तर** 176·9t-m, बायें हाथ के सिरे से 19·6m पर 6t भार के नीचे 189·6t-m)

9. 4t के छः भार, सभी आपस में 2m की दूरी पर लगे हुए हैं। अगर भारों की यह लड़ी 30m पाट के एक गर्डर पर से बायें से दायें तरफ गुजरे तो बाँयें आलम्ब से 8m की दूरी पर अधिकतम B.M ज्ञात करो।

(**उत्तर** 110 4-tm)

10. 50m के गर्डर पर से, 15t के समान चार भार जो 6m की समान दूरी पर स्थित हैं, बायें से दायें तरफ गुजरते हैं। 15t के सबसे अगले भार से 5m की दूरी पर 2t/m का समबांटित भार शुरू होता है जो 19m लम्बाई पर फैला हुआ है, चल रहा है। दाएँ सिरे से 20m की दूरी पर अधिकतम B.M ज्ञात करो। (**उत्तर** 666 4 t-m)

11. 4m लम्बा 3t/m का U.D.L भार एक 40 m पाट के गर्डर पर से गुजरता है। इस भार का समबांटित तुल्य भार ज्ञात करो।

(उत्तर 0·57t/m)

12. 5t तथा 10t के दो भार जो आपस में 3m की दूरी पर स्थित हैं, 15m के पाट के गर्डर पर से गुजरते हैं। तुल्य समबांटित भार ज्ञात करो।

(उत्तर 1·87t-m)

13. 4t/m का, पाट से लम्बाई में अधिक, समबांटित भार 40m के एक गर्डर जिसका स्वयं का भार 1t/m है, पर से गुजरता है। गर्डर के उस भाग की जहाँ S.F चिन्ह बदलता है, स्थिति ज्ञात करो।

(उत्तर पाट के बीच के 15·28m)

20

प्रभाव रेखायें

[INFLUENCE LINES]

20·1. किसी धरन के एक काट पर भार पद्धति की सभी स्थितियों के लिए अपरूपण बल, बंकन घूर्ण, विक्षेप या इसी प्रकार के फलनों को अंकित करने वाली रेखा को प्रभाव रेखा कहते हैं। यह पाट को आधार मानकर परिवर्तनशील फलन (Variable functions) जो धरन का S.F, B.M प्रतिबल या विक्षेप हो सकता है, के साथ खींची जाती है। किसी खंड के विशेष परिवर्तनशील फलन के लिए अधिकतम प्रभाव उत्पन्न करने वाली भार की स्थिति को आसानी से ज्ञात करने के लिए प्रभाव रेखा बड़ी सहायक सिद्ध होती है।

20·2. एकल चल भार 'W' (A Single Rolling load 'W')

मानाकि एक शुद्धालम्ब धरन AB का पाट 'L' है और यह एक अधिकेन्द्रित चर भार W वहन करती है। A से x दूरी पर X काट लीजिए। मानाकि एक विशेष दृष्टान्त में भार की स्थिति A से 'y' दूरी पर है जबकि भार A से B की तरफ चलता है।

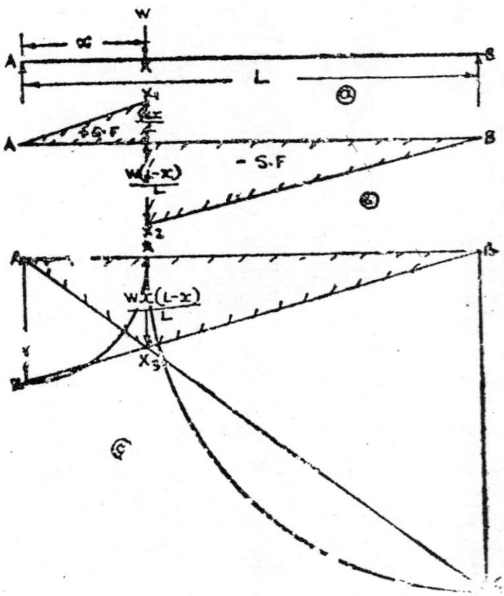

चित्र 20·1

S.F के लिए प्रभाव रेखा

AX भाग में भार के लिए X काट पर धनात्मक S.F, F_x के लिए

$$F_X = +R_B = \frac{Wy}{L}$$

F_X का मान 'y' के मान के बढ़ने पर बढ़ता जाता है और जैसे ही भार X काट पर पहुँचता है, $F_X = +\frac{Wx}{L}$ हो जाता है।

जैसे ही भार X काट से आगे बढ़ता है, S.F चिन्ह बदल लेती है तथा ऋणात्मक हो जाती है। जब भार XB भाग में होता है तो S.F का मान निम्नानुसार हो जाता है।

$$F_X = -R_A = -\frac{W(L-y)}{L}$$

ऋणात्मक अपरूपण बल F_X का मान 'x' का मान बढ़ने पर घटता है, और जब $x=L$ होता है, तो यह शून्य हो जाता है। जब $y=x$, होता है तो S.F $\frac{W(L-x)}{L}$ हो जाता है जो अधिकतम ऋणात्मक मान है। अतः A बिन्दु से, S.F $\frac{Wy}{L}$ द्वारा नियन्त्रित किया जाता है जो धनात्मक है और जब $y=0$ यानी भार A पर है तो इसका मान शून्य हो जाता है। जब $y=x$ है तो इसका अधिकतम धनात्मक मान हो जाता है। दूसरे शब्दों में, धनात्मक S.F. का मान, A बिन्दु पर शून्य और X काट पर अधिकतम $\left(\frac{Wx}{L}\right)$ होता है।

इसी प्रकार काट X से B बिन्दु तक, S.F. ऋणात्मक होता है तथा $\frac{W(L-y)}{L}$ द्वारा नियंत्रित होता है। जब $y=x$ है तो इसका मान अधिकतम और जब $y=L$ यानी B बिन्दु पर है तो शून्य हो जाता है।

चित्र 20·1. (a) में S.F. के लिए प्रभाव रेखा दिखाई हुई है। काट 'X' के लिए Ax_1x_2B प्रभाव रेखा है।

S.F. के लिए प्रभाव रेखा द्वारा यह आसानी से ज्ञात कर सकते हैं कि जब W, काट पर होता है तो S.F. अधिकतम होता है, A की तरफ अधिकतम धनात्मक और B की तरफ अधिकतम ऋणात्मक होता है।

B.M. के लिए प्रभाव रेखा :

जब भार AX भाग में A बिन्दु से y दूरी पर हो तो B.M. के लिए

$$M_X = -R_B(L-x) = -\frac{Wy(L-x)}{L}$$

M_X का मान A पर शून्य से X बिन्दु पर अधिकतम $-\frac{Wx(L-x)}{L}$ तक बढ़ता है। B.M में परिवर्तन (Variation) एक सरल रेखा में होता है। B.M के लिए प्रभाव रेखा में, यह Ax_3 सरल रेखा द्वारा दिखाया गया है।

जब भार X काट को पार करके XB भाग में जाता है तो A से y दूरी पर भार की स्थिति के लिए X काट पर B.M की समीकरण,

$$M_X = -R_A x = -\frac{W(L-y) \times x}{L}$$

'y' बढ़ने पर, M_X सरल रेखा नियम द्वारा घटता है यानी काट पर अधिकतम B.M. $\frac{W(L-x)x}{L}$ से घटता जाता है और B बिन्दु पर शून्य हो जाता है। इस प्रकार जब भार काट पर होता है, B.M. अधिकतम ऋणात्मक होता है जिसका मान $\frac{Wx(L-x)}{L}$ होता है। A और B बिन्दुओं पर B.M. शून्य होता है और इसका विचरण सरल रेखा में होता है, चूंकि समीकरण $\frac{W(L-y)x}{L}$ में 'y' अस्थिर है और यह प्रथम श्रेणी की समीकरण है।

B.M. के लिए प्रभाव रेखा चित्र नं० 20·1 (c) में दिखाई गई है।

20·3. B.M के लिए प्रभाव रेखा खींचने की रेखाचित्रीय विधि

A और B क्रमशः केन्द्र मानकर और Ax और Bx अर्द्धव्यास लेकर चाप लगाइए जो A और B बिन्दुओं पर डाले गए लम्बों को a और b पर काटें। Ab और Ba को X_3 पर काटते हुए मिलाएँ। X पर B.M, के लिए AX_3 B प्रभाव रेखा है।

20·4. इकाई भार प्रभाव रेखा (Unit Load Influence Line)

S.F, B.M. इत्यादि के लिए इकाई भार प्रभाव रेखा वह ग्राफ है जो धरन पर इकाई चर भर की बदलती हुई स्थितियों के साथ X काट पर S.F और B.M. में परिवर्तन दिखलाता है।

इकाई भार प्रभाव रेखा बहुत लाभदायक हैं क्योंकि यह हर प्रकार के भार के लिए प्रभाव रेखाओं का काम करती है ।

S.F के लिए इकाई भार प्रभाव रेखा, एकल अधिकेन्द्रित भार के लिए S.F की प्रभाव रेखा के समान ही होती है । केवल अन्तर इतना होता है कि अधिकतम धनात्मक अपरूपण बल जो $\frac{Wx}{L}$ था, इसमें $\frac{x}{L}$ होगा और अधिकतम ऋणात्मक अपरूपण बल जो $\frac{W(L-x)}{L}$ था अब केवल $\left(\frac{L-x}{L}\right)$ होगा ।

इसी प्रकार B.M के लिए प्रभाव रेखा एकल अधिकेन्द्रित चर भार के B.M के लिए प्रभाव रेखा के समान होती है, केवल अन्तर यही होता है कि अधिकतम B.M का मान $\frac{Wx(L-x)}{L}$ के बजाय $\frac{x(L-x)}{L}$ होता है ।

शुद्धालम्ब धरन AB के लिए बायें हाथ के सिरे से x दूरी पर स्थित X काट के लिए S.F और B.M दोनों की इकाई भार प्रभाव रेखाएँ चित्र 20·2 में दिखाई गई हैं ।

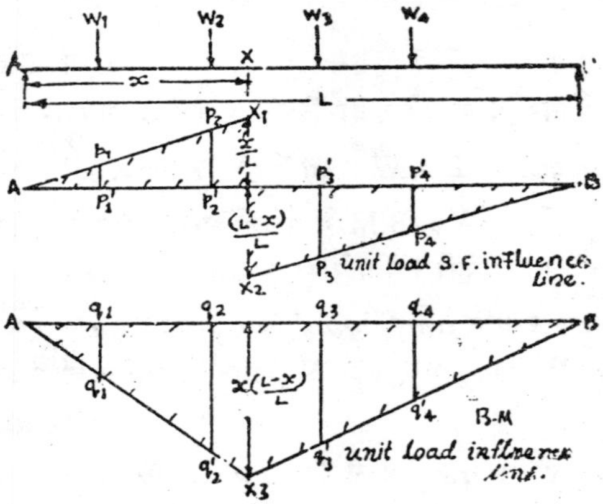

चित्र 20·2

माना कि W_1, W_2, W_2 और W_4 A से B की तरफ चलने वाले कई चर बिन्दु भार हैं । मानाकि विशिष्ट दृष्टान्त पर भार की स्थितियाँ चित्र नं० 20·2 में दिखाये अनुसार हैं ।

यदि बिन्दु भार W_1, W_2, W_3 और W_4 के अधीन क्रमश: p_1p_1', p_2p_2', $p_3p'_3$ और p_4p_4' S.F के लिए इकाई भार प्रभाव रेखा में कोट्यंक (Ordinates)

हों तो X काट पर S.F. W_1 भार के कारण $W_1 \times p_1 p_1'$, W_2 के कारण $W_2 \times p_2 p_2'$, W_3 के कारण $W_3 \times p_3 p_3'$ और W_4 के कारण $W_4 \times p_4 p_4'$ होगी।

अतः काट X पर कुल S.F, $Fx = W_1 \times p_1 p_1' + W_2 \times p_2 p_2' + W_3 \times p_3 p_3' + W_4 \times p_4 p_4'$

चित्र 20·2 में दिखाए अनुसार अन्तिम दोनों भारों की स्थिति के कारण ऋणात्मक है। एक सूक्ष्म लम्बाई δL मानिए। माना कि इस δL लम्बाई पर कुल भार δW इस प्रकार है कि $\delta W = \delta L \times W$ है। यदि धरन के दिए गए X काट के लिए S.F. और B.M. के लिए इकाई भार प्रभाव रेखा में भार के अधीन pp' और qq' औसत कोट्यांक (Mean Ordinate) हैं, तो X काट पर δW के कारण S.F. की समीकरण $\delta W \times pp' = W \times \delta L \times pp'$ होगी परन्तु $\delta L \times pp'$, अपरूपण बल के लिए इकाई भार प्रभाव रेखा द्वारा भार की δL लम्बाई तक घेरा गया क्षेत्रफल है।

∴ काट पर S.F = W × S.F इकाई भार प्रभाव रेखा द्वारा δL लम्बाई तक घेरा गया क्षेत्रफल

समबांटित भार के कारण X काट पर कुल S F = δW × प्रारम्भिक पट्टी का क्षेत्रफल

= W × इकाई भार प्रभाव रेखा आरेख द्वारा भार की स्थिति तक घेरा गया क्षेत्रफल

इसी प्रकार X काट पर प्रारम्भिक भार δW के कारण बंकन घूर्ण

$$\delta W \times qq' = \delta L \times W \times qq' = W \times \delta L \times qq'$$

= W × B.M में इकाई भार प्रभाव रेखा द्वारा भार स्थिति तक घेरी गई प्रारम्भिक पट्टी का क्षेत्रफल

इसी प्रकार यदि $q_1 q_1'$, $q_2 q_2'$ $q_3 q_3'$ और $q_4 q_4'$ इकाई भार B.M प्रभाव रेखा में क्रमशः W_1, W_2 W_3 और W_4 भार के अधीन कोट्यांक हों तो X काट पर कुल B.M

$$M_X = W_1 \times q_1 q_1' + W_2 \times q_2 q'_2 + W_3 \times q_3 q_3' + W_4 \times q_4 q_4'$$

20·5. समबांटित भार के लिए इकाई भार प्रभाव रेखा का प्रयोग

इकाई भार प्रभाव रेखाएँ समबांटित भार के लिए प्रभाव रेखा की तरह आसानी से प्रयोग में लाई जा सकती हैं। समबांटित भार को कई बिन्दु भारों में तोड़ा जा सकता है। माना कि शुद्धालम्ब धरन AB पर w समबांटित भार प्रति-इकाई लम्बाई पर है।

अतः समबांटित भार के कारण X काट पर कुल B.M,

$M_X = \Sigma w \times$ इकाई भार B.M. प्रभाव रेखा की प्रारम्भिक पट्टी का क्षेत्रफल
$= W \times$ भार स्थिति द्वारा घेरा गया इकाई भार प्रभाव रेखा का क्षेत्रफल ।

20·6. इकाई भार प्रभाव रेखाओं का प्रयोग करके किसी X काट पर अधिकतम S.F और B.M. ज्ञात करना

(I) एकल चर भार W

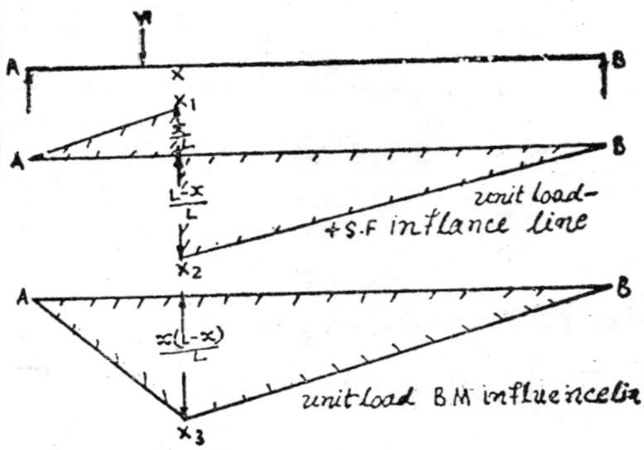

चित्र 20·3

जब भार X काट पर है तो A की तरफ धनात्मक S.F. $\frac{Wx}{L}$ होता है और इस काट पर B की तरफ ऋणात्मक S.F., $\left(\frac{L-x}{L}\right)$ W होता है।

इसी प्रकार जब भार इसी काट पर है तो B.M. भी अधिकतम होता है । B.M. के लिए इकाई भार प्रभाव रेखा द्वारा अधिकतम B.M. व्यंजक $\frac{x(L-x)W}{L}$ द्वारा दिया जाता है ।

यही समीकरण, X काट पर बल और B.M. अंकित करती हैं जैसा कि पहले मालूम किया गया है ।

(II) पाट से अधिक लम्बा, समबांटित भार w के लिए

इस स्थिति में, S.F. $= w \times$ भार द्वारा घेरा गया S.F. के लिए इकाई भार प्रभाव रेखा का क्षेत्रफल

चित्र 20·4. द्वारा, यह पूर्णतया स्पष्ट है कि अधिकतम S.F. X काट पर ही होगा जब AX भाग भार से पूरा ढंका हुआ है और XB भाग खाली है ।

$\therefore$ अधिकतम $+$S.F. $= \triangle XX_1A$ का क्षेत्रफल

$$= x \times \frac{x}{L} \times \frac{1}{2} \times w = \frac{wx^2}{2L}$$

इसी प्रकार अधिकतम ऋणात्मक S.F. X काट पर ही होता है जब XB भाग भार से पूरा ढका है तथा AX भाग पर बिलकुल ही भार नहीं है।

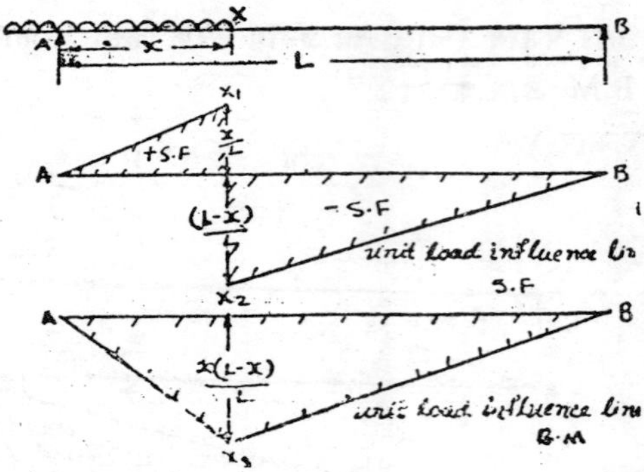

चित्र 20·4

$\therefore$ अधिकतम S.F. $= \triangle XBX_2$ का क्षेत्रफल

$$=\left(\frac{L-x}{L}\right)\times(L-x)\times\frac{1}{2}\times w=\frac{w(L-x)^2}{2L}$$

X काट पर अधिकतम बंकन घूर्ण के लिए पूरा पाट समबांटित भार द्वारा ढँका हुआ है।

$\therefore M_{max}=w(\triangle Ax_3 B$ का क्षेत्रफल)

$$=w\times AB\times\frac{X_3X}{2}=L\times w\times\frac{x(L-x)}{L}\times\frac{1}{2}$$

(III) पाट 'L' से छोटी लम्बाई C का समबांटित भार पाट से गुजरने पर

अधिकतम धनात्मक S.F. के लिए, जब भार का आगे का सिरा X काट पर

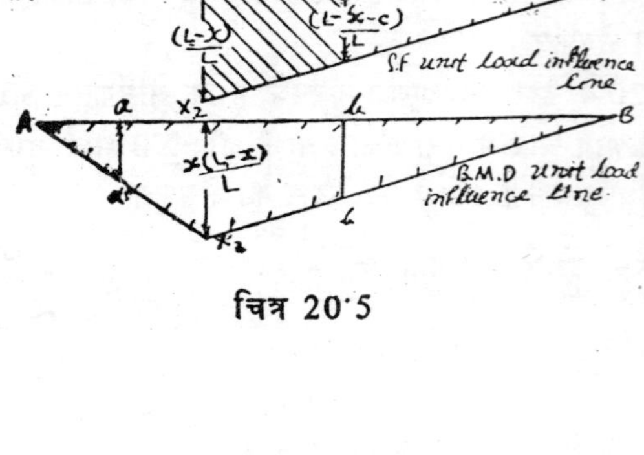

चित्र 20·5

होता है तो यह इकाई भार प्रभाव रेखा के धनात्मक S.F. के अधिकतम क्षेत्रफल को ढंकता है ।

$$\therefore \quad +S.F._{max}=\left\{\frac{x-C}{L}+\frac{x}{L}\right\}\frac{C}{2}\times w=\frac{w}{L}\left(x-\frac{C}{2}\right)$$

भार के पीछे के सिरे के काट पर अधिकतम ऋणात्मक S.F. के लिए भार का पिछला सिरा X पर होता है और पूरी लम्बाई XB भाग में होती है ।

$$\therefore \quad -S.F._{max}=w\times\frac{C}{2}\left\{\frac{(L-x)}{L}+\frac{L-x-C}{L}\right\}$$

$$=\frac{wC}{L}\left(L-x-\frac{C}{2}\right)$$

यह वही समीकरण है जो 'चर भार' के अध्याय में ज्ञात किया गया था ।

X काट पर अधिकतम B.M. के लिए, काट, भार को तथा पाट को एक ही अनुपात में बाँटता है । माना कि *aa*, *bb* समबांटित भार के क्रमशः पिछले सिरे और अगले सिरे पर B.M. के लिए इकाई भार प्रभाव रेखा के कोट्यांक (ordinates) हैं । भार द्वारा ढँका गया इकाई भार B.M. प्रभाव रेखा का क्षेत्रफल उस समय तक बढ़ता रहता है जब तक भार वह स्थिति प्राप्त करता है जिससे कोटि *aa* और *bb* समान होते हैं । यदि भार और भी आगे बढ़ता है तो प्रभाव रेखा के अधीन क्षेत्रफल कम होने लग जाता है ।

अब, $\dfrac{aa}{XX_3}=\dfrac{Aa}{AX}$ और $\dfrac{bb}{XX_3}=\dfrac{Bb}{BX}$

चूंकि $aa=bb$

$$\therefore \frac{Aa}{AX}=\frac{Bb}{BX}, \quad \therefore \frac{AX}{BX}=\frac{Aa}{Bb}=\frac{aX}{bX}$$

दूसरे शब्दों में अधिकतम B.M. के लिए अनुप्रस्थ काट भार को उसी अनुपात में आबंटित करता है जिसमें यह पाट को आबंटित करता है ।

पुनः, $\dfrac{aa}{Aa}=\dfrac{XX_3}{AX}, \therefore aa=\dfrac{XX_3}{AX}\times Aa$

परन्तु $XX_3=\dfrac{x(L-x)}{L}$, $AX=x$ और

$$Aa=x-\frac{Cx}{L}=x\left(1-\frac{C}{L}\right)$$

$$\therefore \quad aa=\left(\frac{x(L-x)}{Lx}\right)\times x\left(1-\frac{C}{L}\right)$$

$$=\left(\frac{L-x}{L}\right)\times x\left(1-\frac{C}{L}\right)$$

प्रभाव रेखा आरेख के अधीन क्षेत्रफल

$$=(aa+XX_3)\frac{aX}{2}+(XX_3+bb_1)\frac{Xb}{2}$$

$$=\frac{C}{2}(aa+XX_3) \text{ चूँकि } bb=aa$$

$$=\frac{C}{2}\frac{(L-x)}{L}x\left(1-\frac{C}{L}\right)+\frac{x(L-x)}{L}$$

$$=\frac{C}{2}\frac{(2L-C)}{L^2}\times x(L-x)$$

$\therefore$ $B.M_{max}=w\times$ क्षेत्रफल

$$=\frac{wx}{L^2}(L-x)\left(L-\frac{C}{2}\right)$$

(IV) d दूरी पर इस प्रकार रखे गए दो बिन्दु भार W_1 और W_2 कि $d<\frac{W_2}{W_1+W_2}$

X काट के किसी भी तरफ, इकाई भार प्रभाव रेखा के B.M. और S.F. कोट्यंक निम्न व्यंजकों द्वारा अंकित किए जा सकते हैं।

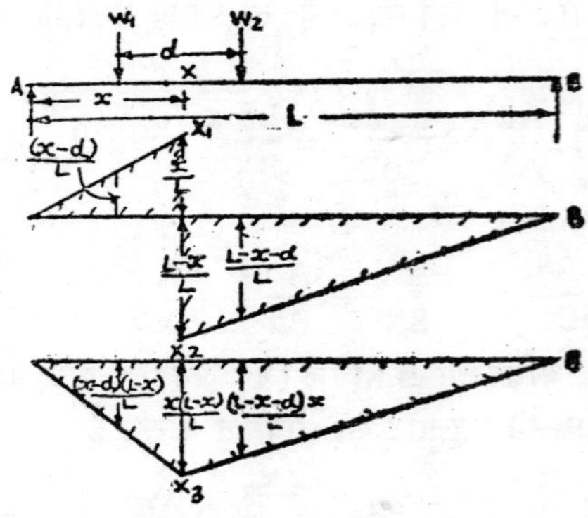

चित्र 20·6

S.F. के लिए $\frac{x-d}{L}$ और $\frac{L-x-d}{L}$

B.M. के लिए $\frac{(x-d)(L-x)}{L}$ और $\frac{x(L-x-d)}{L}$

X काट पर अधिकतम धनात्मक S.F. उस समय उत्पन्न होता है जब भार W_2, X काट पर पहुँचता है।

$$\therefore \quad +S.F_{max}=W_2\times\frac{x}{L}+W_1\frac{(x-d)}{L}$$

काट X पर अधिकतम ऋणात्मक S.F उस समय उत्पन्न होता है जब भार W_1 ठीक काट पर पहुँचता है।

$$\therefore -S.F_{max} = -\left\{W_1\frac{(L-x)}{L} + \frac{(L-x-d)}{L}W_2\right\}$$

काट X पर अधिकतम B.M के लिए नीचे दी गई भार स्थितियों पर विचार करें।

I. जब W_2 भार काट पर और W_1 इसके पीछे है।

II. जब W_1 भार काट पर और W_2 इसके आगे है।

काट पर उपरोक्त में से जो अधिक होता है वही अधिकतम B.M. होता है।

$$^2M_X = W_2\frac{x(L-x)}{L} + W_1\frac{(x-d)(L-x)}{L}$$

$$= \left\{W_2\frac{x}{L} + W_1\frac{(x-d)}{L}\right\}(L-x)$$

$$^1M_X = W_1\frac{x(L-x)}{L} + W_2\frac{x(L-x-d)}{L}$$

$$= \left\{W_1\frac{(L-x)}{L} + W_2\frac{(L-x-d)}{L}\right\}x$$

जबकि ^2M_X, W_2 के काट पर होने पर और ^1M_X, W_1 के काट पर होने पर B.M. है।

उदाहरण 20·1. एक 40 metres पाट के धरन पर 10 t और 7 t के दो चर बिन्दु भार जो आपस में 6 metres की दूरीपर रखे गए हैं धरन पर चल रहे हैं। यदि 7 t भार आगे हो तो बायें हाथ के सिरे से 10 metres की दूरी के काट पर अधिकतम S.F. और B.M. ज्ञात करो।

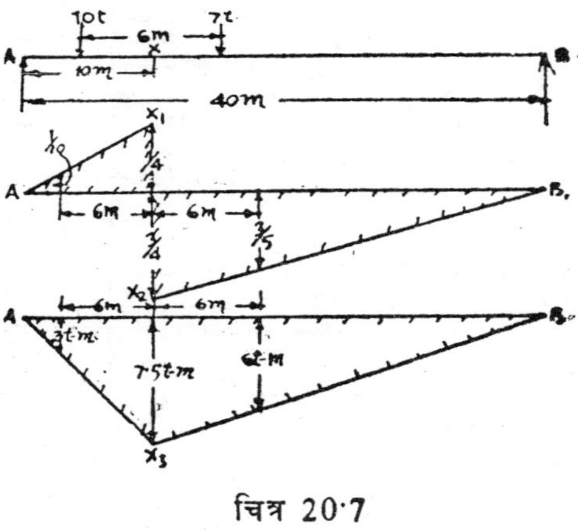

चित्र 20·7

हल : S.F. और B.M. के लिए इकाई भार प्रभाव रेखाएँ खींचो।

अधिकतम + S.F के लिए W_2 यानी 7 t भार काट पर तथा W_1 यानी 10 t भार पीछे होना चाहिए।

$$\therefore +S.F_{max} = 7\times\frac{1}{4} + 10\times\frac{1}{10} = 2\cdot75t$$

अधिकतम ऋणात्मक S.F के लिए 10 t भार काट पर और 7 t भार आगे होना चाहिए।

$$\therefore -S.F_{max} = -\left(\frac{3}{4}\times 10+\frac{3}{5}\times 7\right)$$

$$= -\left(\frac{30}{4}+\frac{21}{5}\right)$$

$$= -11{\cdot}7 \text{ Tonnes}$$

X काट पर इकाई भार प्रभाव रेखा के लिए अधिकतम कोट्यंक (Ordinate) $\frac{x(L-x)}{L}$ होगा।

यानी $\frac{10(40-10)}{40} = \frac{10\times 30}{40} = 7{\cdot}5$ t-m

काट X के दोनों ही तरफ 6 meters पर कोट्यंक 3 t-m और 6 t-m हैं।

$\therefore\ {}^1M_X = 10\times 7{\cdot}5 + 7\times 6 = 75+42 = 117$ t-m.

${}^2M_X = 7{\cdot}5\times 7 + 3\times 10 = 52{\cdot}5 + 30 = 82{\cdot}5$ t-m.

अतः अधिकतम B.M. 117 t-m है जब W_1 यानी 10 t भार काट पर और 7 t का भार आगे है।

उदाहरण 20·2. 5 m की समान दूरी पर रखे गए, 7, 8, 10, 15, 3 और 9 t के छः बिन्दु भार 50 meters पाट के गर्डर पर चलते हैं। 7 t का भार सबसे आगे हैं। प्रभाव रेखाओं का उपयोग कर, बायें हाथ के सिरे से 20 meters दूरी के काट पर S.F और B.M. ज्ञात करो जबकि 15 t का भार पाट के मध्य में है।

S.F और B.M. के लिए इकाई भार प्रभाव रेखाएँ खींचो।

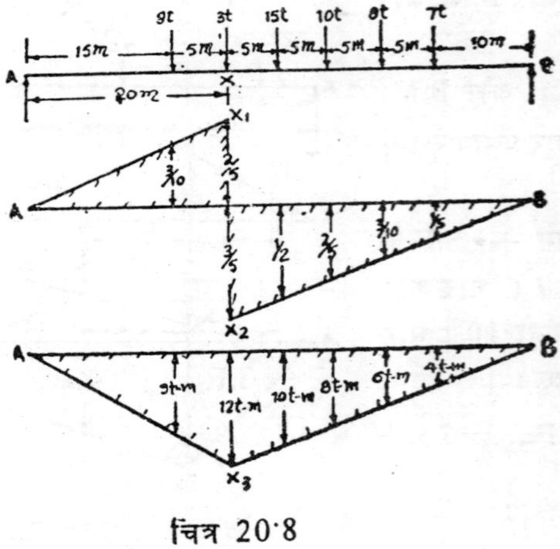

चित्र 20·8

S.F के लिए भार की स्थितियों पर इकाई भार प्रभाव रेखाओं के कोट्यंक $\frac{3}{10}, \frac{1}{2}, \frac{2}{5}, \frac{3}{10}$ और $\frac{1}{5}$ हैं।

$\therefore$ काट X पर $+S.F = \frac{3}{10} \times 9 = 2.7$ t

काट $\times$ पर—S.F. $= 15 \times \frac{1}{2} + 10 \times \frac{2}{5} + 8 \times \frac{3}{10} + 7 \times \frac{1}{5}$

$= 7.5 + 4.0 + 2.4 + 1.4 = 15.3$

कुल S.F $= 2.7 - 15.3 = -12.6$ t.

दायें से बायें भार के अधीन B.M. प्रभाव रेखा के कोट्यंक क्रमशः 9, 12, 10, 8, 6 और 4 t-m हैं।

काट X पर B.M.

$M = 9 \times 9 + 3 \times 12 + 15 \times 10 + 10 \times 8 + 8 \times 6 + 7 \times 4$

$= 81 + 36 + 150 + 80 + 48 + 28 = 423$ t-m.

उदाहरण. 20·3 एक 20 metre लम्बी शुद्धालम्ब धरन के पूरे पाट पर एक समबांटित 3 t प्रति meters का अचलभार (dead load) और 4 metres लम्बाई पर 5 t/metre का चर भार (Moving Load) है। बायें हाथ के सिरे से 16 metres दूरी के काट पर S.F और B.M. ज्ञात करो। चर भार की स्थिति चित्र नं० 20·9 में दिखाई गई है।

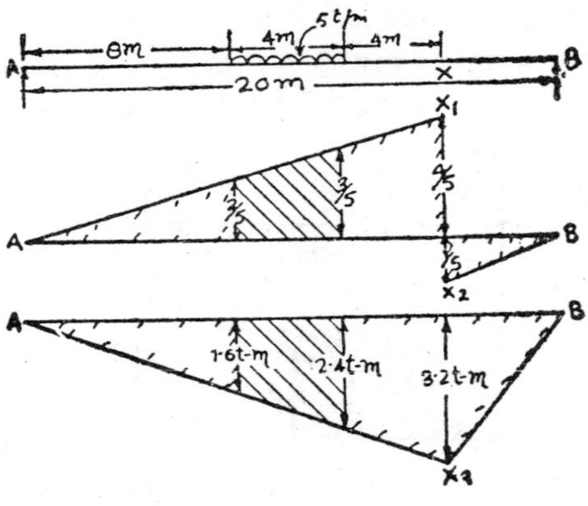

चित्र 20·9

चित्र नं 20·9 में S.F और B.M. के लिए इकाई भार प्रभाव रेखाओं के कोट्यंक दिखाए गए हैं।

अचल समबांटित भार के कारण S.F $= 3(\triangle AX_1X - \triangle BXX_2)$

$$= 3\left(\frac{4}{5} \times \frac{1}{2} \times 16 - 4 \times \frac{1}{5} \times \frac{1}{2}\right)$$

$= 3 \times (6.4 - 0.4) = 18$ t.

चरभार के कारण X पर S.F = 5 × इकाई भार S.F प्रभाव रेखा के अधीन क्षेत्रफल

$$= 5 \times \left(\frac{3}{5} + \frac{2}{5}\right) \times \frac{1}{2} \times 4$$

$$= 5 \times 1 \times \frac{1}{2} \times 4 = 10 \text{ t}$$

$\therefore$ S.F (काट X पर) $= 18 + 10 = 28$ t

अचलभार के कारण B.M. $= -3 \frac{(AB\ XX_3X)}{2}$

$$= -\frac{3 \times 20 \times 3 \cdot 2}{2} = -96 \text{ t-m.}$$

चर भार के कारण X पर B.M-

$= -5 \times$ B.M. के इकाई प्रभाव रेखा में चर भार के अधीन क्षेत्रफल

$$= -5 \left(\frac{2 \cdot 4 + 1 \cdot 6}{2}\right) \times 4 = -40 \text{ t-m}$$

$\therefore$ X पर B.M. $= -136$ t-m.

उदाहरण 20·4. 5 metres की समान दूरी पर रखे गए क्रमश: 5, 6, 8 और 4 t के चार बिन्दुभार बाँयें से दाँयें तरफ 50 metres पाट के गर्डर को पार करते हैं। 4 t भार से 5 metres पीछे से शुरू होकर 6 metres की लम्बाई तक 2 t/metres का समबांटित भार भी है। बायें हाथ के आलम्ब से 30 metres की दूरी के काट पर अधिकतम S.F. और B.M. ज्ञात करो।

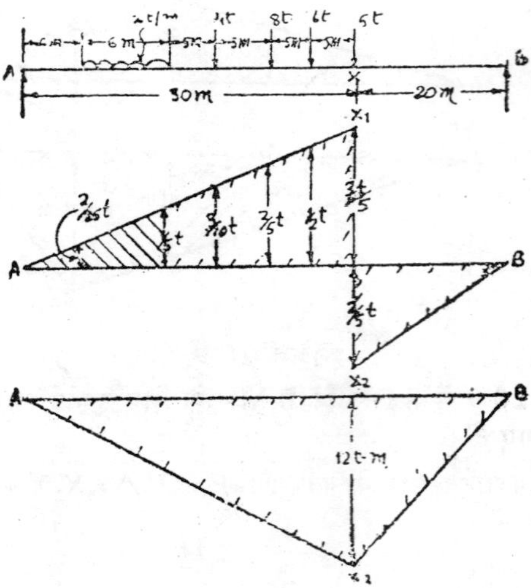

चित्र 20·10.

X काट पर अधिकतम B.M. के लिए, भारों की स्थिति इस प्रकार होनी चाहिए कि X काट भारों को उसी अनुपात में आबंटित करे जिसमें कि यह धरन को करता है।

5 t भार से, भार पद्धति की C.G. 12·47 metres है यानी 8t, 6t और 5t भार X के दायें तरफ होंगे। अधिकतम B.M. के लिए या तो 8 t अथवा 4t भार X पर होना चाहिए।

जब X पर 8t भार है।

काट पर B.M. $= -10\cdot1\times20+6\times5+5\times10=302$ t-m,

जब X पर 4 t भार है।

$R_A \quad = 12\cdot42$ Tonnes

काट पर B.M. $= -12\cdot42\times30+12\times8=-272\cdot6$ t-m.

अतः X पर अधिकतम B.M. 302 t-m होगा जबकि 8 t भार काट पर है।

अधिकतम +ve S.F. के लिए, आगे का 5t, भार X पर होना चाहिए।

$$50\ R_B=2\times6\times7+4\times15+8\times20+6\times25+5\times30$$
$$=84+60+160+150+150=604$$

$$R_B=\frac{604}{50}=12\cdot08 \text{ Tonnes}$$

$\therefore \quad +$ve S.F $=12\cdot08$ t.

इकाई भार S.F. प्रभाव रेखा में कोट्यांक $\frac{2}{25}, \frac{1}{5}, \frac{3}{10}, \frac{2}{5}, \frac{1}{2}$ और $\frac{3}{5}$ क्रमशः भार की स्थितियों पर हैं।

$$\therefore \quad +\text{S.F.}_{max}=\left(\frac{2}{25}+\frac{1}{5}\right)\frac{6\times2}{2}+\frac{3}{10}\times4+\frac{2}{5}\times8+\frac{1}{2}\times6+\frac{3}{5}\times5$$

$$=1\cdot68+1\cdot20+3\cdot2+3\cdot00+3\cdot00=15\cdot08 \text{ t}$$

अधिकतम ऋणात्मक S.F. के लिए, समबांटित भार का पीछे का सिरा (tail) X काट पर होना चाहिए और बिन्दु भार आगे होना चाहिए। इस स्थिति में 5 t और 6 t के भार धरन से हट जाते हैं।

X काट से दाँयें और 0, 6m, और 16m पर इकाई भार S.F प्रभाव रेखा में कोट्यंक $\frac{2}{5}, \frac{7}{25}, \frac{9}{50}$ और $\frac{2}{25}$ है।

$$\therefore\ -S.F_{max}=\left(\frac{2}{5}+\frac{7}{25}\right)\times 6\times\frac{2}{2}$$

$$+\frac{9}{50}\times 4+\frac{2}{25}\times 3$$

$$=\frac{17}{25}\times 6+\frac{36}{50}+\frac{16}{25}$$

$$=2{\cdot}04+0{\cdot}72+0{\cdot}64=3{\cdot}40t.$$

प्रश्नावली 20

1. 10t का एक चरभार 20m पाट के गर्डर को पार करता है। प्रभाव रेखाओं प्रयोगकर, एक सिरे से 3m, 6m और 9m के काट पर अधिकतम धनात्मक और ऋणात्मक S.F और B.M. ज्ञात करो।

(**उत्तर** + $S.F_{max}$ + 1·5; 3t और 4·5t
— $S.F_{max}$ = 8·5t, 7t और 5·5t
B.M. = 25·5, 42t-m और 49·5t-m)

2. एक पाट से लम्बा 2t/m का समबांटित भार 50m पाट के गर्डर को पार करता है। प्रभाव रेखाओं का उपयोग करके, एक सिरे से 20m काट पर अधिकतम B.M. और S.F ज्ञात करो।

(**उत्तर**+S.F. = 8t,—S.F = 18t, B.M. = 600t-m)

3. 10m लम्बा और 3t/m का समबांटित भार, 30m पाट के गर्डर पर बायें से दायें चलता है। प्रभाव रेखाओं को काम में लाकर, बायें हाथ के आलम्ब से 12m दूरी के काट पर S.F. और B.M. बताइए, जबकि भार का पीछे का सिरा बायें हाथ के आलम्ब से 6m दूरी पर है।

(**उत्तर** S.F. = —1 t, B.M. = 174 t-m)

4. 2m की दूरी पर रखे गए दो पहियों के भार 12t और 8t, 24m पाट के गर्डर को पार करते हैं तथा 8t भार आगे है। बायें हाथ के सिरे से 6m काट पर B.M. और S.F. प्रभाव रेखाएँ बनाओ। काट पर अधिकतम B.M. और S.F. भी ज्ञात करो।

(**उत्तर**+S.F. = 4t, —S.F. 14·33t, B.M. = 86 t-m)

5. एक गर्डर का पाट 40m है। 8m लम्बाई पर फैला हुआ 3t/m का एक समबांटित भार गर्डर पर चलता है। बायें हाथ के सिरे से 10m काट पर अधिकतम +ve और —ve S.F तथा अधिकतम B.M. ज्ञात करो। प्रभाव रेखाओं का प्रयोग करें।

(**उत्तर** +S.F. = 3·6t, —S.F. = 5·2t, $B.M._{max}$ = 762t-m)

6. पाँच बिन्दु भार 6, 10, 10,4 और 4t के 40 m पाट के गर्डर को बायें से दायें, 6t भार आगे की तरफ रखकर पार करते हैं। बिन्दु भारों के बीच की दूरी क्रमशः 3·5, 3·75, 3·5 और 3m है। बायें हाथ के आलम्ब से 15m दूरी के काट पर S.F. और B.M. ज्ञात करो, जबकि 6t का भार पाट के मध्य में है। प्रभाव रेखा विधि काम में लायें।

(उत्तर S.F. = 4·1375t, B.M. = 251·5625t-m)

7. 4m की समान दूरी पर रखे गये प्रत्येक 10t के चार समान बिन्दु भार 30m पाट के गर्डर को पार करते हैं। बायें हाथ के अभिलम्ब से 10m के काट पर S.F. और B.M. ज्ञात करो जबकि सबसे आगे का भार दायें हाथ के आलम्ब से 10m की दूरी पर है।

(उत्तर 11·4t, 260t-m)